国家出版基金项目
NATIONAL PUBLICATION FOUNDATION

李顿调查团档案文献集

主编 张 生

《中央日报》报道与评论（下）

编者 屈胜飞 张雅婷 马 瑞

南京大学出版社

本书由

国家社会科学基金"抗日战争研究"专项工程
"国外有关中国抗日战争史料整理与研究之一：李顿调查团档案翻译与研究"(16KZD017)

教育部人文社会科学重点研究基地"南京大学中华民国史研究中心"
重大项目"战时中国社会"(19JJD770006)

南京大学人文基金

江苏省优势学科基金第三期

资助

编译委员会

常国栋　南京大学历史学院博士研究生

苏　凯　南京大学历史学院博士研究生

马　瑞　南京大学历史学院博士研究生

菅先锋　南京大学历史学院博士研究生

吴佳佳　南京大学历史学院博士研究生

张圣东　日本明治大学文学研究科博士研究生

张一闻　日本明治大学文学研究科博士研究生

叶　磊　中山大学历史学系博士研究生

史鑫鑫　南京大学历史学院硕士研究生

李剑星　南京大学历史学院硕士研究生

马海天　南京大学历史学院硕士研究生

张雅婷　南京大学历史学院硕士研究生

杨师琪　南京大学历史学院硕士研究生

潘　健　南京大学历史学院硕士研究生

唐　杨　南京师范大学马克思主义学院硕士研究生

郝宝平　江苏科技大学马克思主义学院硕士研究生

陈梦玲　江苏科技大学马克思主义学院硕士研究生

张　任　江南大学马克思主义学院硕士研究生

黎纹丹　西南大学外国语学院硕士研究生

朱心怡　西南大学外国语学院硕士研究生

杨　溢　西南大学外国语学院硕士研究生

孙学良　西南大学外国语学院硕士研究生

孙　莹　西南大学外国语学院硕士研究生

费　凡　浙江师范大学人文学院硕士研究生

竺丽妮　浙江师范大学外国语学院硕士研究生

戴瑶瑶　浙江师范大学外国语学院硕士研究生

杨　越　西安电子科技大学

曹文博　浙江工业大学外国语学院

余松琦　西南大学含宏学院

序　言

中国历史的奥秘,深藏于大兴安岭两侧的广袤原野。

明治维新以来,日本企图步老牌帝国主义后尘,争夺所谓"生存空间";俄国自彼得大帝新政,不断东进,寻找阳光地带和不冻港。日俄竞争于中国东北,流血漂杵;日本逐步占得上风,九一八事变发生,中国面临亡国灭种的新危机。

日本侵华之际,世界已进入全球化的新时代,民族国家成为国际社会的主体,以国际条约体系规范各国的行为,以政治和外交手段解决彼此的分歧,是国际社会付出重大代价以后得出的共识。而法西斯、军国主义国家如德、意、日,昧于世界大势,穷兵黩武,以求一逞。以故意制造的借口,发动侵华战争,霸占中国东北百余万平方公里土地、数千万人民,是日本昭显于世的侵略事实。

国际联盟(League of Nations)应中国方面之吁请,派出国联调查团处理此事。1932年1月21日,国联调查团正式成立。调查团团长由英国人李顿爵士(The Rt. Hon. The Earl of Lytton)担任,故亦称李顿调查团(Lytton Commission)。除李顿外,美国代表为麦考益将军(Gen. McCoy),法国代表为亨利·克劳德将军(Gen. Claudel),德国代表为希尼博士(Dr. Schnee),意大利代表为马柯迪伯爵(H. E. Count Aldrovandi)。为显示在中日间不做左右袒,国联理事会还决定顾维钧作为顾问代表中国参加工作,吉田伊三郎代表日方。代表团秘书长为国联秘书处哈斯(Mr. Robert Haas)。代表团另有翻译、辅助人员。1932年9月4日,代表团完成报告书,签署于中国北平。报告书确认:第一,九一八事变之责任,完全在于日本,而不在中国;第二,伪满洲国政权非由真正及自然之独立运动所产生;第三,申明东三省为中国领土。日本为此恼羞成怒,退出国联,自

1

绝于国际社会。

《李顿调查团档案文献集》就是反映李顿调查团组建、调查过程、调查结论、各方反应和影响的中、日等国相关资料的汇编,对于研究九一八事变和李顿调查团,具有重要的参考价值。

如何看待李顿调查团来东亚调查的来龙去脉?笔者认为应有三个维度的观照:

其一,在中国发现历史。

美国历史学家柯文提出的这一范式,相比"冲击—反应"模式,即从外部冲击观察中国历史的旧范式,自有其意义。近代以来,由条约体系加持的列强,对中国社会产生了巨大的影响。中国沿海通商口岸是中国最早接触西方世界的部分,在资本主义全球化的过程中得风气之先,所谓"西风东渐",对中国旧有典章制度的影响无远弗届。近代中国在西方裹挟下步履踉跄,蹒跚竭蹶,自为事实。但如果把中国近代历史仅仅看成西方列强冲击之结果,在理论、方法和事实上,均为重大缺陷。

主要从中国内部,探寻历史演进的机制和规律,是柯文提出的范式的意义所在。

事实上,九一八事变发生、国联调查团来华前后,中国社会内部对此作出了剧烈的反应。在瑞士日内瓦所藏国联巨量档案文献中,中国各界通过电报、快邮代电、信函等形式具名或匿名送达代表团的呈文引人注目,集中表达了国难当头之时中华民族谴责日本侵略、要求国际社会主持公道、收回东北主权、确保永久和平的诉求,对代表团、国联和整个国际社会形成了巨大影响,显示了近代中国社会演进的内在动力。

东北各界身受亡国之痛,电函尤多。基层民众虽文化程度不高,所怀民族国家大义却毫不含糊。东北某兵工厂机器匠张光明致信代表团称:"我是中华民国的公民,我不是'满洲国'人,我不拥护这国的伪组织。"高超尘说:"不少日子以前,'满洲国家'即已成立了,但那完全是日本人的主使,强迫我辽地居民承认。街上的行人,日人随便问'您是哪国人',你如说是'满洲人'便罢,如说是中国人,便行暴打以至死。"辽宁城西北大橡村国民小学校致函称:"逐出日本军,打到[倒]'满洲国',宁做战死鬼,不做亡国民。"陈子耕揭露说:"自事变以后,日本恶势力已伸张入全东北,如每县的政事皆由日人权势下所掌握,复又收买警察、军人、政客等,以假托民意来欺骗世界人的耳目,硬说建设'满洲国'是中华人民的意思,强迫人民全出去游行,打着欢迎建设'新国家'的旗号……我誓死不忘我的中华祖国,敢说华人莫非至心不跳时、血停时,不然一定于[与]他们周旋。"小学生何子明来信说:"我小学生告诉您们'满洲国'成立我不赞成……有一天我在学校,日本人去了,教我们大家一齐说'大日本万岁',我们要不说他就杀我们,把我迫不得已的就说了。其中有一位七岁的小孩,他说'大中华万岁! 打倒小日本!'日本人听了就立刻把那个小同学杀了,真叫我想起来就愁啊。"

经济地位和文化水平较高者,则向代表团分析日本侵占中国东北的深远危害。哈尔滨商民代表函称:"虽然,满洲吞并,恐不惟中国之不利。即各国之经济,亦将受其影响。世界二次大战,迫于眉睫矣。"中国国民党青年团哈尔滨市支部分析说:"查日本军阀向有一贯之对外积极侵略政策,吾人细玩以前田中义一之满蒙大陆政策,及最近本庄繁等上日本天皇之奏折,可以看出其对外一贯之积极侵略政策,即第一步占领满蒙,第二步并吞中国,第三步征服世界是也。……以今日之日本蕞尔岛国,世界各国尚且畏之如虎,而况并有三省之后版图增大数倍,恐不数年后,即将向世界各国进攻,有孰敢撄其锋镝乎? ……勿徒视为亚洲人之事,无关痛痒,失国联之威信,而贻噬脐之后悔也。"

不惟东北民众,民族危亡激起了全中国人的爱国心。清华大学自治会1932年4月12日用英文致函代表团指出:中国面临巨大的困难,好似1806年的德国和1871年的法国,但就像"青年意大利"党人一样,青年人对国家的重建充满信心。日本的侵略,不仅危害了中国,也对世界和平形成严重威胁,青年人愿意为国家流尽"最后一滴血"。而国联也面临着建立以来最大的危机,对九一八事变的处理,将考验它处理全球问题的能力。公平和正义能否实现,将影响到人类的命运。他们向代表团严正提出"五点要求":1. 日本从中国撤军;2. 上海问题与东北问题一起解决;3. 不承认日本侵略和用武力改变的现状;4. 任何解决不得损害中国的领土和主权完整;5. 日本必须对此事件的后果负责。南京海外华侨协会1932年3月16日致电代表团:日本进兵东三省和淞沪地区,"违反了国联盟约和《凯洛格—白里安公约》,扰乱了远东地区和世界的和平。

同时,日本一直在做虚假的宣传,竭力蒙蔽整个世界。我们诚挚地请求你们到现场来,亲眼看看日军对中国人民的生命财产进行怎样的恣意破坏。希望你们按照国际法及司法原则,对其进行制裁。如果你们不能完成这一使命,那么世界上将无任何公平正义可言。在这种情况下,为了民族的生存,我们将采取一切手段自卫,决不会向武力屈服。"

除了档案,中国当时的杂志、报纸,大量地报道了九一八事变和国联调查团相关情况,其关切的细致程度,说明了各界的高度投入。那些浸透着时人忧虑、带着鲜明时代特色的文字表明:九一八事变的发生,对当时的中国社会是一场精神洗礼,每个人都从东北沦陷中感受到切肤之痛。这种舆论和思想的汇合,极大地改变了此后中国社会各界的主要诉求,抗日图存成为压倒性的任务,每一种政治力量都必须对此作出回应。

其二,在世界发现中国历史。

以中国为本位,探讨中国历史的内生力量,是题中应有之义。但全球化以来,中国历史已经成为世界历史的一部分。仅仅依靠中国方面的资料,不利于我们以更加广阔的视野看待中国历史和"九一八"的历史。

事实上,奔赴世界各地"动手动脚找东西",已经成为中国学者深化中国近现代史,特别是抗战史研究的不二法门。比如,在中日历史问题中占据核心地位的南京大屠杀问题。除中国各地档案馆、图书馆外,中国学者深入美、德、英、日、俄、法、西、意、丹等国相关机构,系统全面地整理了加害者日方、受害者中方和第三方档案文献,发现了大量珍贵文献、图像资料,出版《南京大屠杀史料集》72卷。不仅证明了日军进行大屠杀的残酷性、蓄意性和计划性,也证明南京大屠杀早在发生之时,就引起了各国政府和社会舆论的关注;南京和东京两场审判,进行了繁复的质证,确保了程序和判决的正义;日方细致的粉饰,在中国人民和全世界正义人士的揭露下真相毕露。全球性的资料,不仅深化了历史研究,也为文学、社会学、心理学、新闻传播学、艺术学等跨学科方法进入相关研究提供基础;不仅摧毁了右翼的各种谬论,也迫使日本政府不敢公然否认南京大屠杀的发生和战争犯罪性质。

国际抗战资料,展现了中国抗战史的丰富侧面。如美国驻中国各地使领馆的报告,具体生动地记录了战时中国各区域的社会、政治、军事等各方面情形,对战时国共关系亦有颇有见地的分析；俄、美、日等国档案馆的细菌战资料,揭示了战时日本违反国际法研制细菌武器的规模和使用情况,记录了中国各地民众遭遇的重大伤亡和中国军民在当时条件下的应对,以及暗示了战后美国掩饰"死亡工厂"实情的目的；英美等国档案所反映的重庆大轰炸和日军对中国大中小城市的普遍的无差别轰炸,不仅记录了日本战争犯罪的普遍性,也彰显了战时中国全国军民同仇敌忾、不畏强暴的英勇气概。哈佛大学所藏费吴生档案、得克萨斯州州立大学奥斯汀分校所藏辛德贝格档案、曼彻斯特档案馆所藏田伯烈档案等则从个人角度凸显了中国抗战在"第三方"眼中的图景。

对于李顿调查团的研究,自莫能外。比如,除了前述中国各界给国联的呈文,最近在日内瓦"国联和联合国档案馆"中发现：调查团在日本与日本政要的谈话记录,在中国各地特别是在北平和九一八事变直接相关人士如张学良、王以哲、荣臻等人的谈话记录,调查团在东北实地调查、询问日军高层的记录,中共在"九一八"前后的活动,中国各界的陈情书,日本官方和东北伪组织人员、汉奸的表态,世界各国、各界的反应等。特别是张学良等人反复向代表团说明的九一八事变前夕东北军高层力避冲突的态度,王以哲、荣臻在"九一八"当晚与张学良的联系,北大营遭受日军进攻以后东北军的反应等情况,对于厘清九一八事变真相,有着不可取代的意义。

我们通过初步努力发现,李顿调查团成立前后,中方向国联提交了论证东北主权属于中国的篇幅巨大的系统性说帖,顾维钧、孟治、徐道邻等还用英文、德文进行著述。日方相应地提交了由日本旅美"学者"起草的说帖,其主攻点是中国的抗日运动、东北在张氏父子治下的惨淡、东北的"匪患",避而不谈柳条沟事件的蓄意性。日方资料表明,即使在九一八事变发生数月后,其关于"九一八"当晚情形的说辞仍然漏洞百出、逻辑混乱,在李顿询问时不能自圆其说。而欧美学者则向国联提供了第三方意见,如 *The Verdict of the League: China and Japan in Manchuria*(《国联的裁决：中日在满洲》),哈佛大学法学院教授曼利·哈德森(Manley O. Hudson)著；*Manchuria: Cradle of Conflict*(《满洲：冲突的策源地》),欧文·拉铁摩尔(Owen Lattimore)著；*The Manchuria Arena: An Australian View of the Far Eastern Conflict*(《满洲竞技场：远东冲突的澳洲视角》),卡特拉克(F.M. Cutlack)著;*The Tinder Box of Asia*(《亚洲的火药桶》),乔治·索科尔斯基(George E. Sokolsky,中文名索克斯)著;*The World's Danger Zone*(《世界的危险地带》),舍伍德·艾迪(Sherwood Eddy)著;等等,为国联理解中国东北问题提供了有益的视角。另外,收藏在美国斯坦福大学胡佛研究所的蒋介石日记等也反映了当时国民政府高层的态度和举措。

这次出版的资料中,收集了中国台湾地区的"国史馆"藏档,日本外务省藏档,国联和联合国档案馆S系列藏档等多卷档案。丰沛的资料说明,即使是李顿调查团这样过去在大学教材中只是以一两段话提出的问题,其实仍有海量的各种海外文献可资研究。

可以说,世界各地抗日档案和各种资料,不仅补充了中国方面的抗日资料,也弥补了"在中国发现历史"范式的不足,体现了历史唯物主义对历史研究全面性、客观性的要求,自然地延伸推导出"在世界发现中国历史"的新命题。把"中国的"和"世界的"结合起来,才能更深广、入微地揭示抗日战争史的内涵。

其三,在中国发现世界历史。

中国历史,是世界历史的重要组成部分;中国抗战,构成了第二次世界大战的东亚主战场。离开中国历史谈世界历史注定是不周全的。只有充分发掘中国历史的世界意义,世界史才能获得真正的全球史意义。

过往的抗战史国际化,说明了中国抗战的世界意义。研究发现,东北抗联资料不仅呈现了十四年抗战的艰苦过程,也说明了战时东北亚复杂的国际关系。日方资料中的"华北治安战""清乡作战"资料,从反面反映了八路军、新四军的顽强,其牵制大量日军的事实,从另一面说明中共敌后游击战所发挥的中流砥柱作用。1937年12月12日在南京江面制造"巴纳号事件"的日军航空兵官兵,后来是制造"珍珠港事件"的主力之一,说明了中国抗战与太平洋战争的联系。参与制造九一八事变、华北事变和南京大屠杀的许多日军部队,后来在太平洋战场上被美澳等盟国军队消灭,说明了太平洋战场和中国战场的相互支持。中国军队在滇缅战场的作战和在越南等地的受降,中国对朝鲜、马来亚、越南等地游击战和抗日斗争的介入和帮助,说明了中国抗战对东亚、东南亚解放的意义和价值。对大后方英美军人、"工合"人士、新闻界和其他各界人士的研究,彰显了抗日统一战线的多重维度,等等。这对我们的研究富有启发性意义。

李顿调查团的相关资料表明,九一八事变及其后续发展,具有深刻的世界史含义。

麦金德1902年在英国皇家地理学会发表文章,提出"世界岛"的概念。麦金德认为,地球由两部分构成:由欧洲、亚洲、非洲组成的世界岛,是世界上面积最大、人口最多、最富饶的陆地组合。在"世界岛"的中央,是自伏尔加河到长江,自喜马拉雅山脉到北极的心脏地带,在世界史的发展中具有重要意义。其实,就世界近现代史而言,中国东北具有极其重要的地缘战略意义,堪称"世界之砧"——美国、俄罗斯、日本等这些当今世界的顶级力量,无不在中国东北及其周边地区倾注心力,影响世界大局。

今天看来,李顿调查团的组建,是国际社会运用国际规约积极调解大国冲突、维护当时既存的凡尔赛—华盛顿体系的一次尝试。参与各国均为当时世界强国,即为明证。

英国作为列强中在华条约利益最丰的国家,积极投入国联调查团的建立。张伯伦、麦克米伦等知名政治家均极愿加入代表团,甚至跟外交部官员暗通款曲,询问排名情况。李顿在中日间多地奔波,主导调查和报告书的起草,正是这一背景的反映。

美国作为国联非成员国,积极介入调查团,说明了美国对远东局势的关切,其态度和不承认日本用武力改变当时中国领土主权现状的"史汀生主义"是一致的。日美之间的紧张关系,一直延续到珍珠港事变发生。在日美最终谈判中,中国的领土和主权,仍然是美方的先决条件。可以说,九一八事变,从大历史的角度看,是改变日本和美国国运的大事。

苏联在国联未能采取强力措施制止日本侵略后,默认了伪满洲国的存在,后甚至通过对日条约加以承认,其对日本的忍让和妥协,延续到它对日本宣战。但日本关东军主力在苏联牵制下不敢贸然南下,影响了中国抗日战争的形态。

日本侵占中国东北,却始终得不到中国和国际主流社会的承认,乃不断扩大侵略,不仅影响了对苏备战,也使得其在"重庆政权之所以不投降,是因为有英美支持"的判断下,不断南进,最终自取灭亡。2015 年 8 月 14 日,日本首相安倍晋三在战后 70 年讲话中承认:"日本迷失了世界大局。满洲事变以及退出国际联盟——日本逐渐变成国际社会经过巨大灾难而建立起来的新的国际秩序的挑战者,前进的方向有错误,而走上了战争的道路。其结果,70 年前,日本战败了。"从这个意义上说,九一八事变—李顿调查—退出国联,成为日本近代史的转折点。

亚马孙雨林的蝴蝶振动翅膀,可能在西太平洋引发一场风暴。发生在沈阳一个小地方的九一八事变,成为今天国际秩序的肇因。其故焉在?马克思和恩格斯在《德意志意识形态》中指出:在历史演进的过程中,人的"普遍交往"逐步发展起来,"狭隘地域性的个人为世界历史性的、真正普遍的个人所代替"。近代以来中国人民的历史,与世界历史共构而存续。

回望李顿调查团的历史,我仿佛感受到了太平洋洋底的咆哮呼啸前来,如同雷鸣。

是为序。

张 生

2019 年 10 月

出版凡例

一、本文献集所选资料，原文中的人名、地名、别字、错字及不规范用字等，为尊重历史和文献原貌，均原文照录。因此而影响读者判断、引用之处，除个别需说明情况以脚注"译者按"或"编者按"形式标出外，别字、错字在其后以"[ ]"注明正字；增补的字，以"【 】"标明之；因原文献漫漶不清而缺字处，用"□"标识。

二、凡采用民国纪年或日本天皇年号纪年者等，为尊重历史和文献原貌，均原文照录。台湾地区的文献中涉及政治人物头衔和机构名称者，按有关规定处理，在页下一并说明。

三、所选资料均在起始处说明来源，或在文后标注其详细来源信息。

四、外文文献译文中，日本人名从西文文献译出者，保留其西文拼法，以便核对；其余外国人名，均在某专题或文件中第一次出现时标其西文拼法。不同时期形成的中文文献中涉及的外国人名、地名翻译差异较大，为尊重历史和文献原貌，一般不作改动。

五、所选文献经过前人编辑而加脚注注释者，以"原编辑者注"保留在页下。

六、所选资料中原有污蔑中国人民、美化日本侵略之词，或基于立场表达其看法之处，为尊重历史和文献原貌，不改动原文，或在页下特别说明，请读者加以鉴别。

本册说明

　　《中央日报》是中国国民党中央机关报，1928 年 2 月 1 日创刊于上海，1929 年 2 月 1 日迁往南京出版。九一八事变后，《中央日报》连续报道了日本侵华、中日交涉、国联对中日冲突的处理、日本退出国联以及各国政府、社会舆论的反应等，并相应地发表了诸多社评、来论等。将这些新闻资料汇编成册，就是一部日本侵华史，一部中国人民抗日斗争史，一部中国抗日外交史，集中反映了九一八事变后中国与国际社会风云变幻的历史。其中，《中央日报》关于李顿调查团的记载是这段历史的重要组成部分之一。

　　《中央日报》对于李顿调查团的组建、调查等过程，及其报告书的编制、公布、各界反应等，均进行了详细报道。本文献集不仅梳理了《中央日报》关于李顿调查团的直接报道，而且也整理了关于其活动背景的间接报道，便于人们能够准确了解李顿调查团的来龙去脉。故本文献集收录的《中央日报》时间期限为 1931 年 9 月 19 日至 1933 年 3 月 31 日，共分为上中下三册。

　　本册是下册，收录的新闻报道、社评等的时间跨度，始于 1932 年 11 月 21 日国联理事会开幕，止于 1933 年 3 月日本宣布退出国联后，其首席代表松冈洋右返国途经美国时。本册内容主要涵盖中日双方与国联围绕李顿调查团报告书并起草"关于中日争议之报告书"而展开的外交折冲，英、美、法等大国在处理中日冲突问题上的博弈，中国各界人士、社会团体致中国驻国联代表团函电及对国联处理中日冲突的反应，日本宣布退出国联与人们的反应等。

　　最后，需要说明的是：（1）"满洲"为中国东北旧称，除特指伪满洲国时加引号以为否定之意外，余则依原文照录。（2）为与现代报纸体例相近，本册文献中的新闻抬头采用"【】"标识，这并非是增补的漏字，请读者留意。（3）因《中央日报》多数资料未加标点符号或分段落，编者根据其内容作了相应编辑，水平有限，难免有错误，敬希读者指正。

目　录

7

13

18

1. 国联行政院今日举行不公开会,暂不讨论调查团报告书,各方努力求获折衷办法

【中央社日内瓦二十日路透电】 国联行政院明(二十一)日开会时,将不讨论李顿报告书,或于星期三开会时讨论之。明日系不公开会议,讨论例案。据一般人推测,目前将无公开会议,同时各方正努力谋获一折衷办法,俾会议可得进行顺利。照例于国联开会前,秘书处早已拟就一简切之程序单,但此次即秘书处亦不知所措。

国联会议形势,今日开秘密会

【中央社伦敦二十日路透电】《观察报》今日评国联行政院会议形势,据称就松冈洋右历次所发言论观之,中日事件之难点将在于满洲自治之性质问题,其他方面亦必各有意见发表。但各方意见之异同,尚非无调和之可能云。

【哈瓦斯社日内瓦十九日电】 现经征实,星期一日开幕之国联行政院会议,第一日或第一第二两日不专为满洲事件辩论。各国代表团及联合会秘书处对于会议程序,具有两种不相同之趋势。其一主张由双方当事国用口头陈述对于李顿报告书之见解,行政院乃在当事国之外,考虑一种可能的解决方案,而提交国联会非常大会,然则非常大会尚可在本年以内召集。其二,则主张行政院应将中日两国意见,移交十九国委员会及另一谘询机关,加以考虑。此一谘询机关,应邀请美俄两国参加。然则非常大会必俟来年二月,始可召集。

【中央社上海二十日电】 电通日内瓦号(二十日)电。国联行政院议长范莱亚、国联事务处总长德鲁蒙与日本全权松冈接洽之结果,临时行政院会议决定马(二十一日)上午十一时开会。开会最初之十分乃至二十分钟,因议题之确定、其他之手续等,并不公开,其后始行公开。由议长宣布讨论中日问题后,由松冈代表演说。又日本意见书,虽于巧(十八日)提出国联事务局,然因译成英法语费时,故未能照预定号(二十日)午后四时之发表时间发表,仅发表英法两文要纲。至正文须俟马(二十一日)翻译印刷完成方能发表云。

【中央社日内瓦二十日路透电】 日本对调查团报告书评语之择要,将于明(二十一)日在伦敦、华盛顿、东京三处同时公布。日本代表松冈,昨日曾往谒美代表台维斯氏,及爱尔兰代表范莱亚氏。松冈与台维斯晤谈约九十分钟之久。

美方痛驳日本,日人自取其辱

【本社二十日上海专电】 国新皓(十九日)华府电。美官场闻日本将在国联引美国取得巴拿马运河让与权之行动,为其在满军事行动辩护之讯,今日群起痛驳,宣称两者绝不相同。第一,华府九国公约与凯洛格白里安非战公约,皆系在巴拉马①运河区域让与美国以后,缔结签订,而美今日之远东政策则以此条约为基础。第二,两者亦罕见有相同之点。查巴拿马曾背叛哥伦比亚多年,至一九零一年十一月三日,乃宣告独立。后十日得美国承认,又越二日美巴始签订条约,由美国出款二千五百万元,购得开凿运河权。迨一九二四年旧约期到,乃于一九二六年续订新约,更明白规定两国权利,美国允于运河区域不经营足与巴拿马共和国实业竞争之任何企业,而巴拿马共和,则允遇美国与他国发生战争时,彼亦认为在战争状态云。

郭泰祺斥松冈,欧人了解中国

【哈瓦斯社日内瓦十九日电】 国联会中国代表驻英公使郭泰祺,答覆日本首席代表松冈洋右昨日所发之言云,松冈以日本在满洲之行动为正当防卫,虽属巧妙,但中国绝非在无政府状态中。当其实施文治,亦毋需求援于暗杀手段,如在他处所见者然。郭公使继将中日两国情状做一比较,谓:"中国文治政府,遇有政治上之争执时,其监督政治军事之力量,实不亚于过去十八个月以来,日本政府所有之监督力量。"郭氏又谓:"松冈宣言称,中国广大领土之内,无处不陷于混乱,此非欧洲人所可了解。余以为日本行政上之无政府状态,至少必为欧洲人所知也。欧洲人士现已开始了解中国政府在行政上之力量,其了解程度,日甚一日。日本方面,虽竭力作相反之宣传,亦属无用。故知欧洲人士了解中国至如何程度,可以上星期伦敦《泰晤士报》访员之言为证。其言有云,中国行政机关自最近五年来,以目前为最稳固。松冈若一读最近一期之

---

① 编者按:原文如此,指巴拿马。

《新欧洲》杂志,亦可就法国最可信任方面所得消息,以证明上说之非诬。"郭公使最后又云:"满洲问题即将在国联会提出讨论。李顿报告书,措词明切,其对于松冈之策动,及日本颠倒事实之企图,均当有以破之。"云。

我国外交阵容,罗颜顾郭略历

(中央社)国联行政院会议,定今日开幕,讨论李顿报告书,期谋中日问题之适当解决。我国应付此严重局势之外交阵容,以罗文干氏主持中枢,指示策应。颜惠庆、顾维钧、郭泰祺三氏出席会议,周旋坛坫。值此国家民族生死存亡之紧要关头,此外交界之四巨子,将于国际舞台上作殊死之奋斗,谨为国人一一介绍如次:

罗文干,字钧任,广东番禺人。英国牛津大学法学博士。历任广东司法司长、总检察厅检察长、修订法律馆副总裁、国立北京大学法科讲师、司法总长、大理院院长、财政总长、税务处督办关税特别会议委员会委员、外交部修订条约委员会副会长、外交总长,本年一月任国民政府司法行政部部长,沪战发生时兼任外交部部长,中政会外交委员会常务委员。罗氏学贯中西,为我国法界泰斗,任事公正无私,临难不屈不挠。罗氏之办理外交,满腹经纶,动静得时。值此国际风云紧张极度之际,主持中枢外交,对日内瓦代表团指示策应,最称得人。

颜惠庆,字骏人,江苏上海人。美国威忌尼亚大学毕业。民二至民九历任驻德驻丹麦公使、外交总长,民十民十一曾两度任代理国务总理,民十三任农商总长、国务总理兼内务总长,并被任为驻英公使,民十四至民十五复任国务总理、外交总长,民二十任国民政府驻美公使。民二十一被派充国联行政院中国代表及出席国联特别大会暨军缩会议中国代表。最近复被派充国联第十三届大会中国之首席代表。颜氏气宇深沉,态度稳健,群伦仰望,国际蜚声,洵为我国外交界之领袖人物。

顾维钧,字少川,江苏嘉定人。美国哥伦比亚大学政治学博士,耶鲁大学名誉法学博士。民四至民十三历任驻墨西哥驻美驻英公使、巴黎和会及华盛顿会议中国代表、国联行政院中国代表、外交总长、代理国务总理,民十五至民十六任财政总长、外交总长、国务总理,民二十任国民政府外交部长,民二十一任国联调查团中国代表。最近任驻法公使并国联第十三届大会中国代表,兼国联行政院中国代表。顾氏精明练达,法学湛深。巴黎和会国联盟约起草时,曾组织十九人起草委员会，以美总统威尔逊为主席，顾氏亦即为起草员之一，尤足为我国增色。

郭泰祺，字复初，湖北广济人。美国本薛凡尼亚大学毕业。民十二至十三任广东政府外交次长。民十六任国民政府上海交涉员、外交部次长。民十七至十九任立法院委员。民十八曾被任驻意公使，但未赴任。民二十一任外交部政务次长，及上海中日停战会议中国代表，旋被任命为驻英公使，最近复被派充国联第十三届大会中国代表。郭氏在外交界亦久著声华，本年上海停战协定会议，郭氏折冲樽俎，百折不挠，尤彰勋绩云。

职员录

我国出席国联会议之代表团，除颜顾郭三代表外，尚有专门委员钱泰（法学博士，曾任代理外交次长）、金问泗（曾任外交次长）、徐淑希（哲学博士，燕大政治系主任）、沈觐鼎（日本帝大毕业，现任外交部亚洲司长）、颜德庆（美国黎海工科大学工程师，现任铁道部技监）、王大桢，又办事处处长胡世泽（法学博士，曾任外交部亚洲司长）、一等秘书陈定，二等秘书罗世安、刘锴，三等秘书方宝均，随员宋选铨，主事吴光汉、耿嘉浚。

《中央日报》1932 年 11 月 21 日第一张第二版

2. 日坚持谬见，谓意见书纠正李顿缺点，妄冀列强及我承认伪国

【中央社上海二十日电】 日讯，东京二十日电。日陆军当局关于政府意见书，声称国联理事会二十一日开会，李顿报告书及日政府之意见书，颇为各国注目。政府对国联方针已决定，现在不必多言，只有举国一致，打开难关之一路而已。日政府之意见书，并非反驳书，其内容补足报告书之不备，指教认识不充分之部分，故两者并用，始能谅解问题之真相。国联为调停机关，而非超国家的机关，故不能使争执恶化。日"满"两国之间，已解决满洲问题，国联现在应负任务，使中国及各国承认此事。李顿报告书，谓满洲现已不能回复九一八以前之状态，故将"满洲国"回复日本承认以前之状态亦不可能。然则中

国及列国承认"满洲国"之存在为既成事实,此为最简单最好之解决方法。与远东无关之小国,擅意解释国联会章及非战公约,对付日本,不胜遗憾。日内瓦日本代表,均为外交名人,且有九千万同胞之援助,必能达成日本主张云。

【又东京二十日路透电】　关于日本对李顿报告之意见书,外相内田今日向报界声称,日政府派外交代表赴日内瓦,并非为争辩起见,乃图领导国联,使之认清远东情形之真相云。陆相荒木称日政府之意见书,非为反驳李顿报告,乃图纠正其缺点,并消除调查团之误解。就日本及"满洲国"之立场上着想,满洲问题已告解决。故无论如何,日本决心继续其固定政策云。

《中央日报》1932 年 11 月 21 日第一张第二版

3. 今日国联大会消息,须至今日夜深始可到达

(中央社)国联行政院特别大会,将于今(二十一)晨十一时在日内瓦举行。此次大会,专为讨论中日问题,故我国人士极为关心。据外交界消息,今日开会时,将由理事会议长代[伐]列拉主席,先开一短时间之秘密会议,决定议程,然后举行公开会议。由主席宣布讨论中日问题后,即由中日两全权首席代表顾[颜]惠庆、松冈演说。惟日内瓦于南京时间相差约八小时,故国联大会今日开会情形,须至夜深始可到达云。

《中央日报》1932 年 11 月 21 日第一张第二版

4. 日举行全国国民大会,意在对国联示威

【中央社东京二十日路透电】　日本民众,定于今(二十)日在东京举行全国国民大会。因国联行政院,明(廿一)日即在日内瓦举行会议,此间空气,异常紧张。日本与日内瓦间,无线电话已布置完妥,日本代表团在日内瓦国联会议席间之演讲词,每日早晨,均可直达日本,广播全国。

《中央日报》1932 年 11 月 21 日第一张第三版

5. 社评:荒谬绝论[伦]之日本声明书

日本政府昨日发表对李顿报告书之声明书,肆意诋毁中国政府及整个民族,绝不为日本自身稍留余地,以负责任之政府地位,而信口效村妇之骂街,荒谬无理,至于此极,诚近代国际间稀有之无理性文字也。

第一,日本声明书中所谓"中国自民国以来,陷于殆如无政府之混乱状态……或不能期待永久的中央政府实现时期之到来",此在日人口吻,或以为得意的中伤之词,而抑知事实之昭示,适然相反。盖自民元成立共和政府,全国即隶属于统一政府之下,民四以后,本党革命同志为反对帝制而战,反对军阀而战,此不过系内部政治关系之一时状态,正亦国内改革之演进,在欧美各国其例殆不胜枚举。至如十七年之北伐成功、全国统一,咸隶属于中央政府之下,以迄现今,未有变更。此种事迹,占中国民族史上最重要之纪录,而日政府乃亦硬加抹煞,谓为"无政府"宁非梦呓? 吾人尚忆九月二十八日,日本驻华公使有吉明氏,尚入京向国民政府林主席呈递国书,距今盖仅月又二十三日耳,若谓中国"无政府"则有吉明氏来京何为? 呈递国书又何为? 而声明书中不但诬毁中国"无政府",且谓"不能期待永久的中央政府实现时期之到来",此何异日本政府之自批其颊耶!

第二,日本自称在东三省有"特殊地位",甚且谓"九一八日军行动为非战公约所规定之自卫权之发动"。日政府之为此言,不过希图规避九一八事件之责任。而其事实,则李顿报告书中早已认定,无待吾人赘述。兹所欲言者,日本在东三省之权利,据其自称,为基于条约上规定,但若一方面借口于条约上之既得权,一方面行动则超过条约规定,以有限之条约上权利,奚能为非法行动之保障? 日本自九一八以来,在东三省一切行动,早超过条约万万。声明书中复谓:"……日本权益非常重要,如于军事的攻击,不得不极力防卫。此种特殊地位,抵触中国主权之谈,与事实相反。"此真颠倒黑白之语。军事的攻击,乃日本对中国所施之暴行,非中国对日本有何举动。日本借口特殊地位,在东三省为一切之特殊暴行,尚觍颜谓与中国主权不抵触,并以九一八事件援引非战公约规定之自卫行动。夫中国为被害者,日本为侵略国家,世界殆已公认,侵略与自卫意义绝然不同,日本在事实上并未受不正当之侵害,而偏说是自卫,真不知所云矣。

　　第三,日本声明书中坚称伪国之成立,非日本所嗾使,并武断为"原来非中国之一部"。夫东三省在历史上与中国本土之关系,往昔姑不论,自满清入关后,二百余年,以迄今日,固已成为中国疆土之一部。本庄繁辈,于暴力攫夺之后,使土肥原贤二潜至天津,挟溥仪北走,制造伪国,由日人驹井策画一切。依其事实,不仅嗾使,实完全日人主动。日政府当调查团东来后,曾以同样颠倒事实之说帖,由吉田交与调查团,而调查团到东三省实地调查之后,认日本说帖全不正确,故未予采用。今日本政府复不自知耻,冀再以颠倒事实之诡词,诱惑世界。吾信世界公理苟未尽灭,则日本之声明书所云,亦徒供世人之讥笑而已!

　　总之,日本政府之所以妄肆诋毁中国,用意不过在诬蔑中国为"无政府",希冀国际规约,可以借口不适用,不知日本帝国主义摧残现代文化之暴行,终无以减轻其罪恶。日本违反国联盟约、九国公约及非战公约之逆迹,亦终无可掩饰。经过此次声明书之狂吠,不过更自彰其丑,于我固无所损,今后惟望全国国民永抱不妥协之精神,不息自强,共图救国雪耻,则日人今日之狂吠,或反能促吾人卧薪尝胆之自励也。

《中央日报》1932 年 11 月 22 日第一张第二版

6. 昨国联行政院会议,讨论李顿报告书,李顿及其他各委莅会旁听,伐勒拉主席、中日代表发言,松冈驳斥报告书体无完肤

　　【本月廿一日上海专电】　路透马(二十一日)日内瓦电。今晨国联行政院开特别会议,讨论李顿报告书。会场中人甚拥挤,李顿及调查团其他各委员,皆坐于旁听席中。议长伐勒拉,略述李顿报告书之起源,赞美调查团所成就之工作,称其报告书为光明文件,令人欣贺,使人兴奋,渠特向李顿等道谢。伐勒拉继乃追述此项争执中之程序之言,及国联大会成立十九委员会之举动,旋请日代表松冈陈述其意见。同时声明午后会议,将予中代表团同样机会。十一时四十分日代表松冈开始发言,其所陈述者,不外乎日本意见书之轮廓。

【本社二十一日上海专电】 国新社马(二十一日)日内瓦电。国联行政院非常会议考虑远东问题者,今晨在此间开幕。第一日专事决定议程。美国因非国联会员国,故虽关心满案,仍不能参加会议。闻将设一顾问委员会,代表美国,襄助行政院。李顿已于今晨抵此。

松冈觍颜致词,竟谓中国远不如前,日侨在华备受压迫

【中央社日内瓦二十一日路透电】 日本将派国联行政院会议首席代表松冈洋右氏,今(二十一)日于国联行政院此次第一次会议时,畅谈日本态度,所谈与昨(二十)日发表之日本备忘录,内容大同小异。松冈称调查团报告书,从大体看来,其描写实情处,有声有色,形影逼真,为迥述已往经过之一绝妙极有价值之图画。报告书中有数段日本政府并可完全同意,日方首先应向调查团表示其诚恳之谢意,但报告书之观察则究不如经过长时间研究所得者之较为适当。故吾人(日方自称)已拟就意见书,希望行政院同人予以深切研究。报告书对中国国内情势之乐观,日本不能同意。今日之中国远不如华盛顿会议时之中国。华府会议时,中国尚无共产党之为患。目前蒋介石等固努力"剿共"工作,而中国国民政府与国民党仍未放弃策①原有政策,按数年前该种政策,曾使各国增兵上海以防万一。

目前东三省之不安,实可谓受中国之影响。中国有意扶助此种不安行动,欲借以向世界表示东三省人民不满意于现时满洲。当局如认为目前东三省形势应由日本负责,殊为不公。

松冈复谓自中国接受所谓维新过激思想后,中国与列强之邦交并未进步。国民党政府养成排外意气,努力教养青年以仇恨外人学说。五千万中国青年受此种激烈主义之薰陶,于最短时间内将成为一莫大难题、一可怖之危机。

日侨在华数年来备受压迫,中国政府利用排货为方略,压迫外人放弃其在华之合法利益。列强既已有条约明文,不准用武力,余(松冈自称)欲质问行政院同人,为何官式或半官式之排货运动,不为国联所痛诋,不受国联之制裁?关于调查团报告书中,常表示日本确有仇视中国处,日本政府觉华方民众误解日本态度,信不正确之报告,而徒自恐怖。日本人民向来希望依赖商业发展,而平安度其和平生活,其态度纯为友好的,且深望将来各国能于互助中度其盛

---

① 编者按:"策"疑为衍字。

旺时日。

调查团报告书曾谓九月十八日南满路轨被损事,不能认为日本军事行动之正常理由等语。松冈称路轨被损事,如只从路轨被损本身着想,当然无采取军事行动之必要,但调查团报告书并未提及九月十八日案之严重背景。如该案在任何其他时间,发生形势无九月十八日之紧张,则调查团之观察,极为正确。再者调查团报告书认日本于九月十八日及十九日之军事行动,并非出于自卫,日本断难同意。一九二八年六月二十三日,美国务卿凯洛克之照会,曾说明任何自主国均有自卫权,且自卫权为任何条约所规定者。松冈并称美国参议院通过非战公约时,曾有决议案,表示于必要时施行自卫权之国家,或须超越该国之土地管理范围。

【中央社东京二十一日路透电】　日本将派国联会议首席代表松冈洋右氏,今(二十一)日在日内瓦国联会议席间之演讲,由日内瓦广播电台广播,再由日本广播电台收音后广播日本全国。

松冈洋右氏声称列强承认满洲为恢复远东和平之唯一途径。

【中央社上海廿一日电】　日讯,东京马(廿一)电。松冈马(廿一)晨六时半,由日内瓦以无线电播音机播送谈话。此间马(廿一)晨有空电,其声音不十分明了。松冈略谓余以如何决心出席国联会议,既在日本临行时发表,其决心与精神,仍无改变。会议之结果如何,不能推知,然信余之诚心与真实,必能达到吾人目的。

政院明日讨论,李顿报告即可提出,日方活动必将失败

国联行政院会议,已于昨(廿一)晨在日内瓦开幕。闻外交部已接日内瓦代表团电告,李顿报告书将于明(二十三)日会议提出讨论,以便昨(二十一)今(二十二)两日讨论程序等问题。闻日方意见,仍主张中日问题由国联行政院解决,反对提送十九国委员会及特别大会讨论。用测其意,盖以行政院会议,只有常任理事及非常任理事国参加。换言之,即有大国参加,日方于活动上较为便利。而特别大会时大小会员国五十余国均须参加,而小国对日本之侵略政策,向来抨击,于日不利。但当本年二月十二日我国根据国联盟约第十五条,向国联提出申诉,请将中日争端提交国联大会,并经国联大会开会受理。故中日争端之讨论,早已入于国联大会之手。此次国联重行集会,中日争端本应即由大会讨论,但以李顿调查团系行政院所派出,故不得不先由行政院加以讨论。至最后讨论及解决之权,仍属诸大会。故日代表虽在日内瓦活动,企图将中日争端由行政院处理,但各国决难同意,结果必告失败,毫无疑义云。

【中央社上海廿一日电】 本社日内瓦号(二十)下午四时四十分专电。国联明日开会趋势难定,据各专家观察,大致有三种趋势:(一)根据九国公约,召开会议,使美国居于领导地位。但此事难望实现。(二)联盟坚持中日直接交涉,而不明确规定讨论之基本论点。(三)无论中日双方代表如何努力,联盟只宣言不承认"满洲国",表示精神,避免切实的处置,听东北现状延长。又各专员意见,以为现在一切,惟恃我全国坚决不挠,积极方法,增厚经济抵抗力量,准备武力抵抗,在外交方面宜与苏俄和好云。

【中央社上海廿一日电】 本社日内瓦号(廿日)下午五时十二分专电。顾维钧号(二十)晤国联行政会主席凡勒拉,促国联对东北问题取迅速及最后的决定。颜惠庆下午接见报界,声述希望国联勿使中国沉沦失意。

我将痛驳日本,国联对日发生反感,感觉远东危机严重

日政府对李顿报告之意见书十八日已提送国联秘书处,并定昨(廿一)日正式发表。其内容之荒谬绝伦,措词之横蛮无理,开国际外交文件未有之奇态。现国联方面,对日意见书,已引起极大反感。美国亦已予以驳斥。闻外交部以日意见书,虽已于本月一日经我政府某要人驳斥,但值此国联开幕伊始,仍有痛驳之必要,现已草拟驳斥文件,定今(廿二)日发表云。

【中央社日内瓦廿日路透电】 日本对于李顿报告之意见书发表后,此间感觉远东事件,渐达危机,各方颇感悲观。日政府之意见书明白表示日本不愿接受李顿建议,故行政院依照国联会章第十一条所规定之调解步骤,不能再行施展,此后事态之程径,无可挽回矣。国联特别大会前曾委任十九国委员会考虑中日争端,因此行政院之活动仅于调解办法。日本意见书及中国颜代表之宣言发表后,行政院之调解,既不能成立,此后当由十九国委员会决定召集特别大会日期,并考虑对李顿报告应采何种举动。众料行政院会议时,中日代表对于程序问题将有激争。

颜惠庆氏谈片,盼国联采有效行动,迅速拟定解决方案

【中央社日内瓦二十日路透电】 中国出席国联全体会议首席代表颜惠庆博士今日向各国记者谈话时,表示中国政府毫无推翻调查团报告书之意。颜博士称,争执国对调查团之报告,绝对无质问之权,因该调查团既由国际闻人组织之,且曾得双方争执国之同意者。再者调查团所查明之实情,极显而易见,日方实无狡辩之理。颜代表继称,吾人抗日已达一载,此后准备长期积极抵抗。于必要时,或将采取军事行动,驱逐外寇。但吾人痛憎黩武主义,渴望和平,未减初衷。吾人此次之来日内瓦,即为要求国联,本吾人爱护和平之心,以助吾人谋正义之伸张。但察日本军阀之意,似在求战而不求和。日方对于历次日内瓦之会议,皆不认为寻求公平解决之道,而简直视同挨延时日之机会,俾获发展其对华之野心。吾人对于国联素尽义务,故希望其他各会员国,于必要时期,亦尽其义务云。颜表示中国除前已援引之国联会章条文外,或将援引其他条文。至于满洲状况,在日军侵略以前,未闻有任何独立运动。日本素采延宕政策,展缓时日。但此种政策,不能再加容忍。不特中国即全球舆论无不希望国联采取迅速及有效之行动,拟定中国依照国联会章所应获之解决方案云。

【本社二十一日上海专电】 日内瓦电。颜惠庆今日语各国记者,中国无推翻李顿报告书结论之意,惟对此点,不能同意,以完全中立国代表产生之报告书结论,非任何方面所能驳斥。中国向来反对黩武者,惟必要时亦必抵抗在领土内之敌军,但仍希望和平,故派代表到国联求和平公道。颜结论谓中国或将援用盟约十六条。李顿报告书,称赞华"剿匪"成功,又称东省不宜日殖民。最后颜谓彼信国联终能维持公道主张,而制止延不解决之日军事立场。

李顿讲演满洲,时局严重但非绝望,日本承认伪国无理

【中央社日内瓦二十日路透电】 李顿勋爵,昨(十九)晚在国联无线电台播音演讲。据称远东时局,虽为严重,但非绝望。满洲之现状,不能认为符合现行国际约章。当前之问题,非仅中日争占满洲问题,实乃各国共同负责,维持世界和平之原则之存亡问题,此则较诸满洲更为重要云。李顿旋述调查团在满经过之情形,声称调查团对于在满自称为独立国政府者,不能加以承认,亦不能承认彼等国家之存在,或彼辈所司之职守。调查团委员仅能与彼等以礼貌往来,故每次相逢,必元衣高冠,宴会时则互饮香槟,以尽宾主之谊也。关于日本承认满洲问题,李顿称日本承认满洲,系属无理,不能因其已经承认满洲,而即认之为有理。李顿继言,调查团所建议之解决方案,对中日均有利益。因日本若在中国抵抗以及全球不满之下,保持满洲现状,所需代价之昂巨,可想而知。而在中国方面着想,亦有利益,因调查团之建议,足以制止满洲冲突之重现也。李顿末劝各国忍耐,信仰国联,素用会议方法解决国际纠纷。此种方法,虽使世人不耐,但系和解技术所必需之方法云。

英报论调如此,保守党报纸公然袒日,自由工党尚持正义

【本社二十一日上海专电】 国新马(二十一日)伦敦电。今日伦敦报纸关于日本之李顿报告意见书,论调不一。保守党报纸多具袒日论,其最甚者,如保守党之《每日邮报》,称其为极善辩护之文件,足证日人之有理由。又同党之《晨报》,则竟谓日人意见书苟以不偏不倚之目光,遍读一过,将显然可见日本在法律上暨道义上俱立于较强之地位,谅彼批评日本者,亦大半欲承认此言也等语,亦于此可见保守党之态度矣。至自由党及工党报纸,则均能主张正义,斥日人为侵略者。如自由党之《纪事报》,仍称日本为侵略者,谓其答辩,乃径行拒绝接受李顿报告。盖除日人自己在剑锋下调查所得者,不论李顿调查团之调查结果,或任何其他调查所得,日本均将拒而不受。如工党之《每日导报》亦具同样见解,谓吾人恐将难于设想一更比日本再切实侮谩顽抗国联之会员国家也。

东京离奇宣传,日本妄想伪国存在,并谓国联无力解决

【中央社上海廿一日电】 日讯,东京马(廿一)电。审议中日争执问题之国联第六十九届行政院会,马(廿一)晨十一时在国联秘书厅开幕。因本问题之性质颇重大,又复杂。从来指导解决问题之大国,首脑人亦未曾言及问题之解决方法,因此众料国联无能力解决中日问题,只得袖手旁观。然至行政院开会之前,忽有某国联最高首脑人传出国联方面解决本问题之方针。该项报告,于号(二十日)由日内瓦日本代表团电致日外务省,其大体意旨如次:(一)国联由行政院大会讨论中日纷争之全般的问题。(二)国联不作直接解决纷争之办法,但大会议决劝告中日两国于大会结束后三月或六月以内,开始直接交涉。日外务省拟以慎重态度研究,应付此项提议之办法。然日本决意始终主张中国成立强固中央政府,"满洲国"存在之事实及日本承认"满洲国"之事实等,为绝对必要之条件。

7. 外委会昨日开会,国联会议期间将逐日会商,训令日内瓦代表遵照应付

(中央社)国联行政院会议昨(廿一日)开幕。闻行政院会期约有两周之久。我国代表出席会议者系顾维钧氏,直至将来特别大会时,始由颜惠庆、顾维钧、郭泰祺三氏出席,而由颜氏任首席代表。闻外交委员会昨(廿一)日下午在外交官舍曾举行会议,有所讨论。在国联行政院会议期间,外交会每日均将举行会议,俾对国联行政院会议之发展,逐日研究讨论,训令日内瓦代表团遵照应付云。

《中央日报》1932 年 11 月 22 日第一张第二版

8. 日外务省正式发表对报告书意见,与前电通社所传者略异

(中央社)日政府对李顿报告书之意见,已于昨(廿一)日由日外务省正式发表,其摘要本月十八日日本电通社曾一度传出。该项摘要谓系日外务省所发表者,但于翌日又通电更正,谓取消外务省发表字样。昨(廿一)日日外务省所发表者与十八日电通社所传出者,略有不同。但其荒谬绝伦之措词,与横蛮无理之态度,仍达于极度云。

《中央日报》1932 年 11 月 22 日第一张第三版

9. 日本昨晨公布对李顿报告声明书,诬我陷于无政府混乱状态,妄冀列国承认所谓"满洲国"

【中央社上海二十一日电】 东京马(二十一)电,日本政府于二十一日上午零时,发表对于李顿报告书之长文声明书,全文绪论及五章。兹探要如下:

绪论

帝国政府因国联调查委员会之观察,未能澈底,殊为遗憾。帝国政府,不疑报告书以诚意作成,然信委员会在证据之评价与选择,极其误谬。报告书除公式材料之外,应用于传闻记事个人通信及谈话等。此种杂多之证据,果有何等价值,未能断定。因此结果,报告书对于九一八事件日本行动,发生根本的误观。又关于"满洲国"统治之前途,提起不合现实事态之办法。又报告书对于中国国民,暗示日本方面,对中国抱深大之恶感。然事实完全反此,日本拟与中国国民协力实现两国之繁荣及善邻之实。

第一章 中国

(一)一般的考察报告书过于乐观,使人误解中国真相,而未述及中国之无政府状态。(二)中国之排外运动,中国之抵货运动,明了表示对于日本之敌意,此问题不能分离考察。同时中国革命外交,使留华外侨之生命财产,临于重大危险,报告书亦承认此事。(三)在华外侨之变相的地位,外国因采用变相的自卫法,各国在中国地位,实属奇异。世界任何国内,无其类似之例。报告书亦暗示中国不能实行近代政府之机能,因此与中国发生之争执,不能以普通和平机关解决之。

第二章 满洲

(一)一般的考察满洲原来并非中国之一部。据曾任南京政府顾问之爱斯加拉所著书籍,中国与国际法及张作霖于一九二二年五月对驻北京外国公使宣言之中,不认东三省系属中国领地一节,足证此事。张学良亦曾声明,东三省与中央政府之关系,由东三省之自动的勉力而成,不承认无条件服从之命令云。(二)张家之秕政。委员会亦承认张家之秕政,谓官吏为利自己集富,当局发行不换纸币,增加人民负担。(三)日本之特殊地位。日本在满特殊地位,除有条约上特殊权益外,因接壤关系及地理的历史的关系之结果,日本权益,非常重要。如于军事的攻击,不得不极力防卫。此种特殊地位,抵触中国主权之谈与事实相反,报告书不认满铁之功绩,而注重中国民众开发,满洲之事殊难谅解其意。(四)对于日本地位之侵害。报告书虽然分散的记述,中国取满铁包围政策,及对于日本条约上权利之侵害,压迫韩侨、中村大尉杀害事件等,此种各事件之根源,实在于中国欲断绝日在满权益之决意,而调查委员未能认识此事。

第三章　"九一八事件"与其后之军事行动

帝国政府主张日军事当局之说明,完全正确。日本及中国之任何方面说明,亦不能生出如报告所载之结论。日军行动,为非战公约中所规定之自卫权之发动也。日军事行动为防御中国攻击起见,预先准备计划之实行结果而已,且不出于自卫权之范围,帝国政府不准外间议论日军行动。

第四章　新国家

(一)"满洲国"之成立。"满洲国"之成立并非新发现之事实,中国未曾有合并满洲之实力。张作霖宣言独立,已达两次。今次独立运动,由各地行政组织结成国家的团体,并无日本嗾使之事。假令张学良治下之满洲,为中国之一部。然日本对于正当行动之结果,不能负责任,故根据于九国条约之议论无甚效力。不认满洲现政府为自动独立之结果者,为蔑视"满洲国"宣言之建国小史者也。旧清领土推戴往时统治者之后裔为元首,脱离中国本土之政府状态,岂可谓日本之主动耶?(二)"满洲国"住民之态度。反对"满洲国"者,其努力虽大,然人民欢迎"新政府"之事实颇显著,盖"新政府"在前清灭亡以来,最初之文治的政府,非如中国现在之军阀独裁政府也。(三)"满洲国"之组织与将来。满洲之前途,颇有希望,现在治安之回复,顺利进行,交通机关亦逐改良,讨匪工作,亦着着进行。但满洲兵受中国本部支持,企图妨害"满洲国"对外信用之事,最堪注目。满洲财政状况亦有进步,金融安定,日本殊信"满洲国"之将来有望。满洲既声明遵守"门户开放机会均等"之原则,该政府无排外感情,又无共产主义之灾祸。报告书所疑问之日"满"关系,因"日满议定书"之订立,完全消灭。该项议定书,决非剥夺中国人民之自决权,故不妨止各缔约国承认既成之事实。如有固执反对的解释者,则无非等于否认欧洲各国及美大陆的数国家存立之基础。

第五章　结论

第一,中国自民国以来,陷于殆如无政府之混乱状态,中国由此演进,只有国家的崩溃,或不能期待永久的中央政府实现时期之到来。第二,有此结果,中国对于外侨生命财产,未有完全保护。第三,故望外国继续行使治外法权、租借、驻军、军舰常驻及例外的权利等。第四,中国无政府状态及排外政策之最大被害者为日本。第五,日在满地位为世界上绝无之例外的地位。第六,旧东北官宪对于权益,加以热烈频繁之侵害。第七,如此紧张空气之中发生九一八事件,而日军对此行动,未出于自卫权之范围。第八,满洲对于中国本土有特别之地位,张家之暴政,排斥民族自决之主张,自动造成民众运动,而遂惹起前清复辟运动。第九,日本对于"满洲国"成立之态度及正式承认之事,决无违反国际条约之点。报告书仅否认满洲之回复原状,然日本主张维持"满洲国"为必要之事,列国亦从速承认"满洲国",而援助其发达,则满洲安定又使远东和平确实。第十,报告中第九章原则第十项有中国本土有国际管理之虞。第十一,关于满洲之诸提议,亦招致"满洲国"国际管理之事,此项提议,日"满"两国均不能接受。撤废满洲军备之谈,反使该地方酝酿不安之空气,且在中国无强固政府之时,不能应用此办法。

《中央日报》1932年11月22日第一张第三版

10. 日对报告书发表声明后,美国当局绝对不满,九国公约为保障中国统一,日谓为不适用难自圆其说

【本社二十一日上海专电】 国新号(二十日)华府电。美国当道对于日之李顿报告意见书,因恐正式评论后,被人误认为间接干涉国联,故今日仅非正式表示意见。以为该意见几难自圆其说,内有许多方面与美国之见解迥殊。即其他各点,其理由亦殊薄弱。美要人之居负责任地位者,对于日人所持九国公约不适用于满洲争执之立场,尤难赞同,认此种立场绝难自圆其说,因美国信九国公约专为保障中国之统一而设,今以日本军事行动结果,中国之统一直接为之破坏。美国固愿承认中国今方缺乏某种之统一现象与国内之缺乏安定,但当缔结九国公约之时,日与其他签约国,均早已明白承认此种事实,且于完全深知中国状况之后,同意商定不加干涉。美当道又谓当九国公约提出讨论之时,中国国内正在各军阀相斗中,南方既不与北京政府合作,而东三省又自为政令。且为中国本部一部份之真正统一者,考当时所以缔结此约者,此即

为其理由之一。惟日本之意见书,既独致国联,故美当道认为与美国无涉,不必加以正式评论,并表示美国在国联讨论之时,虽暂不活动,但可为国联诸会员国保证者,苟其所认为应取之步骤,美国亦予以完全之同情与合作。某大吏又谓美不抱此态度,即所以消极的赞助国联解决争执也。至官场以外之人,则对于日本意见书,并不惊异。报纸虽刊登于显著地位,而一般舆论则称其中所言者,日本宣传家早在此间道及,固已熟闻之矣。日外交部于再利用其机关通信社(日本新闻联合社),散布直接交涉空气为国联空气。日如坚执反对李顿报告书及行政院(或大会)之决议,日本则被认为侵略主义国,只知有枪炮,不知有公理,大局将陷入僵局,乃以直接交涉为名,拒绝公开讨论。据传日外交部对某大国提议,嘱其帮助其策略,列左:(一)若拒绝大会讨论中日纷争,则各国均以日本拒绝讨论为不然;任其讨论,但无论何种提案,均不同意,使各国不能得到任何结果,遂操之自然推移。(二)所造之空气若成功,则乘机议决以六个月为限,宣告中日直接交涉。(三)须认"满洲国"为独立国参加交涉。

《中央日报》1932 年 11 月 22 日第一张第三版

11. 日使有吉昨日来华,谓国联开会如舞台演剧

【中央社上海廿一日电】　日使有吉,定养(二十二)乘秩父凡抵沪。

【中央社上海廿一日电】　日讯,东京马(廿一日)电。驻华公使有吉明、冈崎书记官、浅贺书记生等,哿(廿日)晚九时半离东京来华。在车站谈话云,余在东京会见内田外相及各方要人,报告中国最近情形并协议今后之对华方针。国联开会讨论中日问题,在此时际,中日两国国民应以冷静态度对付。国联会议不过系戏院之舞台而已,吾人不必顾虑舞台上演剧之巧拙。中日两国应速回复经济原状,开始交易,则两国人均得利益。现在两国情态,着着改善。余回任之后,努力实现此事。

《中央日报》1932 年 11 月 22 日第一张第三版

12. 宋子文返京,应付外交局势,暂不他往

　　(中央社)代行政院长宋子文偕夫人张乐怡女士、秘书黄纯道,于昨(廿一)日上午十一时许,由沪乘塞可斯飞机抵京。宋谈国联会议已经开会,期谋中日问题适当解决办法。本人为协助中央应付外交局势起见,特行返京,暂不他往。至国联大会对中日问题讨论之结果如何,吾人目前可毋须推测,只要吾人努力奋斗,则最后胜利,终属于我云。

　　　　　　　　　　　　　　　《中央日报》1932 年 11 月 22 日第一张第三版

13. 斋藤回东京

　　【中央社东京二十一日路透电】　首相斋藤氏,已回东京。此次往晤元老西园寺之目的,在关于日本对国联讨论东三省问题之态度,希与西园寺得一相当谅解。

　　　　　　　　　　　　　　　《中央日报》1932 年 11 月 22 日第一张第三版

14. 吴思豫在市党部讲《自立救国》,东北健儿再支持四月,日民必对政府起反响,暴日意见书荒谬绝伦,雷震昨为有力之驳正

　　南京特别市党部,于昨上午九时,举行总理纪念周。到委员张元良、周伯敏、雷震、吴思豫、周复、袁野秋、彭赞汤,暨全体工作人员八十余人。由雷震主席,黄至深纪录。行礼如仪,并由吴思豫演讲《自立救国》。略谓:

　　主席,各位同志。

　　今天总理纪念周,适值国联行政院在今天讨论中日问题。自从国联调查

团报告书公布以后,这一次集会,这是第一次的会议,要算是国联史中最重要的一幕,也就是讨论中日问题最重要的一幕。中日问题能不能得着一个公允的解决,我们不敢妄想,但是总希望在这一次得着一个公允的出路。调查团的报告书,我想各位都已熟读了。那最后九、十两章建议部份,我们中国的利害,已是不用说了。就是前八章的事实部分,我想中国人看了,应何等的痛心;被外国人看了,又何等的可耻啊。

自九一八以来,已经年余,中国人自己不能抵抗暴日,求诸国联,国联历次的决议就等于不决议。中国之所求于国联者,就等于没有得着。最近国联自身保持地位,拟设国际委员会,准美俄两国参加,以充其实力。不过就是设立,听说也要等候明年三月四日罗斯福就职以后,还要三四个月以后的事。试想在这三四个月中,我们东北的地图颜色变深到怎么样的程度,我们被暴日铁蹄下践踏的同胞又痛苦到怎么样的程度。就算国际委员会是于我们有利的,在这三四个月中也就够受了。设或还是迁延不决,那就愈加水深火热了!

常言说得好:"求人不如求己。"古人说:"人贵自立。"中华民国莫非就此没有办法?有的,就是"自立救国"。换句话说,就是凡事要国人自决。我们在国际委员会未来的三四个月之中,倘使能够有自立的运用,预料国际委员会一定于我们有利而无害的。诸位翻开世界史来,多少国家的兴和亡,都是由国民自立和自亡。我们看看日本明治维新以前的衰弱,以及数十年来之能称霸于欧亚,就好做榜样了。自从九一八全国人民对暴日厉行经济绝交以来,已足够她的致命伤了。最近的调查,日本的国家预算,已经不敷九万万元。金价低落,工商业凋敝,国民的经济已将破产。同时制造铁蹄的军费是不能短少的。倘使我们东北的健儿再能支持三四个月,那暴日的铁血牺牲愈大,势必引起人民对政府的怨望。到那时反响一起,任凭什么也解决不了这个问题。所以未来的三四个月,要国人能自立,能自决发挥我们救国的力量。那么今天这个日子,才是国联史中最重要的一幕,也就是讨论中日问题最重要的一幕。我们赶快要大声的疾呼:"自立救国!"

吴讲毕,继由主席雷震对日本之荒谬的意见书作如下有力之驳正:

国联行政院会议,适于今天与南京相差八小时的日内瓦十一时开会,日本代表团已于十八日,把日政府对调查团报告书而提出之强词夺理、荒谬绝伦的意见书,提交国联秘书处,已见十九日报载日外务省发表的要点。因报①报告书宣布日本的罪状说:(一)日本所借口之悬案,并非真确。(二)九一八事件,日本并非出于自卫。(三)日本一切行动,乃预定之计划。(四)伪组织系日本所手造,并非中国人民之意。日本认为这些地方于己不利,遂借口报告书中批评中国之现状,如政变内讧,及谓中国抵制日货,有受政府赞助或默认之嫌疑等等,乃大放厥词,真是信口雌黄!

谓中国为无政府状态的国家,进而不能适用"领土不可侵犯"之原则。须知报告书叙述中国过去有许多政变内讧,虽各关系国不无受有影响,但其立意仍在说明由旧式衰弱之国家正在复兴自强,进而为近代式之新国家的进程中应有之混乱现象。此历史进化之事实,不特早为世人共见共知,而报告书且明白说出,暴日抹煞此点,偏从所谓无组织无政府状态等等,侮我国家,辱我民族。其论调之荒谬,用心之恶辣,与夫曲解报告书之意旨,显然若揭。甚谓"中国自袁世凯政府消灭之后,即无统一之政府,亦即根本无政府",此更可谓日本之自毁立场,不独侮我辱我,且自侮自辱者莫此为甚。盖日本之所以不忘情于袁世凯者,即因袁能屈服于其威力之下,订其辱国丧权之条约,为其忠实之走狗,而我革命之党政府,则不能予以侵略利益,满足其帝国主义之野心耳。

又谓华府会议承认中国有统一政府存在之协议,为造成今日中国堕落之原因。此言更甚荒唐,不独侮我民族,实有侮辱召集华府会议及签字华府条约之诸国。试问"中国是否国联会员"? 既是会员,有何不成国家? 国际联合会不是以国家为单位而联合吗? 中国既非国家,日本又何以与非国家联合呢? 满纸鬼话,不攻自破。其认我为非国家,即亦自认日本为非国家。自芳泽使华以来,由重光而有吉,一再递国书也,一再言中日亲善也,一再谈两国共存共荣也,此都不成国家者与不成国家者之周旋应酬了? 再问"列国承认南京政府,就其权威范围所及而承认之而已,满洲自然不在其内"云云,究竟何者为南京政府所管,何者为非其所管? 中华民国是单一国家,不是联合国家。张作霖任东北三省巡阅使时代,日本要求东省各种条约,是不是由北京政府所签订? 当是日本要不要中国政府为承认代表? 如果以前北京政府为国家政府,现在为非国家政府,那末又为什么自相矛盾的要求现政府承认它的权益? 为何一再申诉,说现政府不履行条约? 又为何要求现政府取缔国民自

---

① 编者按:"报"疑为衍字。

动的经济绝交？我现政府自然更没有履行的义务,中华民国是继承满清帝国之后,满清之满洲既是合并中国,张作霖更为中国政府任命之地方官吏,何以"张家两代并未受中国本土任何拘束"？这都是日本自毁立场之处,何须一一置辩呢？

至于日本对新伪国之辩论,以为:"今日问题不在其他,只在从既成事实之下,使世界各国如何承认新国,即对远东问题已告解决。现九一八已过去日久,新国组织也日见巩固,应从此解决,即可完结一切。调查报告所云收到满洲人民信件一千五百余件,只二件赞成新国,这都是张学良所为。"云云。事实上东省自九一八来,是否较前治安为好？英人在牛庄为什么被绑？又为什么有反伪意志的义勇军几十万前仆后继、继往开来呢？所谓一致赞成新国的话,不过是在枪炮下的不自由意志罢了。今后日本若将倭兵倭将一齐退出东省,中国也不派兵维持,新国将究到如何现象,我们当不难断定。而其必然的崩溃与情愿归顺中国,必是断然无疑的结果。如拿破仑统一法国,在枪炮下迫使各邦人民投票合并于法,即此次日本假造武力下之名义的借镜。此种在强迫下而屈服之条件,在今世国际法上,是应属无效的。凡此种种都是驳不胜驳。

但尤其最要的,是侮辱我国的一点,就是所谓"中国……现在不过一广大地域之名称而已……不过一个希望理想而已,绝非国家"。查自世界有史以来,只在一八一五年维也纳会议席上,意大利国受了"意大利不过地理上之名词而已"一语的侮辱之后,到今一百余年,从未听到第二个国家不过是地理名词而已的侮辱。今世界交通如此发达,国际关系如此密切,而暴日竟有发此历史上暴言的勇气,简直目无中国之外,更目无世界,目无人类了,我们应以此为有史以来所无之耻辱。意国今日统一强盛,成为世界海军竞争以至整个国势竞争的英美日法意五强之一,莫不由此"地理名词"而非政治名词、非国家名词之刺激,所以不到数十年就有统一国家,成为政治名词、国家名词,而非地理名词之事实。日本意见书之辱我,比造成九一八之变乱为更甚。

现对日问题,靠国联吗？否否。列强各以利害关系为前提,向来不肯牺牲,即如九一八以来,事实上不是有国联几次决议么,但暴日并不奉行,国联亦无可如何。而后又有所谓调查团,查了一年,至今又无办法。再组织所谓国际委员会,倘再无办法,则延到何年何月？英人的外交花样是多的,一法不通,再来一法。我国因亦无可如何啦。求出路之法,是在自己,自强自救,方是办法。所以对日要澈底抵货,要充分援助义军。再不要自塌其台,如山东、四川之事。

能自强不息,过去意大利的光荣自属中国将来的光荣了。

又关于抵制日货事,听说在京日人不过五十余,而竟能将日货畅销无阻。我党员数千,合预备党员万余,全体市民则六十余万,如果能努力坚持,澈底抵制,何以不如区区数十人的效力? 希望我全市革命的爱国的同志,小之则在座全体同事,为自由抵货之本市基本员,广而推之,断没有不收大效的。大家以真精神真良心来干好了!

最后由周伯敏勖勉工作人员,应多多从事研究,发为文章,以资驳正暴日之荒谬。其讲词俟整理后于明日发表。十一时礼成散会。

《中央日报》1932 年 11 月 22 日第二张第三版

15. 国联于严重形势下,今日讨论李顿报告书,李顿出席致词答覆日本声明书,行政院将正式声明不承认伪国,顾维钧对松冈谬说痛加驳斥

程序问题我获胜,李顿将答覆日意见书,各国代表将向日质疑

确息,日内瓦我国代表团昨(廿二)日有电到京,报告国联会议进展趋势,称国联行政院昨(廿二)日未举行会议,今(廿三)日上午继续开会。首由李顿爵士致词,对日政府之意见书加以答覆。继由各国代表发言,对日代表质疑讯问,并询日代表对中日争端日政府是否有和平解决之意。旋即休会,至星期六再行开会。星期六开会后,行政院即将李顿报告书及本届会议纪录,移送十九国委员会讨论。对程序问题,我国已争得胜利。

(中央社)国联行政院前日(廿一)已开会,由中日两国代表致词。今(廿三)日将由李顿爵士致词,对报告书作详细之解释。继以各国代表演说。此为国联行政院正式讨论李顿报告书之开始。据外交界观察,李顿今(廿三)日之演词与其十九日之播音演讲,将为同一之内容而更扩大详晰。李顿演词中所述调查团,不承认所谓"满洲国",及日本承认"满洲国"系属无理一节,外交界认为至为公正,且极关重要,并信行政院必能接受李顿之公正意见,于会议闭幕前,正式声明不承认"满洲国"。至李顿所述用会议方法和平解决纠纷,亦致

无穷之期望于国联,而希其迅速圆满实现云。

外交界息,国联行政院前(廿一)日开会,昨(廿二)日将解决程序问题。日方所主张由行政院解决中日争端一节,外交部早已训令日内瓦代表团极力反对。闻行政院方面,对程序问题,对我颇表同情,盖中日争端之讨论,在法律上早入于大会之手。大会既于今春组织十九国委员会,则中日争端自应由行政院交十九国委员会讨论后送大会讨论。此开会后之第一争执,我方可望胜利。

顾维钧痛驳松冈,日大陆政策乃远东和平障碍,对调查报告一部分认为公允

外部息,国联行政院于二十一日上午十一时开会。主席致词毕,大会即听取日本代表松冈洋右陈述日政府对于李顿报告书之意见,其词已散见昨日各报。下午四时大会继续开会,由我国代表顾维钧氏出席陈述中国之意见。顾氏首对调查团之数月辛勤工作表示谢意,次述调查团在东省时日本及伪组织对参加调查团之中国代表之行动,曾加以种种不合理之限制与障碍,致不能充分观察与搜集证据。以视中国之容许日方代表在中国各地通行无阻,任意视察,相去不啻天渊。

顾代表旋对于日代表松冈演词最荒谬之数点加以驳斥,其他各点声明留待下次答辩。顾代表略谓:(一)中国政治目前之尚未臻十分稳定之境域,一方面固系因中国尚在继续进展与过渡之时期,而重要之原因则系日本屡次阻碍破坏中国之统一运动与建设事业。(二)远东及世界和平之最大障碍,并非中国,乃为日本传统之大陆政策。(三)三民主义与国民党党纲之真义,绝非排外,中国政府及人民亦绝无排外思想。所谓对日抵货运动,纯系对于日军侵略行为之一种合法的自卫行动。中国政府虽与以同情及赞助,但其责任不在中国。

顾代表次陈述中国政府对调查团报告书之意见,略谓调查团之重要结论,如日军在九一八晚之行动,不能视为合法之自卫行为,及"满洲国"纯系日本军人及政客一手造成,不能认为由真正的与自然的独立运动所产生,均极公允。细译调查团之报告,且可推得下面三项补充原则,即:(一)不能任侵略者获得任何利益;(二)中国所受之损失应予赔偿;(三)日本完全撤兵之义务依然存在,且无先决条件。在武力压迫与既成事实之下,绝无交涉可言。

对于报告书九、十两章,顾代表一面声明保留发表意见之权,一面对于该两章内所称之任何完满解决办法,须以国联盟约及九国条约为根据一节,极力称赞,认为系一重要原则。

顾代表最后请求国联采取迅速而有效之办法,早日解决东省问题。

【中央社日【内】瓦廿一日路透电】 顾代表对于松冈洋右所述各点,或加驳斥,或保留日后答复。旋读中国政府对于李顿之意见书,并申述下列各点:(一)顾为调查团之中国参预员,调查团在满时,日人对顾之行动,横加干涉制止,以致顾未亲赴各肇事地点考察或召集证人与调查团晤谈,而调查团之日本参与员,在中国各地行动自由,与顾所受之干涉截然不同。(二)中国于建设过程中,所遇最大困难之一,即日本之干涉也。日本一方诬蔑中国为无组织国家,一方处心积虑施行破坏中国统一之政策。日人切虑中国之政治统一对于日本侵略政策与以大不利,故处处横加阻挠,实无希望中国和平统一之诚意也。日本之大陆政策乃数百年来日军人所灌输于日人心理者之结晶,以侵略中国为占领亚洲大陆之初步。此项政策危及远东和平,自不待言。加以蓄意施行大陆政策之日本军阀具有世界最锐利之战器,并抱以武力实行侵略之野心,远东之危险状态无以复加矣。颜[顾]旋博引各项史料,自十六世纪起以至于数年前之田中密奏,证明日本对华之侵略企图为数百年来之一贯政策。(三)关于抵货问题,顾称中国人民之所以抵制日货者,乃为日本之横暴侵略也。抵货运动,为中国人民自动之组织,政府难加制止。惟自九一八日本开始侵略以来,中国人民虽积极抵货,但绝少越轨事件,此节李顿报告已加证实。当前之问题,并非抵货运动,是否适合友谊邦交,实乃日本无故侵略中国土地,在此情况之下,中国能否再与日本维持友谊邦交。中国一方图由国联获一和平解决,一方仍须于可能范围内,制止强寇之进展。中国迄今采用消极之抵货,以代武力抵抗武力之办法,如谓中国不能抵制日货,不啻认中国无此合法及和平之自卫权也。(四)顾旋引李顿报告证明日方所称炸毁沈阳铁轨事件,不足为日军行动之理由,为此事件不足为日军于九一八夜在沈阳附近行动之理由,则更不足为日军于同夜侵占吉林、长春、营口等处中国领土之理由。(五)顾认锦州事件为日方未有诚意解决满洲事件之证据。日本既于锦州、吉林以及满洲其他各处破坏中国行政完整后,而复以满洲之混乱状态归咎中国。(六)顾谓日军不顾国际约章及日政府历次向行政院郑重承诺之义务,竟于一·二八侵略上海,此乃日本蔑视国联之明证也。(七)顾称下届之国联特别大会对于中日事件应加解决,中国政府素认中国与任何国家谈判,必以中国依照国联会章及非战公约所应有之权益为根据。李顿报告对于中国政府此种之态度,表示赞同,中国政府甚为欣感。中国政府对于任何建议能与此种重要原则符合者,准备接受。(八)中国政府保留要求因日本侵略行动所受之一切损失。(九)顾称日本依照国联行政院去年九月三十日及十二月十日之决议案,应先撤兵,日本此时仍应履行撤兵义务,任何根本解决中日纠纷方案,必以撤兵为先决条件。(十)顾氏末称,李顿报告对于满洲情形已详述殆尽,此时国联亟应采取迅速有效方法,依照国际正义公理,解决中日事件,维持国际和平工具云。

《中央日报》1932 年 11 月 23 日第一张第二版

16. 对日驳文今日可发表

驳斥日方对调查团意见书之文件,外部已草竣。因字句尚略须斟酌,改今(廿三)日发表。闻驳文内容,对日意见书之一般的荒谬措词及误解之处,驳斥均极得体。对内中之专门问题,则已训令日内瓦代表团相机驳斥云。

《中央日报》1932 年 11 月 23 日第一张第二版

17. 国联行政院出席国家题名录

(中央社)外交界息,出席此次国联行政院会议者,计有德、英、法、意、西班牙、波兰、墨西哥、爱尔兰、瓜地玛拉、巴拿马、挪威、捷克、中、日等十四国。至十九国委员会之组织,上述十四国中,中日两国除外,尚有瑞士、哥伦比、匈牙利、瑞典、比利时、南斯拉夫、荷兰等七国云。

《中央日报》1932 年 11 月 23 日第一张第二版

18. 沪上盛传大国会议，美俄均将招请出席，研究和平解决办法

【本社二十二日上海专电】 近传法使威礼敦现正进行大国会议，其范围颇大，苏俄及美国等非国联会员国，均在招请之列。讨论时将国联盟约、九国公约以及非战公约等，均暂时搁置，专就实际的事实，研究一种和平解决之办法。会议地点，据传或在上海，或在日内瓦，尚未商妥。闻其性质与伦敦所传之国际委员会亦有不同，但现下进行程度如何，及有无实现之可能，尚无从探悉，因当局对此，似尚在严守秘密中。

《中央日报》1932 年 11 月 23 日第一张第二版

19. 美暂守沉默，列强将共同宣告不承认伪组织，詹森奉罗斯福命交换各国意见

【中央社华盛顿二十二日路透电】 美外务部在国联讨论李顿报告期间内，绝不发表任何意见，致使外间认为美国运用外交压力，图使国联通过李顿之结论。据此间消息再灵通者之观察，国联如反对日方之争论，列强或将共同宣告不承认"满洲新国"，此乃美国素所主张之途径，倘能实现，"满洲国"或将崩溃。

【本社二十二日徐州专电】 美使詹森养(二十二日)由平过徐赴京。据谈，奉总统罗斯福命，关于国联开会时，就近交换各国外交政见报告敝国。美国外交政策仍本胡佛总统制度，不稍变更。中美素亲善，当以可能范围援助中国，希望中国国内安靖，政治有力，方可折冲御侮。至美麦运借中国，乃一般美商所为云云。

《中央日报》1932 年 11 月 23 日第一张第二版

20. 日汇市停顿，静待日内瓦消息

【本社二十二日上海专电】 日藏相高桥养(二十二日)语报界，谓政府在日内瓦局势未明了前，不欲设法应付目下金融汇市云。目下商家均静待日内瓦第二步之发展，汇市已呈停顿，此半由于银行家与投机家因日内瓦结果尚在未定之天，故皆不敢出手所致。

《中央日报》1932 年 11 月 23 日第一张第二版

21. 意国赞助李顿报告

【中央社罗马二十一日路透电】 政界中人表示，意国决定赞助李顿报告。首相墨索利尼，于十月二十三日在杜林演说，对于国联在远东及南美势力之薄弱表示不满，故此次国联之处置中日事件，意人极为注意。

《中央日报》1932 年 11 月 23 日第一张第二版

22. 英法舆论抨击日本，英报谓日本已向国联挑战，法报促国联迫日退出东省

【中央社伦敦二十一日路透电】《每日先锋报》称，日意见书仇视国联行政院委派之调查团，否认其权限，讥讽其建议，不啻蔑视世界和平工具，向国联挑战。日本既绝对拒绝行政院或国联大会过问中日问题，则此问题已扩充于本身事态以外，国联之前途以及世界和平之工具均濒危境矣云。《纪录新闻日报》称，日意见书除日本以武力实行之办法外，对于李顿调查团建议之办法或其他办法均绝对否认，此为外间早所预料。但日意见书内并无新颖之理由。日方所提之各种理由，实较现代日本更为陈旧云。

【中央社巴黎二十一日路透电】 今日此间仅有两报评及满洲问题，极右党之《自由报》一向袒日，社会党之《平民报》同情中国，敦促国联强迫日本退出满洲，维持国联之威信。

《中央日报》1932 年 11 月 23 日第一张第二版

23. 日果恫吓退出国联，亦应悉履行国际义务，英民治同盟发表宣言

【本社二十二日上海专电】 马（二十一日）英民治同盟由罗素蓝斯堡（工党领袖）与韦尔斯诸人，签名发一宣言，宣称中日争执之危机正在发展，将来不仅对于远东前途，即对于军缩问题，亦将有足以决定运命之影响。今国联倘有日人所认为不利之决议后，日本势将决定退出国联，固属可虑。虽然有一点须明了者，即日本纵决定退出国联，苟非其按照国联盟约所订之国际义务，悉经履行之后，则仍将受盟约之束缚。再若英国表示准备与美国合作，共同维持九国公约后，或亦仍可阻免日本之退出国联也。最后民治同盟又建议，倘国联大会宣告日本为违犯正约之侵约国后，则应立即禁止一切军械子弹售于日本云。

《中央日报》1932 年 11 月 23 日第一张第二版

24. 法报主张中日问题应交国联大会

【中央社巴黎廿二日路透电】 此间各报对于中日代表，昨在日内瓦之辩论，未有详论，惟《小巴黎人报》称中日事件应交国联大会讨论，因此事之解决权操国联大会也。

《中央日报》1932 年 11 月 23 日第一张第二版

25. 德报之评论，列强对满洲问题，无非在尽力延宕

【中央社柏林二十二日路透电】　此间各报对于满洲问题均守缄默，惟有《日耳曼日报》著有评论，发表意见。据称中日问题发生以来，已历十四月，国联屡次将满洲问题搁置稽延时日。此次行政院会议之结果，或将不出此途。满洲事件，明白表示国联之组织，太不完备，无力履行赫礼欧等所冀望国联担负之重要任务。列强对于满洲问题无非尽力延宕，英法两国从来未有考虑坚强办法之意云。

《中央日报》1932 年 11 月 23 日第一张第二版

26. 日政党宣言，反对李顿报告，徒供军阀驱使

【中央社东京廿二日路透电】　政友会昨发宣言，赞助日本政府对李顿报告之意见书，并促日内瓦日代表团，坚持不屈，图使国联依据事实解决中日问题。所谓事实者，即指"满洲国"之成立也。民政党亦发宣言，反对李顿报告内之下述两点：（一）日军之九一八行动，逾越自卫范围。（二）"满洲国"乃少数华人及日人所创立，多数满洲人民，均反对之。其他之日人宣言，对于国际共管满洲，均表反对，因如实行国际共管，"满洲国"必先取消也。

《中央日报》1932 年 11 月 23 日第一张第二版

27. 加拿大政府暂不发表意见

【中央社渥太华二十二日路透电】　本涅特总理今日在加拿大下议院称，加拿大出席国联之代表，对于中日双方，均无偏袒，加拿大政府暂时不欲发表任何意见。

《中央日报》1932 年 11 月 23 日第一张第二版

28. 美将宣布不认伪国,对李顿报告书不作一词

【本社二十二日上海专电】　美国务院拟于国联考虑李顿报告书之际,严守缄默,不作一词,以免为人牵强附会,指美国施用压力主张采纳报告书之建议。据此间消息灵通者评断,谓国联现殊反对日本之诤议,众意列强或将全行宣布不承认"满洲国"。美国之拟取此途径,久为人知,果尔则"满洲国"政府恐不免自倒也。

《中央日报》1932 年 11 月 23 日第一张第二版

29. 九国公约国会议,因国联讨论东事程序难解决,或将依照九国公约召集会议

【中央社伦敦廿二日路透电】　关于国联讨论满洲事件之程序问题,中日两方相持不下。中国力主满洲问题应由国联大会处理,日方则坚持由行政院处置一切。故此间颇赞同第三项办法,即依照九国条约召集各缔约国之会议也。九国会议,如能实现,美国亦可参加讨论云。

《中央日报》1932 年 11 月 23 日第一张第二版

30. 日采武力强暴政策,日内瓦方面观察松冈态度,单纯外交手段不能救危局

【中央社日内瓦二十二日下午四时专电】　此间观察者咸明白感觉松冈乃忠实代表军国主义,至欧宣示态度者,由此可征见日方系采取武力为后盾之强暴政策。是故欲国际联盟对东北问题取迅速而满意于中国之解决办法,事已难能,单纯的外交手段,万不足救此危局。

《中央日报》1932 年 11 月 23 日第一张第二版

31. 义军电国联大会，日军造成空前未有之惨剧，望发挥权威制裁人类蟊贼

【本社二十二日北平专电】　冯占海、李海青、唐聚五等，电国联大会。大意谓日本囊括三省，我民众所受迫害，已达极点。故揭竿而起抵抗，各地义军数达三十七万余，无时不在与敌决斗。惟日人残暴，如抚顺之平顶山、义县之杂木林子，无辜民众遭屠戮者不下三千。有史以来，未有之惨剧。深望国联发挥其权威以正义及盟约制裁此人类蟊贼。我东北民众，对暴日只有抵抗，决不屈服，除非杀尽三千万人民，决不许伪组织存在，亦不承认任何非法权益之要求。国联更不能抛弃主权，造所谓共管局面。政府不能以武力收复失地，人民誓团结驱日寇于国境之外等语。

【本社二十二日北平专电】　救国军谢珂电平，皓(十九日)晚八时，日高波步队千余名，以坦克军为前锋，向我黄团扼守之莲花镇进攻。同时日黑田部由林家店攻我周团，战极烈，迄一昼夜，敌不耐寒，乃向兴凯山退却，我大部仍守拜泉，是役均有伤亡。

《中央日报》1932 年 11 月 23 日第一张第三版

32. 日代表松冈发言荒谬，市党部议决电全国严予驳斥，并电国联主持正义制裁暴日，唤起民众援助义军抵制仇货

南京特别市党部执委会，昨下午二时，开第八次会议。出席委员张元良、方治、袁野秋、周伯敏、震雷①、彭赞汤、谷正鼎，列席委员罗素约、赖琏、陈独真，主席张元良。兹探录其重要事项如左：(一)日本对国联调查团报告书发表荒谬之意见书及日代表松冈等在日内瓦发表种种谬论，其侮辱我国家及民族，莫此为甚。应通电全国、各地党部及各人民团体，严予驳斥。并电我国代表，转达国联，主持正义，制裁暴日，以维持东亚和平，并唤起民众积极援助义勇军

---

①　编者按："震雷"当作"雷震"。

及澈底抵制仇货。(二)呈请中央,从廿二年一月起,按月将所得捐拨出三分之一,并通令全国各机关,按月照征收所得捐办法加抽所得捐额数半数,合并作为援助东北义勇军军费。(余略)

(又讯)该会前决议,电促京外各中央委员,出席四届三中全会,原电探录如次:上海吴市长、广东省党部,转留沪粤各中央委员钧鉴:查四届三中全会,中央已定于十二月十五日举行,值兹内忧外患交迫之际,诸公身负党国重任,务请以共赴国难之精神,尅日齐集首都,出席全会,共商救国大计,不胜盼祷之至。中国国民党南京特别市执行委员会叩。养印。

《中央日报》1932 年 11 月 23 日第二张第三版

33. 日意见书暴横无理荒谬绝伦,实为全世界诧怪稀有之谰言,周伯敏在市党部纪念周痛加驳斥

前日上午,市党部举行总理纪念周,委员周伯敏演说,题为《对日本意见书之驳斥》,兹特刊载如下:

日本对于李顿报【告】书之意见书,经由日代表团提交国联秘书处,日外务省亦已发表其要点。据报披露,计分五章,内容之荒谬绝伦,暴横无理,实为一稀有全世界同深诧怪之谰言。兹特摘要驳斥如左:

诋我无政府,为何呈递国书

第一章谓现在中国并非国家,不过一广大地域之名称。又谓领土不可侵犯之原则不能适用于无政府状态之国家。这些暴言不只是公然极端侮辱我们国家民族,而且要自辱其国,并自画供招其有意摧毁国联盟约、非战公约及九国公约之种种暴行。中国以前全国未臻完满的统一情形,固无可讳掩,而且我们也不必讳掩,这正是有史以来,任何国家在革命的过程中不可避免之现象,不只是中国,世界各文明国家很多都有前例。如像美国当林肯时代,南北五年战争至为剧烈,国内纷纭达于极点,但无害于美之统一。又如大革命时代之法国,又何尝不发生内战四分五裂?然而美国、法国当时并不被诋毁为无政府之国家。最近爱尔兰与英格兰之关系,亦无害于大英帝国的统一。即就日本自

身说,明治维新,国内又何尝无内乱之纷争?现在我国固为一完全统一之国家,且为国联会员国之一,国民政府内为全国所共戴,外为万国所公认。日人肆意狂吠,侮辱我国家民族,适足以自暴其为非文明之国家,尚未脱其野蛮民族性。以东亚文化最早之中国而可目为非国家,则蛮横无理之日本,尚得为国家乎?况东省事变后,日本迭次要求我国政府直接交涉,上月日本新公使有吉明氏又亲递该国国书于我国政府,而今竟诋为非国家无政府。试问东省事件,将向谁直接交涉,国书向谁呈递?可谓欲辱他人,转辱自己者矣。且国际间文明国家不为不多,即就参加国联之数十邦国,亦俱无有诋中国为无政府非国家者,而日本独出此谰言,是日本过去及现在向中国所订定之各种不平等条约,俱可自行宣告单独失效,固不能与各国同样之地位也。至谓领土不可侵犯原则不适用于我国,此直是因东省事件,日为戎首,自度难逃国际公论,故作此谰言,以图卸责,冀免制裁,然其侵略暴行,固已于言外自行承认矣。

满洲属中国,全世界所共知

第二章谓满洲最初即离中国本土而独立,尤为荒谬。东省为中国领土,不但自清朝始,在古代为肃慎国,早为中国之隶属。自唐迄明,更为中国所有,史册班班可考。按"满洲国"名,本曰满住,乃文殊之音转,以佛名为名,明朝即设为建州卫以治理全地。后有酋长李满住者,由朝鲜咸镜道移居兴京。其后清太祖统其部落,以满住为尊号,是为满洲汗。至太祖始以满洲为部族之名,旋又用为国号。而清太祖固曾为明之建州卫将军,载在史册。世人因东三省为太祖太宗所经略,遂称其地为满洲,至近时日人稻叶君山始由种种考证断定其国号曰金。而所谓满洲者,实系皇太极称帝后之伪撰。稻叶之言曰,清朝之祖先明称为建州卫之属人。及太祖自立,称曰金国。但此不特证明满洲与中国极有关系,且反足证明无论满洲为金,固完全属中国无疑。因为金的名词,固已为中国之一朝代。是东省固为中国领土,早为举世所共知。在国民政府以前,东省即已悬五色国旗,以后又改悬青天白日国旗。但无论如何政变,而东三省终明白表示其为中国之领土,全受中国中央政府之统治,此固为世界人士所共知。日人虽狡辩极意欺朦,亦徒见其心劳日拙。而且我们若更进一步说,岂特满洲是中国的完全领土之一,即就朝鲜,其有史数千年来的关系,试问究属中国或日本?到现在他们虽被日本武力并占,但他们的民族仍昭告世界绝不任日人久占,且表示是中国的兄弟之国。试问日人还有脸想再谰说满洲为己有么?

作军事行动,何能算是自卫

第三章谓报告书断定九一八事变日本超越自卫范围,是不知中日间之紧急事态,而轰炸锦州,为海牙条约所承认之正当行动。其所谓紧急事态,究何所指? 若指炸毁铁路,则铁路固日人自行炸毁以为发兵之借口。且其损坏极为轻微,自谈不到紧急自卫。至谓轰炸锦州为海牙条约所许,更见其横暴无理,穷于狡辩,欲盖弥彰。试问炮攻齐齐哈尔,扰乱天津,兵寇淞①沪,进犯热河,种种暴行,日人又将何以置辩? 况且所谓自卫,照任何解释,总在自己领土以内方可! 今日本已在中国领土内悍然作军事行动,还能说是自卫行动? 难道海牙条约还有为日本特制下这条规定么?

创傀儡政府,事实彰明显著

第四章否认报告书断定伪满洲国为日军所制造,并谓日政府及日军司令部,曾严令日人,即个人亦不许参加满洲政治运动,此无异掩耳盗铃。日本军阀之创造满洲傀儡政府,为举世所共悉,而此傀儡政府及其所属重要机关,尽为大多数日人所把持,尤其是所谓各院部的政务厅长和各处财政实业机关的监督和顾问,事实昭著,虽百方狡辩,终不可掩。况且李顿报告书中,已述明彼等代表团在日及伪政府极端格阻之下,尚接到满洲民众一千五百余件之函件,除二件外,均对日本及"满洲国"深加仇视,历述其种种罪恶丑史,足证民意之所在。且满洲横被侵占以来,已历年余,而东省数十万义勇军抗战愈烈,更足见民众之极端痛恨,驱除日本武力之表现,宁谓其自愿独立耶?

欲保持和平,伪国应即取消

第五章结论谓列国应育成"满洲国",保持远东永久之和平及世界之和平,尤为荒谬绝伦。李顿报告书有云,东省决不能与本国分离。又云维持中国领土主权完整,为保持和平之必要条件,各种分解中国之行为必致立即引起国际之竞争。则是欲保持远东永久之和平,满洲伪国应即取消,已无疑义。日人此种荒谬主张,实不值一驳。且为日人计,试问欲树立国际纠纷的基础,而求其永不发生危机,一任彼日本军阀之安然吞并,岂有此理?

---

① 编者按:"淞"字原在"日人"二字之前,疑排版出错,现改正。

结论，李顿报告书之调查事实，除关于抵制日货部份外，大体尚属正确。不过终因怵于暴日之威力，遂有九、十两章之妥协建议，未免前后矛盾。有利于日，乃尚不能邀日人之满意。在日本军阀，则直欲以一语抹杀数千年之中华历史及现代全世界人之视听，遂不惜造作空前之无理性无法理之谰言，以冀根本推翻中国国家之存在，而遂其恣意之武力侵略，以便令全世界及国联盟约、非战公约及九国公约各国家承认，就既成事实为根据，俾其安稳占领满洲，并进而吞并中国，以达到其最后支配世界之目的。我人于此，且不问世界各国家对日人之如何自动进行制裁，在我应即自行统一步骤，充实实力，誓死对日本军阀长期抵抗，并切实履行经济绝交，以表现为争国际正义及民族存亡之决心与斗争，或可得到国际各国之帮助，增加国联之制裁实力，以制日阀之死命，而雪我民族之奇耻大辱。同志同胞，努力无忘。

《中央日报》1932 年 11 月 23 日第二张第三版

34. 拥护国联盟约会，昨常会通过致国联会员国电稿

首都拥护国联盟约委员会，昨午后二时，开第二次常委会议。出席委员吴书人、穆华轩、马俊、胡启阀、夏荣棠，列席秘书朱瑞清、汪绍生，主席吴书人。讨论事项如下：

一、穆委员华轩提拟具本会宣言，请予核议案。（议决）原案通过。

二、致国联会员国及国联中国代表团电稿，业已拟就，请予核议案。（议决）原案通过。

三、本会通电应拟定案。（议决）推穆华轩、马俊、吴书人拟定，交下次会核议。

四、本会拟聘请李文瑜为秘书处干事，请公决案。（议决）通过云。

《中央日报》1932 年 11 月 23 日第二张第三版

35. 蒙古民众抗日会,发表宣言奋起抗日,本过去之历史振发勇武精神,与国内各民族团结共御外侮,保我祖宗所遗留之大好河山

中委白云梯、克兴额等,鉴于东北失地未复,国难日深,组织蒙古民众抗日会,以联络蒙古同胞齐心抗日,曾志各报。兹觅录该会宣言及简章草案,刊布如次:

宣言

东北沦陷已逾一年。此一年中,海内外同胞奋起抗日,加入义勇军,以铁血抵抗者有之;对日经济绝交,以经济力量为义勇军之后援者有之。不顾牺牲,前仆后继。但日本对于侵略满蒙政策,积极进行,无孔不入。最近除组织所谓"满蒙协进会"外,并密派多人分赴内蒙古各盟旗,对于王公及民众,多方煽惑,以期实现其欲征服支那,必先征服满蒙之野心。我蒙古民族,为中华五大民族之一,过去有数百年以上勇武之历史。近年以来,努力实现国内各民族一律平等之民族主义,与国内各民族精诚团结。整个中华民族之存亡,即我蒙古民族之存亡。日本虽阴谋百出,威迫利诱,离间挑拨,各种手段,层出不穷。但何能丝毫移动我蒙古民族与中国国内各民族团结一致、共御外侮之决心。惟是蒙古土地广漠,人民散处,虽各具抗日之决心,迄无集中之组织。同人等鉴于失地未复,国难日深,爰本国家兴亡匹夫有责之义,组织蒙古民众抗日会,联络蒙古同胞,集中力量,与海内外同胞,团结一致,齐心抗日,并组织蒙古抗日义勇军,加入东北作战,誓复失地,还我河山,为国家保疆土,为民族求生存。我蒙古民族,务本过去光荣之历史,振发勇武之精神,与国内各民族,精诚团结,共御外侮,再接再厉,不屈不挠,以保我祖宗遗留食毛践土之大好河山。同人等不敏,愿与海内外同胞共勉之。

简章

宗旨

(一)本会以联络蒙古同胞齐心抗日、收复东北失地与不参加内战为

宗旨。

组织

（二）本会设委员若干人。

（三）本会委员以蒙古王公并在社会上负有声望热心抗日者充任之。至各军队长官均为本会当然委员。

（四）本会设正副委员长各一人，由委员互选之。

（五）本会得设下列各组：甲、总务组；乙、军事组；丙、财政组；丁、外交组。前项各级组织另定之。

常务委员会

（六）本会设常务委员五人至七人。

（七）各组主任由全体委员会公推之。

（八）常务委员会处理一切事务。

全体委员会

（九）每月须召集全体委员会一次。

附则

（十）本简章自议决日施行。

（十一）本简章如有未尽事宜，得随时修正之。

《中央日报》1932 年 11 月 23 日第二张第三版

36. 外委会开会，有训令致代表团

外交委员会昨（二十三日）下午五时半，有重要集会，历时颇久。宋子文、罗文干、何应钦、朱培德等外委均参加，开会议完竣后，并有训令致日内瓦代表团云。

《中央日报》1932 年 11 月 24 日第一张第二版

37. 李顿调查团将发表对中日双方最近所陈述之意见

【中央社上海二十四日急电】 本社日内瓦漾(廿三日)下午七时十七分专电。中国代表接受行政院之建议,由李顿调查团发表其对于中日双方最近陈述之意见,日方对此有保留案,调查团明日集议。

《中央日报》1932 年 11 月 24 日第一张第二版

38. 昨日国联行政院开会,中日代表继续争辩甚烈,松冈以泼皮态度硬赖硬诬,顾维钧态度镇静侃侃而谈

顾维钧痛斥松冈,证明日本大陆政策内容,要求侵满日军立即撤退

【中央社上海廿四日急电】 本社日内瓦(廿三日)下午六时卅八分专电。行政院二次会议,顾维钧驳覆松冈之声辩,重言阐明日本大陆政策之内容,指摘田中奏折中重要计划实行后之罪恶,要求侵入东北之日军应即撤退。

【又日内瓦二十三日路透电】 松冈发言后,中国首席代表顾维钧博士起立,谓时间已晚,而争辩之点甚多,彼拟于下次会议时一一予以批评,但彼愿于数点,略有所言。关于田中奏折一点,松冈未向会场说明该项奏折所提之政策即为日本近数十年来之政策,田中本人创成所谓积极政策,事实俱在,空言无补。如该奏折,诚系捏造,则捏造者必为日本人,因除日本人外,另无他人可想出此种凶恶政策。且该项政策,已为日本近年所切实履行者。

关于"二十一条件",顾博士称最初日本政府否认该事,并谓系中国所捏造,但最后日本亦只得承认其为事实。得如此经验后,中国对田中奏折,不能不寒心。松冈谓抵制外货等于宣战。诚如此言,则中国深愿日本抵制华货,而不以武力侵占东三省。(全场大笑)

松冈谓日本向系协助中国统一,请问有何种事实可以证明之。日本之进攻上海乎? 飞机轰炸无抵抗之城市乎? 甚至此时日本军队,仍在与反满洲军

队作战,将中国之最富庶区域夺去,焉能谓为协助?绑架一家之子弟,焉能谓为友好?顾博士末谓因时间太晚,彼保留其他各点发言权。

松冈又一阵狂吠,极力强辩否认大陆政策,指摘抵货谓与"拳匪"相类

【中央社日内瓦二十三日路透电】 日本首席代表松冈洋右氏今(二十三)日下午赶至会场,已稍误时,喘气不止。稍事休息饮水后,主席爱尔兰代表伐勒拉始宣告开会,随即请松冈发言。松冈谓彼保留关于其他事件此后发言权,今(二十三)日下午彼将仅对中国首席代表顾维钧博士二十一日所谈,略有申述。顾氏曾谓据松冈所言,日本为中国口中一小羊,松冈谓彼决无此意,且无人可设想日本为一小羊。

顾氏称,如日本对非战公约意义之解释,可予以接受时,该条约之价值将完全丧失。松冈极力否认此说,彼继即对顾氏二十一日向大会朗读之中国方面意见书加以批评。

彼谓日本并无中国代表所称之大陆政策,中国无须有此种畏心,因该种事实,将仅见于梦中也。二十世纪中,日本仅有一人曾被称为日本之拿破仑,曾有战胜世界之幻想,及派兵往征大陆,但此人之计划,已完全失败。日本可扩充其势力范围之机会甚多,而日本向未利用此种机会,其唯一理由,即日本之酷爱和平心,殊为坚决也。

顾氏曾历述多数日本政界要人之言论,以证明日本所谓侵略野心。余(松冈自称)不愿讨论此节,因行政院同人均可明了,任何人均可集合任何国政界要人不经心而发表之言论,而可以最严重之罪状加诸该国之身。

所谓田中秘密奏折,纯系子虚。既无此项奏折,且亦向未呈交日皇。此事之荒谬,实可无庸辩白。彼与田中时相过从,故深知田中决未草就该项奏折。且一九三〇年间,王某曾允许采取有效方法,制止该项捏造奏折之流行,以免有不幸之反响。而顾博士忽于此时,重提该项奏折,竟认为真实文件,可见中国当局前后自相矛盾也。此种小册,输入美国极多,各中小大学均充满印本,借以证明日本之所谓侵略政策。但凡熟悉于奏折之措词者,可立时发觉该项文件为捏造。松冈并列举数段以说明之,如某段谓日皇因病不能亲视政务,故未克召集奏折中所提议之大会等语。且捏造该奏折者,不悉地理,某段称某地,距菲利滨仅一箭之遥,而该地距菲利滨竟有一千七百英里,可见实系华人利用外人易信捏造文件草就此文。且另造有多种同类文件,如日本拓务省会

议记录等等。请行政院同人,自问此种文件有无价值? 华方谓外人侵略中国时,中国始有抵制外货之举,此说非实。中国欲利用抵货压迫列强,接受华方要挟,故抵货实为宣战之变相。顾博士谓抵货为中国和平式之抵制,可见中国已承认曾予抵货以法律上之许可。余(松冈)认此事,极为严重。按中国最初抵制外货,系抵制美货。美国政府致中国照会中曾指明抵货运动为非常式不合法之外交手腕,且为一种恫吓仇视行动,而得中国政府之同情者,故中国政府有制止该项运动之责任。为获相当效果起见,美国曾调集太平洋舰队候令,因而得于二十四小时内制止一切抵制美货行动。松冈并列举旧时排斥日货运动多次,实与日本侵略行为丝毫无连带关系者,且中国前次抵制美货运动,并非抵制美国军事侵略也。

顾博士谓排外风潮在中国内地极为罕见,如行政院同人细视排外风潮之统计,可不言而喻矣。日本屡次请各国注意及中国之排外运动,不只在学校中,即在孩童时期,该项工作即已开始。昔年"拳匪"事变与此次排外运动,背景相同。此种训练五千万儿童以排外学说,实为一严重问题。请国联当局立即设法制止,如任其扩大,则将有较"拳匪"事变扩大十倍至二十倍之大乱,亦未可知。为中国本身利害起见,中国当局应醒悟其可怕之结果,中国难题本多,何苦再添上此种教育政策。

松冈于结尾时,再行申明保留以后对其他各点发言权。松冈随口演讲时,比朗诵文件时,有精彩而有力,无论听者对其所言同意与否,均各聚精会神,静听其演讲。尤其关于中国排外运动一段,顾维钧博士座位正当对面,注目静听,面色不变,丝毫不动声色。李顿博士坐于头排,倾身而前,句句入耳。

《中央日报》1932 年 11 月 24 日第一张第二版

39. 李顿报告书,决移送十九国委会,李顿重申不能承认伪国

外交界息,国联行政院昨(廿三)日会议完毕后,即行休会。明(二十四)后(二十五)日两会,在会外接洽程序问题,预计本星期六(廿六日)再行开会后,即将通过,将李顿报告书及本届会议纪录移送十九国委员会讨论。但日代表

对此仍极反对,本星期六会议时,或将投反对票,但其余十三国均将投票赞成。按国联会章,决议案之通议[过],须全体同意,始能生效,但手续及程序问题,只需三分之二之同意票,即发生效力,故日代表虽反对,亦不能阻止实现移送十九国委员会之计划云。

(中央社)国联行政院昨(二十三)日下午三时半,重行开会,正式讨论李顿报告书。预定程序,首由李顿爵士致词,答覆日意见书,并重申调查团不能承认所谓"满洲国",及日本承认"满洲国"系属无理。继由各国代表相继对日代表质疑问,并询日政府对中国争端是否有和平解决之意。至会议详情,因南京时间较日内瓦迟八小时,故行政院开会时,南京时间已是十一时半,如开会二小时,则会议情形,至早须今(二十四)晨二三时始能抵京云。

《中央日报》1932 年 11 月 24 日第一张第二版

40. 日向法借款,法政府及银行均拒绝,松冈洋右对报界否认

【本社二十三日上海专电】 国新养(二十二日)巴黎电,今日此间复有日本于上星期内,重图向法国获得巨额借款,作为日法政治及军事同盟交换品之说,法政界及银行界对此极为注意。据称,日大使署曾于一月前向法外部非正式探悉此事,上星期松冈赴法总理午宴时,席间重行提及,但法人态度极为冷淡,不得要领而罢。嗣松冈又商诸银行家,法银行亦不愿贷款与日。于昨日代表又密向军火商如施尼德等接洽,军火商虽愿贷款与日本或伪组织,但其力量不足以说动法政府及银行家。纵施尼德军火厂控制日法银行,而该银行资力薄弱,只能为赊售子弹垫款,无力赊款伪组织,或在满洲投资云。

【中央社上海二十三日电】 电通社日内瓦养(二十三日)电,巴黎方面盛传日本以缔结日法政治军事同盟为交换条件,欲向法国得大宗借款。松冈洋右前滞留巴黎时于赫里欧首相发起之欢迎午餐会席上曾提议此事云云。顷日内瓦方面接到此项电报,松冈代表本日对于记者发表下列声明否认,谓此事完全无依据。松冈谓日本与法国以扩大和亲协商或军事同盟"攻守同盟"等为目

的,而从事交涉之举,余可从个人所知,否认其完全无根据。至谓余向赫里欧首相交涉对日借款,亦可声明全系风说云。

《中央日报》1932 年 11 月 24 日第一张第二版

41. 日报沉默,对代表演词无批评

【中央社东京二十三日路透电】 日本报纸除《日日新闻》外,对于松冈及顾维钧之演说,均无批评。《日日新闻》称,李顿报告书对于日本虽有不公之处,但望国人保持镇静,勿以意气从事云。

《中央日报》1932 年 11 月 24 日第一张第二版

42. 有吉昨日抵沪,谓直接交涉有非其时

【中央社上海二十三日电】 有吉二十三日晨乘秩父丸到沪。据谈,外传此次返国贡献对华直接交涉意见,不确。盖中日双方均期待国联讨论之结果如何,直接交涉尚非其时云。闻有吉稍事休息,即行晋京。

《中央日报》1932 年 11 月 24 日第一张第二版

43. 中日纠纷,谈判时各国参加,日方传解决办法

【中央社东京二十三日路透电】 日本外务省对日本驻日内瓦代表,与其他各国代表之非正式谈话,极端注意。

又日外务省当局,日前正忙于研究某方所提解决中日纠纷办法,该提议主张由中日两国直接谈判,讨论此事,由有关系各国派代表参加该项会议。

《中央日报》1932 年 11 月 24 日第一张第二版

44. 松冈谬词不值一驳,西南当局痛加驳斥

　　【中央社广州二十三日路透电】　西南当局发言人,今(二十三)日向记者谈,松冈洋右此次在日内瓦国联行政院会议席间所言,等于为一已受世界舆论法庭所判决有罪之犯人,力为辩护也。日本侵略东三省事,人人皆知,松冈之狡辩,不但不足以为日本助,适可证明日本之有罪。其演讲词,既不中肯,复与事实不符。近数年来,中国内部情形大有进步,广东与中央军队正努力"剿共"工作。松冈谓中国与列强关系毫无进步,且谓国民党鼓动青年排外思想,此种纯为毫无意识之言论。中国人民性本友善,此层驻华外侨及官员均可为证,即对日人亦无仇视之意。抵制日货运动,系于日本占据东三省后,中国一般民众,自动抵制日本军人之运动。况抵制日货,只限于日本,与其他各国无关。日本以武力夺我东三省,尚望吾人购买日货乎?至于松冈谓九一八事变系自卫行动一点,该发言人称,日本可利用同样理由,占据全中国,日本政府如坚持此种怀抱,则日本代表所谓对华友好态度,及二邻邦互助等语,均系空谈也。

《中央日报》1932 年 11 月 24 日第一张第二版

45. 美报抨击日,日本肆意横行,激起全球忿恨

　　【中央社华盛顿二十二日电】　《华盛顿邮报》社论称,国联会员国及美国既已遇蹂躏条约之国家,如联合拒绝承认,则可强迫"满洲国"之解体。日本不顾一切,肆意横行,实足激起全球忿恨,而招致经济上及财政上之报复手段。其第二社论,则称中国对美友谊更笃,购买美国之货物,与日俱增。又《纽约讲坛报》社论,谓日本对报告书之答复,适证明日本之弱点与绝望,盖在日本国民鄙弃日本军阀以前,日本外交家固决不能违抗其军阀也。

《中央日报》1932 年 11 月 24 日第一张第二版

46. 刘文岛昨抵日内瓦

【中央社上海二十四日急电】 本社日内瓦漾(二十三日)下五时五十五分专电,刘文岛漾(廿三日)自柏林到此,出席军缩大会。

《中央日报》1932 年 11 月 24 日第一张第二版

47. 伪组织代表想向国联陈述

【中央社上海二十三日电】 国民社日内瓦养(廿二日)电,东北伪组织之宣传代表美人李亚氏,及溥仪私人代表丁士源,欲向国联陈述意见。闻系由日人发起,刻已商请主席凡勒拉。凡氏尚未答复。据若干方面意见,即令两人如愿以偿,恐亦未必能得何益处。李亚氏已在此间,丁逆则尚未到。

《中央日报》1932 年 11 月 24 日第一张第二版

48. 国际形势对日恶化,军阀派主张退出国联,梦想组所谓远东联盟

【本社廿三日上海专电】 日外部接到日内瓦代表一报告,谓国际形势对日不利,各国重理不重情,日本所主张者,均以军事行动所造成新事实为根据,欧美人多不理。外交部百马情报司长及谷亚洲司长等,接二次消息,对国联前途甚悲观,主张立即退出国联,在远东别图,其主张要纲如左:(甲)国联为英法压制欧洲各小国之机关,日本继续帮忙,为欧洲大国傀儡,于日本毫无所得。(乙)对满洲问题,英法不能帮忙日本,即日本帮忙英法,压迫欧洲各国,实为无益牺牲。(丙)英法欲借博中国好感,乘机与日本分益,满洲日本断不能容忍。(丁)美俄不加入国联,不能代表全世界舆论。具有上列四项理由,主张

立即退出国联,邀请美俄及我国(日本)在远东组织远东联盟,与国联两分天下,此派乃属外交部中之军阀派。日本元老派外交家,视此见解为空想,置之不理,谓日本欲组织远东联盟,除军部手创之"满洲国"以外,日本若不改变对满政策,恐无一国肯参加此联盟云。

《中央日报》1932年11月24日第一张第二版

49.　日内瓦空气紧张,各国意见对日坚强,英《泰晤士报》称解决纠纷,必须以李顿报告为根据

【中央社伦敦二十三日路透电】《新闻纪录日报》政治消息编辑克明司,兹由日内瓦报告行政院会议情形。据称此次会议与上次之会议显然不同。各方意见对日较为坚强,决不舍弃国联会章。英代表虽图缓和空气,但将赞同各国正式不承认"满洲新国",或与"满洲"合作云。《泰晤士报》今日社论称,国联在远东之举动,并非无效,倘无国联,华北此时当陷入混战之中。行政院所应认清者,即其本身之力量,不宜有何举动,超越于国联组织所容许之范围外。行政院虽不能徒借一纸决议案,使满洲恢复原状,惟应确定拒绝承认"满洲"。因"满洲国"之存在,与李顿报告发生抵触,而国联之解决方案,则必须以李顿报告为根据云。

《中央日报》1932年11月24日第一张第二版

50.　中日代表再度舌战,松冈驳覆顾维钧氏演词,中日问题将交大会讨论

【中央社日内瓦二十三日路透电】中日代表于星期一日演说中,已明白表示两方立场之不同。各国代表团昨日分别考虑此后进行步骤,数代表团曾非正式交换意见。惟英代表团昨与中日代表均无接触,表示严格之公允态度也。昨各方之非正式谈话内容,严守秘密,无从探刺。各小国尚未表明态度。据目前

所得消息，小国代表于今日会议中，将不发言。今日会议时，松冈将致词驳覆顾维钧星期一日之演说。中国代表或将答辩，但闻中国代表团注重实际举动，不愿多作舌战。李顿勋爵或将演说，答覆日方对于报告书之批评。英法以及其他强国，将不发表任何重要意见。会场外之讨论，有主张召集九国会议邀请苏俄参加者，但据可恃消息，苏俄不愿参与是项会议，美国亦无直接参加谈判之意。

【中央社上海二十三日电】　日讯，东京二十三日电。国联行政院，于二十一日开始中日大论战，二十二日停开公开会议，各国代表之间，已有多面的折冲。日外务省对此多面的交涉，认为国联解决中日问题案之基础，以最大之注意，考虑局面展开之方法。惟目下日本所主张之中日问题，由行政院审议方案，渐次被压迫交大会讨论之事，已不可避面[免]。此虽不过系手续问题，然日本对于国联以便利主义解释盟约之态度，决定要求反省。大会开始讨论中日问题时，则日本拟制止小国妄动，以致分裂国联自身。至于中日直接交涉案，似在英美法意诸国间，已有相当进步。外务省因问题极关重要，现颇慎重注意国联态度。

《中央日报》1932 年 11 月 24 日第一张第二版

51. 日方坚持反对中日案交十九委会，以撤回日代表部为恫吓，日代表将要求修改盟约

【中央社上海廿三日电】　电通社东京漾（廿三日）电。据日内瓦传来之情报，国联方面以日本政府决意强硬，难于短时日内解决，行政院有将问题移牒总会，开十九国委员会之意。外务省虽尚未接到公电，但日本政府以满洲问题，并非有使中日断绝国交之虞之事件，故绝对反对适用联盟规约第十五条，移牒满洲问题于总会之举。且李顿调查团系根据行政院任命，故行政院有十二分尽审议报告书之义务。若行政院不将此报告书与以何等实质的结束，竟无责任将问题移交大会，亦所绝对反对。万一议长强行移牒大会，日本决始终坚持上述主张，俟移牒大会案提出行政院时，日本为促国联之反省起见，即决由日内瓦撤回代表部，亦非得已。外交当局正注视此一二日中之趋势。

【中央社上海廿三日电】　国民社日内瓦养（廿二日）电。松冈马（廿一）在

国联行政院演说，要求认抵货即"杯葛运动"为非法后，养（廿二日）日代表团又在此间扬言，日政府将更进一步，正式提出修改国联盟约动议，贯澈此种要求云。

《中央日报》1932 年 11 月 24 日第一张第二版

52. 中日争端仍由国联讨论

昨（二十二）日沪电。传法使韦礼敦进行在上海或日内瓦召集大国会议，招请美俄等国加入，就事实研究和平解决办法。外交界对此予以否认。谓法使在京，未有此项任务。至伦敦电传召集九国会议一节，现信亦只系一种主张，但在美国新总统就任以前，恐亦难实现，对于中日争端现仍由国联讨论解决云。

《中央日报》1932 年 11 月 24 日第一张第二版

53. 美再申明不承认满洲伪国

【中央社日内瓦二十三日路透电】 此间接美京华盛顿来电称，虽美政府于国联讨论中日问题时严守静默态度，但据可靠方面表示，如国联保持其拥护中国态度，则各国可一致拒绝承认"满洲"，因美国政府向来均反对承认"满洲"也。上项电讯，今（二十三）日传抵日内瓦后，此间袒华方面为之雀跃，因史汀生不承认"满洲"政策，于此时重行宣布，实极关重要。素来袒华各方，闻此消息，意志将益坚决，而袒日各方，得此消息后，定有莫大影响。

闻中国首席代表顾维钧博士，正从事起草一备忘录，驳斥日本代表松冈洋右于二十一日会议时所述各点。

《中央日报》1932 年 11 月 24 日第一张第二版

54. 京市党部通电全国,痛驳暴日意见书,诬蔑我诋毁我侮我无所不用其极,应速电国联取有效方法制裁暴日,并唤起国人望抵制仇货援助义军

市党部执委会,前日决议电请各党部团体,驳斥日本意见书,并唤起民众,澈底抵制仇货及积极援助东北义勇军,原电昨日已发出,兹探录如左:

全国各省市党部、各团体、各报社均[钧]鉴:查日本政府发表对李顿报告书之声明书,内容措辞,荒谬达于极点。又日代表松冈洋右在日内瓦发表种种谬论,大放厥辞。凡所以诬蔑我者,诋毁我者,侮辱我者,无所不用其极。虽各国均已洞烛其奸,当不致为其所惑,然吾人为国家民族人格计,自应发表所见,痛加驳斥,尤应从速电请国联主持正义。今后国联如再不迅取有效方法制裁暴日,则不啻国联宣告自身之破产,而世界和平益将不堪设想矣。更有进者,日人凶暴至此,吾人应念自侮人侮之义,为自救救国之图。吾人今日抗日救国途径,厥惟两端,一为澈底抵制仇货,一为积极援助东北义勇军。抵制仇货为我国民消极抵抗暴日之唯一方法,而其促成之原因,则由于暴日之侵略政策所致。暴日之侵占我国领土,残杀我国人民,岂我国民抵制仇货之消极手段反为不合法理之情事乎?东北健儿数十万,浴血苦战,前仆后继,此实我民族爱国精神之表现,吾人自应予以积极充分之援助,俾为实力收回失地之准备。本会第八次会议决议,呈请中央从二十二年一月起按月将所得捐拨出三分之一,并请通令全国各机关,按月照征收所得捐办法加抽所得捐额数半数,合并作为援助东北义勇军军费,此仅指公务人员而言。民众方面,亦须全体奋起,为切实而持久之援助,要之,我国民今日应下最后之决心,为一致之奋斗,始能生存。深盼全国各党部各团体一致主张,努力奋斗,国家民族前途,实利赖之。中国国民党南京特别市执行委员会叩漾(二十三日)印。

《中央日报》1932 年 11 月 24 日第二张第三版

55. 昨日国联席上顾维钧痛斥松冈慷慨陈词,吁请会众拥护盟约及和平公约,顾氏言论引起会议室中深刻印象

外交界息。国联行政院昨(二十三)日会议,因日代表发言太多,且反对李顿发言,致李顿爵士未能按预定计划致词。昨(二十四)日下午三时半,继续开会。李顿将代表调查团答覆日本之意见书,各国代表亦将相继发言。中日两方代表,并将有一番舌战。闻我代表顾维钧博士,将于下星期一对松冈之荒谬演词,作一总驳覆云。

(中央社)记者昨(二十四)日晤外交当局,谈及国联会议情形时,渠对顾代表以从容不迫之态度,隽妙庄严之言词,痛驳松冈,颇致赞美之词。记者叩以行政院何时可将李顿报告移送特别大会讨论,渠称国联对此,现虽欲得一致之同意,但日方如尽欲与法律对敌,亦必无效果。下月初,吾人或可听颜代表用其老练干达之论调,痛斥松冈矣。记者按国联特别大会开会时,我方由颜顾郭三代表出席,颜氏以首席之资格发言。在行政院移送特别大会之前,虽须经十九国委员会讨论,但外交界推测,十九国委员会之会期,将极短暂云。

(中央社)国联讨论中日争端之程序问题,因日代表坚决反对移送十九国委员会及特别大会,现正由各国代表在会外活动。据外界观察,行政院将李顿报告移交十九国委员会及特别大会之计划,决非日方之反对所可阻止。惟国联方面,甚望能得一致之同意。且日来行政院会议席上,中日两方代表均有激烈辩论,致预定程序略行稽延。故李顿报告移送讨论之期,或将展至下星期初云。

【本社二十四日上海专电】 敬(二十四)日内瓦电,国联行政院定敬(廿四)午后三时三十分续开会议,届时日代表松冈、中代表顾博士,将继续对李顿报告书发表意见。闻中代表将先发言。李顿调查团之各委员聆双方之意见后,将作一经共同考虑之答复,故料会议或将因以多历时间也。

《中央日报》1932 年 11 月 25 日第一张第二版

56. 顾维钧演词,驳斥松冈妄言,词甚锋利

【本社二十四日上海专电】 路透敬(廿四日)日内瓦电,国联行政院今日午后三时三十分续开会。顾维钧首先发言,谓昨日日代表松冈所发之言论,内有许多点,渠不欲于目前驳斥之,因其系旁枝末节也,少缓将以书面复文,送交行政院,以免多费时间。渠不欲效松冈之所为,而将主要问题搁置不提,以言田中奏章。此文之真确,惟得入日本文书库,而始能得其真果。但此文真确之最好凭证,即为今日满洲之时局。顾言至此乃引证松冈所著《在运动中之满蒙》一书,内有田中奏章或系日人所伪造等语。顾续称,现当注重者,为田中侵略政策之存在。行政院各当事不妨取田中奏章诵之,而与日本今日之政策相较,如是即可判定此文之关系矣。至于松冈所言俄日密约①,则须知日本自己所定之密约甚多,有迄今为人所不知者。其最著者,为一九零九年、一九一零年、一九一二年及一九一六年之对俄密约。松冈所称今日东三省人民,较前更为快乐一说,实非真相。(一)今年十一月九日与十日日飞机之轰炸村镇,及日步军之攻击村民,死者数百,试问何快乐之有?顾旋答语曰否。(二)"满洲国"之成立,果为当地人民自由志愿之行为乎?答语曰否。(三)日本果已依照其屡次诺言,撤退其军队乎?答语曰否。(四)争点果不可和平解决乎?答语曰然。以上要点,必须牢记勿忘。日本违背九国公约而与"满洲国"缔结盟约,事实不须争辩。事实之报告,即李顿报告书,今在吾人之前。如吾人不承认李顿调查团之断论,则吾人将无从在共同努力中谋取解决方法。松冈见解,日本所以不将此问题提交国联之理由,察其所言,直谓一国之情感乃国际争议中判断是非之唯一仲裁人。何者为日本之解决希望乎?日本所希望者,乃中国有内讧及世界各处有经济难题之时机耳。日本所希望者在此,而此时机果于一九三一年九月中来矣。日本所欲之解决,乃日本须以其自己手腕解决此事耳。而其所谓之解决,开端于沈阳。华人之权利与全世界之和平必须受日人之支配。试问此举动,果与今日世界之精神相适应乎?试问国联盟约将被视为废纸乎?试问九国公约尚被视为不过一种签名册乎?如吾人果欲用和平方法代

① 编者按:疑为"俄中密约"之误。

替武力解决争案，则吾人不能置日本之挑战于不答也。顾演说之末段，以恳切之言论，吁请会众拥护国联盟约及国际和平公约。其言论甚引起行政院会议室中深刻印象。顾演说时，激昂情感之流露与上次演说时迥不相同。

顾氏演说完毕后，即由日本代表松冈起立发言。

《中央日报》1932 年 11 月 25 日第一张第二版

57. 国联各小国坚持移交大会

【中央社上海廿四日电】　国民社日内瓦漾（二十三日）电，国联中人对于中日代表今日演说，徒引历史以相争辩，反使重要原则隐晦不显，渐觉不耐。按行政院开会迄今，仅有凡勒拉、松冈洋右、顾维钧及李顿四人发言。至其余小国，闻已决定不再在行政院发言，但将坚持将中日争执全部移交国联大会。今日记者曾询英外相西门，将否演说，西门答称犹未决定。现外间咸信各大国亦未必再发言云。又国联中人对于日代表松冈声明保留一层，亦意见各殊。多数以为行政院本非欲调查团评论顾维钧与松冈两人演说之实质，仅嘱其自行决定，是否欲于闻两人演说后修改全报告。惟目下中国既未提出任何新证据，不信调查阁［团］将有妨碍日本之修正。因此认松冈之声明保留，徒欲拖延进行手续而已。不过若辈亦承认李顿调查团此时是否再宜发言，未尝非一法律问题云。

《中央日报》1932 年 11 月 25 日第一张第二版

58. 日态度如此，不反对移牒十九国委员会，惟反对大会及第三国参加

【本社二十四日上海专电】　电通敬（廿四日）东京电，国联行政院已开会二次，且因讨论报告书之移牒大会问题与李顿之发言问题，国联与日本致成对立地位，因此外务省乃通告日内瓦日代表部如下之意见：（一）行政院若将问题移牒十九国委员会，日本不加反对，且亦出席该会，并亦努力阐明日本之立

场,极力表明主张,然日本方面则不容第三国之参与。故根据盟约第十五条,保留反对开大会,而参加十九国委员会。(二)至于李顿委员会之问题,若国联为便宜计,请求李顿出席发言,当不反对,但可提议,以丁士源与勒浪生黎两氏,出席行政院与十九委会,直接听取"满洲国"方面之意见云。

【中央社东京二十四日电】 国联行政院开会虽未经多日,而其形势则日本已与国联相对立,关于满洲问题恐将移交十九国委员会。然日本决随时将日本之立场说明,用求各国之谅解。至第三国之干涉,日本必以全力反对,虽任何牺牲,亦所不惜。

《中央日报》1932 年 11 月 25 日第一张第二版

59. 驻沪各领对我均表同情

【中央社上海二十四日电】 国联讨论中日问题,英美法意各列强态度固宜注意,其他各国意见亦不可忽视。中央社记者敬(二十四日)分至驻沪西班牙、巴西、瑞典、瑞士、墨西哥等国领署访问,除墨领亚尔门因现兼律师职务,不欲有所表示外,其余均对我表示好感。西副领萨拉古基谈,中西商约自一八六四年签订至今,两国间迄未发生争执,足征交谊敦睦。巴领署人员言,中巴邦交,始终和睦,巴政府对破坏国际公约,始终愤慨。瑞典领署消息,该国朝野对日破坏公约愤慨异常,甚表同情于我国。瑞士总领赖台虽无明白表示,而谈话之间,时露同情于我之意。

《中央日报》1932 年 11 月 25 日第一张第二版

60. 外部驳文中止发表

外交部对日本意见书之驳文,早经草就。惟因日代表松冈此次在国联行政院会议席上所发之演词,即系日意见书之轮廓,业经顾代表痛驳无遗,故外部之驳文,决中止发表云。

《中央日报》1932 年 11 月 25 日第一张第二版

61. 中日问题将交大会讨论，日报谓行政院卸责

【中央社东京二十四日路透电】 日报批评国联行政院亟欲将中日问题交付国联大会，希图诿卸解决之责任。《朝日新闻》称，李顿报告书乃行政院去年决议案之结果，故行政院在未提交大会或十九国委员会讨论前，应先自有一种决定，否则小国将罔顾事实，徒作空论，反碍中日事件之实际解决云。

《中央日报》1932 年 11 月 25 日第一张第二版

62. 西门计划失败，西门曾受松平恳托，伐勒拉议长未同意

【本社二十四日上海专电】 联华敬（廿四日）东京电。据日方消息，西门英外长受松平日大使恳托，与特鲁蒙密商，本定在漾（廿三日）行政会开完后，即时移交国联大会，讨论中日纷争，给小国发言机会。大会因日本之反对，终无所得。然英国提议，对中日纷争，别组一国联委员会，以远东有利害关系者组织，实质则与行政会略同，使日本避名取实，日本之行政会中心主议得有成功机会。因伐勒拉议长不同意，遂决定请李顿发表意见，西门之计划已为失败。

《中央日报》1932 年 11 月 25 日第一张第二版

63. 调查团报告决定不修改，昨日上下午调查团会议，松冈四次阻止李顿致词

【中央社日内瓦二十三日路透电】 顾维钧在行政院驳复松冈，敏捷隽妙，各方获一深刻印象。顾之态度姿势虽极壮严，但语中颇带诙谐。松冈答辩时，

请顾勿再提及田中密奏,应先证明此项文件之真实。行政院主席伐勒拉勒①
旋请李顿就席,伐询调查团委员于聆中日两方意见后,有无感觉修改报告书之
必要,应请调查团尽速集会答覆行政院。松冈起而反对,谓调查团既已失其存
在,无权发表意见。伐勒拉以主席资格宣称,调查团于未被解散时,并未失其
存在,此时仍可发表意见。松冈重起反对,并谓日代表团不能接受主席之意
见。伐答渠之主张乃极寻常之事也。顾维钧赞同伐氏之主张,声称行政院应
予调查团以发表意见之机会。松冈又起反对,并称日方对于调查团报告之解
释,如有错误,日人自当更正,但渠信日方解释,并无错误。伐氏称,渠非谓调
查团之报告书应加修改,行政院仅欲以一修改之机会予调查团,该团委员是否
用此机会修改报告,应由其自定云。次由李顿发言,据称渠认行政院仅欲调查
团答覆于听聆中日两方意见后,有无修改报告之必要,并非令调查团批评任何
一方之意见,渠将于明日(二十四)召集各国委员讨论云。松冈四度提出反对,
并请行政院将其反对理由记入会纪录。行政院旋改讨论丹泽之币制问题,众
料行政院至少须再开会两次,始可决定此后步骤,但国联中人希望于本星期末
可告结束。

　　【中央社日内瓦二四日路透电】　李顿调查团今日上午十一时在国联秘书
处委员室开非公开会议。据最后消息,调查团对于答覆行政院之措词,上午或
可拟就。除非顾维钧及松冈下午之演说内容,复使调查团委员有考虑之必要,
则李顿可于下午出席行政院会议正式答覆行政院昨日之谘询。调查团会议,
至中午十二时十五分暂行休息。但李顿一人,仍留会议室内,谅系起草上午会
议之纪录。迨十二时半,各委员复继续会议。众料调查团将认无修改报告书
之必要。又电闻调查团各委员,认为报告书乃该团数月研究之结果,各委一律
同意签字,自报告书提交国联后,并无任何发展,应使调查团更改原来意见。

《中央日报》1932 年 11 月 25 日第一张第二版

---

① 　编者按:"勒"疑为衍字。

64. 松冈信口雌黄,谓日本未破坏任何条约? 侵略东省尚是维持和平?

【中央社日内瓦廿四日路透电】 昨行政院会议,日代表松冈于第一次演说(要点已散见各报),翻译完毕后,复继起发言,否认日本抱有大陆政策,并述中国对日抵制运动,谓中国第一次抵制,系对付美国。是时美国采取坚强态度,召集太平洋舰队,中国之对美抵制,于二十四小时内即告终止。至于所谓田中密奏,中国代表对于故首相田中提出严重控告,但渠(松冈)不信行政院将因偏面之词,断定某人或某国之罪状。渠认行政院应具法官之态度,对于被告方面,于未证实其罪状时,当认其为无罪。松冈请求行政院将此记入会议纪录。松冈继称日本从未破坏任何条约,关于此点,于必要时,日代表团准备再加阐明。日人对于中国之强盛统一,从无忌虑,日人且力援中国恢复和平。日本之政策乃竭力维持东亚和平,日人素倾全力保持东亚和平,从未丝毫脱离此种政策。华人时常罔顾事实,妄加诋毁,但在行政院会议内,日方不得不要求华方提出确实证据云。松冈提及日俄战争前之中俄密约,据称依此密约,俄国可于最迅速期间内侵占满洲,是时日本不得已对俄宣战。日俄战争虽为日本保全自身生存起见,但结果日本从俄国争回满洲一部份之土地,送还中国。倘日政府于是时知悉中俄密约之存在,或将要求中国割让满洲全部,则今日无所谓满洲问题矣。是时之中俄密约,为对付日本,此后中国是否决不缔结同样之秘密联盟,吾人未敢遽断云。松冈末称顾维钧博士敦促国联迅速采取有效方法,处置中日事件,但据日政府意见,国联应极端慎重考虑,不宜仓卒从事。中国代表谓国联倘再迟疑,将引起流血痛苦云云,似含虚声恫吓。其实行政院若再延长考虑,决不至于增加满洲人民之流血痛苦。因满洲之三千万华人,较诸内乱频仍、盗匪充斥之中国本部之四万万人民,则幸福多矣云。

《中央日报》1932 年 11 月 25 日第一张第二版

65. 沪致国联电,德鲁蒙分散各理事,各理事均甚为感动

【中央社日内瓦敬(二十四日)下午五时三分专电】 今日国联行政院会议,顾维钧继续驳斥松冈谬说。德鲁蒙于会场中散发上海市商会、银行公会交易所、纱业各同业会及救国会等来电,于出席之各理事,各理事阅之均为感动。

《中央日报》1932年11月25日第一张第二版

66. 密勒氏警告世界,国联解决中日事件倘告失败,世界将恢复欧战前危险状态

【中央社日内瓦二十四日路透电】 中国政府顾问美人密勒氏,近著小册一本,在此刊行。据称国联对于解决中日事件,倘告失败,世界将恢复欧战以前纵横捭阖以及互相竞争军备雄厚之危险状态。密勒氏称,如日本肆意蔑视华府会议之结果,九国条约竟因英法拥护不力,致成废约,则美国或其他各国已与日本缔结之任何条约,均不足恃,而美国人民对于英法两国之信任,亦将受影响。九国条约、非战公约以及国联之组织,倘皆不足制止日本在华之侵略,则与日本政策关系最密切之中美两国,于遇有对峙的国际结会时,亦将联合以谋自卫,如此则各国均将恢复战前之心理状态云。

《中央日报》1932年11月25日第一张第二版

67. 准备发挥自己力量,某要人谈并不倚靠国联

(中央社)国联行政院会议,业已开幕,记者昨(二十四日)往访外交界某要人,叩询国联会议之趋势。据谈,国联日来接洽程序问题,遭遇日代表之反对,似感棘手。但程序问题并非中日争端之根本问题,故尚不难解决。日代表反对移送十九国委员会及国联大会,只系一味横蛮,不见充分理由,故移送讨论总可实现。将来国联大会开会后,对"满洲国"一节,必可正式声明不承认。但

声明不承认"满洲国",并非中日争端之圆满解决。故吾人对国联形势未可乐观,但亦不容悲观。本来吾人将中日争端诉诸国联者,不过因国联乃谋世界和平之机关,希得一和平公道之解决,并非倚靠国联。如国联不能保障世界之正义和平,则吾人亦当用自己之力量保障自己之领土主权。值此国际形势紧张幻变之际,国人应时时准备发挥自己之力量云。

《中央日报》1932 年 11 月 25 日第一张第二版

68. 苏省党部昨电国联,痛斥暴日

【中央社镇江二十四日电】 苏省党部昨电国联,痛斥日本,甚望大会予以公平适当之有效处置。

《中央日报》1932 年 11 月 25 日第一张第二版

69. 京市各团体昨致电国联,请速严厉制裁暴日,维持世界和平基础

南京市农工商学妇女各团体,以暴日此次发表对李顿书①报告书之意见书,对中国妄加毁蔑,无理已极,特于昨(二十四)日联合致电国际联合会,请迅速予以有效之制裁。兹录其原电如下:日内瓦中国代表团转国际联合会鉴。日本发表对李顿报告书之意见书,其中对中国之诬蔑诋毁,无所不至,意在妄冀淆乱世界之观听,以掩饰其侵略之暴行。自去年东省事变发生以来,贵会六次决议均无效果,致日本更变本加厉,事态益加扩大。贵会对于日本若仍持宽容态度,不予迅速以有效的制裁,则世界和平基础,从此即破坏无余,后患之来,正不知伊于胡底,惟希贵会裁之。南京市农工商学妇女各团体叩。

《中央日报》1932 年 11 月 25 日第二张第三版

---

① 编者按:"书"疑为衍字。

70. 日外务省训令日代表,希图丁逆出席发言,日固执保留开大会

【中央社上海廿五日电】 日讯,东京有(廿五)电。外务省关于李顿发言问题,致日内瓦日代表团训令云:(一)如行政院议长关于李顿发言之法律解释,采用便利主义,则日方要求在委员会或特别委员会使伪组织代表丁士源及洋顾问普伦便利发言。(二)日本固执保留依据会章十五条,召开大会。

《中央日报》1932 年 11 月 26 日第一张第二版

71. 日人在东北屠杀案,英报甚为重视

【中央社伦敦二十五日路透电】 今晨英国著名报纸均于显要地位,登载中国使署所发表关于日人在千金堡、栗子沟、平顶山三处屠杀华人之消息(关于屠杀详情已见二十四日本报)。

《中央日报》1932 年 11 月 26 日第一张第二版

72. 国联与满洲应根据李顿调查警告日本,瑞士楮利市日报公正批评

译十月八日瑞士楮利市《Züresh 日报》①社论,题为"国联与满洲",兹译录如次:李顿报告,日本要求给予五六星期研究期间,国联亦既允许之矣。就事实论,对于此种范围广大而精力集中之报告,若欲为深切之研究,自不能草率从事,则此五六星期时间,固不得目之曰久。且有比较久时间,希望不仅外交

---

① 编者按:指《苏黎世日报》。

界研究之,即凡世人之抱有世界政治观念与夫有兴研索东亚问题者,皆可研究之。盖以此项报告,以中立不偏之思想,对复杂异常之问题,作法律公正之评判,实为近今政治学的不可多得之实习书也。

至迟十一月终,国联行政院及中日特委会均将集会讨论兹事。日本方面声称,将派特委莅会。然以李顿报告书之完备周密,恐日方亦无甚新颖者可以表现。同时中国方面当亦必有保护国权之抗议。预料国联对此态度,必有最后决定,不能再如前此之延宕矣。

决定此案之基础,无论如何,当然以李顿报告书为根据。彼为国联着想,谓在日本武力政策之下,须顾虑最不幸之结果,恐将破坏国际公法者,实误解也。须知李顿委员会中人选,非偶然的一种法家集合,乃几经审虑而推选出之富于殖民经济的经验家也。其调查出发点,完全根据事实,如经调查切实,认为法律与事实不合,或反足为确切良善和平解决之困难与障碍者。虽撇开法律可也,国联会中不少法家认真法律而图满足之表面文章,固无不可,但结果恐影响世界和平,其祸将尤甚于日本之武力政策。所以李顿委员会开始即不采用裁制或类似的方策,而别寻一双方可以善意接收之途径,度亦与国联会之精神相符合也。

若就李顿报告书结论观之,或有引起中国误解之处,然彼在日内瓦之代表团,与夫南京政府重要人物之表示,则谓始终不离开法律地区,深信与会友邦,必能尊重盟约处理此事。而日本则异是,反对之声,不绝于耳,与李顿等在日本时一样,尤是战胜口吻、军阀心理,彷佛欧人在大战时代。然就中尤以彼现内阁中心人物之荒木陆相为最,彼之论调,侮辱国联委员会殊甚。但以彼人屡次发表论议视之,则彼观此等言论,殊不足怪。如果各国高级军人之主张,可以代表政府,或较法律负责机关发生效力,则一切外交政策,均可不顾社会意见。试问此果适合于世界和平之保障否耶?满洲本日人所制造之傀儡国也,自经日本正式承认后,不啻日人之自拆断其退路,而使其难于接受李顿建[①]议。(未完)

(续昨)果使"满洲国"之成立,出于人民自由思想,或事后能得真正多数人民同意,经该委员调查属实,则按照国联精神,或犹可要求中国作最后之放弃,盖国联本无非难日本殖民政策之成见也。无如事实上所谓"满洲国"者,乃日

---

① 编者注:原文"顿建"二字互倒,现改正。

本所伪造之一种滑稽玩具也。所统治之人民,反对者大多数,所谓慑于威迫于势,欲求脱离异族统治而不可得者也。在此种情况下,国联断不能从此点以谋妥协也,彰彰明矣。如果国联精神犹高于形式上之强权,则国联断不能为人代负破坏公理之责。而况纯粹出之片面,对于任何一造,均无利益之可言耶。现时国联责任,自经三月十一日与会各国之决议,益以李顿之调查报告后,已成为一种誓约,断不能为权力所颠覆,亦断不能容权力之尝试。

制裁方法,就纯粹经济一端而论,去年行之,或犹可望武人屈服,今则非其时矣。日人有言,经济制裁如不澈底,断无目的。彼所谓澈底者,谓即由现时中日间之地方性的带笼罩的战斗状态而引起一般战争是也。试问今日是否犹有引用经济制裁之可能,吾料日人顽强,当必更胜于昔。即就事实而言,亦有为难之处。此策本极简单易行,经过许多专家集会讨论,亦无有不承认此策为有益者。而事实上卒未能实行者,盖尚有一二国家,似犹怀疑于经济之影响也,证以本年秋间之事实而益信。因谋出口货之利益,尤以军械工业为最。虽以与有政治利益关系而素欲独辟途径以进行之大国,亦不能坚决的与国联一致进行,殊可憾也。然则国联究将采用何种方法以应付此环境乎?吾敢一言以决曰,除尊重三月间特委会决议案外,无他途也。

其次,则问国联将用何种方式行之,方可保持国联之尊严乎?将欲试用柔和手段,使日不致迫而退出国联乎?三月之议决案本非强剂,譬犹酒也,性本不烈,若更和之以水,更无味矣。果用此法,是否有成功之可能,吾不敢知。但国联今后,不复有精神上之尊严,则吾敢必也。国联果至失其精神尊严,则其性命绝矣,将何以生存耶?为今之计,惟有不畏强暴而已。

虽某大国正式提出"如不吾从即不合作"之危词以要挟,亦不能顾也。解决满洲问题之最良答案,莫如根据李顿调查,对日提出警告,使彼一时为国家主义所眩惑之日本,一变而为明白事理谨慎将事之日本。吾知对于满洲事件之进展,必超出于现时希望以上。总之,兹事结果,无论如何,最蒙大小不利者,厥为满洲民众。然去年已将机会放弃,现已不可追矣。在现时情况下,下次国联大会尤宜公开处理,盖兹事已为全世界所注目,虽日本亦难强为讳饰。故吾人认为此事,已含有世界性。现时处理此事,必先认清日本对满目的,究竟何在。将欲占领其土地乎,则必引起中国今后之大问题。不特此也,即或迟或早必将实现之世界爆烈,亦将难以避免。如果日本目的,真如日方宣言,仅求在平和秩序下发展经济,则如李顿报告办法,其保证力之伟大,实际上必胜于武力政策无疑。

假令远东二大民族不能化除意见，融和合作，则由日本今日之行为必不能防止中国将来之报复，且恐予中国无政府党以机会。其祸之酷，不仅中国民族本身已也。

故吾人以为日方要求五六星期之研究时间，并不为久。如果欲求日本全民族之真正澈底觉悟，似犹不足。然世界上任何国家，即国联会，亦无权令此事成为无限期之展延也。（完）

《中央日报》1932 年 11 月 26 日第一张第二版、27 日第一张第三版

73. 国联行政院主席主张中日问题交特别大会讨论，我国代表向行政院声明同意，松冈声明须向日本政府请训，行政院定下星期一继续开会

【中央社日内瓦二十五日下午六时八分专电】 行政院会议多数主张，将中日争执移交特别大会，我国代表同意于此主张，日代表团向东京请训，大会下星中［期］一续开。

【中央社日内瓦二十五日路透电】 关于中日问题提交全体大会讨论事，因日本代表松冈，欲向东京请示，主席伐勒拉氏今（二十五）日下午闭会时宣称，定下星期一（二十八）日上午十一时再开会，继续讨论。

【中央社日内瓦二十五日路透电】 据云，国联当局已决意于下星期一（二十八日）招集十九人特别委员会。如此说属实，则国联全体大会将于十二月三日举行。

【中央社上海二十六日电】 国民社日内瓦径（二十五）日电。现以中日争执全案，或可于十二月五日由行政院移交国联大会考虑。德外长牛赖资此时或将暂去日内瓦。但若国联大会果于十二月五日召集特别大会，则牛氏将于十二月二日前后遄返此间云。

【中央社日内瓦二十五日路透电】 据可靠方面消息，国联全体特别大会将于十二月五日举行，讨论中日问题。此说现时尚未能证实，但一般人均觉十二月五日开会消息，可能性甚大。因照例招集国联全体会议时，事先一星期即

须通知各国也。各方甚望今(二十五)晚行政院会议讨论调查团报告书后,即可闭幕。李顿调查团各代表,昨(二十四)夜曾开会,今(二十五)早又复聚会,讨论调查团于中日代表对报告书发表意见后,应取何种态度。

(中央社)外交界息,国联行政院连日会议讨论李顿报告,原定由李顿致词,答覆中日两方对报告书之意见,但以松冈之反对,直至前(廿四)日会议,由英比等国代表赞成,决定于昨(廿五)日下午三时半开会后,由李顿答覆。预料李顿所言,对报告会书必作有力之维护,而对"满洲国"问题,将再申言不能承认。松冈对此或将再作一度狡辩,故今(廿六)日继续会议,尚难即告结束,移送十九国委员会之期,或将展至下星期初。在移送之前,行政院将作一决议,对李顿报告前八章表示接受。至第九、第十两章,因系解决办法,将留待特别大会讨论云。

【中央社日内瓦二十五日路透电】 李顿调查团各代表今(二十五)日并未在国联秘书处举行任何正式集会,各代表仅于旅馆中作非正式谈话,将调查团答覆行政院之文字缩短,以最简略方式为原则。今(二十五)日下午国联行政院会议事日程已定,中日问题列为第三件讨论案。最先讨论波利维亚(译音)与巴拉圭(译音)两国纠纷案,再次讨论爱若克(译音)与西尼亚(译音)两国边界案,最后始讨论中日问题。

昨开会情形,日代表提书面报告

【中央社日内瓦二十五日路透电】 国联行政院今(廿五)日下午四时举行公开会议,先将波利维亚与巴拉圭两国纠纷及爱若克与西利亚两国边界问题报告毕,随即开始讨论中日问题。

日本代表团有书面报告,说明日本对李顿调查团参加行政院会议事之意见。日方谓调查团将报告书草就,交诸行政院后,其职务已告终结。日本不反对调查团代表在行政院会议时有所询问,但日本认为调查团代表无权对中日两国代表在行政院席间所发表意见,予以批评。日本首席代表松冈,昨(廿四日)所发挥言论,今(二十五)日于意见书中再从新申述一遍。

松冈于意见书中,谓如调查团愿修改报告书,日本并不反对,但所修改者,限于报告书中之不明了处。松冈谓如日方不断向调查团质问报告书各点,则会议时间将延长过久。

伐维拉希望中日勿拒解决办法

【中央社日内瓦二十五日路透电】　行政院将日本意见书予以备案后,请调查团主席李顿爵士出席发言。李顿爵士应主席伐维拉之请求起立,谓如调查团报告书能有助益于行政院,则调查团同人中心欣慰,除此而外,调查团不愿于报告书外,再有所表示。主席伐勒拉问行政院各代表有无询问事件。

捷克代表宾斯氏称,最简单之办法,即将整个中日问题移交国联全体大会讨论,彼欲保留关于此点发表意见权。主席伐维拉氏问各代表是否欲稍候再将中日问题交诸全体大会。彼谓由事情方面着想,中日问题似不适于在行政院中讨论。且将此案交大会后,行政院各代表仍可有机会发表其对调查团报告书之观察。根据目前已发表之言论,中日问题得以迅速解决之希望甚少。中日两国代表意见并无双方同意点,俾行政院同人可予以有益之批评。彼深望中日代表现时所持态度,并非中日二国政府之最后态度。且如有澈底解决中日问题之办法,希望中日两国勿拒绝之。如中日二国中,有一国与世界舆论相对抗,使国联工具不得尽量施行,或以不合作方法阻挠国联工作,则吾人决不能宽恕此种行为也。

日代表请训,松冈主根据十一条

【中央社日内瓦二十五日路透电】　主席伐勒拉氏请求中日双方,慎重考虑,彼等若何可以协助国联。日本既已拒绝调查团报告书所建议办法,中国既已接受调查团报告书之不违反国联盟约及非战公约条文与精神部份,彼认为行政院不必向全体大会有所建议,俾予全体大会以充分自由讨论中日问题。

日本首席代表松冈,对主席及行政院同人之努力及指导,表示谢忱。彼深信终久行政院必自身处置此案,应慎重研究报告书内容,不可轻予批准,且日本根本觉调查团无权有所建议。日本对报告书内容不同意各点,已有数次说明。日本最初提议与中国直接交涉,但为中国所拒绝,因而局势顺其自然而进展,非人力所能变更。事既如此,余(松冈自称)须向本国政府请示。依余个人观察,应根据国联盟约第十一条,先尽力谋和解方法。此问题性质过于重要,除非双方能有同意解决办法,定无良好结果。日本希望维持远东和平,并非纸上和平。自去年以至今日,一年来日本一切行动均根据一种信心,即只有履行承认"满洲"政策,始能维持远东和平。松冈末称彼保留日后再次发言权。

主席伐勒拉氏,问松冈几时日本政府训令可到。松冈回答谓明(二十六)日下午可到,最迟下星期一(二十八日)。

顾维钧表示,同意提交大会讨论

【中央社日内瓦二十五日路透电】 中国首席代表顾维钧博士赞成将中日问题移交全体大会讨论。关于解决办法之原则及条件,中国政府暂时保留其意见,因目前对报告书其他部份发表意见毫无用处,但最低限度,彼希望日本代表松冈接受调查团报告书所定之原则,即中日问题之解决方法,必与国联盟约、九国公约及非战公约的条文与精神相符合。松冈谓吾人应根据事实(即承认"满洲")处理此案,中国绝对反对以过去事实为解决方式之基础,但如依据国联盟约,以谋解决办法则中国可接受。顾博士末复谓中国赞成将中日问题以最快方法移交全体大会。

松冈继之起立发言,称顾博士为其老友,并称顾博士所谓事实者,将包括条约、国际联盟及世间任何事实。

行政院准许松冈向其本国政府请示,关于将中日问题提交大会事。松冈应允尽力设法,于明(廿六)日下午得到回电。主席伐勒拉氏提议下次会议,于星期一(廿八日)举行,全场同意,乃闭会。

《中央日报》1932 年 11 月 26 日第一张第二版

74. 宋罗声明,中日直接交涉说不确,惟国联应谋适当解决

国联行政院连日开会讨论李顿报告,日方竟大施造谣,谓中日问题有直接交涉之可能云云。行政院代院长宋子文、外交部部长罗文干二氏,昨(二十五)晨在北极阁宋氏私邸,接见美使詹森、法使韦礼敦、德使陶德曼、意使齐亚诺、英代办应格兰等外宾,谈及此事时,宋氏正式声称,中日直接交涉说绝对不确。每次国联开会时,日方均谣传直接交涉之说,已司空见惯,不足为奇。现中日问题已入国联之手,国联应迅谋一适当之解决并维持国联本身及盟约之尊严云。

《中央日报》1932 年 11 月 26 日第一张第二版

75. 日忠实拥护国联？松冈抹杀事实之强辩，日代表殆理屈辞穷矣！

【中央社日内瓦二十四日路透电】 国联行政院二十四日下午三时半开会，中国代表顾维钧博士演说完毕后，日本代表松冈继起发言，据称中国代表于实际上现已承认所谓田中密奏之无根据。余于蒙满独立运动内，曾谓田中密奏乃不负责日人所伪造，余信顾氏谅必同意。但顾氏乃一堂皇国家之代表，何以竟于行政院会议席上，提出一不负责日人所造之伪证，余实难了解。松冈继谓国联注意中国代表业已承认中国政府援助抵制日货运动，并谓李顿报告书之附带文件，内有中国所发关于抵货运动之密令。松冈继言，顾虽责其提出枝节问题，但顾自己对重要问题，则轻描淡写，欲图抹杀。日本向为国联之忠实拥护者，有事实可证明（？）。中国此次之如此拥护国联者，因欲借此机会，利用国联达到其私心所欲。如国联之处置，不违反日本生存及日本维持远东和平政策，则日本将继续为国联之拥护国。

《中央日报》1932 年 11 月 26 日第一张第二版

76. 松冈与伐维拉舌战，日本猛烈反对调查团发言，西门及捷西代表同声驳斥

【中央社日内瓦二十四日路透电】 松冈称前任秘书长特莱孟氏之言论，更足显明日本态度之正确。日本并不反对调查团代表解释报告书之字句，但于原则上反对调查团之把持行政院会议议事日程。彼望主席许其以书面发表日本方面意见。伐维拉氏接受松冈之请求，但觉同时调查团可开会讨论，彼等是否欲修改报告书，或继续维持原案。行政院于下午五时五十五分散会，定二十五日下午三时半继续开会。

松冈蛮横，遭各国代表驳斥

【中央社日内瓦廿四日电】 松冈声明彼保留以书面供献意见权后，主席

伐维拉称时间已晚,本日可无庸继续讨论调查团报告书,但彼仍将予双方以发挥意见之机会也。伐维拉氏谓调查团各代表,应出席行政院会议,并向大会所问,予以答覆。松冈问此种问答,是否只限于报告书,及各方对该报告书之批评。主席答称彼昨(廿三)晚之提议,乃问调查团各代表于中日代表发表意见后,彼等对报告书内容有无修改之意。松冈谓如行政院与调查团可对东三省问题互相问答,则实出乎调查团权限之范围,且如此办法果真实行,会议时期或将延长逾月,亦未可知,因各代表可有权以报告书以外之事质问调查团也。主席答称,目前问题甚为简单,仅为调查团是否欲维持原案,或欲修改报告书,并不涉及他事。松冈称如调查团决议,不愿修改报告书,则彼必将质问调查团不愿修改之理由,此种问答,势必迁延时日。主席伐维拉与松冈争辨[辩]多时。松冈坚称调查团与行政院会议,毫无关系。主席乃征求其他代表之意见。捷克代表宾斯起立,谓彼拥护主席意见,觉主席之解释极为公正,调查团之工作虽已完毕,但调查团仍然存在,行政院随时可向该团垂询。西班牙代表马达里亚加氏,亦赞成宾斯氏之意见,彼觉听中日代表争辩后,再听调查团之意见,别无不当处。调查团固已草就一报告,但如根据行政院之请求,即再作一报告书,亦无不可。调查团仍然存在一点,毫无问题。如因此而会议延长时日,系无可能为之事。英国首席代表外相西门爵士谓,此事有先例可援,并说及前任秘书长特莱孟氏。关于此种程序之言论,西门继称调查团各代表来此地,非为看戏而来,彼等来此,定有相当用处,实显而易见,此来非为协助行政院而何。

英代表团谓日本纯出误会

【中央社日内瓦二十四日路透电】 此间英国代表团,觉日本此次反对调查团出席行政院会议,纯系出于误会。松冈或深信调查团仅为行政院之仆役,并非行政院之批评者或主人翁。日方深恐调查团将发表判决言论,而该种权限,仅属诸行政院本身者。英国观察者甚注重英外相西门爵士所谈,即调查团代表来日内瓦,并非为装饰品,行政院之欲引用该团代表,自属情理中事。此间各方觉中日问题将于最近时期内,交国联全体大会讨论,或将由十九人特别委员会正式移交大会。行政院本身决议案必须由全体通过,始得生效,事实上极感困难。为方便起见,唯一办法即由全体大会解决之。西门爵士明晚回伦敦,与首相麦唐纳商谈军缩会议事,日内即返。行政院定二十五日下午三时半开会,继续讨论中日问题。

《中央日报》1932 年 11 月 26 日第一张第二版

77. 华侨纷电,拥护我代表

　　【中央社日内瓦有(二十五日)下午三时五十分专电】　中国代表团接到欧美南洋各处华侨拥护电多通,此间华侨现集款接济东北义勇军。

《中央日报》1932 年 11 月 26 日第一张第二版

78. 王正廷坚决否认制止田中奏折流行,同情于顾代表答覆松冈语,今日满洲时局即最好凭证

　　前外交部长王正廷昨(廿五)晨八时由平乘车抵京,下午召集胶济路理事会开会,日内将赴沪一行,于三中全会开会时,来京出席。中央社记者以国联行政院会议席上日代表松冈狡辩田中奏折事,声言田中奏折系出捏造,一九三〇年王正廷(沪报误译王景春)曾允许采有效方法制止该项奏折流行云云,特以此赴王氏寓邸叩询,是否属实。王氏答称,当余任外交部长时,曾亲见该项奏折,彼时日本重光公使与余会面,谈及此事,余曾告以余曾亲见该项奏折,至确实与否,日本自己应该明了,无须问余。至制止该项奏折流行云云,余则绝无此项言论,且政府亦绝无制止出版物流行之理。记者复叩以田中奏折,是否如松冈所言,系出捏造。王氏答称,顾代表答复松冈谓此文真确之最好凭证,即为今日满洲之时局。如将田中奏折与日本今日之政策比较,即可判定,余认为系最好之答覆。记者复叩以国联之趋势,王氏谓国联必能维持其历次之决议案,但欲一一执行,恐非易事。然日本此种横暴之行动,若不能设法制裁,则国联盟约、九国公约、非战公约,均成废纸。世界形势,不但将恢复欧战以前状态,且将回复野蛮时代矣。现在各国政治家对日尚有委曲求全者,但全世界舆论,已一致为国联之后盾矣。王氏对日俄缔约之失败,认为当然之结果,谓油水决无混合之可能,日本现已处于完全孤立之地位。王氏最后称,彼决出席三

中全会,在京时并将参加外委会云。

79. 何键电罗文干,调查团以调人立场迁就事实,国联应行先恢复我东北原状

【中央社长沙二十五日电】 何键养(二十二)电外交部罗部长,略称报载国联行政院昨已开会,中日事件当为此会议中最重要之问题。键爱国有心,敢摅所见。窃国联任务在保世界和平,其威权超过九国公约及其他一切公约。须知以强力破坏邻国,原状久不恢复者,即为破坏和平之铁证,责任自甚明显,应为盟约所不许。调查团以调人立场迁就事实,希图无事,虽具苦心,但其报告建议不以恢复我国东北原状为前提,无异自毁国联冠冕,承认破坏行为之正当然,实足危及各会员国,而启未来之同样纠纷。至九、十等章蔑弃中国主权,我国民誓死不能承认,犹余事也。拟请大部迅电颜顾郭三代表,转陈行政院顾及世界前途,尊重盟约,先行恢复我东北原状。我国为维持东亚及世界和平计,将来尽可本先圣大同精神,自动的酌采报告书意见,开诚办理。至我东北全体人民,愤恨日人强暴,及为傀儡之"满洲国",公议先组百万义军,拥护公理,乃真正民意之表现,日人竟诬为土匪,向外宣传,不啻诬蔑我全民族,尤属危险,亦请其以公理维护之。是否有当,敬希察夺赐教等语。

80. 日本外交政策欺骗列强,卑劣险诈活跃于国联,律师会电请代表注意,勿蔽甘言勿慑于恫吓

全国律师协会,以日代表松冈答辩我国顾代表之演词内,攻击去年由该会发觉之日本拓务省秘密会议录系属伪造,特电驳斥,并促各代表注意该纪录上日本对华外交政策。兹录原电如下:日内瓦中国代表顾维钧博士转各国代表

均［钧］鉴。梗日日代表松冈答辩演词，于狡饰田中奏折，系出于伪造后，复谓"若干华人，鉴于伪造文件，欺骗外人之成功，似颇兴奋，又另出一种伪文，名曰日本拓务省之会议录"等语。本会为免淆乱国际听闻计，对此难安缄默。盖此项日本拓务省秘密会议录，系由本会职员在哈尔滨得之于日人手中者，此非可抹煞之事实，安得以伪造目之。且该会议录内所载日本外交政策，在华盛顿会议以前，系在以夷制夷的政策下，借国际协调之名词，役使列强为日本在华之便衣队，华盛顿会议以后系在以华制华的政策下用挑拨离间之伎俩，达成其妨害中国统一之目的云云，尤足证明日本外交之骨干，不外欺骗列强、侵略中国两点，卑劣险诈。今犹秉此方针，以活跃于国联与远东。愿我各友邦代表，其予以深切之注意，勿蔽于甘言，勿慑于恫吓，则远东幸甚，世界幸甚。中华全国律师协会常务委员刘陆民、江庸、严荫武、戴天球、刘哲叩。

《中央日报》1932 年 11 月 26 日第二张第三版

81. 各校抗日会昨举行代表大会，决议要案：电国联主持正义制裁暴日，电代表誓死力争国土完整

　　首都各校抗日会，昨午二时假南京女子中学大礼堂，举行代表大会。到南京女子中学、南京中学、汇文女子中学、金陵中学、中央大学、文化学院、金陵大学、中华女子中学、乐育中学、青年会中学、三民中学、东方中学等廿一校代表四十余人，及市党部代表李永懋、朱光潜等，由金大代表段天煜、南中代表詹世骅、京女中杨桂卿等三人为主席团（轮流担任开会主席），蔡维翰纪录，徐良义司仪。如仪开会后，首由段天煜主席报告召集代表大会意义。继由干事会各股负责人先后报告各股工作经过情形。旋即开始讨论提案结果，决议各案如下：（一）电请国联，制裁暴日荒谬绝伦之意见书。（二）电国联行政院，请贯澈和平初旨，主持正义并电出席国联会中国代表团各代表，誓死力争，俾我国土之完整。（三）举行游艺会，及实行长期募捐，援助东北义勇军。（四）通电全国，制止一切内战。（五）以不丧权辱国使土地完整为外交方针。（六）组织日货检查委员会，负责肃清本市日货来源，规定委员七人，由干事会通函选之。（七）呈请训练总监部，训令各校加紧各校军事训练。（八）分函各校抗

日分会,加紧抗日工作。(九)发行定期抗日刊物,俾作文字上之宣传。(十)呈请市党部,严厉追究谢清河游艺会舞弊案。(十一)陈井案,延未执行惩处,决函首都各界抗日救国会,从速执行惩办,以维抗日工作,而快人心云。

《中央日报》1932 年 11 月 26 日第二张第三版

82. 中日问题全案将于明日移送国联大会,日本决定不坚持反对但有保留,日传如国联否认伪国,即行退出

外交界息,国联行政院昨(廿六)日休会,但各国代表仍将有秘密会议,下星期一重新开会后,即可将李顿报告及全案移送特别大会讨论。本年三月十一日,国联大会曾决定请求行政院将关于中日问题一切应送交大会之文件及附件,送交委员会,故预料星期一行政院会议将全案移送时,仍将先送十九国委员会。现日代表对移送问题,已向日政府请训,闻日方因鉴行政院意见已趋一致,将不再坚持反对云。

日本训电内容,援用十五条仍反对

【本社二十六日上海专电】 日外部宥(廿六日)晨十时开会议,决定训电内容于下:(一)伐维拉主席之提议,欲将中日纷争提交大会审议。此问题日本自今春大会以来,就反对以会章第十五条解决满案,对此系保留,断不能变更。然如以手续问题而开大会,则不必坚持反对。(二)如果要开大会,则必须将二十一日以来之论争记录移交大会,如要加附意见提交大会,代表团须再请训。(三)当行政会移交大会讨论时,必须明确记载日本之保留事项,同时将该记录一齐送交大会。

【中央社上海廿六日电】 日讯,东京宥(廿六日)电,外务省今晨接到日内瓦日代表团之请训电报后,即召集关系人物,以亚洲局为中心,协议政府对其态度,遂于本日正午向代表团发回电,其内容如下:日本依照从来方针,反对中日问题之全部,依据国联会章第十五条移交大会讨论,然国联召开大会之时,日代表可以出席会议,但要明了宣明保留日政府之反对。

日同意交大会,松冈请训电到东京

【中央社上海二十六日电】 日讯,东京寝(廿六)电,外务省顷由日内瓦代表团接到请训电报,略谓日代表团因国联拟将报告书及意见书交大会审议,在行政院席上声明请训本国政府,议长要求表示接受回训之时期,然未与言定,请即回训。

【中央社东京二十六日路透电】 外务省发言人称,日政府未有训令致日内瓦日代表团,日代表团亦未请颁训令。记者询以程序问题,据答,日政府虽认中日事件应由行政院处理,且认行政院对于李顿报告,应作较审慎之讨论。但行政院如决将问题交付国联大会,日政府亦可于前此所作保留之下,加以同意。下次特别大会中,如有任何不利日方之提案,日本将不放弃投票,而将投票反对。于必要时,日代表或将参加十九国委员会之讨论云。

日本态度强硬,以退出国联为要挟

【中央社上海廿六日电】 日讯,东京寝(廿六)电,日政府之回训,如于二十八日以前到日内瓦,则中日问题交大会讨论,殆无疑义。召开大会时期亥(十二)歌(五)说最有力。问题移交大会,则小国代表主张拥护国联会章,亦无疑问。日本代表团虽有准备在大会公开会议说明日本正当立场,然大会形势最恶之时,或议决不承认"满洲国"。日代表团对此早有坚固之决意,以为国联大会议决不承认"满洲国"时,即是日本出于退出国联最后手段之时,日代表团实际现已考虑关于退出国联之战术。

【中央社上海廿六日电】 日讯,东京寝(廿六)电,据日内瓦来电,松冈代表于(廿五)国联行政院散后,语日记者曰:余因考虑中日问题,应慎重审议,故在今日会议声明,有向本国政府请训之必要。议长质问回训到来之时日,余答谓因问题重要,不能约定期限。调查团之权限问题之结果,事实上实现日本之主张,故甚愉快。

如何协助国联,伐维拉斥日本消极

【中央社上海二十七日电】 国民社日内瓦宥(廿六日)电,李顿报告书之考虑,经李顿勋爵通知国联不欲增益报告书后,业于今日实际移交国联大会办理,目下各方皆集中注意于日本对此之态度。当行政院主席伐维拉宣布此次决定时声称,此举并不剥夺行政院再行考虑之权利,即渠个人亦复有意见贡献。惟此后国际大会,已直接负解决此事之责,而在国联大会亦比在行政院较便于表示意见。又谓吾辈尚未能多闻足以令人兴奋之言,而行政院内目下亦尚无充分同意,可以开始讨论解决此事之方法云云。又当伐维拉宣读移交此案之决议后,曾在释明主旨时,斥日本态度为消极,希松冈所表示意见并非日本最后立场。又行政院于结束辩论时,亦表示希望中日两国,将变为积极协助国联觅得一解决方法云。

《中央日报》1932 年 11 月 27 日第一张第二版

83. 中日问题决将交大会之一幕,大会负寻求解决方案之责任,伐维拉劝中日考虑援助国联

【中央社日内瓦廿六日路透电】 昨(廿五)行政院会议,关于程序问题,主席伐维拉发表重要言词。据称,中日两方对于李顿报告均已阐发意见,而国联大会于本年三月十一日之决议案内,请求行政院将中日事件提交国联大会,故当前之问题乃行政院是否即将中日问题交付大会讨论,抑或暂缓移交。行政院于本年二月十九日所通过之决议案,已决依照国联会章第十五条,将中日争端移交大会,是以此时负寻获解决方案之直接责任者,乃国联大会也。余(伐氏自称)认行政院内一般意见,均欲特别大会于最短期内重行集会,继续讨论中日问题。行政院会员亦为大会会员,故终召集大会时仍可有充分发表意见之机会,且于大会内发表意见更为适宜。余信吾人于听取中日代表言论时,无不盼望其言词,足以引起迅速满洲解决中日冲突之希望。但吾人迄今所听取者,未能满足此种希望。日本政府于意见书内,并不接受李顿调查团所建议之解决原则,仅赞同李顿报告书内所称徒谋恢复九一八前满洲原状,不足解决问题一节,中国代表团对于解决之条件保留嗣后发表意见权。目前所声明赞同之李顿建议原则者,仅第三项原则,即任何解决方案必须符合国联会章、非战公约及九国条约之规定是也。在此情况之下,行政院此时之任何决定,对于大会之探讨解决方针,似无实际援助云。李顿继伐氏发言,李称主席及中日代表对于报告书之慷慨陈词,本人代表调查团表示谢悃。倘调查团之报告书,对于

国联讨论此项极端复杂困难之问题将有贡献，吾人于愿已偿。吾人于报告书所述外，不欲再加意见云。主席凡维拉于闭会前复称：余为责任所驱使，应行表示希望中日代表数日内所发表之意见，均非两方政府之最后态度。余觉余非特代表行政院发言，诚乃代表世界之舆论。如牵涉中日两重要会员国之满洲事件，不能尽量引用国联之和平工具图一解决，或国联之和平工具于引用之际，横受任何一方阻挠，则世界舆论将受一不可容忍之打击。中日两方现均以其意见置于行政院之前，余应代表行政院，谨劝两方致力于问题上之积极方面，即考虑准备如何援助国联获一解决也云。

《中央日报》1932 年 11 月 27 日第一张第二版

84. 驻美使署否认直接交涉，日大使署亦否认屠杀

【中央社上海二十七日电】 国民社华盛顿径（二十五）日电，此间中国公使署，今日在报端正式否认日方宣传南京考量中日直接交涉之说，同时日大使署亦向报纸否认中国公使署发表日兵在抚顺屠杀无辜平民二千七百余人之惨状。

《中央日报》1932 年 11 月 27 日第一张第二版

85. 刘崇杰谈，惟有根据正义，与日人相周旋

【中央社上海二十六日电】 外次刘崇杰宥（廿六日）晨抵沪，据语记者：（一）国联讨论中日事件，外部惟有根据公理正义与日周旋，国人应一致拥护颜顾郭三代表。至国际倘于日不利，亦不可欣喜。欧美因战债问题争执殊烈，或将影响远东问题。美俄进行复交未闻，罗斯福对华政策不致变更。（二）越南商约惟税则数目及附件尚在进行中，最短期内终可解决。（三）中巴商约修改及荷庚款退还问题亦在进行中。（四）收回沪越界筑路，虽暂停顿，最近期内又可继续进行。

《中央日报》1932 年 11 月 27 日第一张第二版

86. 德政府确同情于我,否认与叛逆有商业关系

【中央社日内瓦二十六日上午电】 日内瓦日报载,德国当局在新闻记者秘密访问中,称德国不能援助中国,因"满洲国"向德国定有大宗货物,且德国亦需要"满洲"之大豆云云,一项消息。德国政府已发出正式否认,德国官方复称,丁士源过德时,并未予以接见。此间一般空气对中国有利,日本代表之辩论,已引起剧烈反感。

《中央日报》1932 年 11 月 27 日第一张第二版

87. 叛逆不甘缄默,致电日代表恫吓国联,对李顿报告亦施攻击

【中央社上海廿六日电】 日讯,东京寝(廿六)电。叛逆拟于日内以伪外交总长名义,请日内瓦日代表团,借口民意,传达各国代表,其内容要求国联不得否认满洲伪国,以排击国联相恫吓。同时并致电国联行政院议长,攻击李顿报告书,谓为不符于现实之事态。

《中央日报》1932 年 11 月 27 日第一张第二版

88. 日军屠杀东北民众,东北外交委员会电外部,请告国联友邦主持公道

【本社二十六日北平专电】 东北外交委员会漾(二十三)电外交部,报告日军屠杀东北民众惨状,请转电国联及各友邦主持公道。原电如下:

衔略钧鉴。日人对东北居民,恣意残杀,日有所闻,以抚顺平顶山时为最惨。残酷情形,本会已得有详确报告,为求事实千真万确计,又特派干员前往

实地调查。据报被害之村,为千金堡、栗子沟、平顶山三处,距抚顺约十里至十六里不等,共有农户五百余家,人口三千余众。九月十六日早,由东来大刀义勇军三人,至平顶山探路,被日人侦悉。同时日人疑邻村千金堡、栗子沟,亦与有联络,乃自抚顺派军队二百余人,携机关枪十数架至平顶山召集三村长,追问大刀队下落,并言欲检查三村居民,是否有隐匿义军及反动证据,声明检查无事时,即认为良民。乃迫令三村男女老小三千余名,齐集平顶山西南沟内,先令伏于地下静候,同时将机枪十余支,安设侧面,约七八步。布置完毕,令群众背枪跪起。其中机警者,心知有异,站起欲奔,是时机枪齐发。刹那间男女老小,狂奔乱逃,哭声震天。负轻伤逃出者,仅一百三十余人;负重伤中途死者,六七十人。其余男女老小二千七百余口,死于非命,或中弹而未毙命者,日人用刺刀杀之。事后日人将尸身堆起,用火油焚之。然后将三村房屋,亦付之一炬,三村火后空地,敌人定议建设武装移民镇。又辽阳之笔管堡及黄沙堡日人,亦有同样屠杀情事。似此惨无人道,请向日内瓦及各友邦政府正式报告,请国际予以同情,主持公道云。东北外交委员会叩。漾(二十三日)印。

《中央日报》1932 年 11 月 27 日第一张第二版

89. 拥护国联盟约会痛斥破坏盟约者

首都拥护国联盟约委员会,自成立以来,即积极进行种种拥护盟约工作。昨日该会特拟就宣言,敬告全国及全世界人士,痛斥破坏神圣盟约者之非是,词严义正。

《中央日报》1932 年 11 月 27 日第二张第三版

90. 国联大会下月召集,十九国委会此后任务重要,大会将决议拒绝承认伪国,国联行政院今日继续开会

特别大会即将定期

【中央社日内瓦廿七日路透电】　闻行政院将以中日问题交付十九国委员

会，该会即当召集会议，决定特别大会之集会时期，特别大会或可于下月初开会。众料特会或先通过报告书一至八章，即阐述事实之部份也。然后以报告书之结论及建议交与十九国委员会讨论，故此后之十九国委员会会议，最为重要。日本谓满洲情况与世界其他各部不同，故不能引用硬性之约章。德方意见颇加赞同，德人认为中日直接交涉，比诸听候国联解决，较为适宜。

日本覆训业已颁发

【中央社上海廿七日电】 日讯，东京感（廿七）电。据日内瓦来电，日政府之回训电报，于宥（廿六）下午七时到日内瓦，日代表团各代表于感（廿七）上午十时起开会，以训令为中心，协议日本对于国联之最后态度。

【哈瓦斯社日内瓦廿六日电】 日本代表曾要求行政院予以必要之期限，俾其就商于该国政府，请其承认将满洲事件提交国联会非常大会。据可恃消息，日本代表松冈本人并不反对将此案提交大会。国联会休息室内，一般印象以为下星期一上午，松冈当赞成行政院一致之主张，即赞成终止辩论，而将中日争端提交非常大会云。

日外务省昨日会议

【中央社上海二十七日电】 日讯，东京感（二十七）电。国联理事会审议中日问题，情形渐次恶化，又移交大会讨论问题亦已确定，外务省以为前途不许乐观，本日虽为星期日，谷亚洲局长、守岛第一课长等，均出席外务省会议，对于日内瓦日代表团训令日代表应取态度。其内容命日代表在俭（二十八）上午十一时理事会反对依据会章第十五条之大会召开事宜，当理事会移交大会讨论时则声明保留，出席会议，并关于如下诸点，极力主张日本方针。国联应以政治的解决一切国际争执为其主要使命，故理事会将中日问题移交大会时，不能放任问题，须要保持于必要时干涉此问题。又命松冈根基于政府训令，将于俭（二十八）之理事会主张如次三点，以阐明日政府之立场：（一）日本反对将满洲问题移交依据第十五条召开之临时大会。（二）日本代表出席大会之唯一目的为说明日政府之立场，满洲问题应由理事会审议之见解始终不能改变。（三）国联应提用会章第十一条，以和协手段解决满洲问题，第十五条第一至第三项与第十一条相同规定以和协手段解决，故日本并无异议，但第四项以下之提用，因有压迫的或强制的处理，日政府断然反对其一切办法。

【中央社上海二十七日电】　日讯,东京感(二十七)电。据日内瓦电报,日本代表团于宥(廿六)说明日本反对提用会章第十五条第四项以下之理由,谓满洲问题为关于日本生死问题之重要问题,国联审议如此重大问题,请决方法之际,将当事国所不承认之条件以多数表决主义决定,强要实行,日本因此与国家权威有关,不能承认。无论国联会章之释义如何,日本由政治上绝对反对提用第十五条第四项以下诸项,日本政府对各项规定之用由法理的及政治之见地,不得不声明保留。

【中央社长春二十七日路透电】　"满洲外交部长"谢介石,有长篇宣言,致国际联盟及各国驻东三省领馆。内云无论外界用何种压力,"满洲国"之存在,已成为不可否认之事实。

大会将拒承认伪国

【中央社日内瓦廿七日路透电】　中日事件此后之发展如何,目前虽难逆料,但据与国联接近方面之推测,国联大会最后将根据史汀生历次之宣言,通过议案,拒绝承认"满洲国",间接谴责日本之不应承认"满洲"。同时国联将要求中国于国联监视之下,保障日本在满之权益。倘此种计划实现,国联将组织国际行政及军事委员会实行监视满洲行政,并决定何时日本权益已有相当保障,日军应行退出满洲。上述意见,仅在胚胎时期,尚未具体化。

希孟启程赴日内瓦

【中央社日内瓦廿七日路透电】　十九国委员长希孟,将于星期二(廿九日)抵日内瓦。

【哈瓦斯社比利时京城二十六日电】　比国外长希孟,将于下星期出发赴日内瓦,以便主持国联会十九国委员会,该委员会定于下星期四日开会。

【哈瓦斯社日内瓦二十六日电】　国联会法国代表彭古已首途遄返巴黎,当其离开日内瓦之时,代其在行政院出席者即系军缩会议法国代表马西克利。

英报观察偏于悲观

【中央社伦敦二十七日路透电】　《观察报》星期叙评称,一周内国联讨论中日问题之结果甚为恶劣,因即最有关系之方面,对于目前危局,似觉漠然。《观察报》责西欧舆论之轻浮,据称凡要求实际上对日宣战,以保障国联会章者,乃国联会章最大之敌人,唯有对于双方表示忍耐同情,足以避免战争云。

《中央日报》1932 年 11 月 28 日第一张第二版

91. 国联行政院昨通过中日问题移交大会讨论,日代表声明有两种保留未投票,十九国委会将于本星期四集会,大会将于下月五日或六日开会

【中央社日内瓦二十八日路透电】 国联行政院今日上午开会,通过将中日问题交付国联大会。讨论会议时间,仅历十分钟。主席伐维拉宣告开会后,宣读松冈洋右来函,略述日本政府致松冈之训令。据称日本对于引用国联会章第十五条,及将中日问题移交国联大会两事,均有相当保留,故日本将不投票云云。行政院会员均无发表意见,或提出咨询之意。主席遂宣告讨论终结,以将满洲问题移交大会之提案,付诸表决,结果通过。主席对于调查团委员之援助,表示感谢,并谓于必要,或将请调查团委员援助国联大会。伐氏继谓松冈因认调查团工作已告完毕,曾作保留,行政院已经阅悉。主席旋即宣告闭会。会议时间仅达十分。英外相西门因事返英,由英外交次官列席会议。

【中央社上海廿九日电】 国民社日内瓦俭（廿八）电。今日国联行政院,一致决定,日代表未投票,将李顿报告书移交国联大会后,秘书长德鲁蒙即决定渠已由行政院授权于星期一召集国联大会特别会议,不必再取决于十九国委员会。嗣因接主席希孟自比求［来］电,谓渠有事恐星期一未必能赶到日内瓦,要求国联大会改于星期二召集。现德鲁蒙正考虑此事,将来大会于星期一或星期二召集。逆料十九国委员会星期四开会时,当可报告也。至国联行政院今日决定将李顿报告书移交国联大会,不过数分钟间事。主席凡勒拉首宣布渠曾接日代表松冈洋右函,要求关于日代表前曾声明保留日本不认李顿调查团今犹存在一节,载入会议录中,渠对此表示同意。嗣即询问诸理事有欲发言者否,迨无人欲发言,本案即告结束。但凡氏声称行政院日后仍可在通过一决议案后,重行讨论此案。当时对于松冈函中声明渠放弃投票一层,亦无人加以评论。最后行政院略事讨论鸦片标准法典后,公开会议即于十一时四十五分结束。

大会下月初开会,各国代表届时将发表意见,国联欲表明态度使美合作

【中央社日内瓦廿八日路透电】 国联秘书长今日开始与十九国委员会主席希孟,接洽大会日期问题,大会谅将于下月五日或六日开会。十九国委员会将于本星期四日集会,大会之会期,约在一周与十天之间。现已报告准备发表意见者,有伐维拉(爱尔呈[兰])、柏涅斯(捷克)、马达□西(西班牙)等代表,瑞典、挪威、英、法、意以及南美各国代表,亦必发言。大会之辩论,殆半将限于原则问题。众意满洲事件,经大会辩论后,各国对于李顿报告以及主要争点(即国联会章曾否遭受破坏),当可表明态度,而使美国明了国联之地位,庶可决定其自身之态度。美国迄今认为中日问题为国联之责任,不欲置喙。但国联倘使美国信任,国联有解决中日问题之决心,美国或将更变其目前之观望态度,而与国联合作。国联大会闭会时,将令十九国委员会总括各方意见,草拟报告或决议案草案,同时进行和解步骤。

日内瓦之两主张,邀美俄加入十九国委员会,或于国联外召集独立会议

【中央社日内瓦二十八日路透电】 行政院决将中日问题提交大会后,此间对于此后事态之进展,颇多推测。(一)近有主张于国联外召集独立会议,邀请非战公约及九国条约之缔约国参加会议者,此议现尚未寝。(二)尚有赞同邀请美俄参加十九国委员会者,图使十九国委员会集中努力于根据国联会章第十五条第三款进行和解程序,期于六十天内进行和解。倘于六十日后,该委员会之努力,仍无结果,然后再行召集大会,考虑根据国联会章第十五条第四款之应行步骤。上述两项计划,均赖美俄两国之协作,但依据目前情形,美俄似无分摊国联责任之意。

日反对国际委会,外务省正在考虑应付态度,称国联无权干涉伪国存在

【中央社上海二十八日电】 日讯,东京俭(廿八)电云,日内瓦日代表松冈、长冈、松平、佐藤等各全权日来集会协议。本日外务省接到关于该协议内容之情报,据此国联当局解决中日问题,为保持国联及中日之三者体面,而脱离目前之危机起见,拟议决创设国际委员会。组织此委员会者,为九国条约签字国苏俄联邦,以讨论一切问题。外务省现已开始考虑日本政府对此态度。据闻日本方针,国联讨论限于中日之争执关系,而无权干涉"满洲国"存在之事

实,虽在九国条约诸国亦无此权,又招请俄国参加会议一节,为事实上不可能。日本如此反对国际委员会设立案,料中国亦必反对此举,盖此种会议,拟议中国之国际管理案亦未可知也。

日本态度仍蛮横,反对援用盟约第十五条,坚持传统政策不稍变更

【中央社日内瓦廿八日下午十二时廿五分专电】 今日国联行政院结束讨论中日事件,将提交特别大会。日代表已接到东京政府回讯,对援用国联盟约第十五条一节仍表示反对。松冈声称,日本关于提交特别大会一案,将不投票。并称日本对李顿调查团,仍认为不再存在。就各方观测,国联无论作任何决议,日本显将坚持其传统政策而不变。

【中央社东京廿八日路透电】 日人对于国联连日讨论之中日问题之反响,并无抒发新鲜见解,不外重申其原有之意见而已。日本报章,指责行政院不应于未有决议前,即将问题交付国联大会讨论,希图诿卸责任。政府中人郑重申明,日本对于满洲问题之态度,决不变动,倘国联犹认日本有更变政策之可能,则完全错误矣。普通日人,顾虑大会之小国代表,侧重原则,漠视事实,将与日本以大不利。

日外部训电内容,勉各代表自信极力奋斗,留居国联说明日本立场

【中央社上海廿八日电】 日讯,东京俭(廿八日)电。日本与国联因中日问题,形成对立状态,其形势渐次扩大尖锐化,因此外间盛传日代表撤退日内瓦或日本退出国联等说。然日外务省,非但以由日内瓦方面接到之情报为基础,以由伦敦、华盛顿、柏林及莫斯科等各地入手之各种消息为参考,熟虑日政府对国联之基础的方针,感(廿七日)外务省向日内瓦日代表团发出如次重要训电:(一)国联大会将开,其表面虽因小国之策动,发生如何大波澜,然大国方面之远东政策,已经决定,务希各代表,确信此点,极力奋斗。(二)美国既声明无意容喙国联干涉满洲问题,苏俄联邦亦立于绝对独立之自己立场,决无参加以解决中日问题为目的之国际会议等事。(三)现下情势,既然如此,日代表团始终留居国联内部,说明日本立场,及维持"满洲国"现状,能使远东和平确保之可能性,以促国联之反省。(四)国联大会将因诸小国恶意之策动,实行不承认"满洲国"之决议,然日本及"满洲国"对于此种攻击,毫不感觉痛痒,故日代表团不必狼狈考虑撤退日内瓦或退出国联等问题,望以自信出席大会。

日反对国际会议，谓满事不适用九国公约，加入美俄尤持坚决反对

【本社二十八日上海专电】 电通二十八日东京电。国联事务局深知中日之纷争，虽移大会，恐亦难获满足之解决，故于大会后之秩序，现方装作一种包含美俄二国之国际政治会议案，欲将问题之解决委诸该会。今晨外务省曾接此情报，帝国政府由下列之论据，决断然反对，现方待代表部来电请训云。（一）因中国领土之自己分裂，故于独立之"满洲国"，系在适用九国公约范围之外，帝国之行动，并不违反该公约，故毋须开根据该约之国际会议。（二）凡关联"满洲国"会议，不得不依据"满洲国"自身之要求，尤其含有苏俄之国际会议，周围各国，对之加以支持，诚无视"满洲国"之主权。（三）帝国政府所得容认之国际会议，系根据李顿报告书之结论，欲在华建设巩固之中央政府之国际协力会议案，在拒绝第二国加入之满洲问题之帝国既定方针，断不容加以变更。（四）国际联盟之意，在欲以美俄两国之协力，强迫日本国甚明显，惟此案帝国政府所绝对反对者也。

日人之离奇宣传，制造英将与日本妥协空气，可谓尽其挑拨离间之能事

【中央社上海二十八日电】 日讯，东京二十八日电。据日内瓦来电，现在国联方面关于中日问题，最为人重视者为英国之意见。然日内瓦英代表团采最慎重态度，力避发表意见。最近综合各种情报，英国似将承认日本立场，决与日本妥协。其理由如下：（一）英国迄今全无离开打算而行动之事，且英国渐次明白，在现在情势中，如蔑视日本立场，则其本身将受打击。（二）英国极恐印度之赤化，松冈代表留莫斯科，当时英人极为忧虑。此事对于英国对日态度，与以重大影响。本问题对于领有越南之法国，及领有荷属印度之荷兰，亦有同样之影响。（三）国联对于日本决定任何处置，然现已不能改变满洲现状，不如与日本妥协，确保在华权益，更为利益。（四）英国在行政院支持移交大会方针之理由，似系召开大会讨论一次，以维持国联及小国之体面，故此不过系一种手段而已。

《中央日报》1932 年 11 月 29 日第一张第二版

92. 李顿昨起程返英,日人反对调查团出席大会

【中央社上海二十九日电】 国民社日内瓦二十八日电,李顿勋爵声称:渠今夜即将启程回伦敦,将来如国联大会有需询问处,渠立即返此间。现其他委员亦将各归本国,仅美委员麦考益将暂留欧洲,俟确知国联大会无需于彼后再行返美。

【中央社上海廿八日电】 日讯,东京俭(廿八)日电。据日内瓦来电,中日问题移交大会之事,事实上已决定,然大会应否招请调查团出席问题,尚未决定。国联内部对于此问题,未见一致意见。日代表团以为调查团已经消灭,决意反对其出席大会。其理由有二:(一)李顿委员长于二十五日行政院会声明无修改或添补报告书之意,余等讯问行政院对于调查团有无质问,行政院言明无质问之事,故该调查团已解消。(二)调查团为行政院任命者,假令报告书移交大会审议,然调查团不应移交大会。

《中央日报》1932 年 11 月 29 日第一张第二版

93. 顾维钧电沪致谢慰勉

【中央社上海二十八日电】 顾维钧电张祥麟,转各团体,申谢慰劳及勖勉。

《中央日报》1932 年 11 月 29 日第一张第二版

94. 郭泰祺在国联电台广播我国建设之进行

【中央社日内瓦廿八日下午十二时廿五分专电】 我代表郭泰祺昨晚在国联电台广播演说,对中国建设事业之进行及国家基础之巩固,详加阐明。

《中央日报》1932 年 11 月 29 日第一张第二版

95. 国际监视满洲行政，官方认国联决不采取此办法，因完全违反九国公约之精神

中央社。昨（二十七）日外电推测国联大会趋势，谓将要求中国于国联监视下，保障日本在满之权益，并将组织国际行政及军事委员会实行监视满洲行政，并决定何时日本权益已有相当保障，日本应行退出满洲。官方对此，认为只系日内瓦之一种推测，并信国联大会将来亦决不致采取此种为中国全国所誓死反对之办法。盖此项计划有损中国领土主权之完整，与九国公约之精神，完全相反云。

《中央日报》1932 年 11 月 29 日第一张第二版

96. 昨日市党部纪念周，周复报告《解决东北问题须求于己》

南京特别市党部昨晨九时举行纪念周，到委员袁野秋、周复、张元良、雷震、彭赞汤及全体工作人员。由袁野秋主席，周复报告《解决东北问题须求于己》。略谓，在这过去一星期中，最值得大家注意的便是国联讨论中日事件。对于这问题，我相信大家所注意的不外两点：第一，是我们外交当局如何运用外交手腕去收复失地；第二，是世界各国对中日事件解决所持的态度如何。若我们将过去事实检查一下，那可知到我们所要注意的两点，是可以预测其结果的。现在先讲东北问题之重要性。东北问题之所以发生，及其性质之重要，亦可分二方面来说明：一是从地理的关系言之，东北是接近苏俄和日本的国界。二从战时经济观察之，日本窃据东北，可以向美国作持久战。故东北问题，实为中日美俄四国的复杂关系，决不是中日单纯的问题。故中国对此或战或和，就不是中日两国之战或中日两国之和了。日本从九一八到现在所取的方法，亦有可得而言者。九一八发生之初，其时为民政党主政，内部意见尚未一致。在那时候，日本政府尚能控制军人，其国民之明达者亦尚能主张正义，批评日本的举动是违反世界公理。故日本侵占东北，此时期为偷偷摸摸时期。及至

中国没有对付办法,国联复暴露无制裁力量,于是日本军人遂益明目张胆横行无忌。去年十二月国联决议四项,令日本撤兵,并由各国监视。日本不但不遵决议,且变本加厉,进占锦州。国联又决议凡用武力变更领土者,国联各会员国不能承认,但日本依然置之不理,公然承认满州〔洲〕伪国。日本军阀当时蛊惑日本国民,军官到各地讲演,气焰不可一世。日本政府不但无法控制,且须受军阀之支配。故此时为日本侵占东北横行时期。

此次国联对东北问题之处置,据一般人推测,国联将于大会通过不承认满洲伪组织,若此则国联依然表示无制裁日本之力量。最近又闻国联将组织国际委员会以解决中日及远东问题之消息,盖以国联会员国之外,尚有与中日及远东关系最重要之美俄两国,尚未加入。邀其加入,即可增加国联力量。这种种消息,若根据国联已往的延宕政策而推测之,颇有实现可能。因为欧洲各国本身尚有许多问题,如战债问题之严重,如军缩问题之搁浅,如德法意间之冲突,均无法消除。故使中日问题延宕解决的结果,未尝不可给他们种种有利的机会。

然则,解决东北问题,我们将取何种途径?依个人的意见有二:第一,我们虽知国联不能积极制裁日本,但我们对此亦不必反对。因为利用国际情势,使日本在外交上陷于孤立地位。第二,增加本身的力量,以为实力对付的准备。意大利之复兴与土耳其抵抗希腊之成功,实为我们很好的先例。所以我们现在增加本身的力量:第一要巩固革命政权,使革命政权强有力化;第二要肃清匪患,安定社会,救济农村;第三,是建设自卫的国防,准备最后一战。这三点办到,才是我们解决东北问题的澈底办法。

目前对倭寇的应付,除了利用国际形势,造成其孤立局面,给其精神上的制裁外,还有两个办法:第一,是保障东北农村统一其组织,以便积极扩大义勇军,或向被日本所窃据的城市作经济的封锁。第二,是澈底抵制日货,增加日本国内之不安。上说两种办法,若能坚毅去做,始终不懈,亦可制倭寇死命。所以解决东北问题的办法,不要希望于人,而须求诸于己。

报告毕即礼成散会。

《中央日报》1932 年 11 月 29 日第二张第三版

97. 国联大会下月六日开幕，十九国委员会下月一日正式集会，美政府宣称不参加讨论李顿报告

【中央社日内瓦俭（廿八）下午九时专电】　十九国特委会将于本星期四（十二月一日）集会，国联大会则定于下月六日召集。中国代表虽迫切要求迅速解决，但就事实观察，似非至明年三月，难望有确实决定。盖国联此时，固不愿为满洲问题，赌本身之命运，而国际形势复杂，欧美合作亦难邃期。中国目前最大之成就，厥惟揭发日本之罪恶，不承认日本非法造成之地位，而将来之希望，亦惟准备奋勇的应付生死存亡关头耳。

【中央社日内瓦二十九日路透电】　国联当局正式公布，十九人特别委员会定于十二月一日（星期四）开会，国联全体大会则于十二月六日（星期二）举行。

【中央社上海廿九日电】　日讯，东京艳（廿九日）电，日内瓦来电。第六九届国联行政院，于俭（廿八日）停止讨论中日问题，移交大会，然行政院尚未闭幕只暂时休会，至十二月五日再开。十九国特别委员会将于十二月一日起开会，然此不过系形式的会议，今后一周间，日内瓦暂呈平静状态。

【哈瓦斯社日内瓦廿八日电】　国联特别大会主席比国外长希孟，定于十二月六日午前十一时召集特别大会。大会议事日程共两项：（一）中政府之申请。（二）行政院提交大会通过以爱文诺氏为国联会秘书长之决议案。又国联大会为中日事件特别组织之十九国委员会，则定于十二月一日午前十一时开会云。

日外务省电令，日代表出席十九人委会

【中央社东京二十九日路透电】　日本外务省今（二十九日）电令驻日内瓦代表团参加国联全体大会及十九人特别委员会。日本外务省表示，日政府虽觉十九人特别委员会无权讨论东三省问题，但日本甚愿与国联合作，协力谋一解决中日纠纷办法，故此次决准许日本代表团出席十九人特别委员会议。但日本深信十九人特别委员会将以国联行政院一代表资格看待日本代表，而勿

以陪员或法庭被告资格相视也。

【中央社上海廿九日电】 日讯,东京艳(廿九)电。日内瓦日代表团艳晨电致外务省,关于日代表在十二月一日十九国委员会之态度,申请训令。外务省即时发出如次回训,日政府从来对于十九国委员会之态度,鉴于该会成立之精神,以为该委员会只可审议上海事件,而不能干涉满洲事件,故日本仅派说明委员出席会议。今次十九国委员会重开,日本拟正式派遣松冈代表出席发言,但要求国联对日代表与以常任理事国委同样之待遇,及相当高级之席位。如委员会仍以日代表为仅仅说明委员与末次席位,则日政府不能承服此举。故代表团预先警告国联,得其谅解之后,方可正式出席。

政院顺利结束,一般印象良好,惟日方失望

【中央社日内瓦二十八日下午八时专电】 国联行政院会议今日顺利结束,一般印象均良好,惟日本阻挠之计未售,不免失望耳。日代表松冈此次在行政院席上百般诬蔑中国,谓中国不统一,且抵货排外,为世界和平之威胁云云,其帝国主义之面目已暴露无遗。反之,我国代表则反复申明满洲问题之能否适当解决,为世界和平及国联威信之所系,所关甚大,所有讨论均应集中于此云。

美政府之表示,不愿参加讨论李顿报告

【本社二十九日上海专电】 国新俭(二十八日)华府电,今日美政府发言人声明美国对于李顿报告态度。宣称国联大会讨论李顿报告时,美国无论如何,不欲参加。因政府认为纯粹国联事务,与美无涉也。惟若再有其他委员团,苟与李顿调查无关系者,美国将可参加。盖政府以为美国之不赞成日本在满行动,已在国务卿史汀生及其他宣言中,早经明白声明,此时已无再行评论满案时局之必要矣。倘若国联大会,决定委派一委员团企图调和中日,则美国将可有一代表参加,因美国虽在李顿报告以前,对于日本占据满洲,即采取一种立场,但并不足以阻碍美国之再与国联合作云。

松冈准备狂吠,将在国联大会准备发言

【中央社上海二十九日电】 日讯,东京艳(二十九)电。日内瓦来电,国联大会将开会,出席者五十四国代表中十数国代表将演说。日本代表松冈洋右

决意在此大会以国联为对手,为正格的大演说,现已极力准备,以期万无遗漏。松冈代表之演说时期,在大会开会后或在大会中途尚未决定,但拟于最有效果的时期为之。其内容详述日本自从辽案发生以来,如何隐忍,又说明事件之发生实不能避免之理由,及承认"满洲国"为维持远东和平之唯一手段。

西门爵士谈话,英舆论注意李顿报告书

【中央社伦敦廿八日路透电】　英外相西门爵士今日于众议院中宣称,国联行政院将调查团报告书交国联全体会议讨论之决议,事前曾得英国代表之完全同意。全体大会,事实上已开会,不过重新招集而已。

【哈瓦斯社伦敦二十八日电】　下院某议员询问外长西门,谓李顿调查团报告书是否将由国联特别大会加以审查。西门答称,渠甫接消息,知国联行政院业将报告书移交国联特别大会研究云云。按英国舆论因李顿系报告书之主要撰作者,故对于中日争执尤感兴趣,观于某议员之质问,益足见之。

《中央日报》1932 年 11 月 30 日第一张第二版

98. 国联大会将请李顿助力,松冈表示反对

【中央社上海二十九日电】　日讯,东京二十九日电。据日内瓦来电,俭(二十八日)日之行政院议长,又复提议李顿委员会之问题,谓国联大会或请李顿助力,亦未可知。日代表松冈即时发言,谓日本认调查团工作业已完毕,如行政院之见解,以为调查团自动移交大会,则日本断然反对此事。

《中央日报》1932 年 11 月 30 日第一张第二版

99. 出渊诡辩侵满军事行动尚谓为正当耶

【中央社上海二十九日电】　国民社费府二十八日电。今日日本驻美大使出渊,在美国政治科学院演说,又诬中国有系统的故意漠视条约,竟谓中日争执,由于中国违背其对国际保证而起。国联盟约与非战公约虽禁止用武力解

决政治问题,但两约未曾规□对于破坏其他条约者之制裁等语,为其在满军事行动辩护。我人于此亦可见日人在国际间,诐辞曲辩之宣传,当谋所以纠正之也。

《中央日报》1932 年 11 月 30 日第一张第二版

100. 日报狂言诋我为无组织国家,谓我无担负国际义务能力

【中央社东京廿九日路透电】《朝日新闻》今晨之社评,反对于国联外召集九国会议,因此会议倘告实现,似将引起满洲发展曾已破坏九国条约之印象也。该报认为日本在满行动,有似美国在乌拉圭及巴拿玛,或英国在沪之行动,并无逾越自卫范围,国联不应诿卸责任,将中日问题移交其他会议,唯有认清满洲事实,始可获一和平解决。国联处理中日事件甚感困难,考其症结所在,系因国联起草会章时,仅图对付有组织国家间之纠纷,并无计划以国联工具解决牵涉无组织国家之国际纠纷。如中国者,乃一无组织国家也,举凡一切国际任务,均无切实担负之能力。且国联五十七国会员国中,含有若干小国,如捷克、哥伦比亚等,彼等对日虽无恶感,但虑彼等之强邻,对于日本在满行动,将引为先例云。

《中央日报》1932 年 11 月 30 日第一张第二版

101. 顾对李顿报告意见,我印成黄皮书发给各界

【中央社上海二十九日电】 国民社华盛顿二十八日电。此间中国公使署将顾维钧博士在国联发表之对于李顿报告书意见,印成黄皮书,今日分送各界。按顾氏在国联曾力言日本数十年来,阻挠中国统一,以便其侵略之谋,并引种种事实,详为证明。谅此书发表后,可使美人益知日人之野心也。

《中央日报》1932 年 11 月 30 日第一张第二版

102. 佐藤谈话

【中央社上海二十九日电】 日讯,东京艳(二十九日)电。日内瓦来电,日代表佐藤于俭(二十八日)行政院散后,对人曰,中日问题,无论在行政院或大会审议,日本态度始终不变,今后各国代表之间,私的折冲必然频繁,日代表拟乘机会澈底说明日本立场。

《中央日报》1932 年 11 月 30 日第一张第二版

103. 某法律家驳斥日意见书谬点,从法律观点批评日人之无理,日本行动始终蔑视国联盟约

日本政府对国联调查团报告书之意见书发表后,各方驳斥,颇已不少。记者昨(二十九日)访某法律家,叩询其意见,承发表意见如下:

一、采证方法

日人谓调查团对于证据之衡量未免轻重倒置,尤其关于九一八事件及新"满洲国"问题,"报告书之论断,均根据报章论文,偶然之私人函札、私人谈话,以及已证实之官方材料。对于此项之复杂证据,其可信之程度若何,自必须保留铨衡之权"。日人之意,以为调查团对于已证实之官方材料,应较诸偶来函札及私人谈话,更为重视。殊不知关于九月十八日专[事]件及"满洲国"成立,愈是"已证实之官方材料",愈不可靠。盖此所谓官方,其行动正应受调查者也。反之独立之来源与案情无直接关系者之供词,实供给调查团以唯一可靠之材料。关于所谓独立运动之真假一节,日人之批评,尤为无理。按调查团职权,在查明东三省居民对于"新国"究抱何感,对于日本进攻有何反响,惟有私人谈话与隅[偶]来函札,方能为最好之证据。而此项证据,则显已证明该处人民反对日人,反对"满洲国",达于极点。

二、在华外人之特殊地位

日本意见书述及所谓外国在华之特殊制度,例如治外法权、外国警察权及外国租界等,日本冀以此辩护其在满洲行动之正当。查此项特殊制度之存在,原非尽出中国人民之自愿,日本政府更不能利用之以为对我国领土及行政完整,作更进一步侵犯之理由。且任何外国从未有利用此项特殊制度,如日本自一九三一年九月十八日以来,在东三省及上海所为者。日本意见书又谓若对华适用现有和平机关,即国联盟约所组成之和平机关,此项特殊制度实为适用途程上之大障碍,此言更不可解。何以一特殊制度纵在中国存在,便使中国不得享受其在条约上应有之法律保障?吾人以为中国与其他外国间之关系既愈特殊,则所有中外争端,愈应以和平方法解决。

又查中国已与数国缔结专约,规定彼此间发生争端,大都关于条约之解释及执行者应交付公断决定,最近曾与美国缔结此项专约。夫此项专约之存在,及中国之被请为国联原始会员,均足以证明各国认为现有之和平机关,可以适用于中国,一如其适用于各国自身。

日本意见书又指控中国政府曾经宣布意思,以外交以外之手段,取消治外法权,并引证中国政府关于此事所颁布之各种法令。按日本人自认此种特殊权利,竟足使中国成为国际间之法外者,不能享有诉达于和平机关之权,则中国之急于采取取消政策又何足怪。中国官厅虽曾屡次发表一切布告,然决未曾以外交以外之手段取消治外法权。六年以前,我国即已开始与日本政府谈判修改中日条约及收回日本之领事裁判权。但此期间,日本人民仍继续享受治外法权之权利,中国政府并未尝以非法手段试行更改其法律的地位。惟是日本在此过去十四阅月之中,对于我国曾有连次的侵略行为。苟我国而非酷爱和平之国家,则对日本之种种行为,早足以为取销中日间一切协定之理由而有余。

三、自卫权

李顿报告书谓九月十八日夜间日本之军事行动,不能认为合法的自卫手段。日本意见书辩称,单独一面即可决定某种情形是否需要以作战为自卫。又称宣布日本军事手段是否合法之权,惟日本政府有之。此种说法自国际法大体而言,未尝无理,但须其政府自身并无其他协定上之束缚方可。今日本政府,似已忘却其对于国联行政院一九三一年十二月十日决议曾经赞同。该项决议即所以委派调查团实地调查,凡足以扰乱中日间和平之任何情形,并具报于行政院者也,该调查团关于何种问题应行报告自有决定之权。国联行政院白里安主席当提出该项决议案时,曾正式宣称,在原则上无论何项问题,关系任何情形,足以影响国际关系,而有扰乱中日两国和平及和平所维系之谅解之虞,经该委员会认为须加研究者均不得除外。日本在满洲所采取之军事手段当然为调查团应行报告之问题。中国业已依据盟约规定,将中日争议全案提交国联,而此项程序,日本亦经同意。去年十二月十日之决议案,日本亦予以赞同。该决议案显然指明国联机关对于争议中之一切重要情形,尤以对调查团所报告者,确有审议与发表意见之资格。由此观之,日本政府尽为抗议,国联仍有讨论及宣告日本军事手段是否合法之权。

日本意见书又引加罗林案以证其自卫之说,其言谓"因美国地壤之邻接,及坎拿大之极端重要,与其扰乱之情形,遂使美国承认英国侵入美境,销减急迫危险之行动"。此种说法诚不失为日人引用成案断章取意[义],以求掩饰自己非法行动之例证。查加罗林案之事实,据奥本汉所著《国际法》第一册第二一八页所载如下:一八三七年,坎拿大作乱,有叛徒数百人,窃据乃加拉河坎拿大岸之海军岛,并租赁一船各[只]加罗林,装运给养,由美国岸史洛沙埠送至海军岛,又由海军岛送至坎拿大陆上之叛徒。坎拿大政府闻悉此项急迫之危险,遂于一八三七年十二月二十九日派英军一队,渡乃加拉河至史罗沙埠,夺获加罗林,截劫其军火,纵火焚之,放诸中流,任其逐乃加拉瀑流而下。当攻击加罗林时,美国人死二名,伤数名。美国抗议英国违犯其领土主权,英国则宣称其行动乃必要之自卫,盖为防止国境受急迫之进攻,实无暇向美国政府申请云云。美国政府以为如确有自卫之必要,英国行为自可认为有理。但在事实上,此种自卫之必要,当时美国认为并不存在。惟后来英国曾以违犯美国领土主权向美道歉,美国亦遂不再深究。

由上述事实观之,则日本借口沈阳事件,而进攻满洲,显然不能与加罗林案相提并论。

在加罗林案中,英国政府之行动系对英国叛徒,而非对外国人民,其事发生于美国边界,为时不过数小时,事后英国军队立刻退回坎境。美国政府并不赞同英国之行为,并否认当时有自卫之必要。至英国政府则以违犯美国领土主权曾正式道歉。倘日本在满洲之行动,系仿照加罗林成例,则现时当无中日争端，而无待国联之解决矣。

四、蔑视国联盟约

日本意见书谓关于九一八前满洲之紧张局势，日本政府正力谋缓和，并设法减少诉诸武力之可能。日人自以为此言可以表示其避用武力委曲求全之苦心，殊不知国联盟约、九国公约皆可引用，乃舍此不图，而竟诉诸军事行动。松冈在国联行政院演说，曾谓日本不将满案交付国联，盖因国民情感不容外界干预。夫以一国之正式代表，敢宣称其政府不能履行国际义务，乃因舆情不许，此实为吾人第一次听闻。倘一国政府，能以如此薄弱理由为托词，便可自由解除其自身庄严之约言，则以自由意志而缔结之国际条约，尚复有何价值可言。当日本签订国联盟约、九国公约及非战公约时，日本岂即存心认定其遵守该约等之规定，仅以日本国民情感所容许者为限乎？日本另一托词则为国联手续迂缓，难期速决。惟据日人所言，彼等积忿已历有年所，则尽有余时，何不早向国联申诉乎？

五、伪造正式文件

日本意见书述及一九三一年九月六日张主任学良致沈阳军警训令，避免冲突之电文，并谓此电苟在实际上果已拍发，则后来亦必已予取消，或并不遵守。照此说法，明谓中国官方出示李顿调查团之文书，系属伪造矣。中国政府绝对否认，中国政府从未伪造或改损公文。但世人苟忆及有所谓一九〇五年条约之附件，即可知中国无此高妙手法也。

六、所谓独立运动

关于"满洲国"之所谓独立运动，日本意见书又谓当外国军队在场，而宣布独立者，在其他国不乏其例，何以世人对之不加疑问，此言也在巴尔干各国历史上自可获得相当之证例。但在此类证例中，外国军队之□入，大都为扶助业经存在之独立运动，并非因外国干涉而发生，而乃存在于干涉之前，业已对压迫者为一种公开之武装革命，有时叛徒且自己请求同情各国之干涉。此与所谓"满洲国"之独立运动，纯系外国军队所酝酿、所发动、所操纵者，绝不可同日而语也。

《中央日报》1932 年 11 月 30 日第一张第二版

104. 日陆省觍颜否认在东北之暴行,犹作欺人谈谓马占山已死

　　【中央社东京二十八日路透电】　日本陆军省舌人,今(二十八)日谈,中国义勇军领袖马占山、苏炳文等十五人曾有通电与国联,谓日军屠杀五万良民,彼绝对否认此事,并称完全系一种反日宣传。该舌人继称日本军队在东三省从未杀害一良民,且于出兵剿匪时,地方民众表示希望日军"长期驻防"各地。彼称马占山已死,但仍有多人假冒其名,东三省并无有组织之义勇军,仅有军队式之匪徒而已。

《中央日报》1932 年 11 月 30 日第一张第二版

105. 比代办抵京,十九国会即开,就近传达消息

　　比代办斯拉尔,于昨(二十九)晨八时由平乘车抵京,下午照例访谒罗外长。闻比代办来京任务,系因国联十九国委员会开会时,系由比外长希孟主席,故特来京俾与我外交当局就近接洽,传达消息云。

《中央日报》1932 年 11 月 30 日第一张第二版

106. 伍朝枢过徐谈外交,中日问题非徒恃外交可解决,伍即返粤,三全会出席否未定

　　【中央社徐州廿九日电】　中委伍朝枢勘(廿八日)晚乘陇海车到徐。艳(廿九日)晨游云龙山、戏马台、燕子楼、范增墓、子房山、坝[霸]王楼各名胜古迹,定晚车南返。据伍氏语记者,余漫游华北,经鲁冀晋陕豫绥各省,绝无政治作用。以西北地大物博,惟因连年荒旱,灾情极重,尤以陕西交通不便利,与他

省间隔,贫富悬殊,虽云天时地利使然,而人工救济失策,以致赤地千里,实为惋惜。中日问题,非徒恃外交所可解决,非有实力应付,绝无出路。中央努力于国联救济,不过系外交手段。至美国对华虽大选变更,然共和民主两党,外交政策无大刺谬。英法各列强,对中日事件意见总趋一致。深盼国人勿过事依赖国联,应真正团结,实力御侮。余南返即回粤,过沪或作勾留。是否出席三全会,到沪再定。

【中央社开封二十八日电】 伍朝枢感(廿七日)午专车抵汴,游览各处名胜,并晤刘峙。当晚离汴东下。据谈,此来纯为顺道游名胜,对日外交,认国联施行第十五条调查易,施行第十六条对日经济封锁难。因无愿牺牲自己利益,帮助他人者。伍对汴新建设甚赞许。

《中央日报》1932 年 11 月 30 日第一张第三版

107. 十九委会今日开会,国联对日恶化,日政府忧虑,日方宣传日内瓦解决方案

外交界息,国联十九国委员会定今日上午十一时开会,讨论行政院交议之中日问题。中日两国代表均不参加。闻委员会之会议极为简单,开会后即通过将全案移送特别大会讨论,俟大会于六日开会决议将全案再交委员会讨论后,委员会始从事讨论解决之办法云。

【中央社东京三十日电】 日本政府近以国联对日之态度恶化,殊为焦虑,尤以明日午后一时即待开会之十九国委员会对日之态度为忧云。

日方传解决方案,由二十一国组调停委会

【中央社上海卅日电】 日讯,东京电。国联关于中日问题之解决案,国联秘书处及大国小国等,均在考虑中。据日外务省陷(三十)接到情报,国联秘书处及一部小国,以为如次解决案为最有力,即:(一)大会讨论中日问题完毕后,根基于史汀生之原则,决议不承认"满洲国"。(二)为处理中日问题起见,请美俄两国参加十九国委员会,以二十一国代表组织调停委员会,移交一切问题,根基于国联会章第十五条第三项考究决解案。(三)二十一国调停委员会

自明年一月十日起,在两月以内制作报告书,并向中日两国提出劝告书。(四)如日政府不接受该劝告书,则国联大会为使日本承认该劝告书起见,发动会章第十五条第四项作大会之报告书而公表,认为适当之劝告书。外务当局以为此种办法系小国借国联之力,压迫日本之策动,决定如此蔑视日本立场之处置,同时因小国袒中国之策动,渐次具体化,加以极度警戒。

日政府对国联决战方针已训令代表团

【中央社上海三十日电】 日讯,东京三十日电。外务省对日内瓦日代表团发一训电,说明日方对于十九国委员会及临时大会之法律的解释,以便采取明确方针。其内容如次:(一)日本对于临时大会盟约第十五条之保留章,含第十五条全部条项。(二)十九国委员会设立目的,为监视上海事件之经过,然如国联始终主张该委员会为临时大会之继续委员会,则日本并表示异议,暂时容认国联解释。(三)国联普通大会业于九月开会,故如追究大会成立之法的根据,则日本对于今次大会之存续问题,已有提出抗议之充分余地,然帝国政府不问此种区区手续问题,决守方针与国联决战,故不必讨论问题。

内田觍颜强辩,尚谓九一八后行动合法

【中央社东京三十日路透电】 外相内田本日接见路透记者,谈及九一八后满洲事态之发展。据称:"此种外来发展对于任何已上轨道之国家具有切实管辖全国之政府者,不必引起顾虑。"云。按国联之小国会员甚恐满洲问题创成强邻侵凌弱国之先例,故内田此语,用意显在安定小国之心理。内田接盼"满洲状况,完全乃中国内部混乱所酿成之变态及例外之状况",故应于例外方法求一解决云。内田继述九一八后日本之一切行动,"纯为合法之自卫办法,毫无不合于国联约章之处",并谓"日本已郑重声明从未教唆'满洲国'之创立"。内田最后表示国联大会之政治家,当能完全了解日本之动机,认定日本所采之行径,为求公正满意解决之唯一方略云。

《中央日报》1932 年 12 月 1 日第一张第二版

108. 抗日大纲，黑省卅余团体议定电日内瓦

【本社三十日北平专电】 黑省三十余市县团体民众代表及呼伦贝尔藏旗代表在海拉尔电影院开会，俭(廿八日)苏炳文出席致词，并报告军事，艳(廿九日)毕会，议决抗日大纲十七条，即电日内瓦。

《中央日报》1932 年 12 月 1 日第一张第二版

109. 英上院热烈讨论中日问题，薛西尔请英政府援助调查团

【中央社伦敦二十九日路透电】 上院今日讨论中日纠纷及军缩问题，薛西尔勋爵请政府宣告意见。薛氏提及日本政府援助国联之声明，并称日政府倘决维护国联，则远东危局之严重当可和缓。目前中日两方之问题乃是否接受李顿建议为解决之基础云。薛氏继言日本对于李顿调查团之委任及其权限条例曾经同意，薛请英国政府竭力援助调查团。薛氏旋述军缩问题，认为目前情形较诸最近数月间，稍多希望。薛氏赞成英政府军缩提案之原则，反对察赤尔爵士所提修改凡尔赛和约之提议，并反对日内瓦之秘密军缩谈判。反对党领袖旁逊毕赞助薛氏，亦谓日内瓦之军缩谈判，应行公开。旁氏反对英政府军缩提案，允许德国重采征兵制度。至于中日问题，旁氏称此时渠并不欲政府发表意见，李定勋爵对于李顿报告及其公允态度，甚表赞同。旋谓李顿报告各方虽均赞同，但此非谓李顿之建议，应行全部接受。惟非有极大之事实上之理由，不能罔顾李顿报告之任何一部云。海尔山勋爵代表政府答覆，据称英政府一切之努力乃谋中日问题获一解决，而使国联及与远东问题有最密切关系之国家，均觉满意云。

【中央社伦敦三十日路透电】《每日电讯》日报评，昨日上院满洲问题之辩论，据称或谓李顿报告业已断定日本之侵略罪状。但海尔山勋爵昨在上院所发言论，或其他政府人员近所发表意见，并不赞助上述之论调。目前政府所

表示者，仅为英国将继续与各国尤其美国输诚合作云。

《中央日报》1932 年 12 月 1 日第一张第二版

110. 十九国委会昨开会，决定下星期二召集大会，主席希孟氏答覆我国颜代表去函，俟大会审议后始能考虑解决方案

【中央社日内瓦东（一日）下午一时四十五分专电】 十九国特委会今晨开会，正式决定下星期二（六日）召集国联大会特会，并答复中国首席代表颜惠庆上月二十九日之来函。略谓十九国特委会决待国联大会审议李顿报告书后，始能考虑解决方案，及确定国联解决本案之期限云。

【中央社东京一日电】 官方得日内瓦电，十九国委员会已于今夜开第一次公开会议，除委员长希孟氏致开会词外，余均无发言，故会议时间极短促，为时仅四十五分钟，即告散会。在十九国委员会未开会之先，松冈代表经佐藤大使之介绍，得与该会委员长希孟氏晤面。由松冈氏将日本之立场作详细之说明，并将此次日本对于十九国委员会之态度尽情吐露，以求谅解后，并声明今后如时间允许，本代表拟将日本之实际情形向会众尽量宣布云云。

【中央社日内瓦一日路透电】 十九国委员会今日十一时开会，首将举行非公开会议，然后举行公开会议。闻会议时间极短，委员会仅承认将中日问题移交国联大会，不加讨论。十九国委员会未请日本加入今日之会议，惟东京近曾训令松冈，于被邀时参加讨论，故大会闭会后，十九国委员会或将邀请中日两方加入讨论。

十九国委员昨开会详情

【中央社日内瓦一日路透电】 十九人特别委员会今早十一时十五分举行公开会议，主席希孟宣称：行政院既允讨论终结，在事实上彼有招集全体大会之必要。根据行政院会议纪录，各代表俱不愿在行政院会议席间发言，而表示希望在全体会议席间发言者，则颇有其人。主席对此次有土耳其代表首次参加十九人特别委员会会议，深表愉快。土耳其代表答称，彼此次与其他各代表

共同谋一解决中日纠纷办法,深觉荣幸之至,希望中日纠纷之解决,更可增加国联盟约及非战公约之力量。主席随即朗读中国代表颜惠庆博士之公函,内谓十九人特别委员会应赶早结束,因东三省间义勇军与伪国军队,已发生严重战争,急须谋一解决办法。希孟提及国联盟约第十五条所规定延期一点,颜博士主张须予以确定。主席提议准许彼答覆颜博士,谓在全体会议未讨论中日问题前,十九人特别委员会暂时不能确定延期范围,因须根据全体大会之意见,始可预定所需时日也。捷克代表宾斯氏,谓于全体大会讨论终结后,十九人委员会再谈此事。马达氏谓只有行政院或全体大会可应付中日问题,全体大会既为国联之最大团体,中日问题应交全体大会讨论,彼谓目前确定延期范围为不可能之事。英国代表外次依顿氏,亦表示应等全体会议讨论中日问题后,再决定延期问题。爱尔兰代表康落尼氏向十九委员会决定延期事后,是否仍须再召集全体会议通过该案,彼表示此种手续或须稽延时日。主席希孟答称,该案必须重交大会通过,主席希望各代表对其答复予以同意。十九人委员会于十二时散会,全体大会已定于星期二(六日)上午十一时开会。

【又日内瓦一日路透电】 今日十九人特别委员会开会时,主席希孟朗读中国首席代表颜惠庆博士致彼之公函,内称调查团报告书事既已移交十九人特别委员会,颜博士希望主席赶早召集会议,议定办法,提交全体大会。因国联盟约规定行政院应于六个月内作成报告,此项限期是否延长,应即将予以最后之确定。中国政府对延长期限一层,极端重视,其愿以最短时间为标准。颜博士称,彼适接中国政府来电,谓日本军队在东三省与义勇军正在激战中,东三省之中国爱国男儿已下定决心反抗异国治辖。因日本仍继续其武力侵略,中国东三省人民所受苦痛已达极点,故国联急应于最早期间内,制止日本之非法行为。

大会开会期约定为三日

【中央社上海一日电】 日讯,东京东(一日)电。日内瓦来电,临时会自本月鱼(六日)起开公开会议三日,然后将中日问题移交十九国委员会。故三日间大会,其实质无异于演说。大会不能期待任何开展,其结局似由五六国代表组织基础委员会,研究解决之途。此解决方法能否于本年内成立,未能预测。据闻国联当局关于此调解委员会之见解如次:(一)调解委员会并非具有第三者裁断当事国纷争之机能,得中日两当事国之参加后,始依据会章第十五条第三项研究调解手续。(二)委员会开会地点为伦敦,前途于日本非无利益。

日本将反对调停委员会

【中央社东京三十日路透电】　外务省负责人称,日本反对二十一国调停委员会之提议(即十九国委员会外加入美俄两国)。并谓华盛顿会议时,列强强迫日本接受解决山东问题之方案,日本绝不同意再以讨论山东问题之方法,讨论满洲问题,该负责人复谓纵使二十一国调停委员会成立,日本亦必力争中日及"满洲国"一律加入云。

松冈备忘录又妄肆诡辩

【中央社日内瓦一日路透电】　国联秘书处今(一)日分送日本代表松冈洋右致行政院之备忘录,内称中国代表顾维钧博士,于十一月二十一日曾表示顾博士随调查团去东三省时,沿途屡受阻挠。松冈谓"满洲当局"曾拒绝顾博士入境,赖日本政府力劝"满洲政府",顾博士始得入境。且顾博士之生命,纯依赖日本之保护而得安全。

至于中国内部情形,松冈于备忘录中表示日本觉在多年内,中国内乱无肃清之望,但日本对希望中国得早日统一之诚意,并不因此而减少。至于调查团谓中国内部情形可早日稳固一层,日本万难同意云。

主席希孟氏已抵日内瓦

【哈瓦斯社日内瓦三十日电】　国联非常大会主席比外长希孟于今晚抵日内瓦。因处理中日争端之非常大会,于开会前五日,将举行十九委员会,须由伊主席故也。十九委员会由行政院会员国十四国代表及五个次要国家代表组织而成。此次开会大约系秘密讨论。至于中日两国是否参加十九委员会之工作,则无人知之,即中日两国人士亦不自知。且十九委员会之讨论如仅在规定非常大会程序,则参加问题对于中日两国,似亦无甚关系。反之十九委员会如欲讨论问题之内容,而不仅限于程序,例如代非常大会准备某种决议案,以便提交大会通过,则中日两国之应否参加,即变为重要问题。惟十九委员会时期甚短,似不暇讨论问题之内容,故后一种推测殊不可信也。法代表彭古定于星期五到日内瓦。

《中央日报》1932 年 12 月 2 日第一张第二版

111. 异哉《泰晤士报》记者,竟为暴日向各国缓颊

【中央社伦敦一日路透电】《泰晤士报》驻东京记者,今(一日)有长篇专电,代日本说情,劝各国人士对中日问题稍存耐心。彼称日本为本身内部经济地位,势必维护日本在东三省之一切经济权利。为日本为远东和平计,彼所最怕者,即"满洲政府"之试验,或归失败。果尔则日本必并吞东三省,或以东三省为日本之保护国。现时国联在远东之势力,固甚薄弱,如日本退出国联,其势力将由微化为无矣。

《中央日报》1932 年 12 月 2 日第一张第二版

112. 外交不可依赖国联,伍朝枢昨过京之谈话

中央委员伍朝枢携眷属由津浦路北上游览,经平津转往张垣大同等处,遍游名胜。伍以北游告毕,于日前偕夫人等,经平汉路至开封转陇海津浦,于昨(一日)上午八时乘平浦车抵京,十时赴外交部长罗文干宴会,昨晚即乘京沪夜快车赴沪。据伍氏语中央社记者:九一八事变后,一·二八沪战前,国人太依赖国联,希望外人帮忙,其结果吾人观察见到者,并未得到何种有利于我国之点。自一·二八沪战发生,我国军抵御暴日,引起世界人士同情,作有力之援助,予敌人最大教训,不敢轻视我国国民。此足证明国家大事,要先靠自己,才能得到外人帮忙。国联大会讨论中日问题,前途颇难推料,但吾人要自己依赖自己,才能谈到其他。盖即属依赖外人帮忙,其所得胜利,亦是空洞。国家如是,做人亦然。为人如不自立,徒赖友人帮助,自不长进,终被人轻视。余北游经月,觉北方地大物博,如经开发,则前途实无限量云云。

《中央日报》1932 年 12 月 2 日第一张第二版

113. 首都拥护国联盟约会,电请国联主持公道,制裁暴日保障世界和平,通电全国精神团结一致御侮,电我国代表团力争,誓为后盾

首都拥护国联盟约委员会,于上月七日正式成立后,即努力种种拥护盟约工作,曾于日前通电全世界,痛斥破坏盟约之非。该会又于昨日通电全国,精神团结,一致御侮;并电国联会员国,请主持正义,以维护世界和平;又电我国代表团,根据盟约力争,该会誓为后盾。兹录三电原文录下:

通电全国,团结御侮

(衔略)均[钧]鉴。慨自九一八事变,暴日强占我东省,屠杀我人民,举国同胞,莫不悲愤。惟以我国加入国联,尊重盟约,不得不暂时忍痛,诉诸国联,以求国际间得一公正之裁判,作正义之伸张。而国联亦以维持威信,将中日事件提交大会,有制裁暴日之决议,以保盟约之尊严。荏苒迄今,暴日不但不遵守履行,反变本加厉,嗾持叛逆,成立傀儡组织,实行其并吞东北之野心。吾人处此民族国家之生死关头,我国同胞苟不急谋自救,精神团结,为有效之准备,作外交之后盾,拥护国联盟约,维持人类正义,则行见吾中华民族将无噍类矣。同人等有见及此,组织首都拥护国联盟约委员会,于十一月七日正式成立,当推吴书人、穆华轩、胡启阀、夏荣棠、马俊等为常委。对国联盟约力促其实施,于中日纠纷求公正之解决,务使强权屈服于公理,期获最后之胜利,达收复失地之目的,保国家主权之完整。事关民族生存,切望全国同胞,一致努力。临电神驰,幸共鉴诸。首都拥护国联盟约委员会叩。

致电国联维持和平

(衔略)国联盟约原为保持世界和平,凡属会员国,对于条约上之义务,自应始终遵守。乃日本为会员国之一,突于去岁九一八日,以武力强占我东三省。近更变本加厉,竟公然承认傀儡组织。其破坏我领土之完整,实系违背盟约之祸首。国联大会若不予以正当之制裁,则一切公约,均被其蹂躏无遗。嗣

后不独东亚永无安宁之日,即世界亦无和平之望。本会誓死拥护国联盟约,对于暴日侵占我之土地,非无条件收回不止。务请主持公道,俾世界和平得以保障,中国幸甚,世界幸甚。中国首都拥护国联盟约委员会印。

电代表团据约力争

(衔略)关于国联调查团之报告书,固已决提出此次国联大会讨论,此诚我国生死存亡关头,务祈我代表团诸公,根据国际联盟之原则,力争公正适宜之解决。东北领土及行政权之完整,非无条件收回不止。本会誓死为我代表之后盾。谨此电达,伏维垂鉴。首都拥护国联盟约委员会印。

《中央日报》1932 年 12 月 2 日第二张第三版

114. 国联已届紧要关头,大会将宣告不承认伪国,中日及各国代表在会将猛烈辩论,将组调停委员会由中日代表参加

【中央社日内瓦二日路透电】 十九国委员会兹已议决,将李顿报告送交国联大会审议。大会定下星期二(六日)集会,观察者无不认为此乃国联肇造以来最紧要之关头。下星期初大会之辩论关系甚重,非特可以表示国联有无解决中日问题之机能,且可决定美国嗣后与国联合作之程度。大会虽将讨论调查团之全部报告,但各方所最注目者,厥为李顿报告之建议。是项建议谅将由大会重交十九国委员会作最后之考虑。就美国与国联合作问题上着想,国联对于"满洲国"之态度极为重要,众料国联必将宣告不承认"满洲新国"。其他要点,如依照会章第十五条,限定提出中日问题最后报告之时期,中国代表颜惠庆博士对于此点颇为注意,故十九国委员会于大会闭会时,即将集会解决此事。闻星期二日大会开会时,日本代表团复将提出冗长之备忘录,不特回溯以往事件,且将表示日本对于将来之希望。但该备忘录将不提出任何切实之提案。

大会开会程序,中日代表先发言

【中央社上海二日电】 日讯,东京冬(二日)电,日内瓦电。国联临时大会

将于鱼（六日）晨十一时开会。其开会秩序，先由议长宣读开会词，次中国代表颜惠庆演说 继由日代表松冈演说。中国政府之意见书或在此时提出。中日代表演说后，两代表不加讨论，即由各国代表发表意见，但发言国尚未决定。各国代表之演说至少将继续两三日。最后中日代表对于各国代表之演说加以说明或反驳。中日问题或将移交十九国委员会，由委员会报告临时大会后，再组织包含中日代表之调停委员会，引用第十五条第三项会章，研究解决方法。

将设国际委会，日方宣传复加盛

【本社二日上海专电】 电通东京电。据外务省所接情报，国联事务局及大国方面，设立国际委员会之说，比较有办法。而外务省待中日纷争交付该委员会，视其经过后，择取对策，似较为贤明之策也。但委员会之企图与其构成，由下列之理由殊堪重视：（一）该委员会若无中日代表，则将如调停委员会，而中日两国立于被告地位，故反对。（二）即使中日两代表加入该会，但依排除第三国加入之既定方针，亦所反对。（三）然该委员会之构成与机能，为调查"满洲国"之事情，仅报告国联，而有相当期间静观之性质，则不加反对。

设置调解委会，日外省表示反对

【中央社上海二日电】 日讯，东京冬（二日）电。国联方面为解决中日问题提倡之调解委员会设置案，渐次有力。日外务省现正慎重考虑其对策中，但据该委员会之组织及使命如何，以为反使中日关系更为纠纷，因此不欲采诸设置委员会案，其理由如下：（一）调解委员会以除中日两当事国外之诸国组织，则其性质恰如裁判厅，背反国联本来之使命，其结果造成不合两当事国意见之解决方法。（二）如两当事国参加调解委员会，则成为容许第三者干涉中日直接交涉之结果。

颜代表之要求，请确定延长期限

【中央社日内瓦十二月一日专电】 十二月一日上午一时十九国委员会开会，希孟主席，宣布下星期二（十二月六日）召集国联大会，并谓"关于召集特别大会之必要，确信诸君与余同意"。希孟并解释其何以不预先征求十九国委员会意见，即行召集大会之理由，又称希望十九国委员会赞成此种行动。各委员皆不发言，遂宣告通过。希孟次欢迎土耳其代表之加入，土代表答称，希望我人所取行动,能使国联盟约及非战公约益加巩固。希孟宣读十一月二十九日颜代表之函,内称国联应作报告书六个月期限之延长,业经国联行政院通过。该项延长何时结束,切盼加以一定日期。末称:"中国爱国之士,仍在满洲与日人战斗,以驱除外国不合法的统治,三省人民继续备受痛苦,对于日人侵略,应即使之终止。"希孟对于一个月期限之延长,为法律上之解释,谓若得十九国委员会同意,彼将告知颜代表。在大会辩论开始以前,难于确定意[延]长期限,下星期大会将讨论李顿报告书。俟其自由讨论后,十九国委员会再行召集提议延长期限,送交大会,作最后决定。

又电。颜代表要求确定延长期限,十九国委员会依照希孟提议,决定为下列之答覆。十九国委员会在考核李顿报告书以前,不能确定延长期限。在大会表示意见以前,十九国委员会不能为上述考核。故期限问题在大会开会讨论后,再交十九国委员会时,始能由十九国委员会提议确定云。捷克、爱尔兰、瑞士、英国代表俱发言,除英代表外,皆盛称从速确定期限之必要。

松冈再作狂吠,毫无价值之诡辩

【中央社日内瓦一日路透电】 松冈洋右致国联之备忘录(前段已见昨讯),极端否认日本图阻中国统一。据称中国廿年以来,内战频仍,每次内战,未有军阀不愿得日本之援助而获金钱或军火之接济者,但日本均保持中立态度。中山先生侨居日本时,日本政府亦未实力援助其革命计划,以故中山先生嗣后转向苏俄求助。吾人甚愿中国革命之完成,不愿中国革命之循环不已。顾博士前于叙述袁世凯统治中国时,似认日本阴谋阻止袁氏统一中国。但顾氏应知推翻袁氏者,乃袁世凯之政敌,非日本也。日本于一九二七至一九二八年出兵山东,乃为保护日侨生命财产,并不阻碍蒋介石所统率国民军之前进,而实际上破坏蒋氏计划者,乃赤化之武汉政府,亦非日本也。至于一九二八年五月十八日,田中宣传日本或将采取相当步骤,维持满洲治安。田中有此宣言,系因平津一带发生战争,日本虑及中国军队,逃入满洲扰乱治安也。张作霖之被害,则更与日本无关。日本政府对于张氏之死,不胜哀惜。李顿报告书内称,日本对华问题之中心,系因日本对于现代中国之政治发展以及此后之趋势,怀抱疑虑云云。吾人否认此语,吾人所引为遗憾者,乃中国之无秩序及无政府之趋向。当前之中日问题系缘中国无力遵守条约而起。中日问题外,中国与其他各国亦有发生困难者,此节应加注意。华盛顿会议后,中国依照各项议案所应负之义务,均未履行。即目前中国代表若作任何允诺中国政府将否履行,或能否履行,亦无保障。中国政府高谈九国条约、非战条约,以及国联会章之神圣,倘欲维护上述条约,似应停止排外政策。至于伪造之田中密奏,中国当局曾允制止是项伪造文书之传播,今后公然于行政院内提会,殊不可解云。

松冈之备忘录旋论抵货问题。注重抵货乃华人对付列强,因中国无秩序状况所采取之别殊办法,并非专门抵抗日本军事行动,并引证内地外国教士之被害以及外侨在华之不安全。

日备忘录复论中国之政治组织,以第三国际与苏俄政府之关系,比拟国民党与国民政府之关系。关于"满洲当局",占领煤矿、铁路、海关、邮电、盐政等事,日备忘录称,此乃"满洲国"成立后应有之步骤,且属于"满洲新国"权能范围之内。

关于上海事件,日备忘录称,华军之抵抗,出于日方意料之外。日军人数众寡不敌,加以华军利用民房,向日军袭击,故最初日军颇感困难。日军于击退华军后,即迅速撤兵,可知日方毫无占领上海之意。日本对于战事期间内,中日平民所受损失,不胜惋惜之至,但中国人民因历年内战"赤祸"所受生命财产之损失,则不可胜算云。

《中央日报》1932 年 12 月 3 日第一张第二版

115. 日内瓦代表团电覆东北义军将领,神勇不挠举世同钦

东北救国军马占山等十四将领,于上月二十二日联名致电日内瓦我国代表团,慨陈救国大义,并请转达国联,情词已见各报。现闻我国代表团业已电复马将军等,略称养(廿二)电悉,当即译转国际联合大会,并宣布报界,各国人士对公等神勇抗敌百折不挠之精神,极为钦仰,同人等尤为感奋。救民水火,还我山河,惟公等是赖。同人等受国重任,出席折冲,誓竭全力,争我主权。谨此电复,并祝胜利云云。

《中央日报》1932 年 12 月 3 日第一张第二版

116. 中日问题解决关键,须各国有摒弃侵略主义决心,凡维拉返爱尔兰后之谈片

【中央社杜柏林一日路透电】 爱尔兰自由邦元首凡维勒已由日内瓦返此。据谈,如国联各会员国明白表示抱有拥护国联会章及摒弃侵略主义之决心,中日问题非无解决可能。至于解决之道,凡细心阅读李顿报告并接受报告书内所阐述之事实者,当可想见,中日两方在满之合法权益均可在于国联监视之下,获得相当保障。至于满洲政治问题当由满洲人民,日后自决云。凡氏续称,渠认国联正当之程序,应由大会讨论李顿报告,然后着十九国委员会起草决议案,提出大会审议。李顿报告之结果或将产生调停委员会。渠料一切程序问题可于十二月二十日前解决云。

《中央日报》1932 年 12 月 3 日第一张第二版

117. 日人以亡国奴对待我东北同胞,用严酷刑罚欺压华人

据新由东三省来京之某君谈,日军在其侵略区域内,压制人民,无所不用其极。兹将数点略述于下:

(一)五家连坐法。若有一人入村人家中,如稍有嫌疑,即要五家连带负责。偶一不慎,即处该五家以严酷刑罚,故村民接待亲戚时时发生危惧。(二)"良民证"。日本强迫村民领取一种凭证,称为"良民证",不带该证者不得入都市。(三)"瞭望台"。日人在铁路沿线每二十里设一极高瞭望台,以窥探有无义军行动。日人对于义军常欲用挑拨离间手段,但义军有"中国人不打中国人"之口号,故团结甚坚,日人无所施其技。惟义军目下衣服不足,明春粮食又有不足之虞,应从速设法供给也。

《中央日报》1932 年 12 月 3 日第一张第二版

118. 国联工作之总检阅

捷克出席国联代表 Edward Benes 著,方钟征译。

溯自经济不景气弥漫全球以来,政治上之普遍不安与国际关系之失去信赖,乃日益尖锐化。而设立已届十二周年,目的在于提倡国际合作与维持世界和平之国际联合会,遂为世界舆论之批评目的物矣。国联过去究竟曾为何事?现所努力是否即能解决此举世惶惶之现象? 此乃世人对于国联之二大疑问。就国联之过去工作加以公正之评价,实为必需而且有益之举动。吾人应以坦白无偏之态度承认国联所已完成之工作为国联之资产,指出国联未能克尽职责之遗憾为国联之债务。此资产负债对照表之造具即国联活动之总结算表也。

一、国联之使命

国联创设于一九二〇年一月,其所抱之希望人尽知之。欧战以前,世人每以战争为解决国际纷争之家常用具,因致激成空前未有之大厮杀,毁灭无数之生命与物力,各国当局及其人民于痛定思痛之后,乃有另寻解决手段之同念,国联即应此同念之需要而产生。而国联盟约更以"提倡国际合作,保障国际和平与安全"为其绪言也。

建立和平与安全,健全基础之道德理由外,犹有经济与政治理由在焉。道德理由乃战后自然成熟之最有力、最普遍之信念,由此信念而产生之一新原则,既开始为世人所认识与拥护,从前欧洲大陆之陈腐政治组织,乃代之以德谟克拉西与种族及社会之正义矣。此新原则一经接受后,根据某国或某阶级之武力或经济优势而决定之任何国际政策,与用暴乱手段或武力、密约以及威吓而暂时均平两个敌抗国之武力与物力之局面,遂亦无其存在之余地。换言之,建立国际组织以保障和平与安全之理想,乃以互尊主权为合理之基础。以此理由,故一九一七、一九一八及一九一九之三年间,欧洲大陆乃有许多新兴国家出现也。

盟约第廿六条乃各国决定接受此新原则之证物。各国政府所以认盟约为

必要之理由有三:

一、使签约各国承认消灭战祸,互尊主权,并减缩军备至于仅足保障国家安全之最低限度,为各国所应遵守之最重要义务。

二、其次,则因前项义务,欲使各国能将一切国际争端提交国际永久法庭或国联行政院付予公断,并尊重上项机关之判决与建议。

三、最后,欲使各国接受维持国际和平之神圣责任,即尊重国联会员国土地之完整与政治之独立,并保障其免受外来暴力之侵犯。如有一国欲以武力企图破坏盟约之尊严,则其他各国应视此种举动为对全体会员国之挑战,应由各国根据盟约,予该犯约国以适宜之制裁。

上述三项重要义务即国联各会员国之基本保障也。任何国家之独立主权,并不因加入国联而完全丧失,因国联非一"超国",其一切谈判与决定,皆以全体同意行之。且诸大国在决定国际政策时所尽之职责虽较重大,但理论上大小各国一律平等之原则,仍须尊重。

总而言之,国联之创设,所以保障世界和平并建立发展国际合作精神之基础也。此项机关既系文明各国按照自愿之社会契约所设立,故一切对内通用之民主法律制度之原理,均可移用之于国际关系也。

二、进程中之国联

国联创设于今,十又二载矣。其过去工作究为成功,抑系失败?此尽人皆疑之问题也。吾人在未答覆此问题之前,应先注意一事,即在此国联成立之期内,人类正在渡涉一历史上最艰困之河流,而保障和平之主要目的,更使外交政策发生剧烈之变化,且使世界现有之政治思想及行动完全推翻。

欧战以前,各国之外交政策皆为自我主义所操纵,一切政策之决定皆以本国或某特殊阶级之利益为条件。当时虽有一二特出之大政治家,尝以人类全体利益为念,但其实际行为终不能进展至于达到获得一普遍政治组织之程度。国家实力之自由应用以及和平与战争之自由决定,皆被认为一统治权中之最要特权,而不容他人干涉。至若盟约所表示之新原则,则完全反是。新原则要求签约各国认清其国家之立场,非对世界其他各国单独存在,乃为世界大同之一结合单位。一国之特殊利益,应使之与他国之普遍利益,调协不背。最后,各国之间有某项共同利益在焉,为欲维持此项共同利益之安固,任何国家均须牺牲其统治权之某一部份。虽然,吾人非欲使世人了解上述诸新原则已也,问题之关键乃在国联各会员国实际参加建立并保障新原则之努力为何如耳。

履行盟约神圣条款之义务,非在乎签字于盟约之上面[而]已也。各国之能否履行盟约条款,系以其国之传统外交政策如何,大众选举人之政治意识如何,以及政党与国会之新信念如何为断。值此之故,吾人殊难以十余年之经过而对国联下一确定之判词。吾人兹所为者,仅就新旧政治方法争斗历程中所造成之国联工作,加以检阅,以断定其为成功,抑系失败耳。(未完)

(续昨)

三、国联努力和平之经过

国联为欲达到其保障国际和平、秩序与安全起见,特以盟约约束各会员国不得以军事行动为解决相互间争端之手段,且由盟约授权于国联之各项机关,使其能用适宜方法处置任何侵犯或威迫之发生,履行其应尽之义务。故国联盟约不惟使国联担任国际事件之公断人,且或使之为法官,甚至为一警士。盟约更使国联准备毋碍于国家安全之军缩计划,使循序渐减一切国家军备。

盟约既约束各会员国不得私自订立有反盟约条款或精神之条约或关系,国联遂有检查一切国际条约之职权。盟约第十八条规定各会员国应向国联秘书厅登记其所订立之一切条约或关系,而秘书厅则须以最迅速方法公布条约内容于世。故凡未向国联登记之会员国间所订条约,一律不能发生效力。

吾人如欲答覆国联如何行使盟约所付与上述各项职权之疑问,自应先注意国联所用之和平保障工具是否完善,国际永久法庭于此实占重要地位。国际永久法庭之工作,因国联曾努力以使各国承认并采用公断法庭及公断委员会之理想而益臻完善。国联在此方面之努力,确有多少成就。一九二八年国联安全委员会所拟定之一般法,即此项工作之要点。

吾人检阅国联工作,应着重于其实际之成就,而毋斤斤于理论之探讨。

国联永久法庭所完成之保障和平之具体工作,确为世人所共见。国际法庭对于交付审理之国际纠纷所下之判决,或因国联行政院之请求而提出之建议,皆为维护和平之重要举动。该庭之权威已被许多国家认为推进和平之一种有生命之原动力。

国联在公断及调解方面所努力之成就,确有可观。据国联秘书厅按期刊行之报告,由国联公断或调解而订立之条约共约二百件。此项条约虽有一部份尚未见诸实施,但因此项条约之存在,遂使签约当事国负有应用和平政策及手段以解决国际争端之责任。则此项公断条约之为推进和平之要素者,固一显而易见之证据也。

国联扩大公断理想之努力虽屡有挫折,然世界舆论不因是而抹杀其局部之成就。真确之批评,每多不满国联处理特殊争端之努力。国联在此方面之工作,诚应非难。许多争端之发生乃起于中欧、东欧及欧洲东南之改造工作——换言之,此项问题为欧战之一种尾声,且多有关于中小国家之利益。惟吾人有应为国联谅者,则当此项问题提交国联时,国联之一切解决程序尚未排定,且其权威亦未树立也。

国联之于欧洲争端

国联在其创设之初期,曾解决国际争端若干件,吾人兹就其比较重要者述之。吾人所能记忆之第一件,为芬兰与瑞典之奥兰群岛(Aland Islands)事件,此事之发生实予和平以重大之威吓。国联行政院因得法律专家及调查团之赞助,卒于一九二一年六月将此端完全解决。芬兰赢得群岛之统治权,而瑞典则有群岛不得用为炮垒之保障,且使群岛成为中立地域,瑞典得享某项特别自治权。此项解决,双方均予接受。一九二〇年秋间发生之波兰与立陶宛关于维尔那镇(The Town of Vilna)争端,使国联行政院不能不注其全力以避免战祸之延长。两国战争虽已爆发,行政院幸得武装管理委员会之助,在争执域内设立中立地段,乃得中止战争之继续。国联之另一和平劳绩为上西里西亚(Upper Silesia)管辖问题之解决。一九二一年之春间,波兰与德国发生上西里西亚管辖问题之争执,协约各国对于此事之意见不能趋于一致,形势遂益危迫,战事几至爆发。行政院倾其全力以求双方满意之解决方法,卒乃召集特别大会,决定方案以维持中欧之永久和平。国联行政院之其他重要工作为战后阿尔巴尼亚(Albania)之合并,美麦尔(Memel)问题之解决,波兰与捷克之爪荷林那(Javorina)边境问题之调解,捷克与匈牙利之塞尔敖-岱尔仁(Salgo-Tarjan)边境问题,及南斯拉夫与匈牙利之边境问题之解调。

至于不因大战关系而发生之关于土地变动事件,国联亦曾有努力之工作表现于世。一九二三年八月协约国勘定希腊境界委员会之意大利委员在希境被杀,因激起意希冲突。意国政府致一通牒于希腊,要求即刻之满意答覆。希腊政府否认此事之一切责任,且拒绝接受意大利之要求。意国遂即开始军事行动,派兵占领柯佛岛(Carbu Island)。希腊将此事始末诉之国联行政院,请求国联制止意国之军事行动并解决其事。此予行政院以一极大之困难,行政院之困难非因冲突当事国之一方系其理事之一员,乃因意大利公然否认国联之权能,并指出大使会议之有权办理此事,且声明柯佛岛之占领为暂时监视希腊赔偿之必然手段,而无损于欧洲和平。大使会议得意国之声明,毅然表示愿负解决此事之重责,以苏国联之困。此项冲突卒因大使会议之努力而和平解决。

一九二五年十月希腊之边防哨兵被保加利亚之哨兵所枪杀,因而激起希保争端。希腊政府令其第三军团出兵侵犯保境,一时形势极趋险急。国联据保国之请求,不但能以迅速之方法制裁希腊军事行动,且派遣调查团,决定责任,而令保国赔偿希腊损失,争端遂告平息。

国联之于中日问题

至于一九三一年九月十八日之中日冲突,则国联自有史以来从未逢遇之最难解决之严重问题也。国联因此事而发生其自身之危险,亦一不容讳言之事实。日本以强国之地位,辩护其军事行动为制止中国之纷乱,并保障其已得权益之必要的干涉。日本虽自始迄今有一代表参加国联行政院,但其采用之方法及程序则无一不与国联习用之方法,适相违反。益以中日两国皆为亚洲最大之国家,而此次冲突之发生,又适在第三大国(大英帝国)之权益遭受巨大影响之域内,同时与非国联会员国之二大国美国及苏俄亦有密切关系。此问题之□□既如是复杂,欲得各方皆能满意之解决方法,乃益感不易。此国联之所以陷于无法可想之阱中,而为各方舆论非难之中心也。(未完)

(续昨)

在接受办理中日事件之初期,国联因得美国之奥援,曾有多少之成就。殆后日本军队侵入中国本部,国联乃以制止战祸之延长及其他争执问题移交外交谈判。此时之努力,虽有些微成功,然吾人犹以其效力极微。盖国联既不能制止中日战争于未爆发之前,使生命物力免受巨大之损失,复不能以最适当之努力恢复事件发生以前之原状,且延缓进行,假日本以机会,以造成完全在日本直接势力下之"满洲国"也。

吾人虽为国联之一好友与拥护者,然吾人不能不公开批评国联之办理中日事件,缺欠充足之勇气,不能运用适当手段以实行盟约中适宜条款所定之方法。国联时刻留意于其本身信誉与威权之保持,乃至于忽略公平与迅速的解决之需要及其会员国主权受害之关切,而处处避免运用适当之制裁,其结果遂致中日纠纷事件,既不能在行政院寻得解决办法,复不能得之于会员全体大会。本文付梓之时,十九国委员会正欲召集会议,聆取满洲调查团之报告,以为决定提交全体大会之准备。

国联之于中日问题

如果调查团报告否认"满洲国"之存在,则国联之形势,将益陷危难矣。日本政府如宣布始终不变其传统政策,则国联将何以答日本乎?诚然,与吾人同一意见之人必将毫无顾虑,起而捍卫国联之威信及特权。果如是者,则形势之益趋危急,将无以避免之矣。此种情形诚国联之力量与威信之试金石也,吾人以为无论如何,国联必不应承认运用违反盟约规定之方法而造成之任何形态也。

虽然,吾人固不能因国联之不能以有效之方法迅即打开目下最严重之局面,而抹杀国联之其他有利于人类之活动也。

举例言之,世界舆论主张取消用凶暴手段为解决国联争端之工具,及以战争为犯罪行为之道德上认识,已日益浓厚。凯洛格非战公约之经各国签字,即此道德的认识已印入各国政界中人之证据,而晚近各国之外交政策且引此项认识为其决定之原则矣。从前之武力思想与方法已因公约之存在而日见消沉,同时,外交家及政治家所造成之正式条约,甚至于一般民众之思想,亦皆以战争为犯罪行为矣。

吾人更进一步言之,应用和平方法以解决国际纷争之原则已成为今日政治方法中之正则,举世承认之职务,而诉诸武力则被认为不道德与反常矣。现下各国之间,已皆订有各种条约或谅解,规定应用和平方法以解决争端之详细程序,且皆希望载在各条约及盟约之详细程序应使之日有进步,益臻完善,以期世界和平之永保焉。

设有以目下国联之弱点究竟何在质诸吾人者,吾人将赅括而且确切答之如下:

国联弱点

一、最要者,关于中日纠纷事件国联之所以不能有效行使其职权者,乃因世界上之两大国家,美国及苏俄皆非国联之会员国,致使不利于国联威信之英国政策,处处占得优势。

二、其次,欧洲大陆各大强国,现多自顾不暇,彼等视其国内政治之需要,较重于对日内瓦之政策。欧洲五大强国中,现有三个正在革命纠扰剧痛中。德意志刻在希特拉革命运动之势力下,意大利现在法西斯蒂之革命势力下,而俄罗斯则在共产主义势力下。国联主要会员国之国内形势既日趋于变态,国联工作之危难,乃益尖锐化矣。

三、此外另有一事实,则某大国——意、德二国其尤著者——常以加入国联为达到其希望之一种手段,对于他国之希望或权利,则绝不介意。

四、最后,则在国联中,大国与中小国之间,时因利害关系之不同,而难得一公平之处置。少数大国每不愿受多数小国之投票所掣肘,而小国亦常联合阵线以抗大国之压迫。此种国际间德谟克拉西之失调,实足危及国联之存在。吾人前已言之矣,凡属国联之友应即承认负担较重之职务与责任之国,照例取得较大之表决权。然此非抹杀小国之投票权及意见之谓也。

吾人坦平指出国联之弱点,非欲宣告国联之濒于破产也。批评国联之狼狈与困厄,亦非欲诋毁国联也。吾人不欲为国联之审判官,亦不愿为其辩护者,吾人所欲言者,国联所表现于世之事实已耳。虽然吾人所指出之弱点与困难,实非国联本身之咎,乃其会员国不忠于国联之罪也。

四、国联与军缩

解决军缩问题之责任载在国联盟约第十八条,故世界舆论多以国联之能否适宜解决此项问题,为国联成败之准则。

吾人于此,将先从论理方面以研究军缩之是否为安全之先决条件,抑或为其结果。过去十二年来之经过,已明示吾人以有效之军缩,乃战后新的政治方法普遍占得胜利及新的国际法律制度诚恳应用之自然结果。在新旧制度正在剧战,相互之信赖与有效之担保尚未确定之时,减缩国家军备之期望,殊无达到之可能。新政策之代表——盟约上之五十六个签号及二百件之公断条约,不能证明全部和平工具之能随地随时使用无碍也。

明白言之,有效之军缩,非各国政府宣告反对战争拥护和平手段之堂皇文章所能收效者。有效之军缩必于各国既无堂皇之宣告,公断机关之判决又不受尊重,而意外事件仍得有效与真确之保障时,方能实现也。换言之,则有效之军缩之实现,必在新的国际法律制度及国际安全组织之整个结构,确能保障盟约第十条、第十五条及第十六条之执行之时也。

吾人兹所论及之安全,非法兰西时常提出之片面安全,乃并足以保障德意志、匈牙利、保加利亚及其他战时加入协约国之安全制度也。此种意义之军缩,苟能实现于国联初创之数年内,则其为卓越工作者,可断言也。

国联对于军缩之努力,曾有多少之成就,固无论矣。国联之讨议,有助于此问题之普通解释及技术决策者至大。此种讨议之最重要结果,为能使各国执政当局深知一国之军备问题,并非完全之国内私事,实乃举世皆关之国际事件。其决定也,应以各国之共同利益为前提,故举行国际会议以决定各国应有之军备程度,乃维持世界和平之第一学程也。

日内瓦国际军缩会议,刻已完成其第一期之工作,成效虽微,而关系颇大。吾人之意,苟军缩会议能如过去之热诚与努力,使第二期工作之成就能较进步,则"质之军缩"与国际军缩条约,必将一一实现于最近之将来矣。军缩会议果能达到此种程度,则国联之成功,将为世人所歌颂矣。

五、国联在经济社会福利及文化方面之活动

以上所述,吾人对于国联在政治方面所努力之成绩,其评价当不至于失之过高。吾人固深知世人之和平理想,已日有进步,大众虽欢迎公断,而厌恶战争,然此种理想未必即能实现一大同世界也。吾人为欲使读者得窥国联工作之全豹,特再将十二年来国联在国际经济及财政方面所努力之劳绩,及其努力于人类、社会、智识及文化各方面之建树,为之一述。一切人类及国家之活动,几无一不为国联紧念之目的物。故国联者,一切国际问题之中枢也。

吾人仅须述及国联给予奥大利、匈牙利及保加利亚等国之经济及财政之救济,及其提倡各国间之密切经济关系,与夫解除国际贸易与运输之障碍之工作,即知国联对于今日严重恐慌影响下之工作,曾竭其全力以谋解决矣。即如人类及社会方面之活动,如照料逃亡、消灭传染病、保护妇孺、反对毒物等。国联工作之成功,亦为世人所共见。国联对于国际智识及文化合作事业之成就,如巴黎之国际智识合作社、罗马之国际教育电影协会等机关之创设,亦颇有可观。上述机关若由私人创办,其成功程度虽未必较低于国联,但其结果终不若国联所为者之能持之永久也。此类活动固不能即救世界出于危迫之阱中,然其价值固不容加于轻视。盖各国之经济、文化、社会与人类之关系,果能日形融洽与坚固,则世界和平之望已实现其半矣。

六、国联之将来

虽然,吾人对于国联成绩之一切揄扬,终不能掩其瑕痕也。保障和平之工具未臻完善,预期之目的未达其半,国联之为国联,充其量,亦仅一聊胜于无之机关已耳。

吾人之意,国联盟约必须加以改进,使其能与国际和平政策之理想与道德认识,益形调融。换言之,则国联盟约应与凯洛格非战公约打成一片,用确定之条款,以制裁战争之发生。或有要求扩大行政院之职权,并取消全体通过之决议而代以多数之同意者,此乃造成"超国"之主张,衡以今日之国际形势,时机殊未成熟也。

国联非仅一抽象名词也。国联实乃自愿履行会员国义务,期望达到某种共同目的之各国所组织之一具体机关也。欲达到国际和平与合作之共同目的,各会员国应先牺牲其本国之特殊利益与成见,此即各会员国应诚意拥护盟约尊严之谓也。惟欲使各会员国牺牲其本国之特别利益与成见,以达到国际和平与合作之共同目的,谈何容易!? 故吾人之意,国联之问题,乃一推进并扩展国际观念之教育问题也。自我之国家观念减少一分魔力,则国联之目的将增加一分成功也。

(译自十月期《美国外交季刊》)

(完)

《中央日报》1932年12月3—5日第一张第三版

119. 解决中日问题,国联大会形势尚属混沌,调解委会空气甚盛,各方意见未一致,顾维钧长函致国联驳斥松冈声明书

【中央社日内瓦三日下午四时四十五分专电】 我国代表顾维钧今日又以长函致国联,驳覆日代表松冈之声明书,历叙日本在军人统治下之不安情况,并追述日本昔日排外行为之激烈,迥非今日中国所采之合理的经济自卫方法所可比拟云。

【中央社日内瓦三日路透电】 中国代表颜惠庆博士近函十九国委员会主

席希孟,请求确定延长期限。希孟复称,渠对于颜氏之请求,甚为了解。但十九国委员会,未悉国联大会之意见前,难于考虑。颜氏之请求须待大会闭幕,十九国委员会始可从事研究解决方针,同时讨论确定最后延长期限问题云。

解决中日问题,各方主张未趋一致

【中央社日内瓦三日路透电】 此间英美法意代表忙于军缩谈判,中日事件暂处次要地位,但幕后颇多活动。国联秘书处及各小国代表仍极注意中日问题,小国尤其注意美国参加及不承认"满洲国"议案两事。某方认为国联大会不宜通过任何议案,应以全案委诸十九国委员会办理,并谓即此可予国联较大之自由行动,或将较易得到美国之同意。但其他方面之态度均主通过议案,宣告不承认"满洲国",俾使国联及美国之态度,趋于一致,逆料此种办法将得大多数之同意。关于美国参加问题,或谓国联大会仅将授权十九国委员会以平等待遇,邀请他国合作,而不指明应行邀请之国家。日政府去岁曾提出程序问题,反对美国参加国联讨论,但日本现已准备加入十九国委员会之讨论,故对于邀请美国加入,谅不再提异议。

调解委会说盛,日方谓必限制权能

【中央社东京三日路透电】 国联特别大会后或将产生调停委员会。日政府中人对于此事,极为注意。据谈,此委员会若无中日两方代表,则其结果或将以一不负责之解决方案,强使两方接受。纵使争执国代表加入调停委员会,第三者之干涉亦足阻碍中日之谈判。故调停委员会若告成立,必须以严格条例限制其权能之范围。至于日内瓦方面,或有主张国联通过不承认"满洲国"之议案,并将中日问题搁置,希冀日本政府因国内经济之不安及思想自由者之责难,将向国联妥协。但抱此种期望者,必然失望云。

调查团报告书,移送国联大会原由

【本社三日上海专电】 国新冬(二日)日内瓦电。国联中人恐外间对于国联大会与行政院二机关,处理中日争执之职权,发生误解,特向记者说明此次各理事授权行政院,将李顿报告移交国联大会,一如李顿调查团初步报告办法,否则各理事至多亦只可评论该报告。因中日争执既经移交大会,此时理事会不宜再有所建议,而关于解决方面采取任何行动。日前行政院主席凡勒拉声明,行政院经通过相当决议案后,仍可再行提出李顿报告云云,其意义即仅指讨论而言。盖李顿调查团虽系行政院根据国联盟约第十一款派遣赴满,而其调查报告亦以该款为根据,但自调查团出发以后,中国又提出盟约第十款及第十五款将中日争执移交国联大会。日本虽抗辩,辄经行政院否决,宣称此案任何一造,皆有充分理由提出第十五款请国联大会处理。其后,国联大会亦于三月冬(二日)决议案内明白宣称,此项构成中国政府声请目的之全部争执,已移交国联大会,并请行政院供给各种认为有价值之意见与文件,故此案应归国联大会解决,而李顿报告书应即移交大会也。

《中央日报》1932 年 12 月 4 日第一张第二版

120. 蒋电日内瓦,力辟直接交涉说

中日直接交涉之说纯系某方造谣,冀图淆惑国际听闻,前由宋代院长罗部长向各国驻华代表声明不确。昨日(三日)复由蒋委员长电致日内瓦颜顾郭三代表,极力否认。可见直接交涉说之纯属虚造矣。蒋委员长电文略称,中日问题现正由国联设法解决,乃有人传称中正个人主张直接交涉,显图离间国联,故淆听闻。除政府方面,已由宋代院长及罗外长向各国驻华外交代表声明否认外,兹特郑重声明,中正绝未主张直接交涉,深信国联必能维持国联盟约及其他条约之尊严,为中日问题谋公平适当之解决云。

《中央日报》1932 年 12 月 4 日第一张第二版

121. 义军对日侨均予合于人道之待遇,我国代表团之声明

【中央社日内瓦三日路透电】 中国代表团声称,中国当局对于满洲里海拉尔一带之日籍俘虏,均予以合于人道之待遇。十月三日,满洲里当局释放日俘虏一百二十一名。上月二十一日,复准海拉尔日侨三十八名离境。但日军不顾及日本俘虏之安全,反向义军攻击云。

《中央日报》1932 年 12 月 4 日第一张第二版

122. 日人卑劣伎俩,日代表团伪造民意书,希图淆惑国际间听闻

【中央社日内瓦三日路透电】 日本代表团今(三)日分送国联全体大会各代表,所谓"满洲国"外交部及各民众团体通电多件。"满洲国"外交部长电报,谓"满洲当局"收到东三省民众呈文,约三千余份,赞助"满洲国",可见"新政府"实受民众之拥护。因行政日见进步,一般民众均觉前途极为光明。自"新政府"成立后,东三省张学良治下一切旧恶,已完全扫除一清。法律得以切实秉公施行,军费较旧日尚不及三分之一,实行新预算,治安亦已渐次恢复。调查团报告书所指"满洲国"各段,多有不公及前后矛盾处,东三省人民绝不能接收。报告书之意见及建议,不但不能维持和平,反引起祸乱,使目前问题愈加复杂。凡更改现时状态或阻碍"满洲"独立运动之计划,"满洲"均不能予以接收。观报告书可见,调查团未去东三省,已先预定一种解决方案。既到东三省后,并未设法探视民众意见,而听信一千份来源可疑之函件。满洲人民对调查团根据此种文件而即下以判断,为之异常愤慨云。

《中央日报》1932 年 12 月 4 日第一张第二版

123. 东北人民反对贷款日本,电我国代表团抗议

【本社三日北平专电】 辽总商会主席金恩祺、总工会常务理事卢广绩、教育总主席王化一、农总会常务理事阎模楷,支(四日)电国联中国代表团云:报载日本在巴黎商洽借款,五[吾]人谨代表东三省三千万民众郑重宣告曰,在中日纠纷未解决以前,无论贷款于日本政府或日本商人,均视作对我国非友谊之行为,因其贷款乃直接或间接助长日本军阀之侵略。敬请向国联大会提出抗议,并宣布各报,唤起世界之注意。

《中央日报》1932 年 12 月 4 日第一张第二版

124. 日本吞满决心！荒木谓增加预算系不得已，并认为系增加国力之基础

【中央社上海三日电】 日讯，东京江（三）电。荒木陆相于冬（二）晚发表谈话，谓今日阁议决定，由各阁员提议关于确立后年度财政计划之意见书。照余意见，此种改革，如有机运，则必能造成伟大之计划。"满洲国"已成立，日本预算，在此数年间增加十万万或二十万万，亦不得已。援助"满洲国"之事，可使日本信用增大，且又系增加日本国力之基础。国民全体，应觉悟此事努力推进，则无论在国际问题或财政问题各方面，俱可打开难关，不必悲观。

《中央日报》1932 年 12 月 4 日第一张第二版

125. 日本下院电勉松冈撒谎

【中央社东京三日路透电】 日本下院议员今早全体开会议，决致电松冈洋右，谓彼等对日本代表在日内瓦之努力，十分感谢，并望日本各代表再接再厉，使国联明了日本之观察，依据日方固定政策，处理满洲事。

《中央日报》1932 年 12 月 4 日第一张第二版

126. 我代表团发表节略，揭开日本大陆政策阴谋，日方宣传妥协案偏重于政治解决，极堪注目之杨格氏三种解决办法

【中央社日内瓦江（三）下午六时五十五分专电】 国联各小国会员代表连日非正式会商对于中日争案之态度。西班牙及瓜地马拉代表尤为活动。彼等之会商，集中于（一）最后决议案应由国联大会或由十九国特委会决定，（二）

国联应即宣布不承认"满洲国"之两点云。

【中央社日内瓦四日路透电】 国联秘书处近以"满洲国"来电,抄送各会员国。中国代表团业已提出抗议。又电,中国代表团有长文一篇,交国联秘书处,内容现未发表,谅系答覆松冈一日之备忘录。

我国意见书揭破日阴谋

【哈瓦斯社日内瓦四日电】 中国政府前曾以正式文件,提交国联会满洲调查团,说明中政府对中日争端之意见。今日中国代表团已将此项文件之节略,予以发表。此项文件谓中国受日本继续不断之攻击,其主权常受日本之蹂躏,两国之国交,因此大受妨害。尚有一项文件,为日本最近印行之日本现代地图,经日本文部省审定者。该图将日本向外发展之形式,用五个逐渐扩大之圆圈表示之。其第一圈直径为一千六百另九公里,以后各圈逐加一六零九公里。日本势力达第三圈时,则中国本部之一部分、满洲全部、蒙古之一部分、西伯利亚之一半,以及菲列滨之一部分,将均受日本之控制。至第四圈时,则中国全部、安南之一半、菲列滨全岛、阿留地安群岛、夏威夷全岛及婆罗洲之一部分,均入日本囊橐之中。最后进至第五圈时,则太平洋沿岸全部,如阿拉斯加、加拿大及美国之西方海岸,悉在日本势力之下矣。

日方所传之妥协案内容

【本社四日上海专电】 华联社支(四日)东京电。国联大会开幕在即,日代表团连日历访英法德意各国代表,求大国协助,压迫小国,维持国联运命。据日新联社传,日代表所拟之妥协案内容为:(一)大会再确认上年九月卅日行政会之决议。(二)李顿报告书承认第一章至第八章,第九章及第十章另组委会求政治解决。(三)组织妥协委员会,讨论中日纷争解决案,由该委员会拟定政治解决案。

日周旋大国以压迫小国

【本社四日上海专电】 东京电,日外部接到日内瓦代表报告,谓日代表与英法德意各国,接洽结果:英法因怕日本退出国联,国联将变为欧洲联盟,而且各小国愤英法历来利用国联为工具,压迫小国。若国联无力制裁暴日,势必随日本退出国联,英法意各国,惟恐失其工具,不愿与日本冲突。如一旦冲突,则军缩会议前途无望。因有上列两原因，各大国终于极力维持历来之延宕政策，压迫各小国追究日本过去之罪恶，以年关迫近为名，将中日纷争均移交十九委会审理，待明春再开大会。故日本料测年内决不会与国联冲突，鱼（六日）大会席上，最多不过委曲求全，极力讨小国之好感而已云。

杨格氏主张之三种办法

【中央社上海五日电】 日讯，东京支（四日）电，国联调查团美国最高随员杨格氏，于二日纽约《泰晤士报》上发表关于解决中日问题之长篇论文，内中表示国联大会可能采诺之三种办法，此表现英美方面真意之片鳞，故颇堪注目。第一案，国联当局及中日两国，应再度确认国联会章、非战公约及九国条约之主旨，而追认史汀生对于满洲之原则，然则可以复兴现况本来之行政权。第二案，中日直接交涉，派中立国监视者参加会议、折冲或斡旋两国之间，但须要注意者，不宜即时解决问题，应不限定期间，静观交涉之结果。第三案，以中日事件关系诸国设立国际委员会案，实施李顿报告书第九章之主旨，作成解决办法。扬格氏在其结论中，谓美国当主持此三种案件，但对日经济绝交决不能实行。

《中央日报》1932 年 12 月 5 日第一张第二版

127. 颜惠庆演讲中日问题

【中央社日内瓦三日下午六时五十五分专电】 我国首席代表颜惠庆，应哥伦比亚公司之请，将于明日广播关于中日问题之演说至美国及加拿大。

《中央日报》1932 年 12 月 5 日第一张第二版

128. 鲍逆呓语

【中央社东京四日路透电】 鲍逆观澄对外籍记者发表谈话，据称"满洲国"既非国联会员，对于日内瓦谈判，可置之不理。"满洲国"为赤俄及无组织中国间之缓冲国,日后将成为世界之商场云。

《中央日报》1932 年 12 月 5 日第一张第二版

129. 国联特别大会今日开幕,我代表将要求以十五条解决纷争,大国守沉默似不欲取何切实行动,颜惠庆广播演说盼国联迅速解决

解决中日纠纷,我代表请依十五条,小国将有激烈辩论

【本社五日上海专电】 国联特会定鱼(六日)上午十一时开会,届时五十五国代表将齐到。我代表要求大会切实决定以会章十五条解决中日纷争。日代表将要求各国承认其手创之伪国,谓若反对"满洲国",则远东和平不保,意在以世界大战恫吓各国,一面又强辩在东省每日之对阵非属战争,日军行动尚未破坏和平,故反对援用十五条。据料鱼(六日)各小国将群起反对日本之狡辩。

【中央社上海五日电】 日讯,东京微(五日)电,日内瓦电。国联大会鱼(六日)开会,小国方面代表必有相当激烈讨论,大国方针似不多发言。据一般人观察,实质问题将交十九国委员会实议。

国联大会形势,大国不愿取切实行动,全案仍将交十九委会

【中央社四日下午七时二十五分内专电】 国联各小国会员虽渴望维持和平公约,但各大国显不欲于此时采取任何切实行动,预料国联大会或将令十九国特委会向大会作最后解决办法之建议。此项建议将作为对于中国请求解决东北事件之答覆,并借以开启中日和解之途径。一般观察以为现已到严重时期,中国政府应自己决定以不损害国权为解决本案之不易的条件云。

【中央社日内瓦五日路透电】 国联大会定明日开会,众信大会将不讨论任何建议,仅将讨论李顿报告之事实部份,然后将全案送交十九国委员会,任其竭力设法调解。此种行径,系缘各方渐信国联不宜采取任何含有强迫性之举动也。大会主席希孟表示希望大会可于星期五日闭会,因渠欲于是日返比。昨日除中日代表播音演讲外,此间对于中日问题未有任何活动。

颜惠庆广播词,力促国联速决东案,松冈洋右一派胡言

【中央社日内瓦四日路透电】 中国代表颜惠庆今日操英语播音演说,略称国联仍迟疑不决,不图迅速解决满洲事件,不独满洲之三千万人民流血痛苦,日处于荼毒之中,且全世界对于国联保障和平正义之效能势将基本动摇。日本自去岁以还应允国联撤兵,但仍继续攻击,力图巩固在满势力,日军侵略行为有加无已,其破坏国联和平公约、九国条约,世人当共见之矣。李顿勋爵近在英国上议院称,国联亟应切实对付满洲问题,倘仍任其延长下去,则危险甚矣。余(颜自称)愿以此语警惕世人云。松冈洋右继颜演讲,略称,吾人不欲占领满洲,但愿国联对于满洲问题稍为忍耐。日本愿与国联永久合作,中国政府已无力管辖国境,自无统治满洲属地之权。满洲匪患敉平后,"满洲国"将日臻繁荣,与中国本部之贫穷痛苦将有天壤之别。日本渴望和平,并愿与国联永久合作,倘国联对于满洲之解决仓卒失宜,日本虽将首受影响,但国联亦将终于懊丧云。

日对大会表示,谓不乐观亦不悲观,不许大会干涉伪国

【中央社东京五日路透电】 国联全体大会明晨开幕之前夕,日本官方对大会前途既不抱乐观,而又不愿表示悲观。日方发言人谈,事实上抱乐观为不可能,因日本深信国联目前决不能完全容纳日方意见,而日本亦无庸抱悲观,因国联无法变更目前局势,以予日本不利也。

日本对国联全体大会之建议能否接收,当视建议之性质而定。但日本对已过行动之合法一点,决不变更其固定态度,且日本亦不准国联干预及"满洲国"之将来地位。因此问题应由日本、中国、"满洲国"解决之,非其他外人所能干预也。

顾代表备忘录,痛斥日本为毫无信义,实为世界和平之仇敌

【中央社日内瓦五日路透电】 国联秘书处今(五日)分发各处中国代表顾维钧博士长篇备忘录,对日本代表松冈洋右向国联行政院屡次发表关于国联调查团报告书之日方意见,予以详细驳复。顾博士谓日本虽迭次向行政院对报告书予以批评,但日方言论既不足变更报告书所记载之东三省实况,更不足以更改调查团之结论。去年九月十八日沈阳事变,系日本军阀根据固定政策

实行其大陆侵略、发展计划,事实俱在,已无抵赖之可能。虽日本政府屡次向国联表示,决不再便[使]东三省问题愈形扩大,而日本军队继续向东三省各地进攻,军事行动之范围日渐增加,可见日本不过依照其预定计画向各地进攻,至达到其占领东三省全部之目的而后已。日本破坏中国在东三省一切原有政治组织,包办所谓"满洲独立运动",建立所谓"满洲政府",甚至公然认伪组织,此皆日本原定吞并东三省之逐一步骤。东三省一切民众大会、示威运动、请愿书及代表团等等,均为日人暗中鼓动,借以遮掩世界耳目,希外人误认东三省所谓独立运动,系出于当地人民之自动。日本之目的在使世界各国感觉东三省局势已有木已成舟之概,而同时日本雄霸东亚政策之一部分得告成功,更可再作进一步之功夫矣。

但中国在东三省之主权及日本侵略行为,焉能置之不理。日本军队应于最短期间内撤回南满铁路区内,使满洲现时政府继续存在或承认伪组织,皆为中国政府所绝不能接受之办法。无论任何解决东三省问题之方式,均须以撤消所谓"满洲国"政府为先决条件。为主持正义及维护和平起见,侵略者不可给予奖金,而被侵略者应得充分之赔偿。

至于日方宣传国联调查团建议之最低限度,纠纷国须均有强而有力之中央政府一点,中国一向切实遵守国际间应负责任。日本既渴望中日问题早日解决,则日本亟应有可靠之中央政府,因日本于国联盟约、九国公约等条文所规定之责任屡次违犯,实令国联及以上各条约之签约国为之痛心。日本政府一切允诺皆未履行,例如日本代表曾先后向国联表示不进攻锦州及齐齐哈尔,赶速撤兵入南满铁路区内,且避免激引一切政治或军事之恶化,但日本毫无信义对一切允诺置之不问。因此吾人感觉于国际场中稳妥忠实国家,虽较弱亦较愈于强而不可靠之国家,因强而不可靠之国家实为世界和平基础之莫大危机,时时有破坏国际间和平之可能。

国联调查团报告书之第一百廿九页内说明:"中日两国外,世界各国在中日争议中,亦有应予维持之重大利益。此问题之真正及最后解决,必须适合世界和平组织所依赖之基本条约。"如国联盟约及非战公约之引用,在任何地失去信用,则该条约在世界任何其他地点之价值,亦必因之而受重大损失。中国本遵守国际责任、维护世界和平之心,对国联调查团以上观察完全同意,并深信中日问题之任何解决方法,必与国联盟约、九国公约及非战公约之条文相符合。

【又日内瓦五日路透电】 中国备忘录共有四十八页,将远东形势之种种及日本之意见作极详细之批评。关于中日两国目前状态及日本所谓大陆政策,顾博士称日本今日内部紊乱、社会不安、财政困难之主要原因,即为所谓大陆政策,日本现时完全处于军人掌握中。顾博士力辩日方宣传中国排外之非实,并指出日本中小学教科书中排外字句,以为日本排外铁证。

《中央日报》1932 年 12 月 6 日第一张第二版

130. 暴日阴谋与中国自救

袁野秋

今天我们所讨论的,为我国当前两个严重的问题,一个是抗日问题,一个是"剿赤"问题,也就是安内攘外的中心问题。本问题各主讲员都发挥的很多,本人要和各位讨论的偏重于抗日问题。谈到抗日,必先要明白暴日的阴谋,才得研究抗日自救的对策。现在一般人,天天高喊着国难抗日,只注意于现实问题的解决,而忽略事变的历史背景与未来的危机,实在是根本的错误。其实国难,决不是"九一八"事变才开始,因为"九一八"不过是国难较具体的表现。实际的国难在"九一八"前早已铁铸般的形成了,就是没有去年的"九一八"事变,国难还是一样的在潜滋暗长中,即现在依然还是在严重进展中,不过短视的国人没有察觉罢了。

更有一般人,甚至号称领导民众的智识阶级,往往误认日本"九一八"的企图,仅在获得东三省,胡适之流,就是最好的代表。所以他们主张承认日本在东三省的一切特权,承认东三省设特别的自治区,承认我国应和日本直接交涉。不知日本之占领东三省,决不至仅求经济之利益而止,且占领东三省为其预定计划之一部份,不过为其建立大陆国家之基础。进而侵略华北,征服整个中国,实为暴日之素愿。所以九一八事变不过证明日本对我国之阴谋,并且代表这个阴谋已经实现一部份罢了。

目前国人仅注意东三省沦亡之现实问题,忽略日本对我国之整个阴谋,所以仅希望国联能够制止日本,使日本退出东三省,以为国难就可过去了。其实国联无此能力、无此胆量对日本作有效的制裁。上两次限令日本退兵的决议,就是顶好个例。即退一步言,日本就是因国联的制裁,而被迫退出东三省,可是实际日本的阴谋就肯如此罢手吗?国难就过去了?我们的国难还是依然存在,而且一样的严重。所以我们应该以九一八事变为中心,彻底认识日本的整个阴谋及其背景,更进一步了解由日本的阴谋所形成的我国危机,再集四万万人的聪明才力来自救,来渡过这足以亡国足以灭种的严重国难。

讲到九一八事变,我们必先研究他的远因:(一)我们应认识日本的自然环境。日本原系一个岛国,地狭人稠,财富有限,自明治维新后,急起直追,国力澎涨,生产过剩,走上资本主义的道路。环顾世界的地图,已遍染了颜色,为各先后资本主义国家瓜分殆尽,于是不得不以我国为唯一侵略发展的对像。

(二)因为日本既以我国为侵略的唯一对像,于是就有以太平洋为中心的大陆政策和海洋政策。大陆政策为日本明治遗策,目的在占领朝鲜,由朝鲜占领满蒙,而成广大之日本帝国。日俄战争就是大陆政策的发端。战争结果,完成了日本的第一步计划。海洋政策,以旧德属太平洋群岛为根据地,以控制美属菲律滨、夏威夷而威胁美国。对我国更有北进(从山东以控制华北)、南进(由福建以控制华南)的政策。中日战后,台湾、澎湖之被割,即为日本南进政策第一步之成功。欧战德国败后,日本在青岛势力之扩张,即为北进政策之骨干,故侵吞东三省,实为日本一贯的政策。

(三)日本既以独霸东亚征服世界为其目的,当然与其他各帝国主义免不了冲突,而其冲突最先发生为俄国与美国。俄国自彼得大帝后,即致力于东方之积极发展。在中亚既阻于英,不得不竭全力在东亚求出路。虽一度被败于日,然其雄心仍未已。现在虽政体改变,而其侵略计划则丝毫未改。美虽在大战后一跃而为各国债权国,然在各帝国主义中亦为晚进,获得之殖民地亦较少,故在东亚决不肯放松而让日本独占。然日本为防俄抗美计,不得不先下手为强,迅速占领东北,取得丰富之财力与广袤之大陆,作拒俄抗美准备,免除美国海空军与俄国强劲陆军之威胁。

(四)日本二次出兵山东及出兵西伯利亚,均为日本侵略计划之露骨表示,然因格于国际情势及自己准备之不充分,不得不宣告撤兵。去年"九一八"日本之敢决然出此行动者,因现时全世界均在不景气笼罩之下,失业问题异常严重,政潮迭起,自顾不暇,而我国内纠纷,百粤多故,无力对外。日本币原和平外交遍遭日本国民严重反对,而日本农村日趋崩溃,失业人数日益增加,暴日利【用】对外以压平国内纷争,日本之狂妄军阀更乘机利用,而空前之惨剧于以演成。

至于九一八事变近因,实不过九一八事变的导火线而已。日本既坚决抱积极侵略政策,无时无地,不在找寻机会。此次事变的爆发点,表面上是万宝山事件与中村事件,实则有无中村其人,还是一个问题。显然是日本欲借题发挥而已。至于万宝山事件,日本有极深刻极恶毒的阴谋含在里面:

(一)朝鲜自被日本并吞后,日即因种种高压政策,榨取鲜民血汗以自肥。所以鲜民恨日人刺骨,而对我国革命抱十分同情。日本明知中韩感情融洽,故日本无时无地不在挑拨中韩民族感情以防中韩之同化。万宝山事件亦不过日人借题发挥,在骨子里实另有用意。

(二)日人侵略我国,向用日鲜替代政策。日人在朝鲜既将鲜人所有的肥美土地尽量掠夺,于是鲜人无田可耕,无屋可住,尽量驱之移入东北。待鲜人在东北有相当开发,日人至又设法夺其土地而迫之使入关内,而日人在东北可坐享其成。据一九二八年调查,鲜人在东北已有七十八万之数,如现在统计,必在百万以上无疑。所以日人借万宝山事件,以表明日人为鲜人在中国侵略之努力,使鲜人踊跃赴东北移殖,并对日人能作忠诚之拥护。

由上所述,我们可认明(一)日本侵华为显然的历史背景与自然背景所造成之必然行动。(二)日本对华侵略,是具有其一贯政策,自明治定策、田中密奏,以至今日,未尝稍变,其目的不仅并吞东三省,而在征服全中国。(三)九一八事变不过为有组织有计划之侵略行动之一部,同样事件随时随地均可发现,并将继续扩大其侵略行为,未来危机正多,万不能因现实问题之紧张而忽略未来的大难,这是我们应当澈底认识的。(未完)

(续)一般奇怪的乐观主义者常常拿日本来比蛇,拿中国来比白象,以为蛇吞白象是不可能的,很自信的认为中国决不会灭亡的理由,这是很危险的。现在不是背大刀比气力的时候了。事实排在我们的前面,远一点有朝鲜,近一点有东三省。如不急起自救,亡国灭种是可能的,决非危言耸听。我们如再闭目一想,亡国的惨像又如何。

国人的通病,是不靠自己去靠别人,不信自己去信别人,实为最卑鄙最可耻之劣根性,也就是民族老衰腐败的大原因。现在那里还有肯牺牲自己,而去帮助一个无用的弱者的笨伯。比如九一八事件,我们很合国际法理的申诉到国联去,但是国联给我们的是什么呢?现在国联又在那里开会了,我们希望给我们一个反证,拿公理来给我们。可是国联或许能排难解纷,但决不能替我们来安内攘外,雪耻救国。但是救可不能不救了,所以惟有自救,而且除自救外,实在无第二条路径可寻。如其希望人家来替我们救国,那真是一件滑稽不过的事。

从上述种种的证明,中国要不亡国不灭种,非自救不可了。现在我们就来讨论如何自救? 用什么方法来自救? 可是自救之道多端,民族的自信力消失了,我们应该来恢复民族精神。我们吏治太腐败了,应该澄清吏治。"赤匪"非剿灭不可,内战非停止不可,全国国民非团结不可。还有提倡科学扩充海空军,救济农村衰落等等,我们统统需要。我们认为是对的,抗日救国本来是多方面的,不过这种意义是太广泛了。如其对于达到此目的的几种的基根精神不具备,那末仍是空话,高调唱一辈子还是没有用的。所以我以为要谈抗日救国,却须注意三个小条件:

(一)"有决心"这三个字说说是很容易的,但是实行却是很难。我们可以拿戒绝纸烟一件小事,来作这个抽象名词的解释。譬如吸会了纸烟的人,觉得吸纸烟实在是一种□良的嗜好,非戒绝不可,决定以后不再吸纸烟。戒绝纸烟,本来不是一件了不起的事,而事实上能够澈底做到的,确是绝无仅有,总见借故开戒,自己解说自己,这便是没有决心。反之一经决定,永不变更,坚持到底,不为一切欲望所诱惑,这才算有决心。比如几次抵制日货,没有多少成功,也是没有决心的缘故。又如九一八事变发生时,大家很热烈的去参加抗日救国运动,现在却慢慢地冷淡下来了,这也是没有决心的缘故。所以抗日救国非得有那么一个决心不可,要有一个一切以抗日救国为中心的决心。

(二)要自我做起,就是从我就做起来,不要希望人来做,也不要等着人做了我再来做。比如抵制日货吧,我们既然知道日本这样欺侮我们,我们就得下决心去抵制日货,而且就应该从我抵制起,不要以为大家抵制才抵制,或者人不抵制,我也就买日货,或者人家在抵制,我买一点不要紧。那末人人都不抵制,抵货运动就会破坏。过去几次没好结果,都是这种心理的缘故。反转来说,如其不管人家抵制不抵制,我总得抵制到底,那末便会变人人这样做了。所以抗日救国,也得要有自我做起的决心,在各个人本职内以抗日救国为中心去努力,就会变人人去努力抗日救国的工作,而收多方面的效果,达到我们广大的目的。

(三)从小处着手做起,这意思并不是不要注意大处,是希望不因好高骛远而忽略小的实际需要。因为大是小积成的,小处不注意,大处是没有办法弄好的。听说日本全国的小学生，每日捐一个铜元的捐款，就买了一只战斗的飞机，一年就能买三百多架飞机哩。还有一个经济学者说，假使中国人每人多吃半碗饭，就可以使全世界的粮食跌价。由此可以证明小的事是大事的基础，也可以说小事就是大事的本身，不要因为小而忽略了。比如中国现在天天喊着航空救国，无办法的期待着整千万的大洋由空而降，恐怕永远不会办得出成绩来。可□如想建造一幢好的房子，必须打得好的基础，然后将砖头一块块的叠起来，再将木头支撑起，才慢慢地能完成一幢好的房子。基础不打好，凭空要它变一幢好房子，是永远不会有的事，抗日救国的道理也是一样的。要抗日救国为中心，大家齐心一致从各人的本职上从小处去努力做起，就会变成大运动，收得大效果来。国家大事实在就是民间小事的积成，唱高调，发空议论，想凭空的从高处做，是无从做起的。

上述三点，都是很少而很容易被人忽视的，但实际上却非常重要，而且人人可以做，而人人都能做的。只要人人都能切实去做，我相信不久就可以有很伟大的成绩出来。

现在中国已入了极度严重的时期了，不是空谈清议的时候了，我们大家赶快下一个大决心，别期待了，从我就干起来，就从小处着手起来吧，来抵抗残暴的日本，来收复我们东北失地，来报复我们的深仇大恨啊！（完）

《中央日报》1932 年 12 月 6—7 日第二张第四版

131. 国联大会于紧张中开幕，颜代表痛斥日本侵略暴行，一切国际约章为日本破坏无余，中国因解决延缓所受损失惨巨，颜氏向大会正式提出四项要求

会场情形一瞥，我先发言形势紧张，大会昨日下午续开

【中央社日内瓦六日路透电】　今日国际大会情形如次，主席希孟首先宣告开会，并谓渠系依照行政院所授予及十九国委员会所证实之权限，召集此次特别大会。渠认□证明各代表团证书之手续，并非必要，故即请西班牙代表马达利亚加发言。马称，此次大会系继续三月三日所召集之特别大会，故渠提议

前次选出副主席八人,此次或有缺席者,应由其代表团之首席代表继任。希孟附议,大众通过。希孟旋称,大会议程内含有两项问题,一为中国关于中日问题之乞援,一为爱文诺继任国联秘书长问题。在未请预会代表发言前,余(希孟自称)先欲简述中日纠纷之经过。中国于本年正月,依据国联会章第十五条请求大会援助,大会于三月开会,旋决定暂行开会,以待李顿调查团之报告。此项报告,兹已完竣,且由行政院附加意见于十一月廿八日送交大会,十九国委员会,对于行政院之行动,表示赞同。十九国委员会并接中国代表团要求,确定展缓期限之通牒。关于此点,该委员会决待大会讨论结束后,再行定夺。余欲将目前所收获之文件,报告大会,即李顿报告及其附属文件与中日代表团之声明书是也。大会之讨论应以李顿报告为其础,其他文件系属附加性质。余认中日代表应先发言,故现即请中国颜代表阐明中国立场云。

【中央社日内瓦六日路透电】 国联大会主席希孟宣告开会后,情形紧张异常。英首相麦唐纳、法总理赫里欧、德外长纽拉兹、美代表台维斯,是时适在国联秘书厅会议,因闻大会开会,特停止会议,相率赴场旁听。会场一隅,罗列照相机器拍摄影片,惟传音设备不周,故颜及松冈之演说,听者均受影响。颜博士为日内瓦各国代表最长演说者之一,日代表松冈之措词姿态,亦甚动人听闻,但因播音设备不佳,听众引为遗憾。但中日代表演说时,全场无不侧耳注听,冀得其一句一字也。颜除演说要题外,尚提及日军屠杀东省平民二千七百余人之惨案。颜讲,此已加以证实,义军及美国某记者曾亲历其境实地调查云。颜演说毕,已达下午一时,希孟宣告休会。下午三时三十分继续开会。松冈言及上述惨案时,称日代表团已备文驳覆,分发行政院各会员矣。据渠所得消息,此项报告,系由美国记者得自某国教士,该记者即妄加事实,拍发美国云。

【中央社日内瓦鱼(六日)下午六时廿五分专电】 国联大会特会今日下午三时半继续开会。爱尔兰代表唐诺里、捷克斯拉夫代表彭纳斯、瑞典代表恩顿枢、挪威代表朗齐相继发言,对李顿报告书中所叙事实表示信任,并主张国联亟应宣布不承认"满洲国",从速促成中日两国之和解云。

【中央社日内瓦六日路透电】 爱尔兰代表康诺里在国联大会演说,爱尔兰自由邦决不承认"满洲国"。并谓日本若坚持其目前态度,切应考虑此种态度对于自身之利害如何。无论日本之任何举动均不足减轻国联不顾代价维护国联会章之责任。余(康氏自称)认大会应依照李顿报告,采取切实行动。国联之应付远东局势,如一味犹疑不决,则将失其存在,且亦无存在之价值云。

【中央社日内瓦鱼(六)下午四时专电】　国联大会特会,今晨十一时准时开幕,全体会员出席。我国首席代表颜惠庆演说,精警透辟,听者动容。对于日本最近在东北之残忍屠杀,特别提出抗议。日本首席代表松冈洋右,继颜氏发言,重引其在行政院之老调,且隐含提倡国际共管之谬论。

颜代表之演词,日本九一八后行动,完全证明为侵略国

【中央社日内瓦六日路透电】　中国代表颜惠庆博士今晨在国联大会演说:(一)对于国联迅速研究李顿报告送交大会讨论表示谢意。(二)声称满洲情势,自九月前大会闭会后,以至于今,实际上并无变迁。渠于九月前,曾请大会竭力制止敌对行动,并促侵略军队之撤退,以及于行政院历次决议案之范围内,并依照国联会章之精神,和平解决中日纠纷。上述各项要求亦国联大会三月十一日决议案,所承认者也。查行政院历次之决议案,含有日本两项之允诺,即撤退军队以及避免使满洲局势更趋严重。当前问题乃日本曾否履行上述两项允诺。(三)颜答此问题时,引证李顿报告书之第七十七页,继谓日本继续依照其预定计划,应付满洲情形,进犯锦州、洮南、哈尔滨、齐齐哈尔等处,迄今几占东省全部。自九一八以还,日军行动无不以政治策谋为前提,以致侵占满洲一切重要城市,破坏中国治权,改组行政机关。在九一八前,东省从无独立运动,所谓独立运动者,乃九一八后由日军唆使而成,一切设计组织,至于施行,皆由日本军政当局一手包办,此则显而易见者也。日军当局所爱于傀儡者,因悉此种伪组合,足供其驱使利用也。李顿调查团曾从各方面搜集材料,深悉"满洲国"所倚赖而成立之最要素有二:一为日军之领占满洲,一为日本军政份子之活动。故目前满洲之政治组织,断难认为真正及自动之独立运动。(四)颜继称,行政院主席于九月二十四日,曾谓日本承认"满洲",当认为阻碍解决争端之行动。十九国委员会主席亦于十月一日对于日本承认"满洲"表示遗憾。李顿调查团兹已宣称拥护可以引用于当前问题之一切重要国际约章,吾人诚为欣悦。依照此项约章之原则,中国领土行政完整不可侵犯,此乃国联会章第十条及九国条约第一条所规定也。又国际困难应用和平方法解决,此乃依照非战公约所规定之国际义务也。据李顿调查团之事实报告,日本之为侵略国,毫无疑问。日本既无理由酿成事变,复继续进行不合自卫之军事行动,并造成伪国加以承认。凡足引用于满洲问题之一切国际约章,日本无不破坏之矣。故日本之为侵略国，毫无疑问。关于此点，李顿报告若于结论内正式责成日本撤退军队，取消伪国，赔偿中国人命财产损失，则于逻辑上前后较为相符。但调查团之未规定上述步骤者，或因认此步骤应由国联大会决定。故大会之采取上述步骤，乃中国目前所切望也。此外尚有一点，即于中日问题，尚未全部解决前，李顿报告并无规定临时办法，先将东省交还中国。中国政府认为此点，亦应由大会解决。（五）颜称，李顿报告虽有应行修改及补充之处，但中国政府认为该报告具有充分事实，足为国联采取行动之根据。（六）颜促大会注意李顿报告下列之要点：（甲）日方擅谓中日悬案达三百余件，和平解决方法均失效用，此说未有事实根据。（乙）日本九一八之军事行动，不能认为公法自卫行动。（丙）日本既在日内瓦应允各项义务后，依然进行其预定之计划。（丁）所谓"满洲国"之独立运动，全由日本设计施行。观于上述四点，可知日本未受任何挑衅，竟罔顾国联威权，破坏国联会章，蔑视非战公约以及九国条约，蓄意以武力及政治阴谋，攫夺中国之东三省。李顿报告对于日□，明已定谳，但日本毫无表示接受之意，即报告书内最重要之原则（任何解决应符合现有国际约章），日本亦无承受之意。（七）日本前提五项基本条件，欲使中国直接谈判，此种提议，非特中国，即国联行政院亦难接受，因无论中国或行政院均不能于军事威胁之下接受谈判之提议。日本狡称因国联及中国拒绝日本提议，故满洲事态演成今日之局面，此时已无可挽回矣云。如此狡辩，不啻谓行政院既不能于日本军事压力之下接受中日直接谈判之提议，日本遂可自由扩充领占范围，以达东省全部，甚至创造傀偏，加以正式承认，俾可攫取权利，以遂其永久占领之计划。且向国联声明，无论任何调解计划，均不得影响伪国之存在。于此情况之下，试问国联有何调解机会。（八）颜旋叙述最近数日内，中日事件之发展情形。据称中国并非不耐于国联和平工具行之曲折迂回，实因国联之延缓，对于中日两方利害不同。中国因此延缓，所受损失惨巨。故请国联尽速进行云。（九）颜向大会提出四项请求：（甲）特别大会宣告日本破坏国联会章、非战公约以及九国条约。（乙）大会责成日本撤退军队于铁路区域内，如此则所谓"满洲国"者，即可消灭。（丙）大会依照三月十一日决议案，宣告不承认"满洲国"政府。（丁）大会于最短期间内确定时期，依照国联会章第十五条第四款制定解决中日纠纷之最后报告，并公布之。（十）颜末称中日间之唯一真正问题，李顿报告已阐明之矣，此时无庸再加叙述。中日争端如不依据国联会章之原则而谋解决，不独关系中国权益，即国联自身之生存,亦将受其影响。

抵货运动责任,应由日本完全负之,顾氏致国联备忘录

【中央社日内瓦五日路透电】　关于中国抵货问题,顾维钧博士致国联之备忘录(大部份已见昨报),称抵货运动之责任,在于日本,不在中国。中国人民抵制日货之原因,日本应完全负责。如此种原因解除,则抵货运动将自行解散云。顾博士之备忘录,次述九一八事件及所谓"满洲国"成立之经过情形。据称调查团曾得满洲人民之公函一千五百四十八件,反对"满洲国"。至于其他未与调查通讯之民众,亦非赞助现有政局。观于数十万义军之继续不断,与日军肉搏血战,即可知中国民众反对伪国之烈。九一八后,日军轰炸村落,拘捕无辜良民,严峻检查新闻,满洲已陷入恐怖状态。人民所受荼毒,惨不忍闻。日本素尝借口在满特殊地位,耸动国际听闻,但所谓特殊地位者,无非日本传统之并吞大陆政策之假面具云。

八国集议方针,主张维护盟约精神,荷兰声明自由行动

【哈瓦斯社日内瓦五日电】　比利时、荷兰、瑞典、挪威、丹麦、捷克、西班牙、瑞士等八国代表,于今晨开会讨论,明日国联特别会审理中日争端时各国应取态度。按八国代表前为军缩问题,固时时会商应取之态度。至于中日争端,各小国半官式开会讨论如何一致【行】动事,今日为第一次。开会时各代表自由交换意见。捷克外长贝勒斯陈述,渠准备向特别会讲坛主张之见地,贝氏之意在确认国联会盟约所包含之原则,无论如何,须予以救护。各代表对贝氏意见一致赞成,并决重行开会云。

【中央社日内瓦六日路透电】　昨日八国会议谈中日事件。闻荷兰代表声明,荷兰不能完全与各小国同意,因荷兰为九国条约之缔约国,应有自由行动云。

东京观察大会,认情势为空前紧张,石井奉命游说各国

【中央社上海六日电】　日讯,东京鱼(六)电。国联大会将于鱼(六)晨十一时在国联秘书处委员会馆开会,出席者希孟议长以下五十五国代表。大会拟继续三四日,然小国方面之活动奏效,则或见延长会期亦未可知。日本对大会之形势,须要警戒。逆料中国代表必主张提用国联会章、非战公约等,而得

小国之援助。英法德意等大国，亦为防止国联之瓦解起见，尽力诱导大会至圆满解决。本日之大会展开空前之紧张情形。

【中央社上海六日电】 日讯，东京鱼（六日）电。内田外相，鉴于外交难局之现状，决定派遣枢密院顾问石井菊次郎，为政府特派使节，遍说各国，使列国彻底谅解日本立场及真用意。石井决定于明年一月九日乘靖国丸离日赴法英比意等欧洲主要国会见要人，交换种种意见。

《中央日报》1932年12月7日第一张第二版

132. 国联大会昨上下午续开，各国代表演说主张根据李顿报告，由十九国委员会觅和平解决办法，英代表建议邀美俄加入十九委会

西代表首发言，主张一致作法律后盾

【中央日内瓦七日路透电】 国联全体大会今日上午举行第二次开①会议时，西班牙代表马达里亚加，起立发言。彼谓主席请吾人说几句负责的话，而在目前严重景况之下，实以闭口无言为最妥。中日纠纷初起时，仅为两国间之争执，但逐渐变成国际联盟正式组织，与国联会员中一最有力者之严重争持。此问题既复杂又困难，中日双方均有得失之处，不过目前最令人担忧者，即国联本身与日本政府已发生争执。对此事发言，固极痛心，亦为不能避免之事。西班牙代表对日本代表之和蔼风度，极表赞扬，谓屡次于讨论最困难问题时，会议得以进行顺利，日本代表之助力着实非浅。

马达里亚加继称，目前之纠纷，为国家利权与世界利权相争执，为国家利权与改造良好世界之新道德势力相奋斗。在过去一年内，中日纠纷形势愈加严重，朝有不使形势恶化之允诺，夕即攻占城市；朝有撤兵之慎重表示，夕则以武力夺占东三省全部。此种国家利权与世界利权之争执，已于日本国内激起重大反响，日本最老且组织最严密之政治组织已有动摇之势，日本伟大领袖如

---

① 编者按："开"疑为衍字。

井上及犬养毅等,均为此新骚动下之牺牲者。国联处理此案取慎重精细及忍耐态度;各代表深知此事之严重,亦不愿迟延不决,因可予有武力者以机会造成新局势。而余(马达里亚加自称)仍会以私人资格努力设法,谋一和平解决方法。至于日本代表松冈洋右,谓国联此次程序迟缓,及日本政局并未请求国联予以处决等语,余(马达里亚加自称)闻之殊觉愤愤不平。吾人之责任不仅在停止军事行动,谋一解决办法;吾人同时应恢复国联威信,阐扬国联主义,庶几解决中日问题之办法,得为千载所宗之法则。关于此点,李顿调查团报告书甚为有益,西班牙政府,完全接受该报告书之观察与建议。西班牙政府觉中国之东三省,决不能使其变为日本之"满洲国",否则国联盟约之价值将完全归于乌有,该盟约之第十与第十二条尤将失其效用。日本之真正永久利权与国联利权相同,凡与国联利权相抵触者,即与日本之利权相抵触。吾人应使历史上永久存在之日本明了吾人所反对者,乃此时日本之手段。

无政府之狂澜已波及全球,今日之世界所最急需者为治安,但穿制服者军队,不能代表治安,有法律才能有治安,吾人应一致作法律后盾。(全体鼓掌)

希腊代表演说,国联有痛斥日本责任

【中央社日内瓦七日路透电】 希腊代表博利帝斯于全场鼓掌声中起立发言。彼谓今早静听各代表之宏论后,实无其他意见可说。国联会解决上海之中日战事其功极大,目前所须处理者,系东三省问题,自较上海事件更加困难。彼对调查团报告书,多方称许,谓该报告书,使各代表深悉当地情形,且予国联以解决此问题之途径。国联全体大会此时急应讨论之最重要问题,系合法之自卫问题,任何国家于受危害时,得立时采取自卫行动,自国联公法上研究此问题。李顿爵士为国际公法著名专家,而调查团报告书关于此点之观察,极为显明。除非日本能另觅证据,推倒报告书之理论,则日本应遵从国联全体大会之决议。彼提及一九二五年希腊与布加里亚之争,希腊将该项纠纷提交国联解决,由行政院判决希腊应付赔偿金,希腊皆悉数遵守。此次中日纠纷,日本固曾倍受侵侮,如取消条约、排斥日货、反日运动等等,但该时形势是否如此危急,致日本竟不诉诸国联?虽松冈洋右曾详述日方理由,但彼深觉日本应先试请国联设法,出任调停之职。日本主张及用意或系出于至诚,但国联有痛斥日本之责任。目前形势尚未绝望,全体大会,仍可觅一和平解决方案,而不致引用国联条约第十五条第四节也。

瑞士代表演说,希望觅和平解决办法

【中央社日内瓦七日路透电】 瑞士代表马达继希腊代表而发言。彼谓对【中】日纠纷,双方均不愿予以攻击,因中日两国与瑞士邦交均异常亲善。彼今日所欲言者,系为维护国联盟约而出,行政院所以将此事移交全体大会之目的,在使各国代表可尽量发挥意见。调查团报告书实一特殊文件,固为调查团之功,亦为国联增光不少。彼主张于全体大会予此事以充分讨论后,由大会训令十九人特别委员会,觅谋一和平解决办法,并监视该办法之实行。彼希望此种办法可以成功,借免有引用国联盟约第十五条第四节之必要。昨日两国代表所发表言论,令彼增加不少希望。

日本行动是否出于自卫,此点调查团报告书,已有极明显之答覆。日本是否实行其武力侵略政策,报告书亦有答覆。今日无如无日本军队在东三省,则“满洲国”绝对不能产生,惟报告书亦曾表示恢复九一八前状态为不可能之事。关于日本未提交国联一层,彼谓日本实曾违犯国联盟约之第十条与第十二条,世界和平之唯一原则即各国不能擅自执法。

吾人对双方向表同情,深望中日两国,不只现时纠纷,即将来一切问题,均可以友好方式解决之。日本已超越其应有之权限,但如日本能遵从国联威权,则日本必得无上荣誉,增加道德实力及世人良心之尊严。

【中央社日内瓦七日路透电】 关德马拉代表马多称,各小国对中日问题异常担忧,因该问题实包含一种主义之争。关德马拉政府拥护国联盟约,并觉国联一切行动,应根据调查团报告书之意见,该国可竭力赞助李顿报告书及尊重条约之精神。马多氏演讲毕,即休会,定下午三时三十分继续开会。

主席希孟宣称,希望今午可辩论终结

【中央社日内瓦七日路透电】 全体大会今日下午会议于六时四十分休会,主席希孟宣称,希望明(八)日上午可以辩论终结。提出决议案者有爱尔兰、西班牙及捷克等国,德国代表牛拉德侯爵,亦主张请美国与苏俄出席十九人特别委员会。

【中央社日内瓦虞(七)下午六时十分专电】 国联大会特会今晨继续开会,西班牙代表马达利助、瑞士代表祝特、希腊代表卜利迪斯及瓜地马拉代表马都相继发言,均对我国表示同情,但未明白指斥日本违反盟约。日方现仍在

此间散播中日行将直接交涉之谣言,冀淆国际观听云。

【中央社上海八日电】　本社日内瓦虞下午七时十八分专电。我国代表郭泰祺,定明日在国联大会演说,各小国现正作通过宣布日本违反盟约及不承认"满洲国"两决议之运动。

【中央社上海八日电】　本社日内瓦下午七时专电。国联大会特会,今日下午三时四十分继续开会,法英意德四大国代表相继发言,均未明白判断是非,但主张应以李顿报告书为根据,促成中日两国之和解。法代表彭古主张国联应规定中日交涉原则之大纲。英代表西门谓吾人应照顾事实,促进实际的解决,希望美俄两国均能参加十九国特委会。意代表阿洛素则倡议对于中国改造实行国际合作,并赞助西门,邀请美俄参加之建议。据记者观察,大国态度显与小国不同,不欲国联遽加日本以制裁云。

法代表之演词,主张根据调查报告书

【中央社日内瓦七日路透电】　国联全体大会今日下午三时四十分开会,首由友鲁圭国代表布烈罗发言。彼谓今日发言之目的,在表示友鲁圭国政府拥护国联权威,赞助组织特别委员会之提议。该委员会之人选,亦可予以相当增加,借以尽力谋一解决方法。

【中央社日内瓦七日路透电】　法国代表彭古谓批评国联本属易事,有人以为如欧洲有纠纷时,国联处置之慢,亦如此次,彼等之影象诚为错误。中日纠纷之情形,殊为特异,非与寻常事件可比。例如彼等应知此次纠纷国之一,有驻兵于其另一国境内之特权。关于解决中日纠纷之办法,彼谓一年前十二月十日,国联由白里安担任主席职,通过决议案,且有附带宣言,不但行政院予以赞同,即纠纷国亦予以同意。此后乃有调查团之成立,其报告书已交吾人之前。报告书共分二部,第一部为观察,第二部为建议。吾人应根据该报告书之观察而努力。国联全体大会工作亦分二部,第一部为和平方式,指示最低限度为和平谈判之基础;第二部即为引用第十五条第四节。调查团报告书表示最好之和解方法,即为由中日两国直接交涉,中日双方对报告书之建议尚无表示。彼觉报告书建议各点,应予以分别详细讨论,且初步工作,必须在设法和解。法国代表之演讲毫无头绪,且极不清楚。英国代表西门爵士继之发言,彼觉十九人特别委员会之工作,将愈有效,如美国与苏俄亦可派代表出席该委员会,共同讨论中日问题。

西门演说详志,主美俄加入十九委会

【中央社日内瓦七日路透电】 英国代表西门爵士于今日下午会议席间表示调查团报告书之最大功绩,在将东三省问题之复杂性完全显出来。中日问题并非某国未依照国联盟约所规定,事先设法和解,而向另一国宣战;亦并非某国兴兵以武力侵犯另一国之土地。东三省情形之复杂,与天下任何处皆不相同。调查团报告书不替任何一方面说话,对中日两国,均予以有分寸之批评,日本不完全接受该报告书,中国亦然。凡一公正之报告书,不能忽视东三省旧日之黑暗、中国之排外及抵货运动。余(西门自称)对捷克代表宾斯所言深表同情,即对任何方不予以攻击,中日问题之严重点在双方均未履行国联规定办法。吾人既为国联会员,即有维护国联盟约之责任,即应设法使国联规定办法,得以施行。吾人所注意者,在利用国联势力,使目前形势可有进步。如国联不能办到,则将来影响,将不堪设想。此次纠纷既因九一八事前之不良状况而起,如再恢复旧状,等于激引该项纠纷之重新爆发,只从理想方面着手,而置事实于不顾,由此看来,吾人应注重事实。虽双方俱不完全接受报告书,但亦有可同意者,吾人只能根据报告书前段所述过去事实讨论此事。吾人应拥护国联主义,主张和解办法,如直接交涉可有良好结果,吾人应竭力赞助之,国联亦可予此种和解工作予以赞助。余(西门自称)深觉十九人特别委员会之功效将尤为显著,如国联可设法使美国与苏俄派代表出席该会。西门继谓日本代表松冈曾表示,日本谓国联之拥护者,彼希望日本可保持此种态度。西门称彼所代表之国家为国联之始终拥护者,关于此点,大国与小国毫无分别。国联盟约为大家之共同约法,吾人不能随意置之不理,应时时予以赞助,谋一适用办法。只要国联处置得当,国联之能力必大。英国可与其他会员(中日在内)协力谋一公平之解决,根本解决目前纠纷,消除将来祸源。

西门末引美总统林肯第二任就职时所言,与任何人无仇,以宽大为怀,吾人应于正义不屈以百折不挠之精神,完成吾人之工作,造成吾人及全世界之永久和平。

和兰代表主张,应宣布不承认"满洲国"

【中央社日内瓦七日路透电】 英外长西门博士发言后,和兰代表莫烈斯哥谓关于调查团报告书,彼与以上发言各代表之意见相同,不愿即下断语。吾

人现仍应根据国联盟约第十五条第三节,设法和平解决。彼赞成西门之提议,请美国与苏俄出席十九人特别委员会,并请凡在东三省有领馆之各国,随时报告当地情形。彼末称各国应一致宣布不承认"满洲国"。

丹麦代表巴白格称,国联盟约之价值在各人之看法,中日纠纷应依照国联盟约之原则解决之,彼深望中日两国任何国勿为全体中之弱点。

意大利代表阿路西及德国代表牛拉德侯爵相继发言。

大会不采决议,将移交十九国委员会

【中央社日内瓦上海七日电】　日讯,东京虞(七日)电,日内瓦电。国联公开大会,如再无发言者,原定七日停会,然丹麦英国自治领代表演说之后,似由大国代表亦继续发言,或延至八日。然公开会不采决议,似将一切问题,移交十九国委员会。预料十九国委员会议决案件,不外于如下四项:(一) 接受李顿报告书第一至八章;(二) 反驳日本关于自卫权之见解;(三) 不承认"满洲国";(四) 设立调解委员会,解决纷争。

【中央社日内瓦七日路透电】　国联全体大会今日下午三时三十分开会时,报名演讲者,已有友鲁圭国代表布烈罗、英国代表西门爵士、丹麦代表巴白格、德国代表牛拉德侯爵、法国代表彭考尔、罗马利亚国①代表莫烈思哥、意大利代表阿路西及中国代表郭泰祺等。

颜代表备忘录,主席认为最要之参考

【中央社日内瓦七日路透电】　国联全体大会今日上午开会时,主席比国外相希孟,读中国代表颜惠庆博士一公函。内称主席于请各代表注意各种文件,作研究中日问题之参考时,主席并未提及中国代表团于十二月三日提出之备忘录,答覆日本对调查团报告书之观察。主席答称,颜博士所指备忘录,系于十一月二十八日以后提出,而行政院于二十八日曾有决议案,将报告书日本意见书及行政院议事记录,一齐移交大会讨论,中国代表所指备忘录,于大会开会时,始分发各代表,故未提及。主席继称中国备忘录,实为各代表参考文件中一重要者,大会将主席解释予以备案。

《中央日报》1932 年 12 月 8 日第一张第二版

---

①　编者按:原文如此,疑为荷兰国之误。

133. 前日国联大会中,小国代表慷慨陈词,满案过程实破坏国际约章,大会必须宣告拒承认伪国

【中央社日内瓦六日路透电】 国联大会第一日(六日)会议,中日代表演说外,各小国代表慷慨陈词,语甚雄壮,兹特分志如次:

爱尔兰代表康诺里称,李顿报告书及大会此后行动,不独关系中日两方,且影响国联前途綦巨。大会行将采纳之决议将为远东局势之枢纽,而远东之和平与战争,影响势必达于全球。此乃事实,固非危词耸听者也。国联大会应根据事实,求获公允不偏之判决,俾可制止冲突,永除国际仇视,以及顾全各方正当权益。观察者有认国联无力解决重大问题者,余未到日内瓦前,亦与多数之爱尔兰国人抱此态度,但抵此后反觉国联组织确有保障世界和平之重大力量。惟必须国联坚勇不屈、切实果敢,维护国联会章以及自身之议案。倘国联遇有重大事变,趑趄莫前,惟恐开罪任何一方,则国联之命运终矣,且若是之国联,亦无存在之价值。李顿报告书包含许多重要表示,余欲乘此机会,敦促大会注意:(一) 李顿报告似示吾人,日本为谋其自身之利益,实行帝国主义方略,希图扩充,至此方略如何侵犯他国主权,则非其所愿也。日本创立"满洲新国",且继续维持其存在,各方均已承认,不复置辩,此后满洲之治权将完全操诸日人手中,岂系吾人之过虑哉。(二) 满洲事件之历程实有破坏国联会章、九国条约以及非战公约,"满洲国"亦赖破坏上述约章而告成立,此点李顿报告似已言明。日本在满有重要权益,吾人固当承认,但此种权益应以和平方法保障,不能利用武力解决,余希望大会承认此点。余亦希望日本再加思度,承纳余之劝告。大会代表苟非准备推翻李顿报告,必须宣告拒绝承认"满洲新国"。据余观察,为谋保障国联,不得不有此种举动。日本或将告吾人曰:日本曾负巨大生命财产牺牲,图谋巩固在满地位。但吾人须知世界若竟发生二次大战,则人命之摧残、财产之损失,将难以数字计之,而结果复将置全球于经济社会混乱之中。国际联盟乃上次大战后所产生,无论其维系各国之实力如何薄弱,吾人不能任其中断。各小国因切身关系,对于坚决维持国联会章之原则,关怀甚切。倘国联于国际道义上之威权,竟因中日问题而告破产,则依照现有组织之国联,难于继续存在。从日本方面着想,日政府亟应考虑,坚持目前政策对

于自身利害若何。日本若一味拒绝恪守国际会章,各国对于日人之好感,以及日本对外贸易均将受损。但国联大会应不顾一切代价,维护会章,此种责任绝不因日本之态度而减。吾人对于日本人民热诚劝告,若仍不能动以利害,则结果将甚悲惨。爱尔兰自由邦完全反对帝国主义之侵略,予认大会应行接受李顿报告,予谨代表爱尔兰自由邦政府声明接受是项报告,自由邦政府且愿遵崇李顿调查团之劝告,拒绝承认"满洲国",并愿竭力援助国联,根据李顿报告求获解决方案云。

捷克代表柏涅斯继康诺里演说。据称,国联大会引用会章第十五条,此乃第一次,故中日问题之严重,可想而知。当前之问题为谋最后之切实解决,或须引用膺惩办法。满洲问题关系之土地,约合德法两国之面积,中日两争执国之人民,过于全球人口之半数。此外尚有非国联会员两国,于经济上、政治上及道义上,均深注意满洲问题。凡此种种事实均足表示中日问题之重要。捷克对于满洲问题深切注意者,纯受对于两国友谊感情之驱使。吾人于未作任何断语时,应行考虑下列问题:中日两方,曾否遵守国际义务?国际约章曾否破坏?争执国对于大会及行政院历次议案有无遵守?国联是否熟虑不偏袒、坚决果敢应付满洲问题?最后问题极为重要,因国联此次之决议将于国际间创成先例也。上述之问题乃原则上之问题,吾人续应研究事实问题。余个人认定李顿报告为一珍贵严重公平之文件,余并赞同接受李顿报告。该报告明白表示满洲及上海之军事行动,不能认为合法自卫性质,此则证明国联会员国之领土曾被另一会员国侵犯,而此侵犯系不遵守国联会章自属明显。自另一方面观之,一方既行提出自卫问题,则必认对方有仇视或敌对之行动。依据李顿报告及争执国之声明,此种行动共有两种,即有组织有计画之宣传与抵货是也。国联对于此项行动,固应严厉制止,但如国联之会员国,竟于另一会员国之领土内,采取大规模之军事行动,希冀自行解决两国纠纷,则国联尤应坚决制止之。排外及抵货运动,固应严重注意,力图解决,但目前问题于原则上涉及较诸上述两事更为重要之事件,今者国联一会员国之领土,因被另一会员国军队之侵占,以致成立独立政府,试问此种情形是否完全背反国联会章第十条?此事将否成为国际间极端危险之先例?吾人若试设想,同样情形发生于欧陆之上,则其结果当为若何?此种先例绝不能容其成立,贻患将来。至于遵守国际约章,试问九国条约曾否破坏?十九国委员会,对于日本承认"满洲国",致使调解极为困难,甚感遗憾。满洲事变后,曾屡次发生极严重及违犯国联会章与大会历次决议之事件,此点甚为明显。依据三月十一日之大会议案,国联对于此种事件,应图谋补救,无论在任何情境之下,不能加以承认。吾人于未依照国联约章第十五条第四款进行时,欲劝中日两方抱诚挚忠实友谊之精神,和平解决,勿迫吾人处于判官之地位。惟吾人虽极力援助,若调解之路径竟告失败,则国联之任务当为依法判断。吾人应有毅力坚勇维持正义之尊严,遇到原则问题时,国联大会当无犹豫模棱之理。大会虽未能立定解决办法,但此解决必须代表大会之意见云。

瑞典代表文登称:中日目前关系已入于化装之战争状态,任何国家思想决不能为不顾国际关系之理由。大会目前之任务系为决定破坏国联条约是否合法自卫。日本对于李顿报告之答覆,为独立政府成立后,情势业已变迁。但从另一方面观之,独立政府之成立,系由驻扎日军所赏赐也。国联大会之决议,应以李顿报告为根据。日军在满行动,破坏国联会员国之土地完整,而日本之承认"满洲国",则系违反会章第十条。国联劝告日本撤兵,迄今未有效力,一切谈判,均于军事压迫之下进行。此则违背会章精神,是以情势皆为严重。大会闭会前,应行表示解决方针云。

挪威代表郎格,对于李顿报告极端赞扬,主张大会接受李顿调查团之意见。郎氏续称,渠反对任何一国以武力解决国际纠纷,此种残忍方略之悲惨结果,人类之过去历史中,已有明白表示。目前世界各国缔结非战公约,并互订公断条约,故国际纠纷得赖较好方略,和平解决。挪威代表最后提及大会三月十一日之议案,希望中日两国于国联援助之下,力图和解,并希望与远东有重大关系之非会员国,参加国联对于解决中日问题之势力。

《中央日报》1932 年 12 月 8 日第一张第二版

134. 蒋委员长电,颜分送大会各代表

【中央社日内瓦七日路透电】　中国代表颜惠庆博士今日分发大会各代表蒋委员长中正来电一件,否认曾主张中日直接交涉事,深信国联有力维护国联盟约之尊严,及予中日纠纷以公正之处置。

《中央日报》1932 年 12 月 8 日第一张第二版

135. 松冈以撒谎得奖

【中央社上海七日电】　日讯,东京虞(七)电。外务省以为松冈代表在国联大会之演说,表明日政府之意见,殊觉满足,内田外相本日特电致松冈谓贵代表之演说,能充分表明政府意见,外务省及国民对于贵代表之努力,表示感谢云。

《中央日报》1932 年 12 月 8 日第一张第二版

136. 李顿观察中日问题,行政院开会进步极少,国联应速谋解决办法

【中央社伦敦七日路透电】　调查团主席李顿爵士昨晚于拥护国联协会席间,演讲中日问题。席间有日本驻英大使馆及中国驻英公使馆要员多人。李顿爵士首谓中日问题现已非理想上之争执,亦非只为法理问题,已至应有切实办法及实行该种办法之时期。

席间有人问及有无解决希望,李顿爵士答称,彼对于上星期国联行政院开会之印象,觉进步极少,但彼深信开会所费时间,绝非无益。如中日双方有意接受调查团报告书为谈判之起点,则国联行政院应欢迎此种意见,将报告书交全体会议讨论,并建议谈判应赶即开始。上星期行政院会议结果,亦有差强人意处。此次大会开会时,能有一种渴望与乐观空气,即其一也。

李顿爵士述及东京传出消息,谓如调查团报告书于一年前提出,则日本或可予以接受,彼对此消息颇为满意,因可见调查团之建议与日本利益并无冲突处。日本此时主张另一解决办法,同时国联可设法使反对日本所提办法者,接受一折衷办法,并劝告日本亦予以同意。目前形势既然如此严重,中日双方意见或可接近。如国联不能谋一双方同意之解决办法,则世界对国联之信任心,必因之一落千丈。虽国联此次失败,国联固仍可存在,但如国联此次成功,则其影响将非臆料力所能想像矣。

日本向为拥护国联最出力者之一,此次为日本外交史上可以再事证明日本拥护国联之最好机会,国联所求于日本者有二点:(一)日本应信任国联,决不使日本放弃其所谓关系日本生死存亡之利权。(二)日本应情愿使关系日本生死存亡之利权与关系他国生死存亡之利权,不相抵触。

李顿爵士末称有人以为只要日本同意,东三省问题即可解决,此说大谬!中国之同意亦同等重要。中日双方均不愿求吾人的宽宥,或受吾人之侮辱,彼等欲得吾人之谅解与信心。

《中央日报》1932 年 12 月 8 日第一张第二版

137. 昨日国联大会席上,郭泰祺努力阐明中国地位,抵制日货系合法自卫将继续进行,否认直接交涉准备参加国际会议,大会于谈判前应宣告不承认伪国

郭代表之演词,国府地位日见稳固

【中央社日内瓦八日路透电】 中国代表郭泰祺今日下午在国联大会演说之要点如次:(一)中国之抵制日货及义军之反抗日军系属合法自卫,仍将继续实行。(二)国民政府之地位稳固,势力日见增长。郭氏言及此点时,引证李顿报告及伦敦《泰晤士报》与上海《字林西报》之记载,作为证明。(三)大会三月十一日之决议案,责成日本撤兵,日本应先完成撤兵,然后举行国际会议。(四)中国对于国联始终拥护,中国决将于国联规定范围之内,应付中日问题。(五)中国反对直接交涉,准备赞同如英外相西门所提出之合于国联范围内之国际会议。此项会议须请美俄两国,并须以国联大会三月十一日之决议案及李顿报告第九章第三段(即任何解决必须符合国联会章、非战公约及九国条约)为根据。(六)所谓"满洲国"者乃一冒牌之傀儡,尊之为"满洲国",不啻侮辱世界之正式国家。(七)九一八前日本常谓中国侵害日人权益,是时中国即愿提出公断,或交国联,或交其他国际公断机关审理。讵料日本非特拒绝公断,且竟采取军事行动。日本从未实行国联所规定之解决纠纷办法,而中国则竭诚引用此种办法。日军侵略中国之行动为近代史中罕见之事。但中国力尽

遵守国联会章之义务,履行行政院决议,冀可遽免情形之更趋严重。吾人深信任何公平之观察者,对于两方之责任问题,断不同等看视。中国于过去中即使有何错误,中国仍愿提出公断,但中国对于国联目前所处之情况,并无丝毫责任云。(八)南满铁路区域内,日本原无驻军之权,况日军现于铁路区域外,实行大规模之军事占领,如谓此非最严重之军事侵略,则无所谓侵略矣。(九)日人在华之侵略与英国以前在沪之行动,完全不同。倘谓英人在沪行动,足为日本侵略之先例,不啻公然侮辱英国。(十)郭氏最后以中国发展东三省计划与日本军阀对满之计划,一作比较,表示两项计划,对于世界各国之利害。

【中央社日内瓦八日路透电】　郭泰祺于今日大会中力辩抵制日货为合法自卫,据称,去冬美国负责人民,亦曾提议参加中国之对日抵制,声援中国。中国此后仍将继续抵制,以抗日军之横暴。至于武力抵抗东省之义军,决与日军坚持到底。中国长期抵抗之实力,实较日本为强。日人因军阀之需求无厌,以致捐税负担奇重,政府预算不敷甚巨,日金价格较诸去年已落五份[分]之二,行政院前次会议时,东京交易所之日本证券,亦有惨落。日本人民之痛苦日见增加,行政制度,亦愈趋窳败。而中国之抵抗外侮以及行政之力量,则日见强盛云。

【中央社日内瓦八日路透电】　郭泰祺今日演说绝对否认中日直接交涉之说,郭称:昨日李顿演说曾谓中日直接交涉,渠亦略有所闻。但余(郭自称)可声明,李顿绝非自中国代表团得此消息。因中国绝不接受直接谈判,此种演说毫无根据。但国联大会尽可信任中国,将竭力援助国联。中国赞成于国联之下,举行国际谈判。若于十九国外加入美俄两国,即可成为进行此种谈判最好之机关。国联大会此后一切之举动,应严格共同遵守三月十一日大会议案内所定规[规定]之种种原则,于未开始谈判前,且应责成日本完成撤兵,此为必须之条件也云。

【中央社日内瓦八日路透电】　郭泰祺于简述中国政府态度时称:中国准备加入谈判,但此种谈判必须为国际性质,并由十九国委员会主持。大会于谈判之先,应通过议案,宣告不承认"满洲国",并不与之发生任何关系。此项谈判应根据大会三月十一之决议案以及李顿报告第九章之原则。郭泰祺演说后,由日本代表松冈继起演说。

松冈恫吓国联,要求撤销四国提案

【中央社日内瓦八日路透电】 国联大会今日上午十时四十五分继续会议,土耳其代表最先演说(演词另载)。墨西哥代表潘尼第二演说,声明墨国愿根据国联会章,拥护和平正义。演词仅历两分钟,为国联大会席上最短之演说。次松冈发表意见,据称大会现已收到提案一件,对于日本肆加诋毁,殊属不合国联原则及李顿之报告,本人要求撤销是项提案。倘不撤销,应请主席立即付诸表决,借使日本明了大会之意见。此种提案若竟通过,势将引起提案人预想不到之影响。主席希孟称,日代表提出之程序问题,应由提案人考虑。于是提出此项草案之代表,暂行退席,私自商议。主席遂请波兰代表发言,日本显系以退出国联恫吓大会,要求取销上述提案。

【中央社日内瓦八日路透电】 关于西班牙、捷克、爱尔兰、瑞典四代表团之提案,日本代表团负责人顷发表文告如次:西、捷、爱、瑞四国之提案,余阅读后,甚为惊愕。据余意见,此项提案之用意,仅在屈辱日本。目前日本正在阐明其立场,而英法以及其他大小各国,现亦提出调解,日代表团深信吾人业已接近调解途径。即大会席上,各代表之演说亦重和解精神。但四国突然提出上述提案,完全违背此项精神。倘该案竟获大众之赞助,则吾人对此数日间在大会中演说者之诚意,不得不加疑虑云。

土代表之演说,主张依照会章条文

【中央社日内瓦八日路透电】 土耳其代表胡斯尼裴,今日在大会之演词大略如次:土国自远古而来,与中日两国邦交敦睦,对于中日人民素表同情。故此次两国间发生冲突,土甚为惋惜。土国人民酷爱和平,余愿于和平问题,表示土国态度。今日世界之不安殊甚,倘吾人一切计划设施,随时均可推翻,则召国际会议,解决战债金融以及其他问题,有何裨补。当前之现状应行纠正者,不一而足。但一切改革必须在和平镇静之气象下,图谋施行。故余愿大会坚决明白申示其拥护国联会章及其包含一切责任之决心。余深信国联大会此种表示,足以解除各国之疑虑。无论任何国际冲突,均有破坏和平可能,故余主张同时援引国联会章及非战公约,于国联会员国外,邀请非战公约之签字国参加意见,共同负责,求获问题之解决。李顿报告书虽示吾人以满洲问题之复杂,但该报告对于事实无不顾到大会之任务,因之便利殊多。大会必须依照会章条文,于最短期间制止冲突。土国希望谈判成功,产生对于两方真正利益均可认为满意之解决云。

波加代表演词,咸注重于进行调解

【中央社日内瓦八日路透电】 波兰代表齐涅克今日亦在大会演说,注重中日问题内容之复杂。据称中日冲突情形特殊,与其他之国际冲突不同,波兰对于中日两国同等尊重,波兰愿竭力援助国联,寻获解决。国联对于李顿建议,应慎重研究。任何决议,若非先有充份考虑,嗣后必将引起极大之困难。进行调解,为最适宜之解决方法云。

加拿大代表柯亨继波兰代表演说,略称加拿大对于中日人民两方,均怀好感。吾人对于任何一方,皆难引用西人标准,判其行动。中日两大伟大民族,现于国联之前互相辩护,于此即可证明国联之势力。吾人对于国联之巩固,无须过虑。中国政府是否具有充分强力,余个人非无疑问。加拿大为九国条约签字国之一,查该约最大目的,乃希望中国有力遵守条约,并设立巩固政府。九国条约并无减少日本在华权益之用意,中国政府若谋取消日本依照条约所应有之权益,则为破坏九国条约云。柯氏旋读数年前英外相张伯伦对于华人排英运动之宣言及一九二七年二月八日英国关于此事送达国联之文件。柯氏继称:日本去年亦可依照英国办法,将对华不满之事,通达国联。但即使日本有此举动,亦难任其永久占领中国领土。目前要务,在于引用一切调解方法,不宜提出膺惩问题。国联大会如不依照各方单独建议进行,或可以李顿报告为其行动之根据。加拿大提议设立国际委员会,并请中日两国参加,于可能范围内,制定日本可以接受之解决方案。倘日本准备和解,大会不宜以任何阻碍,置诸和解之途径。但日本倘无准备和解,则国联之再行延缓,势将引起不幸之结果云。

《中央日报》1932 年 12 月 9 日第一张第二版

138. 社评:前日国联大会中英代表西门之言论

国际联合会全体会议开会之第二日,英国出席代表西门约翰爵士在会场中演说,其言论之要点约有左列数端:

（一）中日问题并非某国未依照国联盟约所规定,事先设法和解而向另一国宣战,亦并非某国兴兵以武力侵犯另一国之土地。

（二）凡一公正之报告书,不能忽视东三省旧日之黑暗及中国之排外及抵货运动。

（三）此次纠纷既因九一八事前之不良状况而起,如再恢复原状等于激引该项纠纷之重新爆发,只从理想方面着手而置事实于不顾,由此看来吾人应注重事实。

（四）吾人应拥护国联主义,主张和解方法,如直接交涉可有良好结果,吾人应竭力赞助之,彼所代表之国家为国联之始终拥护者。日本代表松冈曾表示日本为国联之拥护者,希望日本可保持此种态度。

中国四万万人民,循诵西门氏之言论,心中当作何感想！中国四万万人民,循诵西门氏之言论,对彼所代表之国家当作何感想,对国联又将作何感想！今敢就西门氏前日在大会中所言举其惶惑莫解者,一一反质之于西门君,其他问题姑徐徐论之。中日今兹纠纷之起,缘于去年九一八事变,夫人而知之矣。九一八事变即今日之中日问题也。九一八事变之起,为一个国联盟员国家,无端用武力侵占另一盟员国家之土地。军事行动以前未有交涉,更根本谈不上和解。在此情状之下,而日本军队围攻我北大营,十九日晨占领沈阳城,十九日至二十一日占领长春及吉林省城,由是而轰炸锦州而占领黑龙江省城齐齐哈尔,此种行动于国联盟约何章何条之精神相符？又何自而得解释为非军事之行动？不知西门爵士心目中所谓武力侵犯另一国土地之行为,必如何种行动始能构成？重炮猛攻,飞机轰炸,既不能名之曰武力侵犯,不知将何以名之？凡名之为武力侵犯者,又不知为何物。吾人姑引调查团报告书之言以质西门君,报告书第四章第五节"调查团之意见"有云:"中国方面当时遵守上峰之训令,并无在该地攻击日军或危害日人生命财产计划……九月十八夜路轨炸裂之事,断不能引为军事行动之理由,故前节所述日军在是夜之军事行动,不能认为合法之自卫手段。"西门君此次由英而到日内瓦出席演说,开口称道调查团之功绩,宜于报告书之内容已加浏览,乃其发言之无据若是,此不能不质之西门君者一。

西门君以为凡一公正报告书,不能忽视东三省旧日之黑暗及中国之排外抵货运动。所谓东省之黑暗者,指东省之内部欤？抑指东省之对外关系欤？对外关系既无所谓光明与黑暗,则内部黑暗与否,固一国之内政问题,非任何外国人所宜问。且各国之法律理论不同，道德标准各别，社会环境迥异，光明黑暗之区别，决非国外人所能臆断。且姑退万步而言，若一国某项内政果真黑暗，则另一国家遂可用武力侵占其土地取而代之乎？为问西门爵士，此国际法律上之根据何在？以吾人观之，西门君但知公正报告书之不能忽视一造之真相，抑知另一方面之真状，更不能忽视者乎！日本人近年来在中国，尤其在东省之蛮横无理，公正之报告，能忽视之乎！中国人向不排外、向来"亲仁善邻"，而不能甘服于无理之压迫。排货运动者，人民不堪日本人在中国压迫之"黑暗"而起的自卫行动。西门君所忽视者过多而独以东省之黑暗为言，此不能不质之西门君者其二。

东三省如再恢复九一八以前之原状，西门君认为等于激引该项纠纷之重新爆发。西门君盖明言之，"吾人应注重事实"，所未尽情发挥者，国联应认日本一年来在中国之行动为合法，国联应立即承认"满洲国"耳。若西方之文明，今日已澈底的功利化而无复丝毫之精神意志可言，夫复何言。虽然此事理所不容者，一国之领土主权，可以任凭异国凭借暴力攫夺占领，则弱肉强食之事，将风靡于大地，国与国间之新纠纷，将不断爆发于各地。爱尔兰代表康诺里前日曾叮咛道之："须知世界若竟发生第二次大战，则人命之摧残、财产之损失将难以数字计之。结果且将置全球于经济大混乱之中。"西门君不愿见"该项纠纷"重新爆发于中国东北，抑愿一睹第二次世界大战为快乎？此不能不质之西门君者其三。

从过去一年来之事实言，中国人民及政府实为国联主义及盟约最忠实之拥护者。当九一八事变之起，热血者愤不可遏，练达者熟计深算。由前之道，合全国之力，非不能与对方背城借一；由后之道，亦非不能由最便捷之途径，与对方立即商略息事之方而使事态缩减。然而吾政府上下舍此不图，以合法手续诉诸国联，一再静候其作公平之解决。自九月十八静待至九月三十日（行政院第一次决议），由九月三十日静待至十月十三及二十四日，由十月二十四日静候至十二月十日。调查团未来时静待其来，来后静待其报告，报告披露后静待国联之讨论。中国在此静待中所偿之代价，最大且著者，为锦州之被轰炸与陷落及上海之被摧毁。中国对于国联之拥护，忠诚至于如是，而西门君所以慰我者，曰日本为国联之拥护者。敢告西门君，中国因遵守盟约之心太深，故中日问题既按照盟约而提请办理，至今尚信国联盟约必有制裁力以实现其执行。对于直接交涉云云，始终未曾容心。西门君所谓和解方法，抑即所谓直接交涉乎？所谓直接交涉者,抑将以"不再恢复旧状"为前提乎？是不能不质之西门君者其四。

呜呼！西门君今兹为失言矣,综其所言,法律事理两皆失之。以西门君出身法家,似不应背谬至此。意者西门君精研法律过深而于世界政治大势扞隔过甚乎？抑久历殖民地,种族成见特深,真情流露而不自觉乎？虽然,西门,英国政府之代表也,中国自来与英之邦交,向称睦善。华盛顿会议以后,英人对华之友好精神,中国人民无不有深切之认识。十数年来,中英合作之基础已与日俱进。中国今日诚不讳言其国内之多故,然头脑聪敏之英人当知世界各国活力潜藏最富者,中国必居其一。况以近顷中国政府之日益坚固,"剿匪"军事之成功与复兴事业之积极,其与英国商业之关系,必将日见密切。尝忆保守党内阁时代外相张伯伦昔年在伯明罕之演词有云:"对华之友善是为百年后打算也。"惟计较利害最精者能不骛近利而图久远,英国人果不忘其称霸之所自,则今日世界和平安危绝续之关头应事先审择其最后之良友！

西门君之失言,中英邦交上不必要之创痕也。英国朝野人士,苟一念两国商业关系之密切,则补救之道何从,此聪明之英国人,必优为之,转移视听,拭目俟之。

《中央日报》1932年12月9日第一张第二版

139. 调解委员会邀美俄参加,西门事前曾有接洽,两国代表称不反对

【中央社日内瓦八日路透电】 闻英外相西门,在会提议邀请美俄两国参加调解委员会之前,已得关系方面表示,对于此种邀请,非不欢迎,国联须待大会通过议案后,然后由大会主席,正式邀请两国。

【本社八日上海专电】 华联社日内瓦电。西门昨在大会演说前,与美俄两代表秘密接洽。据称,两代表均对西门答覆,若国联大会议决开廿一国会议,邀请两国参加,两国决不退辞。

日态度冷淡

【中央社上海八日电】 日讯,东京庚(八日)电。英外相西门在七日国联

大会提议组织二十一国委员会以调解中日问题,而大会形势向此目的推进之空气,颇为深厚。日外务省接到此报告,八日晨召集关系人开会协议对策。结果决定方针,非先确知该委员会之任务权限及其范围等,不能表示赞否。且如抵触下列三项原则,日本绝对反对其组织:(一)组织解决满洲问题之委员会,以当事国代表之参加,为绝对必要,日本排除第三国介入本问题。(二)满洲问题应由理事会审议移交调解委员会,乃违反国联本来之使命。(三)解决满洲问题,以日本承认"满洲国"为事实上必要条件。

【中央社上海八日电】 日讯,东京庚(八日)电。日外务省对于二十一国调解委员会之方针如次:二十一国委员会由国联权限组织,则日本曾不认十九国委员会,今次亦不认二十一国委员会。委员会与李顿调查团之性质相同,其组织之根据薄弱,不加中日两当事国,则其决议完全不能束缚日本,日本对委员会声明反对或保留,而出席会议。

【又东京八日路透电】 英外相西门提议成立调解委员会,邀请美俄两国参加。日政府中人对此提案态度冷淡,但未有切实表示。日发言人称,在华盛顿及莫斯科尚未表示态度,且调解委员会之权限尚未决定之前,日本将不表示日政府可否接受调解委员会之提议云。

《中央日报》1932 年 12 月 9 日第一张第二版

140. 松冈得意忘形! 批评英法代表演说,曰同意! 曰妥当!

【中央社上海八日电】 日讯,东京齐(八日)电,日内瓦电。松冈齐(八日)晨关于下午之大会,对人语其感想,谓余对于英外相西门氏之演说,除请美俄参加会议之提案外,余均同意。法代表彭古说明日本在满洲之特殊地位,亦属妥当。中日关系在世界无类例。至于自卫权之范围问题,实不能适用西欧诸国间之同一问题。总之,今日大会可谓大国由政治的见地改正小国之非现实的理解。

《中央日报》1932 年 12 月 9 日第一张第二版

141. 德意代表在前日大会之演词，牛拉兹——应成立建设计划，阿路西——应依实际求结论

【中央社日内瓦七日路透电】 今日（七日）大会会议，德外相牛拉兹演说称，德国对于中日事件，极为注意。德国乃被解除军备之国家，对于国联素来注重制止武力与促进和平解决国际纠纷之制度云。德外长继言，中日冲突性质特殊，故国联不宜徒从抽象之原则上着想，应成立建设计划，谋有效之解决，并预防日后冲突之复现。国联应注意满洲最近数十年来发展之趋势，谋使此种趋势倾向于和平途径，庶可永远制止武力爆发云。德外长于结束时间直提及德国军备平等之要求。据称国联大会虽不讨论此事，但于研究中日冲突时对于此事必生感想。大会如欲国联纠纷之公平解决，必须保障各国军备平等。无此，则法律方法甚属疑问云。

【中央社日内瓦七日路透电】 七日下午国联大会时，意代表阿路西之演说，注重国联应依据实际而求结论。渠称大会代表之任务，系为根据实际求获解决，并非为讨论理想上之原则，而召集会议。李顿报告所提出解决方案与在国联指导下解决中日事件之原则，完全符合。行政院与大会最近之辩论并无表示李顿报告不能实行。该报告之建议可为解决基础，但不必认之为固定及硬性之规则。李顿报告提议列强援助中国，维持稳定状态，此节亦当注意，因远东和平倚赖长久之建设工作。余希望此种工作可于两方面同时进行。一方解决中日事件，一方由列强援助中国建设。吾人或可另设机关进行此项工作，最简单之方法，即将李顿调查团改成此种机关。意大利并不反对此种步骤云。

《中央日报》1932 年 12 月 9 日第一张第二版

142. 政府训令代表团，要求迅谋解决

外交界息，国联特别大会日内即将闭幕，中日争端之全案即将移送十九国委员会，讨论解决之办法。连日会议各小国代表颇能主张正义，力谋制裁暴

日。但各大国代表过于持重,未肯切实表示态度。故此次会议,实质上未有显著之进展。闻政府方面已训令日内瓦代表团,请十九国委员会于接受全案后应迅谋适当之解决云。

《中央日报》1932 年 12 月 9 日第一张第二版

143. 西门演说竟有袒日倾向

【中央社日内瓦八日电】 七日各大国代表发言,英国代表言论颇有袒日倾向。凡李顿报告书对我不利之点,如抵货排外等,均予申述。对日不利之点则概不提。尤可注意者,英代表引李顿报告书之言,谓恢复九一八以前状态为不可能。而对于李顿所称,维持现伪国亦属不合之句,竟不提及。此间一般论调莫不深为骇异。

《中央日报》1932 年 12 月 9 日第一张第二版

144. 小国代表会议,松冈撤销要求不合程序,原案将交十九国委员会

【中央社日内瓦八日路透电】 国联大会散会后,小国代表举行会议,讨论因日代表松冈要求四小国撤销提案所引起之局势。小国认为松冈之要求,不合大会程序,因大会程序规定一切提案,应先交十九国委员会审查,然后再行提出大会。而松冈先要求撤销四国提案,继谓如不撤销,应请大会主席立即付诸表决,此则不合大会程序。如照松冈要求办理上述提案,须有三份[分]之二之多数,始可通过。惟国联大会内,难获三份[分]之二之多数。

【中央社日内瓦八日路透电】 闻各小国决将松冈所要求撤销之四国提案(内容规定不承认"满洲国")先交十九国委员会审查。

《中央日报》1932 年 12 月 9 日第一张第二版

145. 中英代表会晤半小时

【中央社日内瓦八日路透电】 大会今晨散会后,英外相西门与中国代表晤谈半小时。

《中央日报》1932 年 12 月 9 日第一张第二版

146. 解决中日问题,捷爱西瑞共同提案,认九一八后军事行动非合法自卫,目前伪组织不合现有之国际义务,大会授权十九委会请求美俄加入

【中央社日内瓦八日路透电】 捷克、爱尔兰自由邦、西班牙、瑞典四国,共同向大会提出议案,略称李顿调查团之报告,认定:(一)九一八前日本并未引用一切和平解决之可能方法。(二)中日关系已入于变相之战争状况。(三)日军九一八后之军事占领行动,不能认为合法自卫。李顿报告并谓日军不宣战而占领中国领土,宣告满洲脱离中国本部,目前满洲政治组织并非自动真正之独立运动。国联大会鉴于上述各节:(一)认为九一八后之大规模之军事占领行动,不能认为合法自卫。(二)国联大会且认目前满洲之组织,系依日军占领满洲,始获成立,承认此种组织不合于现有之国际义务。(三)国联大会授权十九国委员会,请求美俄两国合作,保障依据上述事实,解决中日纠纷。

【中央社上海八日电】 日讯,东京齐(八)电,日内瓦电。捷克、西班牙、爱尔兰三国,向国联大会提出解决中日问题之决议案:(一)否认日本行动为合法的自卫手段。(二)否认满洲之成立为自然运动之结果。(三)否认现在情势符合诸条约之规定。(四)请美俄两国参加协议中日问题。

【中央社日内瓦八日路透电】 瑞士及捷克向国联大会提出提案,略称大会业已收到李顿调查团之报告与两方之意见书,以及行政院十一月十一日至二十八日之会议纪录,决请依照大会三月十一日决议案成立之十九国委员会:(一)研究此次会议中各方所发表之意见与建议,以及大会收到之提案。(二)

起草建议借图中日事件之解决。（三）于可能范围内之最短期间，向大会提出建议。

松冈声言反对提案

【中央社八日上午十二时十五分日内瓦专电】 今晨大会，爱尔兰、西班牙、捷克、瑞典四国代表提出草案，请联盟否认九一八事件为日本自卫行动；声明"满洲国"之产生为日军在场之结果，故若予以承认，势将违反国际间的义务；最后并建议请美俄两国加入十九国委员会，共同讨论。松冈对该草案表示反对，要求将该案撤消。加拿大代表对日本意见，表示赞同。

【又日内瓦八日路透电】 松冈洋右称，捷克、西班牙、爱尔兰、瑞典四国，共同提出之提案，倘不撤销，将引起此时不能预见之结果。

日代表团深夜集会

【中央社上海八日电】 日讯，东京齐（八日）电，日内瓦电。日代表虞（七日）夕十时开会，松冈及各首脑人均出席，迄深夜始散。所讨论者：（一）松冈齐（八日）在大会之演说。（二）应付两项决议案之方策。第一项已起草完毕，但于中国代表郭泰祺氏演说后，可随时改变或增加材料。第二项对策则甚强硬，如大会通过此决议案，则日代表团将出于断然态度。

《中央日报》1932 年 12 月 9 日第一张第三版

147. 中日事件与军缩，中日争端如不解决，军缩会议难望成功

【哈瓦斯社日内瓦通信】 中日争端与军缩大事两者之关系，成为日内瓦流行之谈话资料。吾人所以称为"军缩大事"者，盖以记者托庇国际联合会宇下，乃就欧洲人之立场而言。至于吾人所认为大事者，在远东人民之立场是否不认为次要之事，固属一大疑问。虽然，近顷以来，颇有一种论调日见发展，谓满洲事件，如不依照国联会盟约条文予以解决，则军缩必不可能是也。此种论调，或为一种政治作用，亦未可知。兹姑不论，然一时颇合时尚，例如十月廿三

日《日内瓦日报》所载之奇妙论文,即作此论调。此论文乃系征求诸家意见而编成者,由此实足以窥测大多数人之意见。在日内瓦及欧洲,中国不乏大多数之友人,此辈对于时论及若干政府之意见,未尝加以相当注意,而惟发表其个人之意想,其热心援助中国,诚毫无私心,然为若干强有力之人所不满。且闻日内瓦窃窃私议,谓国联会某某高级官员,近日不得意,其内幕原因,实以彼等坚决进行欲由国联会以纠正对中国所犯之过失,对于此类谣传,吾人仅据有闻必录之义,加以提及,既不欲加以征实,复不愿予以否认。吾人深信在南京与东京,必有若干外交家熟知内情者,对于此事能加以说明也。至于目前之问题,则为军缩大会与国联特别大会在日内瓦同时并进。此时满洲问题及其解决之途径,是否足以谋军缩之便利,抑反使军缩成为不可能乎? 中国之友人对于此问题之论断,最能发生影响。彼等谓,如满洲事件不采有利于中国之解决,则将使日本不能裁军,吾人不闻日本一九三三年之军事预算,已增加百分之二十五乎? 即今日金汇价低落,此种军事费之增加,亦殊足令人惶恐。日本既须占据满洲,而美国态度又有发生国际纠纷之可能,日本亦不能不防,故不能裁军。日本不裁军,则美国自亦不能裁军,英法因之亦不能裁军,其理甚明,此其一也。其次,则为德国之传染。试就事实以观德国对于军缩之强硬态度,实自日本施行侵略,国联会表示无能后,方始决定。如九一八之罪恶不处惩罚,则他种扰乱和平之罪恶,势将继之而起,层出不穷。日前国联会一德国官员语记者,谓曩时返国,德国国家主义派常向彼诘责,谓彼殊不应与凡尔赛"专断"条约所创立之国联会合作。自中日争端发生后,德人态度大变,亦不复如前之庄重。渠再谈及日内瓦国联会盟约时,德国人仅以一笑报之。盖满洲事件,已显出国联会实为纸老虎矣,此其二也。最后就法国对军缩问题之心理而论,如法国对于尊重盟约不加信任,对于盟约之"保护条文",即中国所援引之第十、第十一、第十五条加以怀疑,则如何能使法国解决大规模军缩问题,使实际上达到德国平等之要求乎? 近来法国与美国对远东问题之见地,渐趋接近,岂非为此。法国大报纸评论及纪述中日争端之消息,亦均注重于国际义务之一端。可见中日事件,足以影响法国之军缩态度,此其三也。凡此种种论断,大多真实。至近顷而愈显其真实,中日争端之愈形重要者,亦以此。日本方面自行造成事实,而即以此事实作理由;中国方面,则提出原则之理由。日本之理由,虽非全无价值,而中国所提之原则上理由,则大足拔助中国之地位也。然大国中除一二国外,皆深恐军缩之失败。盖一般意见,以为军缩大会之失败,即不免引起战争。故为今之计,中国及其友人最妙之策,莫如将中国之要求与军缩之要求,合而为一也,明矣。

148. 开会四日成绩毫无之国联特别大会昨已闭幕,仅通过决议将各案件交十九国委会,十九委会改为调解委会由中日参加,英法祖日结果对我形势反趋恶化

【中央社上海十日急电】本社日内瓦佳(九日)下午四时五十五分专电。国联大会今日午后对于中日争议,并未有切实决定,即暂时休会。小国所提斥责日本侵略政策之决议草案,卒因大国祖日,未获通过。大会仅决议将李顿报告书及各项有关意见,一并移交十九国特委会,特委会将尽速召集,拟具建议,向大会报告,大会如此决议显然与日本有利。中日争议之全部实际问题,竟因日本所施之战略而趋入歧途,引起国际干涉中国改造事业之问题。此时国联形势对于中国益较今年三月更为恶化,竟有人认日本为国联之忠实会员,而中国之现状翻成为讨论之标的。各大国尤其英法均似倾向日本,在目前国际形势不佳之际,中国舍自救自助外,更难有出路也。

【中央社日内瓦九日路透电】国联全体会议今日下午通过主席团所起草之决议案,系将捷克与瑞士所提决议案加以修改而成,该决议案全文如下:国联全体会议收到一九三一年十二月十日国联行政院决议案成立之调查团所草就之报告书。中日两国对于该报告书之意见及国联行政院于本年十一月二十一日至十一月二十八日间会议纪录,国联全体会议于十二月六日至十二月九日间讨论后,请由本年三月十一日国联全体会议决议案成立之十九国特别委员会:(一)研究调查团之报告书,中日两国对该报告书之意见及国联全体会议时各代表以任何方式所发表之意见及建议。(二)起草提案以解决本年二月十九日国联行政院决议提交大会之纠纷。(三)于最早期间内,将该项提案交国联全体大会讨论。

【中央社日内瓦九日路透电】国联全体大会今日下午散会前,主席希孟对辞职之秘书长特莱孟之劳绩深为赞扬。随即宣告下次会议暂无定期,将随

时招集,但下次开会时,第一次会议为秘密会议,随即举行行政院公开会议云。

国联大会主席团昨晨举行不公开会议,决将各案移十九委会

【中央社日内瓦九日路透电】 国联全体大会主席团今日举行不公开会议,讨论日本代表松冈洋右之要求,及瑞士、爱尔兰、西班牙及捷克四国所提决议案等问题。经过短时间之商议后,议决由主席希孟于今日下午大会时提出决议案,请大会将调查团报告书及附带文件、全体大会四日来会议记录及四国代表所提出之决议案,一并移交十九国特别委员会讨论。大会并不发表意见,亦不表示态度,故四国所提决议案仅为四国代表之意见,不能代表大会全体态度。十九国特别委员会有全权讨论各案,丝毫不受任何拘束。据云,此决议案已得日本代表之同意。诚如此言,则今日下午全体会议将费时无多,仅完全通过该决议之手续而已。

【中央社上海九日电】 日讯,东京佳(九日)电,日内瓦电。国联大会佳(九日)晨十时开干部会,审议四国提出之两决议案及松冈代表撤回要求。闻干部会初审议捷克及瑞典两代表提出之决议案,然后以四国提出之第一决议案为中心研究日本与小国关系之解决法。四国提案内容将加改变,作为四国之意见书移交十九国委员会,以解决四国与日本之问题,并维持提案之体面。

希孟向大会提案,十九委会改为调解委会,请中日参加谋调解方式

【中央社日内瓦九日路透电】 今日下午国联全体大会时,主席希孟将提出决议案,交大会通过。该决议案主张十九国特别委员会变为调解委员会,由大会给予该委员会以特权,设法使中日两国能有相当谅解,并请中日两国亦参加该委员会工作,协力谋一调解方式。至于请美国与苏俄两国政府亦派代表参加调解委员会会议一事,将另作一题讨论。今日下午,全体大会将以主席希孟之提案为讨论范围。

十九国委员会议,定十二日重行召集开会,将决议请美俄两国参加

【中央社日内瓦九日路透电】 据可靠方面消息,十九国委员会定于下星期一(十二日)开会。主席希孟因政务羁身不能离比京布鲁塞尔,届时决难出席。本应推举瑞士代表马达为主席,但因马达于全体大会时发言多斥责日本处,故日本方面反对马达任主席之议。据目前情形,意大利代表亚诺西继任主

席之呼声为最高。闻十九国委员会于十二日开会时，即决议请美国与苏俄参加该委员会，共同进行和解工作。当日即休会延期，至耶稣圣诞节（十二月二十五日）后再开。

美对调解委员会，官场同情于调解运动，日声称反对美俄加入

【本社九日上海专电】 国新齐（八日）华盛顿电。齐（八日）官场表示，讨论美国参加解调委员会，解决中日争执之邀请，谅可加以考虑，只须该委员会与国联界限有充量之分别可矣。倘该委员会权力能避免适用国联之制裁，则将可为美国所接受。据称，此间美官吏颇表同情于调解运动，但美国之参加国联计划，须参有必要之限制云。

【中央社东京九日路透电】 日本政府当局对于组织调解委员会之提议，仍不愿发表意见，但日方声明日本向未承认十九国委员会，如非会员国如美国与苏俄亦被邀，与十九国委员会合组所谓调解委员会，由日本方面观察，该委员会将更为一种非法及变性组织。

《中央日报》1932 年 12 月 10 日第一张第二版

149. 苏俄外长过柏林赴日内瓦

【中央社日内瓦九日路透电】 苏俄外交委员长李维诺夫今早由莫斯科安抵柏林，稍留数日后，即来日内瓦。据云，其来日内瓦之目的在讨论军缩会议各问题。但苏俄参加十九国特别委员会事，或亦将予以讨论云。

《中央日报》1932 年 12 月 10 日第一张第二版

150. 英报之正论，力斥某大国不应搁置小国提案，反对英法意主张中日直接交涉

【中央社伦敦九日路透电】《满城卫报》今早有社评力斥某大国不应施用压力，将各小国所提出关于中日纠纷之决议案搁置一旁。该报谓调查团报告

书对中日纠纷之最关重要几点,已判定系日本方面之过失,无论他人如何为日本申述,亦不能将真理遮掩净尽。该报反对英法意三国主张中日直接交涉之提议,谓至少国联亦应避免国联弃中国而不顾之恶名,中国同为国联会员,其地位不亚于吾人望(英人自称)。该报赞成瑞士与捷克所提出之决议案,即中日纠纷之解决,应根据调查团报告书意见。该报末称,无论如何,国联全体大会终久必有一日须下决心是否让日本退出国联。

《中央日报》1932 年 12 月 10 日第一张第二版

151. 津市又掷弹,并未伤人亦未获犯

【本社九日天津专电】 市府布告取缔抛掷炸弹后,河北大街华美煤油栈,又有人抛炸弹。爆发后,并未伤人。保安队实行逮捕,未获。锄奸团宣言,如不准对付日货商,即转移视线,对付官厅。故官厅日来戒备亦严。

《中央日报》1932 年 12 月 10 日第一张第二版

152. 天津谣言大炽,当局饬属戒备极严,日寇土肥原又到津

【本社九日天津专电】 日来津市谣言又盛,连日公安局戒备极严,齐(八日)晚东马路估衣街北马路各商家,七时前即闭门,其原因缘土肥原抵津,拟指挥便衣队再起。

【本社九日天津专电】 津日军今午在大直沽郑庄一带演习,约二百余人,习毕,各换洒鞋着轻装。津市谣言炽,华界入晚六时后戒备严。日人对掷弹团抗议事,省府已答复。此次日领又谓榆关匪有义勇军开炮,其为预定计划已属显然,如津市再有动作,军事当局决取断然态度,以迅速手段解决。

《中央日报》1932 年 12 月 10 日第一张第二版

153. 松冈向世界狂吠，谓各代表对报告书不应断章取义，以退出国联为恫吓并指摘报告书

【中央社日内瓦九日路透电】 昨(八)日大会，松冈继郭泰祺演说，最先声明，对于大会代表连日之言论，目前不能详细答覆，惟保留嗣后批评权。松冈对于郭氏论及日本经济政治之言词，亦保留日后答覆权，仅谓日本所受经济危机之影响，与其他各国正同。日本虽有军人，但无军阀特殊阶级，如田中上将及其他军界领袖，类皆出身寒微云。松冈继谓大会代表引证李顿报告，往往单独提出某句某段，作为攻击日本之资料，完全不顾其上下文连带关系，如此殊欠公允。譬如李顿报告认日军九一八之行动，非属合法自卫，但下句接称调查团并不否认当时日本军官或有自信，系图自卫之可能。且调查团起草报告时，某委员曾力争加入第二句，不然则反对接受第一句，故大会代表不顾报告书内上下文之连带关系，单独抽出一句，攻击日本，极不公允。各代表不能先存成见，认定日本有罪，责其证明其无罪。余觉大会席上之演说，殊多误解，且所提出各点，日本于意见书内，早已答覆之矣。余愿大会对于日意见书，再行细阅，日军在满，系依照中日条约保障百万日本人民之生命财产，有如美国之出兵尼加利奎，保护美侨之生命财产也。昨英代表西门演说，曾谓中日两国对于李顿报告，均未全部接受，李顿报告前后矛盾显而易见，报告书虽经各国会员全体签字，但观报告书之前后冲突，可知各委员实际上并不同意，而于不同意中一致签字，如此前后矛盾之报告日本实难全部接受。昨意代表阿路西言国联会章应有伸缩性，余对此语极为赞同。国联倘不谨记此语，则其所采行动，势将违背国联原则。日本于加入国联时，深信美国亦将加入，但美国嗣后决不加入。日本为其一切之利益计，亦不应加入国联，日本所以不顾自身利益，毅然加入者，诚为切望赞助国联工作。目前日本国内言论有认国联不能了解日本立场，日本应即退出国联者。日本于中国及亚洲全部，所处环境均极严重，惟日本单独奋斗，图挽狂澜，其避免战争之苦心，当可共见。美俄两国均非国联会员，此点亦应注意。国联既不包含美俄两国或全球一切国家则当具伸缩余地，不能逾份坚硬。某某等国代表称，国联乃其生命线。此系从其自身利益着想，但自日本立场观之，满洲乃日本生命线。关于"满洲国"，大会应察一切事实。"满洲国"发展健全，日后

当为远东和平之屏障。日内瓦现有"满洲国"代表三人,一为前中国税务司易执士,易氏现充"满洲国"顾问。吾人在满被迫采取行动,全国人民捐除政见,一致援助,岂谓日本六千五百万之人民全体疯狂欤?日人所以一致拥护政府者,因认满洲问题关系日本民族生存,无啻日本之生死问题。即国联引用最严峻之膺惩,日本亦不为之所怵。日俄战争虽因中俄两国缔结密约,图害日本,但中国却因日俄之战,得以生存。试问日本倘不战胜俄国,今日尚有中国乎?中国希望外援之心,一日不死,远东和平一日不安。国联虽已制止列强偏袒任何一方,但中国希望国联援助之心犹未断绝。余悉中国国内颇有赞成与日亲善者,但因生命或其他之顾虑,不敢坦率直言。欧美人士或谓日本背逆世界舆论,但余信世界舆论,渐利日方。纵使假定世界舆论,不直日方,试问两千年前,使耶稣死于十字架者,非所谓世界舆论乎?今日世界若使日本上十字架,不久亦将觉其错误。目前中国腹地"赤患"蔓延,所涉面积四倍日本国境。倘日本在华之地位,趋于薄弱,则中国之"赤祸",立时可以波及长江口岸。国联若真实希望远东以及世界和平,则巩固日本地位,为达到是项希望之唯一方法云。

《中央日报》1932 年 12 月 10 日第一张第二版

154. 对日问题,湘省党部开讲演会

【长沙九日电】 湘省党部以国联大会正在讨论李顿报告书,谋中日问题之解决,特定佳(九日)蒸(十日)两日下午三时,聘请各界名流,在中山堂举行对日问题讲演会,唤起民众作政府外交后盾。

《中央日报》1932 年 12 月 10 日第一张第二版

155. 社评:国联大会之结果如此

国联大会开会以来,五日于兹,形势之不利于我国,不啻昭然若揭。先有西、捷、爱、瑞等国之仗义执言,主持公道。继有英国及加拿大①代表之吞吐其

---

① 编者按:原文作"加大拿",疑倒字,今改正。

词，暗助日本。终则由于大国之压迫小国，遂致四国之重要提案，昙花一现，卒告失败。于是大会之最后结局，不过将捷克、瑞士两国之另一提议，加以修改，成一极空泛、极无□之决议案而通过之，以结束此举世注目使命重大之国联大会。此诚不仅我国政府与人民所未料及，即凡拥护国联盟约、关心远东和平之友邦人士，亦未有不为之沮然丧色，表示极端之失望者也。

夫以此次国联行政院讨论李顿报告书之后，经过合法程序，移交大会讨论。则就法理而论，大会所应决议者，姑不论其措词之轻重若何，至少应无悖于报告书第一章至第八章所缕述之各项事实，以及由此事实而产生之各项重要原则。质言之，东北事变之日，日军行动是否出于合法自卫，"满洲国"之成立，是否出于东北三千万人民之意志，报告书之解答，既极十分明确。则就国联之立场而言，苟不欲使其任何决议违反国联调查团之公正报告，舍通过决议案如四国所提出者，此外别无可以唤起世界同情之道。善哉，四国所提出之决议案曰：

（一）日本在满洲军事行动并非合法自卫。

（二）"满洲国"新国并非自然的产生。

（三）承认"满洲国"即系违反国际条约。

（四）建议大会邀美俄加入十九国委员会共同讨论。

四国所提之提案中，除第四项之性质属于建议外，余皆与报告书所指出之事实相符合。谓为基于报告书而成立之大会决议可，谓为国联对于报告书之正式接受亦无不可。

夫中国之所以将东案诉诸国联，而一再容忍，静待其处置者，无非深信此案责任之判别，责在国联。国联各会员国果能明辨是非，断定事变责任之谁属，则国联纵或限于实力，暂置国际制裁不论，至少可使任何方式之国际调解，无悖于国联盟约，而予"满洲国"以根本打击。是故四国提案中（一）（二）（三）三项，实为国联大会对于全世界应有之表示，亦即大会对于东案之最低限度之决议，必须上述三项提议一致正式通过，而后关于美俄两国加入十九国委员【会】之建议，始有深切之意义可言。

爱尔兰代表康诺定之言曰："报告书显已说明日本确有侵犯国联盟约、非战公约与九国公约之举动，因此侵犯举动，而'满洲国'遂告成立。李顿报告书已置于吾人之前，吾人苟不预备否认之断论，则出席此会之各国必须宣布拒绝承认'满洲国'之意思。因假使欲维持国联之完整，舍此而外，未见有其他之办法也。"是可知国联不欲继续进行国际调解则已，苟有调解中日争端之诚意，则"满洲国"之正式否认，实为一切办法之先决条件。今并此而不能做到，则纵由十九国委员会扩大为二十一国委员会，其所谓国际调解直等于否认国联自身委派之调查团之报告，而另开蹊径，从头做起。虽曰美俄一旦加入，情势或有不同，然国联之信用扫地，精神破产，则已成为不可掩蔽之事实。世人每谓国联终可抑制日人之凶暴，宁知国联盟约今已毁于国联主要国代表之手，岂是爱护国联之英法学者，如薛西尔(Lord Cecil)辈所能料及哉！

依照前日下午国联大会之决议案，轰动一时之大会不过将调查团报告书、中日两国对于报告书之意见以及行政院之会议纪录，一转瞬间移交于十九国委员之手，其图卸责任与迁就事实之心理，盖已暴露无遗。大会之结果如此，在近代文明史上显然留一绝大污点，对于国联本身，尤可谓一大打击。至于所以致此之由，不外乎下列诸因：法国号召拥护国联，而哀礼欧(Herriot)个人之思想言行，似未足以转变法国之对日态度，此其一。英国首相麦唐纳(McDonald)忙于应付战债问题，徘徊于美法之间，处境甚苦；外相西门(Simong)之远东政策，又常与麦氏之主张相左，无怪英之言论转而袒日，此其二。日人利用金钱势力，广事宣传，挑拨离间之结果，足使各国代表除真有卓越思想独立见解者外，每易受其淆惑，而改变其对华好感，此其三。此外尤有一端不可不注意者，即日对北满采取决然行动，而我方之应付，迄无积极办法。侵略者之行为，固宜受世人之极端指斥，然在被侵略者方面，苟无相当实力作为外交之后盾，则在崇拜武力之西方人目光中观之，自易启其轻视弱国之心，此殆为此次国联大会所予中国最大之教训，值得国人深长思者。

西班牙代表马达利加在国联大会中之演词有云："今日国际间无法纪的恶潮，已叩吾人之门。世界现需要秩序，但秩序非戎装或军队问题所能解决。秩序者法律也，吾人应一致维护法律。"

呜呼！吾观于今日之国联之缺乏良知，可知徒恃盟约，已不足以维持秩序。如何消灭此种无法纪的恶潮，此我国四万万人民之责。惟我政府和民众个个负起责任，而后公理乃能战胜强权，愿我国人共起而图之。

《中央日报》1932 年 12 月 11 日第一张第二版

156. 大国袒日结果,国联尊严丧失殆尽,颜代表函希孟敦促确定时限,除非日改变态度和解难成功,行政院明日举行不公开会议

【中央社日内瓦灰(十日)下午三时半专电】 我国首席代表颜惠庆,昨函十九国特委会主席希孟,请确实决定特委会向大会提出解决中日争案建议之时限,并告以除非日本改变其不可理喻之态度,和解绝少成功之希望云。

【中央社日内瓦十日路透电】 十九国委员会定星期一日下午三时半举行非公开会议。

【中央社日内瓦十日电】 国联特别大会昨已闭幕。此次决议空洞不着边际,与预计相差太远,尤不若去年九月三十日及十二月十日两次决议案之尚能敷衍门面。闻此次会议之结果与英国态度之转变,有极大关系。英代表西门之演说,对我颇多不利之处,而其属地之加拿大代表,更进而投井下石。各小国代表对此次决议极为不满,认为此次大会未能根据李顿报告之忠实纪载及去年决议案之精神,予日本以制裁,使国联盟约之尊严与维持正义之威信,受极大之打击云。

(中央社)本社记者昨日遍访外交界各要人,叩询对此次国联大会之意见,各要人均显然表示失望。自上月二十一日行政院开幕以迄昨(九)日特别大会闭幕止,中间历次会议虽均以李顿报告为讨论之根据,但决议案却如此空洞,诚属不解。尤其对于九一八事变之责任及"满洲国"之不能承认各点,李顿报告既有忠实之纪载,国联不加具体之决议,最为遗憾。至去年九月三十一日①及十二月十日规定日军撤退之两次决议案,此次会议显已忘却。此与国联之威信尊严,影响自极重大。各要人称,政府现虽仍将静观十九国委员会之进展,但对中日争端之圆满解决,不必寄完全之希望予国联之身,如国联不能为世界之正义和平,谋妥善之保障,则国人应发挥自己之力量,谋失地之收复。各要人深信经济绝交与义勇军之抵抗为合法之自卫手段,并信如能长此坚持,

---

① 编者按:原文如此,"一"为衍字。

定能于最后制裁暴日云。

【本社十日上海专电】 国新灰(十日)日内瓦电。今从极可靠方面闻悉,倘英人目前之解决运动,仍属失败后,则英国准备对于日本适用国联盟约第十六条中之制裁。惟在采用此极端办法之前,外相西门固将竭尽种种可能方法,亟谋调解。因此西门准备倡议邀中日与俄美均参加十九国委员会工作,即四国不能参加实际讨论,至少亦当列席为旁听员。倘此种企图,犹复失败,则渠准备向英政府建议,采用盟约所规定之最严厉方案。

【中央社日内瓦十日路透电】 某通讯社日内瓦电称,自负责方面探悉,关于中日事件,如国联此次调解失败,英国准备对日引用制裁办法云云。据日内瓦路透访员称,此说并无根据,惟西门爵士,日前曾在大会声称,英国政府愿照忠实国联会员定其行动,上述报告,或系误解西门爵士之用意云。

【中央社东京十日路透电】 外务省训令日内瓦日代表团,示以日本对十九国委员会态度之大体,并重申日本不能承认该委员会任何决议之效力。据官方所得报告称,□国将否加入调解委员会,当视其权限及与国联之关系如何云。

【中央社上海十日电】 日讯,东京灰(十日)电。日外务省对于捷克、瑞士两国代表提出之调解委员会案,决定要求如下方针:(一)调解委员会不讨论实质的"满洲国"问题。(二)日本既定方针,由中日两国直接交涉中日问题,故此问题不提交于委员会。(三)委员会应绝对认识中日问题。

【中央社上海十日电】 日讯,东京灰(十日)电。日陆军当局,因四国提议之决议案,已成国联大会之讨论问题,声称该决议蔑视日本意见书,如国联通过此种决议案,则使国联本身崩坏,日本应将该四国由十九国委员会开除。

【本社十日上海专电】 电通灰(十日)东京电。昨日国联大会之结果,决定招请美俄两国开二十一国委员会,日外务当局对之决定如下之见解:(一)帝国政府未曾正式承认该十九委员会,故参加者何国,并不顾虑。(二)二十一国委员会之性质及权限,与十九国委员会系一别个之特别委员会,其任务谅系再研究李顿报告书,而报告其结果,但日方坚持无论其如何决定,不能束缚帝国之原则,故默视其成立。将于文(十二日)开会之十九国委员会,已决定招请美俄参加,此事若提出于国联大会,将训令在日内瓦之帝国代表,宣布帝国之所信,若票决时,已内定弃权云。

157. 国联新旧秘长俱获各国赞美,爱定明年就职

【哈瓦斯社日内瓦九日电】 国联秘书长德鲁蒙辞职,以副秘书长法人爱文诺继之。此事顷复经国联大会投票表示,在四十四票中,赞成爱文诺继任者共四十一票,即通过。大会对爱文诺及其前任倍加称赞,盖爱氏对欧洲经济及财政恢复时之致力,而德鲁蒙又为国联会之组织者及鼓励者,其声誉将与国联会历史,永垂不朽。大会并通过决议案云,德鲁蒙致力于国联会所表现之正义及和平思想,不遗余力,实属有功国联云。各代表团对德鲁蒙之去职,均有热烈之表示。新秘书长爱文诺,将待至下年六月始行就职。

《中央日报》1932 年 12 月 11 日第一张第二版

158. 日驻俄大使履新,自诩为加拉罕之旧友,将交换不侵犯约意见

【中央社上海十日电】 日讯,东京灰(十)电。日新驻俄大使太田,佳(九)晚九时半赴任,在车中语人云:伊曾在北平时认识加拉罕,故今次赴任,有种种便利。日俄不侵犯条约,日政府亦在研究中。余到任后,拟与俄要人会见交换种种意见。

《中央日报》1932 年 12 月 11 日第一张第三版

159. 英亦将抵制日货,不知亦将被称为排外否?

【中央社伦敦十日路透电】 英纺织业代表在满却斯特开会,决在兰开厦召集民众大会,抗议外国棉货不平等之竞争,尤其抗议日货在印度及英殖民地之倾销,借促政府设法制止。

《中央日报》1932 年 12 月 11 日第一张第三版

160. 京市党部执委会议,决通电驳斥西门袒日演词,电慰我代表并请加倍努力

南京特别市党部执委会,昨晨九时,开第十三次会议,出席委员张元良、雷震、方治、袁野秋、谷正鼎,列席委员周复、刘恺钟、罗光海、伍士焜、陈独真,书记长彭尔康,主席张元良。兹探录其重要事项如后:(一)第七区执委会呈请转呈中央函国府,树立保农政策,以救农村危机案。转呈中央。(二)第八区执委会呈请转呈中央,速定有效方法,制止川黔内战,以利党国案。转呈中央。(三)第十区执委会呈请转函市政府,设法收容本市逃难饥民案。函市政府。(四)决议,通电全国,一致驳斥英国代表西门在国联大会偏袒暴日之荒谬演词,一面电告英国当局及民众,注意西门之言论,免中英敦睦邦交因此而转趋恶化,并电慰我国代表为国宣劳,请其加倍努力,促国联维持正义,保障和平,仍须随时注意英国代表行动。(五)决议电慰苏炳文将军,奋斗到底,加紧抗日。

《中央日报》1932 年 12 月 11 日第二张第三版

161. 京市各界电慰颜顾郭各代表,盼继续奋斗俾得最后胜利

京市各界致电颜顾郭各代表云:外交部转日内瓦国际联盟会中国代表团颜顾郭诸代表勋鉴。此次公等出席国际联盟会,使命重大,折冲坛坫,勋劳卓著,无任钦佩。甚盼继续奋斗,再接再厉,俾得最后之胜利。首都六十万民众,誓为后盾,特电慰劳,并希努力。南京市工界抗日救国会、首都各校抗日救国会、南京市农会、南京市商会、南京市妇女救济会叩蒸印。

《中央日报》1932 年 12 月 11 日第二张第三版

162. 法日谅解，中日与军缩问题

　　【本社十一日上海专电】　微（五日）在日内瓦松冈洋右与法首相赫礼欧接洽内容，系日本要求法国对中日问题援助日本，压迫小国，依日本提议，须维持法国所提出之军缩案，压制德国，维持越南之治安。如安南有发生革命行动，日本应予以切实之援助，共同镇压。闻双方均有相当谅解云。

《中央日报》1932 年 12 月 12 日第一张第二版

163. 政府某要人谈国联会与各国态度，捷西希瑞等代表不愧政治家风范，英代表言论在中国留下悲痛印象

　　记者昨访政府某要人谈及此次国联大会上各国代表之态度。某要人发表意见，谓："吾人对于捷克、西班牙、希腊、瑞士等国各代表态度之鲜明，言辞之严正，深为满意。该代表等能认识李顿报告书中所载事实之力量，而不辞下一公正之判断，明白宣布国联盟约业被破坏，日本已超越自卫之范围，'满洲国'为日本所制造。并声明拥护国联盟约、九国条约及非战公约。对于远东政治情势能有明确之了解，根据良心，发表其所认为正当之主张，洵不愧政治家之风范。"某要人之意以为该代表等之主张，与我国罗外长本年八月二十九日所宣布之中国立场，前后恰相符合，即谓"任何解决东北事件之办法，苟以由日本武力创造维持与支配之东省伪组织为前提者，中国绝不能同意"。又"中国深信将来解决东北事件之合理的办法，必以不背国联盟约、非战公约、九国条约之文字与精神与夫中国之主权，同时又确能巩固远东永远之和平者为必要之条件"。
　　某要人续谓："此次国联大会席上不幸竟有反面之论调，而尤以英国代表之言论，已在我国国民中种下一悲痛之印象。此种印象，复因坎拿大代表不负责任之演词，而愈形深刻。英代表西门外相所称中日问题'不应按照理论''不应除外事实'，而应'寻求事实的解决'云云。是否彼以为日本之非法行动应予纵容，日本之侵略政策应予曲恕？"

"英外相将李顿报告书中较利日本之点,尽情叙述,而将其中指摘日本及其政策之处,故意不提。英外相是否不为日本作说客,诚不无令人怀疑之处。"

某要人末谓:"吾人仍希望英国能细心考量其在国联之态度,英国须知彼苟能与其他各会员国诚意合作,中日纠纷欲得一合法公正之解决并非难事也。"云云。

《中央日报》1932 年 12 月 12 日第一张第三版

164. 美不参加调解委员会,台维斯通告英法代表,十九委会今开秘密会

【本社十一日上海专电】 国新灰(十)日内瓦电,兹自可靠方面探得消息,美国在国联犹未确定指导原则及布置将来议程之前,将不派遣代表参加国联大会之调解委员会。并闻美国代表台维斯已在此处通告英法两国政府代表称,际此国联正在考虑应否制裁某一会员国,应治以犯国联盟约之罪之时,美国因未曾签字于该项盟约,故不愿参加此项委员会之一切会议。

【哈瓦斯社日内瓦十日电】 十九国委员会主席希孟顷召集该委员会,于星期一午后三时三十分开会,国联非常大会业将关于中日争端之案卷,提交该委员会矣。希孟因处理部务遄返比京,将由国联大会名誉主席瑞士代表穆塔代理十九国委员会主席,以主持会务。据闻该委员会将举行不公开会议,中日两国代表须俟该委员会遇有听取其意见之必要时,始得参加。

《中央日报》1932 年 12 月 12 日第一张第三版

165. 湘省续讲对日问题

【中央社长沙十一日电】 湘省党部,灰(十)日下午三时,继续举行对日问题讲演会,彭国钧主席,报告本讲演会之意义毕,首由湖大文学院长凌舒谟讲演,题为《国联调查团报告书之我见》,次由湖大教授吴德培演讲,题为《国际联盟与救济国难》,末由自治委员会委员伍蕙农讲演,题为《国际现势与东三省问

题》，均极透澈。

《中央日报》1932 年 12 月 12 日第一张第三版

166. 京市党部通电驳斥西门谬论，盼举国一致发挥整个力量，力促英国当局觉悟

南京特别市党部，前日决议通电驳斥西门袒日演词，已志昨报，原电兹探录如后：

电一

全国各省市党部、各民众团体、各报馆均〔钧〕鉴：此次国联举行大会，七日英外长西门演说，对于日本侵略满洲之暴行，竟称并非一国以兵力侵犯邻国之简单案件可比，系因九一八以前状况而起，而今后欲恢复原状，实足招致祸乱之再作。对于吾国民合法自卫之抵货行为，肆其指摘。对于解决中日事件办法，则谓如直接谈判有良好希望，吾人应尽力鼓励云云。西门此种论词不仅显示对中日问题认识不足，且公然袒护日本，为强暴张目，可谓自毁其原有之公正立场，亦可谓宣告国联破产，实足使中日问题之解决，蒙不良影响，至为遗憾。若不幸因此中国为公理正义而至遭受重大之损失与牺牲，则世界和平必受绝大之威胁，而英国在远东地位亦必连带丧失，且留历史上一不可磨灭之污点。中英年来邦交素睦，两国利害关系亦甚密切，今其外长竟发表谬论，深可诧异。本会除致电警告英国当局及电我国出席国联代表随时注意西门行动外，特电请各地党部、民众团体及舆论界，加以严正之驳斥，力促英国当局觉悟。并盼唤起民众，此时须举国团体一致，发挥整个力量，急起直追，力求自救，国家民族，实利赖之。中国国民党南京特别市执行委员会叩真印。

电二

日内瓦国联中国代表团勋鉴：七日英代表西门竟发袒日谬论，自毁立场，使中日问题之解决，蒙最不良之影响，至为遗憾。深盼诸代表严加驳斥，随时注意英国代表行动，并请加倍努力，为公理正义而奋斗，力促国联主持公道，以

达最后胜利,不胜盼切。中国国民党南京特别市执行委员会。

电三

伦敦英国首相麦克唐纳先生并转英国全国国民公鉴:贵国西门外长七日在国联大会竟发袒护日本言论,放弃贵国公正立场,使中日问题之解决,蒙不良影响,至为遗憾。若不幸中国为公理正义而至遭受重大之打击与牺牲,则世界和平必受绝大之威胁,贵国远东地位,亦必连带丧失。中英两国邦交素睦,利害关系尤为密切。贵国不乏有识人士,对于西门此种认识不足之言论,务请力予纠正,并盼贵国仍本原有之公正立场,维护国际盟约,制裁暴日。世界和平,实利赖之。中国国民党南京特别市执行委员会

《中央日报》1932 年 12 月 12 日第二张第三版

167. 中央广播电台作日语报告之经过,方治方益之夫妇招待记者之报告,驳斥日本新闻纸披露之谬误消息

中央宣传委员会秘书方治之夫人方益之女士于上月中央广播大电台落成开幕之时,商得台长之同意,自动在该台作日语报告,将中国国民酷爱和平之意志及中国真实之国情,传达于日本国民,希望中中[日]两大民族互相了解,共同携手,唤醒日本少数军阀,维持东亚和平,以达共存共荣之目的。殊知日本当局收听此种广播报告之后,即电令驻京日本领事馆,访谒我国外交当局,认为此种报告足以引起两国误会。日本报纸更张大其词,为种种谬误之记载,如谓方治为一穷苦之留学生,方益之受中央党部按月九百元之报酬等恶意攻击,不遗余力。方治方益之夫妇,为使中外明了此事之真象起见,特于昨日下午二时,在中央饭店举行茶会,招待中外各报各通讯社记者,报告经过。计到本国京沪平津各报各通讯社记者及美国美联社张亚权、英国路透社赵敏恒、法国哈瓦斯社王城甫、日本电通社高桥福雄、东京朝日新闻森山乔、大阪每日新闻冈野等五十余人。席间首由方治报告,略谓:

今日招待各位,承中外记者先生,拨冗光临,实深荣幸。中央广播电台作日语报告,原为沟通中日两国国民之意志,不幸竟为日人所误会。兹将此事经

过，为诸位先生略为报告。自去年九一八沈阳事变发生，继以今年一·二八淞沪之战，日本少数军阀，恣意横行，强占我国土，屠杀我人民，并以大炮飞机，轰击我城市。东北三省既遭日军铁蹄之蹂躏；淞沪精华，亦被日寇之大炮飞机所轰毁。我全国上下，遭受奇耻大辱，莫不痛愤填膺，誓死抗日。惟我国国民素爱和平，且深知此次事变完全为日本少数军阀之野心，绝非日本八千万大和民族之意志。故我国国民，在一方面虽极力反对日本之少数军阀，而一方面仍努力于中日两国国民意志之沟通。方益之同志，虽为日人，但来华已十年，并已取得中国国籍及中国国民党党籍，此次自动在中央电台作日语报告，完全希望两国国民互相了解，共维和平，而不幸竟为日人所误会。且日本各报肆意攻击，殊为遗憾。兹有三点奉告于诸位先生者，即：

（一）日语报告，系沟通中日民族感情意志，并非如日人所传之排日宣传（附印两项报告词，可资证明）。

（二）方益之同志作日语报告，系出于自动，并非中央电台之职员，更无如日报所载受有中央每月九百元之报酬。

（三）日语报告完全是善意，以求中日两大民族之融和者。今后如有机会，仍当继续报告。望在座诸位先生，将此事真相，公诸社会云云。

方益之报告

次由方益之夫人报告，方夫人因不娴华语，故以日语演说历二十余分钟，由黄启枢君为之翻译。兹将方夫人演说详志于下：

今天益之同方治同志，在此地招待诸位，蒙诸位惠然肯临，我觉得非常荣幸。但是我今天招待诸位的目的，就是因为我这次在南京中央广播电台作日语报告，引起了日本报纸对我作诬蔑的攻击，并将我的照片刊载于日本报纸上面的缘故。日本的朋友，中国的朋友，甚至有不认识的日本人、中国人，写字给我同方治同志，或询问事实经过，或表示慰问，差不多天天都有。我除感激之外，并觉得十二万分的惭愧。因想利用这个机会，将我作日语报告的动机以及经过，诚恳的坦白的陈述于诸位之前，借以公之社会，使中国同胞、日本同胞，甚至于全世界人士明了原籍日本、现为中国国民一个女性的我，关于这次作日语报告的事实真象，同时我也可以借以总答覆写信给我们的各位友朋。

我诚然是出生于日本，换句话说，日本就是我的故乡。然而我来到中国，已近十年，除获得中华国籍外，并得着了中国国民党的党籍，中国自然是我第二乡邦。在这些年当中，关于中日的问题是非常引起了我深刻的注意，因为中日的问题特别的多,而且也来得紧张。我在日本学生时代,我也觉得中国人多事,不然为什么老要同日本人发生纠纷。可是耳闻不如目见,自到了中国之后,每次遇到中日问题发生时,我都特别的将问题的本质和发生的经过,加以分析研究,如南京事件、济南事件、万宝山事件,以迄于最近问题等等,方知道中日的纠纷,并非中国国民与日本国民的冲突,乃是日本少数军人的黩武穷兵所引起来的,是日本少数军人自己多事的。于是我就下了一种决心,虽然知自己的力量有限,但也想一尽个人的天职,努力于两国民意之疏通,以确保中日和平,并增进两国的福祉。中华与日本,都与我有了特殊的关系。在我这样的立场上,无疑的,我是希望两国共存共荣的了。

到了这次九一八事变发生以来两国民情都紧张到了极度,而所受的痛苦,也都差不多。日本经济的恐慌,民生的凋敝,种种情形,不是一言能尽。总之,是民不堪命罢了。然而这次事件的发动,都是日本少数军人应负的责任,不是日本国民的主动。所以我很想使日本的民众,知道中华真正的国情,并且也让他们认识自己,好大家起来群策群力唤醒这些所谓日本少数军人,放弃侵略的手段,来改进日本国。是这样,自然是本了一腔的热诚,一片良心,来做这日语报告工作,那能说得上什么叛逆不叛逆呢? 可是以渺小的我,又何所凭借,才能达到沟通两国民情的奢望呢? 万幸科学的力量能使我得到开始我工作的初步,就是这次在南京中央广播电台落成开始播音的时候,经商得台长的同意,自动的来作日语报告,我也自幸与日本同胞有谈话的机会了。我既抱着上项的目的,其报告材料的选择,当然一本此旨。其间多就中国内外各大通讯所发确实的通讯,以及内外各大报的言论,审慎去取。曾经听过我报告的人,当都能记忆着,那里有什么中伤皇室、挑拨情感的事实呢? 谁料我在此苦心孤诣,尽瘁工作的时候,而日本驻京领事馆,竟有出乎吾人意外的感想,派员至中国外交部,作了什么中国用日本人作日语宣传,会引起两国误会一段的申述,这岂非笑话? 我想国际间对于语言之采用,本毫无限制,国际间对电台播音之语言,当亦无若何之规定。中国电台之愿采用各国语言,亦为报告本国真实国情,以期世界人士共同明了,绝非有一种狭隘诡僻的心理作用存乎其中。(未完)

(续昨)我的日语报告,内容固为听过的人所共晓。而我的日语报告原文,也都按数的登记保留着,将来还想译成中西的文字一一发表,以待一班人士的批评和指正。不过依我个人反覆推敲,终未发现有所谓侮辱的事实。且恐我所报告者,多系在日本国内同胞所欲言而不敢言的,所想听而不便易听得到的。即再退一步讲，对我作日语报告，纵有所责难，也仅能责难于我个人，何以日本报纸竟那样诬蔑、侵及我的亲属？这种浅薄无聊的纪载，殊不值吾人一辩。我也很希望我的亲属，不要计较这一层，一切自有事实证明，事实胜于雄辩故也。

此外，我的照片也蒙《大阪每日新闻》《东京日日新闻》，赐予刊载了。这一层，我也很感激。因为我没有在日本报纸上和大家见过面，这次居然会引起大众对我这样的注意，实在荣幸得很。不过这张照片的来源我已经调查明白，姑保存忠厚，不必说破，也可以使这位曾经欣悦的接受我亲自签名的纪念照片的女友，自己思索，自己忏悔罢。

又如某报所说，此次我作日语报告，曾接受九百元之报酬，此种记载尤属荒唐无稽。余之动机，既如上述，当然不是为金钱的驱使，且中央广播电台若有支出，一切均有簿籍可稽，亦绝非信口雌黄所可中伤。况余之从事日语报告，亦非仅自最近开始，即如一·二八事件之发生，我为了义愤所激，亦曾自动在昔日之广播电台大声疾呼，以促日人之反省。当时亦未闻任何人以诬蔑之词相加，此次乃以莫须有之事，借图中伤，亦见其气量之狭。况中华电台之从事报告者，多属社会知名之士，义务的、自动的、不定期的来台工作，从未闻有若何报酬，何独为余一人而优遇，此亦不待辩而自明也。

以上所述各点，请大家检阅日本报纸，可以明了日报纸的纪载，系根据南京特电。可惜这位发电的先生住在南京，近在咫尺，一切事没有真切的明了，也未曾向我问个明白，竟贸然发稿，弄成这样的错误。我实在为之不值，我也很希望他今后能把消息访得真确些，把头脑冷静些，免得生出今后其他的问题。我现在也不欲多说了。

总之，中日问题的解决，绝非诡辩所能寻得途径。我还是希望两国静待国联公理之判断，大家拿出真诚的态度，在共存共荣的目的下，奋勇前进。则否，不讲公理，专谈暴力，不但为破坏东亚和平的罪人，亦且为破坏世界和平的罪人。这是我诚恳的希望于日本国民的，同时也是希望于日本的军人的。

附上月十四十五两日报告词

（一）十一月十四日报告词

"说明广播电台设日语报告之目的"

本台自今日起，即依据日语报告之规定项目，开始工作了，其目的：

第一，是中华民国国民本爱好和平实行中日亲善的原则，促进并努力于中日两国国民间意志的沟通,密切友谊的联络,尤其是想将中国国民全体对于日本民众的真实态度真实的希望,尽情披露,总期相互了解,相互提携,达到中日两国共存共荣的光明境域。

第二,一部分的日本军人或政治家,未能了解中日两国的立场,仅注目于日本单方面利益的伸张。他们对于中日两民族历史的关系和生存的原理既不无抹煞,而于中日两国地理的接近,恰如唇齿相依的密切情势更全不顾及,一味对中国专取无理且最残酷的侵略行动,占领土地,惨杀人民,好像日本对中国有什么深仇巨恨,得到了施行报复的机会一样。本台对于这一类的日本军人谨以极忠实的态度,进以极诚恳的忠告,希望他们改变方针,更换手段,尤其要革除此种不仁不义的心理,同时切望号称八千万之大和民族,本维系东亚和平的初衷,切实束①劝阻自己本国军人不利于己有捐于人的行动,以挽回万劫不复的危机,而达到中日共存共荣之境地。

第三,近来国际间情形错杂,讯息繁多,尤其是中日消息。往往日本民众因为政治上或环境上某种关系,不易知晓的,恐怕也不少。本台对此类材料,愿以友谊的、诚恳的、忠实的态度,贡献于日本民众,以便了解中日在国际间之情势与国际间对日本的真实态度。

以上三点,即是本台作日语报告的重要目的。

最近,中日问题已不仅是东方问题,而是世界的问题了。中日国民不可不持以冷静态度,以待国际联盟的公平解决。日前有吉公使之归国谈话中有云:"日本对于中国问题,未免神经过敏,且观中国态度泰然,政治依然归政治,商业依然归商业,显明的整然有序。中国之内政,今虽不安,可是蒋委员长的实力可资镇压;内部虽有问题对外尚属一致,绝不可以轻视。日本对华政策,币原外交与内田外交,精神完全相同不变。余晤中国要人及言论界,希望早一日停止无用之抗争,皆具有同感。今后中日两国人民对中日问题希望处以冷静态度为要。"云云。

如此看来,中日问题差不多已成了国际问题讨论的中心问题,关系极为重大,尤其是我们聆着了有吉先生一段诚恳的谈话,实令吾人不能不佩服赞叹。深深盼望日本听众诸君,根据有吉先生劝告的旨意,来劝告贵国的少数军人,以扫除中日以及全世界和平前途的碍石罢。

---

① 编者按:"束"疑为衍字。

（二）十一月十五日报告词

"劝告日本民众本共存共荣的原则，来维持东亚和平"

本台每日在此时间，根据中日两国共存共荣之原则，对于日本国民作以极简单与极明了的劝告，昨日已有说明。日本国民诸君，对之果起如何的感想？日本军人中或有认为本台此种劝告是有不利于他们的主张和行动，而有所误会，也未可知。但是我们的目的是光明正大的，我们绝对不存丝毫虚伪的心理、挑拨的作用，敢相信此种报告，对于日本国民，多少可以贡献一点有参考价值的良好资料。总而言之，确保东亚的和平，促进中日两国的福祉，乃是本台作日语报告的最大宗旨。下面就是我们今天所报告的消息。松冈洋右氏，今番在巴黎对记者的谈话，从实质上看来，真是为对华的一种恶意宣传。彼云："对极〔远〕东之时局，我们当然比西方人为明了。欧美人在中国利益甚微，今番之事件（满洲与上海事件），欧美对于中国的情形当不认为重要，或认为偶然的事，也未可知。反之，日本对于中国问题，比较的不能不从严重方面着眼。九一八事件就是因为中国已达到了爆发点而发生，根据此事件所由起，日本不过单独成了此种行动之导火线而已。可以说是中国军阀前此实已种下了此种行动之根本原因，故中国之仇敌不是外国人，乃是中国自己之国民。"松冈氏发表上面谈话的用意，无非冀图中伤中国，脱卸日军侵占东三省的责任，暗示列强对于东省事件不可加以干涉罢了。其实九一八事件，即如松冈氏所言，为中国旧军阀之混乱的结果所构成。然军阀之后，每有其外援背景。其背景为谁，我请真正爱好和平之日本民众，代为思之。目前日本财政状况，已达了绝境。试观贵族院研究会攻击高桥藏相的情形，就可以澈底的明了了。"方今日本财政单赖公债维持，对今后的财政又无具体的计划"，只此寥寥攻击数语，已足为今日日本财政的写照。按一国之财政，徒仰赖公债支持，实违背了经济的原理，是极大的危险。究竟此种现象，岂是藏相不能明了，实为情势所逼，无可如何耳。除却公债以外，已无开拓财源的途径，因之今后树立财政之计划，方法已穷。日本号称工商业繁盛的国家，而竟使财政上起了这种恐慌现象，实非偶然，实为忧虑。如日本在今日仍欲扩充军备，对华再作非道义的侵略，来日大难，正有加无已呢。

日本国民诸君，中华日本，本是同种同文，两民族亲仁善邻，为立国的大宝，鹬蚌相争，得利乃是渔人。诸君将愿中日共存共荣乎？抑将坐视中日同归于尽乎？何去何从，我们两国国民已到了最后决定的关头了。

168. 十九委会形势艰困,苏俄亦拒绝参加调解委员会,不承认伪国问题将热烈争论

【中央社日内瓦十二日路透电】 西门爵士因中日问题,本星期内或难返国。众料十九国委员会,开会未久,即将提出不承认"满洲国"问题,必有一番热烈之争论。

苏俄拒绝参加调解

【本社十二日上海专电】 联华日内瓦电。英法在国联大会席上显然祖护日本,助长日军阀暴行,因之美俄对国联,不欲轻易与之合作。十九国委员会虽依照英外长西门主张,组调解委员会,邀请美俄参加。但俄国表示,谓辽案发生迄今,国联毫无对策,至事情不可收拾之今日,始邀请美俄共负此责任,俄国对此不能轻易相从。美国则表示国联非有切实表示,维持公理,拥护公约,美国不愿参加为日本工具,摧残中国。

美不参加调解原因

【中央社日内瓦十二日路透电】 关于美国协助国联讨论满洲问题事,美国顷向国联郑重表示,倘国联不能较为迎合美国立场,美国将不参加国联关于中日事件之工作,前者或有逆料今日十九国委员会之会议,当极顺利,但现因美国提出警告,原有计划,势必变动。众料十九国委员会将于本星期内,力谋制定各方可以同意之方式。松冈近于国联大会内称,国联对于中日事件如加臆断,当有不可预料之结果,因此十九国委员会之讨论必极困难,本星期内有达成败关头之可能。

盛传将组七国委员

【中央社上海十二日电】 日讯,东京文(十二日)电。日内瓦方面盛传缩小十九国委员会,与中日问题有直接关系之中日英法意美俄七国组成七国委员会,审议调解中日问题之方法说。日外务省对于此事表示绝对反对,其理由

如下：（一）日政府既定方针，中日问题由两国直接交涉，力谋解决，绝对反对第三国之干涉。故日本不参加国联所组织之委员会。（二）如调解委员会有束缚日本将来立场之性质，则日本积极反对委员会之成立。（三）反对美俄两国之参加。（四）国联设立调解委员会，限其目的为审议李顿报告书及中日两国意见书，或研究改革中国内政问题。

日本反对调解委会

【本社十二日上海专电】　日外部训令日代表团：（一）帝国政府据保留盟约第十五条之原则，故不承认十九国委员会及其特别委员会，有根据第十五条第三项之调解权限，因此委员会之无论若何决议皆不能拘束。（二）十九国委员会之邀请美俄两国案，主义上不能赞成，且李顿报告书与日本之意见书，已提交国联行政院，故委托有非会员国之美俄之特别委员会，系不合理。（三）日政府表明反对国联邀请美俄两国之结果，对该决议则弃权，续持旁观之态度，该调解委会藐视日本之意见书，且无条件采决李顿报告书之第一章至第八章，而藐视日方之原则，决意由正面加以一蹴。

【中央社上海十二电】　日讯，东京文（十二）电，日内瓦电。日代表团真（十一）接到外务省训令后，即在松冈代表居室开会商议应付十九国委员会之方策。因至深夜未有结果，决定文（十二）上午十时召开首脑部会议，协议对策。日代表团因十九国委员会之形势，尚未明了，拟于文（十二）十九国委员会散会，请训本国政府。

《中央日报》1932 年 12 月 13 日第一张第二版

169. 颜惠庆访晤李维诺夫

【中央社日内瓦十二日路透社电】　颜惠庆博士今晨访晤苏俄外交委员长李维诺夫，谈十分钟，两方对于谈话内容均守缄默。

《中央日报》1932 年 12 月 13 日第一张第二版

170. 颜惠庆函国联通知外部抗议抚顺惨案

【中央社日内瓦十二日路透电】 颜惠庆博士函国际秘书处,中国外交部曾于本月六日会驻华日使,严重抗议日军在抚顺附近屠杀农民,并答覆日本十一月二十六日之照会云。

《中央日报》1932 年 12 月 13 日第一张第二版

171. 俄外长抵日内瓦,俄否认将与日谈不侵犯约,对中日问题或难久处局外

【中央社日内瓦十二日路透电】 苏俄外交委员长李维诺夫抵此后,此间谣诼繁兴,官方虽称李氏系为军缩问题来此,但众信李氏之活动不仅限于军缩方面,或谓李氏将与松冈接洽日俄不侵犯条约,或谓渠将应付苏俄与十九国委员会合作问题。俄人声称,国联已将中日问题弄糟,俄国不愿分担责任云。但众料俄国或难久处局外地位,最后或将加入讨论。

【哈瓦斯社日内瓦十二日电】 苏俄外交委员长李维诺夫,顷已抵日内瓦。德外长牛拉脱,于启程返柏林之前,曾与李氏会晤。俄代表团人员宣称,日俄进行谈判,以便订立互不侵犯条约事,全属子虚,此绝非李氏旅行之目的。惟东京与莫斯科关系,则确已改善云。

《中央日报》1932 年 12 月 13 日第一张第二版

172. 显微镜下之国联会议——周伯敏在市党部纪念周演讲

南京特别市党部昨晨九时,举行纪念周,到委员方治、周伯敏、雷震、张元良及全体工作人员,由方治主席,周伯敏演讲《显微镜下之国联会议》,原词

如后。

中日问题，自李顿报告书发表后，国联为讨论此报告书，自十一月二十一日行政院开幕到本月九日国联大会闭幕，前后会议经过二十日。这二十天中各大国像英法对中国的论调很不好，各小国对于中国却很表同情，可是国联向来是操于大国手中的，所以各小国的主张依然没有效果。我国满望在此次会议能得到下列结果，即：（一）确定日本侵略中国之责任，（二）明白宣布否认日本所操纵傀儡组织的所谓"满洲国"，（三）运用国联力量制裁日本，从速恢复东三省原状。不意事实很使我们失望。此次会议的结果，实际成绩反比以前几次会议更坏，因为以前如九月三十日议决及十二月十日决议，限令日本将军队撤退至铁路区域内呀、派遣调查团呀，纵无实际效能，尚不失国联应有态度。此次除将十九委员会改为调解委员会，企图邀请美俄参加并暗示中日直接交涉外，丝毫没有主持正义实际有效的办法，尤其是西门一篇演说，更为荒谬绝伦。我们现在把它简单的分析一下，大要可分四点：

第一，西门说，中日问题并非某国未依照国联盟约所规定，事先设法和解，而向另一国宣战，亦并非某国兴兵以武力侵犯另一国之土地云云。西门这一点，可谓抹煞事实，公然有意袒护日本，奖励日本暴行。东三省是中国领土，九一八事变后，中国在东三省的主权突被劫夺，这是国际间共知的事实。试问一国以强暴武力劫夺另一国土地的统治权，可以说不是"侵犯"，然则所谓"侵犯"当作何解？至于所谓并非某国未依照国联盟约所规定事先设法和解，而向另一国宣战，所称某国，当然系指日本，日本九一八暴行，事前是有精密计划的，且变端猝发，事前根本便谈不上和解不和解。至于重炮猛攻飞机轰炸，这都是彰彰的事实，何得说不背国联盟约的规定？西君门［西门君］竟为日本掩饰，发为自欺欺人之谈，诚不知其用意所在。

第二，西门说，不能忽视东三省旧日之黑暗及中国之排外及抵货运动。关于这一点，首先要请西门将中国国民合法自卫之抗日和"排外"两者分清。中国国民鉴于日本的横暴，用消极反抗的手段来对付日本，想用这手段来促日本觉悟，以达到救国家民族和维持世界和平的目的，这是很正当的，中国国民并没有无意识的对于外国一切都排斥。中国国民的抗日和抵制日货，是因为日本侵略的暴行而发，所以以日本侵略为因，中国国民的抵日和抵制日货为果，这都是日本暴行所激起的必然的结果，并不是先有抵日才引起日本的暴行。西门倒因为果，想以排外和抵货运动这个罪名，轻轻的把日本侵略暴行所应负的责任放在中国肩上,这对于中国是一种诬蔑。至西门所谓不能忽视东三省旧日之黑暗,不识所谓黑暗者究系何指?吾人以谓东三省旧日中国方面倒没有什么黑暗,真正黑暗所在,倒是日本侵略政策的急进。(未完)

(续昨)日本在东三省二十余年来,处心积虑,军事方面、政治方面、经济方面,无不刻意经营,其一贯的目的,无非在吞并东三省。日本九一八事变受世界指责后,遂以东三省过去黑暗以及中国排外等种种诬蔑名词,向外宣传,以掩饰侵略的暴行。复变侵略方式,扶植傀儡组织以留地步,所以日本这种侵略野心一日不放弃,则世界和平的威胁,一日不解除。西门竟撼拾日本欺骗世人的谬论,完全失去了公正的态度。

第三,西门说,此次纠纷,既因九一八事前之不良状况而起,如再恢复旧状,等于激引该项纠纷之重新爆发,只从理想方面着手,而置于不顾,由此看来,吾人应注重事实云云。我们先要明白九一八事前并没有甚么不良状况,有之都是日本人有意的摆布,完全是日本人恶毒的计划。事后又捏造种种事实,扩大宣传,耸动世界的观听,尽其蒙蔽欺骗的技俩。所以西门这种论调一方面可说是中日人宣传之毒,一方面也可说公然有意袒护日本,不啻承认强权侵略的结果为正当。如果强权侵略果真正当,则欧战后何以准许波兰复国?亚尔塞斯罗伦二洲在大战后,何以仍得归还法国?如果武力占领既不受制裁,并且可以永远占领下去,领土不必交还主权国,那末这个世界便根本是个弱肉强食的世界,完全是兽性的暴露,结果必至相斫相杀,绝无和平正义之可言,岂不是很危险的现象么?但是,如是这样,又何必要国联,各国的代表在国联讨论甚么军缩维持世界和平等等的问题,岂不都成戴上假面具的滑稽把戏?西门这种言论,无异宣告国联破产,无异对现在这种规范的国际生活予以根本的打击。

第四,西门说,吾人应拥护国联主义,主张和解方法,如直接交涉可有良好结果,吾人应竭力赞助之。彼所代表之国家为国联之始终拥护者。日本代表松冈曾表示,日本为国联之拥护者,希望日本可保持此种态度云云。关于这一点,我们更可以过去的事来证明。自九一八事变发生后,中国自始即竭诚信赖国联,依照合法手续,请求国联解决,国联屡次延宕,中国均耐心处之,而予以善意之期待,中国实为国联主义之最忠实的拥护者,可谓无以复加。反观日本方面则如何,国联屡次之决议,日本均熟视无睹,甚且暴行日益扩大,国联亦不能依照盟约,予以切实而有效的制裁。故严格而论,国联实为九一八以后日本暴行之放纵者。中国为国联的忠诚拥护,而其结果所取偿的代价,乃为锦州之陷落，上海之被炸，与东三省傀儡组织之成立。国联如不主持正义，则亦已耳。奈何西门对此彰彰之事实，竟亦颠倒黑白如此，且更进而主张直接交涉，以为脱卸的地步。这种袒护强暴破坏盟约的言论，竟出于英外长西门之口，吾人诚不能不为世界和平之前途怀莫大之隐忧。（未完）

（续）国联对中日问题，持这样态度，陡然看来，很令人奇怪，但详细考来，也有他的根源。因为：（一）现在列强对峙的形势为国联系之国家，上面受美国的金元压迫，下面受苏俄赤化的威胁。在此意义上，形成他们抗美反俄的共同利害。（二）在上述意义上，形成日本与国联不可分离的关系，故东北问题，日本虽与国联有利害冲突，但站在各大国整个利害关系上，常使国联没有勇气与日本翻脸。（三）故在某种情形下，国联主要即英法，与美国关系顺利及欧洲情势缓和时，对中日问题比较的主持公道，容易维护中国。在另种情形下，英法与美国关系不顺利及欧洲情势紧张时，对中日问题就比较的容易买好日本。现在欧洲因德国问题，尤其是自德国要求军备平等不遂，退出军缩会议后，情势异常严重。英法对美关系，自美国宣布不承认延付战债后，一时亦陷于紧张。所以在此次会议中，国联态度及其所成就如此，就是此种原因。

我们既明白了国联此次会议所以对中日问题抱此种态度的原因，现在我们再来考究国联持此态度的作用及今后中日问题的发展就容易了。国联所以持此态度的作用：（一）是延宕问题。因为在此时若主张正义，与日本表示绝裂，为事实所不许。但若果即明白承认日本的一切行动为合法，则不但令日本独占东省权益，为列强所不愿，且恐因失掉小国同情心，使国联解体。所以在现在只有延宕问题。在此延宕时日间，他将努力于本身问题的解决与危机的缓和，以□将来在环境所容许时，再向日本要求均利。（二）扩大问题范围，使中日问题与世界问题连系起来。国联组织调解委员会，所以企图邀请美俄参加者，一般人以为是国联欲集合世界全力，压迫日本就范。我们只要一看国联在组织此调解委员会时，并无有仇日之动机，就可知此种见解是错误的。国联所以如此者，他只是想把中日问题扩大，与世界问题即抗美反俄问题连系起来，用此来鞭策日本，使他在容许他暂时独占东省权利时，不能投机取巧，而避轻抗美反俄之责任。果然在此包含美俄的所谓调解委员会能成立，则日本于东省行动，将处处受此会的监视。日本为要减轻此压力，则只有贴近国联势力，以资牵制，国联即可在此时随时赋日本以抗美反俄的任务，以为交换条件。（未完）（续）（三）国联所以此时有意暗示中日直接交涉的用意，一方面虽为塞责中国,避轻国联责任,但其主要用意,仍在扩大此问题,使之与世界问题连系。因为中日果直接交涉,在中国绝难有胜利。但在中国失败中,又为利害迫切的美俄,尤其是美国所不能容忍。如此扩大日美俄冲突,又可达到列强利用日本抗美反俄的目的,而有益于本身问题的解决,是适应国际角逐的作用。

现在最需要我们考虑的日本今后的态度了。日本将取之态度,由其现在所显示的种种观察,大约它的趋势是:(一)利用国联对问题的延宕,在此时中努力,第一消灭东北义勇军,第二用威迫方法缓和中国对日紧张空气,尤其是排货运动,第三促进中日直接交涉。(二)对国联抗美反俄意义表示绝对同情,但尽力避免作前卫的牺牲。其具体表现在对俄不过事寻衅,及勾结英法抗美的政策中,与反对调解委员会邀请美俄参加。(三)准备对美战争。

我们由述国联及日本今后对中日问题的态度考虑,发现前途两个绝大的危机,即:(一)国联此等离开国际正谊,专从事于纵横策术的作为,其前途很有引起国际大战的危机。(二)日本完全藐视中国民族之觉悟,专从事于暴力之压迫,其前途很有激起中日民族的长期抗争,结果使两方俱遭巨大之破坏,制造东亚无穷的危机,同时也制造成世界的危机。(三)在中日长期不安中,必使世界市场愈见缩小,世界经济政治的危机,愈见严重;使国联本意所企图之利用日本抗美反俄解决本身问题的目的,得到愈益促成问题的不可收拾。因此我们对国联此次处置中日问题的议决,抱着无限的遗憾。

现中日问题在国际情势中的演化,既如上述,那末我们中国在此时应处的态度是什么呢?我以为这应分原则和手段两方来说明,即:(一)原则方面,第一国联会章及各种和平公约的维护;第二国联错误策略的纠正;第三确认今后国际问题的解决,只有建筑在民族平等共存共荣的基础上,谋得国与国间的谅解,方能渡过今日世界的空前的经济政治危机,重新恢复繁荣。(二)手段方面,不幸上述真理,已在人们眼前小利中被泯没,因此使我们年来所企图的中日问题的正当解决,事实尚扞格难行。

那末,在此国难时期,我们应采取如何有效手段,方能促进人们的觉悟,实现我们的理想呢?我以为只有坚决的不屈不挠的奋斗。分开说,有下列几点,需要我们努力,即:(一)更有计划更澈底的执行合法的抵货运动;(二)援助抗日的义勇军;(三)整饬内政充实统一团结,以求增加对日的抵抗力。这样结果,在中国不可侵犯和不能侵犯中,必可戢止日人的野心及国际互相妒嫉的危险。否则,在现在国际相持情势,我愈易受征服,他们彼此间固然争斗更甚,我们如果在现在国联不足恃的时候，去联络美俄，不惟事实有困难，且即更为火上泼油，徒促进国际大难之至。据我个人意见，在今日国际情势中，我们只有静观，只有努力自己的培□。现在不是我们临渊羡鱼的时候，正是我们归而结网的时候。

末了，我再估量中日问题的将来。现在世界，已不是盛行殖民地政策的时代，反之正是殖民地觉悟要求解放时代。我们试看近年来，只有波兰复兴、土耳其崛起及德意志要求取消凡尔赛条约、印度要求独立等等，并无新的亡国惨剧发生，就可明白中华民族也正在要求中努力自强。日本意在此时，欲进而亡我，吾人不能不断定他执行时代错误的政策，结果必会失败。因此吾人可相信，在中日的长期抗争中日本必有兴而来，无兴而去。中国经过此长期的国难锻炼，一定可以建独立自强的国家于世界。□语云，多难可以兴邦。只须全国民众的努力，我们是可以预祝的。

次由雷震讲演，略谓：刚才周委员已把西门在国联荒谬的言论，驳斥很详细。我们要知英国的行动在世界上有很大的影响，所以我们要特别注意。西门从前曾经到印度调查案件，结果给印度人赶出去，印度人到现在还恨他。这次他是以对殖民地的看法看待中国，对于李顿的报告书完全不管。本来照李顿报告书所说如国际合作和国际共同发展中国实业这些话，已隐约有共管中国的意思，如果中国人不争气，怕最近共管中国这件事真的会实现出来。这次国联大会各大国对中国都没有说好话，甚至德意两国都这样，似乎他们不无有一种鬼祟的行动，说不定已经照李顿报告书所说商定了所谓国际合作共同发展中国这计划。所以列强态度突变，蛛丝马迹，不无可疑。

另外一个原因，也就是最近山东、四川的内战，给予日人以宣传的好机会，证明李顿报告书中所说中国内部紊乱秩序很坏，这些话是一个事实。真的这次如果没有川鲁的内战，国联态度决不至转变到这样快。（未完）（续）因为川鲁战事是事实摆在前面，本来无须乎日本人宣传的。所以今后如果照现在这种状况迁延下去，内战继续的发生，那末我们中国，能不自然而然的走到国际共管的地步？我们看自从九一八事变发生以后，全国虽然一致对外，然事件越闹越坏，这是甚么？我们要知道一个国家民族的复兴，应该要"求其在己"，所以我们对于国联，早就主张不理，我们应该要自己努力，自然有办法。譬如中国对于国联始终竭诚拥护，结果不但所得不偿所失，而且每况愈下。日本对于国联始终持不理态度，国联也无可如之何。你对于国联磕头也是这样，不理也是这样,国联根本就是无足轻重。今后中国所应该注意的,便是一个内部的问题。如果中国的内部问题没有办法,不但东三省永远不能恢复,怕我们大家这辈子还要看到中国共管的状况,这是一个很严重的问题,我们绝对不能忽略的。

这几年来,政治上呈分崩离析的现象,甚至党内你我兼要勾心斗角,内争不息,较党外和□党斗争更为利害。这次国联的情形,中国全体的国民和本党党员,再得不到一个严重的教训,那中国便已根本没有办法。现在我们自己应该澈底觉悟,上自中央委员,下至党员,应该精诚合作。全体国民尤须一心一德,同舟共济。本来世界上绝对没有两个人意见能够完全相同,一方面便是各人各有立场,一方面便是各人各有社会关系。但是在利害相同的情形之下,尤其是在国家民族整个利益之下,各人应该放弃个人的私见,大家精诚合作,以共同维护这个整个利益。这是现代人所应有的精神。

许多人无论对于甚么事,要轮到自己来干才能心满意足,轮不到自己干,便要来捣乱。从前有人说过,中国不做事则已,一做事便要大部分精神来消耗于做应付的工作。譬如事尚没有做,便有人来捣乱;有人捣乱便不能不来应付,所以弄得结果一事都没有做成。中国现在这种情形,大有像宋末明末时候一样。但是我们现在还觉悟得中国应该是不会亡的,因为中国有数千年文化历史,真的像前次陈立夫先生所说,中国还负有创造世界文明的很大责任。以前各国来瓜分中国的问题,结果没有将中国瓜分得成,并不是中国自己有力量,实在是他们没有瓜分得好。在国际均势中,中国得以苟延残喘下来。现在对中国国际关系的国家渐渐减少,分配较为容易,瓜分并不是不可能,中国人切不要以为以后永远没有瓜分的事呀。

自国难以后中国人天天说精诚团结,但是精诚团结,最重要便是相互不要做消极工作。如果你也做消极工作,我也做消极工作,结果所有努力等于虚耗了。积极工作最要紧的是负责任,中国人有个坏脾气,遇到要负担子问题就互相推诿责任。譬如开会通过一个议案,散会后如果有人问到不负责任的人,他便会推说不知,或者说这是他们弄的,和他没有关系。这样的三推四摆,把责任推到别人身上,自己就可以自由自在。外国的内阁便完全不同,他们有什么事要全体意见一致,如果有一个不同意,便要大家疏通;等到一个议案通过了以后,全体都要负责任,譬如铁道部长不但对关于铁道的议案要负责任,就是关于铁道以外如财政及其他的议案也要负责任。中国一般人的通病,便是大家各不相谋，各不负责任。现在是中国存亡危急间不容发的时候，如果大家都是这样，相信不久便会亡国。

李顿的报告书，我们早已不满意，现在国联的态度又是这样，我们更有甚么希望。国联这次议决把中日问题交十九国委员会，国联大会自己尚且没有办法，十九国委员会那里会有办法？十九国委员会是国联产生的，国联譬如主人，十九国委员譬如听差的，主人已经没有办法，听差的那里会有办法？又譬如国联是父，十九国委员会是子，父没有办法，子那里有办法？现在我们只有一条路可走，便是不理会国联，那怕把代表撤回来都可以。我们只有一心一德，把中国弄好起来，把政治建设起来。如果我们内部弄得好，他们各国那时候会回过头帮你忙，他们的确有这种脾气。我们的党员和国民，应该要拿自己的聪明才力，相互合作，贡献于国家民族，这时候便是需要我们努力的时候了。

中国人一般都有一种很坏的脾气，便是不管公事大事，专门注意私事小事，人家小事人家秘密都很注意打听，人家的私信也要折［拆］开偷看一下。这种随处探人隐微的精神，扩而充之，一到政治，便成了小团体小组织，勾心斗角兴风作浪的勾当。譬如两人本来感情是很好的，因为底下天天做这种探人隐微消息的工作，天天报告对方怎样怎样，最初当然不相信，一次二次以后，便也觉得对方实在有点混账，不相信也要相信了。另一方面也是有这样的情形，日子久了，两边便渐渐的要发生隔膜。东方人便是专门注意个人私事而不注意大事，尤其中国人更如此。这种探人隐微拆人信札的精神，随处都有，而且特别发达，往往隔膜都是从此而生。今后要革除这种弊病，才能精诚团结，才能挽救国难云云。（完）

《中央日报》1932 年 12 月 13—14 日、16—18 日第二张第三版

173. 中俄邦交前日起正式恢复，颜代表与俄外长前日在日内瓦换文，外部昨晚公表换文，罗外长发表宣言

我国与苏俄自一九二七年四月开始断绝邦交以来，迄今业已五载有余。中间虽曾屡谋复交之活动，但迭生波折，直至前（十二）日下午五时许，始由我国出席国联首席代表颜惠庆氏与苏俄外交委员会委员长李维诺夫，在日内瓦

互换文件,声明两国邦交,自即日起正式恢复。换文措词双方相同,其内容如下:"根据吾等近在日内瓦数次谈话,本人正式受权通知阁下,本国政府为和平计,而促进两国友谊关系起见,决定认两国间寻常使领关系,自即日起正式恢复。"

罗外长宣言,彼此恢复关系深可满意,为互欲创设和平之结果

罗外长昨日发表宣言如下:中国和任何各国,尤其比邻之国,均愿维持友好和平的关系。中俄边境相连,为世界最长之一。现在彼此正式恢复使领关系,自为深刻满意之事。

苏俄现正从事建设事业,足证其谋以伟大之经济计划而不采用侵略方式促进其人民之幸福。

现代中国当前之事业具有同样观感。中国政治家所急务者,厥为计划伟大之物质与经济建设,其利益所裨,希望全世界终受其惠。然中国之施行此项计划,因其最沃腴之大片土地,突受侵略而被占领,遂致现下发生重重困难与障碍。夫以外国武力破坏中国以和平为目的之工作,诚属一严重威吓,或将发生重大之结果。是故任何努力足以促进相互信赖及国际合作者,均属可贵,而应予鼓励。现在新关系为中俄两国互欲在远东创设和平繁荣新时代之结果,中俄邦交之恢复,惟在此种观察之下,方有特别之意义。

颜代表宣言,为和平计应恢复邦交,与伟大邻邦造成友好

【中央社日内瓦十二日路透电】 关于中俄复交事,中国代表颜惠庆博士,今日发表宣言如下:余(颜代表自称)此次得为中俄复交之媒介,不胜欣幸之至。余前次代表中国来日内瓦参加军缩会议时,即深觉为和平起见,太平洋岸之二大国,实应恢复平常邦交。李维诺夫对余意亦表同情。日后因恢复两国邦交,有刻不容缓之势,而李维诺夫与余既均在日内瓦参加军缩会议,余等乃觉此为绝好时机商谈中俄复交问题。

李顿调查团报告书中屡次提及苏俄与东三省问题关系,且建议请苏俄与美国参加十九国委员会会议,可见中俄亟应复交为一显而易见之事。

中国政府与人民极有诚意,欲与彼等之巨大邻邦,造成友好关系,并深信苏俄亦有同样诚意。

【中央社日内瓦十三日下午一时半专电】 我国首席代表颜惠庆今日与中

央社记者云:中俄复交谈判始于本年四月,原拟订立互不侵犯条约,但两国现已同意,先行恢复外交关系。在十一月二十日,即苏俄外交委员长李维诺夫抵日内瓦之翌日,即将此事完全商定。颜氏对于躬自成就此项于两国互助上必需之壮举,表示欣快,并谓因李维诺夫与本人均在日内瓦出席军缩会议,实为成就此事之确好机会。刻军缩会议虽尚未获得良好结果,而吾人已为和平事业,着一先鞭矣。颜氏最后郑重宣称,中国对于与苏俄恢复友好关系,实具有甚深之诚意云。

俄外长宣言,欲图国际合作促进和平,对他国邦交无不良影响

【中央社日内瓦十二日路透电】 俄外交委员长今日发表宣言如次:颜惠庆博士今日与余交换照会,恢复中俄邦交。此种常态之举动无须解释。目前所应说明者,乃昔日两国邦交之破裂,邦交中断,违背国际常态,有时竟危及国际和平。引起中俄两国绝交之事件,此时不必重提,但此种不幸事件非由苏俄主动。余信今日中国境内未有一人认此事件系由苏俄主动,或认此事件与中国有利。此时远东困难之开始,与沿太平洋各国之未有邦交,关系非浅,自无疑问。苏联人民对于中国人民及其保存独立主权与争平等地位之努力,极端同情。苏俄政府对于中国之好感,屡次加以证明。苏俄单独放弃在华之不平等条约、领事裁判权,以及俄帝国在华攫取之其他利权。此外苏俄且将中东铁路改为中俄合资之商营企业,一九二四年苏俄与中国复交,即受此种友谊精神的驱使。此种精神当无时间性质。今日两国之复交,亦为是项精神所指使。苏俄不受任何政治联合或政治协定之束缚,故对一国改善邦交,对于他国邦交,并无不良影响。唯有此种政策足以巩固世界和平。吾人欲图国际合作,促进和平,或图共同遵守国际约章,设立公同承认有效之国际组织,必须世界一切国家维持国交。余深信渴望和平与国际合作者,对于中俄两伟大国家的恢复邦交,当认为满意云。

颜李会谈记,双方关系即正式恢复,日内瓦各方咸为惊异

【中央社文(十二日)下午五时四十五分日内瓦专电】 我国首席代表颜惠庆今与苏俄外交委员长李维诺夫会见,下午双方发表同样公报,并附双方交换之简短节略。原函宣称:中苏两政府自即日起恢复正式外交关系,照常交换使领。日内瓦各方对此大为惊异,预料国联对中日问题,态度或将即有转变。

【又日内瓦十二日路透电】 中俄今日复交系春间苏俄外交委员长李维诺夫来日内瓦参加军缩会议时，与中国代表颜惠庆博士晤谈之结果。最初华方建议订立中俄互不侵犯条约，俄方拒绝该项提议，谓中俄复交不能有任何条约。华方继乃放弃先订中俄互不侵犯条约之意，交涉中断约有数月之久。但谈判卒得继续进行，双方始有谅解，即邦交恢复后，互不侵犯条约及任何其他协定，亦可随时提出商谈。华方乃表示希望订立中俄互不侵犯条约，俄方答称，恢复邦交，即为订立该条约之初步工作，因此中俄邦交今日得以恢复。

复交之经过，进行中程曾被日破坏，颜李谈洽后卒获成功

中俄邦交断绝后，我国政府曾于一九三〇年派莫德惠、王曾思等一行，组织代表团，与苏俄政府代表举行中苏会议，会议范围系讨论中东路问题、中苏商约问题及中苏复交问题等。但因双方意见未能接近，故迭次会商均无结果。中央对复交问题亦屡次开会商议，但以各委意见未能一致，迄未决定行止。直至本年六月六日，中央政治会议开会，经详细之磋商，一致决议，与苏俄政府开始复交之谈判，并商订互不侵犯条约。中央对此事，本拟于决定后，秘密进行，以期减少种种阻力。但此项消息不幸泄露，致进行谈判时，发生种种困难。尤其日本方面，竭力破坏。日本前任驻俄大使广田，于破坏中俄复交之余，并向日政府极力建议日俄缔结互不侵犯条约，以资抵制。此次建议经日政府采纳后，由广田大使与苏俄外交委员会副委员长加拉罕，迭开谈判。日本出席国联会议首席代表松冈洋右过俄赴欧时，又与加拉罕数度会晤。但以日俄利害冲突太甚，尤其日方毫无诚意，故日俄缔约毫无成就，反之我方则仍设法进行。外交部长罗文干氏，于消息泄露遭遇困难时，其形气愤，谓主持外交以来所遭遇之最大打击，但一方仍训令出席国联会议及军缩会议之首席代表颜惠庆氏，并指示机宜，与苏俄外交委员长李维诺夫，在日内瓦相机谈判。盖李维若夫斯时亦在日内瓦，代表苏俄出席军缩会议，就近谈判，较为便利。同时莫斯科方面，则无进行谈判之可能也。颜李二人之谈判，绝对机密，屡断屡续后意见乃日趋接近。同时我方因鉴于国际形势，毅然主张先行复交。双方意见，遂完全一致。二周之前，本社记者遇罗外长时，罗氏笑谓本社记者云："松冈在俄活动已完全失败于我人之手。"记者再叩究竟，罗氏莞尔云："十日之后当有事实表现于国人之前也。"盖此时李维诺夫与颜惠庆之谈判已告成功，而李氏已由日内瓦启程返俄，向政府请示矣。日前苏炳文将军退俄之时，日政府竟要求引渡,经加拉罕严词峻拒,此固严守中立之苏俄政府应有之表示,但亦由于对我已完全谅解,全出善意之作用也。当日方要求引渡苏炳文将军时,本报记者再值罗外长,叩询苏将军安全问题,罗氏谓苏将军决可平安返国。记者再询复交问题时,罗氏笑谓:"此一二日内之事耳。"盖此时李维诺夫已由俄启程赴日内瓦。昨(十二)日下午五时四十五分,李氏与颜代表作十分钟之晤谈,互换复交文件,于是断续五载之中俄复交,遂告恢复。

国联甚惊讶,认与远东时局有大影响,中俄复交公文抄送国联

【中央社上海十四日电】 国民社日内瓦文(十二)电。中俄恢复邦交之消息宣布后,国联方面俱有惊讶之表示。当第一次报告传出时,各方都不置信,迨此消息证实,并知关乎此事之牒文,已由中国代表颜惠庆氏与苏俄外交委员长李维诺夫签字交换,众乃大异。据观察家言,因此事所得之影响,颇与从前德俄赖伯罗条约订立时相类。总之,中俄此次邦交恢复实于远东时局之变化上,有极大之影响也。李维诺夫事后曾延见记者,表示远东现在之混乱情形,实由于太平洋四周各国,缺少外交之联络云。此盖亦暗示美国亦应与苏俄早日恢复邦交也。李维诺夫宣称,彼对于中国国家之势力维持其独立主权,表示最深刻之同情,因苏俄为欧洲国家中第一宣布取消领事裁判权等权利者也。

【中央社上海十四日电】 国民社日内瓦元(十三)电。中国代表颜惠庆与俄外交委员长李维诺夫间,关于中俄复交事往来正式公文,业已抄送国际联盟,声明两国外交关系之恢复常态,此举顿使世界外交家集中注意于北满及中东铁路。惟颜李两人对于复交事,虽向报界俱有声明,第[但]关于中东路,仅简略提及而已。

国际间影响,美国明年将承认苏俄,日本官场间显形忧虑

在中俄复交之后,有一事颇值吾人注意者,即美国亦将正式承认苏俄也。当日本向苏俄积极活动,商订互不侵犯条约之际,美俄两国外交代表之活动亦极密切,双方已有相当之谅解。闻美国当选大总统罗斯福,于明年三月就任后第一步之外交行动,即为正式承认苏俄政府云。据专家观察,此次国联会议因英国之祖日,致各小国制裁暴日之主张,横遭反对,而国联维持正义和平之威信,亦一扫无遗。中俄复交后,国际形势当有转变,而明年美国承认苏俄后,反日空气或将更形浓厚云。

【中央社东京十三日路透电】　日政府发言人表示,中俄恢复邦交,日本殊不欢迎。继称阻碍世界和平份子,现已携手合作,日本对此势力将严厉抵抗。列强当前之问题,乃任破坏势力充满远东欤? 抑任建设势力驭制大局欤? 中俄复交后,酿成此种严重局面,较之满洲问题则重要多矣云。又电,中俄复交虽不引起惊异,但官方显形忧虑。

《中央日报》1932 年 12 月 14 日第一张第二版

174. 社评:中俄恢复邦交

中俄邦交,经我国代表颜惠庆与苏俄外交委员长李维诺夫,在日内瓦正式互换文件,已于前日正式恢复两国之寻常关系。昨据外交部正式公布该项换文之内容如下:

"根据吾等近在日内瓦数次谈话,本人正式受权通知阁下:本国政府为和平计而促进两国友谊关系起见,决定认两国间寻常使领关系,自即日起正式恢复。"

同时外交部长罗文干氏对于中俄复交之宣言有云:"……任何努力足以促进相互信赖及国际合作者,均属可贵而应与鼓励。现在新关系,为中俄两国互欲在远东创设和平繁荣新时代之结果,中俄邦交之恢复,惟在此种观察之下,方有特别之意义。"

中俄两国自十七年断绝国交以来,阅时五年。十八年中东路事变起后,国内渐有复交之论。去年遂有莫德惠赴俄会议之事,会议半年,绝无结果。而九一八之变作,当事变初起,苏俄怵惕远东时局,曾一时感到中俄休戚之相同,故复交之说,在俄方亦随之一度活跃。然时机过去,意志顿变。及于今春,使俄代表已无活动之余地,莫等乃不得已而离俄他去。五六月中,我政府于复交问题曾经数度之研讨。所谓互不侵犯条约者,亦缘此而腾说众口,然其事不久又复沉寂。八九月中,中委孙科氏独持此论,宣扬甚力。自是以后,国人于此问题,淡然忘之。故今日中俄复交消息传来,事近突兀,而其实则数年来舆论之具体实现而已。

亚洲大国,中俄日三国而已。由地理言,日本与我一海相隔,我东南沿海一带,国疆上无不与日相邻。至俄国与我,则东北西北,绵亘万里,壤土相接。再由历史言,日本与我交往,远在唐宋,固无论矣。而俄国与我发生正式外交关系,实较欧西任何国家为早。故此三大国家,无论由军事或经济为立足点,本万无分离之理。合则共利,离则俱败。虽然,今日日本之对我,中日共荣,尚复何说,九一八事变起后,日人之谋我者,且欲制我之死命而后快。故亚洲目前之大势,中日亲善之道,殊不可通。介于两大之我国,和甲不能,必求和乙,和乙所以减少甲之压迫,是由消极方面言。联乙可以制甲,是由积极方面言。总理生前,外交政策最注意于日俄两国,联日联俄,皆曾苦心计划。十三年北上,曾扶病东游,举其怀抱公开告诸日本之国民;联俄之事,且于本党改组时植其始基。不幸日本国内之局面转变至于如此,而第三国际包藏祸心,使中俄之好不终。国府成立后,日俄两方皆无圆满之睦谊可言。然而外交事实上之形势既极显明,则为中国外交打算,终不能不于此中求一出路。一年来对俄复交之浸成舆论,此其重要原因也。

今日者,中俄邦交,已经正式恢复。愿郑重告之国人:邦交恢复,在外交上事属寻常,绝无可以惊异猜测者在,更无任何利害可言。中俄关系自前日起方入寻常轨道。前乎此者为变态为异状,故害百而利一;后乎此者为常态为本形,祸福利害,惟在人为。易词言之,在断交状态中,中俄关系最好之结果,仅为各自闭关自守。至能否关得住,自为另一问题。惟在复交之后,消极积极之利方可谈到。故复交仅为运用外交之第一步,运用之成败,全看今后。而在今日,则犹是一张白纸耳。所谓无忧喜可言及利害可论者,意在于斯。

对俄复交之本身,国人今日对之所应持之态度,虽如上述。然而政府此次处置之果敏,未尝不值得赞许者焉。外交者,以动态为贵者也。惟外交之运用,常在变动不居之中,然后可期其效力。数年以来,我外交上之大患在于无政策,无动作,而惟知以虚声之宣传欺人自欺。语其动静,盖极不健全之静止及僵化状态也。此种态度在国家承平之日,已要不得,况在国基初定,强邻四伺,更不容须臾保留。往事如此,不论可也。继今以后,若能一改故态,常保外交上之动态而使其活动方向无孔不入,则人力既尽,成败把握,自可逆睹。政府此次对俄毅然主持复交,虽复交后之一切,在今日皆不可知,然即此一端,可知吾国之外交,已初变其方向。朝野上下,若能益自警励,则外交上之成功,未必不能由此造成。今日中俄复交之意义,可资称道而宣扬者,其在斯乎。

《中央日报》1932 年 12 月 14 日第一张第二版

175. 中俄复交以后,双方即互派大使领事,俄外长昨宴我三代表

李维诺夫与颜惠庆互换复交文件后,中俄外交关系即告恢复。今后第一步手续,即双方互派大使及领事,然后再商订互不侵犯条约及通商条约,并解决中俄各种悬案。闻我国驻俄大使,人选已内定,在未正式发表前,暂守秘密云。

【中央社日内瓦十三日路透电】 李维诺夫今日邀请中国颜、顾、郭三代表午餐。

【中央社日内瓦十二日下午七时四十分专电】 中俄复交消息传出后,各友邦及对中国有好感之私人,均表示欣幸,希望前途继续迈进,不为帝国主义之阴谋及顽固派所阻挠。又观李维诺夫之宣言,可测知日俄并未成立秘密谅解。

【本社十三日北平专电】 平俄使馆已修葺,预备开始办公。

【本社十三日北平专电】 苏俄驻华主任扎拉曼元(十三日)晚自莫斯科抵平,整理馆务。

《中央日报》1932 年 12 月 14 日第一张第二版

176. 伍朝枢谈外交,中俄复交系应做而有利,十九委会难有圆满结果

【中央社上海十三日电】 伍朝枢谈:英法与俄早有往来,美俄复交运动,近亦积极进行中。中俄复交为应做而有利之事,现中俄已正式宣告复交。此在国际间,当能发生好的影响。惟对中日问题,虽有小的影响,恐无大的转变。苏俄能否帮助解决东北问题,目前尚不能预料。至十九国特委会,对中日问题恐亦难有圆满之结果。惟美国近宣布国联如与美国立场不合,则美政府拒绝参加十九国特委会。此种警告,或可使十九国特委会之工作较为顺利。总之

国人须以自己的力量,谋解决东北问题,否则恐无效果。本人定寒(十四日)晋京,出席三中全会,并已准备四个提案:(一) 中日问题;(二) 设立民意机关;(三) 裁兵;(四) 发展工业。孙哲生则定今晚晋京。

《中央日报》1932 年 12 月 14 日第一张第二版

177. 莫斯科欢迎中俄复交

【中央社上海十四日电】 国民社莫斯科元(十三)电。今日此间欢迎中俄复交,为保持远东和平之一大助力,俄官吏多信其后将继以商订中俄不侵犯条约运动。《伊斯维斯泰报》并称中俄复交,可成为抑遏现方活动的武力练[链]条上一重要练[链]环。

《中央日报》1932 年 12 月 14 日第一张第二版

178. 十九委会一场激辩,各方主通过类似四国之提议,英法瑞等五国起草新决议案

【中央社日内瓦十二日路透电】 国联十九国委员会,今日下午经过二个半小时之辩论后,议决派定五国小组委员起草决议案,于最早期间内提交国联全体大会。小组委员会委员为英、法、瑞士、西班牙、捷克五国。

今日下午辩论异常激烈,所讨论焦点系关于决议案之性质问题。英国代表西门爵士始终主张决议案,仅重新表示维持三月十一日之决议案,及请美国与苏俄参加十九国委员会讨论中日问题。西门谓在未将一切和解方法施用前,暂时不应有所决定,事先赞誉或①斥责任何方面。

各小国对于维持三月十一日决议案一点表示可同意,但决议案中如对所谓"满洲国"无切实表示,亦应表示赞成调查团报告书之前八章,爱尔兰代表对此层尤为强硬。此次所派定之五小组委员会中捷克与西班牙为一派,英法与

① 编者按:"或"字原在"任何"后,现改正。

瑞士为另一派。据云所谓和平派将占优势,因捷克与法国关系,捷克不能不容纳法国意见也。故形势虽严重,前途尚无决裂危险,各方均不愿走极端,因深知如新决议案越过三月十一日决议案之范围时,日本将立即退出国联也。小组委员会起草新决议案工作完毕后,将该草案先交十九国委员会讨论,再提交全体大会表决云。

【中央社日内瓦十二日路透电】 十九国委员会会议至下午六时空气较为缓和,西门之提案似占优势。西门提议,重申国联大会三月十一日之决议。渠认是项决议,足以包括一切要点,并以极明白之文字,申述国联之原则。众料西门提议可以通过。截至发电时,委员会犹未散会。

又电。今日会议开始未久各方即极力主张通过类似捷克、西班牙、爱尔兰及瑞典四国向大会所提出之议案。捷克及其他小国代表均有激昂演说,主张接受李顿报告,并宣告不承认"满洲国"。西门说明于未决定切实立场前,应先采取一切调解之可能步骤。今日会议极端秘密,此时犹未散会。

【中央社日内瓦十三日路透电】 十九国委员会之五国起草委员会(前称小组委员会),定今日下午集会。

【中央社文(十二日)下午七时半日内瓦电】 十九国特委会今日决议,邀请美俄参加中日争案之和解,俟国联大会核准后即可正式邀请。

颜再函主席

【中央社日内瓦十二日路透电】 颜惠庆博士函十九国委员会主席,再催该会依照国联会章第十五条第四款确定最后日期,制成报告并公布之。颜氏附带声明,中国政府准备依照渠前所表示之规定接受调解,渠于本月六日曾于大会席上宣布矣。但依松冈历次言论,日政府态度倔强。日本如不变更其倔强态度,和解难有成功。希望十九国委员会确保展缓时期时,对于此点亦应加以相当考虑云云。

英劝日接受

【中央社东京十三日路透电】 路透社自负责方面探悉,驻日英大使代表英相西门向日政府劝告接受调解委员会之决议,因设立调解委员会,乃阻止引用国联会章第十五条第四款之唯一办法。

又电。政界中人极端否认如日本拒绝调解委员会,西门将以提出援引国联会章第十五条第四款为恫吓。日人郑重声明,日本政府对于西门一贯之友谊态度,表示欣慰。

日反对调委

【中央社东京十三日路透电】　日本内阁今(十三)日讨论英国驻日大使林德雷爵士,向日外务省所表示,关于国联调解委员会之意见后,日本政府议决训令日本驻日内瓦代表团,拒绝参加所谓和解委员会。日方称,日本反对调解委员会之理由与反对十九国委员会之理由相同,虽调解委员会有美国与苏俄参加讨论,该委员会不过系十九国委员会之一种扩大组织而已。

起草会开会

【中央社日内瓦十三日路透电】　于紧张空气中,国联五国决议案起草委员会,今(十三)日下午于国联秘书长之办公室中,举行第一次会议。此次会议形势极端严重,各大国与小国之态度,于已过之二十四小时内,几毫无让步处,双方意见冲突在所不免。惟和解空气,亦非绝望。英外相西门爵士,为居中调解最力之人,设法使双方意见,勿走极端致成僵局。五国委员会所起草之决议案,将说明请美国与苏俄参加十九国委员会工作之情形,及如何可使中日两国协助和解委员会方法。

各小国代表极力主张决议案中应对于主义一层有切实表示。因美国已曾示意英国是否应允参加十九国委员会工作,完全视国联全体大会对于主义一层有无切实表示也。但关于此点美国政府并未正式通知。国联当局至少亦无书面通知,故国联全体大会万难根据推测之事,而即有所决定。西门爵士主张决议案重新表示维持三月十一日决议案原案,各小国所争持之主义该决议案亦已包括无遗。

明(十四)日军缩会议闭会,十九国委员会可以全力应付中日问题。一般人希望五国决议案起草委员会,可于明(十四)日向十九国委员会报告起草委员会之意见,国联全体大会则于星期五(十六日)开会讨论所提决议案,再将中日问题转交所谓调解委员会详细讨论。

俄拒绝参加

【中央社日内瓦十三日路透电】　据云,苏俄外交委员长李维诺夫已通知中国代表团,谓苏俄拒绝参加十九国委员会。并称如一年前,国联有同样请求,苏俄或可同意,此时已太晚矣。

【中央社上海十四日电】 元(十三日)下午四时五十分日内瓦专电。十九国特委会昨日举行非公开会议,英外相西门仍继续发表对于我国不利之言论,主张以国联大会本年三月十一日之含混的决议为调解之基础,而不主张引用李顿报告书中不利于日本之事实为根据。

《中央日报》1932 年 12 月 14 日第一张第三版

179. 梁汝成致函七国驻华公使,请电该国政府主持正义,迅取有效步骤制裁暴日

前参加欧战派遣二十万华工签约全权代表梁汝成,顷致函法、美、比、意、英、荷、葡七国驻华全权公使云:敬启者。中华民族素以保持信义、维护和平为职志。前此我华工参加欧战,死者累累,此种伟烈牺牲,亦无求和平之实现也。迨九国公约、国际联盟、非战公约相继成立,吾人方欣然色喜,以为将来国际纠纷可以和平方式解决,不至再肇战争惨剧矣。乃日本帝国主义挟其传统的大陆政策,不顾国际信义,破坏一切神圣之条约,乘我国上下倾全力于救灾"剿匪"之时,突于去年九一八之夜出兵攻我沈阳,进而占据东北三省。本年一月二十八日又炮毁我文化经济中心之淞沪,甚且袭用其亡韩故智,遣派武藤为驻满大使,正式承认其一手造成之傀儡组织,破坏中国领土主权,扰乱东亚和平。侵略野心暴露无余。我国人民隐忍至今,不以武力周旋者,非怯懦也,实本和平之素愿,信赖国联必有公正之解决也。顾日本凭借武力不知悔祸,既破坏国联盟约于前,复自食撤兵诺言于后,近更以世界各国为可欺,昌言东省事件不受第三者之干涉,以遂其武力吞并之迷梦,直将一切国际神圣之条约,撕毁无遗。中国人民现已至忍无可忍地步,倘一旦战争爆发中国固首当其冲,而全世界恐亦将受无穷之害。兹谨代表二十余万参加欧战华工及死义者遗族,吁请贵公使转电贵国政府主持正义,迅取有效步骤,予暴日以切实之制裁,庶公理得以伸张,和平可以重见。中国之幸,亦世界人类之福也。愤激陈词,不胜迫切之至。

《中央日报》1932 年 12 月 14 日第二张第三版

180. 中俄复交后,国人仍须一致努力,国际间形势或将有转变,驻俄大使正征俄方同意

本社记者,昨日往访外交当局,叩询中俄复交后东三省问题之解决,能否辟一有力之途径。外交当局虽承认中俄复交后,国际形势将有转变,并可促进国际合作,创设远东和平。但对东三省问题之圆满解决,外交当局谓仍须国人精诚团结,一致努力。彼谓世间未有数省土地被人抢夺之国家,能只借外交即可收复失地者。但国人如对日本之侵略,能坚持长期之抵抗,东三省失地自有收复之一日云。

外交界息,中俄复交后,国际形势显将转变。关于中日争端,国联亦必须改变方策。盖十九国委员会本拟邀请美、俄两国参加,组织调解委员会,但美俄两国因国联现时态度不合两国立场,拒绝参加。众料如国联对李顿报告之事实部分,及不承认"满洲国"两点,不作明白之决议,美俄两国将始终拒绝合作,而国联对中日争端,亦将陷于无法解决之困境云。

(中央社)中俄复交后,双方均将互派大使。我国驻俄大使人选,现已内定,正在征求俄方同意中,一二日内即可发表。外传王正廷、陈友仁等将任大使说,绝对不确云。

【中央社十三日下午七时四十五分日内瓦专电】 苏俄外交委员长李维诺夫,今日正式宴请我国颜顾郭三代表。苏俄驻巴黎大使荷芝迦及我国代表团俄事专门委员钱泰,亦被邀与宴。席间,李氏与我国各代表磋商中俄复交后进一步之各项问题。

日人伎俩,惟有挑拨

【中央社上海十四日电】 日讯,东京寒(十四)电。日政府对中俄复交表示,惟以仍无正式宣①传式之新闻,叙述感想,略谓中俄恢复国交,对于中日问题有关系之英美等国之对日态度,与以大影响,国联解决中日问题之手段,愈

---

① 编者按:"宣"字原在"仍"字前,现改正。

形复杂。即英美从来之对日态度,其恐掌握远东霸权,始终采取压迫日本之方针,今愕中俄复交,英美则对远东全部,均抱不安,故对日态度,似不得不缓和。然苏俄政府在与中国复交之际,未附任何条件,对于日"满"两国,尚留自由折冲余地。苏俄此种巧妙之外交战术,对国联至大影响。英美等大国对日态度方针,颇难决定云。

【中央社上海十四日路透电】 日人消息称,东京政界表示中俄谅解,或将使各大国对于日本较趋和缓,俾可维持远东势力平衡云。

《中央日报》1932 年 12 月 15 日第一张第二版

181. 五国起草会昨续开,决议案内容重申三月十一日决议,美国须中日双方愿和解始允接受

【中央社日内瓦十三日路透电】 五国起草委员会昨下午五时五十分散会。闻工作尚未完毕,定明(十四)日正午再行集会。

又电。闻五国起草委员会对于决议草案以及报告之措词,已大体决定。如无意外发展,明日下午五时,或可提出十九国委员会。决议草案重申大会三月十一日之决议,并建议邀请美俄两国加入。起草委员会之报告,对于李顿报告,表示钦佩,并请依照该报告九、十两章之建议,进行调解。众料上述公式,或可得各方之同意。

【中央社十三日下午七时四十五分日内瓦专电】 美代表台维斯今日语记者:若中日双方均愿和解,而国联本身感觉难于处置,邀请美国参加十九国特委会,共商调解办法,则美政府将乐于接受。

【中央社上海十四日电】 日讯,东京寒(十四)电,日内瓦电。日代表团元(十三)晨九时半开会,下午一时许始散。据闻现在日代表团最重视者,乃国联劝中日两当事国之计划,日本从来绝对反对第三国之干涉。故中日两国参加多数国中,则其结果,外国意见之作用比当事国之意见更为强大,事实上成为受他国之干涉,因此日本反对此种计划。代表团拟再开会研究对策后,申请本国训令。

【中央社日内瓦十四日路透电】 英外相西门,定本晚返国,十九国委员会

代表职务,暂由卡杜根代理。西门于十九国委员会会期未毕前,匆匆返国,谅系因法赫礼欧内阁失败,牵动欧潮大局。五国起草委员会今日三时半开会。众料国联大会,将于本星期六日再行集会。

《中央日报》1932 年 12 月 15 日第一张第三版

182. 俄报痛斥日外交家谬论

【中央社莫斯科十四日路透电】 日本发言人近称,中俄复交对日不利云云,今日俄政府机关加以痛斥。俄报略称日外交家似谓中日维持寻常邦交为有益,中俄维持寻常邦交为有害,此种论调既无逻辑,复含挑拨云。

《中央日报》1932 年 12 月 15 日第一张第三版

183. 张学良谈中俄复交

【本社十四日北平专电】 张学良寒(十四日)对记者谈中俄复交事,谓中俄国境相连,关系密切,如美与加拿大。民六时两国虽绝交,商务关系犹存,东省各地及西伯利亚之互有领事,即为不能绝对断交之明证。中国政治素重睦邻。中俄则因政治历史不同,演成恶变,诚属憾事。今幸恢复友好关系,相信必能互以诚意,发展友谊,东亚与世界之今日为足资纪念之相[和]平曙光云。

《中央日报》1932 年 12 月 15 日第一张第三版

184. 东北问题与联盟,我国代表演说痛斥日本侵略暴行,日代表强词夺理引起国际间反感

(中央社)日内瓦特别通信。千呼万唤一再延期之国联行政院会议,已于十一月二十一日上午十一时开幕,中日纠纷为主要议题之一,故最足引起一般

人之兴趣。调查团首先入席,坐于讲坛后列左端,自左而右为希尼博士、麦考益将军、李顿爵士、克劳待将军及马柯迪伯爵,调查团秘书长哈斯博士及其他秘书等则紧坐于坛下李顿爵士等之后。移时,我国代表顾维钧博士及国联秘书长德雷蒙爵士亦入席,皆先后出与调查团握手道寒暄。我国首席代表颜惠庆博士、代表郭泰祺公使及其他代表团重要人员,皆列席旁听。

主席致开会词

摄影后主席爱尔兰自由邦大总统华赖拉氏(Je Vulera)致开会词。大致谓调查团报告书已经分送行政院各代表,当经各代表详细研究,行政院对于本会两会员国之不幸争端,为求排除追求本案事实之困难起见,曾决议:"派遣一以五人组织之委员会,就地研究任何情形影响国际关系,而有扰乱中日两国和平或和平所维系之谅解之虞者,并报告于行政院。"此项决议之通过,迄今已逾十一个月矣。前行政院主席白里安,提出上述决议时,曾声明在原则上调查团对于在其广阔的职务范围之内的任何问题,认为应行研究者悉得研究之。白里安又称调查团得有充分之裁量,以决定何项问题应报告于行政院。调查团委员资格系于一九三二年一月十四日经行政院核准。该团任务极为烦重,而对于该项任务,尤能以全心全力赴之。

余知行政院全体代表,当均愿对李顿爵士及其他委员及其公平正直洞微烛隐之报告书,表示最诚意之感谢。调查团之报告书经全体委员一致同意,其内容不特对中日事件之事实及历史的背景,有所申述,而对于为国联责任之解决本局方法之意见,亦有所观察。故余以主席资格,谨代表行政院对李顿爵士及其同人等致谢其工作之完美的成功。夫调查团之竟能委派,及夫委派后竟能由争议两国之赞助及两国代表之合作,而完成其工作,皆为可欣幸之事实,而足以予吾人以鼓励者也。余希望此后再有此种调查团之组织时,其进行方法可以改良,借以避免在委派各委员前之长期的谈判,然此事与吾人目前工作无关。余信李顿调查团之成功,除对于本中日争端一案之供献外,实已创立一含有重大价值之先例,而形成国联困难之前程上,树立一真正具体的进步矣。

调查团除造报正式报告书外,当在东三省时,曾于四月二十九日作一初步报告书。该报告书及若干附件,亦均已分发行政院各代表研究,所有附件等等未经修正之样张,已经分送中日两政府调查。查造报正式报告事,对于各该附件,当然已经考虑,故吾人此时之讨论,自应以该正式报告书为主要文件也。

至于此时吾人讨论本案之进行程序,当记得调查团尚在进行调查时,行政院曾于本年二月十九日通过决议案,决定将中日争端,依照国联盟约第十五条第九节之规定,提交国联大会知悉。为考虑该项争端所必需之各种事实报告之搜集方法,仍将继续进行,声请本争端两造依照盟约第十五条第二节之规定,尽量将所有关于本案各项意见资料,送交秘书厅转陈大会采择。声明行政院对于依照国联盟约之规定所负维持和平之责任,并不以本决议案而有所更变。本案经上述决议移转于大会之后,复经大会于三月十一日决议,认为中国政府所提出之请求,即包括全部争端在内,已由行政院移交大会,决定组织一十九委员会,申请行政院对于所有视为可转送大会之一切文件,随同行政院之意见,随时送交十九委员会。余主张本案之讨论,应先由日本政府代表发言,借对日本政府发表之对调查团报告书之声明书有所增补;下午复开会时,则由中国政府代表,陈述其意见。

次日本代表松冈洋右氏演说,以军阀之口吻、武断之态度、犀利之文字,一方面猛烈攻击中国内部之如何混乱,一方面详细表明"满洲国"之如何组织。同时并责备国联调查团,且牵涉及英法美诸国,而其最着重者即请国联勿干与"满洲国"事。无论何方面听后均感不快,日内瓦报至①著论讥之曰"可怜之日本",以其时代错误也。

午后我国代表顾维钧博士演说,对于日本代表攻击中国之处,保留辩驳之权。对于日本代表引用非战公约,文饰其侵略为自卫,则请在座签字于该公约者,自加判别。于是乃详述中国对于东北问题之立场,从有明以来历史上日本侵略中国之事实,直至调查团之报告书作成为止,历二小时之久。请国联根据盟约、九国公约、非战公约及李顿报告书,谋根本之解决。兹将全文照录如下。

顾代表之演词

余在声叙中国政府意见之前,窃愿对今晨日代表所述,有所指陈。吾人若对日代表所称全部接受,则日本竟是一驯良之绵羊,为凶暴之中国所啮,方尽力图脱,以求生存耳。所幸行政院已有调查团之报告,可作对证。盖该项报告之内容,固完全为不偏不倚之公言也。日代表在今晨演说中,曾提出数点,该数点亦即余所即将提述者。惟尚有他点及甫于昨晚发表者之"意见书"中各

---

① 编者按:"至"疑为衍字。

点,余将于下次再加批评。日代表演说中最可骇异者,厥为对于中国政府现况之指摘。在此点余即将对日政府所以不断对中国攻击之理由,加以若干阐明。且吾人即使为讨论计,姑定日政府所称并非完全不确,吾人亦仍当询问在此种情形下,是否即可认日本政府之武力侵略及日军之军事占领中国国境,幅员与法德两国领土相等之最富饶之东三省为有理乎?日代表又称日军在东三省之行动,仅为自卫行动,并援用凯洛格非战公约各主要签约国所特别提出之保留为其张目。惟日代表同时又称日本军部,早已预定详细计画,一声发难,全军俱起,其行动几成为自动的,日代表对于此项计画之迅速精密实行,表示得意。然日代表竟忘未指出中国方面绝无侵略或自卫之计画,凡此李顿报告书,均已加以证实。

九一八晚至九一九日,日军用机关枪大炮,实行其预定计画时,中国军队自动撤退,绝未作任何抵抗。仅就此一点言,吾人尚能视日军之行为为自卫行为乎?日军此种行为,若果如日代表所言,可以视为在凯洛格非战公约保留部分范围内之自卫行为者,试问吾人尚何须维持此项和平公约耶?惟余深信行政院诸君,一部分曾亲与该约之成立者,当有较佳之解释,余亦维有请诸君自行解释之。

余对日代表演说已作上述之指陈,兹谨再将中国政府对调查团报告书之意见,为行政院诸君一陈之。调查团工作之结晶即为其对行政院之报告书,应受最大之赞美,中国民众对李顿爵士及其同人,暨调查团一行秘书专家及其他工作人员之完成其重大之使命,表示恳切的敬意。亦固其宜,余谨借此机会,再正式表示中国政府之感佩。调查团在九阅月中奔走工作,曾不以境地气候之变迁,而一易其赴事之热诚。余以中国代表之资格,追随诸君子之后亲炙诸君子之精诚毅力及责任心,尤为不胜荣幸。调查团对于中国代表随同赴东三省之种种不必须的阻挠,先已颇加忧虑。及中国代表及其随员等一行抵达东三省后,则种种出奇之拘束,层出不穷。所有一切行动悉受限制,致中国代表未能依照去年十二月十日行政院决议案中所规定,尽量在调查团当地调查时加以职务范围内之襄助。至有数次,中国代表乃不得不请调查团注意渠及渠一行随员所受之种种困难及不便利。此种困难及不便利,实足不需要的限制其自动之自由,而阻碍其任务之执行。

犹忆中国代表于本年四月二十七日在沈阳时,曾作一公函于调查团,其中有言:"中国代表团任何人员外出时,其后必随有日警一人或多人。雅玛多旅馆之内，更有多数日警循环监视。中国代表自一室至他室或入餐室进餐时，悉有人追随其后。中国代表所出入房间之号数，亦被登记入册。尚有一部分中国代表团寓于东洋旅馆，情形更为困难。底层有日警约十人监视，中国代表团人员外出时，必须通知馆中侦探，俾可派人保护。在馆内私室中亦绝不能有片刻安闲，日警随时可以闯入室中，向代表团人员询问一切。中国代表团对外交接，完全隔绝。华人绝对不许赴雅玛多旅馆或东洋旅馆谒见代表团，并悉数华人有因此被捕者。"

又中国代表在长春时，曾于五月三日致牒调查团，对于渠在雅玛多旅馆接见两外籍教士时所受日警之干涉，有所陈述，其中有一节如下："开门时即见有日人五六人，其中为首一人，坚欲入室，侦查来客为谁，及其来访目的。其后得悉该日人系关东租借地警务厅长春警厅高级警务处之警长。渠入室后，直待中国代表踏出自己内间，方始离室。此时调查团爱斯德君适经过该处，经渠向日警长询问，乃知日警长之所欲知者，乃为中国代表是否已得日警允许接见外客，及该外客等是否已得日警允许往见中国代表。"中国代表在吉林时，由日军手擎上有刺刀之步枪，到处"护卫"。在哈尔滨时，则由正式日警及便衣队"护卫"。因此种种不合的限制及禁止，中国代表竟至不能随同调查团，亲赴出事地点调查一切，或提出华人见证，以备调查团之访询。

至东三省之华人，未得日当局之允许，更绝对不准晤见调查团或华代表。报告书一〇七页中言惟日警种种方法之结果，仅为隔离一切见证，有许多华人甚且不敢晤见调查团之团员。调查团在某处曾得悉在到达该处之前，当局曾通告无论何人，未得官方核准，不得往晤调查团。是以调查团所有访问，均系秘密进行，甚感困难。并有许多人语调查团，此种秘密晤会方法仍极危险。调查团所接见之代表团，多数系由日本当局或"满洲国"当局所介绍。各委员对于该代表团等之意见书，深信其必曾先得日本之核准者。日本当局对中国代表及其随员等，在中国国境一部分之东三省时之待遇，与中国当局所予日本代表在中国其他各处时之种种极大量之自由及便利，一相比较，高低立判。盖调查团在南京、上海、汉口、北平及其他各处时，中国当局从来未设法以任何方法阻碍日本代表，向调查团提出日籍见证，或日本人民之访见调查团以供献其意见者也。

以上数点，不过为一种初步指陈。兹再就报告书所提出之较重要问题及事实数点，表示意见如下：日本政府曾指称中国为非一有组织的国家。日本此说,表面虽在辩护其在中国尤其在东三省之不当行为,而其真正目的则实在淆惑公众舆论,以避免真实问题。中国为国际联合会最初会员国之一,日本政府竟以此种言辞称呼之,是不特可见其缺乏礼数,抑可见日本方面对于本案之辩点,实已绝对无可作健全理由者。中国刻正在由四千年之帝国政制改进于现代民主政体之进程中,其所受种种困难,在熟习任何国家改进之政治历史者之心目中,绝无可怪。中国国内所有种种纵横参杂之势力及因素,不过为中国民族觉醒后所有力量及生命素之表示,而为四万[亿]五千万人民衣食所倚之国家之进步之明证。中国在过渡进程中之现象,容非完全可使旁观者感觉满意,然此种现象实为任何旧建筑改造进程中之一般现象,其最重要之点,厥为如调查团报告书第十七页中所言:"中国政府虽有种种困难迟延及失败,而其所成就者亦已不少矣。"(未完)

(续昨)一九二二年二月六日,签字于华盛顿之九国公约之签字国,包括日本在内,鉴于中国在改造中需要此项过渡时期,共同约定:"予中国以最完全最少阻碍之机会,俾得自己发展,并维持一有力而巩固之政府。"不幸中国在其统一及建设努力之进程中,其最大困难之一,即为日本之一再阻挠其成功,今试举一例以明之。日本著名政治家后藤新平男,在其《日民及日军在满蒙之活动》之日文小册内明言,当民国初年袁世凯正将统一中国一[之]时,日本方面曾在东三省组织一复辟运动,以推翻袁氏。该册中直言日本财政家大仓喜八郎,当时曾以巨款供与满清五[王]族肃亲王,俾其立时进行是项运动。后藤并称当时日军第五团司令土肥大佐,奉命率领多数日军低级官员,组织并计划反袁军队。然此尤较久之事,诸君或已不甚记忆。

兹再提出较近事实,为诸君道之。一九二七年、一九二八年日本政府两次突派重军,赴山东省城之济南,名为保护毫无危险之日侨,实则在阻碍蒋介石将军所率领之常胜国民革命军之统一华北,使归南京国民政府控制。一九二八年五月二十八日,日本政府由田中首相发表之威胁性质宣言内称:北京及天津方面如再有骚乱事件发生,则日本将被迫采取相当步骤,以维持东三省之和平及秩序。此项宣言发出后,张作霖将军即遭炸车而死。该宣言之目的,亦即在阻挠中国一统之成功。此后驻沈阳日总领事、日本特派员林男爵及日军旅长佐藤曾警告张学良将军,不得联络南京中央政府,并不得树青天白日满地红旗。一九二八年八月九日,张学良将军赴日总领事署答访林男爵,又受同样警告。张学良旋提出责词,日本此种态度是否合理。而佐藤则答称此时已非讨论任何事件之合理不合理之时,田中首相已决定此时不应飞扬新旗。即此一点,即是充分之理由云。

从上种种可见,日本一方面口口声声对全世界宣告中国之不统一,而一方面则坚持进行其阻挠中国一统之政策,此乃一极可怪异而又大有意味之事实,吾人不可不注意也。吾人于此之问题,即日本是否诚愿中国一统,吾人显然可见日本将恐中国统一之后,日本之大帝国发展政策及其战胜世界之希望,即将受一打击。调查团报告书第十三页有言:"就日本方面言,本问题之中心,即在其对新中国政治发展及其将来之倾向之一种忧虑。"吾人就其字里行间细细意味,即可得其真义矣。

任何国家组织之完整与否之重要性,即在该国对其他各国关系之影响。此种影响往往有不少因素可以表示,对外贸易之发展,即其一也。就此点言,中国之成绩并不逊于其他各国。在过去二十年中,世界各国虽受一种有组织有恶意的宣传,而对中国发生一种感觉。然中国在全世界之经济上实有极大而逐渐增加之供献。中国之对外贸易统计,即为反证日本批评家指摘之最良器具。查一九一一年中国全部对外贸易为海关银八四九〇〇〇〇〇两,【一】九二一年增至关银一五〇〇〇〇〇〇〇两,一九三〇年增至关银二二〇四〇〇〇〇〇两。易言之,二十年来中国对外贸易,已增加至百分之一五八之多矣。

一个国家政治组织完善程度之另一可靠的指数,即为该国对他国在尊重国际条约上所表示之忠诚及合作之程度。此种合作为国际新生命及世界和平组织之实现上所不可或缺之需要。吾人若以此点为准绳,试问日本之国家组织,其完善已达至若何程度乎?国联当时对于东三省事件之真正困难,即为日本之不肯尊重其国际义务。如明白规定于国联盟约、凯【洛】格公约及九国公约者皆是,及其不肯实行对行政院之诺言,撤退驻在东三省之日军,以防止增加事件之严重性。吾人且不问此事是否由于日本政府之不愿,或是否由于日本政府之无力控驭其有势力之军阀,其影响于全世界者则同属可虑。国联去年已感觉之矣,而今日则殆仍有同样之感觉也。

关于此点,吾人欲深知远东情形,应先知调查团报告书中所提及之日本传统的开展政策之目的及影响。此项政策日人名之为大陆政策,即战胜亚洲之大陆政策也。其步骤共分两支:一为北支,即由朝鲜侵略东三省华北;一为南支,即以台湾为根据地,侵略华南华中及南海各处。十六世纪时日丰臣秀吉即主张并吞中国,其答朝鲜国王之书中有云:"夫人之居世,自古不满百岁,安能郁郁久居此乎?吾欲假道贵国,超山越海,直入于明,使其四百余州尽化我俗,以施王政于亿万斯年,此秀吉宿志也。凡海外后至者,皆所不释。贵国先修使币,帝甚嘉之。秀吉入明之日,其率士卒,会军营,以为我前导。"

十九世纪中叶,佐贺藩霸主兼肥前守卫锅岛,于其上书中有云:"幕府(Shoyunet)之职世号征夷大将军,此征夷二字为万世不易的眼目。当今太平日久,士气偷惰,正宜乘奋发耀威国外,乃是以挽回国运,奠定国基。"

西乡隆盛之前大木乔任主张吞并朝鲜、分隔中国最力,其在《论日本政策》中有言曰:"日本之最大隐患,厥为俄国。盖俄国以其位置言,最便阻碍日本之实行其大陆政策。日本如决心施行此项政策,应即与俄国成立联盟,均分中国土地。"

余之所以提出以上各节者,并非以其有历史的兴味,而实为其对于日本现代对华及对远东政策之重大关系。盖以上各节,其中所包含之精神及所主张之政策,与日本目前之精神及政策初无二致。一九二二年三月三十一日,东京陆海军部即开一重要联席会议,陆海军最高级长官均出席,决定一种新战略。次日东京《读卖新闻》对于该会议内容作一纪载,内称最高军事会议已决定一点[旦]发生战事,日本应立即与亚洲大陆自汉口山东以至哈尔滨萨哈连各处建立密切通信网,作为第一道防线。对于军事行动计划,该报有如下之惊人纪载:

为坚固其防线起见,日本应先增厚在朝鲜萨哈连及台湾之警备军力,并应以权力获得汉阳及萍乡煤铁矿之自由取给权,俾得充实军需,庶长期战事可得,而最后胜利可期。又为准备国际关系之迅速转变起见,日本应先取得北京,同时占领东三省沈阳及长春,俾各种物料之供应,无虞缺乏。

一九二二年春,日本国会开会时,日本陆相山黎对议员关于最高军事会议所定新军事国防计划质问,答称:"前与日本密切联络之一国(指英国)已决定对联盟条约不再赓续。故一旦发生战事,日本有受经济封锁之虞。日本为预防此种情势计,自应占领大陆(指中国)及西伯利亚,以获得充分食物及战需品之保证。"

数百年来,日本军人努力提倡之结晶之双管齐下的大陆开展政策,其第一步即着眼于中国,以为战胜亚洲全部之始点。其进行也,南北同时着手,适与毒蝎之同时以首尾攻击其牺牲品略似。于此,吾人即可了然于一八九四—五年中日战争终了之后,何以日本坚欲中国割让辽东半岛及台湾岛。于此吾人乃可深悉日本于一八七九年攫取中国琉球群岛,以至日俄战争后之占据南满,并吞朝鲜。一九一一年之派兵深入扬子江流域中心之汉口,一九一四——一九二二年之占据山东,一九一五年之提出"二十一条"以及其踌躇撤回东部西伯利亚之远征军,一九二七年及一九二八年派大军至济南,最后乃及于一九三一年九月十八、十九之攻占沈阳及其他各城,占据东三省全部,不顾全世界舆论,自食其诺言,违反其义务而不肯撤兵之真正义意矣。吾人就大木乔任之言测之,可知日本政府于一九〇七年、一九一〇年、一九一二年及一九一六年,叠次与俄政府商订密约,图谋瓜分满蒙,及于一九一七年关于南满及山东省对各国秘密换文之真正目的矣。而日政府最近拟设法在欧洲各国中觅一同盟国之用意,亦可晓然无疑。吾人敢言日本此项为新中国领袖人物所习知之大陆政策,实为远东和平之真正威胁,实为世界各国之最大骚乱因素。而其所以有如此重大之危险性者,则厥因在此政策之后,为一专作威福而不悔之军阀势力,握有最有威力之战具,而厌足及欲望之方法,又处处惟恃武力及强权者也。中国在过渡时期不可避免之不稳状态,虽不宜任其不需要的延长,其本身要与以法治及国际间用和平方法解决争端之原则作根据之国际新生命无冲突。日本军阀不断的阻碍中国之统一,增加中国之困难,利用中国之种种艰苦,如水灾及共党骚扰等,以推进其土地开展及大陆征服政策。凡此种种,殆为中日两国间和平谅解之真正障碍。试观六十年来中日关系之历史,即可证余言之不谬。

六十年来日本对华不断的战争军事远征及侵略行动,虽其表现之时地各殊,而其背后之开展占领及克服政策,则继续一贯,绝无异致也。吾人应注意此项政策,其目标并不仅在取得满蒙而止。据前首相田中义一之奏折——该奏折在一九三一年九月之前,日本报纸时时引证之,对于其真实性,绝未尝加以怀疑——控制中国之东三省不过为克服全世界秩序中之一步。折中有言:"将来欲制支那,必以打倒美国势力为先决问题。与日俄战争之意,大同小异。惟欲征服支那,必先征服满蒙;如欲征服世界,必先征服支那。倘支那完全可被我国征服,其他如小中亚细亚及印度南洋等异服之民,必畏我敬我而降于我,使世界知东亚为我国之东亚,永不敢向我侵犯,此乃明治大帝之遗策。是亦我日本帝国之存立上必要之事也。"明治天皇此项计划,日本仍不仅视为一种仅有历史的兴趣的事件。吾人就今日日本重要政治家及军人之言论观之,似明治天皇之雄策,仍为日本之指导势力。北一辉于一九一九年曾草一日本改造法案大纲,书出后即成为一般青年军官之圣经,迄今犹然。该书中有言,国家有权宣布并实行作战以自卫或解放被压迫之民族,例如解放印度于英国之束缚,或中国于列强之侵略皆是也。该书又言国家又有权对握有广量领土或治理该项领土不善之国作战之权,例如从英国夺取澳洲,从俄国夺取西伯利亚皆是。前日本内阁总书记官森格在本年七月间之《金刚石经济杂志》上刊一论文,内称:日本民族受条约之束缚被困于本国国境之内,九国公约及凯洛格公约目前的解释,如任其不变,则日本不能在远东扩展其势力。吾人若欲进步,则非打倒此等条约之防线不可。现内阁陆相荒木,固已世界闻名矣,渠在最近日本陆军机关杂志,《偕行社记事》中曾作一论文,鼓励日本国民效忠于民族精神,又称东亚各国为白人压迫之目的物,此乃不可否认之事实。日应不再坐视而不加裁制。日本民众之责任,在反对列强一切举动之不合日本帝国之精神者,盖帝国精神实为公平及正直之表现也。日本对东亚任何部份之骚乱,不能闭眼不问,因日本帝国之精神,不能与骚乱并存。任何日本国民应时时作精神物质上之准备,以恢复安定,即使乞灵于武力亦所不惜。

荒木此文即日本政策之精神及范围也。至于其实施方法,吾人但观一八九四—五年中日战争时期中之日本外相陆奥宗光记事中所载,即可知其大略。陆奥宗光在中日战争中之地位,极为重要。中日战争之起因,数十年来成为一般舆论争执之点。陆奥记事出版后,群疑始息。盖日本之迫使中国不得不作战之责任,至此乃无可遁饰。一八九四年六月间日本大批陆海空军被遣赴鲜,由日本驻朝鲜公使大岛圭介统领。是时朝鲜情形,渐告平靖。对华作战计划,有未能即行实现之势,陆奥乃急电大岛,谓断然行动之时已至,可用任何借口以开始积极行动。盖日本政策之主要原则,如陆奥所言为"在军事行动中日本应以先下手为强,惟同时仍应设法制造形势,使一般观察者以为日本之动手,乃出于被迫无奈"也。昔日之朝鲜如是,今日之东三省亦如是。日本之侵略行为,必有原因,必有借口。然无论此项原因借口之能被全世界接受与否,日本非获得侵略行为之目标不可。调查团报告书之七十七页中称日本在日内瓦提出保留后,即继续依照其计划,处理东三省情事,非其确证耶?

关于中国人对日本经济绝交一点,日本已数次抗争。余仅愿对报告书有味之陈述,加以若干意见,经济绝交者不过为一种自卫方法而已。经济绝交仅为一种对外来固定原因之反动,绝非中国所能约束。过去二十五年中国人对日货之杯葛运动,计有九次。报告书一一五页中言:"如将此经济绝交运动,详加研究,则知每一运动之发生与某项确定事实事件或事变有关,此类事件概属政治性质,且常为中国所认为与其实质之利益有碍,或与其民族之威望有损。是以一九三一年之经济绝交,系直接因同年六月间万宝山事件及七月间韩人之屠杀方始发生,而同年九月之沈阳事件,及一九三二年一月之上海事件,复使之变本加厉。"(未完)

(续)于此应指出者,在韩华侨之惨被屠杀,自一九三一年七月三日起至十三日止,延绵至十日之久,屠杀场所凡七,均为朝鲜之城镇。屠杀结果:无辜华侨死一四七人,伤五四六人,失踪九一人,财产损失逾日金四○○○○○元。出事时日警即未指使,亦未阻止。日军对东亚大埠中国富庶中心之上海之攻击,杀伤华人二万四千人,毁灭财产十五万万元。而目下东三省中国生命之正在被杀害,财产之正在被损毁者,更不可算计。夫上海固为经济绝交活动之中心,然上海中国人民于熟闻东三省日军不宣而战之事实后,身受二月至三月五个星期中之种种痛苦,再观日军与五月间撤退沪境后立即调赴东北,继续杀戮工作,试问吾人尚能责其不应采取此种报复方法乎? 当余于本年五月中旬,与调查团同在哈尔滨时,目睹由沪调哈之日军第十四师团列队经过余所寓居之旅馆外之大道,而炮火枪声复时时入吾耳目,一日一夜,盖不知残杀吾多少无辜同胞,然竟无法可阻止此项悲剧。在此情况中,吾人岂不能想象中国他处人民中心之对于其同胞之惨酷命运之悲愤为如何乎?

中国人民之经济绝交运动,即为抵制是项日军之暴行而开始而继续者也。吾人于此种事实,加以考虑即知中国人民无论个人团体之所以拒购日货,而参加抵制活动,俾获得充分之效力。渠等深知其祖国军备薄弱,军器不充,故惟有采用此自制制人之报复方面,借以表示其对日本对华暴行之愤慨。盖抵制日货者,尤其商人于采取此项方法时,自身不免亦受其损失,此乃一种自身的牺牲,更绝无攫取日本人民所有之日货之事。有时即因误会,一待事实判明,亦即归还原主,绝无留难者也。在此自然的民众运动中,无论任何政府,当然不能完全取不闻不问态度。在人民之眼光中,政府为保护人民安全,使不受外来侵略之主宰。是以中国政府,一方面深觉中国所受之日本之暴行,一方面乃不得不表同情于此等经济绝交之运动,而容忍之。尤有进者,经济绝交为合法之自卫方策,政府决不能加以取缔。同时民众以日本对中国不宣而战,愤慨至于极度,至政府有时乃不得不命令各地方当局,随时开导民众舆情之激昂,使其于合法的轨道中,而对于保护日侨生命财产之安全,亦加三致意。迄自日本侵略东三省以来,中国国内极少发生对日侨暴动之事变者,即由于此。调查团报告书中对于此点,固已有证实矣。有人以为中国政府对于目下有组织之对日经济绝交,如有正式指导,则似有引起责任问题之可能。关于此点,以中国政府观察实绝无责任之可言。吾人在日本此种残暴预定军事侵略行动之前,认为任何形式之抵抗,均为合理合法。

吾人虽已依照盟约规定,将本案提交国际,以求和平解决,并静俟其结果。然同时不能不就可能范围,设法制止日军继续的前进,以增其形势的严重,深恐任何情形一经造成,即将以其为既成事实之故,而加以重视也。中国既已坚持其和平容忍之政策不变,故对抵抗上亦采取此种和平方法。深信此种加于侵略国之压力,并无杀人流血,故当然人道多多。否则如以武力对武力,结果杀人流血之事,决不可避免也。经济绝交对日本有不利影响,乃在意料之中。然较之日军在东三省、上海、天津各处所杀害之数万华人生命,所毁灭之数十万万华人财产,则相去天壤矣。在此种爱国愤慨中所激成之民众运动中,有时或有二三激昂之徒,运用并不完全合乎严格的法律规定之方法,以求该运动之加倍有效者。然吾人一念及中国最富饶之东三省,为日军无理侵略而占据,则此辈行为,殆亦可认为合理。试问任何其他国家,若承受同样暴行,至于威胁其生存,则情形又当若何?故就目前状况论,即使中国政府宣布今日全中国之对日经济绝交为合法,以求实行该项运动之更整齐之方法,亦不能谓为全无理由也。然中国政府则尚不出此,即此可见其政策之温和容忍矣。

中国对日本实行经济绝交,乃出于无可奈何,此点吾人最应注意。盖经济绝交虽为对日军暴行之一种抵制方法,然对中国人民自身亦有不少损害。中国虽爱和平,对国际争端尤时时以和平政策为主,故对日本此次侵略,亦极望以公断方法获得解决。日本在军备上虽较中国为强,然亦为国际联合会会员国。若能依照国联盟约中规定之和平方法之一向中国提出任何要求,此为中国所最希冀者,然日本军人,计不出此,自始即以武力为政策,实行其预定之侵略计划。故就中国政府观对日经济绝交之精密的施行,乃为必需者。且国联之补救方法,既需时日,此种抵制手腕,尤不可缓。过去十四个月之经历,似已证实此项见地之不谬矣。日本政府非特未曾履行其在去年九月三十日及十二月十日之行政院决议案中所接受之义务,将日军退入南满铁道区,反变本加厉,继续活动。至今日而东三省各处,乃几无一地不在日军铁蹄之下。而国际联合会在此长期内,亦尚未觅得一种有效方法,可以阻止日军在政治上或军事上对于当地情形严重性之增进,或迫使日军履行诺言,退入铁道区,以符决议案之主张。吾人若不承认中国对日军暴行运用经济绝交,以为抵制,即是不承认和平合法之自卫方法。尤有进者,在现代世界经济上举凡保护税率分配制及限制汇兑之运用,悉已被认为合法。此等方法犹被视为合法之经济侵略之自卫方策,则中国之经济绝交,其性质既极相类似,何独不准其运用,以为抵制武力侵略之自卫方策乎? 至中国对日实行经济绝交,是否与对日友谊及条约义务有冲突,此项问题,更非今日所应问。盖欲决此问题,吾人必先询在日本政府在朝鲜屠杀无辜华侨,在满洲、上海及其他各处侵占中国国土,杀害无数中国生命,毁灭无数中国财产,种种暴行之下,中日邦交是否尚可认为友善? 在日本有意破坏一切条约义务之下,中国是否犹应努力履行单方面之义务? 后二问题,吾人若获得答案,则前一问题自可无庸提出矣。余深望上述各点,在考虑中国对日经济绝交问题上及对于此项运动之真正意义上,多少有所阐明。

　中国国家思想近年来虽极迅速发展,然实际并无排外意味。中国一般舆论,虽希望若干政治性质之特权归还中国,以符中国国权之尊严。然任何富有理解性之华人,除运用世界公认之谈判及协定方法以达到其目的外,绝不主张其他方法。有时吾人或可在街头墙角见得一二标语,或在学校讲坛上听得一二演说,对中外国交之现行根据有所指摘。然此种标语演辞,决不能代表全国之谨慎态度,适与西方各国之共产报纸,不足代表各该国之一般意见同也。中国国民党孙先总理所倡导之民族主义,为三民主义之一,其性质全为自卫的和平的建设的,此项民族主义实为中国与世界各国交接后所得经验之结果,为一种民族的期望之表现,欲求中国从不平的条约中求解脱,以求与世界其他各国平等之地位,是以其性质纯为自卫的和平的。同时该民族主义又为建设的,何以故? 盖其最后目的,实为经民族主义之途径,以达到世界大同也。中国愿望逐步进展成为一坚强繁荣之大国,俾在全世界和平幸福上可以有所供献,深知世界各国其前进之最后一步,终将成为一种“国族”,共入于大同之境。此种政治上最高见解,中国古圣贤之言论中,已每每有之,孔子即其一也。孙先总理更从而发扬光大其意,乃成为国民党主义上政策上之主要点焉。

　虽然中国人民,对于日本之控制、克服中国之传统政策,则上下一致反对之。中日邦谊每经一次冲突,日本之传统政策亦愈见鲜明,而其足以危害中国之安全生存,亦愈益无疑。中国人民之视目下东三省事件,并不视为局部事件,而视为日本全部大陆政策之一端。善哉报告书二十二页中之言云:"近数年中日本之要求在中国方面已认为对于中国国家愿望之一种严重挑衅,较之列强所主张之一切权利尤有甚焉。"中国人民之作此观念,并非出于疑惧,实乃出于过去数十年之经验习知所得也。至对于其他各国,则中国绝无排外之意,上至政府下至人民,皆诚心愿望中外各国间邦谊之敦睦,以为互相利益。关于此点,殊无需余之多言,今仅举数字为证。现在各国侨民之在中国平安工作生活者共有三十六万人,外商行号共有八千二百家。侨民中有七五六七人为教士,在中国内地各处传道,并无困难艰险。间有肇事,亦属例外。即在中国本部之许多日侨,虽当此中日情感紧张之秋,在中国政府保护之下,亦仍能安居乐业,绝少不测事件之发生也。更有一事可证明者,中国许多国营事业中所雇外籍人员甚多。中央政府各部会中,即有八国专家四十余人,襄助一切行政。此后人数,且更有增加之势。报告书中对于此点,亦曾提及,其言曰:"国民政府近来于解决中国各种问题,均寻求及接受国际之援助,如自一九三〇年以来之财政事宜,自一九三一年全国经济委员会成立以来,联络国联专门机关,以办理经济之设计及发展事宜,又于同年办理水灾救济事宜等等皆是。"最近国民政府曾请国联为介聘请专家多人来华,研究教育、卫生、浚河、农业及丝业等问题。中国对外若果有仇意,则此种合作计划当未能获得若是之成功也。日方所提出对于中国之指摘,其目的显然为求淆惑听闻藏饰真问题,其所有比较重要各点,余已为指出其不当矣。

远东和平之真正威胁,实为日本之大陆政策,亦已如上述矣。然则关于本案最关重要之各项事实,其已在报告书中阐明者,果为何乎?试为诸君一道之。日本对于其九一八事变及其后种种行为之解释曾提出许多夸大异常的要求,中国政府对于调查团报告中各节揭微发隐,甚感兴味。日本曾声请中日悬案多至三百余件,日本之所以取武力行动,实为求此等悬案之圆满解决。然调查团报告书六十六页中言:"惟所谓两国间有三百件未决之案,又为解决各该案件和平方法,已由一方逐渐用尽等语,则为未能证实。"报告书又称:"于是必要时应以武力解决一切悬案之语,遂为一通行之口号。"又称:"凡武力解决之决议陆军省参谋本部等讨论武力计划之会议,以及关于必要时如何实行此项计划所发致关东司令官及驻在奉天九月初被召至东京且主张从速以武力解决一切悬案之土肥原大佐之确定的训令,均在各报中随意引载。阅各报关于此种种方面及其他团体之情感之记载,即可知情势日趋于危险的紧张。"报告书六十六页，又指出日本陆相在东京之激烈演说，主张日本在满洲之军队，采取直接行动，并指出在沈阳日军夜操之挑衅行为，及其不时的开火。最后乃述及九一八事件，该项事件就报告书中所称，乃为"武力占领满洲之初步"。观于此可见目下中日争端之导线，并非一国对另一国之悬案之未解决，而实为日本军事当局之干涉行为。

又关于中日悬案，调查团在报告书中，固已表示其性质可用公断或法律的方法解决者矣。然则日本在一九三一年九月十八、十九之武力行为，是否果如日本所称纯为自卫行为乎？此问题之答案，不特对中国乃且对国联含有最大之重要性。盖此点与国联盟约之规定大有关系也。日本声言日军犯满，实为自卫行动，然调查团对日方此说并不同意。其言曰："中日双方军队间情绪之激昂，实无容讳。本调查团曾得一种证明，日方于事前确有充分计划，以应付中日间万一发生之战事。此计划于九月十八日至十九日之夜，见诸实行。迅速证确中国方面遵守上峰之训令（见六九页），既无进攻日军之准备，在彼时或在该地亦无危害日人生命财产之计划。对付日军，并非集中应战，亦未奉命开火。故对于日军之突击及其以后之行动，莫不认为诧异。"

日方声言九月十八日晚约十时间，中国军队在沈阳附近，曾炸毁该处之南满路轨。日方制造此项借口，无非借作其军事计划之导火，报告书之言曰："至九月十八下午十时至十时半，在路轨上或路轨旁发生炸裂之事，虽无疑义，惟铁轨纵有破坏，实际上并未能阻止长春南下列车之准时到站，断不能引为军事行动之理由。故前节所述，日军在是夜所采之军事行动，不能认为合法之自卫手段。"（续）此点极关重要，沈阳附近之所谓炸裂事件，如不能认为日军在附近各处军事行动之合法理由，则同时日军在数百哩外之中国其他各处如长春、吉林、营口等地之军事行为，当然更不能认为合理。

日军攻击华军军营并放火焚烧之，而华军则因曾奉令不得对日军冲突者，此点报告书中亦曾道及矣。日本当局对于铲除东三省之中国文官，不遗余力，报告书中对此亦甚加注意。九月三十日国联行政院通过决议案后，正在该议案之有效时间，日本对东三省华人文官势力之摧残，进行尤猛。吾人试观该决议案之内容，其第二节则云："行政院对于日本政府之声明，谓对于东省并无图谋领土之意，认为重要。"其第三节则云："行政院知悉日本代表之声明，谓日本军队业开始撤退，日本政府当以日本人民生命财产之安全，有切确之保证为比例，仍继续将其军队从速撤退至铁路区域以内，并希望从速完全实行此项旨愿。"其第五节则云:"行政院知悉中日代表以保证各该国政府采取一切必要步骤,防止事变之扩大,或情势之愈加严重。"此项决议案系由日本所接受,然事实昭示于吾人者,则为何乎?中国辽宁省政府之官员,如代理主席、财政厅长、教育厅长、公安局长等等,被日军之压迫不得不退出省政府所在地之沈阳,而避至沈阳以西数十哩之锦州城。报告书中称日本不准中国当局避出沈阳,以至锦州设立省政府,且设法以毁灭之,十月八日日军飞机即从事轰炸锦州省政府所在地之交通大学、火车站、树有红十字旗之医院及其他绝无武装之各地点,日机低飞时更作机关枪之扫射,是日本用意在完全扫除中国当局之势力,彰彰明甚。而此种中国当局其对于南满之政府组织及治安维持上,实均为不可缺者也。锦州、吉林及满洲其他各处之华当局势力,逐一被日军消灭后,日方乃从事叹惜痛恨满洲各处之无秩序,日方目的无非在取华当局而代之,此项目的中国知之,而日本则否认之,其装腔作调,国联行政院及大会殆已熟见之矣。

日首相犬养于一九三一年十二月曾表示中国即以满洲奉送,日本亦决不接受,然同时各中立新闻机关,如联合新闻社、路透电报社等,则不断的报告日当局竭力直接的或由其傀儡间接的攫夺满洲治权之事实。余之所以请诸君对一九三一年十月八日轰炸锦州事件及其后锦州乃至满洲其他各行政中心被占据事件,特别注意者,其原因即在指出日当局之绝无诚意。一方面继续阻挠本案之和平解决,一方面更对国联盟约及其他法理,加以践踏也。日本藐视国联尊严之结果,其所加于中国人民之痛苦不知凡几,余亦不愿详细指述,重增在场诸君之不安,惟有一二点可道者,试为诸君陈之。日本先于九月三十日,旋复于十二月十日,对国联保证不再作何行动,以增加事件之严重性。所谓任何行动者,当然包括杀人流血事件之导火行为在内,然保证尽保证而行为自行为。

在中国近代史中,中国土地上及行政上主权之所受攻击,当以日本此次暴行为最。日本军事行动,已将三千万中国民众与其大部同胞隔绝,东三省效忠于政府之官员悉被除名,而代以日本之傀儡。东三省之关务、盐务机关,悉被强占。邮局、电线、矿产、铁道、无线电台及税收机关,以及税收,悉被攫夺。至今日而任何行政方策未得日方允许,万万不能在东三省实行。凡此种种,日本违反其对国联庄严之保证而独断独行之,继续的恐怖政策及同化政策之表现也。调查团报告书一二七【页】有云:"日本军队未经宣战,将向来毫无疑义属于中国领土之一大部份地面,强夺占领,使其与中国分离,并宣布独立,事实具〔俱〕在。此事经过所采之步骤,日本谓为合于国联盟约、非战公约及华盛顿九国条约之义务,而实则各该约之意义,正在防止此种行为。"

不特此也,一九三二年一月二十八日,日本更继续侵略华土,进攻上海,杀伤华人二万四千余人,毁灭并未武装之城之上海及其附近各处之财产价值至十五万万元之巨。驻沪之新中国军队,即与日军接触,其抵抗成绩不啻对有关各方作一通告,谓中国人民固能极度容忍而采取消极抵抗,然亦能奋发有为,作强有力之武装自卫。然日军虽在沪遭遇恶运,并不中止其野心,其一意孤行,更可于其公然承认所谓"满洲国政府"之一举中见之。日本承认"满洲国"乃在本年九月十四日,与伪组织订定所谓议定书,盖已完全不顾其对国联盟约及其他国际条约之义务,及其屡次对行政院之诺言矣。关于东三省状况以至"满洲国"之被日本承认,调查报告书九十七页有言云:

故"独立运动"于一九三一年九月以前,在满洲从未听得。所以能有此项运动,仅由于日本军队之在场,甚为明显。与第四章所述之日本新政治运动有密切关系之现在或已退职之日本武官吏,曾考量组织并实行此项运动,认为一种解决九月十八日事变后满洲局面之方法。该官吏等利用某种华人之名义及举动,并利用不满从前政府少数居民,企图达到上述目的。日本参谋本部,自始或至少在短时期内,明了此项自治运动之可以利用,又毫无疑义。故该部对于独立运动之组织份子,予以援助及指导。调查团认为满意者即依各方所得一切证据,确信助成"满洲国"成立之原动力,虽有若干种,但其中两种,即一为日本军队之在场、一为日本文武官吏之活劲,两者联合发生之效力最大。依我等之判断,若无此两者"新国家"不能成立。基此理由,现在政体不能认为由真正的及自然的独立运动所产生。

吾人观于报告书上项意见,则对于日方所称东三省之"独立运动",乃出于当地人民之自愿者,可以无须再加反驳矣。上述种种,皆为调查团调查所得之较重要各点及其合理的结论。然则吾人应有何解决方法乎?此问题之答案,自应由特别大会供给之。盖自今年二月间起,中日争端业已移交大会处理也。调查团对于此点为便利讨论以求解决办法起见,曾对行政院列举解决办法之条件原则及意见数点,俾供参考。中国代表团对该数点之意见保留其俟下次讨论时发表之权,但同时余欲提出报告书意见之一点,以为诸君道。报告书一五〇页中称任何解决方法,应符合国联盟约、非战公约及华盛顿九国条约之规定,此乃一最重要之原则,为庄严签字于各该和平条约上之各国之所不可不尊敬者也。中国政府屡次声言尊敬国联盟约、非战公约及九国条约之必要,盖各该约文正式的或暗示的,均表示尊重中国国权及其政治上之独立,及土地上行政上之整个性者也。中国代表于去年十月二十三日行政院席上,曾称:"中国及任何他国间之交涉,必以中国在国联盟约及非战公约下之权利义务为根据,并尊敬一九二二年华盛顿会议中所立之原则。"中国政府对于此点,仍坚持不变。故对报告书之同意于中国政府之态度,不胜满意。此后对于任何建议,如能符合此项重大原则者,则中国政府必乐于讨论者也。

吾人根据此项主要原则,乃可得补助原则数点,从此对于中日争端之主要争点,乃更可获得明确之见解,以为世界和平基础之助力,兹谨为诸君略陈之。吾人不应鼓励侵略,报告书中称日本之军事行为,不能视为自卫手段,斩钉截铁,断然无疑。易言之,此种军事行为即是侵略行为也。国联盟约第十条称:"国际联合会各会员国对于全体会员国之领土的统一及现行政治的独立,应尊敬维护之,使不受外方之侵略。"是以中国既被保证,决不受外国侵略在前,自不能因此项侵略而遽放弃其在被侵略前所有之权利。反之,侵略国在实行侵略行为前所不应有之利益,亦决不能因其侵略行为,而遽使其获得之。此项维持世界和平正义之原则,吾人若不尊敬而履行之,则即是奖励侵略行为。因其足使任何一国以不当行为获得不当利益也。此种先例一开,世界和平前途之危险,即不堪设想。而调查团报告书中固称:"要之维持和平之旨趣,举世相同。倘国联及非战公约原则之实施,在世界任何部分失其信仰,则此项原则之价值及效能,将无往而不受减损。"此吾人不可不注意者也。职是之故,任何一国既受保证不受外来侵略,则一旦竟受是项侵略之后,自有要求赔偿损失之权利。中国政府是以对解决本案事件上保留其提出要求赔偿之权。

关于此点,一九三一年十二月十日,中国代表在行政院会议席上,已声明:"中国推定本办法(指一九三一年十二月十日,派遣调查团之决议及主席之声明)对于中国及中国人民因东省事件而发生之损害及赔偿问题,无论直接或间接均不生影响,中国对于此点特提出特别之保留。"行政院及特别大会所通过之决议案,就其尚未实行之各点观之,自应认为继续有效。如日本政府依照九月三十日及十二月十日决议案之规定,应将其军队撤回铁路区。日本对于此项义务,自仍应履行。须知中日争端解决之先决条件,即为日军之撤退也。中国政府在不背其对于本案之叠次宣言,并深信国联其他各会员国并未变更态度之下，以为本争议之全部若不先认定，举凡一切军事占领压迫，或在军事占领时用武力造成之既成事实之压迫应先解除之，则决不能进行公平的解决。

以上种种原则，在中国政府之意，应在任何公正永久的解决方法中受承认。盖吾人对于调查团报告书中所有重要而详密的事实之研寻，自应加以尊敬，而对于为人类永久和平希望所集中之国际新生命之维护，更应加以注意也。以上余所言各点，兹再为诸君概括陈之，以为总结：（一）中国政府及中国人民对于调查团之成绩，表示感谢。（二）中国代表在东三省时忍受种种不需要的阻挠，使其未能充分完成其对调查团的责任，乃致调查团于其重要之工作上，增加不少困难。（三）中国现况在表面上虽有不安定之现象，实则中国人民全体有一种主要的共同目的，正以全力赴之。惟中国在一统努力上屡因日本之传统的干涉阻挠政策，而增困难。日本因恐惧中国一统之故，一方对中国之前进力加阻碍，一方则向世界大声疾呼，表示遗憾于中国之分裂，言行绝不合一。（四）东亚及全世界和平之最大威胁，实为日本之所谓大陆政策，其目的在征服亚洲，乃至全世界。而其进行之步骤，则系由朝鲜台湾而满蒙而华北而华中而华南而南洋各处，乃推进至于世界。（五）中国并无仇外之意，中国之对日经济绝交运动，仅为中国人民对日本侵略之一种自然的反动。此项运动，虽使中国人民自身感受巨大损失，然为自卫，故乃不得不采取此合法而和平之方法也。（未完）（续）（六）余已提出调查团报告书中重要之事实及关于满洲状况重要之结论，请诸君注意。（七）余已提出尊敬维护国际和平条约之主要原则及其辅助原则，此等辅助原则乃可从报告书之事实之报告及结论中合理的获得之者。此种原则，在中国政府之意，应为考虑任何永久解决方法时所不可忘者。

调查团之报告书，在过去十个月中，国联无日不望其早日完成，俾从中可得一解决中日争端方法之根据。该项报告书已经完成，而在诸君前矣。调查团对于中日争执之主要各点，一以端详精密之观察赴之结果，吾人乃得一对于东三省情况之明确报告。举凡事实之胪举及意见之表示，均条例清晰，明白了当。今日者已至国联采取迅速有效举动之时矣。若再迁延时日，则非特使东三省三千万中国民众，多受流血痛苦，深恐公众舆论，对此尊严的世界和平组织之国际联合会之权威之信仰，亦将一落千丈，万劫不复。

犹忆努力世界和平最力之故白里安氏，于去年十月二十四日在行政院会议主席时，曾言若再将此种形势延长，则是对此已经绵延过久之忧虑，更从而加甚之。白氏之作此言,迄今又逾一年。在此一年中,日军继续在东三省、上海、天津进行其侵略行为,致中国无辜人民之被杀害者,又增多万千;中国财产之被损毁者,又增多数十万万元。吾人目前之地位,已达于不仅中国之生存感受危险,抑且国联之命运,横被挑战之境。吾人若求中国之不平得一补救,世界之和平得一保障,则亦惟有依照余所屡次提及之国际和平各条约所规定之正义的原则,以求迅速有力之解决方案耳。

颜代表之演词

我国首席代表颜惠庆博士于行政院开会之先一日,特在代表处招待各国新闻记者,说明中国对于联盟之希望,并谓:"军国主义为吾人所反对,但至不得已时,中国或亦被迫采用。"各报对于此语多表而出之,盖目十九路军在上海抵抗日本后,欧人已不敢轻视中国人也。演词大意为中国政府并无推翻李顿调查团报告书中事实之指陈之意。中国政府对报告书中所述各点,容有未能完全同意者。然调查团之委员皆属一时人望,且经双方同意。调查之性质纯为中立无偏,故调查团调查所得,尤其当真理极为显明之时,若从而向其挑战,自是不宜。中国代表来此,亦非为宣告中国政府已采取并坚持直接违反调查团之建议及劝告之政策,而不顾国联及条约义务之约束。吾人来此,亦非为赞扬黩武主义。

中国赤手空拳,抵抗日本之侵略,已一年有余。刻已准备再接再厉,坚持到底,必要时为求解脱计,既迫而运用一切黩武式的方法,亦所不惜。然中国政府因深痛黩武主义厌恶战争,而渴求和平者也。中国代表之来日内瓦,乃在请求联盟予吾人以和平及正义。过去十四个月中,中国虽感受极端痛苦,仍始终不失信于国联。而日本之侵略行为则日甚一日,其不宣之战,且对军缩会议及欧洲和平前途,横加不少阻力。吾人从知控制日本之军阀之所渴望者,并非和平,而为战争。渠等对国联之行动不视为一种公平之解决方法,而视为迁延时日并获得一种负面的国际不干涉的保证之机会,同时对于一年前开始之不宣而战之侵略计划则仍猛进不息。

中国政府对于国际联合会之善意及效忠,其能帮助补救此项悲剧者,过去已然,将来亦然。吾人深信吾人既能对国联守信义,则届时国联各会员国亦必能对中国守信义。诸君对于国联盟约各约所规定之义务,举凡由中国政府提请援用,或尚未提请援用而日后或将被迫提请援用者,当均已深知熟悉。但对于调查团报告书中主要事实之指陈之此等义务有关者,则或尚未能一一明了,敢为诸君综括陈之,以为参考。

第一,调查团对于"中国现状如此,应取消其国际联合会会员国之资格,所以盟约中之保护各条款均不适用于中国"之理由,加以藐[藐]视,认为不当。报告书称一九二二年华盛顿会议中所始创而包含于九国条约中之政策,其目的即在予中国以充分之时间及自由,俾不受外国之侵略,而致力于国家之建设。此项政策刻仍为有关列强所关心,而为维护世界和平之所必需。诸君若一观去年二月间美国国务卿史汀生致参议员波拉之函,即可知其内容,特别致力所在,亦即在此点。

调查团又称华府会议后十年以来,中国对于国家建设及巩固工作上,已有不少可注意的进步。中国中央政府所受之唯一威胁,厥为共党主义,政府对于铲除共产主义十分努力,并已拟定一种经济复兴政策。然日本侵略行动之结果,共产之活动大受鼓励,而政府之努力则横遭阻碍。惟余可为诸君告者,自报告书完成后,中国政府对于铲共进行,已有确切的成功。军事方面大获胜利,而种种造路计划、农村计划、征信计划及其他扶助农民之计划,均在逐一实施,成绩极佳。为计划并实施此项工作及其他建设工作,计中国政府已聘请国联专家多人,策助进行矣。

至于东三省一地报告书中固已指出其为无庸置辩、不可移易的中国国土,其居民之百分之九十三皆为华人。故在许多方面言,东三省与中国其他部份,完全相同,中间不过隔一长城。若强使与中国其他各部分裂,则将发生困难,危害和平。东三省之伟大农业发展,亦全系华人之力。东三省与中国其他各部之关系,在过去二十五年中,其密切程度与日俱增。而在该地之实业及商业发展上,中国人民亦日渐活动。东三省为中国之库藏,为邻近各省剩余人口之出路,为中国之第一道防线。而同时报告书又称东三省并不适宜于日本之移民,日本在满洲之经济利益,较之日本对中国全部市场之利益,或对印度及美国之利益,尚在其次。日本在满洲之条约上的权利,有时颇可疑问,而日本之对此项权利,往往出以偏[片]面富有挑战性的解释。调查团称日本在满洲之地位,乃得之于两次战事。实则两次战事之外,更可加一次战事的威胁,即一九一五年"二十一条"及最后通牒。是日本以是项方法等所获得之权利,使中国在运用其国权上,感受极大之牵制。故若是项地位并非由双方同意情愿或接受者,则冲突之起殆不可免。

报告书又称日本侵犯满洲之前,绝无所谓"独立运动","满洲国"之计划组织以至成立,均系日本官员禀承日本军部之命而进行,一切主权悉握日当局之手,而为中国居民所深恶痛疾。吾人若竟与以容忍及承认,实与现行条约义务不符。报告书又称中日争端之起,即由于日军之预定的侵略行为,中国当局竭力避免任何挑衅行动,而解决中日悬案之和平方法,亦并未逐一用尽。报告书又称日本侵略行为之结果,致东三省全境盗匪横行,种种不法事件,层出不穷,为历史上所未有。有组织的战事,各处均在进行;人民所受痛苦,不可言状;中日交谊,形同开战,前途亦仅见荆棘。最终报告书中对日军在陆相领导之下,公然计划此项侵略计划,并在报纸上鼓吹直接行动之事,亦已作一谨慎的暗示。

日本开始其侵略计划后,迄今已逾一年,中国政府始终以镇静正直的态度,以全案提交国联请求解决。中政府对日军武力暴行及政治阴谋之控诉,已得调查团充分之证明。故中国及全世界之希望国际联合会,采取迅速决断的步骤,以求解决,此实其时矣。吾人深信日本之迁延时日,以实行其用武力或政治阴谋,以增进形势严重性之毒计应不再为吾人所容忍,而日内瓦世界和平机关之国际联盟会,最后乃终将对全世界表示国联之所代表者乃为公道与正义,并自有其决定解决争议之办法及实施此项决定之勇气也。(未完)

(续)又在开会之前一夕,国联广播台请调查团团长李顿爵士演说,对于日本在报告书发表后之言论,竭力加以辩正。又百代公司请顾代表在有声影片中演说中日关系。二人行动最为时人所注意云。据一般观察,此次松冈出席联盟,可见日本已实行军事外交。松冈在招待各国新闻记者时,竟公然谓"军国主义有时较善于外交政策",故吾人希望国联能采取积极办法,以解决东北问题,无殊望梅止渴。而且时日愈延长,义勇军在东北之势力愈削弱,反求诸己,万不可全恃外交。除援助义勇军继续奋斗、抵制日货、加紧经济自卫外,并须从速与俄复交,与全国武装起来也。

松冈强词夺理

松冈演说,强词夺理,不值一笑,但可供吾人参考。其攻击吾人处有则改之,无则加勉,故附录焉。

日本代表已将日本政府对于国联调查团报告书之声明书,陈诸行政院矣。日本政府对报告书的全部,尤其叙述事实部分,确为对满洲事件一种有价值之描写。报告书中往往有各节乃至全般为日本政府之所完全同意者,日本政府对调查团之诚恳辛劳的工作，极为感谢，谨对调查团全体及各委员诸君表示谢意。虽然日本政府为诚信故深以为调查团若能对本事件加以较久的研究，则其报告书之推论及结论，当更为完备适宜。故日本政府已尽力草成一声明书，对报告书有所指陈，深望行政院诸君，能加以端详的考虑及裁断。报告书对中国现况叙述甚长，然其态度之乐观及富有希望性，则为日本所不能赞同。一九二二年华盛顿会议开会时，中国情形虽未能尽如人意，然日本尚能追随其他列强之后，希望中国能早日恢复和平统一。当时情形虽较十年前中华民国成立之初为恶，然吾人犹有进步之期望。今日者十年容易，而中国状况非特无进步，且较一九二二年为尤劣。中国各部到处皆见军阀割据之势，外蒙古已赤化，西藏方与中政府作战，"土耳其斯坦"则完全与名义上之中国隔绝。国民政府之所用武力统制者，仅为扬子江下游之数省。山东正有内战，四川亦混乱不堪，广东派对政府表示超然的乃至仇视的态度。而此外尚有另一危谋，如报告书中所言者，即共产主义之威胁是也。华盛顿会议时中国尚无此项威胁，其入中国也，系在一九二五年。当时革命领袖孙中山博士，得苏俄军火金钱军事宣传专家之助，进行革命运动。孙博士逝世后，蒋介石将军即起为领袖，与赤俄发生异议，将所有俄员逐出国境。今日者蒋氏仍在湖北、福建、江西等中国之腹心各省，指挥讨赤军事。然国民党及国民政府，固迄今仍未放弃其数年前引起列强增厚在沪驻军之原则也。

欧美及日本军队之驻在华境，外舰之在扬子江上下游出入，均已三十余年于兹。此项外国军队目的不仅在保护其侨民，且在保护其旧在北京（现北平）、现在南京之使馆。试问在被承认的政府之国家之内，各国所派之外交代表乃需军队军舰之保护，岂非中国所独有之状态耶？外国在华驻军，岂仅为形式上之事件耶？一九二七年各国驻宁领署，为国民革命军一部分之军队所攻击之事，诸君当尤能忆得之。此后各国军队对中国军队及匪军之冲突，亦时时有之。在寻常状态之下，日本政府军队军舰之驻在中国者，并不较英国或美国政府为多。然日侨之在华者，较其他各国侨民之总数尚多数倍。故日本政府实已尽力减少其对华驻军矣。国民党采取激进方针后，中国及列强间之交谊，并未进于友善。报告书中称："奈因采取猛烈之排外宣传，致遭阻碍，并在两点特殊之处，肆意为之，以致助成发生现时冲突之形势，斯即利用经济抵制及在学校内介入排外宣传。"

又称各学校内均教授孙中山博士之主义，其权力一等于前世纪之经学。

孙先生之言论,其受人尊崇无异于革命前之孔子。然不幸在教育青年上民族主义之建设方面似不如其破坏方面,能得较多之注意。试一翻阅各校课本,即使读者感觉著书之人,图以嫉恨之火焰,燃烧爱国观念,又欲于仇害心理之上,建树人格。此种猛力之排外之宣传,初起于学校,继用之于社会生活上之各方面。其结果引诱学生参加政治活动,有时甚而发为攻击各部长及其他官吏之身体家宅或衙署之行动与推翻政府之企图。中国国民政府为排外之情绪所深入,竭力将仇外思想,灌入青年人之脑海中。五千万青年华人刻已受过激思想之影响,将来难免造成最可怖之问题。中国军队共达二百万人,然确有良好之组织而能策卫邦国者,则仅占极少数。中国政府更有一种与武力抵抗不同之抵制方法,即杯葛运动是。此项运动实为一种违反商业条约及友好条约之敌对行为,结果较公开战争为尤恶。在华日侨忍受此种痛苦,已数年于兹。有时因经济压迫之故,竟至减少每日餐数,而因之破产者更不可胜数。此种运动并非中国民众之自然运动,乃由中国国民党及国民政府所提倡组织而作为国家政策之一,以迫使外国放弃其条约权利者。世界各国对于战争已认为不合法矣,然则半正式或正式性质之杯葛运动,何独不能视为不法行动乎?受中国经济抵制之影响者,日本外犹有英国及美国,然要以我日本所受痛苦为最。日本对中国政府愈容忍,所受之仇意亦愈显著深切。然日本政府对中国人民固并无仇视之意也。

以上数点,系指中国一般情形而言。兹再专就满洲论之。一九二八年张作霖逝世前,此种经济绝交运动,满洲方面并无之。张学良与国民政府携手后,中国本部之工作人员即陆续赴满,进行对日宣传,声言日本在满洲所享利益,应一一收回。日本在铁路、矿产及其他种种事业上已投资,悉应归诸中国。所有种种宣传性质之传单小册,以及招帖演说等等,日出不穷。浸至张学良三十万军队,亦被这种思想所左右。然日本对于在满之种种权利财产,已屡次表示决不放弃,并正式向张学良警告,对全世界表示,满洲之于日本,在地位方面及经济方面均有极重大关系,故决不能容忍其在该处特殊地位之任何更变。然日本除保障其财产及条约上规定之权利外并无其他企图。对中国名义上之国权,亦情愿承认,而对于国际政策之开放门户及机会均等原则,更无不竭力维护。

日本之忍耐,可谓至矣尽矣。然终至决裂者,则并非日本之过。去年九一八事件,不过为忍耐至于极度终至破裂之现象耳。报告书称南满路轨被炸一事,并不足为军事行动之充分理由。由支路轨之被炸,就其本身言,固为一细点,然其背景则不可不注意。此事若不出于九一八晚,而出于另一时日,则调查团之意见容可认为正确。然事实之存在,固不若是简单。而对于当时形势之紧张,情感之奋兴,更不可不加注意也。出事后日军行动之迅速,在不知者观之或可骇怪,实则日本当此危机,自必先有准备,以为应付,此所以报告书称九一八晚日军所采之军事行动,不能认为合法之自卫行动一点,日本决不能同意者也。美国务卿凯洛格一九二八年六月廿三日牒文中关于自卫权一点,略称自卫权为任何国家所应享有,而为任何条约中所默认者。美参议院于通过凯洛格非战公约时,曾作一决议,中称:"一国运用自卫之权,有时得超越于该国国土之外。"又英外长张伯伦于一九二八年五月十九及七月十八日函中亦称,世界中有若干处,其安危与英国有特别关系,故英国政府不能不声明对于各该地之外界干涉,英国政府不能容忍之而保护各该地,使不受外来攻击,乃为英帝国之自卫方法也。又称非战公约之意义,应以不限制或损害一国之自卫权利为准。此外法国及德国政府,均有同样之表示。而日本政府于一九二八年五月二十六日致驻日美大使牒文中,亦称美国政府之提议中,亦认为并不包含否认独立国家自卫之权。日本政府基于以上之保留,认九一八事件之日军行动,完全出于自卫而无疑。然则日本何以不将满洲事件提请国联解决乎?日本之理由为:(一)日本之民族情感,不能任满洲问题承受外方干涉。(二)国联行动极为迂缓,若由国联解决,则在满日侨包括韩侨在内所受之痛苦,将不可算计。(三)日本与西方心理,颇有不同之点。(四)九一八事变之来临,出于意料之外,爆发之后,即有不能不任其自然之势。

　　至于报告书对满洲之申述各点,颇多日本政府所不能同意者。报告书称满洲为中国之一部,实则满洲仅为一王族的私产,直至本世纪之初年,尚为满清所有,而中国政府之管理权亦从未确实达到满洲,此点在日本政府之声明书中已详述之矣。调查团称如将满洲恢复原状,不能认为满意之办法,此点日本完全同意。惟调查团称维持并承认"满洲国"亦不能认为满意一点,则绝不能赞同。吾人以为"满洲国"之创立,为本案解决之唯一圆满方法,若弃此不取,则远东事件,惟有益趋纷乱耳。调查团对满洲独立之运动之真实性,表示怀疑。实则"满洲国"之组织,并非由于日本之主持,而由当地人民之厌乱。"满洲国"之官员,皆为当地知名之士,故所谓九一八前并无"独立运动"者,实非事实也。至日本军人及文官不得参预"满洲新组织"之训令,固已于九月二十六日由外相币原及陆相南二氏,电令遵照矣。

调查团对中国本部之前途,表示乐观,而对于"满洲国"之前途则表示悲观,日本意见适为相反。"满洲国"之成立,虽未逾十一个月,而成绩已自可观。盖自二十年满清政府倾覆以来,"满洲国"实为该邦第一之民治组织也。新政府若无日军之在场固将难于成立,然试问中国国民政府若无枪炮军火及外籍人员之襄助,其亦能在南京存在乎?至于"满洲国"之种种进步,日政府声明书中叙述已详,如"中央银行"纸币价值之日见稳固,即其最要一端也。至若"剿匪"工作,现尚未能完全成功,然若能假以时日,则终有肃清之望。总之,满洲事件绝非日本所能负责,日本并未追寻此等事变。且若中国全部或满洲一境能有合宜之政府,使日侨得以安居乐业者,则此等事变殆不致发生。日本不过为自卫而自然的行动,而日本行动之后,满洲之"独立运动",亦自然随以俱至耳。日本政府之政策希望及决心,均系于维护和平之四字。日本不欲与任何国作战,亦不欲任何国家之领土。日本并非侵略者,日本诚愿中国之幸福。数十年来中国之不幸的情形,为世界前途之一种危险势力,而日本之政策则实足以巩固远东之和平者。西方各国若竟对日本加以相反的论评,则其理由诚非吾日本所敢知矣。

连日日内瓦阴霾特甚,罕见晴光,而行政院开会之夕,且大雨如注,寒风逼人,若彼苍者天,亦为和平前途表示忧郁也。(完)(十一月廿一日发自日内瓦)

《中央日报》1932 年 12 月 15—20 日第二张第二版

185. 社评:中俄复交与日本

中俄复交消息正式公布后,日本发言人表示:"中俄恢复邦交,日本殊不欢迎。并称阻碍世界和平份子,现已携手合作。日本对此势力,将严厉抵抗。列强当前之问题,乃任破坏势力充满远东欤?抑任建设势力驭制大局欤?中俄复交后酿成此种严重局面,较之满洲问题,则重要多矣。"(路透社十三日东京电)又据十四日路透电,日人消息称:"东京政界表示中俄谅解,或使各大国对于日本较趋和缓,俾可维持远东势力平衡云。"

中国对俄邦交之绝与续,中国政府主权可以决定之。中国政府对任何国家邦交之绝续,中国政府主权可以决定之。主权之性质,对内为绝对,对外为独立。凡有主权之国家,其对外一切行动,和战离合,皆有绝对独立之自由,而不容许任何国家加以干涉,或加以批评。甲国对乙国之对外行动加以干涉,是为侵犯其独立。甲国对乙国之对外行动加以批评或发表具体意见,是为外交上之失态。夫中俄国交之绝续,中俄两国各有其自主决定之权,根本与日本无涉,既无庸其欢迎,更不庸其反对。故中俄复交消息公布后日本政府发言人所表示者,其在外交上实为重大之失态。此种缺乏立场之言论,其在国际上自将遭人之疵议,不必吾人为之诘责。然其两日来外交人员之言论,谬妄之点,实有举发以求世界舆论评判之必要。

其一所谓阻碍世界和平份子携手合作,日本对此势力将严厉抵抗者,惟日本政府发言人之意,必曰中俄两国皆阻碍和平份子也,又必曰中俄两国者皆日本所向视为破坏和平份子,向来不与齿数而避之惟恐不远也。夫日本今日对我态度之由来,是否如其所举之理由?要之中日眼前之关系,既已如此,诚不必谈。所欲谈者,则最近日本对俄之态度是已。夫日本之对俄,岂真认定为破坏世界和平份子乎?又岂真对之始终严厉抵抗到底者欤?吾人于此不自作空洞之答案,且举最近日本国内报纸所载日俄之消息而反证吾说。

(一)东京《朝日新闻》十月十五日载日本驻俄大使广田弘毅由俄回国时对记者之谈话云:"苏俄之经济组织,事实上资本主义之色彩,已逐渐浓厚。……日本若认与俄结互不侵犯条约为有利,则甚可与之缔结云。"

(二)《大阪每日新闻》十二月十日载广田大使赴俄回任时对记者之谈话云:"余此次回任,责任颇为重大,盖日俄互不侵犯条约之缔结,以及日俄将来之种种亲善,皆在余身上,故余当尽力以赴之。"

(三)《大阪每日新闻》十一月六日记松冈洋右在俄之活动云:"十一月四日日本代表松冈洋右与苏俄外交委员长李维诺夫谈话至五十分钟之久,与副委员长加拉罕畅谈至一时之久,日俄亲善精神,溢于辞表,使希望日俄冲突之某国,大为失望。"

(四)同日大阪《朝日新闻》载:"松冈答覆苏俄外交代表加拉罕云,日本之所以对互不侵犯条约略费踌躇者,只为目前顾虑英美法数国耳,并无他意。"

观上述之各项事实,最近半年来日本对俄之态度,所谓资本主义色彩已渐浓厚,所谓缔结互不侵犯条约,所谓日俄亲善精神溢于言表,又所谓日俄接近对英美法之顾虑,约而言之,数月来广田弘毅及松冈洋右所奔走而接洽者,所为何事,由此事实与言论察之,则日本平素之对俄,果真以为破坏和平份子而

摒弃不相往来者乎? 抑处心积虑,日谋所以接近之道乎? 事之由我成功者则
为是,由他人成功者则为非。日俄亲善,日本政府竭智努力;中俄恢复邦交,则
日本将严厉抵抗。俄国与日接近则为建设势力,与中国接近则为破坏势力。
同一俄国也,而其性质之变化,乃至于此。而日人观察之相去,又若是其远。
不知此种言词,出诸政府发言人之口,其理论之逻辑根据,究竟安在? 其言论
所负之责任,已不仅外交礼仪上之失态足以了之矣。

其二,"中俄谅解后,各大国将对于日本较趋和缓,俾可维持远东势力之平
衡",此日本政界对中俄复交后又一猜测与宣传也。夫中国对俄复交之意义,
外交部长罗文干氏于复交消息公布后曾发表宣言,其中有最重要之数语曰:
"苏俄现正从事建设事业,足证其谋以伟大之经济计划,而不采用侵略方式,以
促进其人民幸福。现代中国当前之事业,具有同样观感。……现在新关系为
中俄两国互欲在远东创设和平繁荣新时代之结果,中俄邦交之恢复,惟在此种
观察之下,方有特别之意义。"由此以观,中俄复交之用意,中国曾一再申明为
谋经济建设,为鼓励及促进国际互信及合作,为创设和平繁荣之新时代。此种
倾向,英美法诸国,其必同具此心而同样加以鼓励赞同,盖不问可知。且国民
政府数年来对英美法诸国之外交政策,实一本此种和平合作及互相信赖之精
神。今扩大其精神于对俄,则世界之和平繁荣实多一层保障与光明。而诸大
国对中国之认识及估量,亦自必随之而更深一步。对于外国之假借武力破坏
中国以和平为目的之工作,其不快及愤嫉,当然必为之愈益加深,且所谓远东
势力平衡云云者,日本人所深忌而讳莫如深者也。九一八以来,日本在东三省
之行动,直接对中国为侵略,间接对世界为威胁,此种局面所贻之结果,与远东
均势之前途若何,中俄复交与侵占满洲问题,自非绝无头脑之白痴,当不能相
提并论。故今日妨害远东势力均衡者,究为何国,欧美诸大国权衡久远之利
害,究竟对谁将和缓,对谁将紧张,此或非日本外交发言人所能代为主持并表
示者乎。

日本朝野人士平心一思之,中国之立国精神,自来与任何各国均愿维持友
好和平之关系。虽然,所谓友好和平者,必夫国与国间有双方之善意与诚心,
然后可得而实现。若不幸吾之对造,毁灭条约,蔑弃道义,而惟以蛮横侵略为
事,则吾人自惟有发挥其各方面之自卫能力,与之周旋而已。中国今日正逐渐
发挥其自卫之能力,以求其生存,此则可为日本人士及世界共告者焉。

《中央日报》1932 年 12 月 16 日第一张第二版

186. 中俄外长互电祝颂,政府将任颜惠庆为驻俄大使,王伍两中委谈中俄复交感想

中俄复交后,两国将首先互派大使。闻我国驻俄大使人选,经政府慎重考虑,应以老练稳重在外交界素负重望者充任,现已定颜惠庆。此次复交,即系颜氏与苏俄外交委员长李维诺夫所商谈者,感情至为融洽,畀以大使之任,将来商谈订约及解决悬案时,可顺利进行。苏俄方面,对颜氏之任大使,决可同意,日内即可覆照我国,故正式命令,即可发表。颜氏现在日内瓦出席国联会议,赴俄之期,将在国联会议完竣之后。但对中俄订约问题,仍在日内瓦与李维诺夫就近商谈云。

中俄宣布正式恢复邦交后,两国外长特互相电贺,以表示庆祝之意。兹录其电文如次:(一)罗外长致苏俄外交委员长李维诺夫电:"兹乘两国邦交恢复常态之际,谨向贵委员长表示诚意的庆贺。确信此种事实,足在两国历史上开相互谅解及友谊之新纪元。罗文干。"(二)苏俄外交委员长李维诺夫复罗外长电:"两国友谊关系之恢复,将于中俄两国人民及世界和平,俱有莫大利益,敢贡所信,谨答贺忱。李维诺夫。"

据外部发言人语民族社记者,中俄邦交恢复后,互派大使及驻各重要城镇之领事自为必有之举。我方前派至俄之王曾思氏现正在莫斯科布置一切,俄方亦已派员至北平整理使馆内部。至于领事,在未复交以前,为事实上之需要,双方均有数处并未撤回。我方在俄境者为赤塔、伯力、黑河、海参威四处,俄在我境者为哈尔滨、沈阳等处。外部现已训令颜代表将中俄复交之事正式通知国联云。

王正廷谈

前外交部长王正廷谈中俄复交为应付目前外交要着。此事酝酿甚久,方始告成。在中俄两国当然欣慰,在野心国家或因而忌惮。至此后英法对我之态度是否改变,使以惯例而言,因在国际间甲国与乙国邦交之恢复,为普通事,根本谈不上足以引起其他国家之注意,或所谓改变态度。予意英法两国,在我

国商业上均占有重要地位,想不致自甘割弃固有之好感,而助纣为虐也。但以过去与最近事态而论,在道义与公理上,英法均非仗义执言者,斯不能令人无憾。至美俄表示不参加十九国委员会,因鉴于国联过去对于处理中日问题之处处回避责任,自不能引起非会国之乐于携手。凡评论稍严者,或谓国联之用意,图卸责于美俄。斯言固属过当,然亦未始不足以味嚼。然国联为本身计,更不应因美俄之不加入,而益示软弱。王氏末谓我国已失去数省土地,侵略者又无丝毫觉悟心之流露,苟仍抱徒赖国联之心理,而不自谋实力之准备与举国一致之团结,窃恐东北版图,将永非我有矣。

伍朝枢谈

中委伍朝枢谈与俄恢复邦交,为我国外交上之新开展,转移国际目光,打开沉静局面。大体言之,自属有益而应做之事。国际的影响如何,此时尚不能预测。更须知东北失地,非恃中俄邦交之恢复,即能驱出日军。观察一般国民之意识,如美总统之改选,中俄之复交,欢舞之忱,一若外交成功,高枕无忧矣,岂非大谬。国家之事不能倚赖外人,犹仗自身努力,此有望国人深省自惕者也。与俄复交,为外交上运用之阵容,使日人任意侵略东北之心有所顾忌,所谓国际间之辅助,直如慈善事业耳。

《中央日报》1932 年 12 月 16 日第一张第三版

187. 英方对我解释西门言论,用意在促进和解,并不愿偏袒一方

(中央社)自英代表西门氏,在国联大会席上发表袒日言论,经我国舆论一致指摘以后,英国方面颇有觉悟。据确息,英政府方面已间接、直接向我政府当局表示,西门氏在国联大会所发言论用意在促进和解,并无偏袒任何一方之意,英国为国联忠实会员,对于盟约尊严之维持,决不后人,希望中国方面不因此而生误会云。

《中央日报》1932 年 12 月 16 日第一张第三版

188. 五国起草委会起草决议案完毕，全案正交中日两国审阅，日方喧[宣]传新决议案内容

【中央社日内瓦十四日路透电】 五国起草委员会下午七时四十分散会。讨论时间约达四小时。决议草案已草拟完毕，现交中日两方审阅，定明（十五日）午再行审议，下午提交十九国委员会。十九国委员会代理主席今日列席起草委员会会议。

【中央社上海十五日电】 日讯，东京删（十五日）电，日内瓦电。五国起草委员会寒（十四日）下午三时四十八分在秘书处开秘密会，审议决议案及报告书，下午七时四十分起草完毕，散会。委员会决定将报告书内容先行提示中日两国，然后删（十五日）正午开第三次会议，做最后之决定，下午交十九国委员会付议。各委员关于起草案内容严守秘密。国联当局拟于删（十五日）起草委员会散后，接开十九国委员会，然此事尚未确定。

【中央社上海十五日电】 日讯，东京删（十五）电，日内瓦电。处理中日问题之国联决议案及报告书，由五国委员会决定，即日交十九国委员会，经其审议后，提交筱（十七日）国联大会正式决定。

【中央社上海十五电】 日讯，东京删（十五日）电，日内瓦电。据闻元（十三日）起草委员会所拟之决议案全文仅两页，内容似颇简单。英外相西门抑压小国代表，排除不利日本决议之努力，结果显然可见。其主要各点如次：（一）寅（三月）真（十一日）大会决议之角度确定。（二）赞成李顿报告书对于中日问题之协定与以最好资料。（三）提起调解委员会问题，但不言召请美俄问题。

【中央社日内瓦十五日路透电】 五国决议案起草委员会对于决议案草案，现已全体同意，定于下午五时交十九国特委会讨论。如无异议，即交中日两国代表团。五国小组委员会今日开会时，日本代表佐籐被邀于会议厅隔壁一室内相候，随时由该起草委员会向佐籐有所谘询。各委员对于决议案草案内容，严守秘密，不愿有何意见发表。据云决议案措词极和平。

【中央社上海十五日电】 日讯，东京删（十五日）电。日内瓦日代表团关于调解委员会问题及邀请美俄参加问题，请训外务省，日本应否接受此议。外

务省决定断不能改变既定方针,即于删(十五日)晨向代表团发出回训。又大国之一部,提议缩解委员会,作为七国或五国特委员之议,外务省训令中命令严重监视其前途。

《中央日报》1932 年 12 月 16 日第一张第三版

189. 沪市商会电慰三代表

【中央社上海十五日电】 市商会删(十五)电颜惠庆、顾维钧、郭泰祺三代表云,坛坫周旋,为国奋斗极佩。惟难关尚多,巨大责任,悬之星轺,仍祈发抒伟略,竟此全功。沪三百万人,馨香以祝。

《中央日报》1932 年 12 月 16 日第一张第三版

190. 沪市商会对中俄复交宣言,望两国国民真挚永久结合

【中央社上海十六日电】 沪市商会十五日为中俄复交,发表对外宣言,认中俄商业关系密切,久应复交。望两国国民真挚的永久结合。苏俄大量生产,亦永得发展于远东市场。远东形势日益惨淡,凡能主持公道之友邦,均将视为四亿国民之良友,予以商业上莫大便利云。

《中央日报》1932 年 12 月 16 日第一张第三版

191. 王晓籁访四国领事

【中央社上海十五日电】 市商会主席王晓籁,删(十五)晨访捷克、西班牙、瑞典、瑞士领事,谢各该国代表在国联大会主持正义。

《中央日报》1932 年 12 月 16 日第一张第三版

192. 决议案已交中日代表，国联仍取延宕手腕，英国袒日决议案空泛含混，美俄参加调解势不能实现

【中央社日内瓦十六日下午三时四十分专电】　十九国特委员会小组委员会拟定之决议草案，因受英国袒日之影响，以致颇为空泛含混，一若为日本预留狡辩地步也者。设英外相西门星期三不返伦敦，则所得结果，决较此尤恶。据中央社记者探悉，小组委员会初稿，对于调解基础，仅及规定以和平方法解决争端之国联盟约及凯洛格非战公约，而未列入明定保障中国领土行政完整之九国公约，经我国代表要求始行加入。又决议草案中，对于解决时限并未规定，仅言十九国特委会愿于明年三月一日向大会报告调解成绩，而非提出建议。

【中央社本社日内瓦十六日下午三时四十分专电】　国联对于解决中日争案意图延宕，已无可讳言。国联徒成为日本及各大国之国联，日本需要延宕，完成其在东三省之计划。国联自觉前途无望，亦欢迎延宕，苟全其颜面。至各大国则为避免日本之反抗，亦以为不如听其自然发展，不解决而解决。在此种形势之下，我国遂并一纸上之满意的解决，而不可得也。

决议案交中日代表

【中央社上海十六日电】　日讯，东京铣（十六日）电，日内瓦电。起草委员会删（十五日）正午开会决定决议案及报告书后，下午一时二十分闭会。会议进行时，日代表佐藤在会场邻室，关于与日本有关系之征求诸点，受委员质问，佐藤每次说明日本明确立场。又日本东京铣（十六日）电，日内瓦十九国委员会散后，秘书长即将决议文手交秘书次长杉村阳太郎，转交日代表团，中国代表颜惠庆亦同时接受决议案。日内各国之注意现集中于东京及南京政府之态度。

【中央社日内瓦十六日路透电】　十九国委员会昨日下午开会讨论，时间达七十五分钟，对于起草委员会之草案，略加技术上之修正后，即加通过。当晚将草案送交中日两方，希望明日（十八）可得两方之答覆。各委对于草案之

细目,咸守秘密。但众料草案之措词,极为婉转和缓,日本不至反对。起草委员会今日下午三时十五分,将再开会讨论技术上之修正,然后再由十九国委员会集会审议。昨日十九国委员会开会后,发表下列公报:"十九国委员会今日下午开会,讨论起草委员会之决议,加以通过,并授权十九国委员会主席及国联秘书长向中日两国接洽。"云。

【中央社上海十六日电】 日讯,东京铣(十六日)电。五国起草委员会决定铣(十六日)重开会议。众料中日问题之讨论,续至下周。盖中日两国政府关于决议案之回训到此最少要四十八小时,国联当局观察皓(十九日)哿(廿日)以前,不能召开大会。

草案内容共分四段

【中央社日内瓦十五日路透电】 今日起草委员会及十九国委员会之两会议,对于决议案草案加以最后整理,定本晚提交中日两方。据各委谈草案之措词,极为和缓,或让此时情形,较有希望。但东京及南京方面对于草案之态度,此一二日内外间尚难知晓。会场以外之意见认为国联虑中国之反对,较虑日本之反对为甚。闻草案内,尚有两段措词未定,一为政治性质,须本晚与中日两代表团商议后,方可决定。另有一段,关于邀请美俄两国,亦未决定。因国联向美俄两国之探询,未有切实结果,而十九国委员会于未能确定两国均将应允加入前,似不欲决定邀请美俄两国。中日两国之答覆,谅须四十八小时,故国联秘书处人员,逆料星期一(十九)前,难于召集国联大会。又电,草案共分四段,大略如次:第一段对于国联调查团之工作,表示欣感,兹谓调解委员会,将利用调查团之报告,进行和解工作。第二段重申大会三月十一日之决议。第三段提议以十九国委员会,加入中日代表,改为调解委员会。第四段系关于邀请美俄两国,加入调解委员会。

美俄参加尚有困难

【中央社日内瓦删(十五日)下午六时三十分专电】 就现象观察,苏俄似将不愿参加十九国特委会。至美国则须先获对于调解中日问题之基础条件,始允参加。昨夜国联,已电华盛顿征询意见。

【中央社日内瓦删(十五日)下午六时五十二分专电】 五人起草委员会继续开会三日,因大小国意见不一致,屡次激辩,直至今日下午十九国特委会开

会前,起草委员会始商定决议草案。闻包含下列各点:(一)调解原则基础;
(二)邀请美俄之程序;(三)接受李顿报告书问题。此项草案经十九国特委
会通过,并送交中日双方后,始提出国联大会讨论。但因苏俄似将拒绝参加,
而美国参加与否,又属未定,故前途困难,至为明显。国联虽欲以其权力实行
和解,但大国袒日态度未改,中国只有两条路可走:一则坚不屈挠,一则供人牺
牲耳。又十九国特委会今日已通过起草委员会之决议草案。

日本训令代表内容

【中央社上海十六日电】　日讯,东京外务省删(十五日)下午邀请军部开
会,协议日本对于调解委员会之方针。当晚即发急电,致日内瓦日代表团训令
如次:国联大会以今次决议案,再度确认,寅(三月)真(十一日)大会之决议,而
赞美美国史汀生原则,现在和平之际,重复发表如此宣言,实有害无益。日本
已经承认"满洲国",日本撤兵问题,因此已消灭。至于召请美俄参加调解委员
会问题,日本绝对反对。日本本身亦不欲参加根据第十五条以外盟约之委员
会,作成之决议。若不抵触日本方针,及承认"满洲国"之事,则日本当加相当
考虑。如国联当局先行通知决议内容,须照此训令,要求改正。至决议案移交
大会之时,则一掷从来之弃权方针积极实施反对投票。

【中央社上海十六日电】　日讯,东京铣(十六日)电,日内瓦电。日代表团
由委员会接到决议案后开会,各代表均出席审议。至夜深,结果决定向外务省
贡献代表团对决议案之详细意见,并请示是否接收决议案之训令。请训电报
业于今晨未晓发出。

【本社十六日上海专电】　电通东京电。铣(十六日)上午,外务省尚未接
十九国委员会,起草决议委员会草案之公开。决议案中是否明记调解委员会
之根据,系基于国联盟约第十五条第三项,尚属问题。若系明记,则日本之态
度分软硬两说,即:(一)帝国政府对于盟约第十五条,全部因曾附以保留,故
于调解委会之设置,亦应反对该案。若提出于大会,当投反对票。(二)言论
方面,于第十五条第三项之调解手续,当以不压迫当事国之意志为前提,于实
质的与十一条无异。该案若能容忍日本之主张,即受诺之,于大会以默示的承
认之意味可弃权也云。

《中央日报》1932 年 12 月 17 日第一张第三版

193. 李维诺夫返国，行前与颜谈商复交后问题

【中央社日内瓦十六日路透电】 俄外长李维诺夫今晨十一时离此返莫斯科。中国代表颜惠庆博士及波斯驻瑞士公使，均亲往送行。颜博士昨与李氏谈约半小时，闻系讨论中俄两国复交后之专门问题。

《中央日报》1932 年 12 月 17 日第一张第三版

194. 苏炳文到萨麻拉，受当地官厅民众欢迎，苏赴日内瓦否尚未定

【本社十六日北平专电】 苏炳文秘书长贺圣达元（十三日）电平称，苏氏等一行十四人，文（十二日）离沃木斯克，元（十三日）到萨麻拉，受当地苏维埃及各民众团体欢迎。苏演说时，民众团体代表且提出问题，苏氏详为解答。苏因经济困难，赴日内瓦否难定，俟抵莫斯科晤莫德惠后决定。如不赴日内瓦，则由俄南克里米亚岛，经海道返国。苏眷月底可到平。

《中央日报》1932 年 12 月 17 日第一张第三版

195. 社评：为英国人打算

英国出席国联代表外相西门爵士在国联大会二次会议中之言论，吾国朝野，曾予以严密之注意；全国报纸，几有一致之论评之。以英人政治眼光之远大，中英关系向来之融洽，西门氏此种言论，竟公表于万国冠带并集之国联大会中，自是遗憾。然吾人对大不列颠向持之信念与了解，则初不因此稍移。

大不【列】颠政治家在近年国际关系中，实处于最困难与最复杂之环境。然大不列颠外交能力之特长，常在此困难及复杂中表现。此则今昔事例，不胜

枚举者。近年来之欧洲政治，大不列颠常系其重心，故一问题之起，虽其始迷离莫定，及其终无不以不列颠之斡旋而转移。今日之世界，法德对峙，美日互嫉，小协约纷乱于中，强俄突立于侧，意大利图雄飞于地中海，全局危机无时不在酝酿中，亦无处不与不列颠发生重大关系，惟其关系方面之多及连锁之密切，故平时英政治家之态度，极少表示。苟有措置，常不出以轻心，而定计于无形。数年以来，如麦相之渡美，洛桑会议开后赔款解决，军缩会中对德国提案之接受，皆不能谓非英国斡旋之力。

故就事论事，则英国与近年之世界和平，不为无功。然由此便信英人，对于国际政治，其动机一本慈善济世之心，则又未能深知英人者也。打算利害，英国民族之本性，在外交上利害之锱铢必较，尤英人所具之特长。英国在国际政治舞台上成功多于失败，其原因盖在打算利害之清切。然其外交政策之不能百无一失，或且得失常相参半者，则以其打算之根据，利害观念多而是非正义之念少，利害远近之辨，有时且未能估量十分清楚也。故由此以言，英国外交家所深思而熟虑者，仍不能无蔽。就过去之事实观之，则二十世纪开始后英国在远东之政策，即在英人亦不能自认为踌躇满志。日英同盟所以防俄，所以杜绝世界战争之起，帝俄虽因此而不遂于远东，然代之以兴者，日与俄其不同者安在。华府会议前后，英人所痛苦而焦虑于远东者，其原因盖在于此。民二袁政府善后大借款之成立，得助于英者甚多。当时英人之意只看到袁世凯是实力者，遂未注意袁为民贼。援助民贼，将起全国人民之反感。国民革命运动起后，英政府对于远东时局感受之困难，则其始政策决定之根据，眼前利害观念累之耳。

九一八事变起后，中国政府将中日问题依法提请国际联合会公决。一年来英国对于远东问题之政策，以吾人平素所观察，盖始终回旋于犹豫及静默之中。去年国联行政院每次决议案之不能发生效力，及今年淞沪停战之成功，皆与英国有密切之关系。而中日问题在国联之延岩［宕］无起色者，大概与英国态度之犹豫及静默，关联至深。自去年秋冬两季国联行政院开会，中国代表提出引用盟约第十一条时，至于今兹西门氏在特别大会中之演说，英人态度与中国一般人民之印象，实逐渐增加其不良之成分。今日英国之外交家，其政策之根据，或又在打算估量不能决夺之中欤。

然而吾人愿贡其所见于英人者，英国之远东政策，自其历史言，有三大目标焉：一为印度，二为澳洲与坎拿大，三为远东市场。远东市场者，中国其最要之部份也。中日问题之如何解决，实系英国远东政策之成败。中日问题若不能得到合理之解决，则远东必长在纷扰之中，英国对华之贸易，自将受到打击。若此种局面之造成间接由于英国之鼓励及默认，若西门氏最近之演说者，则中国人民对英之感想为何如，英国对华贸易之结果又将何如，聪明之英人，当无待吾人为之解答。

敢郑重敬告英人，中国人民为最富理智之民族，好恶恩怨，识别之力最强。华府会议后英政府对华之友好政策，尤其一九二七年二月廿九日英外相张伯伦氏对华政策之演说，中国人民常深志不忘。且以为中英两国将成最后良友之可能性，实至强大。西门氏最近之演说，此近年中英关系中最不幸之事，持与五年前张伯伦在伯明罕所论列者，相去何远。两国民族感情之培养，数十年经营之不足，一朝毁之而有余。西门氏最近虽在日内瓦对我国代表有所解释，如西门果不讳其当日之演词为失言，则解释之道，私人晤谈以外，当远不如事实及行动之表现，中国人民且再静观之。

《中央日报》1932 年 12 月 18 日第一张第二版

196. 英国依然袒日！虽曾口头声明但未改旧态

英外相西门在国联大会发表袒日演说，经我国舆论界一致抨击后，英方曾迭向我政府声明，并无袒日之意。但据可靠方面消息，英方袒日态度并未因其口头声明，有所改变。此次十九国委员会决议案草案，未能完全主持正义者，仍系英代表袒日所致云。

《中央日报》1932 年 12 月 18 日第一张第二版

197. 日内瓦充满悲观气象，外部训电我代表团，令饬要求修改不满意各点，日本电日代表团修改五点

国联十九国委员会对中日争端已草拟决议案，交中日两代表团分电政府请训。闻我方以决议案内容未能适合我方理想，未能认为满意，顷已训令日内瓦代表团，将其中不妥当之数点要求修改。又该决议案中建议邀请美俄两国

参加调解委员会,据外交界可靠消息,如国联不将袒日态度一变而为主持正义公道之态度,则美俄将始终拒绝参加云。

【中央社日内瓦十七日路透电】　此间悲观气象甚浓,关于十九国委员会提案之谈判,一时或难结束。故有主张临时竟停止讨论,待新年后,继续进行者。华人方面认为十九国委员会之提案,殊欠澈底,而日方则称不能接受,但两方似均不愿切实拒绝是项提案,而负破坏调解之责任。因调解若不成立,则须援引国联会章第十五条第四款,如此则局势异常严重,结果如何,诚难测度。故即素主采用有力办法之小国代表,现对于局势可能之发展,亦抱不安。

【中央社日内瓦十六日路透电】　十九国委员会下午开会讨论,时间约达三小时。国联秘书长及委员会主席报告,与中日代表接洽情形。松冈及颜代表虽未接到本国政府之新训令,但能依照以前训令发表初步意见,十九国委员会或将于星期一日再行集会。一切意见认为中日两方既均反对该委员会之提案,该会似须暂行停止讨论,俟耶稣诞节后继续进行。

我代表团失望,因草案无制侵略规定

【中央社日内瓦十六日路透电】　十九国委员会之决议案草案,中国代表团认为非常失望,据其发言人谈:"草案距吾人所期望者甚远。该草案并未依照国联会章,确定日期,制定最后之报告,此则尤使人失望。次则草案内容,未有应付东省局势及制止日军侵略之规定。"十九国委员会之讨论严守秘密,昨日该会所通过之草案,一切正副本,皆经负责人员检数,然后妥为封锁,以免内容之泄漏。闻十九国委员会,主张加入中日两国代表,即改为调解委员会,预定于半年内向国联报告。十九国委员会并决对于两国之是非不加断定,仅重申三月十一日之决议案,敷衍小国。按小国近曾提出不承认"满洲国",现虽放弃提案,但对于国联措施颇为不满。又电,国联大会将于星期一日或星期二日开会,辩论十九国委员会之决议,然后闭会,待明年继续进行。

决议草案内容,依据报告书进行和解

【中央社日内瓦十七日路透电】　十九国委员会送交中日两方之提案,大略如次:

第一决议案草案首称十九国委员会之任务,在于努力问题之解决,并无制定报告之必要。该草案旋重申大会三月十一日之决议,并谓任何解决方案必须符合国联会章、凯洛格非战公约及九国条约,然后根据李顿报告第九章,并参考该报告第十章之建议,主张以十九国委员会改为调解委员会,并邀请美俄两国加入合作。调【解】委员会有权采取一切必须步骤用以完成其工作,并定明年三月一日向大会报告。调解委员会,于不能同意时,应随时向大会报告。

第二决议案草案对于李顿调查团之工作,表示感谢,并谓李顿报告书公允不偏,足为国际文件之模范。两草案外,尚有调解委员会之工作范围节要,注重委员会应依照会章第十五条第三款,进行和解,并以李顿报告书之一至八章及第九章为根据,第十章亦须加以考虑,且谓满洲不能恢复九一八前之原状,亦不能任现有状态继续存在云。

日本训令内容,要求修改草案中五点

【中央社东京十七日路透电】 日本内阁今(十七)日通过致日内瓦日本代表团之训令,对于国联全体大会决议案草案,日方主张应修改者:(一)九国公约字样应删去,因该约与国联盟约丝毫无关。(二)根据调查团报告书第九第十两章意见解决中日纠纷一段,应删去,因调查团报告书主张撤回承认"满洲国"。(三)和解委员会仅为研究中日纠纷之一种技术团体。(四)日本反对请美国与苏俄参加十九国委员会,因美俄均非国联会员。(五)日本重新声明日本反对引用国联盟约第十五条处置中日纠纷。

日本反对草案,日代表团向各方说明

【中央社上海十七日电】 日讯,东京筱(十七日)电。国联关于中日问题之决议草案全文及日代表团之意见书与请训,于铣(十六日)下午四时到外务省,即邀请军部在次官室开联席会议。因慎重协议该决议案,并协议日本对其态度,结果决定依据既定方针,要求加以修正。对于筱(十七日)提交阁议正式决定后,拟即训电代表团。其内容主旨如下:对于第一决议案之要求,(一)国联大会重行确认三月真(十一)日决议,因今日事态已归平静,实无必要。(二)邀请美俄参加交涉委员会,因该两国非会员国,属于不当。(三)采用李顿报告书第九第十两章以解决中日争端,抵触承认"满洲国",故不能承认。对于第二决议案之要求本文中,谓李顿报告书为良心的公平云,然日本不能承认此事。两决议案草案之附属书,日政府因认其有说明之性质,要求大会主席明确宣言,其与在盟约第十五条第四项以下规定,及第十六条制裁规定使用之报

告书,性质完全不同。十九国委员会不承认日政府如上要求而移交大会之时,日本即以弃权或保留的宣言,表明对于决议案之最后态度。

【中央社上海十七日电】　日讯,东京筱(十七)日电,日内瓦电。日代表团现与各方面,终日实行非公式交涉,说明如下诸点:(一)日本要求削除理由书最后部分,即虽竟不期月满洲之状况,恢复承认满洲现政府,亦非属解决方法一节。(二)李顿报告书完成后,满洲情形,于该报告书第九第十两章调解争端,实属矛盾,日本绝难承认第九章之七、八两项。(三)以十九国委员会为交涉委员会,其人数过多,且邀请美俄问题,不无疑义。

《中央日报》1932 年 12 月 18 日第一张第三版

198.《武汉日报》评西门言论,如有维约诚意,应示显明事实

【中央社汉口十七日电】《武汉日报》今日社论,对英政府解释西门演词,无袒日意之说,加以推论,略谓:中国民族,从来恩怨分明。英欲保持东亚市场,必以友善之态度待中国。西门前日措辞,不特我生误会,抑亦自隳立场,即有识之英伦人士,未尝不引为遗憾。中英邦交素称亲睦,英声称将维持盟约,深信为由衷之谈。今盟约且被摧毁,而大会尚未终结,英当局苟有维约之诚意与决心,应弗徒托空言,早示吾人以显明之事实,则西门一度失言,国人固不难淡然忘之也云云。

《中央日报》1932 年 12 月 18 日第一张第三版

199. 国联始终延宕,我代表团严正宣言,日本放弃伪国乃调解最必须条件,若无诚意接受谈判基础,谈亦无益,十九委会无进展,有暂行搁置趋势

【中央社日内瓦十七日路透电】　中国代表团顷发下列宣言,表明中国政

府对于十九国委员会所拟定决议草案之意见:"日方若无诚意接受谈判基础,则讨论细目,徒属枉费时间。日本之放弃所谓'满洲国'者,乃调解之最必须条件。"云。

我代表访主席,陈述我对草案见解

【中央社上海十八日电】 本社巧(十八)上午十二时四十五分日内瓦专电。中国代表今日访起草委员会主席,陈述中国对于决议草案之见解,并要求加以修正。就现象观之,日本显属缺乏诚意,和解之进行将徒劳无功。现全世界表同情于中国之人士,对于中国经济自卫努力之渐趋松懈,莫不引以为异。

【中央社十八日下午二时四十五分日内瓦专电】 起草委员会将于今日下午开会,中日两国政府训令均已到此。因决议草案系以李顿报告书第九章为基础,并顾及第十章,日本曾口头通知国联,日本不能同意于李顿之建议。且以日本向主张以承认"满洲国"为调解之先决条件,今对此问题,未有明确解决,故亦表示不满。国联嘱日代表提出书面陈述,日代表仍向东京请训,回训已于昨日到达,当晚转送国联。

十九委会开会,毫无进展仅混时辰

【中央社日内瓦十七日路透电】 十九国委员会今(十七)日开会时,并无重要事件讨论,仅混时辰而已。日本政府训令今日下午始到,日本代表团今晚正从事于将密码译成明文之工作。十九国委员会今日下午六时三十分散会,定明(十八)日下午三时三十分再开会讨论决议案草案。捷克代表柏涅斯已返捷京布拉革,西班牙代表马达里亚加亦将于明(十八)日离此返西京。

起草委会集议,草案趋势将更含混

【中央社筱(十七)下午七时二十分日内瓦专电】 五人起草委员会今日下午又集议一次,但仍无结果而散。对于修改草案,势将取更含混之形势。日政府回训虽尚未到日内瓦,但众料日本必以承认"满洲国"为进行调解之条件。

【中央社日内瓦十七日路透电】 今日起草委员会,重行集会。闻系尊重日方抗议,讨论修改决议案草案之一二三三点。日方以草案内之某项提议,根据李顿报告之九、十两章,以致对于调解委员会之权限,加以限制,故提异议。

日方并反对草案之指定邀请美俄两国。众信起草委员会将修改草案，措词或不指定被邀请加入调解委员会之国家，惟美俄两国态度冷淡，邀请两国加入之提议，或竟完全撤销，亦未可知。

全部问题暂搁，西班牙代表已返国

【中央社日内瓦十八日路透电】 日代表团已得东京覆训，现正赶译电码，提出讨论，故眼前此间未有发展。众意日本对于草案之某部份，虽坚决反对，但尚不至使调解完全陷于绝境。至于中国代表团发言人之声明，谅亦非无转圜之余地。惟耶稣诞节日转瞬即届，故此间预料国联或将全部问题暂行搁置，待明年正月中旬，再行讨论。如此可与中日两方考虑之时间，希望明年继续讨论时，进行或较顺利。

【中央社日内瓦十八日路透电】 西班牙代表马达利亚加匆匆返国，谣传西政府对于马在此发言之态度，颇为不满，故将马氏调回，以苏鲁埃达为十九国委员会内之西班牙代表，维持较为和缓之态度。上述谣传，虽难正式证实，然观马氏最早须待明年二月返此，故此谣传似非无因。十九国委员会代主席维亚特，近受比国政府任命为社会部部长，已于昨晚返国。众料希孟将于星期三日抵此，充当国联大会主席。惟此间计划随时有变更可能，国联大会，将否于耶稣诞辰（二十五日）前集会，现犹未定。

东报反对草案，扬言日有固定政策

【中央社东京十七日路透电】 日本各报一致反对十九国委员会之决议案草案。

《朝日新闻》称，唯一解决中日纠纷途径，在根据所提议之和解工具方面着手，但十九国委员会所提草案，日本完全不能接受，是乃自塞和解之门也。该报谓如十九国委员会不赶早设法采取一较为和缓态度，国联将陷入无可救药之境矣。

《日日新闻》因决议案草案，系根据不承认"满洲国"主义，表示愤懑，并称日本已有固定政策，于任何情境之下，决心实行，不能挽回。无论十九国委员会之决议如何，日本一方当以庄严行动，贯澈日本之主张；一方当于可能范围内保全国联之颜面。

《中央日报》1932 年 12 月 19 日第一张第二版

200. 中俄互不侵犯条约,外传颜李已签订说不确,日内瓦中国代表团声明

【哈瓦斯社日内瓦十七日电】 中国代表团宣称,颜惠庆与李维诺夫业于日前签订中俄互不侵犯条约一说,实属不确,但颜氏曾与李维诺夫商议中俄两国恢复外交关系之细目。至关于满洲事件,中国代表团已接获国民政府之最初训令,尚待接得补充训令,方可通知十九国委员会。

《中央日报》1932 年 12 月 19 日第一张第二版

201. 皖各界电慰顾颜郭代表

【中央社安庆十八日电】 省党务办事处及各民众团体,昨电慰顾颜郭三代表,略谓值兹国联大会之期,实公理存亡之候,敢率八皖同胞,为公后盾。

《中央日报》1932 年 12 月 19 日第一张第二版

202. 松冈视刀而叹,日本外交已陷僵局,松冈常现悔丧之象

【本社十八日上海专电】 据《大阪每日新闻》载,松冈此次离国赴日内瓦时,其老母曾亲赠日本刀一柄,嘱其尽力为国奋斗,谓倘如在国联上外交失败,则可将该刀自裁,以显扬大和民族之精神云。自国联大会后,日本外交已渐陷入僵局,松冈每次回归旅寓时,常现悔丧之象,展开刀盒注视其母所赠之刀而叹。

《中央日报》1932 年 12 月 19 日第一张第三版

203. 俄政府同意颜惠庆使俄,颜定国联闭会后赴任,互不侵犯约随时可签

中俄复交后,政府曾有以颜惠庆博士任驻俄大使之意。兹据确息,苏俄政府顷已有覆电致我政府,对颜惠庆任驻俄大使已完全同意。预计日内瓦国联会议闭幕后,颜氏即可启程赴俄就任云。

日来外传中俄互不侵犯条约,已秘密进行商订说,官方予以否认。但中俄两国既已复交,且两国均非主张侵略之国家,则互不侵犯条约自可随时签订。闻该项条约签订之期,或将在互派大使之后云。

【中央社莫斯科十九日路透电】 闻颜惠庆博士,将任驻俄中国大使,众信苏俄当可同意。华人方面称,两国恢复使领关系后,中俄商业将有重大发展,似因日军占领满洲,中东铁路会议难于进行云。

《中央日报》1932 年 12 月 20 日第一张第二版

204. 孙科谈片,就立法院长与否尚未考量,救亡之道我惟有反求诸己

本报记者昨日往访中委孙哲生先生,作下列之谈话:(记者问)闻先生三中全会后,将就立法院长职,不知确否?(孙氏答)外间传闻实属不确,余对立法院长就职与否,现尚未考虑及此。(问)国民参政会已由三中全会决议定期召集,将来立法监察委员,不知仍须半由民选否?(答)国民参政会为咨询建议之机关,最后决定权,仍属于中国国民党中央执行委员会。此会召集后,立法监察委员究须半由民选否,现尚未谈到。(问)近日国联对解决中日问题之意见趋势如何?(答)因大国之一味敷衍,不敢开罪日本,闻十九国委员会已决定明日(即今日)暂时休会,不了了之之态度,已极显然。至国联拟邀美俄二国参加调解中日问题,两国以国联之始终无明确态度之表示,自不愿参加。故国联现况,实已成僵局。我救亡之道,唯有反求诸己而已。(问)先生对川事作何感想?(答)四川战事纯为军阀混战,增重川人痛苦,影响国家体面,实非浅

鲜。言念及兹,殊深惋惜云。

《中央日报》1932 年 12 月 20 日第一张第二版

205. 三中全会重大使命,在根本决定挽救危亡方针,孙科昨在中央纪念周报告

中央于昨(十九)晨九时,举行第五十七次总理纪念周,所有出席三中全会之中央委员孙科、于右任、陈果夫、何应钦、林森、伍朝枢、居正、柏文蔚、丁惟汾、吴铁城、贺耀祖、方振武、李福林、朱培德、顾祝同、方声涛、钱大钧、朱家骅、褚民谊、夏斗寅、陈立夫、邵元冲、经亨颐、马超俊、赵丕廉、曾仲鸣、关素人、焦易堂、崔广秀、王伯群、傅汝霖、石瑛、邓青阳、杨树庄、王正廷等八十余人,来宾为钮永建、吕超及中央各机关代表,暨中央党部全体职员共约八百余人。九时宣告开会,由中委孙科主席,领导行礼如仪后,并即席报告《三中全会之重大的使命》。至十时余散会。兹将孙委员报告词录后。

各位同志,今天纪念周,兄弟承大会主席团指定出席报告,想把这一次三中全会所负的重大使命,简单的和各位说明。

三中全会自开会以来,至现在,已有五天了。虽然还是在进行之中,但是无论会内的中央同人或会外的一般同志,对于此次会议的感想,觉得非常圆满。到会的同志,大家以亲爱精诚的精神,表示团结一致,同时以很和平、很冷静的态度,来研究关于种种党政大计,以求得到良好的方案,为今后解决国难的一种方针。再概括的说,这一次全会所负的重大使命,就是要解决一个中心问题。这一个中心问题,是要我们如何才能够使大家团结一致,集中国家的力量,来准备积极对外抵抗,以挽救国家的危亡。这是当前最紧要的一个问题。在此国难期间,全国人民的心理和要求,都是在挽救国家危亡的一点。但是我们应该如何进行,才能够达到人民的要求呢?

自去年九一八事变以来,我们根据过去一年多的经验来判断,可以得到一个答案,要挽救国家的危亡,非积极抵抗,没有其他的一条路可走。本来日本帝国主义者,这一次乘中国天灾人祸、救死不遑的时候,突然为实现他传统的政策,以武力来占领我们东北三省,这种横暴的举动,不但是一个友邦所不应

该做的事,抑且违反国际间一切的公约,为历史上所少见的。

我们全国人民在此痛苦当中,对于国际间各友邦怀抱一种无穷的希望。希望他们主持公道,执行公约所应该履行的义务,来制裁这种横暴的举动。但是经过一年多的时间,我们希望所得到的结果是甚么,可以说完全是失望。自这件事发生以后,我们政府根据国联盟约向国际联合会提出要求公断解决,但经过许多的时间,经过屡次的决议,责成日本撤回侵略东三省的军队,退驻铁路区域,以免事态之扩大。大家以为有相当的结果,而结果完全是相反。日本不但不履行国联的决议撤退军队,并且作更进一步的侵略,加派军队,以造成事态之严重。

于是最后国联于无可如何之中,派国联调查团来华调查事实,预备根据国联调查团的报告作一解决。国联调查团竟于今年五月间①来华,经过了半年的时间制定报告。我们对于这一个报告,于事实方面,已认识清楚,这一次的事变完全是日本的一种阴谋,是有计划的进行,并不是自卫的行动。所谓满洲伪国,不但是日本的主使,完全是日本一手造成,无所谓独立的行动,这种事实,已有明了的认识。国联应根据这种事实的报告,有所具体的决定。但是国联行政院讨论调查团报告,虽经过了相当的时间和多少的辩论,而得不到一个结论,就草草把此报告提交大会讨论。及大会开会几天,亦没有具体的决议,便移交到十九国委员会审查,俟得到审查结果,再根据决定。

最近我们所得到的种种消息,十九国委员会所提出的决议,已是委屈求全,对于日本方面,没有得罪一点。而对于中国方面,不但不履行中国的要求,并且连世界的舆论所主张的公道,亦没有讲到一点。据最近的消息,日本对于此种无关重要的决议,尚表示绝对的反对。可见世界公道,已完全绝灭。而我们希望国际主张公道,以求得到相当的解决,这种心理,到今天不但完全是失望,并且已经是绝望了。那末我们于绝望之余,唯有求己,或许可以得到解决。就是除了积极抵抗以外,实在没有第二条出路。

日本侵略东三省,当时不费几天的功夫,完全成功,因为当时我们没有抵抗的军队。如果日本帝国主义者,他们的军阀,以为东三省的取得这样轻而易举,那末可以骚扰华北,而及于内地。是时如果我们没有积极的抵抗,则不只是亡国而已。所以我们以经过一年多的经验来说,今后要挽救中国危亡,唯有抵抗,

---

① 编者按:原文如此。

唯有积极的抵抗。关于这一点,不但本党人同此心,我想举国人民,都是如此。

但是我们怎样才有力量作积极的抵抗呢? 我们不能不想到团结一致,集中全国的力量才能够积极抵抗。此次三中全会的重要的使命,就在根本决定团结一致集中国力,来挽救危亡的方针。这是我们党内同志今后努力的一个目标,我们当根据这个前提,来研究讨论决定种种的方案。无论对于党务、政治、军事、经济、教育等等,我们唯一的作用,就在怎样能增厚我们抵抗的力量。譬如关于党务,本党是中国国民革命的领导者,中华民国的创造,国民政府的建立,完全以本党领导的力量来达到现在的地位。但是总理告诉我们:"现在革命尚未成功。"我们的国家还没有建立起来。所以本党的使命,亦不能终了。既然今后对国家的重任,还是要本党负担起来,那么我们对于党务的进行,当然重新想种种有效的方法,来集中党的力量,以恢复党于民众之间的领导地位,使一般民众,对于党已失的信仰,重新恢复起来。这样我们的党,才能发挥领导革命,抵抗帝国主义,恢复国家独立自由的地位,这是我们党所负的一种重大使命。

关于政治,因为我们要集中国力,当然除党内团结一致外,同时要领导一般国民,使与政府能通力合作,为政府的后盾,如此全国的力量才能够集中。所以在政治方面,也要研究种种有效的方法,来集中全国人民的精神意志,使举国取一致的步骤,下一致的决心,来应付目前的局面。其次要集中国力,当然除党的领导和政府执行种种之政策之外,关于军事经济教育亦要有相当的准备,才能够充实我们抵抗的力量,才能够达到挽救国家危亡的目的。所以在此次会议中一般同志,都能认识清楚了解此次全会所负中心的使命,有几十件提案,可以说没有一件不为解决这重大问题的。

无论关于党务、政治、军事、经济、教育和其他种种问题,都以救国为前提。在这一点,不但可以表现今后中国国民党救国的力量,同时可以告诉国民,我们中国国民党,是能够团结一致和衷共济的,来共同努力奋斗,以排除困难的。我们要求党外的全国人民,要一致接受我们党的主义和政策。同时相信本党有这种决心,有这种能力,来领导中国国民革命。同时要求中央同人和党内同志,在三中全会开过会以后,须以至诚接受大会一切决议案,积极努力,使决议案一一见诸实行,扫除以往议而不决、决而不行、行而不动的弊病。如此,我们此次会议的重大使命,才能负担得起;国家的危亡,才可以挽救。

《中央日报》1932 年 12 月 20 日第一张第二版

206. 国联形势奄奄一息,十九委会陷入困境,伪组织问题为争执焦点,如对我不利我决不接受

中日意见相距甚远

外交界息,中日两国政府,对十九国委员会所草拟之决议案,均已有覆训致日内瓦代表团,提出委员会讨论。双方意见相距甚远,尤以对所谓"满洲国"之承认与不承认为争持焦点,双方均绝对不愿让步。至组织调解委员会时,是否邀美俄两国参加,尚非根本问题。据外交部发言人语本社记者,十九国委员会之决议草案必须修改,如修改以后之内容不能进步,或甚至对我更为不利,则我方决无接受之理。现信十九国委员会对中日问题,已陷于无法解决之困境,或将延会至明年,再行讨论。但国联如不改变其袒日态度,则终无出路可寻云。

起草委会议日覆书

【中央社日内瓦十九日路透电】 关于十九国委员会之决议案草案,日本覆文于昨日下午送交国联秘书长特拉蒙,五国起草委员会即集会交换意见。但因瑞士代表缺席,故改今日下午正式讨论。闻日方覆书对于草案内数点提出反对,但声明调解程序,如仅限于实际问题,而不提出理想之建议(譬如组织满洲国际警备队),则日本准备接受调解。至于调解委会之组织问题,日覆书提出,美俄两国均非国联会员,不宜参加,并反对草案之提及九国条约。

十九委会议无结果

【中央社上海十九日电】 日讯,东京皓(十九)电,日内瓦电。五国起草委员会巧(十八)夕五时半开秘密会议,然因大国委员及急进派之西班牙、捷克两代表等已回国,出席者均系代理委员,经半小时后,即散会。本日会议,由秘书长特拉蒙报告日代表提出之对决议案意见书内容,尚未得任何具体结果,定于星期二下午三时半续开会议。又电,起草委员会定皓(十九)开会,顷决定不

开会,但于号(二十日)下午四时,开十九国委员会。

国联向日解释误会

【中央社日内瓦十九日路透电】 国联中人认为日本对于起草委员会所提出各点,颇有误解,故现正努力谈判,希望解除误会。闻国联方面昨向日代表团说明后,日代表团复电东京请训。此间希望东京回训到后,情势或可较趋明了。日方反对李顿报告书第九、十两章,尤其反对第九章之七八两段。国联中人谈,倘欲调解机关成立,目前之谈判,必须限于广泛之原则问题。日方所反对各点,应于调解委员会中提出云。

日代表团分访各国

【中央社上海十九日电】 日讯,东京皓(十九)电。日代表团接到政府训令后,决定对于决议草案之最后态度。巧(十八)虽系星期日,全体委员均出勤,分别访问起草委员,努力说明日本主张。杉村会晤特拉蒙,松平访问英法代表,长冈晤西班牙代表,松冈往谒英奥代表,采包围方式求人谅解。

【中央社上海十九日电】 日讯,东京巧(十八)电,日内瓦电。日松冈代表巧(十八日)接见新闻记者,关于日本对于国联调解中日问题决议草案及理由书之态度,发表谈话,其内容如下:国联现由十九国委员会进行审议提出大会之决议草案及其理由书,日本因爱好远东和平,希望国联决定与日本主张相符合之决议,草案及理由书之结果,尚未明了。然日本态度现已鲜明,余信国联亦熟知此事。倘若国联未能理解此点,则其为故意不欲理解者也。国联态度如何,吾人绝无警惕之必要。余不疑国联为和平机关,然其手段不副,于此吾人不得不迈进于吾人所信之地步。余切实希望日本国民维持泰然态度,无论国联对日处置如何,余对于日本国运前途,完全乐观云。

《中央日报》1932 年 12 月 20 日第一张第三版

207. 长沙市党部请纠正西门公然袒日废弃盟约

【十九日长沙电】 长沙市党部以英代表西门公然袒日,废弃盟约,殊失代表威信,筱(十七日)电国联会,请予严格纠正,以正观听,而重公理。

208. 十九委会暂行休会,昨晨通过决议案,气象恶劣,日无诚意,和解殆绝望

【中央社日内瓦十九日下午五时十分专电】 日本态度顽强,竟谓中国如愿放弃满洲,始可进行谈判,故日内瓦从事调解工作者大抱悲观。十九国特委会定明日开会,国联大会则需延至明年一月初旬举行。

【中央社日内瓦廿日路透电】 各国代表兹已纷纷返国渡[度]圣诞节,或赴各地游览。闻松冈乘此十九国委员会休会期间,拟赴意大利、土耳其、西班牙等国游历云。

【中央社伦敦二十日路透电】 昨下议院开会时,格兰飞尔及惠廉斯两工党议员,主张国联大会宣告国联会员不应承认"满洲国"。外次艾登答称,日内瓦方面现正力筹最善方法解决满洲问题,下院之争辩,似无裨补云。

十九委会决议

【中央社日内瓦廿日路透电】 十九国委员会今晨通过决议案如次:十九国委员会依照国联大会十二月九日决议内所定之任务,业已拟就某项草案,略定和解之基础以及进行和解之程序。该草案计分两项,并附带理由书一件。已由十九国委员会主席送交中日两国,两方亦各提出意见。此后谈判,颇需时日。在此情形之下,十九国委员会认应继续努力,图获同意,并认为使上述谈判能继续进行起见,此时应暂休会,但最迟不得过明年正月十六日。但谈判仍在进行中,草案条文,暂不发表云云。

和解案殆绝望

【中央社日内瓦号(廿日)下午四时五十分专电】 十九国特委会今晨开会,因与中日双方接洽需时,决延至明年一月十六日再开会,采纳起草委员会所草之建议。

【中央社日内瓦号(二十日)下午四时五十分专电】　据最近确息,因日本坚持(一)"满洲国"之存在,(二)不援用九国公约,(三)对返[邀]请美俄不同意,故和解殆频绝望。我方则以为欲作诚意之和解,非先解散满洲伪组织不可。设和解失败,则中国将要求国联根据盟约第十五条,缮发报告书,说明争议之事实及认为公允适当之建议。

会议气象恶劣

【中央社日内瓦二十日路透电】　十九国委员会今晨散会,气象不佳。草案内容尤其附带之调解委员会权限节要,与日方之争执相距犹远,但国联中人认定中日两方均不愿谈判破裂,以此为其最大希望之根据,并认特拉蒙应能制成方式,使国联于是非曲直无表示之下,开始调解程序。

又电,十九国委员会闭会后,主席希孟及国联秘书长特拉蒙,仍将继续进行私人谈判。惟希孟将不来此,委托此间比国代表勒墨代其进行。

日再令代表团

【中央社上海廿日电】　日讯,东京号(二十)日电。外务省接到日内瓦代表团皓(十九)之报告后,对于调解委员会之权限及国联以李顿报告书第九章第七项为讨论基础之态度,表示不满,即日再度训令代表团,严守规定方针。即命代表团向国联要求极度缩小调解委员会之权限,并不付与作成实质解决争端之权限。至于委员会审议基础之问题,要求以李顿报告书自第一章至八章叙述事实部分及中日两国意见书、国联大会议事记录为根据,审议中日问题。

日代表团报告

【中央社上海廿日电】　日讯,东京号(廿)电。外务省今晨接到日内瓦日代表团关于政府对于起草委员会决议草案及理由书修正案之交涉经过报告。据闻特拉蒙与杉村两番之交涉,颇有进步,即特拉蒙言明理由书最后一段,否认"满洲国"之部分,可以削除,但关于其他部分,要求日方让步。日代表团更向国联要求(一)支持中日直接交涉,及(二)调解交涉委员会,不以李顿报告书结论为讨论基础,应审议中日两国意见书之二项方针,而主张国联任何机关,不得有解决中日问题之最后权利。然此问题非常重要,特拉蒙不能独断决定,故有在巴黎、伦敦等地进行交涉之必要,年内难得结果,或延过年关亦未可知。

特拉蒙大活动

【中央社日内瓦廿日路透电】 今晨十九国委员会开会后,即将宣告休会,待明年一月间再行集会。休会期间内,十九国委员会主席及国联秘书长特拉蒙爵士,仍将与日代表团继续谈判,希望寻获办法打破日方对于草案内容所反对各点。日本反对邀请美俄两国,但美俄既不渴望加入,此事或将根本打销。闻最近数日间,特拉蒙极为活动,力向各方接洽,并制定日代表团可以接受之方式。惟东京方面之回训,尚未完全收到,最后结果,现犹未悉。特拉蒙日内将访各大国外交部长,征询意见。又电,五国起草委员会昨(十九)日下午会议四十五分钟散会后,宣告今晨召集十九国委员会会议。

《中央日报》1932 年 12 月 21 日第一张第二版

209. 胡适观察十九国决议草案,列举五点表示赞成

【本社二十日北平专电】 胡适号(二十日)发表我国对十九国委会决案应表示赞成,并说明其利益五点:(一)决议案系正式根据盟约第十五条第三项,日正反对引用第十条全条,第三项假如失败,国联可引用第四第六两项,为进一步调解。(二)此次申明三月真(十一日)大会决议案,确认一切,解决必须不违国联盟约、非战公约及九国条约,九国条约为国联前此未引用者。(三)邀美俄参加调解,此对我亦有利。(四)由调解委会办理中日问题,日思直接交涉,对此颇反对,我既反对直接交涉,对此当赞同。(五)议案明白宣布根据李顿报告第九章,参考第十章,已含否认"满洲国"意。

《中央日报》1932 年 12 月 21 日第一张第二版

210. 李烈钧谈对日问题,望中央准备武力收复失地,西南对外意见与中央一致

【中央社上海二十日电】 李烈钧号(二十日)晨语记者,全会出席各委意见一致,气象甚佳,希望议决必行。设立民意机关,为实行民主政治之基础,全会现已议决明年召集国民参政会,以期集中民意,训政早日完成,确系有意义之事。中俄复交,为本人素所主张,今已实现,虽觉稍迟,然尚能在国际间发生好的影响。对日问题深望中央早日准备,积极进行武力收复失地。裁兵只须规定原则,公平处置,决可实现。西南对外意见,与中央一致,五省外交署,已裁撤。

《中央日报》1932 年 12 月 21 日第一张第二版

211. 中日问题,罗外长向三全会报告

外交部长罗文干于昨(二十一日)列席三中全会报告中日问题,历数年来日本侵略之罪状及我方外交上所持之原则,兹将其报告词要如下:

自上年九月十八日之夕日本军队按照其预定计划,突然袭击沈阳城以后,日本政府,积极进行其侵略政策,次第占据辽吉各地。九月三十日国联行政院决议,令日本撤兵,乃日本不惟不遵照办理,反令日军进占黑省之齐齐哈尔及其他重要城邑。十二月十日,国联行政院又决议,不许扩大局势,并再令日军及早撤退。乃日军进而夺据锦州、哈尔滨及东省其他军事要塞。不仅中国主权受极度之蹂躏,即国际条约神圣之原则,亦为之毁灭殆尽。本年以来,其侵略计划,愈逼愈紧,制造东省傀儡政府,不遗余力。天津事变时,日本挟持溥仪赴东省,该伪组织因于三月间成立。以后劫取盐款、强占海关、攫夺邮电等等,皆卸责于该伪组织。对于中国政府迭次所提之严重抗议及友邦与国联不承认任何事实的局面之声明与决议,均悍然不顾。其后日本政府竟于李顿调查团报告书即将发表之先,承认伪组织,并与签订议定书。彼时日本政府重要当局

对外表示，竟有日本承认伪组织为既定方案，虽因此日本变成焦土，亦所不惜之语。其执迷不悟，决议吞并中国领土之野心，可以概见。日本既承认东省伪组织，近复得步进步，威迫热河，扰乱榆关。当地长官，屡次告警。日本政府虽在国际间迭次声明，对于东省并无图谋领土之意，而考诸事实，则适得其反。此系一年以来，日本继续凭借武力侵略中国领土之大概情形也。

中国人民对于日本之侵略，异常愤慨，为爱国心所驱使，仅施行最和平正当自卫之抵制日货，以促其反省。乃日本政府，一面既积极实行其武力侵略政策，一面又不愿其人民遭遇实施此种政策当然之结果，而必欲中国市场仍畅销日本货物。日本政府认为中国抵制日货，致日本经济上重大之牺牲，非加以压迫，不足以恢复九一八以前日本在华之商务。此种倒果为因，毫无理性之矛盾见解，日本海陆空军竟大规模于一月二十八日，在上海见诸实行。经我忠勇将士予以激烈之抵抗，于是国际间始知中国民族之终未可侮。其炮击南京，扰乱天津，并在青岛、福州等重要商埠之借端挑衅，亦属同一作用。此为去年九一八以来，日本不顾其人民自受侵略之影响，而欲凭借武力维持其对华商业之政策也。

日本既占东三省，对于该地人民，残杀虐待压迫之事，无日无之。东省人民之死于日军枪炮炸弹下者，据最近调查，不下六万余人，其财产之损失，尤属无算。上海之役，我无辜人民，惨死于日军之手者，亦不知凡几。日军又在上海肆意焚烧财产房屋，阻止扑灭，其残忍惨酷，实未前闻。本年九月十六日，日军诱集抚顺附近平顶山、千金堡、栗子沟等村人民二千七百余人，用机关枪扫射，男女老幼，同罹浩劫。日军既加屠杀后，复将各该村付之一炬。此为去年九一八以来，日本进行侵略领土之外，所实施之恐怖与残暴政策也。

综日本所为，既违法律，又背人道，兹举罪状之荦荦大者如下：（一）违犯法律之基本原则与人道观念。（二）违犯国际公法之原则。（三）违犯国际联合会盟约。（四）违犯巴黎非战公约。（五）违犯华盛顿九国条约。（六）违犯国际联合会历次决议案。（七）违犯日本在国联自为之誓约。

文干受命于危难之间，正系竭诚报国之日，凡依外交途径，我方有之权利与立场，无不设法利用之维护之，以期挽救危局于万一。文干于此应再郑重申诉我方始终坚持之最重要原则维何：

一曰，任何解决东北事件之办法，决不容以维持东省伪组织为前提。

一曰，中国认为解决东北事件之合理办法，必以不背国联盟约、非战公约及九国条约之文字与精神与夫中国之主权,同时又确能巩固远东永久之和平者,为必要条件。

但就今日国际形势观察,所谓和平与公允,所谓条约之尊严,尚未完全脱离武力之支配。我国亟应觉悟者,现时局势决非单纯之外交问题,自应集中全国力量,一心一德,以最有效之抵抗方法,与施用暴力者相周旋。同时文干又深信凭武力肆意侵略者,必遭最后之失败,古今中外之史乘,已屡见不鲜,愿我国人,毋自馁可耳。

《中央日报》1932 年 12 月 22 日第一张第二版

212. 十九委会毫无权威,我代表团大为失望,如日本不放弃承认伪组织,明年重行集会亦难有结果

外交界息,国联十九国委员会,业已闭幕,延期至明年一月十六日重行开会。在闭幕期间仍将设法调解中日两方意见,俾趋一致。但不承认叛逆组织,为我方所誓死力争。如日本不放弃其侵略政策,则调解终无效果。故预料明年重行集会,亦不能有何结果。在闭会期间,我代表顾维钧、郭泰祺二氏,均将返法英两国公使本任,颜惠庆氏则仍留日内瓦主持一切云。

【中央社上海二十日电】 日讯,东京马(二十一)电,日内瓦电。外务省对于日代表团之训令,号(二十)抵此,即时起草日本意见书,由杉村秘书次长手交秘书长特拉蒙。代表团决定自本日起,暂时不与各方进行私的交涉,越年之后再行开始。

我国代表团表示失望

【哈瓦斯社日内瓦二十日电】 中国代表团情报处发布通知,说明中政府对十九国委员会第一决议草案,认为使人失望,其原因如下:(一)决议案既未宣言反对"满洲国",又未声明日本违反国联盟约及其他国际条约。(二)决议案既无制裁办法,而对于李顾报告书之重要说明,亦未列入。(三)决议案虽记载李顾报告书之第十章,然完全不得当,势必遭中国人民激烈反对。(四)决议案对于中国所要求之日期,亦未规定。

日代表团颂扬国联

【哈瓦斯社日内瓦二十日电】　日代表团亦发表宣言,略云:十九委员会发表之宣言,表示该委员会以诚恳之意志,对中日问题寻觅一种真正建设之办法,日本极为赞成。世界建设之重要,日本代表团完全了解(?),日本对和平事业极具信仰(?),始终不欲匆促实行国联盟约,防其实行无效,而致妨害此种和平事业。日本本此意旨希望公同继续努力,以期得到一种有益之解决。

【中央社日内瓦二十一日路透电】　日本代表团发布宣告,极力颂扬十九国委员会之决议,并谓日代表团将本其职务诚恳努力,使国联任务得告成功,非特保障日本权益,且可维护远东和平,并巩固国联基础云。

十九委员会如此宣言

【哈瓦斯社日内瓦二十日电】　十九国委员会顷发表宣言如下:中日问题一方涉及内容上之困难,一方因电报往来颇费时间,故其谈判需相当时日,此乃不可避免之事。中日争端经时已久,且盟约规定之日期,将延长至何时一层,当事之一国,亦曾要求予以规定,委员会深知此事有迅速解决之必要。然因此事关系重大,其所引起之各种问题,涉及世界合作问题之全部,且国际关系上之新制度,现方在进展中,亦受此等问题之牵涉。故委员会必以极坚忍之态度处之,而在竭尽调解力量以前,不能率尔了事。委员会所草之决议案,在大体上或能为双方所接受。目下意见相参差虽甚远,但以诚意处之,亦非不可调和。为避免失败及失败后之影响起见,调解及谈判实为必要之举。以故十九国委员会,决定予以必要时期,俾得与关系国进行谈判,并使一切国家之政府均得参加,以寻觅解决方法。下次开会至迟为一月十六日,委员会相信在此期间之内,双方必能表示退让,否则调解即无术进行矣。

《中央日报》1932 年 12 月 22 日第一张第三版

213. 社评:十九国委员会之失败

自李顿报告书发表后,中日事件之是非曲直,业已大白于天下。姑不论报告书在第九、第十两章所建议之解决办法是否合理,但于东北事变之真相,则已有明确的叙述。基于此种客观的叙述,日军之占领东北显为国际的侵略行为,满洲伪国之不应听其存在,尤为解决中日事件之先决条件。凡此两端,世界舆论既已一致公认,而参加国联调查团之主要国家,对于调查团之有力证明,独能轻予推翻,置之勿论,事之谬妄,宁有过此。

顾国联对于李顿报告书之态度何如,行政院未加讨论,即依法移付大会。大会公开辩论时,小国代表侃侃陈词,理直气壮,全场为之震动。卒因一二大国之迁就强权,蔑视正义,遂草草通过一极空泛之决议案,将责任加诸十九国委员会。当此之时,四国关于否认伪国之提议,虽已根本打消,而十九国委员会之进行调解,识者却早已知其为十分困难。何则?大会为国联最高机关,此时不能明白表示否认伪国,是无异否认李顿报告书内列举之各项事实。夫以国联自身派遣之调查团,而竟未能使其报告见纳于国联之主要会员国,作为解决中日事件之唯一根据。试问一切调解,从何说起?谓另辟蹊径,以谋调解之成功乎?是何贵乎有此调查团之报告?谓仅接受报告书内第九第十两章之建议,而独置其他各章所举之事实于不顾乎?则安足以言维持国联盟约之精神?此诚国联当前之难关,亦即旬日来日内瓦空气恶劣之所由来也。

当英代表西门之在大会发言也,世人为之惊异不置,实则西门之所以袒日,目的只在不责日本以组织伪国之非,而欲日本继续听受国联之调解,使之勿与国联作正面的冲突而已。西门之用心如是,故一面极力迁就日本,以和缓大会之空气,一面则主张邀请美俄加入十九国委员会,以增加调解之力量。向使今日日本之外交不操于军人之手,英之外交手腕或有相当功效。无奈日本方欲以国家片面的意志,决定世界上一切是非曲直,只图强权之战胜公理,岂真有和平之诚意可言?故西门代表活动之结果,不仅无利于国联本身,且反足助长日人之气焰,使国联之威信,丧失净尽。美既表示原则不确定,参加调解为彼所不能接受;俄则始终观望,以逸待劳,态度之显明,更无待言。于是十九国委员会之前途益黯淡无光,而在英国期望之中"国际调解"与李顿报告书所指出之重要原则,盖已如风马牛之不相及矣。

十九国委员会以前之形势所趋如是,故稍有国际眼光者,均已料及国联之终必自陷绝境。果也,十九国委员会开会数次,日本之态度强硬,较前益甚,于否认满洲伪国之决议,则始终反对之,于邀请美俄加入调解委员会,则又严词拒绝之。夫以一当事国之意志,竟能支配一切,玩弄委员会于股掌之上。是岂会员国所能忍受哉？然而所谓大国也者,竟仰其鼻息,毫不为怪。于是本月十五日十九国委员会之决议案草案,遂又格于形势,未能通过。此其影响于国际视听,固不仅使美俄之拒绝参加国际调解已也。

依照十五日之决议案草案,原有四点可述:(一)决定调解委员会将利用调查团之报告,进行调解工作。(二)重申大会三月十一日之决议。(三)改十九国委员会为调解委员会并加入中日代表。(四)邀请美俄加入调解委员会。就此四端以观,十九国委员会之决议草案,虽未有明白否认伪国之表示,但既已重申三月十一日之大会决议,可知调解之方式如何,姑且置之勿论,而其解决办法,必须适合于国联盟约与非战公约之精神,盖可断言。诚如三月十一日之大会决议所云,凡用违反国联盟约及非战公约之方法所取得之地位条约及协定,国联均不能予以承认也。当十九国委员会开起草委员会时,中国代表团曾要求将九国公约一并列入决议草案内,以资遵守。日本代表团则以为该草案之文字,固未明白否认伪国之存在,但显然含有否认伪国之意味在内,故一再狡辩,表示不能同意。向使十九国委员会坚持原议,予以通过,犹可见谅于世人。乃曾几何时,主要国之代表纷纷言旋,日内瓦之气象恶劣,日甚一日。于是十九国委员会遂于前日草草通过一毫无意义之决议,暂行休会,而所谓进行调解一事,有如空中楼阁,可望而不可及。国联能力之破产,良知之丧尽,盖已暴露无遗。是当我国人民之失望,抑亦为各国人士所意料不及耳。

时至今日,十九国委员会已宣告休会矣,李顿报告书之效力亦已有一度之试验矣。吾人对于国联,无所谓留恋,亦无所谓怨恨。中国民族于最后之时期终必能以自力奋斗,表现于当世。吾愿国人抱此信念在心,以应付国际形势之自然变化,并以期待从事国际调解者之最后觉悟。

《中央日报》1932 年 12 月 23 日第一张第二版

214. 日态度顽强,日训令坚持旧主张,明年开会亦不让步

【中央社上海二十二日电】 日讯,东京养(二十二)电,日内瓦电。日代表团接到政府训令之内容,命其贯澈上次训令之主旨,而要求削除理由书最后一段。至交涉委员会问题,主张委员会之任务不能超越开拓直接交涉途径范围

之外。又否认李顿报告书第九章七、八两项,反对美俄参加会议。日代表团决定方针,明年重开会议时,根据于此项训令,强行推进。闻国联方面,因日本态度强硬,前途悲观。

【中央社上海二十二日电】 日讯,东京养(二十二)电。内田外相马(二十一)对日内瓦日代表团,发慰劳电报,谓感谢贵代表一行之奋斗,并希今后之努力。

《中央日报》1932 年 12 月 23 日第一张第二版

215. 美报观察中俄复交,谓为国联失败之必然结果

华盛顿特讯。中俄宣告复交后,美国各大报纸均有评论。《纽约时报》谓中俄复交系日本在远东施行压力之自然结果。至美俄关系,如于此时复交,不啻于远东时局严重中彼此联盟,殊与美国之习惯与政策相反。《纽约先驱讲坛报》称,中俄复交予日本以近年来之最大打击。因复交结果纵不足予日本以惩戒,亦将予以抑制也。《纽约晚报》谓中俄复交显然证明苏俄对于日本军阀在东亚大陆之任意施行其侵略政策,不能永远旁立无睹。《纽约世界电讯》主张美国应即承认苏俄,因可促使日军阀之猛省。《华盛顿星报》称,苏俄现站在中国方面,中国在现在与最近之将来,必获得利益。《宗教科学报》云,中俄联合,造成日本不快之邻国。《路意斯菲快报》谓中俄复交实系一种同盟,而为国联失败之必然结果,但恐为日本所不能忍受。

《中央日报》1932 年 12 月 23 日第一张第三版

216. 中央分电慰问国联代表及各中委,中央眷念忠贞弥深慰念,尚希继续努力以竟全功

三中全会二十一日举行第五次大会时,曾议决慰问我国出席国联代表,并慰问汪委员兆铭、胡委员汉民,及因宣劳或抱病不克出席之各中委案。现中央秘书处,已遵照决议,于养日(二十二)发出四电,申述全会慰问之意。兹将各

电原文,探志如下:

致颜顾郭三代表电

日内瓦中国代表办事处颜代表骏人、顾代表少川、郭代表复初勋鉴:诸代表出席国联会议,宣力坛坫,为国家争人格,为世界维和平,折冲奋斗,备著辛勤。本会议眷念忠贞,弥深慰念,尚希继续努力,以竟全功,是所厚望。中国国民党第四届中央执行委员会第三次全体会议。

致汪委员兆铭电

柏林中国公使转汪委员精卫同志勋鉴:全会开会一星期,赖各同志精诚团结,对捍御外侮,促进训政诸大端,均经议定。同志海天遥隔,凤疾未瘳,大会同人,曷胜驰系,昨一致决议,敬致慰问之诚,尤盼为国珍卫,早就痊可,共扶中华民族复兴之大业。第四届中央执行委员会第三次全体会议养(二十二日)。(致胡委员汉民电文,与致汪委员电相同)

致未克出席各委电

蒋委员作宾、孔委员祥熙、冯委员玉祥、李委员济深、邵委员力子、赵委员戴文、阎委员锡山、郑委员占南、李委员宗黄、朱委员绍良、陈委员济棠、邹委员鲁、邓委员泽如、李委员宗仁、刘委员芦隐、林委员云陔、林委员直勉、白委员崇禧、余委员汉谋、香委员翰屏、刘委员纪文、林委员翼中、缪委员培南、区委员芳浦、容委员耀垣、詹委员菊似、朱委员霁青、鲁委员涤平、李委员烈钧、何委员世桢、熊委员克武、陈委员嘉祐,暨未及到会中央执监委员均[钧]鉴:三中全会开会,叠接诸同志请假文电,并附统一御侮、整军图治各种意见,已详付讨论,将议题集中于团结挽救国难、建立宪政基础两点,重要决议条文,经即宣布全国,谅承省览。诸同志或因军务倥偬,职守鞅掌,或因疾病牵掣,疗养未痊,以致未能来京与会,大会深念诸同志勋劳,及此次对全会惓惓盛意,敬致慰问。中央执行委员会第四届第三次全体会议养。

《中央日报》1932年12月24日第一张第二版

217. 十九委会将草报告,根据十五条第四项强制执行,不接受者即援用盟约十六条

国联十九国委员会因中日坚持东三省伪组织之承认与不承认,无法调解,已延会至明年一月十六日开会。据外交界可靠方面消息,日内瓦方面现虽仍暗中活动,冀觅一比较可使中日两方同意之办法,但恐仍不能有何效果。大约明年重行开会后,十九国委员会将根据盟约第十五条第四项草一总报告,强制双方接受。根据第十五条第四项之规定,任何方面如不接受该项总报告者,即援用盟约第十六条,加以制裁。现外交界方面,对该项总报告之内容颇为注意云。

《中央日报》1932 年 12 月 24 日第一张第二版

218. 陈济棠电请三代表,依据盟约据理力争,不达到收回失地之目的不止,若仍蛮横惟有与之拼一死活

广州第八路总指挥陈济棠,日前有马(廿一)电致外交部,请转颜顾郭三代表,望依据盟约,据理力争,不达收回失地之目的不止,词甚激昂。兹刊原文如次:

外交部罗部长,请转颜公使、顾代表、郭代表勋鉴:日本乘我不备,以暴力占据我东北,强挟废帝溥仪,组织傀儡政府,欲以亡韩故智,重亡我国。其逞强权而不顾公理,蔑视国联,破坏世界和平,事实昭著。世界人士,罔不知之。近以理屈词穷,在国联大会复出其卑劣手段,诬我为不统一之国家,希冀转移世界观听,掩其罪恶,其居心险诈,尤堪痛恨。除电中央积极备战外,此间亦准备随时动员,望兄等折冲樽俎,主持坛坫,依据国联盟约,据理力争,不达到收回失地之目的不止。彼若一味蛮横,则惟有全国总动员,与之拼一死活。临电悲愤,不胜依驰。陈济棠叩马(廿一日)。

《中央日报》1932 年 12 月 24 日第一张第二版

219. 日联合社又造谣,捏造张学良顾维钧往返电,顾已由日内瓦电外部力辟

(中央社)本月二十三日日本联合社长春电称,顾维钧电张学良,对于国联及南京政府表示不满,并接到张氏复电,嘱即退出国联等语。昨(廿五)日顾代表自日内瓦电达外部,声称该项消息全系捏造,此为日人挑拨离间之惯技,欲使中国丧失世界同情,以达其混水摸鱼之目的。该社所称与张学良往来电报,顾氏从未发出或收到云。

《中央日报》1932 年 12 月 27 日第一张第二版

220. 国联始终坚持承认我在东省主权,日方称将于大会取断然态度,顾维钧又向国联提出备忘录

【中央社上海二十六日电】 日讯,东京宥(廿六日)电。中日争端问题在表面上已告一段落。一切讨论延至一月十六日大会。然在里面特拉蒙与杉村次长之间,以日修正案为中心,迭次交换意见。据外务省接到报告,国联当局之意见,始终坚持承认中国在满洲主权之主张,因此日政府决定方针,以断然态度出席明年一月之国联大会。国联计划将中日问题引延至明年三月,俟四月美国新总统就职后,即时出于盟约第十五条第四项之劝告手段。日本以彻底粉碎国联此种阴谋之方针,对付国联,使国联离开中日问题。

【中央社日内瓦廿六日下午四时廿五分专电】 我国代表顾维钧今日又致国联秘书处备忘录一件,驳斥日本之狡辩,共分四章,其要点如下:(一)蒋委员长之"剿赤"工作虽受日本侵略之影响,非常困难,但至今日卒告成功。(二)所谓一八九六年中俄秘密盟约,现已不复有效。(三)当日俄战争时,日本拒绝中国参加,要求中国中立,其后由美故总统罗斯福之主张,始将满洲归还中国,并明定于朴资茅斯条约中,日本信誉因此役大受贬损。(四)日本所称一九二七年蒋总司令曾请日军留驻济南,及日本对张学良不服从南京之劝告实由张氏自己主动之两说,均属绝对无稽之谰言。

【哈瓦斯社廿五日巴黎电】《小日报》将日本代表松冈洋右与中国代表顾维钧之访问记,同时并载于报端,盖松冈与顾维钧均已自日内瓦返巴黎也。

顾维钧谈

顾维钧谈话如下:"余首先所欲申明者,为一简单而有重要意义之事实。此事实为何？即日本一方面继续不绝向世界抱怨中国之不统一;他方面则又继续不绝采行阻碍中国统一之政策。因此引起一问题焉,即日本真欲见中国之统一否乎？实则日本深恐中国统一后,将使日本之侵略政策及征服世界之野心,受其打击,固已甚明。李顿报告书中,对于日本此种恐惧,固已隐约述及。报告书谓日本方面所系绕于怀者,为新中国之全体发展,及日本未来运命之不安云。"

顾氏关于李顿报告书则向《小日报》记者称:"调查团对于中日争端之主要各点详细研究,故报告书得使吾人对于全部满洲问题,得到一明显之印象。现在时机已至,国联会□采取迅速而有效之举动,倘再迟疑,不特足以再发生流血,再增加满洲二①千万人民之痛苦,抑且一般人对于国联会之信仰,或将因之动摇,不可收拾。"顾氏继援引一九三一年十月二十四日白里安主席之言:"延长此种局势,即维持不安状态,而此种不安状态已觉过长。"顾氏旋作结论云,本案发生已一年有奇,而在此时期以内,因日本在满洲、上海、天津等处,扩大其军事行动,局势益加严重之故,致使中国增加数万生灵之牺牲,数千万财产之损失。如现在吾人目击之局势,不特威胁中国之生存,直系向国联会自身挑衅。只有按照国际条约中明白规定之正谊及公理原则,而将此冲突为迅速及有效之解决,中国近受之委屈方得补偿,而世界之和平工具方得保存云。

松冈谈话

松冈谈话云:"一般人恒谓李顿报告书不利于日本,并常有人为文申论之,此言殊非完全确实。日本政府对于李顿调查团谋了解远东局势之种种努力,殊加赏识。盖此种局势,固属异常复杂,而又往往受人误解者也。但短促时间之停留,不能使调查团对于中国之现状,得一完全之观念,则又明甚。调查团足迹所至,不过中国领土之极小部分。至关于争讼最甚之数点,调查团仅根据

---

① 编者按:原文如此,疑为印刷之误,当作"三"。

非常足以怀疑之凭证，而对于此种凭证，调查团似又未提出充分之批评。报告书已述及中国排外情形之存在，而此种排外情形，最近复因国民党之宣传而日益增重。抵货也，学校中之排外教育也，为此种排外精神最严重之表现，然为报告书所未道及。而为日政府所欲重言以申明者，即抵货乃被用作国家政策之工具，借以逼迫列强，放弃其根据条约所得之权利是也。李顿报告书更承认国民党曾在中国民族主义中，掺入变态的反对一切外国势力的色彩。报告书更承认中国之混乱局面，使日本受苦，较其他各国为尤甚。当行政院决定将中日问题移让大会时，日本代表所发表之意见，非与此相同乎？"

松冈复宣言："依照盟约第十一条之规定，吾人仍继续主张行政院应办理本问题，且唯行政院应办理之。如行政院能觅得争端之解决，则固吾人之所大愿也。吾人颇觉未尽能事，故预为之扼腕。国联会之辩论，对于日本舆论，生不良之印象，此则无可讳饰者也。"松冈继述，有人谓日内瓦方面，如反对日本，则日本将另行组织亚洲国际联合会。此种推测，殊属荒谬。最后松冈宣言谓世界各国外交家既承认日本在满洲之牺牲，而又以日本为理屈，殊属不能想象云。结语则为一般对于远东局势及远东政治经济对于西方世界之影响，似不求甚解，余之所以不嫌词费者，盖欲使此种局势，将有一日为一般人之所了解也。虽然，对于最后之结论，余并未失望，则又余所欲断言者也。

《中央日报》1932 年 12 月 27 日第一张第二版

221. 昨行政院会议议决，颜惠庆任驻俄大使，施肇基氏将继颜任美使

驻俄大使人选，业经昨（二十七）日行政院会议通过，特任颜惠庆氏充任，俟提请今（二十八）日中政会追认后，即由国府明令任命。颜氏所遗驻美公使一职，继任人选，尚未完全决定，但施肇基继任之成分最多。至苏俄驻华大使人选，迄今仍未电我征求同意。据外交界消息，俄方将于曾任大使之外交要员中择一充任云。

行政院昨（二十七）日开第八十一次会议。出席何应钦、朱家骅、陈树人、刘瑞恒、石青阳、黄绍雄、陈公博、罗文干、陈绍宽，列席石瑛、甘乃光、俞飞鹏、

邹琳、曾仲鸣、褚民谊、彭学沛、段锡朋,主席黄绍雄,纪录刘泳闿、胡迈、朱宗良、赵家杰。

甲、报告事项:(一)各部会各省市政府工作报告共二十四件。(二)内政部黄部长呈报第二次内政会议开会经过情形。

乙、讨论事项:(一)决议,湖北省政府委员孙绳、程汝怀,呈请辞职,应即照准。任命杨在春、陈达勋为湖北省政府委员。(二)决议特任颜惠庆为驻苏维埃联邦共和国特命全权大使。(后略)

《中央日报》1932 年 12 月 28 日第一张第三版

222. 中日问题国联毫无和协气分,日方认我代表团修正提案,无提早召集十九国会能力

【中央社上海卅日电】 日讯,东京陷(卅日)电,日内瓦来电。中国代表团于感(廿七)提出对十九国委员会决议案之修正文。据日方观察,该项修正提案并无提早召集十九国委员会之能力及性质。现在中国态度强硬,在解决中日问题上必要之和协的气分,毫无发展。国联方面对于中日问题之前途,极抱悲观。

《中央日报》1932 年 12 月 31 日第一张第二版

223. 英舆论界推测,远东不幸大战即发,日准备攫夺北平我必抵抗,各国态度之模棱实任其咎

【中央社伦敦三十日路透电】《每日先锋报》今日在第一张以大字登载其外交消息通讯员之专电,据称日本准备进取北平,日军阀在南满集中军队,图攻热河,然后继续南进,攫夺北平,宣告华北独立,恢复"满洲帝国",仍以溥仪为傀儡云。该报今日社论评及此事,略称日军阀之上述计划,如见实现,则中国当不再镇静矣,中国必将以武力抵抗,而远东之战事,亦将随之爆发。至于战事责任问题,吾人认为因各国外交当局之态度模棱,以至助长日军气焰,不

得不负其咎云。

《中央日报》1932 年 12 月 31 日第一张第二版

224. 武藤递所谓国书时，险遭韩人暗杀

【中央社东京三十日路透电】 长春讯，武藤于二十三日呈递国书时，曾有中韩人民数人，密谋暗杀。但因事机不密，致于递国书前四小时，被当轴发觉。中韩人民六名，因有嫌疑被捕，传系共产党员。

《中央日报》1932 年 12 月 31 日第一张第二版

225. 国联行政院中日代表之激辩，上月廿三日至廿八日详纪

（中央社日内瓦特派员通信）国际联盟行政院会议，例不逾一星期，此次以日本代表借口请训，致延长二日，于十一月廿八上午闭幕，主席宣布日本来函云：

主席先生，关于本月廿五日行政院会议席上，贵主席宣言中所主张将中日问题，移交特别大会讨论一点，敝代表已于今晨奉东京训令。内开：关于日本政府对国联盟约第十五条所屡屡提出之保留，应仍持原议。是以敝代表对于此案，不得不拒绝投票。又敝国政府，对敝代表在行政院上次会议中关于本点所表示之意见，亦已加以肯许。行政院日本代表松冈洋右启，并主张将此问题交付大会，众无异议。

主席又代表行政院申谢调查团之惠临与其助力。日本代表松冈仍声明保留调查团任务已了，不复存在。是日群以为尚有辩论者，而孰知除日本代表外，均未发言。自开会至散会，仅五分钟耳。

现十九委员会已定于十二月一日召集大会，则在六日但众料年内为时已无多，未必能有具体办法议出。且此中尚有一关键，即美国虽非联盟会员，而实际不可不与之合作。在新总统未就任以前，尚属无从措手。非俟至明年三

月,不能明了其政策也。

松冈此来,从其言论及行动上观之,俨然代表日本军国主义,于前函已言之。一方在欧[满]洲恫吓联盟勿干涉,一方在东方引诱中国直接交涉;一方在会中肆意攻击中国之内乱、抵货及排外,使世人视线不注意于满洲,一方在欧[满]洲则竭力消灭义勇军,使其地位格外巩固。处处枝节为之,专事延宕与阻挠。我国代表,知其如此,故仅将大关节目处和盘托出,使世人知满洲问题乃世界问题,日本之行动,无异促大战之再起。仍根据联盟约章、九国公约及非战公约,要求联盟负责,在最短时间内有一切实办法。

在行政院会议期中,松冈否认大陆政策,对于田中密奏,谓为伪造,要求中国代表提出证据。其势汹汹,而不知其所自著之《动的满蒙》一书中,即曾加以引证。又恐调查团对于其最近所言证明,并非事实,一再反对该团发表意见。虽素以袒日闻之英国外相,亦为之不耐,谓该团今已被邀出席矣。诸如此类,徒见欲盖弥彰。盖欧洲空气与东方绝对不同,发言须以事实及法律为根据,不能一味强词夺理。兹将三日间之纪录直译如下,亦将来外交史上之资料也,幸毋以明日黄花目之。

松冈之诡辩

(二十三日下午之辩论)主席请日本代表发言。日本代表松冈洋右云:余今日将专就主要各点表示意见,但对中国代表前日所提出各点同时仍保留在必要时提出增加批评或意见之权。

中国代表当时开首即言,就日本方面之所说观察,日本不过一驯良之绵羊,正在中国之毒齿中求生。不知当时在场诸君,与中国代表发生同感者有几。余前次演词中所称,绝无有使诸君认日本为绵羊之想。且日本在任何地位中,亦决非一绵羊。余今日提出此点,不过欲诸君见到中国代表对于日本方面之所言,悉喜颠倒黑白,横加不当之解释。在场诸君,当有同感。

须知上次中国代表席上所言,其中实不知有许多要点,亦同样受此颠倒黑白之舌辩之影响者也。中国代表称日本政府去年九月之行动,为实行一种预定计划,该计画不徒在占领沈阳,且在继续占领满洲全部,即依照日本之所谓大陆开展计画而遵行者;此语完全无据,容后再详言之。中国代表对日本政府对凯洛格非战公约之解释,提出异议。关于此点,行政院已有日本方面之声明书,故余于此不再欲有言。惟应指出者,中国代表称日本对非战公约之解释,若彼接受,则是非战公约即失其存在之理由。此点日本绝对不能承认,盖日本已屡次声明其行动,乃纯在非战公约意义中所包含之自卫权利范围之内者也。

兹姑先就中国代表之书面意见,择要批驳之。中国代表曾提出所谓日本之大陆开展政策,不知此项计划,绝非日本所曾有,诸君亦绝无须为此梦魇所扰。盖此项计划,从未存在也。中国代表为证明其言起见,提出历史上之事实及日本过去及现代人物之言论多端,以实其说,而尤致意于曾被推崇为日本之拿破仑之军事政治英杰丰臣秀吉之所确曾计划者。夫秀吉固曾设法实现此计划,然结果则完全失败,且其计划亦不过为派遣远征军赴中国,其实并不在克服中国国家也。日本二千六百年来大人物辈出,而如丰臣秀吉之军事政治家则为绝无仅有。行政院诸君闻此事实,试问于意如何。二千六百年来日本人之梦想遣派远征军征华,而又确曾作此尝试者仅有一人,此非极可观之事实耶。然日本虽仅有一人,而中国则有多人。日本曾有一次几为中国皇帝所征服,此等帝皇,容非真正中国族,然其控制中国土地,指挥中国人民则一。

二十六世纪来,日本之疆域仍不出小小数岛。夫日本民族之强固无可异议,然虽屡有开展机会,仍安分促居于其岛国之中。此种事实,非极可使任何公正不偏之观察者所感受良好印象者耶。尤有进者,日本民族之酷爱和平,乃为天性。任何日本人民,绝不肯占取任何他人之所有物,而乐于以自己之所有分给他人。此所以二千六百年来,日本帝国绝无向外开展之企图,已为历史上的事实所证明也。

中国代表又提出日本政客及宣传家之言论数端,以实其说。行政院诸君亦知运用此种方法,则世界任何国家,皆可使其入于严重之被控中乎?即以余为例,余固属于一政党者,对于作耸人听闻之政治演说,固亦甚优为之。夫任何国家之政客,固常有意无意对政府作攻击之辞,有时在争辩之激烈过程中,当然不免有过甚其词,或越出合理范围之事,吾人若掇拾此种言词,以为攻击任何一国之资料,诚何求不得。中国代表所提出者尚仅为极少数,余意大可从事博采群搜,汇为大观者。

关于所谓大陆政策一端,余已作指陈如上。惟于结束此点前,不能不对为中国宣传工作所造成优异地位之所谓田中奏折,不加以声明。所谓田中奏折者,决非在日本所制造,亦决未奏呈于日本皇室者也。吾侪日本人之熟悉对皇室奏章之文字体格,及进呈此种奏章之程序者,对于所谓田中奏折,但觉其滑稽可笑,实无加以否认之必要。余在余所著之某政治小册中,曾否认田中奏折之为真实,盖余之对于此事,实有确切之知识者,余与日本前首相田中关系颇为密切,深知该奏折决非真品。兹再请为诸君略陈概况,以明真相。

一九三〇年四月间中国国民政府外交部长王正廷博士,曾允日本驻华公使采取有效步骤,以防止此项伪造文件散布后所不能免之恶影响,并允训令沈阳交涉员及天津市长,各对当地日总领递一同样之公文。今日者中国代表以最负责任之地位,竟在行政院席上提出此项伪造文件,并声称该文件之真实性已确定无疑。中国官员对于此项所谓田中奏折之言论,其互相矛盾若是,岂不大可怪哉。

田中奏折之英文小册,在欧美各处流传甚多,显系中国之宣传成绩。上海《中国评论》周报社,亦印行此件。最近纽约世界和平运动协会亦复印行此项小册,其中有小标题曰"日本征服中国及美国以至全世界之秘密计划"。举凡美国各大学、中小学、报馆、商会、俱乐部、和平组织等等,皆有此项小册踪迹。

日本前首相犬养毅,于此已公开宣布该奏折之为伪造。实则该奏折之文字及格式,与一般奏折绝不相符,其为伪造已无庸置辩。惟现在既有人努力将奏章宣传于世界,以求人信其真实不虚,余不妨指出其中某某数点,以实余伪造之说。

第一,无论任何日本首相,其对皇室之奏章中决无插入许多枝节事件者,奏折中有言:"华盛顿会议九国条约成立后,我对满蒙之进出悉被限制,举国上下舆论哗然。大正先帝陛下密召山县有朋及其他重要陆海军等妥议,对于九国条约之打开策,当时命臣前往欧美密探各重要政治家之态度,臣即与列强各国秘密交换关于开展满蒙之意见。事毕,归经上海,在上海船埠被支那人用炸弹暗杀未遂,误伤美国妇人。"兹欲请诸君注意者,上述之山县有朋者,实已于一九二二年二月二日华盛顿会议签字之前逝世。且大正皇帝当时以身蒙疾病,不问国事,将近数载,决不能召集会议。尤有进者,田中首相当时亦未赴欧,其末次西游尚在华盛顿会议前十年时,余亦在华盛顿,田中首相回国时余曾遇之于途,渠是时亦撄疾病,且其职位亦仅为一旅长,并无与各国领袖讨论满蒙事件之资格也。第于上述之在沪遇刺事件,亦非正确。田中遇刺,系在其由马尼拉回东京途中,且刺客为一韩人,并非中国人也。

奏折中又称:"美有吕宋舰队与我千岛乃一苇水之遥。"不知千岛之与斐列滨相去一千七百英里,田中纵愚,亦不致作此违反地理事实若斯之甚之语也。

奏折中又称:"故福岛关东长官之长女,因献身于皇国起见,去为内蒙图什蒙图王府之顾问。"不知福岛长女当时仅为十五龄之幼女,在东京攻读,何能去为蒙古王府之顾问。奏折又称日军驻名古屋师团可经由吉会线以赴满,不知名古屋并无日军师团,而吉会线则至今尚未完工。数年来日本政府虽曾与中国政府讨论此事,然固尚未实现也。

就上种种,可见田中奏折之纯系伪造,而中国宣传家鉴于列强之易于接受此种伪品,固尤在努力制造其他类似之伪文件,以愚世界之视听也。(未完)

(续)兹再就经济绝交问题为诸君进一言。日本政府之声明书中,于此已有较详之陈述,现仅概括论之。读中国代表之宣言,似觉中国人民承受外国之不平感觉,反抗之意,辄以经济绝交为抵制方法,实则大谬不然。盖有时某一外国因中国内部纷乱之结果,迫而运用非常手段,即遭中国人之忌,采取经济绝交方法以为抗,有时且用为逼迫列强使就中国之范之工具。就吾人在华所见,实不妨称经济绝交为变相之战争,即不较军事战争为恶,亦至少与军事战争同恶。中国代表称:"吾人当日本侵略行为之前,任何抵抗方法均为合理之自卫。吾人虽已请国联和平解决本案,然同时必须在可能范围内,设法制止情况之更趋严重,盖深恐任何新状态之被视为既成事实也。是以中国为效忠于其和平及忍耐政策,故采取此项和平方法,以为抵抗。"中国代表又称:"在现况下即使中国政府指举国一致之对日本商品、日本商号之经济绝交为合法,亦恐不能认为无理。然中国政府尚不出此,可见其容忍温和政策之一斑。"

中国代表之作此言实已承认经济绝交之已经由中国政府认为合法,此事似有严重性。中国代表称中国政府刻仍限制此项合法自卫政策之充分施行,然日本政府固已对调查团指出许多反证矣。中国第一次大规模经济绝交之对象为美国,行政院诸君亦愿知当时美国之态度乎?是时余适为日本驻沪代理总领事,对于当日情形闻见较多,且曾与驻沪美总领事通力合作,以制止此项经济绝交运动。吾人若一披阅《美国外交》第一九○五卷中所载关于此事之往来正式公文,即可知美国政府之反应。美政府对中国经济绝交运动,指为:"中国外交政策一种不规则不合法之助力及一种压迫方法,其目的在取得美国之让步,一种制止美国对华贸易之阴谋,一种违反条约并含有仇意之行为,并经中国政府之同情及正式之指导者。"又称美国政府坚持中国政府之责应完全取缔此项运动。因其公然违反条约上神圣之义务及中国律法,并为无知人民妄冀掌握政府权能,以扰乱国际交谊之举动也。美国政府当时并对中国加以警告,责其赔偿一切损失。同时为实施其见解起见,训令太平洋舰队,准备行动。上海道接受此项直接压力及警告后,即在二十四小时内取缔对美经济绝交运动。试问任何发言或任何行为,尚有较此更强硬者乎?中国代表宣言第十六页称:"现下之经济绝交运动,乃专为抵抗日本之无理的侵略政策者。"第十九页称中国对日经济绝交以抵制其侵略,乃出于万分无奈,盖自一方虽为对日本军事行动之自卫,一方面则中国人民自身亦受重大损失及牺牲。此点不可不特别注意。其实历年来中国对日经济绝交运动,不能认为对日本军事行动之抵制,如一九○八年经济绝交、一九○九年及一九二三年经济绝交,及凡尔赛和会结束后之对日货大抵制等等,皆其例也。一九二五年五月三十日事件发生后,亦有同样经济绝交运动。凡此种种,皆决非为对日本军事侵略中国之自卫,事实俱在,尽可覆按。且如上述,中国对美经济绝交运动,美国政府固不曾视为中国对美国军事侵略行为之自卫也。

对于经济绝交一点,已如上述,兹再就所谓中国之仇外行为一点,略贡意见。中国代表在第二十三页中称,至中国对于其他各国则并无仇意。又称其实中国政府及人民诚愿与列强保持最亲密之邦谊,以为相互利益及幸福。兹仅掇数点,以实余说。

查现在在华平安生活工作之外侨共有三十六万余人,外商共有八千二百余家。外侨中有教士七千五百六十七人,分别卜居中国内地各处从事传道,并无受侮辱及受取缔之事,即有事变亦极稀少。试问中国代表所谓"即有事变,亦极稀少"者果有事实之证明否耶?吾人若一查十年来之纪录,则此说殆将不攻自破。

总之,一班的排外主义之存在,中国已无可讳言者,或者此种主义为潜伏的。惟设有某某一国作某某行动,或中国设有所欲于某某一国,则排外行为即必被采用而无疑。十数年来中国各学校厉行排外教育,中国儿童之脑海中自幼即受排外思想之影响,自小学中学而至大学,此种现象之结果,尚待言哉。

吾人皆知一九○○年中国之"拳祸"矣。当时各国使馆被义和团包围,馆中外人皆有被屠杀之险。然"拳祸"之根本原因,则岂非即是排外思想恰与中国政治家之灌输排外教育于中国儿童之脑海中之意,大同小异哉。吾诚恐世界全人类于不久之将来,即将受中国最有力排外教育之影响,此所以日本之战战兢兢不能自安也。犹有进者,中国此种排外教育,势将助长其混乱及不安,而为全世界应立即注意之问题,然犹惜其不早。过去十年或十五年来中国之五千万儿童，无论在家庭中或学校中，悉受此种排外教育之薰陶。一转瞬间，此等儿童即将为二十岁或二十五岁之青年，而向全世界挑战。此种事件如任其进行，不加闻问，则吾恐所谓满洲事变者，仅为本问题之一枝节而已耳，故此事乃如国际联合会之国际组织所立应注意之事。若任其过去，不加裁制，则将来吾人将再度被一"拳祸"，其程度殆将十倍二十倍于一九〇〇年者。届时而世界各国方始觉醒，则为时恐将大晚矣。日本政府之意，为中国人民本身真正利益及幸福起见，中国领袖应立即觉悟此种排外教育之可惧之结果，否则如不采取补救方法，则中国及中国民族殆终将沦于毁灭。

余在进论此点前，请再对田中奏折事件作一言。夫中国报纸或其他各国报纸，登载一种不负责任之报告为一事，而以一国代表坐于国联行政院席上，轻心的对日本国或任何其他一国提出严重指斥又为一事。其实中国代表之出此并非轻心的，而实为确知其作此言论，乃系对田中首相一种严重指斥，确认其曾对日本皇室上一征服全世界之梦的奏章。中国代表殆已准备证明此事，否则行政院诸公何能仅仅以某项指说之故遽认任何国家为有罪哉？吾人欲人人之罪，必先得证据，此事亦然。

中国代表已将田中奏折陈诸行政院，并力言其真实性已确定无疑矣。然则其证据又何在乎？亦能提出以一新吾人之耳目乎？再次吾人屡闻中国对日本提出破坏国联盟约、凯洛格非战公约、九国条约及国联关于本案所通过之决议案之规定之指诉。关于此点，日本政府之声明书及余所发表之节略中，已有较详之对于日政府意见之阐明。一言蔽之，日本政府深信其从未破坏任何各该国际约文中之义务，此后如需再于此点加以申叙，余自当为诸公详陈，兹不多赘。

复次余窃愿对中国现况之混乱及其责任问题，加以评论。中国代表对于此事，将其大部份责任加诸日本之干涉及阻碍政策上，声称日本之所惧者即为将来坚强统一之大中国。此说颇似西国人不谙中国情形及中国人民习性者之所言。然以吾日本人见解言，则决无此种恐惧也。吾人极欢迎中国之和平统一，并极愿扶助中国以达到此目的。凡熟知远东事件者，必知自明治大帝以来，日本政府之政策，即在尽力维持东亚之和平秩序，数十年来履行不怠，独惜中国邻邦不解此旨耳。惟日本民族固与欧美民族同为人而非神，当然有时有错误，或甚至犯罪的举动，然日本固已尽其为人的力量矣。吾人作一种指陈乃为极易之事，惟负有责任者，自应三思而后出之，并提出证据证实其所说为不虚。而中国人民则往往不求甚解,轻易对他国人民,作不负责任之指控。人类有一种奇异的心理,凡某项声言,若陈述至再至三,则听者言者,均将逐渐深信之而不疑。中国人民,深知上妙,往往利用此点,以为其宣传工作之助。今日者中国已将此种指诉提出于庄严神圣之国联行政院矣,吾人不能不冀其同时提出充分之事实及证据以充实之。至于日本方面,则仅知绝未违反任何约章上规定之义务。中国代表称中国之混乱,日本应负其责。但余则不能不声明日本不负此种责任,须知负有此种责任者,即是提出对日本之指控之中国人自身耳。

中国代表又以具体的态度,称日本在某一时期内,曾有阻碍中国进展之事实。然则试问今日存在世界大地之中华民国,其先之免于失败者果为何国之力乎?日本政府当时曾与美国政府接洽援助中华民国之事,美政府置之不顾,日本政府则继续进行,卒援助中华民国于危难。犹忆梦想帝制之袁世凯失败后,余之老友王正廷氏(?)在北京,曾对日本亲致谢忱。可见中国人民之诚愿见民主政制者,皆应对日本表示感谢。诸公殆均知中国国民党总理孙中山博士遇有危险时,往往来日本避难。南京临时政府形势紧迫时,孙博士之日籍友人,曾助款三百万元,卒救临时政府于危亡。然此等友人,矢口不言酬报,此事蒋介石将军固亦知之也。

关于中国之骚乱不靖事件,兹请将目下中日关系之背景一部分,为诸君略陈之。满清政治家李鸿章氏,于签订《马关条约》让出南满洲之后,即联合俄德法三国出而干涉,劝告日本放弃中日战争合理的偿报。声称日本如占有南满,则远东和平将因之扰乱。日本遵照该项劝告后之次年,俄国即与中国订立秘密条约。订约后中国政府秘不宣布,直至在华盛顿会议中中国代表顾维钧氏,经美代表之迫请,始将其大概情形发表。然其中仍有最要一点,未经宣布。直至苏俄政府发表该项文件,吾人始知其详。中俄之联盟条约,中国方面自辩称为一种对日的辄卫。其实历史上无论何种联盟协定,决不能自称为一种侵略之约,其惟一判断之点,厥在其前因后果,加以端详之考察,而后方可定其性质。依照中俄条约中规定俄国可以迅速向满洲开展,并完成以旅顺港为终点之伟大铁道线,俄更进而企图越过鸭绿江,以向日本之中心进取。日本在此情势之下,除开战外别无他途可走。然日本之对俄宣战,主要目的虽在求自身之生存,而影响所及,则并夺回满洲归诸中国。试问日本牺牲数万生命二十万万日圆而为此,至少岂不应承受中国一言之谢乎?夫二十万万日圆之数,较之欧洲大战之所费者固为极微,然以日本当时困难之情况言,则其负担已属不胜。此项债务直至今日尚未清偿,仍由日本民众负担。然此项负担之报酬,则为何耶?亦惟有将满洲夺诸俄国还诸中国,而绝未得中国一言为谢而已,此乃历史的事实。

行政院诸公如欲明确了解日本民众关于满洲事件对中国之情感者,非先追求其历史的背景不可。否则真相不能明,日本人民之情感亦不能明也。中俄条约之内容,在华盛顿会议中始稍稍发现。发现之后,日本政府之行动,又为如何耶?日本政府非特不作任何行动,且不作任何发言。实则就法理上言,日本即在今日亦仍可向中国政府责问要求补救。若中俄条约之发现,适当日俄战争结束之时,则以当时情感之紧张,日本得知俄国之入满洲,系由于中国之引导,殆不免要求将满洲全部割让与日,而今日之满洲问题亦即不致发生。当是之中国,无一感谢之辞,一似日本在满绝无权利之可言,而日本人之在满,纯为侵略之辈,岂不令人愤慨。行政院诸公当知张作霖(?)与国民政府合作,竭力设法驱逐日本势力及日本人出满洲境。世界任何国家在此种情形之下,势将采取与我日本同样之行动,或竟出之较早。且以我日本人之眼光观中国,他日亦未能确定不产生另一李鸿章,与他国秘密缔结联盟条约,以危害日本之生存也。

中国代表宣言书中又称,一个国家政治组织完善程度之另可靠的指数,即为该国对他国在尊重国际条约上所表示之忠诚及合作之程度,此种合作为国际新生命及世界和平组织之实现上,所不可或缺之需要。吾人若以此点为准绳,则试问日本之国家组织,果已达若何完美之程度乎?中国代表之为此言,自仅就原则立论,然实则其心目中当有其本国在。然则试问中国目下之国家组织之完美,已达若何程度耶?此问题不须余置答,行政院诸公殆均能置答。更无须再引日本政府之声明书中所述各点矣。至于中国代表对日本政府组织完善程度之质疑,余亦完全请行政院诸公为一公正之判断。

最后中国代表宣言书中末段称,今日者已至国联采取迅速有效举动之时矣,再迁延时日,则非特使东三省三千万中国民众多受流血痛苦,深恐公众舆论对此尊严的世界和平组织之国际联合会之威权之信仰,亦将一落千丈,万劫不复。关于此点,日本政府之意见,以为国联或国联行政院在对此项远东最复杂严重之事件,采取任何造次急遽之行动以前,极宜慎重考虑,然后决定行止。日本政府敢保证行政院慎重踌躇考虑之结果,决无满洲中国三千万民众多受流血痛苦之事。且就事实言,满洲之秩序虽尚未完全恢复,而三千万中国人之大部分,已较其关内饱受内战及匪祸之四万万同胞为幸福远甚。中国代表如不之信,则事实俱在,可为证明也,于此余请为诸君道一小掌故。当余于二十六岁赴满洲时,在满洲之中国人民,悉皆衣衫褴褛,生活困苦。是时满洲各处,尚未开发。扬子江流域之中国平民足衣足食,较之满洲之中国平民,其生活苦乐相去不可以道里计。数年前余又赴扬子江流域视察,则见其居民之困苦颠沛,已为余想像所不及,其衣衫之不完,居处之苦惨,在在使余感觉怜悯之意。其后余再取道满洲回东京,则满洲居民之生活状况与扬子江流域情形大异。盖满洲之农工及其他平民衣食居住,已较扬子江流域之农工及平民为优异多多也。二十年内形势一反,其故安在? 行政院诸公亦能置答否乎? 至于中国代表所深恐之公众舆论,对国联信仰之摇动,余仅能认为一种障掩的威吓,实则吾人尽可不加忧虑也。

顾代表义正词严

(续)我国代表顾维钧博士,乃起言云:

现在时间已迟,日本代表所提出之点又属甚多,而余对于各该点之所欲置答者,需时亦恐颇久,敬请主席许余于俟下次开会时,再作较详之答辩。惟对日代表之某某两三点,则请于此时略陈中国方面之意见,需时亦不过十分至十五分钟,幸行政院诸君垂察焉。日本代表所述意见,极为详细而概括,兹仅就其中二三点略加答复。

第一,日代表对余昨日所言之日本的大陆政策加以否认,并称日本爱好和平为世界各国冠。至谓日本之所与者较日本之所取者为多,诸君当犹忆余昨日所言,余此时仅须提出若干地名,以佐诸君之记忆。若琉球群岛,若台湾,若朝鲜,若满洲,若蒙古及现在之热河等等,日本代表亦曾道及此等疆土,目前已为何方占据乎?

日本代表又竭力辩称所谓田中奏折者,实为伪造,对田中首相之行程,福岛长官长女之传记及其年龄,均有陈述。惟无论奏折为真为伪,其中最重要部分则日代表并未提,即关于日本占领满洲或蒙古,以造成华北及东亚之领袖地位之必要之一点,是过去数十年来日本政策即以此为主干。然日本代表则否认所谓田中积极政策为田中奏折所造成所发展者,调查团报告书第四十一页称田中内阁之积极政策,对于满洲及中国其他部分不得一律看待之必要一节,极为注重。吾人于此即可知东三省现况之所以然,及日本之努力设法将东三省与中国本部隔绝之原因矣。报告书又称,日本曾袒白声明万一纷乱波及满蒙治安,因而蒙其影响,危及吾人在该区域内之特殊地位及权益(以上文字与田中奏折中所用者同)时,无论其威胁从何处发动,日本将起而保障之。

调查团又表示其意见曰,田中政策切实声明日本负责维持满洲之治安,此即与前此仅以保护日本利益为目的之政策不同之处也。吾人更应记取田中首相者,即于一九二七及一九二八年派兵赴华,以阻碍国民革命长胜军之统一中国之工作者也。事实之昭示吾人者,固较口舌之争辩为有力多多,余亦无需喋喋矣。余再欲为行政院诸君告者,即若使田中奏折果系伪造,亦必为日本人之大手笔无疑,盖中国人对近代日本所奉为圭臬之政策,决未能见到如此之广而周,如此之详而细,以中国之地位言,自有信此奏折为真实之理由。一九〇五年来二十七年中,日本屡屡声言中国曾立约允许日本不筑与南满铁道并行之路线,本年间日本尚有自东京发出之半公文一宗,声言中日间缔有秘密条约凡十六条,而中国方面则完全否认此事。然则此项秘密条约,果系确实存在乎?中国从未承认此种议定。然据余所知,则日本于数年前已通知欧美各国,称日本对于中国在东三省筑路计划,加以反对。又称英美及其他各国银团不得实行此种计划,因中国有此项条约的义务应履行也。关于此点,吾人但观调查团之言,便可得其究竟。报告书中有云,吾人现要声明所谓一九〇五年十一月至十二月间,中国出席于北京会议之全权代表,关于并行铁路之允诺,并未载于任何正式条约。惟一九〇五年十一月四日北京会议第十一日之会议记录中,载有此项所谓承诺。吾等并已获得参与本调查团之日本代表及中国代表之同意承认除北京会议纪录所载者外,并无其他文件载有此项承诺。

以上所述,仅为一点,兹请为诸君另陈一点。行政院诸公犹忆一九一五年时,日本如晴天霹雳,突然向中国政府提出"二十一条"要求乎?欧美各国闻之正式提出质问,日本政府竟加以否认,辩称"二十一条"者实无其事,完全为中国耸人听闻之辞而已。其后欧美各国政府接到"二【十】一条"内容之全文,再向东京追询,日本犹坚不承认。日本提出"二十一条"曾对中国恐吓,务须严守秘密,不得向各国泄漏,否则一切结果,悉应由中国政府承之,而欧美各国竟不知如何获得该"二十一条"之全文。试想当时在欧美之日本外交代表,将何所措手足乎,自不得不向东京请训。及至二三日后回训已至,则称所谓"二十一条"者其实仅十一条为要求,其余各条仅为日本政府希望中国政府之考虑者。

惟是察其内容,则实有要求之性质,试问中国政府于上项经历之后,一旦获见田中奏折内容,无论其为真为伪,尚能不感觉极大之不安乎？余于此仅有一语之评,即日本数年前之所为与今日之所为,实毫无异致也。

日本代表所述尚有一点为渠所冀使余心折者,即渠所谓经济绝交实为变相之战争,是日本代表称经济绝交与战争为等恶,或甚且较战争为尤恶。日本代表之所指,当系东三省。惟中国之意,东三省既被日本强占与中国隔绝,则经济绝交者实为一种和平的自卫方策无疑。松冈君对所谓中国之排外思想及其可怖之结果,叙述甚长,并称一千五百万中国青年将来不知伊于胡底,而全世界所受威胁亦将甚巨。余昨日已为诸公解释,中国并无排外思想,兹亦无须再赘,请诸君覆按余昨日之所言可也。

至于请求国联行政院觅一解决本问题之方式一节,吾人之意,以为日本军队退出东三省及远东和平之威胁消除之后,国联固仍有充分时间以讨论之也。松冈君对中国现况亦有陈述,并涉及一八九八年之中俄条约。该条约之成立,系在于中日战争之后,中日战争即朝鲜之战,为陆奥宗光在最合其意之时所造成者也。陆奥对驻汉城日使之训令称,不妨用任何借口构成积极行动。诸君当犹能忆及中国希冀为日本所强攫以去者,仍能归还于中国,故与俄国缔结中俄条约。松冈君对俄德法三国联合干涉日本一节,表示不平,实则以吾人之眼光观之,此事极为合理。假使三国对东三省迄今仍能为吾之助,则东三省仍为中国疆土,今日者亦不致有此满洲问题矣。

日本代表又提出一点,冀行政院诸君信服者,即日本诚愿扶助中国人民,日本诚愿见中国之统一是。然日本扶助中国统一之计划,则为在上海之军事行动,为炮轰绝未武装之城镇,为占领幅员广逾德法两国之中国领土。即在今日日本军队,固犹在对反对伪组织之中国人民作战。若此而为扶助中国统一,则窃愿对日本代表进一言,中国并不欢迎日本之扶助也。吾人欲促成一家族之联合者,决不能以劫去该家族中之一员以致之。吾人之欲促成中国之统一者,亦绝不能以隔绝中国最富饶之一部分之国土以致之。易言之,日本代表所绘之图,乃与事实大不相符者也。事实如何,调查团报告书俱在,无庸喋喋。至此外尚有其他重要问题,则现在为时已晚,请于下次开会时再为诸君陈之。

松冈悻悻见词色

松冈云:中国代表已保留下次开会时对于所述各节提出意见之权,惟余愿请中国代表记取者,即余并不请其对田中奏折有所辩论。该奏折之为伪造,已无须置辩。但中国代表既有确定之指陈,则自应提出证据,以实其说。深望中国代表在下次开会时,勿忘余之请求也。

主席请李顿出席

至此主席乃请调查团团长李顿爵士出席,主席并云:行政院诸会员已熟聆上星期一及今日下午中日代表之演辞,调查团各团员亦已接受行政院之请,列席倾听双方意见。余深信行政院诸会员,对于调查团各团员于获聆中日发言之后,是否对于报告书中所称各节,有加以修正之意之一点,必甚为关心。各会员如能同意,则余请提议请调查团各委员召集会议,考虑此项问题,并在便利范围之内,迅向行政院报告其意见。诸会员于此,是否均能同意乎?

松冈:主席提议,吾人并不反对,惟应确切认定者,即任何意见之发表,应为调查团整个的意见,而不应为任何单独团员之意见。又有一点宜注意者,即以吾人见解,调查团于向行政院造具报告书后,其使命即为完毕,故依照该团之任务言,其对我国政府或余所发表之声明书或节略加以讨论,或表示意见,实为越出该团之权力以外者也。

主席:关于日代表所提第一点,当然应为调查团全体之意见。关于第二点,余意调查团现在依旧存在,直至行政院正式撤消之时为止。故行政院如愿知调查团整个的意见,尽不妨谘询之也。

松冈:余所述者恐主席尚有所误解。调查团报告书一三八页称,吾等工作现已告竣。此语吾人完全同意,盖调查团之工作,已于其完成报告书之时完竣。是以吾人以为关于完成报告书以后之一切事件,该团无权作任何批评或发表任何意见,此乃吾人之主张。行政院如对此点以为不然者,则余不得不表示异议,并保留吾人之态度。

主席:余之见解,以为调查团之工作应俟行政院将其正式解散后始为完竣。就过去之习例言,任何调查团组织成立后,其团长往往出席行政院会议答问,俾对其报告书各点,有所解释。先例固已数见不鲜矣。

顾代表:余仅代表中国政府对主席延请调查团表示意见之提议,加以赞同。中日双方代表在行政院席上,既已作甚长之声明,尤其日本代表对调查团报告书之事实部份曾加评驳,吾人自应予调查团以表示其意见之机会也。惟余对日本代表今日所陈尚有意见待下次会议中发表,是调查团之陈述意见似当俟余发表意见完毕之后也。

松冈:余对中国代表所表示之情意,完全同情。惟为避免误会计,余不能不声明一点,依吾人见解,调查团完成报告书后,其工作即为完竣,此后即不能表示意见或发表批评,吾人行事必循规则。设若余之解释为谬,则余自愿撤回之,惟余对此点,仍有重大之怀疑也。

主席:余请为余之提议加一解释,余并不主张调查团对其报告书得有所增补或更改,不过请各团员集会后,讨论在渠等获聆中日双方意见之后,有无对报告书中所陈有改变或增加意见之意,并向行政院报告其事实而已。

松冈:此即吾人所反对者。吾人对此颇多疑义,不能不保留再行研究之权。

李顿:李顿爵士起言云,余愿代表余之同侪,对行政院与吾人以在获聆中日双方声明后,表示有无增改吾人在报告书中意见之机会,致其谢意。惟余所表示之意见,既应为调查团整个的意见,故余在未与余之同侪会集讨论前,现在当然不能发表言论。吾人将于明日集会讨论此点。至关于日本代表所提出之点,余敢告日本代表,调查团各团员回国后,即未集会,亦未以调查【团】整个名义发表意见,或作何行动。至行政院之提议,当并非请调查团对于中日代表所陈加以批评,不过请其表示是否对于报告书中之意见有所变更否耳。

主席:除日本代表所提保留外,行政院各会员殆已同意于余之提议乎?(众无异议)(廿三日辩论完,全篇未完)

《中央日报》1932 年 12 月 29—31 日第二张第二版

226. 国联行政院中日代表之激辩,顾代表痛斥日本暴行,并历举种种侵略事实

主席请顾代表演词

(续上年十二月卅一日)主席请中国代表发言,我国代表顾维钧博士乃起言云:

昨日下午行政院开会时,余曾允于今日继续对日本代表所言表示意见,惟

余对于日本代表所述之枝节各点,则请略而不论。中国代表团对于此种枝节问题,将对秘书厅送一书面陈述,以节省行政院诸公宝贵之时光。吾人均知法院中之律师,在其承办之案中,设遇有不易辩护者,则辄喜转移法官之视听,以及于无关紧要之枝节,此乃律师常用之一种策略。日本代表昨日所言,舍主要问题不论,但斤斤于无关紧要之枝节,其策毋乃类是。余在对主要问题表示意见以前,亦愿对日本代表所述之一二点,先作一答复。

田中奏折悉合事实

日代表对余提出田中奏折,表示异议,并请余提出证据。夫日本之是否有此项文件之存在,殆除能出入东京文件储藏室者外,更无人能提出确切证据。惟以余愚见,本问题之最有力之证据,即为东三省今日之全部的状况。且余昨日固已声称,即使此项奏折系属伪造,其伪造之者亦决为日本人无疑,此点松冈君殆亦同意。盖在渠最近所著一九一三年①七月发行之《满蒙的活跃》一书第三十三至三十六页中有云:"此项田中奏折之起源,据称系为居住于北平之某国人所伪造,并有若干可靠证据,可以证明。此说惟余则以为此项伪折,殆为某日本人所作,而受取此折之中国人则信其为真。"余以为对于此点,最佳之答辩,殆无过于引用日本代表之矛以陷其盾。一九三〇年中国当局所予日本之保证,谓决不奖励此项奏折之流通者,完全系一种友谊的考虑,当时实未梦想奏折中所陈之政策,竟即为年来日本之所厉行不怠者。且日本目下在东三省所行之政策,亦与奏折中所称毫无二致。余昨日对于田中首相之积极政策颇加致意,亦可与奏折中所陈互相参考。须知重要之点,乃在实质而不在形势[式]也。日本代表对田中奏折之真伪问题,既如此重视,则余敬请行政院诸君,及早将是项奏折全文一读,俾可将折中所陈各点,与现在日本所实际采行之政策,作一详细之比较,然后再对该文件之真意义下一断语可也。

日本果深恶密约乎

另有一点,余愿为诸君陈者,即一八九六年之中俄盟约是,日本代表对此昨日亦作甚长之批评。吾人须知该项盟约实为中国政府在中日战争日本取得朝鲜之后,防止日本再向满洲进展之一种防范。日本代表对中国缔结此项条

---

① 编者按:原文如此,当系"一九三一年"之误。

约之行为,痛加指摘。惟余信松冈君心中,对于此事之深恶痛疾,决不如其口中所说之甚。盖松冈君以日本国代表之地位,必深知日本在过去之三十年中,其与他国所缔结之秘密条约,必较吾人所知者为尤多也。一九〇七年日俄战争之后,日本即与俄国秘密订约,此后又在一九一〇年、一九一二年及一九一六年继续缔结密约,其目的无非瓜分中国之土地,侵害中国之主权。若使日本缔结秘密条约之倾向,不如斯其甚者,则松冈君之所言,亦必能比较动听无疑也。

事实证明松冈说谎

此外又有一点,余愿为日本代表进一解者,即扬子江流域中国人民与今日之所谓"满洲国"中国人民之生活情形之比较是。松冈君称"满洲国"之大多数人民,现在均已安居乐业,为从来所未有。然中国方面,则甫于最近接到不少电报,皆系报告东三省情形者,兹请为诸君一读之。十一月二十三日中国代表团接到关于九月十六日晨所发生之事实之报告电云:

"九月十六晨,有义勇军三人赴该处讯问途径。日当局闻讯后,即齐集荷机关枪之日军二百人,传三村村长讯问。因三村人民悉有助义勇军之嫌也,传讯后,即将三村全体人民,骗往平顶山顶,命其坐下,并以机枪对之。其中有受惊而拟起立者,日军即开枪将其击死。是役也,村中居民被杀者逾七百人,重伤者六七十人,轻伤者一百三十余人。千金堡、苏子谷①及平顶山三村落完全被焚。"

十一月九日及十日,亦有同样事件发生,中国代表团所得之报告云:

"十一月九日日本军事飞机六架,在天空抛掷炸弹。次日有日军一千人进攻,并有飞机八架,野炮四尊及重炮六尊助战。华人被杀者百余人。"

行政院诸君,于接受日本代表所谓"满洲国"之人民,悉皆享受安乐之说之前,其先将此种事实加以考虑可也。

四个否字最宜注意

然则本案之主要问题如何乎? 吾人自应先求若干重要问题之答案。一九三一年九月十八日之事变,是否为日本之自卫行动乎? 吾人之答案为"否"字。

---

① 编者按:应为"栗子沟"。

所谓"满洲国"者是否为真正中国人民独立运动之结果,而出于东三省居民之自由意志者耶?吾人之答案亦为一"否"字。日本虽屡向国联行政院允许撤兵,然日军果已撤退乎?吾人之答案又为一"否"字。日本已否停止军事行动,并制止增加事势更转严重之行为否耶?吾人之答案仍为一"否"字。然则本案固早可用和平方法解决之者也。

调查报告已成定谳

以上各点,在吾人心目中实为本案之最重要问题而应在考虑此次中日争议中最加注意者。易言之,吾人目前之事实,即为一包藏传统的开拓侵略政策之国家于完成其新式工具,并拟定其军事占领邻国国土计划之后,即开始其侵略工作,依照预定方策进行,而不顾其国际联合会会员国及国际和平条约签字国之地位之义务是。不特此也,该国代表对行政院屡次允诺不再作增剧严重形势之行为,而一方面则其当局仍在积极进行其侵略计划,甚至一手造成所谓"满洲国"者,与该"国"订立议定书,违反九国条约中尊敬中国国权及土地完整之规定。斯国也何国也?曰即日本是。日本代表对种种事实加以否认,或则对事实加以曲解,余固不能强使行政院诸公,信余所说为是,而日本代表所说为非。惟吾人已幸有调查团之事实的报告书,对东三省过去及现在之情形,已有详细忠实的纪录。调查团经数阅月之工作,在当地追求事实,并经详细讨论之后,始得造成该项公正详明之报告,吾人若在此对调查团之考察所得,加以辩驳,则非特调查团之工作完全付诸流水,而吾人寻求本案之解决方法之努力,亦将无所适从矣。

事实说过再论法理

关于事实问题,已如上述,兹再就法理问题略加阐叙。日代表于此曾称:"然则吾人何以不将此事提交国际联合会乎?此项问题常有人提起,至其答案简括言之,不过:(一)对于满洲问题在日本人之情感上不容他国干涉。(二)国联之进行案件手续极为迟缓,吾人若以本案提交国联,则在满日侨包括韩人在内之地位,将受严重之压迫。(三)日本人之心理与西方人之心理,颇有不同。西方人在问题未入严重状态之时,即开始辩争,而日本人则一心以为必有解决办法,致时间之荒废者,遂比较久长。(四)事变一旦爆发,即自然进行无法收拾。"以上四点,为日本代表对行政院所明白陈述之理由。此种理由,其意义不过"谓国际邦交上之是是非非,悉应以一国之情感为其唯一判断,西方人之在事件未入严重状态前之辩争方法,日本国不能采取之,因日本坚持有解决之希望也"。然所谓希望者又为何耶?据吾人之见解,殆即在中国陷入至困之境之时,即在中国一方面承受历史上最严重之天灾、扬子流域之水灾及一方面竭力弭平各省之"赤匪"骚乱之时。此时者即日本所日日望其来临者也。此时者不特为中国感受最苦之时,即全世界各国亦均受经济凋敝之影响,而陷入至困之境,如国债问题、赔偿问题、军备问题、失业问题、预算之均衡问题及社会之不安问题,皆其大者,此即日本所希望之时期,此时期竟于一九三一年九月间来临矣。日本之所希望之解决方法,又为如何乎?亦惟曰日本得完全控制此事,无虞世界其他各国之认真的干涉而已。日本军事行动开始于沈阳,而继续于吉林、长春、安东及营口,其解决方法殆以其精密实行其占领东三省全部,使与中国其他部分分立之计划为根据者。日本代表之所谓事变一旦爆发,即自然进行者当即指此。尤有进者,日本代表对调查团报告书所称维持"满洲国"之地位,并非满意解决方法一点之评语云,吾人不能作此种考虑,此日本代表所言也,其决定不能变更之音调除为对国联及全世界之一种挑战外殆无他法可以解释之矣。日代表此言不啻谓合法或不合法、正义或不正义、国联或无国联、和平或不和平,日本之所考虑者,日本之利益而已。中国及世界其他各国之权利及幸福秩序,与日本绝无干系,至少亦应较日本之利益视为次要也。于此余敢问此种态度,果与现世界之情感及希冀相符合乎?世界大战之结果,吾人仍未得一种教训乎?国际联合会之盟约,果应视为废纸乎?日本全权代表在凯洛格公约上之签字,仅可视为一种作态乎?九国条约条文规定尊重中国主权及国土之完整,此项条约仅应视为签约各国代表之签名式之展览乎?国联行政院及大会所议决之议案,为日本所接受者,其重性乃仅与任何寻常辩论会之纪录无殊乎?此种种问题之答案,若均应为否者,吾人若须维护国联之尊严,以制止来外之严重攻击者,吾人若仍须维护以国际合作为根据之国际和平新曙光者,吾人若诚愿裁减军备,而同时仍不危害吾人之安全者,吾人若愿避免过去历史上流血之惨之重现,而以和平方法解决一切国际争执者,吾人若须逐渐认清人类之永久和平,应基于正义与法理者,则吾人对日本之挑战其奋起以赴之乎?(顾代表演词完,全篇未完)。

227. 顾维钧通牒，国联秘书处昨日公布，痛驳日方说帖及言论

【中央社日内瓦三十日电】　国联秘书处今日发表中国代表顾维钧之通牒一件，内容驳覆日本代表团十一月廿八日之说帖，及日代表松冈洋右本月六日及八日在国联大会席上之言论。顾之通牒长十六页，计分数段，要点如次：（一）关于日本阻挠中国统一之计划，举出后藤著作内所述之一切事实。此项事实，既系由日人口中说出，日代表团自难否认。（二）关于田中密奏之真伪，否认前外长王正廷曾接受日方之解释，认此奏折系属伪造。（三）否认中国排外政策，坚持中国对于条约及法律上之义务，无不切实遵守。（四）抵货运动乃对方侵略之结果。（五）关于上海事件，否认日军先被射击，并谓据中立方面之报告，上海之战，华人生命损失达二万四千人，财产损失约一万五千万元。如此巨大之损失，完全由日本预定计划造成之。（六）否认日本于南满铁路区域内有驻兵权。（七）重申所谓"满洲国"者，系由日方一手造成。（八）叙述日军阀摧残思想自由，以武力维持恐怖政策。（九）松冈认中国于十年或二十年内不能统一，日本素不希望中国统一，故作此种臆断。（十）引证松冈之著述，证明其思想之妄谬。（十一）最后声述日本之破坏国际义务罔顾国联威权，以及诈称顾虑苏俄，日本外交政策乃虚张声势、欺凌弱小。（十二）关系国联原则者绝对不能妥协。

【哈瓦斯社日内瓦卅日电】　国联会行政院中国代表顾维钧对中日争端又提出意见书，全文甚长，首先叙述日本处心积虑在满洲及中国其他地方挑动变乱，意见书对日本所称前外长王正廷允许禁止传播田中奏折以及一九二七年中国邀求日军留驻济南两层加以驳斥。顾代表又谓中国向无排外政策，在中国机关服务之外国人员，待遇优厚，可为明证。嗣言及日本攻击上海一案，谓各国曾相约调集保护军队，分布上海公共租界以内。此项约定未尝通知中国，中国既不知情，自不能受其任何拘束。至于公共租界，交由日本军队所管之一段内，包有完全由中国管理之一部分土地在内，中国尤不能承认上项约定之拘束。且无论约定如何，要不能容许日本侵入租界以外之中国土地，更不能容许

日本攻击驻扎租界附近之中国军队。意见书另一部分说明朝鲜之战,日本虽引一八九六年中俄条约为口实,其责任究应由日本担负之。意见书又追述当时美国建议,将满洲主权还诸中国,谓美国政策至今未变。至于日本在满洲或上海驻兵,则无任何条约可作根据。日本攻击锦州,其所借口之理由完全虚伪。意见书对日本截留满洲盐款及关税,加以指斥。又证明日本在满洲之恐怖行为,日益加甚。而该处舆论为日本所压制,不得发表自由意见。松冈洋右对于中国前途之意见,系以其本人之愿望,作为事实。顾代表谓日本对国际义务表示轻蔑,对国联会表示不信任,对苏俄方面,欲使人认为有危险发生。顾代表谓中国讨伐共党,已有显著进步。日本政策狂妄,而以威吓为手段。总之,国联会之原则,不应令其动摇,而与世界和平相关之利益,当置诸其他一切利益之上云。

《中央日报》1933 年 1 月 1 日第一张第二版

228. 榆关事件爆发后,国联会甚感不安,和平解决中日问题殆已绝望,我将要求十九委会提早集会,郭泰祺谈中国将改换新方针

【中央社日内瓦支(四日)下午一时四十分专电】 我国首席代表颜惠庆,今日以关于日军犯榆之北平来电,送交国联秘书处。

【中央社日内瓦四日路透电】 山海关间战事爆发消息传抵日内瓦后,国联当局异常焦急,深恐国联一切以和平方式解决中日问题之希望,将归泡影。

【中央社日内瓦三日路透电】 远东战事复发,国联中人甚感不安,众认前此之微薄和解希望,或将因之消灭。各国代表团之领袖均已离此,故国联秘书处对于山海关发展之详情,仍未接得正式报告。中国代表颜惠庆博士已于下午返此,认晚将提出通牒。

【中央社华盛顿四日路透电】 美国务卿史汀生今日向路透记者谈,彼对于山海关间中日军队冲突事异常注意,正细心研究各方报告,并注意此事之发展。彼认为此事异常严重,决不能忽视云。

【中央社纽约四日路透电】 《纽约讲坛报》驻华盛顿记者专电,谓美京当

局认日本之攻山海关，为日本再次进攻中国土地之初步，美政府当局将坚持其固定政策，即凡以违反现有条约之方式，所得利益或土地，美国决不承认。如远东形势益趋严重时，胡佛将与新选总统罗斯福，会商应付办法云。

【中央社伦敦四日路透电】《满城卫报》谓日本进攻山海关消息传来后，英国外交界为之异常担忧，以过去事实已属棘手，而未来情形如何，更令人生畏心，即日本之至友，亦感觉无法代日本说情矣。

【中央社伦敦三日路透电】 中国驻英公使郭泰祺即启程赴日内瓦。郭氏今日接见英国新闻界，语甚坦率。据谈，国联处理中日事件以来，每次均系于日军炮声之下开会讨论，李顿报告既已发表，此时应有切实举动，不能借口缺乏事实报告，一再稽延。国联因畏惧日本退出国联，以致不能尽责，但在日军阀铁蹄下蠕行之国联，殊无存在之价值。中国一再容忍，但现已至忍无可忍之地步。倘切实引用国联原则之努力，未能有合理之进步，中国将被迫更改方针云。郭公使最后对于英国一般舆论之援助，正义和平，表示欣感。

又电。郭泰祺公使旋接见路透记者，表示中国因华北之发展，或将要求提早召集十九国委员会会议。郭认山海关日军之行动，乃系依照日本企图占领华北，恢复帝制之整个计划。调解既无根据，日内瓦方面，倘使中国失望，中国或将改换方针云。

【哈瓦斯社伦敦三日电】 中国公使郭泰祺定于星期四赴日内瓦。顷向报界发表谈话称，日本攻击山海关之举，系其原定征服亚洲计划之一部分，其目的在使溥仪恢复帝制，而归日本保护，尤在侵略黄河以北之中国领土。倘中国在日内瓦失望，则将采取与目前迥异之政策。中国对日实无妥协调解之余地，日本将继续其变相之战争，用炸弹杀害无防卫之平民，实较欧战尤为惨酷。至热河事变，中政府久已料及，但日本此种攻击行动，终将不利于日。日军阀对时局中经济情形，不愿顾及，而向全世界挑衅，视为故常。余深信此次日本必受猛烈抵抗，如去岁在上海方面所受者相同。遇有必要时，中国将坚决要求十九委会，提前开会云。郭氏又谈及山海关官方消息，谓国联会未可继续其懒怠政策，中国对国联会盟约及非战公约，行将失其信仰。各国对维持和平之联合责任，应否放弃，抑或担任，应即从速决定，尤以在日内瓦有权威各国为最。西方各国，因恐日本退出国联会，迄今未能履行其义务。但国联会若向日军国主义表示屈服，则其生存已无多少价值。中国忍耐已达极点，其在日内瓦失望之事，不一而足。中国当局迄今努力勿使在国内发生反响，已觉难于为继，此后恐将无以防止云。

《中央日报》1933 年 1 月 5 日第一张第三版

229. 关于榆关事件,外部宣言并对日严重抗议,敌又继续猛攻石河阵地被我击退,秦皇岛海面泊日舰十余艘无异动

宣言及抗议内容,国联应迅速制裁日军侵略,促日政府饬日军退出榆关

外交部关于榆关事件,于前(四)日深夜向中外发表宣言如下:日本军队在此次榆关事变发动前,先由其宪兵队自将其室门炸毁,并在他处投弹,遂于一月一日下午九时卅分,令其便衣队在榆关南门,实行向城门开枪射击。同时车站日步哨掷放炸弹,日宪兵随亦放枪。经我当地驻军派员向日宪兵队诘问。该宪兵队反指中国军队先射日军,并提出极无理之要求。经我方坚决拒绝,日军即将我南关外警察缴械,又将马分局长监视。二日午前八时,日方由前卫开来兵车三列,步炮兵三千余名,另有前所开来铁甲车三列,占据南关车站及李家沟、五眼城、吴家岭之线,对山海关肆意轰炸。复加飞机编队爆击城上阵地。城楼均被破坏,市民伤亡甚众。我军为自卫计,始行还击。日军攻城不遂,当场退却。嗣日方更向榆关车站,增加兵力,南海面并来军舰两艘。三日十时,日军令其陆海空军向榆关总攻,以飞机向临榆城内作大规模之爆击,并连络山野重炮连合之炮兵及海面炮舰,向我城内猛烈射击。南门内外起火,破坏既巨,市民死伤尤多。同时日军之唐克军,又在其炮火掩护之下,向我南门猛攻,下午三时将南门冲破。我军官兵以寡敌众,竭力抵御,卒因武器悬殊,地形受制,不得已暂行退出城外。查日军此次攻击,并占据山海关城,为其预定计划,至为显然。其先行自加破坏工作,然后诬指中国方面,予以挑衅,此系日军沿用之惯技,早为世人所看破。日方此次举动发生于世界正在休假,国联又值停会之际,尤足证明其故欲乘此时期,进行其预定计划。国联迭次决议,不得再行扩大事态。此项决议并经日本政府之同意,乃日本几无时不扩大其侵略行动。现在竟将东省长城以南之第一险要城市突然占据,其后威胁平津热河,影响尤大。中国政府认为国联应迅即以最有效之方法,予以制裁。同时中国军

队仍当尽其力量,抵抗日军之暴行。

关于日军侵占山海关事件,我国外交部于前(四)日深夜向日使发出照会,提出严重抗议。首述日军先行自加破坏工作,然后诬指中国军队开衅之经过。该照会续称:"此次日本军队,在榆关之种种行动,显系预定计划,实属有意扩大事态,违反贵国代表迭次在国际联合会之诺言,为此提出严重抗议。"该照会末称:"相应照会贵公使查照转电贵国政府,迅饬该处日军,即刻退出榆关,嗣后不得再有此种举动。对于此次肇事者,加以严重处罚。至我方之一切损失,本国政府保留提出要求之权。"云云。

敌猛攻石河阵地,以唐克车掩护步队被击退,陆战队企图开滦码头登陆

【本社五日天津专电】 支(四日)晚敌坦克车十余辆又进攻石河,双方激战二小时,敌不支退去。由昨夜至今晨,前方无大战。今晨日机五架又到石河侦察,并掷弹轰炸。闻日方将于今日再向石河及临榆大道发展,我方已充分准备,今晨又增兵。昨晚秦皇岛又开到日舰三艘。今晨日侦察机一架,到秦皇岛黎县一带侦察,秦皇岛形势紧张。今晨日海军陆战队乘海潮初上之际,分乘舢板四五十只,每集载兵士二十余名,由秦皇岛偷渡,拟在石河附近之唐家寨登岸,被我军所见,舢板将抵岸时,即行开枪击沉数只,日军方退去。

【本社五日北平专电】 临榆四日下午四时半电,支(四日)晨敌在石河沿岸,以唐克车多辆掩护步队,向我阵地数次猛攻,均经我军击退。双方刻在对峙中。敌飞机分至我阵地及后方侦察轰炸,无损伤。榆关城日军进占后,恣意屠杀,居民逃避一空。秦岛海面敌舰,卸除炮衣,并增巡洋舰一艘,载陆战队三百余名,拟今夜在开滦码头登陆,向我进击。我已警告开滦当局,如允日军登陆,则在开滦区内,作战损失,我方不负其责。秦岛日守备队今午并向我田团长要求将秦站警戒之甲车,向站外撤退。田团长对之已有相当答复。

【本社五日北平专电】 支(四日)至歌(五日)晨无战事,我敌在石河对峙,仅前哨有枪声,我甲车已在石河。

【本社五日北平专电】 日第二舰队司令津田到秦岛码头,敌海军未登陆。我甲车第四队巡行南大寺北戴河间。日机二架,微(五日)晨飞石河投弹。日坦克车微(五日)晨八时开至榆城门外河开炮,前方有步哨战。敌在榆西一英里之石河桥戒备,日甲车时向铁道附近开炮。

【本社五日北平专电】 榆关一役诚吾民族最光荣最惨痛之一幕。微(五日)何柱国司令,在战地对记者发表谈话,谓榆关形势痛受辛丑条约之束缚,险要早与敌共,沈变后更处于不战不和不守不走之状态。明明是敌人,而不能取敌对行为。城池驻军虽日日有受袭击之危险,而牺牲早具决心。个人时时有遭暗算之顾虑,而死生已置度外,初不料能延长一年又四月之久。处境困难既如此,物质悬殊又如彼,而能作三昼夜之惨痛牺牲,亦不幸中之幸也。国人不明内容者,容有责难,然我良心滋安。明袁督师时云,心苦后人知,我之处境亦只可留与将来专家评论耳云云。

【本社五日北平专电】 鲍文樾歌(五日)赴京谒蒋报告榆关事变经过,并请示机宜。

【中央社北平五日下午五时廿八分电】 闻日方侵占榆关后,以目的既达,将要求划秦榆间为中立区域,以免冲突。我方坚决拒绝云。

【中央社北平五日下午五时二十八分电】 官方公布消息,支(四日)晚至微(五日)晨,前方无战事。日方对榆事犹认为地方问题,希望由地方解决。张学良认非地方性质,应向中央交涉。我军前线仍在大石河西岸。甲车微(五日)亦过秦向东巡视。日机一架,五日晨十时过秦,向西侦查。秦岛海面泊日舰十余艘,陆战队尚未登陆。

【中央社北平五日下午五时廿八分电】 榆关余火微(五日)尚未息,我方伤兵被日军投诸火中,并将头割断悬于城上,厥状极惨。又迫华人改悬日旗,华警改换伪警制服。并有华警十八名割头被焚。

【本社五日北平专电】 前方轻伤士兵,均送平治疗。

【中央社北平五日路透电】 中国军队除秦皇岛附近之主要阵线外,大石河右岸亦有军队布防,中日两军现隔河而守。

【本社五日北平专电】 支(四日)晚至歌(五日)午一时止,前方无接触。我军仍坚守石河第一线,甲车歌(五日)晨驶过秦皇岛。日军仍在东岸。歌晨日侦察机一架,由榆关飞经秦岛,沿北宁线海岸侦察。秦岛海面泊日舰十余艘,闻尚有续到敌陆战队迄歌(五日)午止无异动。平秦间电话畅通无阻。何柱国在前方指挥。

【本社五日上海专电】 临榆电。铃木团到榆关,城内大军云集,弹药给养在继续输送中,即大举向我进攻。敌机连日在榆关散布传单,假借何柱国名义,安抚人民。支(四日)夜十时,我军阵地前棉花庄,有着华服之日军百余人,被我哨兵发觉击退。微(五日)晨日机三架,沿石河右岸我军阵地低空巡察多时,并投弹十余枚始去。又伪警十余名持伪旗,在我阵地前游行,被我击退。秦岛海面日舰入夜即向我探照。

【中央社天津五日电】 支(四日)晚迄微(五日)下午,秦岛安静,前线亦无事,秦市秩序如常。惟榆难民抵秦愈众,人心不安。微(五日)北宁路局开专车,运送难民至唐山。因唐山方面亦无收容救济组织,未续运。

日攻占榆关野心,威胁平津使热河归其掌握,法称英法态度一致主审慎

【本社五日北平专电】 据东京电讯,日军部方面近以中俄复交,中央召开三全会,决议全国一致抗日,国联又将开会,故屡拟乘隙开衅,一面表示不受国联制裁,一面造成第二重局面,以转移国际视线。日军部高级长官荒木柱村等,原拟先以政治手段迫令热河附逆,如不达目的,则进袭山海关,威胁平津,使热河归其掌握。此种计划,在满之日方军人尚觉迟缓。此次榆关事件既为其预定策略。荒木等自不欲制止,或更希望形势扩大,亦未可知。

【本社五日北平专电】 北宁路段长英人谢茵刻在秦皇岛。运输处长史梯理,支(四日)由津赴秦皇岛,转前方视察路务。又前方停战后,我军仍严阵固守防线。日方宣称已派代表向我交涉和平解决。据官方称迄歌(五日)午止,未见日方派员接洽云云。但一般观察,日方如此宣传,似仍侧重在交涉中。

【中央社北平四日路透电】 中国发言人谈,关于榆关事件,日方截至本晚,尚未提出任何要求。此项要求是否在草拟中,不得而知。日人电讯传中国当局提议开始谈判,并非事实云。

【哈瓦斯社巴黎四日电】 社会党众议员封达民对于远东事件,尤以满洲事变为最,在众院提出质问。

【中央社巴黎四日路透电】 路透社探悉法国政府,对于满洲事件之态度,乃与英国密切合作,于国联范围内审慎进行。法国将与英国采取同样政策,两国政府将互相磋商,并与其他关系各国,尤其美国,随时商榷。法国甚虑日本脱离国联,英国亦当如此。但此间认为目前形势极为紧急,殊足引起严重之顾虑。国联既无实力实行裁制,法国政府不愿国联轻举妄动。关于经济抵制,中国自身已实行对日抵制矣。法国人士仅注意日本之举动,不愿探讨两方之是非曲直。无论如何,法国决不轻易采取严厉办法云。

榆全城积尸遍地,难民述称三千人死于炮火,日匿报伤亡官兵用心险恶

【本社五日北平专电】 歌(五日)晨榆关逃难来平人民谈,日军江(三日)晚七时入榆城,城内民房被炮弹轰毁,及飞机所掷之燃烧弹延烧,全城尽成焦土。日军入城后,迫令未逃出居民悬日旗及贴欢迎标语,违者枪杀。伪警随日军入城后,搜获我地方警察十八名,均被枭首示众,并于首级上标明支那字样,其残忍可见。

【中央社北平五日路透电】 秦皇岛英人报告,该处现犹安靖。华军主要阵线在秦皇岛东北两面,华军有铁甲火车二辆,现已证实华方在山海关西北沿大石河支流一带尚有军队不少。大石河约在山海关西一英里。日方报告日军尚未越过大石河。日军公布山海关之役,日方损失九十四人,内有军官四人阵亡,但众信日军伤亡确数尚不止此。

【本社五日北平专电】 榆关日守备队收容之居留民,支(四日)均回榆城,日方公表死亡数计远籐中尉一,籐林少尉一,儿玉吉田中尉一,士官十五名,受伤者未计。据难民来谈,日军死伤不止此数。

(中央社)此次日军突然肇衅,占领榆关后,日本天津驻军司令部,曾公布占领该关时,死日兵八名,伤十三名云云。但据我官方之军事确讯,则二日一次冲突,日军死伤已约在百名以上,三日攻城之役,死伤尤重,总计日军伤亡至少亦在四五百名以上。日方乃故为此种远违事实之宣传,其用意不外一方可以表示日军战斗力之优胜,一方又可表示我方抵抗之不力,以挑拨国人之反感,用计至为险毒云。

【本社五日上海专电】 临榆电。北平军分会转来蒋委员长致前方将士电云,奋发抗拒,不顾牺牲,特电嘉慰。又北平红十字会救护队微(五日)赴前方工作。

【中央社北平五日路透电】 山海关难民抵此者已有一千余人,逃至秦皇岛者有数千人。难民所述日军轰炸之情形甚详。据谈平民死于炮火之下者达三千人,积尸遍地,惨不忍睹。房屋泰半均被炸毁,已成一片焦土。

【中央社北平五日路透电】 榆关战事虽已停止,但因交通不便,故士卒伤亡确数,现犹未详。惟就安德兴(译音)营长之殉难情形推想之,可见当时战事之烈。安氏及其所部三百余人,防守榆关南城,日军两次进攻,均被击退。但第三次进攻时,卒因众寡悬殊,安氏及其所率士卒三百余人,均同被难。安氏

为北方后进军人,仅二十余岁。

各国舆论斥暴日,十九国委员会应提前召集,不承认日本武力造成结果

【哈瓦斯社伦敦四日电】 日本军队在山海关所取行动,此间闻之颇为感动。一般人对于日本此种新企图,表示惊异,似觉无从措手。官方宣称山海关事件,确已证实,但在未接到责任谁属之报告以前,拒绝发表任何宣言。而英国自由党及工党则异是,对于日本态度,大肆攻击。《孟却斯德保卫报》大声疾呼云,日本引起山海关事件,将以为占领热河之口实。中国在该处之力量甚为薄弱,倘日本军队,向北宁路推进,则中国军之后路将被断绝故也。日本在中国北部创设一新国,实属侮蔑正义原则。又云国联会处理中日争端之方法,已大有损于国联会之威信,此际对于日本不当再行宽以时日。至迟当在一月十六日开会之十九国委员会,因时局严重之故,应提前召集。盖拖延时日,毫无裨益也。日本继续为所欲为,置国联会之劝告于不顾,该国或将退出国联会,亦未可必。但以现在情形而论,则日本退出之害,尚较其他为轻。国联会应公布一严厉而又全体一致之报告书,俾向世界宣言,日本任何行为,凡以兵力造成者,概不承认。此种办法,美国必加援助。今欲挽救国联会之威信,并成立有持久性之解决基础,舍此莫由云云。《明星报》对于日本行动,亦严加抨击,并以同一论调,要求国联会表示果决,略谓日本欲与过去之帝国主义,采取同一途径,以为不致遭遇同样之失败。世人拥护国联会,多有不力者,国联会自身,亦已示弱于人,抑知国联会若能忠于原来之理想,实乃有利无害之事欤。

【中央社巴黎四日路透电】 左派报纸评论榆关事件,极力主张国联即应采取切实行动。右派及国家主义派之机关报,向来对日同情,且不信任国联,故守沉默,对于华北最近之发展,尚无批评。

【中央社柏林四日路透电】 今日晚报评论榆关事件,措词对日极为不利。《日耳曼报》称日本因国联态度懦弱,故李顿报告虽与日方种种让步,日本仍肆意妄为。世界舆论多认日本蓄意不顾代价与中国宣战以达扑灭中华民国之目的。世界舆论与中国人民均抱此见解,岂足异乎?日人称日本被世界钉上十字架,但上十字架者,非日本也,乃中国民族也。中国人民所受痛苦之深,惟有德国民族曾亲受之矣云。《克垒次日报》称日本在华之行动,乃帝国主义最好之表征云。《部生日报》称惟有武力足以制止日本之行动。中国所受一切摧残,足为德国前车之鉴。因国际约章,未足保障世界和平,或担保任何一国不

受侵略,德国亟应巩固国防云。

　　【中央社罗马五日电】　意国报界及政府中人对于远东事件,均守沉默,认为目前形势,过于复杂,不易批评。

《中央日报》1933 年 1 月 6 日第一张第二版

230. 美始终不承认违背公约所得领土,政府大员表示远东政策未变,俟国联有切实行动再发宣言

　　【本社五日上海专电】　美国务卿史汀生江(三日)拒绝评论日军攻占榆关事,仅有政府大员数人非正式表示,美国未尝变更其对满政策,故国务院对于时局无须有所评论。美政策现仍坚守前此宣言,不承认违背非战公约与九国公约所得之领土云。美政府忙于国际问题,对于日军进犯山海关,江(三日)尚未讨论。据各方表示,似现政府乐于将其随同战债等移归下届政府办理,故苟非美国在远东利益蒙受切实影响,则共和党政府似至少将待国联大会或十九委员会有切实行动后,再发任何宣言云。

　　【中央社华盛顿五日路透电】　纽约《泰晤士报》称,美外部亚洲司长和柏克,昨日为榆关事件,访日本驻美大使出渊,有所商谈。出渊定今日与国务卿史汀生晤谈,同时李顿调查团之美国委员麦考益将军,亦与胡佛总统晤商远东局势云。

《中央日报》1933 年 1 月 6 日第一张第三版

231. 荒谬绝伦之日通牒,分送国联会员语极荒唐,我对热河何来侵略二字

　　【中央社日内瓦五日路透电】　日方关于山海关事件之通牒,今日由巴黎寄到,全文如次:张学良近迭向满洲移动军队,危害"满洲国"之安全。北平日本当局屡次规劝,但均无效。在此紧张情形之下,山海关华军复向日本及"满

洲国"军警掷弹,且枪击日本宪兵队长之私宅。是时情势危急,日方乃与中国军政当局开始谈判,借谋和平解决,保障日军防区内日侨之安全。双方同意,日军接管南关区域,保护侨民铁路。讵料日军于进驻南关时,竟被袭击,死军官一名,兵士二名。日军被迫开火,于三日下午二时进占榆关。综合一切事实,山海关事件,系因中国挑衅而起,极为明显。华方用意无非欲图破坏日本国际地位,该事件与中国暗谋侵略热河之计划,亦有关系。关于热河事势,日本最近已向国联提出抗议矣。远东报告多失真实,请将左列通牒,分送国联会员,以明真相云云。

《中央日报》1933 年 1 月 7 日第一张第二版

232. 我代表团通牒国联,要求迅速采有效方法制止日军妄为,我对英声明榆关英人损失不能负责

　　(中央社)国联十九国委员会原定本月十六日重行开会,讨论中日争端,现因榆关事件发生,我代表要求提早开会。据外交消息,十九国委员会仍将于十六日如期开会,对中日争端,谅难有何进展云。

　　【中央社日内瓦七日路透电】　中国代表团致国联之通牒,略称日军袭击榆关,攫夺长城以南最后之军事要隘。此后日军可随时进窥平津热河,国联应迅速采取有效方法,制止日军妄为,不宜再因迁缓失着。中国当局决心尽力抵抗日军侵略云。

　　【中央社上海七日电】　国民社日内瓦鱼(六日)电,中国送致日本之牒文,抗议日军之侵入榆关及要求惩办肇事军官,并保留要求赔偿等等之本文,今日已由中国总代表颜惠庆博士,送达国联,请其转交国联大会及十九国委员会云。

　　【中央社上海七日电】　国民社伦敦虞(七日)电,今日中国公使署发一宣言,声明日军再进攻榆关区域时,英人利益倘受损害,中国当道不能负责。

日外务省蛮横声明

　　【本社七日上海专电】　电通虞(七日)东京电,国联为缓和日本之反对起见,由英国方面提出妥协案,外务省对之声明如下:帝国政府之于决议案,并非

仍欲与国联发生正面之冲突,如微希孟议长之提示佐藤代表,若不允适用盟约第五条第三项时,将以同条第四项对付日本。此种威胁的态度若依然继续,则犹国联于表面为妥协的态度,而日本政府则不能让步。又若以盟约第十五条第四项进行,则日政府毫无痛痒,缘依该条而为任何劝告,日本仅加以拒绝。日本设拒绝,在国联之参加满洲问题,徒令国联反受困也。

《中央日报》1933年1月8日第一张第二版

233. 国联当局对中日事异常悲观,认一切和解办法定归失败,日对榆事不容第三国干涉

【中央社日内瓦八日路透电】 国联当局认为一切和解办法,定归失败,故对于中日问题前途,异常悲观。十九国特别委员会十六日开会时,势必放弃根据国联盟约第十五条第三款之工作,而从事于第四款工作。据可靠方面消息,十九国委员会或将拟就报告书,交国联全体大会,请大会作最后决议。该项报告书两个星期内可草就。同时中国态度愈加强硬,国联当局深恐中国或将放弃其已往之和缓态度,而在日内瓦及远东均取强硬政策。广州当局数次致电中国代表团,要求采取强硬方针。颜惠庆博士昨晨往访特莱孟,虽系贺年性质,但对于中日问题亦有所商谈。中国代表团并未要求十九国委员会提前开会,该委员会原定于十六日开会,主席希孟约于十四日来日内瓦与特莱孟会商进行办法。

【哈瓦斯社日内瓦七日电】 南京政府因山海关事件认为国联会之十九国委员会不能不立即召集,但本日中国代表团并未向国联会提出正式请求。颜惠庆今日曾访国联秘书长德鲁蒙爵士,惟未谈及此项问题,大约颜代表深知十九国委员会主席比外长希孟,星期四始回日内瓦,而希氏抵此以前,十九国委员会,无术召集。本社记者相信中国代表为同一事件,曾试探法国政府意见。至于东京方面所称山海关事件,与外国无干一层,国联会人士不以为然,渠等以为山海关事件,为中日争端中之一枝节,中日问题既应全部归国联会处理,则此事当然亦在其内也。

【哈瓦斯社东京七日电】 据日本外务省接近者之消息,日外务省似已电令日内瓦日本代表团,对于中国代表团遵照南京训令,行将提出召集十九国委

员会非常会议，以讨论山海关事件之请求，加以反对。日外务省认为山海关事件，应由双方直接就地解决，不容第三国干涉。

十九国委员会决议案说明书

【中央社日内瓦八日路透电】　国联十九国委员会决议案草案附带之说明书全文，已于今早发表如下：（一）国联全体大会根据十二月九日之决议案训令十九国特别委员会，（甲）研究国联调查团报告书中日双方观察及全体大会时，各代表以任何方式所提出之意见及建议；（乙）起草提案以谋解决一九三二年二月十九日国联行政院所决议提交全体大会之纠纷；（丙）于最短时期内将该提案交全体大会讨论。（二）如十九国特别委员会必须向全体大会报告纠纷经过及实在情况时，该委员会认为国联调查团报告书之前八章，系描写实情之一极公平准确及完备之文件。（三）但目前尚无作该种报告之必要，因根据国联盟约第十五条第三款，国联全体大会应先以和解方式，解决纠纷，如和解成功，可将事实酌量作一报告。但如和解失败，国联全体大会可根据盟约第十五条第四款宣布纠纷经过，并提出解决办法。

《中央日报》1933 年 1 月 9 日第一张第三版

234. 国联公布决议草案，中日问题调解绝望，将引用盟约十五条第四项

国联十九国委员会调解中日争端所拟之决议草案，已于昨（八日）发表，该项草案原拟保守秘密，于获得中日两国同意后，于本月十六日开会时提出通过，国联乃于开会前突然发表，外交界认为国联调解绝望之表示。盖事实上中日两国对该项草案意见悬殊，且无一致同意之可能，故国联乃将草案发表，借以表示国联已尽调解之职，而调解绝望之责任，不在国联也。现调解既告绝望，则国联对中日问题势将引用盟约第十五条第四项，即由国联自行草拟报告，建议适当之解决办法，强制双方执行。任何一方不服从者，即引用盟约第十六条。现距十九国委员会开会之期，只有一周，国联对调解既告绝望，则草拟报告，现应已着手编制云。

【中央社日内瓦八日路透电】 十九国特委会所起草之决议案草案全文如次:国联大会(一)回忆依照会章第十五条之规定,大会最先责任在于保障争案之解决,故无须草拟报告,阐述争案之经过情形以及解决之建议。(二)认为大会于一九三二年二月十一日之决议内,已标明原则,规定国联对于解决争案之态度。(三)重申此项解决,必须尊重国联会章、非战公约以及九国条约之规定。(四)决定组织委员会,协同关系国进行谈判,冀谋根据李顿报告书第九章之原则,并考虑第十章之建议,获一解决。(五)指定十九国特委会委员,为上述委员会委员。(六)美俄两国如能参与谈判,有利进行,故特委上述委员会,邀请两国参加。(七)授权上述委员会采取一切必须步骤,用以完成其任务。(八)请求上述委员会于一九三三年三月一日前提出工作报告。(九)关于一九三二年七月一日决议内所提及之延缓期间问题,授权上述委员会,使当事两方同意确定延缓期间,倘当事两方不能同意,该委员会应向大会报告,并提出建议。(十)大会暂不休会,授权大会主席于必要时,召集全体会议云云。此外十九国特委员另草决议一件,对于李顿调查团之公平工作,表示感激。

【本社九日上海专电】 国新齐(八日)日内瓦电,此间外交界方面,均纷纷谈论,法国对于远东事件近日显然产生之急变态度。自日本侵犯榆关之后,法国舆论之大部份,已更变其前此倾向日本方面之论调,反而攻击日本最近之举动。再则法国驻日本大使玛泰尔,于离巴黎赴日就任之前,曾与总理彭古氏有极长之谈话。法报对于此事,亦转为重视。刻中国代表团方面,尚未接到要求十九国委员会提早集议之训令,故大约预定一月铣(十六日)以前,似无集议之希望。惟各方面①均感觉此次十九委会开会时,各方言论,决不致再袒护日本。所以就法国舆论而言,固已公然宣言从此之后,国联方面已不能再顾虑日本退出国联之一着矣云云。惟此一切均属空言,总之在一月铣(十六日)以前,似无提早处置之希望也。

附带说明书

【中央社日内瓦八日路透电】 国联十九国特委会决议案草案附带之说明书已于今晨发表,全文如下:(按该说明书一至三段已见日内瓦八日电讯,惟因前后有连带关系,特将全文刊载如左)(一)国联全体大会,根据十二月九日之

---

① 编者按:原文"面"字与上句"提"字互倒,现改正。

决议案，训令十九国特别委员会，（甲）研究国联调查团报告书中日双方观察，及全体大会时，各代表以任何方式所提出之意见及建议；（乙）起草提案，以谋解决一九三二年二月十九日国联行政院所决议提交全体大会之纠纷；（丙）于最短时期内，将该提案交全体大会讨论。（二）如十九国特别委员会必须向全体大会报告纠纷经过及实在情况时，该委员会认为国联调查团报告书之前八章，系描写实情之一极公平准确及完备之文件。（三）但目前尚无作该种报告之必要，因根据国联盟约第十五条第三款，国联全体大会应先以和解方式解决纠纷，如和解成功，可将事实酌量作一报告。但如和解失败，国联全体大会可根据盟约第十五条第四款宣布纠纷经过，并提出解决办法。（四）十九国特委会鉴于大会之责任，并觉依照国联会章有极端审慎之必要，故决议案草案，仅限于和解之建议。（五）十九国特委会之任务乃谋于当事两方同意之下，制成解决方案。特委会因认美俄两国如参预谈判，有利进行，故建议邀请两国参加。（六）为避免一切误会，并明白表示和解之唯一方法，赖于谈判，且表示特委员愿与上述两非会员国共同进行目前工作起见，特委员建议即将特委会改为谈判委员会，进行谈判，并由特委会邀请美俄两国加入会议。（七）谈判委员会应有一切必须权限，用以进行其任务。谈判委员会于必要时可与专家商议，或设立小组委员会，或将其一部分之权限，分与具有特别资格之一人或数人。（八）关于法律问题，谈判委员会委员应受大会一九三二年三月十一日决议内最先两项之指导。关于事实问题，应以李顿报告书一至八章为标准。至于解决方案，应根据李顿报告第九章之原则，并考虑第十章之建议而寻获之。（九）十九国特委会认为在此争持案特殊情况之下，单独恢复一九三二年九月以前之状况，不足得一永久解决，而承认目前满洲之政局，亦非解决之道云云。

《中央日报》1933 年 1 月 10 日第一张第三版

235. 调解绝望后国联方认中日问题不能再延，第二步办法为采用十五条第四款，将以调查团报告书为解决之基础

【中央社日内瓦十二日路透电】　中日问题和解失望，已成公认之事实，操纵国联政策之后台有力者，现正从事于计划下星期十九国委员会开会后，所应

采取之步骤。

采用国联盟约第十五条第四款,为国联第二步办法,已毫无疑义。各方认为此事,决不能一再稽延不决。按第十五条第四款,国联全体大会应将纠纷经过作一报告,国联当局目前正在研究此问题。据云,一般人意见均主张采用十九国委员会所提出之决议案草案及该草案之附带意见书,并将文字略予修改,而用为全体大会报告之大纲。诚如此言,则将以调查团报告书为解决中日纠纷之基础矣。国联当局深望将来全体大会报告书之大意及措词,不致引起日本与国联关系之破裂,且对于各代表发挥意见之字句,加以慎重考虑。日本决不愿以调查团报告书为解决中日纠纷之大纲,同时中国方面亦必请求国联确定一较为宽大之范围。

【中央社日内瓦十二日路透电】 十六日开始之一星期,将为此间中日问题会议过程中最严重之一段。去岁耶稣诞辰,十九国特委会之起草委员会休会时,着秘书长德拉蒙及主席希孟与中日两方磋商,使之赞同决议案草案,俾可进行调解程序。德希两人之努力,有无成绩,十六日十九国特委会集会时,即可分晓。如其努力成功,则国联大会即将开会,正式决定,邀请美俄,并定调解委员会之组织办法。国联方面迄今犹未邀请美俄,即向美俄非正式之征求意见,至今亦无结果。众认调解委员会如克成立,并不包含十九国特委会之全部委员,仅选与远东有特殊关系之各国代表,或加以美俄代表,成为调解委员会。倘十九国特委会,十六日集会时证明调解方式,无获同意之可能,则国联大会应照会章第十五条第四款,制成报告。此项报告或竟全部依照李顿报告,或仅根据一至八章,对于建议部份,加以修改。

【本社十二日上海专电】 电通东京电。德鲁蒙秘书长与杉村次长间,所作成事务局案之内容,外务省尚未接公电,故外务省当局回避正式发表意见。若依传说,其意如大体不可允诺,于委员会之构成,抱有疑义。(一)事务局致力于三月十一日总会决议之精神,于中日纷争采取终局的处置,前之暂定的意思,表示总成意味为不承认"满洲国",则日帝国政府对于国联,并非要求即时承认,或不致加以反对。(二)于日作成之委员会(于中日纷争之解决为贡献商议之委员会),所以规定其权限者,因系日本承认拒绝第三国加入之原则,故赞成。(三)然英法德意比等,与中日两国构成委员会,作为列国之观察,有效果的参加直接交涉,故曩认形式的第三国不参加,而于实质的存有待之疑义,乃不得不反对。(四)一应撤回邀请美俄而于表明尊重李顿报告书之现实的部份,大体无异议。

《中央日报》1933 年 1 月 13 日第一张第三版

236. 十九委会开会前,国联形势趋于恶劣,现正计划引用十五条第四项,前途暗礁尚多,我国难再忍耐

　　现距国联十九国委员会开会之期,只余二日,我国颜顾郭三代表,现均已会集日内瓦,且每日均有电来京,报告国联之形势。据可靠方面消息,国联因调解绝望,日来正计划根据盟约第十五条第四项,草拟报告书。该项报告书是否能于十六日开会后,即行提出,现尚不得而知。十九国委员会如以李顿报告为根据草拟报告书,则或能制定一公正之报告书。否则国联如一味迁就日本,则将自速其尊严之堕丧。现政府方面对报告之内容,极为注意,但不论该项报告之内容如何,将来提出委员会后,是否能顺利通过,尚系一大问题。再如遭遇反对时,国联是否有强制执行之决心,更难逆料。故前途暗礁正多,欲谋中日争端之适当解决,最有效之办法,仍在自卫云。

　　【中央社日内瓦十二日路透电】 中日代表近皆沉默无声,此间引为惊异。盖认此种沉默,有似暴风前之寂静也。华人暗示,中日问题此后重要之发展,将在远东,不在日内瓦。中国对于国联之延缓,愈增不耐。谅十九国特委会开会后,中国将公开表示态度。榆关事件,英人图使就地解决,但此议已告失败。

　　【中央社日内瓦十二日路透电】 此间中国代表电请政府收复榆关,国联中人大为震动。盖恐中日若再争占榆关,势将演成公开之战争。中国发言人谈,中国虽决抵抗日本侵略,但素尊重国联会章。榆关既为中国领土,则收复该地,纯系防御性质,犹如去年中国之防守上海也。榆关乃华北门户,极为重要,中国准备巨大牺牲,收回该地云。

　　【本社十三日上海专电】 日联日内瓦电,据闻杉村次长与特拉蒙秘书长会见,其交涉方针如下:(一)要求削除决议案理由最后段后关于"满洲国"现政权之一节。(二)组织调解委员会之国数最多七国或八国。(三)邀请美俄问题不明发言辞表示,仅表示招请与中日问题有密接关系之非会员国,并限定其权限。又以李顿报告书第九章为基础、第十章为参考一节,日本可以承认,

但不能绝对排除中日直接交涉事件。

日本顽强,前途悲观

【本社十三日上海专电】 东京电,十九国委员会开会在即,日内瓦日代表团与国联当局,进行交涉,随□报告其经过。元(十三日)正午,外务省接到报告,两者仍然继续对立状态。日代表团未有关于打开局面之任何请训,中日问题前途,似在极悲观的状态。即左藤代表最近与希孟主席会见之时,希孟坚持保持国联权威,保全中国领土及邀请美俄两国,而由国联处理中日问题之三项原则。又杉村与特拉蒙会见之际,特拉蒙言明日本坚持从来态度,国联与日本之交涉,始终不能达到一致之点。铣(十六日)十九国开会之时,余将报告一切,与日代表团交涉之经过,并出于盟约第十五条第四项劝告和解之手段,亦不得已也云。日外务省对此方针,决定始终主张"满洲国"存在之既决事实,及将中日问题脱离国联之手,由中日直接交涉解决之两项大原则,已决意于十九国委员会重开时,与国联作最后决战。现以强硬态度进行万全之准备,其在委员会重开时,欲取方针有二:(一)完全蔑视国联劝告和解之决议;(二)如不退出国联,则模仿德国于去年军缩会议所取态度,由日内瓦撤退全体代表团,不加入国联审议中日问题之会议。

《中央日报》1933 年 1 月 14 日第一张第三版

237. 十九委会明日开会,国联已到严重关头,英国舆论主张用十五条四款,日代表团与德鲁蒙进行调解

国联十九国委员会已定明(十六)日开会,据外交界消息,国联对调解绝望后,又酝酿新妥协计划之消息。但日方坚持承认伪组织及直接交涉,绝对为我方所排斥,故昙花一现。仍根据盟约第十五条第四项进行草拟报告书,此项报告书之内容,完全以李顿报告为基础。我国出席国联会议之颜顾郭三代表,已与国联当局有相当之接洽。十六日开会后,如公认调解绝望,即将提出报告书,经多数通过后,并将提国联大会讨论。现时国际空气,已临最严重之关头云。

【本社十四日上海专电】　华联日内瓦电,比利时外长希孟,元(十三日)夜十二时抵此,定寒(十四日)晨访德拉蒙,询问国联与日本接洽经过,与特拉蒙、杉村所拟定之日英妥协案内容。闻希深悉该案显系英之祖日,并且各小国对该案多抱不满,故不能不予与慎重之研究云。

【本社十四日上海专电】　国新社日内瓦电,国联大会非常会议主席希孟氏元(十三)晚抵此,故远东事件之调解工作,即将开始。希氏不久即将访问中日双方代表团,探访两国政府对于十九国委员会所草就之决议案,究竟有无接受之可能,然后再定进止之方针云。但依现状观之,此种决议案中日双方均无接受之可能,故希孟或再将与十九国委会讨论各重要原则,以定如何进行之方针。十九国委员会将于星期一重集讨论,原决议案是否将坚持到底,抑将加以更变,而求调解之成立。但以近日远东事变,已发生极大之变化,国联方面殆莫不怀疑于国联本身解决满洲案件之能力也

日方宣传调解,谓与德鲁蒙成立谅解

【本社十四日上海专电】　日讯,日内瓦电,日代表团元(十三日)下午三时,再开首脑部会议,杉村次长报告与特拉蒙交涉之结果后,各人交换意见,决定报告外务省,并请训令。闻杉村与特拉蒙会谈,成立谅解之点如下:(一)调解委员会之组织,限于英法德意比五国,中日两国不参加。(二)邀请美俄问题不取消,及不使用美俄等明了字样,唯表示"与中日问题有利害关系之会员国及非会员国"而将来邀请美俄。(三)不使用直接交涉之字句,但认直接交涉之精神,调解委员会以援助中日纷争之根本的澈底的解决,为其权限。(四)理由书问题,完全舍弃理由书之形式,作为议长之宣言。故理由书最后段否认"满洲国"之字句,决定削除。(五)国联大会继续至解决中日问题时期为止,调解委员会于必要时报告大会,以表示国联与中日问题有完全关系。日代表团对于理由书,改作为议长宣言之点,颇为满足,然对于全体的局面,未许乐观。

【中央社东京十四日路透电】　此间由日内瓦接到十九国特委会草案后,官方态度,比前较为乐观,表示日本所不能接受之一点,即草案内建议邀请非国联会员国参加讨论。至于草案附带之声明书全文,尚未收到,但该声明书将用国联大会主席名义宣布,故无法律效力。除非内容诋毁日本,日方当不持异议云。

【中央社日内瓦十三日路透电】　日代表现正与德鲁蒙磋商谋制成日本可以接受之方式,提交十九国特委会。此项磋商,颇有进展。闻将修改十九国特

委会草案附带之声明书,俾获妥协。特委会主席希孟本(十三)晚可以抵此,抵此后首将与特拉蒙商议。

【中央社上海十四日电】 日讯,日内瓦元(十三)电,日代表团首脑部会议之结果,杉村拟于元(十三)午会见德鲁蒙,今次会见,杉村系以日代表团公式意见,与德鲁蒙交涉,故有重大意义。杉村与德鲁【蒙】之会见,元(十三)后暂时停止,其后由德鲁蒙与十九委会进行交涉,然其形势颇难逆睹。

所谓新妥协案,内容多容纳日本要求

【本社十四日上海专电】 东京电,国联事务局案之全文,今晨达外务省,其内容如下:第一次议案,第一项国联若根据盟约第十五条之规定,其第一任务系在努力调解纷争。以今日之事态,表示尚未逾劝告,含有关于纷争之事实与解决案之时期。第二项依一千九百三十二年三月十一日之决议,声明关于本件国联之原则。故鉴于第三项之李顿调查团报告书第九章之原则,为解决本件之有力基础。第四项,该原则于远东事态之进展,有决定适用与否之任务。故第五项为调节该纷争计,由十九国委员会任命小委员会。第六项为决定的解决两国之悬案,由该小委员会帮助两当事国,并认该小委员会为达其任务有采取一切必要措置之权限,有邀请非会员国代表参加之权能。第七项,该小委员会对该事,业于三月东(一日)前应将情报络续供十九国委员会,俾十九委会得报告大会。第八项,十九委会依据一九三二年七月之决议所表明之犹豫期间,有得两当事国之同意定决之权能,该犹豫期间,若无两当事国之同意时,十九国特委会于盟约第十五条第三项,将大会所委托之事业,为最终报告之际,应提示于国联大会。第九项,国联大会依据继续议长认必要时,得召集之。第二次决议案国联大会对于国联调查委员会,应明其责。国联以有益之援助爱宣言调查团报告书,对于国联努力于维持和平为有益之贡献。日政府对该案要求之修正点如下:(一) 对第三项李顿报告书第九章部份,应修正认第九章含有益之原则,对第九章各原则之满洲自治领地案,日帝国政府不能承认。(二)第四项蔑视解决中日纷争之责任,系在中日直接交涉,恰如在于国联,故须修正。(三)于第三项小委会之任务,限定于扶助中日直接交涉,但小委会之任务,应明定其仅由侧面的斡旋。(四)于第六项之小委会,绝对非会员国之参加,该小委会应根据盟约成立,故不容非会员国之参加。

238. 社评：今日之日内瓦

国际联合会之十九国委员会，自去年十二月十五日通过两个决议案及一个理由书草案，宣告休会后，将于今日再在日内瓦集议。去年十二月十五日通过之决议草案，其内容已登载于各报，记者亦曾有《十九国委员之失败》一文，揭载本报。今时越一月，而十九国委员会复将于今日集会讨论。今日之日内瓦，其有异于一年来之日内瓦者几何，非吾人所欲言，吾人今日所欲言者，则日内瓦与中日问题之关系，今日已到最后之分晓时期矣。

一年以来中国之国民，早已厌闻国际联合会，故十数月中统计民间所表函电，要求政府不再依赖国联者，不下千百。此固由于国联组织及盟约运用之复杂，有非为一般人所易理解，然而国联主要会员国之未能尽其职守，则为事实所不容掩者。当去年十二月初旬国联举行特别全体大会时，西捷爱瑞四国所提出之决议草案："（一）日本在满洲军事行动并非合法自卫。（二）'满洲国'新国并非自然产生。（三）承认'满洲国'，即系违反国际条约。（四）建议大会邀美俄加入十九国委员会。"既未获通过于大会，而轻易移转本案于十九国委员会。此种移转所付与十九国委员之权限，为研究调查团报告书与起草提案以谋解决中日纠纷。迨十二月十五日十九国委员通过新决议草案二件及理由书一件后，即行休会。此国际联合会最近处理中日问题之实际情形。统观国联最近对于中日问题之处理，其方法集中于调解，即所谓盟约第十五条第三项是也。

由国联之本身言，则自李顿报告书提出后之各种阶段，无不逐步失败。去年十二月初特别大会之无结果而散，则此后所谓各种努力，可观者已不多矣。今日十九国委员会开会后之形势，虽尚未可逆睹，然据一月来中外报纸所传载，则十九委员会所提调解之方法，其关键要不外于伪国的否认及中日双方用何种方式交涉之两问题，而日内所传之新妥协案，究其内容，但为文字之斤斤修改，于问题之根本关键，所系实小。吾人对于此等所谓调解方法诸问题，暂不加任何意见，而所注意者厥为其前提。前提维何？则今日日本对于中国之侵略，究竟尚有受调解之诚意与可能否？山海关九门口之侵袭，热边之紧张，十九国委员会诸委员，果亦听日方所宣传认为系地方事件并不妨碍调解之前途乎？且所谓调解者，但求一造之满意，其调解遂有成立之希望乎？中国人民今日自信为独立之国家，有行使对外交涉之充分主权，故所谓直接交涉与间接交涉诸名词，中国有智识之份子，对之绝不感觉有何意味，且政府当局自去年一·二八事变后，曾屡次揭橥一面抵抗一面交涉之原则。故使中日两国进行交涉，中国绝不稍有迟疑。中国誓死坚持者，厥为交涉之前提，又为国联对此前提之保障。去年十二月特别大会中我国颜代表曾于演说中提出要求：（一）大会根据报告书，宣布日本违反国联盟约、非战公约、九国公约。（二）大会令日本履行行政院历次决议案，撤退军队，并解散"满洲国"。（三）在"满洲国"未解散以前，依照三月十一日大会决议之保证，宣布不承认"满洲国"并不与发生任何关系。此三者，盖调解之前提。此三者若不可望不可即，则调解之无成，又岂待言。

国联此次受理中日事件，为时已及一年有半，至于今日，国联所应给吾国之答案，即今日国联对中日事件究竟能否处理。如曰能与处理，则今日之拖延因循，决非办法。如曰不能，则由中日两国各行其是，听中日与世界文明同归于尽可也，听全体人类同入地狱可也。中国人民不能再忍耐，全世界之形势亦不许再忍耐矣！

《中央日报》1933 年 1 月 16 日第一张第二版

239. 十九委会今日开会，所谓德鲁蒙案系完全迁就日本意见，对于满洲伪组织问题竟无一语提及，我代表团基于从来方针将坚决反对

【本社十五日上海专电】 东京电，所谓德鲁蒙案之国联对日第一第二两决议案及理由书全文，删（十五日）晨到日外务省，是日虽值星期日，谷亚洲局长以下全体人员晨特到外务省开会协议。德鲁蒙之提议，比较从来诸提议颇近日本主张，然邀请非会员国问题及新委员会有权能处理中日问题之空气，仍颇深厚，而未充分承认中日直接交涉主义。外务省拟训令代表团向委员会交涉修改此点，定于筱（十七日）召集首脑部会议，审议日本对德鲁蒙案之态度后，由内田外相在阁议报告各阁员，请求承认即时回训日内瓦代表团。

【中央社日内瓦十五日路透电】 十九国特委会明(十六)日集会时,主席希孟及国联秘书长特拉蒙,将共同报告其于休会期间内与中日两方磋商之结果,实际上仅特拉蒙一人与两方谈判。希孟则自日内瓦返比后,因国内政局关系,无暇分身,迨前星期五晚,始由比京抵此,旋即与特拉蒙商谈一切。中日两代表团,对于休会期间之一切经过事实,现均明了。特拉蒙提出妥协方案后,国联中人表示较为乐观之态度,但东京之答覆,须待星期二或星期三日始可收到。众信日政府之答覆,可使国联满意,至少不至于使调解之机会断绝。十九国委员会明日集会后,谅将休会两三天,以待日政府之覆书。闻日内阁定星期二(十七)日集会决定态度。至于中国之态度,外间较难确定。十九国特委会之原来草案,中国方面已嫌其过于软弱,故提出修正案,注重不承认"满洲国"及日本之破坏国际条约各点。特拉蒙之方式,对于中国所提各点,似均抹杀。按目前形势,十九国特委会将请中国接受比原来草案更为柔弱之修正草案。中国方面是否不极力争执,而即接受之,诚属疑问。在此情势之下,中国虽因修改草案,已得十九国特委会全体之赞同,或不完全拒绝,但中国无疑的将提出严重反对。前年十二月十日中国在巴黎对于某修正案,初虽表示不满,但最后亦加同意,然该修正案乃关于李顿调查团之组织问题,中国或因切盼调查团主持公道,以故委曲求全。而目前之修正案所给予中国者,仅组织一小数之委员会,协助与日谈判,除此以外,似无其他重要条件。虽然中国方面倘拒绝特委会之修正案,势将引起严重责任,此间人士表示相信中国必再思而后行云。

又电,明(十六)日之十九特委员集会时,颇堪注意者,即从前激昂拥护弱国利权之代表如马达利亚加(西班牙)、康诺利(爱尔兰)、柏涅斯(捷克)及摩太等均将缺席,已由本国政府另委代表出席。西门明(十六)晨可由英伦抵此。

【中央社上海十六日电】 国民社佛奇尼亚汗浦敦删(十五日)电,中国驻美公使施肇基,在此演说对于国联处置中日争执,果否能有坚决行动表示疑虑,以为国联行动,或将视各大国今后之决定,以为断。在最后结论中,声称列强究宜维持国联与各和平条约之神圣,抑宁受对日采取容忍政策之结果,两者孰为重要,应即有所决定。推对于列强此种决定,仍觉难抱乐观。又谓日本之侵略,乃对世界秩序之攻击,苟各国无应付之决心,势将危及世界文化。日本曾悍然为破坏国联废弃和平条约与违背东力[方]道德及西方法律观念之威胁,但非自列强有必要之决定后,国联将不能为有效之行动云。

【中央社上海十五日电】 此间外交界评论谓日内瓦方面,对于榆关事件之紧张,已稍弛缓,且据外交界所得消息,似中日间亦不致再起冲突。更有若干外交家,谓最近国联改拟十九国委员会小组委员所草之决议案,以缓和日本之反对,亦与李顿勋爵最近表示之意见相合。

【中央社上海十五日电】 国民社日内瓦寒(十四)电,现传国联秘书长德鲁蒙,已将新决议案草稿,送致中日代表,征求两政府同意。其内容与十九国委员旧拟草案,大相径庭,既无一字语及"满洲国"组织,亦未提及美国与苏俄,仅暗示有邀请若干非会员国加入调解之可能性而已。据东京消息,似表示新决议案可为日本所接受。但此间一般人士,咸怀疑其能否为中国与国联大会所满意也。

【哈瓦斯社日内瓦十四日电】 讨论满洲事件之十九国委员会开会以前,或将先作调解之新企图,本社业已预料及之。现据所得消息,征实如下:在耶稣圣诞节假期中,十九委员会主席希孟及国联会秘书长德鲁蒙因去岁十二月间十九国委员会通过之决议草案,引起异议,仍研究一种新方式,俾就某某数点,将该草案加以修正。现在一般人相信修正草案,对于日本承认"满洲国"一事,完全不提。如是则日本反对决议草案主要理由之一,因以消灭。又草案中邀请非国联会会员加入一节,仅规定于必要时再行邀请,且亦不明白提出美俄二国,日本人士承认此项新企图之存在。日本代表松冈洋右,似已于昨晚将修正案全文电达东京政府,但日本代表团不能保证此项修正案,可得日本政府之允许。至中国代表团对于此项建议内容,据云毫无所知。但宣言谓此项消息,若经征实,则中国方面对于去岁十二月决议草案之反对态度,将因而加甚云。

【本社十五日上海专电】 国新华盛顿电,美国务院寒(十四日)声明美国将不请日本保护华北美侨。据称国务院认若欲请求保护华北美侨,应向中国政府声请。美官场中亦认若向日本声请保护美侨,不啻承认日本将向华北方面扩张行动。但闻国务院曾暗示,倘若中国北方再起冲突,则美国将警告中日双方保护美侨生命财产。又此间外交界评论,谓日内瓦方面对于榆关事件之紧张,已稍弛缓。且据外交界所得消息,似中日间亦不致起冲突。更有若干外交家,谓最近国联改拟十九国委员会小组委员所草之决议案,以缓和日本之反对,亦与李顿最近表示之意见相合。

240. 国联十九委会开会，我代表团发表文件，声明修改案内容不能接受，各大国皆不愿取膺惩办法制裁日本

【中央社日内瓦十六日路透电】 中国代表团情报处今（十六）日发表文件，表示虽十九国委员会决议案草案修改内容，尚未通知中国代表团，但根据报纸所载情形，修改各点，非但欠公平，且亦决非中国代表所可接受者。

【中央社日内瓦十五日下午五点廿五分专电】 十九国特别委员会将于明日起，重复工作。各大国尤其英国，显图修改原决议草案，明示让步，使日本乐于接受，现已电东京征求同意，料星期三覆电可到。星期四十九国特别委员会即提出讨论。据此间一般观察，国联仍须要美国合作，否则一切决议将成空谈。纵中国接受调解，不类于屈服，但前途唯一之希望，仍在能否坚强抵抗云。

【中央社日内瓦十六日路透电】 国联秘书长德鲁蒙近日虽曾与中国首席代表颜惠庆博士，作几度晤商关于十九国委员会决议案修改事宜。但迄今尚未将决议案草案，交予中国代表团。由此可见德鲁蒙主张先与日本代表团拟定一折衷办法后，再征求中国代表团之意见。在如此情况之下，中国代表团对十九国委员会决议案，暂时不发表任何意见，俟今（十六）日十九国委员会开会后，看有何新发展，再行宣布中国方面态度。

【中央社伦敦十六日路透电】 《每日电讯报》今晨评十九国特委会会议，略称全球皆知欧洲大国不愿采取膺惩办法，裁制日本，使将满洲交还中国。美国亦无单独或与国联共同实行裁制办法之意，日本非不深悉此中情形也。德鲁蒙提案拟将全案之处理权，由十九国特委会移交较小之七国委员会。吾人希望此议得获通过，小国或将提出反对，但吾人须知中日问题严重异常，解决方法关系远东和平，于理应由负责者决定之云。

【中央社日内瓦十六日路透电】 十九国委员会既即将开会讨论中日问题，中国首席代表颜惠庆博士，今（十六）日有公函致十九国委员会主席希孟氏，内称中国代表团觉应再行声明中国代表团于去年十二月二十六日，对于决议案草案所提出应修改各点及附带说明书，中国方面认为异常重要。同时，中国代表团方面近来得有报告，谓决议案草案原文，已有修改。按中国方面提修

正各点,纯系根据草案原文,如原文既有修改,而对于此项修改情形,十九国委员会并未通知中国代表团。中国方面对于此事异常注意,如外间所传属实,则所修正处,对于纠纷国中某一方确有不公之处,使中国不能接受所谓和解办法。颜博士末称彼深望主席希孟氏立将真实情形,详细通知中国代表团。

【中央社日内瓦十六日路透电】 中日问题空气,已略有进步。闻十九国委员会决议案草案,已有折衷办法。对于新草案,日方并不坚决拒绝,日本政府覆电明(十七)日可由东京发往日内瓦。日方覆电到此后,十九国委员会再继续开会。下次会议约于十八日举行。中国首席代表颜惠庆博士已向国联当局对于修正草案并未通知中国代表团事,表示不满。

【中央社日内瓦十六日路透电】 中国首席代表颜惠庆博士今(十六)日致主席希孟之质问书,将引起重大争辩,亦未可知。今日下午十九国委员会开会时,势必讨论此事。闻十九国委员会中,有多数委员反对此次德鲁蒙私自与日本代表协商修改决议案草案事,感觉任何人在未得委员会同意前,不得擅自修改决议案草案。据云德鲁蒙说明彼与日本代表所商定原则,不过一种谅解,且须得日本政府表示同意。如日本政府表示同意时,日方代表将提出认为日本向十九国委员会提出之修正案,并非十九国委员会本身之意见云。

241. 十九委会调解完全绝望,因我严重质问,所谓新妥协案已搁浅,国联将依照十五条第四款制作报告,罗外长昨日发表严正谈话

【中央社日内瓦十六日下午六时十三分专电】 十九国特委会今日下午举行非公开会议,决定延会至星期三再开,届时日本对新草案之答覆当可到达。

【中央社日内瓦十六日下午六时十三分专电】 此间英国远东问题专家,咸不以英政府袒日为然,盖恐因此伤及华人感情,而危害英国商业利益也。

【中央社华盛顿十六日路透电】 政府中人认为中日困难之早日解决,希望甚微,并信日内瓦各方面难于团结制止敌对行动。

【中央社日内瓦十六日路透电】 十九国特委会今(十六)日下午散会后,

主席希孟向记者谈,此次为最后和解工作,十九国特委会决不再行稽延云。

罗外长之谈话,如决议案违反我国主张,政府必坚决训令代表团

关于国联十九委员会对中日问题最近之措施,外交部长罗文干昨日发表谈话如下:上年年终,国联十九委员会所拟之决议草案与理由书,中国业已表示不满,并提出修正各点。而日本于国联休会之时,竟复攻占三[山]海关九门口,积极准备攻击热河,并威胁平津一带。国联鉴于日本之积极侵略行动,早应认识中日问题,已无调解余地,而即采取有效步骤,以制裁日方之暴举。乃最近国联方面复将上年所拟之决议草案,再加修改,减轻其力量,商请日本同意,而同时不与中国接洽,一若决议案如经日本同意,中国政府必可接受者。此事业经中国代表团向国联警告,声明中国仍坚持去年之主张,如决议草案违反我方主张,万难接受,并对于国联先与日方接洽声明异议。现我方深信国联不致不顾其自身之地拉,而迁就侵略者之意思,但如国联强令中国接受不能同意之决议,则政府必致坚决之训令于代表团云。

当局态度强硬,无论国联采取何种方式,凡于我不利者我必拒绝

国联十九国委员会已于前日开会,在调解绝望之际,因国联秘书长德鲁蒙与日本杉村之接洽,忽发生所谓新妥协案,内容一味迁就日本,不但对我国前所提出之修正案未予考虑,且亦始终未与我国代表接洽。现经我国首席代表颜惠庆氏严重抗议后,各小国代表亦一致反对。国联当局鉴于对我未可横加压迫,现已声明此项新妥协案,只系德鲁蒙与杉村之私人接洽,不能认为国联之公意。同时日方亦见风转舵,声明不能同意。故至昨(十七)日下午,形势突然转变,新妥协案已告失败。闻今日十九国委员会继续开会时,将正式声明调解绝望,而根据盟约第十五条第四项从事草拟报告书。至该项报告究将采取何种内容,现虽未悉,但据外交当局昨日语记者,不论国联对处理中日争端采取何种方式或条件,凡与我国不利者,我决坚决拒绝。至相当时期,或将有更严重之表示云。

特会局势恶劣,调解完全无望,大会即开,将根据十五条制作报告

【中央社日内瓦十六日路透电】 综观十九国特委会,今日会议情形,局势陡变恶劣。察其原因,大部分系缘颜惠庆博士之质问,及各小国反对任何人修

改草案权。德鲁蒙于会议席上否认渠系修改草案之主动人。会议所发表公报,对于此点不甚明白。但无论如何,调解之前途,已因之失败矣。希孟及西门昨数度向责难者保证休会,而暗中进行谈判之时期,现已告终,表示渠愿早日召集国联大会也。于此情况之下,似难再望东京覆文辟一妥协基础。此后趋势,将由十九国特委会报告国联大会,其任务失败之过去情形,然后由大会依照会章第十五条第四款草拟情[报]告。国联若徒按该款之规定进行,尚不至与日破裂。破裂与否,将视大会报告之内容如何而定。据目前一切征象,大会报告,谅将根据十九国特委会之决议及其附带声明书,换言之,即根据李顿报告之建议。故星期三日之会议,诚为当前之紧要关头也。

特委会将覆颜,德鲁蒙自向颜代表解释,特委会否认对日有建议

【中央社日内瓦十六日路透电】 十九国特委会今日下午开会时,秘书长德鲁蒙对于中国首席代表颜惠庆博士之质问书有所解释。德鲁蒙否认彼对于决议案草案有修改提议说,彼谓在国联秘书处供职之某日人,曾询彼十九国特委会能否接受某种提议,而彼之答覆,则极为普通,与答覆任何其他国联盟约国者相同,因之有人建议于特委会。散会后,由特委会正式否认该项消息,但结果决由特委会致覆函与颜惠庆博士,解释一切经过情形,并谓十九国特委会并未向日本有所建议。同时表示十九国特委会,决不常此稽延不决,定即根据盟约第十五条采取第二步工作。

【中央社国民社日内瓦铣(十六日)电】 美国虽未积极参加十九国委员会之工作,但委员会之一举一动,国务院随时得驻瑞士外使威尔逊,详细报告。威氏曾于星期日夜间,与比外相希孟会晤,获知国联秘书长德鲁蒙新方案之内容,明日又将与日代表松冈午餐,所有谈话情形,皆随时电告国务院云。

十九委会官报,因待日本新案暂时休息,如告失败只得制作报告

【中央社日内瓦十六日路透电】 十九国特委会今日下午之会议,并无重要发展。于晚七时二十五分发表官报于下:特委会主席希孟氏曾于去年十二月二十日声明,十九国特委会认为除非竭尽一切和解方式,及充分表示彼等之忍耐性,该委员会未能谓已尽其职责。特委会今(十六)日重新追认此种主张,但觉如国联盟约第十五条第三款,所规定之工作不幸而告失败,则该委员会将不得不赶速根据国联全体大会去年三月十一日所通过之决议案,照盟约第十五条第四款，拟就报告，于去年十二月二十二日开会时该委员会交由特委会主席及秘书长之斡旋，两纠纷国谈判之进行，或稍需时日。自去年十二月二十日以来，该项谈判继续在进行中。除中国方面有提案外，别无其他新提案。日本代表团与主席及秘书长晤面时，谓日本代表团正与日本政府磋商新提案，一俟有所决定，即提交十九国特委会。并称于四十八小时内可有方案提出，因欲于最短期间内，确定国联全体大会能否根据盟约第十五条第三款完成其工作。十九国特委会认为目前有暂时休会之必要。

【本社十七日上海专电】 十九特委会铣（十六日）午后集议未有发展。不过众信调解失败，其有二步骤在准备盟约第十五条下关于此项争议之报告，筱（十七日）再行开会，届时日政府关于草议案覆文，当可到。该会议极重要，筱（十七日）日阁议后，训令日代表团反对邀非会员国参加小委会讨论之建议，并坚主小委会不得干涉中日直接谈判。

颜顾同访希孟，表明我国态度不认伪国，日政府致日代表团训令

【中央社十七日正午十二时十分日内瓦专电】 我颜顾两代表，今晨访十九委员会主席希孟，对中国政府态度有所阐明。并称中国政府决不能接受任何不否认"满洲国"之决议案，即有妥协方案，如不得中国政府同意，则进行如趋决裂，中国政府不负其责。

【中央社东京十七日路透电】 日政府致日内瓦日代表团之新训令，经内阁通过后已经拍出。闻该训令内容，反对邀请非国联会员国参加。

【中央社日内瓦十六日路透电】 国联秘书处顷接中国代表团来文一件，斥榆关日军于本月二日先行开火，旋即借题发挥，提出四项要求，并于翌晨猛施攻击，中国对于榆关事件不能负责云。

《中央日报》1933 年 1 月 18 日第一张第二版

242. 十九国委员会重行召集日,美重向全世界声明,不承认日在华凭借武力所得,海军应付事变将进驻太平洋

通电驻欧各使

【中央社上海十七日电】 国民社华盛顿铣(十六日)电,今日美国特向全世界声明,美政府仍坚守原有宣言,不承认日本在华凭借武力之所得。国务院已通电驻欧各外交代表,申明此旨。但附带声明,此电并非照会各国,仅予各驻外代表一种【指】南针,遇有来询美国态度者,告以此旨而已。盖据国务院中人言,美政府已接报告,外间认美国远东政策渐见软化,深恐此种传说,将令欧人赞助美国不承认政策之心受有影响。故特授权各驻外代表,不论任何人来询及此事者,即告以此旨可矣。此外又闻欧洲政治家,因鉴于美国不愿正式参加十九国委员会之讨论,亦曾非正式探询美国是否对于不承认政策准备让步,因是美政府有此声明。惟美政府此种声明,适发于十九国委员会重行召集之日,自可认为具有重要意义。且闻今日发出之通电,曾得当选总统罗斯福之赞同,足征罗氏亦同具此政策。若不然者,现政府交卸在即,当亦未必再不惮烦劳,而重行申明。犹以国务卿史汀生日前与罗斯福长谈外交政策后,当时曾有两人对于国际重要问题意见相同之表示,今观于美政府本日之声明,更可得一民主党政府将不变远东政策之明证。不过此时之国务院,固犹为共和党之政府,当然不能视为代罗斯福发言云。

【中央社华盛顿十七日路透电】 闻罗斯福与史汀生会议后,美国复电令驻伦敦、巴黎及日内瓦之美国外交代表,向各驻在国重申美国政策,即不承认违背非战公约而造成之任何国际局势云。

【中央社伦敦十六日路透电】 华盛顿电。外传美外务部令驻英梅隆大使向英政府表示,美国认为国联对于中日争案之调解政策,已告失败。国联现应依照会章进行云云。外务部否认此说,但承认外务部认为国联之调解难于有效。闻在西门赴日内瓦前梅隆曾与之晤谈中日问题,表示美国立场,但谣传梅氏告西门华盛顿方面不满日内瓦进行之迟缓,认为国联应立采坚决态度云云。

此间美国人士认为无据。

海军坦然表示

【中央社上海十八日电】　国民华盛顿铣（十六）电，美参院海军委员会主席孝德里治今（十六）日在参院宣称，渠并非畏虑日本将干涉菲岛，亦未见有日本不应在满洲设立稳定政府之理由，但渠主张美国全部舰队应当驻在太平洋。渠并非过于惊惶，因今后再有扰乱世界和平之事发生，行将在太平洋上。美国为经济计，并为实际防务计，所有舰队，应尽驻在太平洋滨。按美国大西洋舰队，自去年会操以来，即留驻在太平洋滨。去秋以来，在海军行政上，实际即与太平洋舰队，视同一个单位。该舰队皆属速率极快之巡洋舰，下月内即将会同战斗舰队，在太平洋滨与檀香山间，演习战术。惟该舰队之留驻太平洋过冬，美海军中人向来声称，仅为经济给养起见，其坦然声明为国防与应付事变作用者，孝德里治犹为第一人云。

《中央日报》1933 年 1 月 18 日第一张第二版

243. 最后调解终趋失败，国联将于下月召集大会，日本答覆十九委会赞同新案，我国及各小国坚持反对主张

【本社十八日上海专电】　巧（十八）下午四时十九国委员会开会时，谅将承认其努力对觅中日妥协基础，已告失败。盖料委员会将拒绝日本之提议，故必须按照盟约第十五条第四节缮补陈述全部争执事实，与供给建议之报告书。惟其进行方法，显然尚未决定。照目前情形，约有三途：（一）十九委会或能举行公开会议，正式发表原拟之决议案草案全文，然后听任中日代表当众发表意见。（二）十九委会或将不日再开会议，俾中日代表当众发表意见，然后进行草拟报告书。（三）十九国委员立即进行草拟报告书，因此举逆料历时必久，倘若采用第三策，则料国联秘书厅将发表所谓德鲁蒙方式者之报告。该报告理由，虽极薄弱，但亦摄述国联在过去十六月中关于中日争执之活动，并对李顿调查团报告之事，又闻现有许多小国，准备自行草一报告，提出十九特委会考虑，内容将明的斥责日本违犯国联盟约第十五条。

【中央社日内瓦十八日下午五时四十分专电】 国联对于中日争案之调解工作,现已达生死关头。德鲁蒙最近与日方之离奇接洽,备受各方责难。法国自德国要求军备平等后,即决意维持国联之巩固。英外相西门之袒日态度,亦不为其本国舆论所拥护,麦克唐政府且因此而被不良之影响,更以日军侵入山海关,损及英国在华北之利益。同时美国对国联之延宕政策,复表示极端不耐。十九委员会当此种情况之下,势将采取依照盟约第十五条第四项草拟报告。闻此项报告草案,已在商议中。我顾代表曾告新被选之国联秘书长爱文诺,上述报告中务须申明日本违犯国联盟约,此为必不可少之条件。郭代表昨晚访西门,询英政府所持态度如何云。

日外务省发表消息

【中央社东京十八日路透电】 关于国联援引会章第十五条第四款之报告,外务省今日发表下列消息:(一)政府昨(十七)有训令致日代表团,此时不能假定日本与国联之谈判已告失败。此种臆断乃日内瓦某方面之阴谋。(二)日政府前已明白表示愿意进行调解外,传根据会章第十五条第三款之努力,兹已失败,并无理由。(三)日本反对邀请美俄参加之主要原因,乃会章第十五条第三款并无邀请非会员国之规定。关于此点之争执,无须援引第十五条第四款。(四)根据第十五条第四款之行动,须争执国外之会员全体通过,此则极难办到。纵使办到,对日亦少效力云。

【本社十八日上海专电】 日人巧(十八日)东京电,国联方面盛传因小国之反对,欲取消德鲁蒙与杉村造成之妥协案。日外务省对于国联此种态度,极为愤慨。外务省深信今次交涉之结果,必迫而成立。然国联如适用第十五条第四项,采取劝告和解之手段,外务省以为其拘束力颇微弱。且因第四项规定之发动,中日问题实际脱离国联之手,而国联与日本之关系,亦可清算。外务省已经决意,在形势达到如此状态之时,实行退出国联云。

日本答覆接受新案

【本社十八日上海专电】 巧(十八日)日内瓦电,日本覆文昨夜正式送交特委会主席希孟、秘书长德鲁蒙、英代表西门、德[法]代表马锡格里。今晨覆文正文已送达希孟,前德鲁蒙与杉村间所议之草案除一点外,日本已接受之。惟"第一,十九特委会愿否赞成此方案。第二,中国愿否接受此修改"殊属可疑。日本所未接受之点,为邀请非国联会员国参加事,此事涉及原则与手续问题。原则与手续问题,原系盟约条文中所应处理之事,今谋解决于国联之外,此举是否适当,有数国对之不无疑问。但此举乃由英国发起,而国联大会亦热切欢迎之。故十九特委会或将不顾日本之反对也。至于妥协问题,星期一日特委会会议时已讨论及之,是以今日或将提出一种方案,因日本对于草议案之修正文,亦犹中国之修正文,现已提交会议也。日本之修正文,德鲁蒙将以其所代表者,予以有力之援助,但有必不可忽视者,现有一种强烈情感,以为调解手续失败无疑。今组织调解委员会,亦不过拖延困苦,再历数月之久耳。大约抱此种见解之各国将于今日下午主张一种干脆的决议,抛弃调解手续,而进行盟约第十五条第四节之规定。果尔则势必召集国联大会,惟在下月初以前,国联大会未必易于集会也。

【中央社日内瓦十八日路透电】 日政府覆书到后,日代表团昨(十七)晚先非正式通知西门、希孟、德鲁蒙及法代表,今晨复以全文送交希孟。日覆书除反对邀请美俄参加一点外,对于德鲁蒙与日人杉村会议后所产生之新方案,几全部接受。但十九国特委员是否通过此案,中国是否接受,此□皆属疑问。至邀请美俄问题除日本反对外,尚有某某数国,亦认此事关系国联原则及程序,对于此举表示疑问。但众信十九国特委会将不顾日本之反对,邀请美俄参加。特委会星期一开会时,曾有质问德鲁蒙擅自修改草案者,故德鲁蒙方案将用日本修正案名义提出。今日特委会之会议,德鲁蒙自当以其地位所代表之一切而援助之。中国方面之修正案,已先提交特委会矣。此间反对调解空气颇浓,不可漠视,或认调解定必失败,组织调解委员会徒足延长痛苦,毫无裨补。今(十八)日特委会会议席上,抱此见解者必力促特委会决然放弃调解,进行依照会章第十五条第四款之办法。果尔,则必须召集国联大会,惟大会在下月初前难于集会。

【中央社日内瓦十八日路透电】 日本覆书今日送交十九国特委会,内容拒绝国联讨论"满洲国"存在问题,并反对非会员国参预调解程序。众认十九国特委会势将放弃调解程序,如此则国联必须制造中日争案始末报告,此项报告系将根据李顿调查团之建议。

各方奔走最后努力

【中央社日内瓦十七日路透电】 中日问题调解之望,几濒绝境,但各方犹作最后之努力,图使死灰复燃。今(十七)日西门、希孟、德鲁蒙以及中日与其他代表终日奔走,忙碌异常。此间谣言繁兴,但各代表咸守沉默,不欲因报章之过分宣传,以致妨害明(十八)日会议之一线生机。

【中央社日内瓦十七日路透电】 国联中人,认为昨(十六)日十九国特委会会议之决议,乃促关系两方接受特委会十二月二十日决议之爱的美敦书。不然,□应负其责任。众认倘调解失败,国联仅将通过李顿报告书之建议,断不引用会章第十六条。西门主张日本覆书,苟未足使国联满意,国联应即进行第二步办法,但此间犹望日覆书到后,国联仍可设法使日方反对美俄参加调解委员会一节,不至成为不可打破之障碍。惟日本若仍坚持反对特委会之决议提及"满洲国"问题,则调解希望定将消散,因各小国对于"满洲国"问题,态度甚为坚决也。谣传英政府对于中日问题,近已变换态度,惟英国官方声明英政府自始至终,认为调解与大会报告应分为两事,大会仅于调解失败后,始有报告之必要云。英方认为际此国联进行最后调解之努力,关心远东和平者,当不愿认调解为不可能之事,以致妨害调解成就之希望。十九国特委会兹已决与日本机会提出可以接受之方案。日本提案之内容,倘乃国联之所不能接受者,则大会须造报告。对于此点,英国态度极为明显。西门曾于十二月二日声明,英国愿居于忠实国联会员之地位,而定其一切行动,且认国联会章关系綦要云。倘调解失败,势将引起通过李顿报告书之问题。英方对此之态度,亦甚显明。英国认为倘大会须依照会章第十五条第四款制定报告,则李顿报告书乃大会是项报告最显著之材料也。惟大会必须于十九国特委会向其报告调解失败后,然后由大会着特委会起草报告。又电,关于妥协新方案,谣传德鲁蒙事先曾征求英政府意见云云,英方绝对否认。

日如倔强终必受损

【中央社巴黎十七日路透电】 此间要人对于中日问题,本(十七)晚似颇乐观,逆料国联可以达到各方能加同意之方案。法人认为日本如倔强到底,必将损害其自身之利益。法京报章,因国内政潮及财政问题紧急,故对于中日问题甚少评论。惟《巴黎时报》今晨刊载社评,批评中日问题,据称国联因原则与事实之关系,进退维谷。国联一方顾虑日本退出国联,一方复须保持会章之尊严,如此势难两全云。

希孟函颜多所解释

【中央社日内瓦十七日路透电】 十九国特委会主席希孟致颜惠庆博士之覆书如下：顷接大函，只悉一是，台端前送交秘书处之备忘录，对于特委会之草案提出修正，谓中国政府极端重视是项修改，鄙人已促特委会注意矣。至于尊函第二段所提一节，兹特送上特委会今日散会前所拟就之公报一份，内容简述关于提出特委会各项议案之实在情形，即希查照为荷云。

《中央日报》1933 年 1 月 19 日第一张第二版

244. 中日问题图穷匕见，国联对日关系极度紧张，特委会大会已允撤销邀美俄加入，日能否接受决议草案限今日答覆，日本殆将担负谈判破裂之责任

我国代表团昨日有电来京，报告十九国委员会前（十八）日开会情形，略称：昨（十八）日会议由主席将十九国委员会于去年十二月十九日所草拟之决议草案提出讨论，日方对邀请美俄两国参加及明白否认伪组织两点仍极力反对。昨（十八）日会议中曾表示对邀请美俄两国参加一节，可以取消，但希望日方能对其余各条完全接受，当经决定予日方以最后考虑之机会，定明（二十）日下午继续开会，如日方不能同意，即将调解失败之经过报告大会云。

【中央社日内瓦十八日下午七时三十七分专电】 十九国委员会今日下午又举行非公开会议，激烈辩论三小时后，决定询问日政府对于决议草案，是否除邀请美俄参加一点外，其余均可接受，并请其于星期五以前明白答覆。

特委会大会纪详，中日两国提案均提出讨论，各国代表次第为激烈辩论

【中央社日内瓦十八日路透电】 十九国特委今日下午开会，讨论期间达三小时。待接室内伫候消息者较该会历次会议更形拥挤，一般新闻记者因会议期间甚长，皆认会场中赞助与反对继续进行调解者，必有一番剧烈舌战。特委会讨论日本提案费时颇久，最后认为日提案内含有数点国联不能接受，特委会旋复讨论中国提案。中国提案乃图补充特委会草案，使之更为有力，而日方

提案则谋削减其内容,使之较趋柔弱。故特委会先讨论日本提案,然后接谈中国提案。主席希孟于诵读两方全文时,声明日方认为拒绝邀请非会员国参加极为重要云。特委会因见日本既如斯坚决反对邀请非会员国参加,遂向日本建议,如中国方面同意,特委会准备撤销邀请非会员国问题,惟须日方接受特委会十二月二十日所拟就之草案及理由书内之其他一切规定。特委会之用意,乃欲使日本接受李顿报告为讨论基础,或竟与国联破裂。今日会场之辩论,极为激烈。群认为小国发言人之爱尔兰代表勒斯特质问会众,日本之提案是否为解决中日问题之所必须,如果必须,其必须程度至何地步。瑞士代表摩太发言亦多,摩氏称日本反对非会员国之合作,振振有词,但日本之反对是否有充分理由,渠甚疑问。目前要举,乃使草案内容发生效力,不宜提出枝节问题,致使基本问题反趋朦胧云。其他代表旋次第发言,表示日本之接受全部草案及附带理由书,殊少可能成分。特委会遂决散会,以待日本之答覆,定星期五日再行集会。众料此数日间,此间将有迅速之发展。散会后,爱尔兰代表勒斯特谈,会议结果颇足满意,特委会决定询问日本是否对于草案及理由书,除邀请非会员国一点外,其余均可接受。勒氏认此办法,颇为机巧,盖若谈判破裂,则其责任应由日方担负。勒氏表示特委会不难劝告中国放弃其修正案,并赞成不请非会员国参加。至于草案附带之理由书,闻特委会感觉不宜仅以主席名义宣布之,盖关系两方对于主席任何之声明书有提出保留之权也。但此问题须待草案本身问题解决后,再行讨论。

【中央社日内瓦十九日路透电】　中国代表团方面,对于昨(十八)日十九国特委会开会结果,认为异常失望。因该特委会并未容纳中国方面之提议,决议案效力毫无增加,且决议案对于日本之非法行为,亦未显明斥责,甚至对于不承认"满洲国"一层,亦未指明。中国代表团并谓昨日特委会之决议,虽已认为最后决议,但该决议并无如日本再有新提案时,亦决不讨论字样。据中立者方面观察,觉无论如何,昨日特委会之决议对于日本已大让步,国联放弃请非会员国参加特委会工作,实系日本之重要胜利,且和解谈判进行亦未完全无望,故前途不能认为绝对悲观云。

特委会发表公报,日本是否准备接受草案,由希孟、德鲁蒙向日接洽

【中央社日内瓦十八日路透电】　十九国特委会本(十八)晚八时十二分发表下列公报,日本提案于今晨送交主席希孟,本委员会今日提出讨论,认为内容与本委员会前所通过并送达关系两方之数项基本要点不同，日方提出反对要点之一，乃邀请非会员国代表加入解决争案之新委员会。本委员会认为倘日本反对本委员会之草案，仅在此点，则协同关系两方解决争端，仍非为不可能之事。本委员会故认有继续征求意见之必要。最要者即上述一点，如获解决，日本是否准备接受本委员会去腊所拟就之草案。关于此点，现请主席与秘书长与日代表接洽。本委员会认为在下次（星期五）开会以前，应先有日本代表团之答覆云云。

【中央社日内瓦十九日路透电】　中日问题之最近形势，可谓由困难而疲为紊乱。国联各方认为此次国联向日本建议，即不请非会员国参加特委会，并不能变更目前形势。因无论如何，和解必归失败。但国联此次向日方之建议，亦可认为系一种重要表示，证明国联为欲避免与日本决裂，实已尽其所能矣。

中日危机难打破，日将负与国联破裂责任乎？英报谓一切问题均在伪国

【中央社日内瓦十八日路透电】　十九国特委会今日讨论三小时后，决向日本建议，倘邀请美俄之议作罢，日本对于草案其余各点是否均能接受。故就日本方面观之，目前问题乃是否接受李顿报告为调解基础，抑或因原则问题（邀请美俄问题不在此例）而负与国联破裂之责任。十九国特委会定星期五再行开会，众认中日危机仅暂延缓，并未打破。国联中人逆料在此数日内特委会将向国联大会报告调解之必败，因日本之提案除反对邀请美俄一点外，其他各点日本亦难放弃。至于美俄两国是否愿意加入，颇具疑问。此间连日所接华盛顿电讯，表示美国仍坚守史汀生之远东政策。

【中央社伦敦十九日路透电】　《每日电讯报》评十九国特委会向日本之新提案，称日本反对美俄参加一点，虽得满意，但是否放弃日提案内之其余各点，殊少可能。中日间之问题，以及国联与日本之问题，均在承认与不承认"满洲国"云。

【中央社东京十九日路透电】　日本官方对于国联当局应允取消邀请非会员国参加国联特委会事，表示满意。同时日方不愿放弃其他日方所提出意见。关于去年十二月二十日决议案，日本所最反对者为不承认"满洲国"及以调查团报告书前八章为解决办法基础等节。

日本仍拟提修正，坚持理由书改为议长宣言，代表部同时发表反对宣言

【本社十九日上海专电】　皓（十九）日人东京电，日帝国政府对于十八日之十九国委员所决定的以十二月十五日决议草案作为今后折冲之基础,以为仅撤回邀请非会员国并不满足其关于小委员会之构成权限及全部采择李顿报告书之第九、十两章,似将提出重要修正。因鉴于德鲁蒙、杉村事务局案之旨趣,似于国联与日帝国政府要求修正间,尚可设法。惟最难点在理由书撰作议长宣言与撤回在末项之不承认"满洲国"之表明意思,但小国方面对之,似始终坚执原案。故最恶情形时,最大限度之一部份让步,似在考虑如下之妥协案:(一)以理由书为议长宣言而减其效力。(一)日代表部对该议长宣言,应为反对宣言,而宣明承认"满洲国"之合理性,及政治的意义等,该宣言应记载于议事录中。

【本社十九日上海专电】 皓(十九日)东京电,十二月十五日之国联决议案,今殆成为国联讨论解决中日问题之中心。日政府对该决议案所欲要求修正之点如下:第一决议案(甲)削除言及九国条约诸点。(乙)新设委员会之构成,以代表十九国委员会之十九国代表为小委员会,为英法意比德之加入国联国。该小委员会之任务为本问题之解决,得修正与扶助两当事国之交涉,并准据李顿报告书第九章之原则,作为该委员会任务之基础。又记述斟酌第十章之提议修正,为斟酌第九章之若干原则,又应明记尊重当事国之意见书,暨第二决议案,于认李顿报告书为平衡事业之模范语中,应削除"平衡"字句理由书。(一)理由书更改为议长宣言;(二)于李顿报告书最初之八章,应削除发见中日纷争一切必要之陈述一语;(三)于末项承认于"满洲现政权"之维持,应削除不得视为解决问题之字句。

《中央日报》1933 年 1 月 20 日第一张第二版

245. 十九委会昨日再开,英方袒日努力最后调解,日政府答覆坚持修改决议草案,声言不惧怕第十五条第四款

外交界息,十九国委员会于昨(二十日)下午三时半继续开会,讨论中日争端。闻日政府已有覆训致代表团,对去年十二月二十日之决议草案,删除邀请美俄参加一节,而接受其余部分,表示不能同意。故昨(二十)日之会议,或将由日方担负调解破裂之责任。惟素来袒日之英西门外相,仍拟作最后努力,如

再告失败即报告大会,从事草拟报告书云。

【本社二十日上海专电】 国新哿(廿日)日内瓦电。英人提议所商定十九委会之妥协方案,并准日本对于原草案声明保留。但小国均反对,声称若有保留,则不能谓之妥协。故不论国联采用何种妥协方案,中日两国俱预料十九委会将在星期五进行援用盟约第十五款第四节问题。但其余代表则主张在英外相西门归自伦敦以前,勿作重要决定,西门大约星期二可返日内瓦云。

日政府已颁回训,对修正案不让步

【中央社东京二十日路透电】 自可恃方面探悉,日政府致日内瓦代表团之覆训,已于昨日发出,令日代表续守以前训令,外务省似信国联行将接受日本对十二月二十日草案之种种修改。

【本社二十日上海专电】 哿(二十日)东京电,撤回邀请非会员国,另以十二月删(十五日)之决议案之其他部份,要请日本承认之案,由松冈代表之正式请训,已于今日到达外务省。内田外相当即与外务省首脑部讨论,结果发出如下回训:(一)撤回邀请非会员国事,系帝国政府贯澈准据盟约之反对主张,故不能谓为十九委会之让步。又第十条第四项之发动,亦无所畏惧。(二)帝国代表依十二月十七日之训令,应贯澈以下之要求,修正第一决议案:(甲)削除言及尊重九国公约之部份(第三项);(乙)新设之委员会应系英法德意比等数会员国所构成之委员会(第四项);(丙)小委员会之任务,应修正为贡献于两当事国之直接交涉(第四项);(丁)全部采择李顿报告书之第九章第十章之若干原则(第六项)。第二决议案应削除公平文字、理由书:(甲)理由书变更议长宣言,根据决议案之修正点,修正内容;(乙)限制无条件采择李顿报告书之最初之八章,而缓和末项不承认"满洲国"之意思表示,帝国代表并得对此为反对之宣言。

国联待日本妥协,私人会谈无结果

【中央社日内瓦二十日路透电】 此间仍待日本答覆,事实上未有发展。关系各方虽有会议,但据各方告路透记者,此种私人会议仅系随便讨论,未有切实结果。众料东京之答覆,今晨可以收到。

【中央社日内瓦十九日路透电】 日发言人谈:吾人来此目的在求妥协,非谋不妥协也。国联之否认中日直接妥协之可能,而竟以中日问题为国联对日之问题,殊属不可思议之事。吾人希望避免此种不幸云。中国代表郭泰祺对路透记者谈,此间事态似将入于正轨,但此后发展,当视国联报告如何云。

【哈瓦斯社日内瓦十九日电】 关于中日冲突,除日代表松冈于晚间访晤德鲁蒙秘书长外,今日并无新事实可记。但日方交涉人今日已从暗中探听,倘日撤回其对于非国联会会员国参加之异议,则十九委员会对日本所提其他各点之异议,能否与以满足,此无异日代表团对昨日十九委会所问者之一种答复(按十九委会所欲知者即非会员国参加一节,倘经解决,则日本对于去年十二月十五日所通过之决议草案,是否准备接受是也)。

【哈瓦斯社日内瓦十九日电】 昨日十九国委员会曾向日本代表团提出问题,如将"邀请非国联会会员国参加调解委员会"一节删去,日本能否接受去岁十二月间所通过之决议草案。关于此项问题,日本代表团业已向东京政府请训。据日本人士宣称,直至日本覆文达到时为止,此间局势仍然混沌。但日本代表团中最负责人士以为该国覆文,若果使十九国委员会满意,实出彼等意料之外,彼等正在认真考虑十九国委员会当有放弃调解程序,而采用国联会盟约第十五条第四项之必要。日本人士预料十九国委员会,对于此种措置,即非全体一致,至少当可得大多数之赞成。遇有此种情事发生,对日本代表团将取何种态度,尚未可知。外间关于此事之消息,未免言之过早。日本最负责人士,坚谓即令十九国委员会主张采用第十五条第四节之程序,不经双方当事国同意,而提出报告书于大会,并附以建议,日本亦不至立即退出国联会。日本代表团至少当留居日内瓦数日,俾以旁听人之资格,注视进展,借知报告书之内容,然后乃离日内瓦而去,至少暂时不与国联会合作,是则日本不至与国联会决裂,绝裾而去。其所采取之态度,当与数年前阿根庭国对于国联会所取态度,大略相同云。

【中央社日内瓦二十日路透电】 十九国特委会定下午五时开会,届时冀得日本覆文。众信日覆文之措词不至决绝,将留继续谈判之余地,特委会谅将询问日代表团三点,要求切实答覆:(一)日本是否接受李顿报告为历史背境[景]之根据。(二)日方是否接受李顿报告第九章为调解之基础。(三)日方是否接受顾问委员会之指导。倘日方答覆能使特委会满意,特委会仍将继续调解程序云。

【中央社日内瓦二十日路透电】 十九国特委会颇多代表对于援引会章第十五条第四款所生之影响感□疑惑,彼等询问倘国联依照第四款办法草拟报告，其结果如何，国联责任如何，远东方面势将发生如何影响。彼等对此种种疑问，不能确断，唯恐引用第四款对于国联或将引起严重责任，以致裹足莫前，复思继续进行调解程序。

【中央社日内瓦二十日路透电】 关于各方指责特鲁蒙，不应擅制新方案，特氏曾经否认。闻渠复将发表正式声明，再加剖白，内容略谓渠并未草拟新方案，仅于某日杉村以草案询其意见，并问其某项修正，可否接受云。闻日方已于昨晚致函希孟，声述杉村与特鲁蒙谈话之情形。所谓特鲁蒙方案问题，对于中日事件不至引起重大波澜，惟特鲁蒙因涉逾越职权之嫌疑，颇受报界及某某代表之抨击。

《中央日报》1933 年 1 月 21 日第一张第二版

246. 十九委会昨日开会，我代表团发表重要宣言，阐明我国立场坚持撤销满洲伪组织，日本答覆希望避免决裂仍继续和解，各国已下决心认中日问题不能再延

【中央社日内瓦二十日路透电】 十九国特委会本晚七时五十分，发表公报如次：十九国特委会今日继续讨论，主席希孟宣称，日代表团自动提出数项建议，惟关于特委会星期三(十八日)委托主席向日代表团征询之问题，日代表团已电东京，但迄今犹无答覆。上述问题提及特委会放弃邀请非会员国之可能，但必须日本接受特委会去腊所拟就草案之其余规定。特委会兹决定明(二十一)日继续开会，暂待日本政府之覆文。今日会议间，关于当事两方倘未获同意，此后程序应当如何，各代表曾交换意见云。

我代表团发表宣言，解决东省问题须得美俄参加，调解会必须大小国平均分配

【中央社日内瓦二十日路透电】 中国代表团今日发表宣言称：(一)满洲冲突之任何解决，除非有美俄两国之协作，不能长久或得关系各方之一致接受。(二)任何调解委员会之组织，必须大小各国，平均分配。(三)调解委员会不应仅图居间调停，因中日两方之谈判，未能有圆满之结果。(四)报载十

九国特委会对于草案不欲作重要之修正云云。草案内容中国代表团仅由非正式方面得到,中国代表团于去年十二月二十六日曾提出修正,迄今犹未接获特委会之答覆。惟希孟及德鲁蒙与中国代表谈话间,似曾表示中国之修正案,与特委会草案之精神,互相符合。(五)中国坚持国联之报告,应明白规定不承认"满洲国",并不允其继续存在云。

【哈瓦斯社日内瓦二十日电】 国联会中国代表团今晚发表宣言,内称:"上年十二月二十六日,中国代表团曾向十九国委员会提出修正案,最近与十九国委员会主席及国联会秘书长德鲁蒙谈话时,中国修正案合于决议草案精神一层,亦被承认。但何以至今十九国委员会对于此事未予正式答覆。本代表团虽继续忍耐,但各报时时登载消息,谓十九国委员会对于决议草案,有容纳重大修改之倾向,而此项修改案,中国代表方面始终未接正式通知,本代表团因此不胜失望。为求事实之完全明了起见,本代表团认为上年年底提交十九国委员会之备忘录,有予以公布之必要。本代表团并以为不承认'满洲国'及不使'满洲国'继续存在之原则,应在决议草案以内明白揭示之。本代表团对于此层不惮反覆言之,盖中国绝不能任人破坏其领土之完整也。"云云。

十九委会临时休会,因日本覆文未到改昨日举行,松冈诡计不良特会拒绝讨论

【中央社日内瓦二十日下午七时四十分专电】 日代表松冈洋右今日向十九国特委会送一非正式建议,特委会认为此系松冈之试探的狡计,拒绝讨论云。

【中央社日内瓦二十日下午七时零五分专电】 十九国特委会因日本覆文未到,展至马(廿一日)下午开会,届时即日本覆文仍未送达,亦决开会,不再展延云。

【中央社日内瓦二十日路透电】 十九国特委会下午五时开会。关于前(十八)日向日方询问一点,尚未接到东京覆文。日代表团自动提出某项非重要建议,但特委会未加讨论。实际上决定再与日方二十四小时,其对特委会于前日使所询问一点,应作切实答覆。按特委会所询日本之问题,即除邀请非会员国一点外,日委本①可否接受草案之其余各项规定。今日开会情形,首由主

①　编者按:疑"委"为衍字,似应为"日本"。

席希孟宣称,日政府覆文尚未到达,惟日代表松冈昨晚特来访余(希孟自称),对于新方案提出数项非重要之建议。倘特委会赞成此种建议,日代表团当电东京政府征求同意,此乃最后之发展云。各代表旋加讨论,咸认日代表团之建议,不足解决前日特委会所询问之一点,既系文不对题,主席尽可不必向会众宣读全文。爱尔兰代表勒斯特旋提议暂行休会,以待日本答覆。讨论之间有认日本故意迁延者。英代表艾登主张为节省时间计,特委会可先指派小组委员会,依照会章第十五条第四款起草报告。倘日覆文到后,仍可进行和解,则此项小组委员会自动撤销。英国之意,似欲以李顿报告为上述报告之根据。德代表及其他代表数人,赞助此议,惟未正式通过。最后特委会通过勒斯特之提议休会,定明(二十一)日继续讨论。今日会议时间计一时四十分钟。捷克代表柏涅斯复行出席,英外相西门缺席,由艾登庖代。众料国联现将进行依照会章第十五条第四款草拟报告。

【哈瓦斯社日内瓦二十日电】　十九国委员会定于午后五时开会。开会时间稍为延缓之故,系因东京政府曾于本日午前开会决定,并将覆文电达此间,当于正午之后送达日内瓦,须由日本代表团加以详述故也。日本首席代表松冈洋右,曾于昨晚访问国联会秘书长德鲁蒙,闻曾提出若干问题,并暗示日本覆文将以新对案之形势[式]出之,此际惟一问题端在十九国委员会是否准备延长现行程序,抑或对于星期三日向日本代表团提出之问题,必欲于本日之内,获得日本方面之最后答案。

所谓调解势成绝望,日政府声称只接受德鲁蒙案,德鲁蒙说明新妥协案之责任

【中央社东京二十一日路透电】　日本政府对于十九国特委会限定于二十四小时内予该委员会本月十八日之提议以切实答覆事,竟置之不理。日政府今(二十一)日已电令驻日内瓦代表团,只接收秘书长德鲁蒙所提方案,并将请非会员国参加一段删去。日外务省当局希望国联可接收日方提案,但表示如十九国特委会坚持其本月十八日提议时,则日本之答覆只有拒绝而已。

【中央社日内瓦二十日路透电】　关于所谓新妥协案之责任问题,特委会今日代表德鲁蒙发表说明,略称特委会前着希孟及德鲁蒙与关系两方讨论草案问题,但不得变易原则。时适耶稣诞节日,德氏曾离此旅行,迨返日内瓦后,杉村以某项提案征求德氏意见,内中含有邀请美俄之可能,杉村认为此项建议,可获特委会及日本之接受。德鲁蒙表示渠不能保证特委会可予接受,并谓渠认特委会颇难接受。日方旋称将上述提案送达日本政府,日政府复加修改,最重要之修改即关于邀请非会员国一点云。

日代表团接到训令,日愿继续和解工作,不外拖延,各国均主张进行第二步工作

【中央社日内瓦二十一日路透电】 日本驻日内瓦代表团已收到东京训令,今(二十一日)上午开会讨论如何答覆十九国特委会主席希孟事宜。据云,日本政府之答覆系对案性质,表示日本希望避免与国联决裂及设法继续和解工作。至于十九国特委会对于日方答覆将采取何种态度,各方意见纷纭,但各国代表团对于中日问题之长此稽延不决,渐有不安现象,认为屡次延期,辩论多而结果少之状态,实有令人不满之处。闻各大国如英法意等国,现亦极力主张不再迟延,立即进行第二步工作,即起草报告书云。

【本社二十一日上海专电】 电通马(廿一日)东京电,松冈请训电马(廿一日)正午到达外务省,外务省当即召集首脑部协议,协议结果似即发出如此之回训:(一) 依照十二月十六日之训令,要求修正削除,但为到达圆满之结果计,尚有若干点,容易缓和,故帝国代表应体该互让之旨趣而努力云。

昨日之十九特委会,将援用盟约第十五条第四款,报告书内容将采用李顿报告

【本社二十一日上海专电】 国新马(二十一)日内瓦电,马(廿一日)晨国联大会议长希孟告记者,自接日本两复电后,时局已稍简单,惟不允切实说明时局简单化之趋向,亦不愿给予十九委会调解失败之印象。按东京两电,马(二十一日)晨转达日代表团后,立由松冈转送希孟主席、秘书长德鲁蒙。第一电系答覆十九委会星期三之提议,第二电则完全赞成日代表于星期五送至十九委会之对案。查此项对案,现尚未经委员会考虑。现消息灵通之国联中人,皆信倘东京对于十九委会提议之答复,系属否定语调,则目下几可确定十九委会必将于马(廿一日)下午决定动议第十五款第四节。倘十九委员会进行援用第四节,料先将推举小组委员考虑各项草案,最后复交十九【委】员会讨论。英代表现主张报告书内应:(一) 采用李顿报告,(二) 切实声明国联会员国不能承认满洲之设立独立国,俾报告书内包含最近事实。目下赞成英人此种主张者,似已甚众。但英人方面亦谓李顿报告未免已稍陈旧,因关于迩来中日冲突连榆关事件在内,皆系调查团离远东后所发生,惟恐国联大会对于此种事件不能表示立场,因尚未得可靠者,不偏袒之报告故也。

　　【本社二十一日上海专电】　(廿一)东京电,十九委会于号(二十日)之会议,除邀请美俄外,要求日本全部承认十二月十五日之决议原案,但外务省对之必作最后通牒解释。现待漾(廿三日)英外相西门之抵日内瓦,期待局面之更形转佳,于要求决议案原案之修正,已有几何缓和之用意。今后帝国政府之交涉,系立于一缓和决议原案之修正。(二)维持代表部案之二点,而与国联之危机预测,当可免除。至该决议案如在大会票决之际,帝国政府决宣言保留为决议原案与德鲁蒙及杉村案之要求修正之理由而弃权也。

《中央日报》1933 年 1 月 22 日第一张第二版

247. 十九特委会决定着手起草报告书,十九委会认调解努力业告失败,但在大会召集前仍得从事调解,日表示不怕援用十五条第四项

特委会公报认为已失败

　　【中央社日内瓦二十一日路透电】　特委会今日发表公报如次:特委会今日下午继续开会,根据日代表团向主席及秘书长之声明,知悉邀请非会员国参加谈判之议,纵使作罢,日本政府亦不准备接受特委会十二月十五日之草案。日代表团并向主席声明,该团昨日自动提出之建议已得日本政府之同意。但特委会研究是项建议以及中国提案后,认为惟有宣告提出两方均可同意之草案,诚为不可能之事。中国及特委会皆注重邀请美俄加入讨论,日本反对此议。纵令此议案作罢,日本仍欲特委会依照日本提议修改十二月十五日草案之其他各种规定,故特委会不能徇日本一方之要求,而即撤消草案内邀请美俄之规定。至于草案附带之理由书。兹悉特委会即将该理由书,发言用主席声明书形式公布(按当事两方对于主席声明书,有提出保留权),日本政府亦必提出修改,不能接受原文。惟日方最后所提出种种重要修改,特委会不能接受。

在此情形之下,特委会感觉其自身所担任向大会提出解决争案程序前此之种种努力,兹已告失败。特委会且认大会下次开会时,亦必得到同样结论,故决根据大会三月十一日决议第四款第三节立即起草会章第十五条第四款所规定之大会报告。惟前依第十五条第三款进行之调解程序,应由大会正式宣告终止,但当事两方此时仍欲提出建议时,特委会当乐于接受云。

十九特委会起草报告书

【中央社日内瓦二十一日路透电】 十九国特委会今日下午五时开会,讨论时间计二小时零十五分,决定调解程序实际上已告失败。嗣即讨论依照会章第十五条第四款之进行程序,最后决定星期一(二十三)日继续讨论。闻特委会对于大会报告,拟以三种草案分送特会代表研究,惟草案之内容暂守秘密,外间无从探悉。特委会今日研究日本提案后,认为关于数点不能接受,故全体同意进行第二步办法,且认中日两方之意见相距太远,调解似觉无从着手。瑞士代表郁柏称调解是否已告失败,应由大会正式决定。故特委会决定大会开会之前,特委会仍将维持调解之可能,任何一方如有足为解决基础之提案,特委会无不欢迎,但将同时进行讨论关于起草报告之各项问题。至此某代表问特委会应否先询大会然后起草报告,特委会决定根据三月十一日大会之决议起草报告,乃属特委会权限范围之内,不必先询大会。特委会旋复讨论各种程序问题,最后决定星期一(廿三)日上午继续讨论,众料大会须在二月初召集。

起草报告中不忘情调解

【中央社日内瓦二十一日下午七时廿五分专电】 十九国特委会今晚开会,因未接日本覆文,对于接受调解无从进行,决议:立即着手起草按照盟约第十五条第四项之报告,下星期一提出讨论。但在起草报告期间,苟能发见调解可能,仍将努力从事云。

【中央社日内瓦二十一日路透电】 此间谣诼繁兴,盛传十九国特委会某某代表,将单独提出报告草案。但各代表于私人谈话之间,无不表示审慎团结之精神,咸欲实事求是,不务虚眩。众信英国主张尽量采纳李顿报告,认为最后和平端赖中日两方。依照李顿建议输诚相见,大会报告势将根据李顿报告,并另提出建议。但此种建议之质性,以及效力如何,此时尚难揣度。又电,特委会今日将其十二月十五日之决议案草案及理由书,全部公布。

【中央社日内瓦二十一日路透电】 关于所谓德鲁蒙方案问题,今日德氏向特委会加以解释,特会认为满意,此事现已告一段落。

中日间意见无法可接近

【哈瓦斯社日内瓦二十一日电】 十九国委员会鉴于调解程序失败,决定依照盟约第十五条第四项规定,草拟报告书。此事系经该委员会讨论二点半钟之久,始行决定。十九国委员会统一阵线,维持到底,对上年十二月十五日所采之决议案,不愿加以变更。主席希孟审查中日两国最近之提案,觉日本对于星期三日十九国委员会所提之办法,仅承认其与日本有利者,易言之即不使非会员国参加是也。此外日本别有种种要求,与十二月十五日决议案之精神及文字相反,其特别重大者,为理由书以及决议案本文以内,凡涉及"满洲国"之文字要求一概删去。又现行程序若果成功,则调解委员会之任务,亦欲加以限制,此日本方面之主张也。至中国代表团所提要求,一如本社所报告(即不认"满洲国"及邀请美俄参加讨论各事),双方主张相左如此,故十九国委员会不能不承认其努力之失败,以后惟有不经双方当事国参加,而自行起草建议之一法,十九委员会不得已采此办法,深为歉然。惟调解程序之失败,惟国联会特别大会有权可以正式证明之。十九国委员会以上所云,并非代大会作一决定也。十九国委员会定于星期一日开会,草拟第一报告书,以便将其努力所得之消极结果,报告于非常大会。一般人预料非常大会将于二月初召集,以便对于十九国委员会之主张,作最后之决定。非常大会至第二次开会时,即将依照盟约第十五条之规定审查十九国委员会准备之建议案,此为该委员会第二次报告书。国联行政院第七十届常会原定星期一日开会,若因上述各节,尤其是十九国委员会定于是日开会,故行政院会议改为星期二日举行。

日政府强硬对国联不满

【本社二十二日上海专电】 电通养(二十二日)东京电,国联有适用规约第十五条四项之势,陆军部当局马(二十一日)夜以谈话之形式,发表声明如下:国联与日本之论争点,系不考虑远东特殊之事情,而将适用于近代国家纷争之原则,强行适用与远东无关系之小国。于拥护自己理想论,甚且表示希望日本脱退之态度。而主张适用第十五条四项之形势,非常深厚,十九国委会放弃问题解决之努力过早而急谋结束,公然表向国联本身之无力与失败于世界,殊为国联惜也。若国联始终固持,日本即退出亦所不辞。况适用第四项非所介意,自省而正,虽百万人吾往矣。适用第四项后,发生如何事态,未可逆睹。由此而生之一切情势,乃国联自己求之,自应由国联负责。

【本社二十二日上海专电】 华联二十二日东京电,日外部本料国联对日之妥约,必待西门英外长返日内瓦始能作最后决定,不料十九国特委会竟在二十一日之会议,拒绝日本之修改,决定援用第十五条第四款,强制调解中日纷争。日外部闻此讯,大起惊骇,今日开始临时部会议,决定电示松冈代表,该训电闻将在今夜或明晨发出。据日本报纸所传内容如次:(一)日政府甚望以第十五条第三项之和协手段,能调解中日纷争,然而十九特委会竟如此焦急,援用十五条第四项,结果不能不认为其和协已告失败,其责任应由国联自负。代表团应利用适当机会,声明日本不负此责。(二)日政府不怕援用第十五条第四项,代表团不必再作阻止国联援用条文之任何活动。(三)不必因援用第十五条第四项而退出国联,因加盟国自有不接受之权利。日政府决定代表团仍留在国联,静观其变动,但代表团必须加紧努力,以期贯澈日本之主张。

《中央日报》1933 年 1 月 23 日第一张第二版

248. 内田狂言后,罗外长发表谈话,郑重声明中国坚决态度,在日本之傀儡组织宣告取消前,任何调停与和解办法均不可能

关于日内田外相昨日在日议会之外交演说,外交部部长罗文干昨(二十二日)发表谈话如下:

内田外相昨日对日议会之演说,仅就其关系日本在东省之暴行一段而论,已足证日本之武力侵略与扩张领土之迷梦,去清醒之期尚远。

溯自去岁八月内田第一次演说远东情势以来,时逾数月,而内田对于国联之权威,国际条约之尊严与夫国际成法之效力,迄未稍减其公然侮蔑之心。在此次演说中,内田又复涉及伪满洲国,不独认其存在为正当,且更进而言其扩大之可能,并公然宣告日本侵犯热河之决心。此种荒谬之见解与议论,吾人不欲多费唇舌加以驳斥,盖中国政府及国联调查团早已驳斥无余矣。

惟吾人欲郑重声明者,中国态度至明显坚决,即由日人创造支持之伪满洲国,必须取消。中国在东三省地方,必须恢复其固有之主权。在日本之傀儡组织正式宣告违法及取消之前,所谓调停与和解,或其他任何解决办法,均属不可能也。

《中央日报》1933 年 1 月 23 日第一张第二版

249. 中日事件德将对国联陈意见,外长牛赖资在外委会声称

【本社二十二日上海专电】 国新马(廿一日)柏林电,德外长牛赖资今日在国会外交委会声称德国将在国联会供解决中日案争执计划,惟其详情尚未发表,仅郑重声明德国完全决定中立,深信政府已有可为各方接受解决方法而已。按德国国会内共产党议员曾指现政府有袒日倾向矣。

《中央日报》1933 年 1 月 23 日第一张第二版

250. 世界舆论对日总攻,日本态度依然倔强,准备草陈述书与国联对抗,英国对日态度渐趋于强硬

日态度顽强,拟草陈述书

【本社廿三日上海专电】 漾(廿三日)东京电,日内瓦日代表团每日电致外务省报告国联形势。据该报告,德鲁蒙及希孟与日代表会见时,微露委员会态度并非最后者,然外务省目前尚难预测。漾(廿三日)晨开首脑部会议,协议对策之结果,决定如国联适用十五条四项开始制作报告书,则日本亦依该条第五项准备拟草陈述书,与之对抗。陈述书内指示国联对远东问题之无能无理解,虽国联于将来更发动第六第七项规定,然日决不改变方针。而为讨伐在满土匪及保护留华日侨起见,仍然自由发动自卫权。外务省已将此意电命日

内瓦代表团矣。

报告书内容,日方之揣测

【本社二十三日上海专电】 漾(廿三)东京电,十九特委会行将依第十五条第四项作成劝告报告书,日外务当局对该劝告报告书预测如下,但日政府早已决心撤回代表,绝对加以拒绝云。一、满洲之事态确认记述于李顿报告最初之八章,而日本军之行动,难认系自卫权,系在外军人行使自卫权之行动;而于"满洲国"之独立,则不认系纠纷之民族运动,而为计划的独立。一、解决问题之法律的原则,已表明于去年十二月东(一日)大会决议。至于事实,则准据李顿报告书最初之八章。一、至于处理"满洲国"依照李顿报告书原则,恢复原状为不可能,维持与承认"满洲"之政权亦不得认为问题解决,故准据第九第十原则斟酌第十章之提案。一、大会在大会所委任委员会之援助之下,两当事国依上开条件,从速开始交涉问题之解决。

九国委员会起草报告书

【中央社日内瓦二十三日路透电】 国联十九国特委会今(二十三)日上午经过二小时之讨论,议决派九国委员会起草报告书。该九国为德意志(主席)、瑞士、英吉利、法兰西、捷克、比利时、意大利、瑞典及西班牙。十九国特委会今(二十三)日上午开会时,为起草报告书事,辩论异常激烈。关于报告书,初段内述中日纠纷源起,各方意见纷纭。英国提议十九国特委会应追认调查团报告书所述各节,一则因调查团报告书记载极为完满正确,二则如特委会重新研究中日纠纷之源起,实徒费时日耳。但讨论结果,由特委会令九国起草委员会将各方意见,合而为一,酌量列入报告中。

据一般人推测,九国起草委员会之工作,需时至少一星期,目前只讨论中日纠纷经过,搜集历史资料。于讨论报告书第二段研究解决中日纠纷之各种建议时,十九国特委会势必重行招集会议,始能有所决定。本星期此间国际会议甚多,故何时九国起草委员会可举行第一次会议,此时尚难预定,最早须在明(廿四)日行政院会议后。特委会主席希孟今晚即离日内瓦,随时以长途电话与国联当局交换意见。此次九国起草委员会中,无爱尔兰代表,颇引起各方批评,因爱尔兰代表系国联行政院主席,且近日关于中日问题之进行,颇为活动也。

十九国特委会下次会议将于月底举行,议定何日招集国联全体大会。小国方面，主张报告书中应有指斥日本之显明字句。有数国代表，态度不明，而意大利代表爱诺西（译音）态度尤其模棱两可。

【中央社日内瓦二十三日路透电】 国联秘书处发表公报如次：十九特委会今（二十三）日上午，初次讨论该委员会将以何种方式起草报告书，提交国联全体大会，如何根据国联盟约第十五条第四款执行其职务，此次调解失败情形及中日纠纷经过。至于解决办法，则今日并未讨论，将由全体大会议决之。起草委员会，将随时向十九国特委会报告其工作进行状况。起草委员会名单如次：德、英、瑞士、法、意、比、瑞典、捷克及西班牙，十九国特委会其他各国如有意见，亦可以书面通知起草委员会云。

国联遵盟约，日人大惊骇

【中央社日内瓦二十三日电】 国联对东北问题急转直下，使日人为之惊骇。缘十六月来，日本一面以延宕手段与国联周旋，一面在满洲积极军事布置。祖日如西门，彼出身律师，可为任何有钱势者辩护，然因日本无意接受调解，在盟约第十一节第三段规定之下，亦觉爱莫能助。最近日本对于调解所提出之修正案，包含诸项，故意使国联不能放松。松冈此来，大吹大擂，俨然举世皆为童骏，愚弄秘书长之不足，且欲愚弄十九委员会。故对于国联除拒绝美俄参加是否放松议案其他条件之询问，初则诿为东京训令未到，以己之提案为尝试，继而尝试失败，又谓该提案已得政府同意，朝三暮四，信义尽失。国联至此始知委曲求全，仍无效果，且觉为日所愚弄。故毅然放弃调解希望，而遵照盟约第十五条第四段之规定起草报告。但报告内容如何，大国必仍袒护日本。联盟有此勇气，宣布日本破坏盟约否，尚属疑问。即使联盟为本身利害，竟能判决是非，然报告终属一纸空文，实际毫无裨益。我国虽能借此获得法律道德上之援助，仍在决心自救，以举国一致之精神，积极军事抵抗与经济自卫。假使因此再加日本以一种压迫，各国当不致膜[漠]视无睹。当此紧急关头，国人惟有强硬对日，庶几促国联不再走入歧途。

英对日态度，渐趋于强硬

【中央社伦敦二十三日路透电】 《观察报》日内瓦专电称，各方感觉过去一周中，英国对日之态度转趋强硬，或信美国曾向英当局提出友谊之劝告。惟据《观察报》记者探悉，英政府最近由远东接到之报告，对于英国态度亦有关系。闻上述报告说明：（一）中国怀疑英国袒日，对于英国商业颇有不利。（二）日本在大陆之势力，若过于强盛，则英国商业亦将受损云。

美报之正论，日蹂躏和平

【中央社华盛顿二十二日电】《华盛顿邮报》社论，略称：英美间谈判各种极重要问题，如军缩及阻止远东战争等项。美国认欧洲对于制裁日本之侵略行动，太不努力。日人捣毁美商胜家公司，系一种不吉预兆，紧张之情绪如矢在弦，一触即发，或将使战争为不可避免。各国虽设法维持和平，亦将无效。世界应知日本现正蹂躏一切和平条约也。《纽约时报》称据官方消息，战债会议议序范围至广，或将包括远东紧张局势问题在内。《纽约讲坛报》称罗斯福总统，决定除债务国，对其所持目标允诺合作外，战债方面，决不让步。英国自始即为国联行动之重要障碍，西门氏在日内瓦活动破坏美国政策。《华盛顿导报》载法前总理赫里欧一论文，谓关于山海关事件之经过，中国向国联所陈述者，较日本为可靠。

《中央日报》1933 年 1 月 24 日第一张第二版

251. 顾维钧宣言驳斥内田，内田已自认破坏盟约，日本实不愿遵守约章

【哈瓦斯社日内瓦二十二日电】 国联会中国代表顾维钧发表宣言，驳斥日外相内田氏最近之演说。宣言全文顷由中国代表团分送各报，其内容如下："日本内田外相，顷对贵族院演说外交方针，然除日本人民以外，世界民族稍有常识者，断不为内田之言所动也。日本之志，固欲强以自造之法，支配其对他国之关系，且谓举世之人，将惟有其言是听。此种心理，显然可见。东三省乃中国领土，日本一手改为"满洲国"，又以一手与之签订条约。事成，日本又以对此项条约所负义务为口实，进犯热河，又思置之囊中。日本贪得无厌，此实其侵略计划第二步之实现也，而日人亦要求世界承认之。虽日本对满洲问题之全部政策，假内田之口，而大白于世。内田谓国联盟约之适用，当富有伸缩性。此言无异自认，若按会员国一致服从之国联盟约加以判断，则日本实为以

暴力破坏盟约条文之现行犯。日本所以自恕者，即所称中国失其常态一语是也。然中国情形确可称为不合常态者，不过一点，即日本坚甲利兵以事侵略，而中国仅以脆弱之国防当之是也。日本既破坏盟约，而内田反谓盟约之适用，须富有伸缩性，此犹胠箧之盗，为人拘执对簿公堂，亦自承其罪。惟谓所盗之室，门窗未扃，致启觊觎之念，情有可原，请求末减，内田措词得勿逼肖。日本近数月以来之行动，与其对热河之攻击，若日本以此自恕，而人亦从而恕之，则今后世界各国之间，至混乱与冲突外，别无其他关系可言，而国联会为世界谋和平之希望，亦投之东流矣。和平之扰乱，日本实为祸首。谓为远东和平之砥柱，无乃矛盾太甚。由此种种，可见日本为国联会员国，虽十有二年，而于国联盟约之规则，始终未尝了解，或了解矣，而始终不愿遵守。如此情形，则日本尚堪为国联会之会员乎？此目前一种严重问题也。"云云。

《中央日报》1933 年 1 月 24 日第一张第二版

252. 外部痛驳日覆照，前日送出定今日发表全文

榆关事件发生后，外部即向日方提出严重抗议，并发表宣言，声明此事为日方有计划之侵略政策，责任应由日方完全担负。旋日方亦向我提出覆照，内容颠倒是非，荒谬已极。闻外部对此项荒谬覆照，已于前（廿二）日痛予驳斥，全文可于今（廿四）日发表云。

《中央日报》1933 年 1 月 24 日第一张第二版

253. 十九委会起草报告书中，政府当局严切注意内容，我态度坚决如于我不利必然拒绝，报告内容分事实、结论、意见三部份，九国起草委员会定今晨十时开会

外交界息，国联十九国委员会对中日问题调解失败，现已交德英等九国起草报告书。闻报告书约一周左右，可以草竣。草竣后先提十九国委员会讨论，

俟一致通过后,再送下月初开会之国联大会讨论。因该项报告书将来由大会通过后,须强制执行,故政府对报告书之内容究属如何颇为注意。至该项报告书,究竟能为我方接受与否,现尚难预断。但拒绝不利于我之方案,政府则始终不变此坚决政策云。

特委会讨论情形,大抵根据李顿报告,惟不采取制裁办法

【中央社日内瓦二十三日路透电】 今晨十九国特委会讨论之报告草案,乃国联秘书处所起草,内容分事实、结论、意见三部分。至于建议,须待特委会授意后,再行着手起草。事实部分详述国联处理满洲问题之始末,行政院与大会历次之决议,以及满洲争案与欧洲之关系。至于远东方面之经过情形,该报告草案则多引用李顿调查团之报告书。英代表提议关于事实部分,与其征集各方意见,重新起草,不若完全采用李顿报告较为省事。惟特委会坚欲另行起草,英代表之提议以致未获通过。报告草案之第二部分,称为结论,内容含有要点颇多,如:(一)满洲乃中国整个领土之一部分,(二)中国现处过渡时期未能保证充分履行政府应有之权能,(三)中国曾利用抵制为自卫之工具,(四)日本之军事行动超出自卫范围之外,(五)"满洲国"并非因人民自由意旨而产生,但恢复满洲原状,乃不可能之事。报告草案之第三部分,即意见部分,措词混沌,特委会今日曾费长久时间讨论,各代表所提出修改意见,多以日军未经宣战,而占中国领土为中心点。草案之意见部分势必重新起草,众料特委会将于明(二十四)日开始工作。今日会议后,各方认为目前之问题乃补充李顿报告内关于调解之建议,设法更改目前满洲现状,使两方均能同意,即最激昂之拥护国联会章者,亦无表示采取制裁办法之意。众认采用李顿建议对于中日两方,均属有利,盖日本此时虽赖武力略占优势,但中国之抵抗力量终必生效。山东问题,可为前车之鉴云。

九人起草会报告,因英袒日而趋含糊,回避援用第十六条

【中央社日内瓦二十四日专电】 九人起草委员会现正交换意见,准备提出报告于下月第一星期中之国联大会。报告中将详述调解失败之经过及争议之起因与发展。各小国现坚主报告中应明白指出曲在何方,应由何方负其责任。英国对于此点,似仍袒日,仅主张采用含混词句,有意回避将来采用第十六条。因此之故,报告中之建议部份,内容如何现尚不能确知,或仅限于劝告

两造而止。关于不承认伪满洲国一点，似亦将含糊过去云。

【中央社上海廿五日电】 国民社日内瓦敬（廿四日）电，十九国委员会所推起草中日争执报告书之起草委员会，将于径（廿五日）晨十时十五分开会。惟会议时期，未必能久，因世界经济会议组织委员会将于上午十一时半开会，有起草委员数人将往出席云。

日人仍藐视国联，谓报告书虚张声势，图迫日本再行退让

【中央社东京二十三日路透电】 十九国特委①会决定宣告调解失败，进行会章第十五条第四款之第二步办法，但同时仍不拒绝调解程序，而留提出新建议之余地。日文报纸认此步骤，乃国联之虚张声势，图迫日本，再行退让。日报称国联之援引会章第十五条第四款，不至使日代表团退出国联，但特委会之建议，倘拒绝承认"满洲国"，或认日本在满军事行动非属自卫性质，或对于中日直接交涉，妄加干涉，则日本应与国联脱离关系云。

【中央社东京二十三日路透电】 美人创办之日本广告日报，称国联十九国特委会，拒绝日本提案，按照会章第十五条第四款起草报告，日本对此并不畏惧云。

【中央社日内瓦二十四日路透电】 日代表团今日发表一文，详述日方与德鲁蒙谈判之经过，略称是项谈判产生之提案，已被十九国特委会拒绝。该提案之最重要部分，即取消邀请非会员国，并取消理由书第九款。日方认第九款提及"满洲国"问题，攻击日方基本政策云。

我请宣布日毁约，英舆论主揭日罪状，国联不能再事敷衍

【中央社日内瓦二十三日下午六时专电】 十九特委会今晨集会，讨论起草按照盟约第十五条第四项之报告决议，指定英、法、德、意、西、比、瑞士、瑞典、捷克九国为起草委员。我国代表团请委员会从速起草，明白宣布日本毁坏国联盟约。

【中央社伦敦二十三日路透电】 《满城卫报》社评称，日本自始至终故意延宕，致使特委会深信凡国联认为最低限度之解决根据，日本均不接受。各国外交家对于满洲问题，始则犹豫不决，继则屈从武力，助长日方气焰。迨到今

---

① 编者按：原文"委"在"宣告"后，现改正。

日,国联无论有无英国之援助,必须揭出日本罪状,不能再事敷衍。国联对日态度,今始较趋强硬,此诚日本自取之也云。

【中央社日内瓦廿四日下午五时专电】 (一)我颜代表今日访最能主持正义之捷克代表彭乃士,力言报告中必须明言责任应由何方担负。(二)此间有经验之观察家预料,日本将于报告提出大会之前,占领热河完成其("满洲国")之计划,而置报告于不顾,中国急应奋起抵抗,免又堕其术中。

《中央日报》1933 年 1 月 25 日第一张第二版

254. 国联形势复趋延宕,特委会休会起草会无结果,起草委会昨日开会不终场而散,小国主张较明显,大国态度[①]仍含糊

外交界息,国联十九国委员会所委托之九国起草委员会,于今(廿五)晨十时一刻,开第一次会议,商洽起草报告书办法,大约尚须数度会商,始能具体决定。报告书之内容,势必以李顿报告为根据,殆无疑问。委员会中有若干小国代表,对我向来表示同情。惟英国代表之态度,最堪怀疑,如从中继续作梗,或将发生相当影响。记者昨(廿五)日晤外交当局,据谈:九国委员会所起草之报告书,其内容究将若何,现虽不可逆料,但吾人亦可不必过虑。万一报告书于我不利,我决断然采取严厉之对付办法,毫不犹豫云。

【中央社伦敦二十四日路透电】 西门即将赴日内瓦参加中日问题之谈判,并向行政院申诉英波两国油案之纠纷。

【中央社日内瓦二十五【日】路透电】 九国起草委员会今(二十五)日上午开会约一小时,系非正式性质。开会时即主席亦未推出,希孟(比利时)已离日内瓦,由波昆(译音)代。今日所讨论者,关于报告书中所应包括之大意,对于报告书文字尚未着手,报告书内容亦无确实决定。因经济委员会开会,九国起草委员会未终会即散,下次何时开会亦未决定。

---

① 编者注:原文"态度"二字互倒,现改正。

十九委会休会,起草委会意见纷歧

【中央社日内瓦二十五日路透电】 十九国特委会因行政院会议,借端延会,且此间天气入暖,各代表乘机休憩,不约而同。主席希孟已首途返比,此后仅能借长途电话,互通消息。或认特委会此时暂行停止,似非无益,因自一九二一年维尔纳纠纷以至此次之中日问题,十数年间,国联未逢重大国际波澜,迫使国联提出建议,而中日问题之调解程序,既告失败,则此后之发展,势将成为中日纠纷过程中以及国联自身过程中最严重最纷扰之一段。因此国联中人认为特委会之暂行停止,非特可使各代表再度沉思,减少情感之作用,且可与当事两方要求妥协之机会。九国起草委员会定星期三日上午十时半开会。闻于着手起草报告时,先将依照最近之发展,调节李顿调查团之建议。起草委员会已请特委会全体代表贡献意见,将来起草委员会内意见如此之多,工作必形复杂。

起草意见庞杂,小国坚主表示意见

【中央社日内瓦二十四日路透电】 九国起草委员会最早当于明(二十五)晨集会。国联秘书处因起草会内各方意见纷歧,现特重新起草报告。小国代表尤其瑞典、瑞士、捷克、西班牙等国,坚决主张大会报告,应切实表示意见,不能限于追认李顿报告。因李顿报告对于中日争案之责任问题,并未断定也。传星期一日十九国特委会开会时,小国代表突得德国新代表凯勒之援助。凯氏反对英法,主张态度甚为鲜明。今日行政院会议席上论及太平洋各岛代管问题,凯氏复与英法代表为难。凯勒新由柏林抵此,将长川①驻日内瓦,各方对于德国此后态度,颇感不安。

日阁紧急会议,讨论应付中日问题

【中央社东京二十五日路透电】 日本内阁举行紧急会议,讨论中日问题。外相内田康哉报告谓国联实际上已放弃中日纠纷之和解工作。外相内田告内阁同僚,称随时应准备作最严重之决议。据云内阁会议并无重要表决案,目前拟暂时静候日内瓦方面有何新发展,再作计较。惟一般人均觉日本政府已下

---

① 编者按:"川"疑为衍字。

决心,如国联当局认日本为侵略中国土地,违反国联盟约、非战公约或九国公约时,日本立即退出国联云。

【中央社日内瓦二十四日路透电】 日代表团今日发表宣言,申述所谓德鲁蒙提案问题。各方对此批评不同,或谓日方表示和缓,欲图缓和国外舆论;或信日政府因政友会之抨击,或将退让,以期重新进行调解程序。无论如何,日方宣言所引起之影象不坏,各方认为日本并不愿与国联公然破裂。

英法舆论动员,国联应定日本罪状

【中央社伦敦二十四日路透电】 《泰晤士报》评国联处置中日事件,讥讽国联犹豫不决,谓中日争案未含国联行动之必须要素,故国联只能起草可能的公平解决方案。日本拒绝李顿报告,完全无理,日本如欲续得世界同情,必须了解国联因日本所受之困难,并服从其建议云。该报末称,如欲国联采取行动,各国必须先有强烈之舆论,促其政府准备牺牲生命财产对付侵略国,如此然后国联行动,始有效力云。

【中央社二十四日巴黎电】 法国报界对于中日问题,仍甚感兴趣。《民报》主张国联应有以餍足世界之舆望,应严格定谳断定日本为侵略者,而适用外交及经济之制裁。又李顿爵士于《星期日纪录报》,曾发表文字,谓国联应设法镇定远东之冲突,惟各国之任何举动,日本或不免视之为起衅之原因。故只有世界舆论之压迫,最为适当。一致决议,定日本为有罪,即为已足。世界现正翘首企踵以待英国之发起,西门氏之任务,固极艰巨云云。

《中央日报》1933 年 1 月 26 日第一张第二版

255. 顾代表维钧对日之重要声明书,严词驳斥日代表意见书,在去年行政院大会后发表

(中央社)日内瓦特派记者通讯,国联行政院我国代表顾维钧氏,对于日本代表在十一月间行政院会议所发表之言论与意见,其中肆意攻击中国之处,曾在会议中声明保留,将以书面答辩,兹已于十二月三日送交秘书长转致会员国参考。此项声明书长近五十页,除引言外分六章,详述日本军阀管理下政治之

黑暗、财政之恐慌、社会之不安定，并从历史上举出日本排外之事实，以相比对，助顾氏搜集材料者为专门委员王大桢氏，执笔者为驻荷公使金问泗氏。兹照译如下，以供国人快睹。

引言

国联行政院于一九三二年十一月二十一暨二十三及二十四等日开会，中国出席行政院代表，于陈述中国政府所有关于根据一九三一年十二月十日行政院决议派遣调查团所有报告书之意见及答辩日本代表之声明时，曾保留将来再加以书面之说明，或口头之解释，今兹之声明书，即系根据于是项保留而作。至将来是否尚有其他之补充，中国代表此际殊无定见。

日本政府对调查团之行程及其考查之方法，所有之批评，最好请调查团内诸君，个别的或整个的加以覆按。惟是此种批评之目的，实在于毁损中国所有，而又为调查团在当场经过严密的考查，而于其报告书中所确认之若干争点之效力，故中国代表团对此亦认为有发表意见之必要。

日本政府只知抱怨调查团访问中国时间之暂，并反对当时南京及北平所有之空气，而于调查团两度访问日本且在因日本之阻挠，致使中国代表不克偕往之际，而在东京居至半月之事实，则殊未提及。至中国政府对于与调查团偕来之日本代表，则无论在南京及北京等地，皆曾予以各种之礼貌及利便，其态度与日本适可对比。

至关于报告书所引之证据，日本政府则谓调查团对于日方所供给之所谓正确报告，似不曾加以注意，而对于来源暗昧之各项材料，则反加以过当之信任。然事实上则满洲之日本当局，对于调查团及其随员所有活动之严密监视，及拒绝该团有与中国代表互通声息之自由上，固已努力于限制该团之考察范围，并使其所有之证据皆限于日方所供给之所谓正确报告矣。日本当局既已不复履行其本国政府在一九三一年十二月十日行政院决议案中之诺言，而与调查团以各种之利便，以谋在事变当地获得该团所需要之报告，则调查团为完成其使命起见，而另觅方法，以收集真实之证据，自属甚为必要，报告书第一〇七页中有云。

惟日警种种方法之结果，仅为隔离一切见证，有许多华人甚且不敢晤见调查团之团员。调查团在某处曾得悉在到达该处之前，当局曾通告无论何人，未得官方核准，不得往晤调查团。是以调查团所有访问，均系秘密进行，甚感困难,并有多人晤调查团。此种秘密晤会方法,仍极危险。调查团所接见之代表团,多数系由日本当局或"满洲国"当局所介绍,各委员对于该代表团等之意见书,深信其必先曾得日本之核准者。观于日本当局对于调查团及中国代表在满洲之态度,对于邮电及新闻纸之严密检查,对于以不利于日本人报告供给于调查团者之武力屈辱及日本政府对于调查团报告书之意见,与乎日本代表在最近历次行政院会议中对于受行政院之请而列席会议之调查团,坚决反对其有答辩日方所有意见之机会,皆足以充分的证明日本政府之意见,殆以为只有日本政府所供给之证据,始得认为正确。

亦惟有此等所谓正确之报告,始应为调查团所完全接受。至于其他不同之证据,则应一例抹煞。日本政府之意见,殆以为报告书对于其他之证据,既予过当之信任,故书中即常有所谓疏忽矛盾以及误解之处。虽然此等狡辩,若能成立,则根本上即无庸派遣调查团前往远东实地考查矣。盖中国政府之所以同意调查团之成立,即系由于日本所供给之所谓正确报告已被国联发觉其为非正确,而欲使满洲形势之真象大白于天下耳。

(一) 中日两国之国情

在日本代表送致行政院之各项声明书以及日本政府之意见书中,皆有一种苦心孤诣之企图,将中国内部之情形肆意煊染,以文饰其可以不顾在一切和平机构之下所有各种庄严的国际义务之狡辩,并以示适用普通和平机构于目前中日之争议为不可能。此种对于中国牵强附会之拙计,其可攻击之处,亦正不亚于徒在欧美各地之警长手中获得各该地所有犯罪及骚动之纪录,即故谓欧美各国之情形,即系如此。关于此点,中国代表在十一月二十一日,即曾送致声明书一纸于行政院,详加解释,其中某一节有云:(未完)

(续昨)"中国目前方由四千年之古国,演变为一近代之民主国家,其所遭受之试验反困难,实为研究政治历史之人所常见,且亦为改造任何国家之不可或免。凡此事实,亦何足怪?中国现在表面上之不甚调协,毋宁谓为民族觉醒后勇毅与生命之象征,且为四亿五千万人民重新建国所有进步之证据。过渡时期之中国,在外观上之不能尽惬人意,亦犹一古旧之建筑物,方为群工重修绘饰时之景象耳。际此时期,其重要之点,即为调查团在其报告书中所称虽有此种种困难、迟延及失败,其进步之处,亦属不少(见报告书第十七页)。"

日本代表对于中国情形所有批评之毫无根据,初不仅在彼所不同意之调查团报告书中至为明晰,即一班公允之观察者所有之言论,亦莫不谓然。大卫白朗博士固胡佛总统在国际慈善工作上所最为信任之伙伴也，最近彼在游历中国内部各地之后，曾在上海美国大学俱乐部讲演，彼谓：

"予曾游历绥远、陕西、山西、甘肃、河南等省，飞机及汽车之所及，几至四千英里。就予所见，非但绝无任何骚扰之证据，且随处皆可以发现秩序团集，与乎对于中央政府之爱戴。中国少数地方所有不安之情形，予非不知，特不过中国之土地太广，而政府则又未及成年，其目前所经历之情形，亦即为其他各国在过去所不能不经过者也。吾人欲于所有中国人民之中，求得精诚的团集，与其求之于若干较为古老之政府，反不如求之此少年共和国本身之为愈。"

当一九三二年十一月二十日，日本代表团方在日内瓦大散其日本政府之意见书，其中屡称中国之情形为完全骚动，及使人不能相信之无政府现象。而日本代表亦随即于次日之行政院席上，对所谓中国所有之不幸的情形，以及军事领袖之互相倾轧，深致不满之际，日本驻华公使有吉明则又在上海对日本新闻记者发为以下之意见：

"近日世人方大谈中国之分裂与其内部纷扰之继续发展，但若谓蒋介石将军之不能控制时局则为绝对不可能之事。彼对于共产主义，现已与以一勇往而有力的打击。同时政府各部之行政，无论在政治上及程序上亦胥能密切联络。以是希望蒋介石将军在中央政府之倾覆，实无丝毫之理由。"

日本负责发言人所有矛盾之言论，自属不尽正确。盖此等言论，初不仅足以解释东京外务省与军部所有著名之二重外交，同时固亦足以令人注意，方彼等之国家在国际审判之下，受到重大的压迫时，日本代表所有真实之标准究为何若也。

中国在其统一及建设工作上所感困难之一，事实上即为日本屡次之横加阻挠。在中华民国成立以来之二十年中，日人在中国煽动叛变以及危害秩序之种种活动，实可谓无微不至。关于此等事实，中国代表在十一月二十一日行政院开会时所有之言论中，业已举出若干之例证。兹特再将其中关于日本所称中国为无组织国家之一节，照抄如下，以备参阅。

日本一方面对全世界抱怨中国之不统一，而一面则坚持进行其阻挠中国统一之政策，此乃一极可怪异而又大有意味之事实，吾人不可不注意也。吾人于此之问题即日本是否诚愿中国统一，吾人显然可见日本深恐中国统一之后，日本之大帝国发展政策及其战胜世界之希望，即将受一打击。调查团报告书第一三一页有言，就日本方面言，本问题之中心即在于其对于新中国政治发展及其将来之倾向之一种忧虑。吾人就其字里行间细细玩味,即可得其真义矣。

日本代表在行政院之演说,曾问及中国内部情形,对于世界和平之威胁,究有若干时日,而其将来又将继续何许。殊不知远东及世界和平之真正威胁,实为日本,所有克服并扩张于亚洲大陆之传统政策即所谓大陆政策是也。关于日本此种侵略政策之性质,及其范围与历史的背景,中国代表在十一月二十一日行政院开会时,亦曾加以说明。按此种政策,实为基于两个急切的目的之一种积极行动之计划。此两种目的维何,即由朝鲜侵略东三省以及华北之向北推进,与乎以台湾为根据地以谋侵略华南华中及南海各处之所谓向南推进也。

吾人欲明了此种政策之特点,大可于田中之奏折中得到满意之要领(注)。田中首相所宣言并奉行之积极政策,其实尚不过为日本大陆政策之一方面,至于近代日本对于中国及亚洲大陆之政策,则尤与此项文件中所昭示之政策密合无间。以是吾人欲了解日本军阀国家行动之意义,则无论该项文件之真正性质维何,只须对之稍加浏览,亦既得之矣。此种政策最重要之点,亦即为行政院在一九三一年十二月十日所有决议案中所称之足以影响国际关系,而有扰乱中日两国和平或和平所维系之谅解之形势。盖于此吾人即可以了然于数十年来,中日两国所有纠纷争战之所由发生,所有上海、天津、满洲各地所有侵略战争之所由兴起,与乎日本屡次失信于其他各国之所自矣。

就内政而言,日本此种政策,亦为其国内近日之恐怖,暨经济的拮据,与乎社会不安定之重要原素。日本全国现已完全握于军事领袖掌握之中,且因日本陆海军部之主管长官、参谋总长以及海军参谋长等,皆因帝国宪法规定,有绝对处理各项军事之权,即首相亦不能加以干涉,而其行动,则亦只对皇室而不对国会负责,故日本之军人派遂浸假而有组织或解散东京内阁之权力。至于其他行政领袖,则亦大部为势所胁,而不得不默认彼等之举动矣。日本今日之恐怖局面如此,即一班意志甚强之自由份子亦皆以谨守慎微为保身之上策,非然者杀身之祸,且可立致。以是于九个月之短时期中,即有极重要之政治领袖四人,丧命于暗杀团体之手。按民政党首领滨口首相,即因一九三〇年十一月十四日被弹后于一九三二年八月二十六日逝世;井上藏相之被刺,为一九三二年二月九日;三井财团首脑团琢磨男爵之被刺,则为一九三二年三月五日。至于政友会首领犬养毅首相,则更于一九三二年五月十五日丧命于青年陆海军官十七人之手。于犬养毅被刺之同日,更有若干之青年军官,投掷炸弹于京畿警视厅、日本银行三菱银行以及政友会本部。凡此诸案,至今皆未闻有若何之审判报告,亦未闻任何之法庭曾开庭审问者也。(未完)

(续昨)日本军人在满洲及中国本部所有侵略之影响,同时更使随世界经济危机而发生之不景气,形势更为扩大。盖因对外贸易之激减与夫商业之损失,日本国币之价格,早已低落百分之六十以上。且因军事企图中所影响及于国家税收之巨,故在一九三二年至一九三三年,日本预算之不敷,竟达九亿元之数,亦即谓全预算之数目中有百分之四十以上,须归偿于内债也。日本财政之紊乱如此,然则中国之情形则又何如,吾人兹再引大卫白朗博士在上海美国大学俱乐部演讲,涉及中国财政状况时之言曰:"值此世界各国所有预算,皆不能保持其平衡之际,中国之预算尚能收支相抵,要亦可见为其经济安定及计划严密之明证矣。"

注:日本代表于十一月二十三日之行政院会议时,曾宣称此种奏折实系一种伪造之文件。彼谓中国代表对于已故之田中首相,既加以严厉之攻击,并称是项文件之真实性为无可疑问,则当能在行政院中提出相当之左证。日本代表继称彼——指中国代表——既武断其必为真实,故敢请其提出证据。又称此种要求意在使中国代表特为留意,而于下次行政院会议中予以答复。

关于此种质问,中国代表曾于十一月二十四日行政院开会时答称,若欲提出证据以明此项文件之存在,自必有在东京皇家之枢府中查觅之权不办,然据中国代表之意见,则今日满洲整个之形势,固亦为此项问题所有最好之证据。

田中奏折对于日本征服亚洲政策之宣泄,既若是其淋漓尽致,而日本代表于他人提及此项文件时,反认为系对于已故田中首相之一种严重的攻击,事之不能令人明了者,殆无过于此已。且所谓积极政策原为田中在首相任内时之所宣布,而一班人民对彼亦甚崇敬。然提及此项政策时,即谓为攻击不当,更令人难解耶。按中国代表当时提及此项文件时,仅曰覆按日本前首相田中所上之奏折,则日本之占领中国之东三省,实为其征服全世界程序中之第一步。此种文件即日本之报纸在一九三一年九一八事变之前,亦随时提及,且对于其正确性亦无任何之怀疑。

中国代表所提及之日本报纸,按即一九三一年六月三十一日之《中外商业新报》及一九三一年九月份之《中央公论报》等。以是中国代表之言论,实非如日本代表之所谓武断,其必为真实,要非日本代表别有用心,则亦不至强为如此之解释。至关于文件本身之性质,则证诸日本在满洲及中国本部之种种行动,则此种奏折,虽不定曾由田中首相进呈天皇,但总不失其为极为显著之真实文件。

此外吾人于日本学校之教科书中,亦随处可以发见灌输日本青年学生以本国过去与列强关系所有痛苦经验之语句,如在日本小学历史教科书第二卷第二课中(按此书为日本文部所编订),即曰吾人誓必贯澈排外主义。又日本文部所编日本小学民族历史第四十七课中亦有排外主义字据,并有近日泰西诸国忽于远东扩大其活动范围,在各方面均屡次予吾人以阻碍,吾人因拒绝与彼等发生商业关系,俄国即行侵占千岛等地,同时英国船舶亦在长崎肆行骚扰,国内人心激昂,实行排外,故当局遂下令攻击外国之盗船一节。此外则三省堂书局所出版而为日本文部所审定之日本中学历史教科书第三十二章,有英国船舶时时驶近日本海岸,其中一艘忽然侵扰长崎,而予我国法律以极野蛮之毁损,国人对此种英国与俄国之暴行,于是极为愤恨,而施行排外主义。

该书第三十四章则曰美国以军事之力量,强迫吾人签订不平等条约。凡此事实,不胜枚举,旨哉调查团报告书之言曰,新中国之民族主义为中国在此过渡期中所应有之现象,无论何国若在同样地位,莫不有此国家思想与愿望也。日本前此已有经验,今乃不思利用之以表同情于中国主权之恢复,反先各国而对于此种合法的民族意识与愿望,加以曲解,谓中国之人民为仇外为排外,以梗阻其实现,并以欺世人之耳目,不亦为甚可注意之事实耶?

至关于抵货运动,中国代表在十一月二十一日行政院会议中,已有极为详尽之说明,故吾人今兹只作简单之叙述。日本代表于十一月二十三日行政院开会时,曾称中国之抵货运动,系指定的某种为中国所不能控制的外界原因之反响,其意即谓自一九○八年至一九二五年所有历次之抵货,皆不能认为系对于日本军事行动之报复。但吾人须知日本代表之所为,特将上述时期所有五次抵货运动列于非报复日本军事侵略之列者,固亦认为其余之四次抵货,实为军事侵略之报复矣。

虽然在过去二十五年中所发生之九次抵货运动,实无一非为抵制日本侵略而起,特日本侵略之形式有不同耳。抑尤有进者,中国人民一致之愤激,自朝鲜排外事件以后,即已发生。迨至日本侵略满洲以后,遂又更形加甚。中国政府于此即使曾施用某种特殊方法,要不过在使人民之行动不出于法律之外,并使在华日侨之安全愈臻有效耳。亦惟有在此种特殊防范之下,各地始仅有一二之事件发达,较之因日本之疏忽或侵略中国人民生命财产之沦丧于朝鲜、东三省，以及中国其他各地者，其数目又何止霄壤之别。向使为日本所应负责之抵货原因，得以除去，则目前之抵货运动，亦必与以前各次之事例相同，而自行销减矣。且也抵货之责任，如须由政府负担，则亦应由日本担负。盖日本实为侵略者，而中国则为被日本侵略之牺牲也。若谓中国对于抵制日货须负责任，则不惟对于抵货之原因有所误解，且亦加重中国十五阅月以下所受之横祸与损失。

（二）中国之民族主义与所谓排外主义

日本代表在十一月二十三日之行政院会议中，曾努力制作危词，谓中国近日方有五千万之学生，日受排外之教育，并请行政院立即设法，以谋对付此种危险之问题。日本代表为加重其请求之力量起见，并曾将一千九百年之"拳匪"事变，旧事重提。至于在日本之意见书中日本政府亦曾促行政院注意中国政府所有之革命外交，与乎所谓排外教育之方法及抵货运动之施行。中国代表曾屡次声明，中国并无排外之情绪，故吾人于此亦无重述之必要，盖即使对于日本曾有此种情绪之表现，则亦不过系一种自然之反响，而其责任则固非日本对于中国所有之侵略行动莫属也。

虽然日本代表既提了"拳匪"事变，以证明中国人民之真有排外思想，则吾人亦不可不有一言，以资解释。夫一千九百年至一千九百零一年之"拳匪"事变，实为逊清垂帘太后之所发动，而其组织及进行，亦为其与党服从其命令之所出。中国北方民众之所以赞成此项运动终至于与以拥护者，要不过因当时各国皆互争中国之土地与租界，而使满清帝国有瓦解之势，深为愤慨耳。但一般眼光远大之官吏，则仍绝未参加。而若干有势力之督抚与疆吏，如李鸿章、刘坤一、张之洞、袁世凯等，则更竭力阻挠其事，以是彼等之辖境以内，亦未波及。至于其他重要之京官，如曾任驻俄公使之许景澄等，亦属防范不遗余力，且曾将一班怂恿禧后以扩大惨变之徒，严置于法。其后和议告成，虽将此种责任加于当时中国之满洲政府，但吾人所不能不留意者，则此项事项，则因无与于中国其他一班头脑较为清晰及智识较高之人，且亦绝非彼等所有意见之反映而促成者也。西方诸国，近来对于中国之政策，既已急剧改变，故不仅三十年前在中国所有之任何不信任情感，胥已消灭。中国政府与人民之在今日，且有一种极诚恳之愿望，以谋在公同利益之下，与世界各国共同合作也。

尤有进者，中国近来所有民族主义之发生，与乎革命外交之口号，实仅为一种民族观念觉醒之象征，而欲求在国际社会中因确定之程序，以达其应有之地位耳。日本与欧美各国对于此种合法的民族意识,固曾公表的予以承认,即在一九三一年一月二十二日日本代理首相兼外相币原男爵,于其对国会之演说中,亦曾缕述。日本政府在友谊的与建设的态度上,与中国合作之决心,以求解决当时中国正与各国谈判,取销在华所有特权之种种问题。日本今日对于中国所谓排外政策之严厉批评,要不过指中国所有依照谈判与协定以达到取销特权之政策。按所谓特权,原为中国在数十年前在条约上对于外人之让与。至于今日则已公认此种特权,实有损于国家之主权矣。

中国对于解除其在政治上、行政上及司法上所有单方法限制之普遍运动,若持以较日本前此于处理同样事件时之态度,其温和实不啻倍蓰。吾人当能忆及日本在十九世纪中叶,与各国初次订立条约以后,不久即发生骚扰与暴动之事件,其中外人之死伤,实不在少,且有两次曾图攻英国公使馆。嗣后井上与各国谈判,取销领事裁判权时,亦曾引起日本民众之不满。同时对于驻居日本之各国侨民,亦常有横暴之行动。故各国于谈判时,乃坚持须有相当之条件,以资保障,而会议亦遂因以延搁。迨大隈伯爵重新与各国谈判时,日本之排外思想,乃愈为刻毒,终至发生吴岛事变,而大隈除受重伤外,其右足亦为炸弹炸去。(未完)

(续昨)

(三) 中国之东三省(满洲)

中国之东三省,亦称满洲,其在历史种族文化政治上,皆为中国整个领土之一部。但日本政府之声明书及日本代表在行政院所发表之议论,皆企图对于此种无可疑问之事实,加以抵赖。日本所持理由之一,即认满洲为二十世纪以前之一受冤土地或清朝之一私有属国。然事实上则在民国成立以前,东三省之地位,固与中国本部其他各省相同,且其行政及管理之方法,亦与后者无异。此种事实在一九一二年二月十二日清室逊位之谕旨中,即曾明白并正式确认中华民国,实包含所有大清帝国之领土,而将满汉蒙回藏五族之人民,构成一大中华民国。同时在一九一二年中华民国所颁布之临时宪法第三条中,亦明定中华民国之领土,包含二十二行省。至于一九二三年十月十日及一九三一年七月一日所颁定之约法中,亦无不有同样之规定。

日本政府于其意见书第十四至第十五页中,曾苦心孤诣表示满洲与中国之接合,仅系暂时与偶然的事实,而此种接合亦甚松懈与含混。日本政府为维持其立场起见,并曾援引法国著作家爱斯克拉书中之言,以及一九二二年五月张作霖所发宣言之译文。

日本于涉及爱斯克拉君之近著后，爱君即于本年十一月二十二日致函顾维钧博士。据称此段之意义，仅为满清朝代之灭亡，已使法律上所谓人的联合之团体，完全失其根据。此种以人为根据之团体，在某种时期实可以使满洲之所以属于中国之理由，建筑于其上面，以是应从新寻觅其他之法律根据。惟此种新法律根据之寻觅，实为故意的，而实际上亦非必要。盖中国人民在满洲之一切权利固从来无人反对之也。爱君复于该函中称，日本政府之引证，并曲解本书之一段，实为日本政府传统恶意之特征，吾人于此亦可以了然矣。至关于一九二二年五月张作霖将军与徐世昌总统发生龃龉后，所发之宣言，若将其第一段正确的译出，则为予曾接到徐世昌之通知，其中对于东三省暨热察两特区及内外蒙古，胥有疏忽。此等疏忽实不啻否认上述区域为中华民国之领土。此即为张作霖将军起兵反抗中央政府时，痛数徐世昌疏忽上述领土，而以证明其师出有名之宣言也。以是此种宣言，虽为政治纠纷中互相倾轧之故技，但亦可以证明张作霖本人，实视此等区域为中华民国之领土。且惟其如此，故不惜诉诸武力，以谋保存之也。日人根据此种宣言所提出之论证，不仅对于意义故加曲解，即在其意见书中所有之注脚，亦为错误之翻译。盖此项文件，非但绝不如日人之所云云，且足以确证报告书第二十八页所称张作霖上将迭次宣布之独立，绝不含有渠个人或满洲人民情愿与中国分离之意义。而满洲经过迭次独立之战争，亦仍为中国所有整个领土之一部也。

再就国际方面而言，满洲在过去及现在，亦常被认为中国领土之一部。中国历来与日本及其他各国所有外交上之交接，亦皆证明彼等实承认中国在满洲之主权。即以日本而言，自一九一二年中华民国成立以前及以后，亦初无异议，唯至近日，始有抵赖之企图耳。盖中国在满洲若无主权，则日本又何以于一九一五年对中国送致哀的美敦书，强使中国割让若干满洲之权益于日本耶？在华盛顿会议中，亦未闻日本对于此种根本的事实，加以疑问，而所谓九国公约则本身更在于保存中国政治及主权之完整，而为日本合法代表所无条件的同意与签字者也。尤有进者，一九三一年十月日本币原外相，于表示其与中国直接谈判，以解决满洲形势之愿望时，其建议亦为对南京之中国政府而发。然则中国政府对于满洲之有主权，更属了然矣。总之，凡此事实，报告书皆曾提及，其第三十八页有云：

"中国人民认满洲为整个中国之一部，使满洲脱离中国之任何阴谋，皆在极端反对之列。东三省为中国之一部,此为中国及列强共认之事实,中国政府当地法律上之主权,亦从未发生疑问。在中日条约及协定上,其他国际条约上,均可证明。各国外交部之正式公牍上,亦一再申述,日本外务省之公牍亦然。"

日本政府之意见书,对中国前此在满洲之行政,曾加以批评,并曾引用报告书之纪载,以资文饰。但对于报告书中涉及中国当局在满洲所有之努力及成就时,则故意规避。按在为日本意见书所引用之同页中(第三十一页至三十二页),即有如后之叙述:

"虽然东省行政在一九三一年九月事变以前,无论有何弊病,但在若干地方,未尝不努力改良行政,其成绩颇有可观。在教育市政公用事业方面,尤多进步。其更可特别留意者,即在张作霖氏及张学良统治时代,关于东省中国人民及利益,其经济富源之发展及组织,较从前确有显著之进步。"

如前所述,中国方面大规模移民垦殖,使东省及中国其他部份间经济上及社会上关系,日益扩充。在此时期中,除移垦外,更建筑与日本资本不发生关系之中国铁路,最著者有沈海铁路、打通铁路(北宁路之一支线)、齐克铁路及呼海铁路等。葫芦岛筑港计划、辽河疏浚工程及各河流航行事业,亦均于该时期中开始。对于各种企业,官私利益多参加。在矿务方面,对于本溪湖穆棱札兰诺尔及老头沟各煤矿,华人均有利益在内。其他矿产之发展,与华人单独负责,其中大多数受东北矿务局之监督。华人更投资经营黑龙江省金矿。在森林方面,华人与日人合股经营鸭绿江采木公司,从事吉黑二省森林事业。农业试验场,均在东省各地开始建设。关于农会及灌溉计划均予以奖励。华人投资经营面粉及毛织厂,在哈尔滨设立豆油面粉厂,并创办茧丝及野蚕丝棉毛等纺织工厂等。

东省与中国其他各部份之商业,亦有进步。该项商业一部份受中国各银行金融上之援助,最要者为中国银行,其分行遍设于东省各重要城市。中国轮船及帆船往来于中国内部与大连、营口(牛庄)及安东间。

以上所引各节,不过仅足说明中国当局在满洲所促成之进步,至于详细之情形,则中国代表送致调查团之备忘录(第十七号)中国发展东三省之努力,可资覆按。是项备忘录,对于日本在前此为帝俄所有之租借地旅顺、大连,以及南满铁路区域所有之进步,虽亦并未否认,但于其叙述满洲之繁荣,实非出于日本所谓文化或其特殊地位之力时,则自为事实上之陈述。日人权势之及于满洲者，尚不及全境二分之一，而谓该地之繁荣，系出于日本是之赐可乎？关于此点，吾人兹再举出一公允无私之权威之论调，以资左证。威尔金孙君为自一九二一年至一九二八年英国驻沈总领事，威氏于一九三二年五月七日为旁观报所撰之论文有云：（未完）

（续昨）

"满洲地方最近二十五年来之进步，大半由于中国人民在农业上之发展，实无人能加以否认。此种进步之可能，系由于中东及南满两路之建筑，吾人亦不反对，但该两路之建筑，以及大连之开为商埠，皆为俄人之功绩，日人不过仅因袭俄人之计划，而加以扩充而已。以是日人在该地之努力，虽有足多，而对于该地及其本国之商业，亦皆有利。但若竟谓日人为该地财富之创造者，则真荒谬已极。吾人观于该地土地之肥美及天然富源之众多，即可知一九〇七年以来该地之进步，实无可惊异。吾人以为日人在该地若无所谓优先权利，及彼等对于外人投资该地以建筑铁路及开发矿产之限制，则满洲今日之进步，实尚不止此。"

日本之所以坚称其在满洲有所谓特殊地位者，不过欲为其克服亚洲之传统政策谋掩护耳。中国在过去及现在对于此种所谓特殊地位，实绝未承认，即其他各国亦莫不皆然。日本意见书竟称此种特殊地位为日本在该地所有特权，以及在地理上与历史上皆与有关之附近地域所有自然结果之结合，而报告书则谓其尚含有情感及骄傲之成份。日本在吞并朝鲜以前，曾称在该地有所谓特殊地位，今对于满洲又有此项论调，何其口吻之相似耶？若此等理由，亦足为承认所谓特殊地位之口实，则推此以往，无论在远东或世界其他各地，将引起若何危险之纠纷，亦可以想像得之矣。盖诚如此则国际关系上即将无永久和平之希望也。报告书对于日本坚持之所谓特殊地位，曾称（第三十三页）因此日本外交词令上所用特殊地位一名词，遂致涵义不明，以致其他列国对于所谓特殊地位，用国际文件加以承认一节，虽非不可能，但终觉不无困难。调查团之明确意见，可于以下之两段中得之。

日俄战争以后日本政府屡向俄法英美等国，要求承认日本在满之特殊地位、特殊势力及利益或最要利益。日本此项努力，只得一部份之成功。国际间协定或谅解间有相当承认是项要求者，例如一九〇七年、一九一〇年、一九一二、一九一六年，日本帝俄之密约、英日同盟条约及一九一七年蓝辛石井换文等皆是。然此等协定或谅解，大都时过境迁。因正式废止或其他手续，业已不复存在。一九二二年二月六日,华盛顿会议签订九国条约,各签字国赞同尊重中国之主权与独立暨领土与行政之完整,维持各国在中国之商务实业机会之均等,不得因中国状况,乘机营谋特别权利,并给予中国完全无碍之机会以发展并维持一有力巩固之政府,皆予签字国对于在中国各部——满洲亦在内——特殊地位、特殊权益之要求,以极大之打击。

日本关于满洲之要求与中国之主权冲突,并与国民政府减少在华各国现有之非常权利,及制止是项权利将来扩充之希望,亦不能相容。

日本政府之意见书复称,日本在满洲之企业及建设皆为中国直接攻击之目的。此种言论之毫无事实根据,只须一读中国代表送致调查团之备忘录,即可证明此种日本企业及建设之进行,在事实上既皆为一种政治动机所维系。故其须密切符合为中国当局所认可之条件,亦自属必要。盖即以法律惯例而言,凡授权之法令,自必严格的应用,而此等所谓权者则又有限制授权者之主权之性质也。换言之,日本在东三省所有活动之政治性质,即可说明中国当局何以不愿其范围之扩大,而尤以与现行条约相悖之活动为甚。报告书第五十页至五十一页关于南满铁路在满洲之主要企业曾谓:

"就实际言,满洲会社确系一政治事业。彼系一日本政府之机关政府,操纵大多数之股份。其行政政策受政府严密之管辖,以致日本一有新内阁上台,满铁会社之高级职员,几无不随之而更易。抑更有进者,在日本法律之下,满铁会社受有广泛之政治行政任务,包含警察课税与教育。如除去满铁会社之此种任务,不啻将南满铁路株式会社之最初立意,与嗣后发育滋长之特殊使命,全部放弃。"

日本政府之意见书,更称报告第三章及其他各处对于中国所有蔑视并破坏条约及各项协定之政策,皆未加以指摘——有时且以民族解放之程序为辩护。对于此种政策,加以曲宥。但中国则非但自始即无所谓蔑视,并破坏条约之政策,即日本所谓因中国之敌对态度,遂致各项悬案之满意的解决,胥不可能之点,亦属毫无根据。吾人之为此语,实非过甚其词。

关于日本政府所述之四项问题,中国代表于其送致调查团之特别备忘录中,已将中国政府之意见,加以说明,以是实无重新讨论之必要。但为证明日人所称各节,皆属毫无根据起见,吾人兹特举出日人所谓满铁包围政策一点,稍加解释,当亦不为无益。按日本此种攻击,实根据于其所谓条约权利,而在此种条约之下,则中国不能构筑与满铁平等之铁路。中国对于此点迭经屡次抗辩,今则调查团亦于其报告书第四十四页中,确认日本并无此种条约权利矣。然日本对之,则曾强为争辩,并曾通牒欧美各国,以表明其所有要求之确凿有据。故报告书第四十四页之所云,实足以廓清此种疑云。报告书第四十四页有云:

"吾人现可声明所谓一九〇五年十一月至十二月间,中国出席北京会议之全权代表,关于并行铁路之允诺,并未载于任何正式条约。惟一九〇五年十一月四号,北京会议第十一日之会议纪录中,载有此项所谓承诺。吾人并已获得参与本调查团之日本代表及中国代表之同意承认。除北京会议纪录所载者外,并无其他文件,载有此种承诺。"

中国破坏条约之说,既已由报告书证明无有根据,然则日本之行动又果何如也?吾人于阅读报告书后,即可知日本自身之行动,实常与条约相反,并曾破坏其自身之各项诺言,而篡窃若干之权利。如铁路警备队及领事警察之继续维持,即其证明。关于铁路警备队一问题,报告书于引用一九〇五年十二月二十二日,中日会议东三省事宜附约第二款规定之如俄国允将铁路兵撤退,日本政府允即一律照办,以后曾称(报告书第五十二页)日本之条约权利,即以此条约为根据。然俄国早已将其守备队撤退,并于一九二四年之中俄协定中放弃其设置守备队之权利,但日本以为满洲地方并未恢复安宁,中国亦无力周密保护,外人因此坚持日本仍保有设置铁道守备队有效的条约权利。日本辩护其使用守备队,似渐渐以条约上之权利为根据,而逐渐趋重在满洲现状下有绝对的必要之理由。

至关于日本在满洲及中国其他各地所有领馆警察之设置,日本则狡称此种权利,系治外法权之引伸。然报告书于提及日本此项争点之后,亦在第五十三页中认此种行动恰与其他有领事裁判权条约之国家之一般习惯相反。吾人于此,当可知日本之各项狡辩,皆毫无根据也。(未完)

(续昨)

(四)九一八事变及自卫问题

九一八事变及其以后之各项行动,调查团报告书中已言之綦详,故吾人实无再事赘词之必要。报告书第七十页曾称:

"调查团对于此项人士之意见,及关系方面之报告,详细考虑,复对于各项文件充分研究,更对于呈送或搜集之大宗证据,慎重衡量后,遂得下列之结论:中日双方军队间情绪之激昂,实无容讳。本调查团曾得一种证明,日方于事前确有充分计划,以应付中日间万一发生之战事。此计划于九月十八日至十九日之夜,见诸实行。迅速证确中国方面遵守上峰之训令(见六十九页),既无进攻日军之准备,在彼时或在该地亦无危害日人生命财产之计划。对于日军并未集中应战,亦未奉命开火。故于日军之突击及其以后之行动,莫不认为诧异。至九月十八日下午十时至十时半,在路轨上或路轨旁发生炸裂之事,虽无疑义,惟铁轨纵有破坏,实际上并未能阻止长春南下列车之准时到站,断不能引为军事行动之理由。故前节所述,日军在是夜所采之军事行动,不能认为合法之自卫手段。"

日本政府在其意见书中,曾明白承认日本军队之有预定计划,并称事前各种可能的集合,皆曾严密布置,而迭次之军事演习,亦足以使此种计划之施行,几于成为自动。若九一八事变,诚如日本之所言,实系基于自卫之见地(调查团及中国政府之并无此种意见至为明显),然则以后占领满洲全境时所有迭次之军事行动,又果有何根据耶? 日本政府之意见书,则曰对于此等问题,虽应在意见书中详细论列,但日本政府于此则不拟加入,所可言者,即彼等自始即未觉有超出乎自卫范围之行动,抑又何其理屈词穷之甚也。调查团报告书在其第七十一页至第八十三页所有之纪载,其足以扶助对于过去十五个月,及以后日本军事行动所有真正目的之了解,吾人以为实无特为提出之必要,想细读报告书者,早已有明确之观念矣。

虽然,日本政府于其在九一八事变以前,所有军事准备之基本原则,及事变后所有迭次之军事行动,固亦曾特为致力,谓为保障日本在满洲之特殊地位所有自卫全权之措施。且为充实其所持之理由起见,日本政府又复提及少数国家于前此签定非战公约时所有之保留,以及加罗林与那凡里诺两事件。以是吾人自当将上述各节,加以简单之查考,以观此项先例之是否足为日本所持理由之辩护。按非战公约之签定,方在进行谈判之际,法国政府确曾提出四项之保留,其保留之一,即为每一国家皆应保有其合法之自卫权。关于此项保留,公约之起草人美国国务卿凯洛格氏,曾于一九二八年四月二十九日在华盛顿美国国际法协会讲演时,发为下列所有精采之语句:

"若引用自卫权之国家有充分之理由时,则举世自将赞许其行动,而不加以责难。在一种条约上规定自卫二字之法理的观念,实非和平之利,盖若果如此,则野心家之捏造事实,以合于共同认可之定义,固亦甚为易易也。"

同时美国参议院外交委员会,亦于其一九二九年一月十四日所有之报告书中,亦谓此种条约,实简切保证所有签字国家除真实之自卫以外,对于国际纠纷之解决,皆不得诉诸武力。而美国国务卿史汀生氏于一九三二年八月八日,在外交关系委员会讲演时,则更谓自卫二字之限度,在无数的先例之中,早已明白确定。以是凡任何国家之强欲以自卫二字,以为其帝国主义政策之护符时,则其假面具亦将不旋踵而被揭穿矣。(未完)

(续昨)大凡一种多方面的条约于其签定时,某一国家所提出之保留,若未在条约或附白提出时,则对于其他签字国当然不能约束。吾人就上引各项言论而言,则更可知某一国家于援用及实行自卫权时,必须有自卫之真实理由,非然者则不啻暴露其自身于舆论之攻击,而其假自卫以为其帝国主义政策之假面具亦将受舆论之揭穿矣。就是项标准而言,更证以报告书第七十一页之论断,谓日本军队在当夜之军事行动实不能认为合法之自卫手段。则吾人当能自行判断,究竟日本是否有真实自卫之理由也。

关于加罗林事件,则其不适用于目前中日争端之处,实无庸吾人之指出。当坎拿大侵占美国之领海时,即美国政府似亦曾加以默认,而认其实有采取刻不容缓且不容考虑的自卫行动之必要。然在九一八事变,则无此种自卫之必要,实至为明显。吾人纵使承认当夜曾有爆炸之发生,但报告书第七十一页早已说明铁轨纵有破坏,实际上并未阻止长春南下列车之准时到站,断不能引为军事行动之理由矣。日本东京帝国大学横田教授,曾于一九三一年十月十五日之演说中称:

"纵使铁轨之破坏,足为委屈之原因,日军所有合法之自卫行动,亦只有向侵入之军队加以反攻,即令自卫也,日军最大限度之可能行动,亦只有将北大营实行占领。但当彼等占领北大营之际,同时复又攻击沈阳城市,尚可谓为自卫之行动耶? 且也铁路被炸之时,为九月十八日午后十时半钟,而在被炸后之六小时内,北去四百基罗米突之沟帮子即被占领(时在九月十九日午前四时四十分),南去二百基罗米突之营口亦为日军所占(时在九月十九日午前五时)。此种事实,尚又何能强释为含有自卫行动之动机耶?"

若军队之发动确在自卫,则一朝自卫方式之需要,不复存在时,则彼等亦自必立即撤退。然若于此际渗入漠不相关之问题,且必强使接受若干之要求以为撤兵之条件,则所谓自卫之观念,将立即招人之严诘与怀疑。

尤有进者,在加罗林事件中英国之武力,于使问题所关之汽船漂流于里格拉瀑布以下后,随即撤退,嗣后英国政府并曾向美国政府深致侵犯其领土主权之歉意。今日本之行动,则又何如者。关于此事,贺尔君在其所著国际公法中(第七版第二百八十页至二百八十一页)曾谓:"一国于保护其自身时所采危害他国主权之方法,大都公认为特殊的行动,而此种行动实越出普通法律之范围,且必在最高的自保动机上始能得到认可。此项行动当然必须限于达到此种目的之最狭的范围内行之。故一个国家除急迫之自卫外,是否能利用此种方法,以实行超越于此种必要限度,实不仅成为问题已也。"贺尔君之此种意见,同时亦为日本著名法学家高桥博士之所完全同意。吾人参阅高著国际公法第十版第五百三十五页即可证明。

至关于那凡里诺事件,吾人亦以为只须数语,即足以说明希惜[腊]在土耳其及埃及压迫下所有之独立运动实为那凡里诺战事前多年之计划。故吾人若谓希腊之独立,仅为偶尔的一发枪弹之结果,则亦未免与事实相远太甚。反观满洲事件,若所谓张作霖上将历次所宣言之独立,果有其事,要亦不过如报告书第二十页所云,绝不含有其个人或满洲人民情愿与中国分离之意义耳。况报告书于第九十七页,更曾谓独立运动一九三一年九月以前,在满洲从未听得乎。以是那凡里诺事件与九一八事变,实无若何相似之处。盖后者仅为日本之创造并促成,以遂其使东三省与中国其他各地脱离之最后目的者也。

观于上述各节,吾人当可知日本意见书中所谓此种军事行动舍自卫外,殊与任何事件无关,及所谓彼等自始即未觉有超出乎自卫范围之行动也者,皆属欺人之词,而在国际公法及国际习惯上,皆不能有其理由矣。(未完)

(续)

(五)"满洲国"

日本政府意见书第四章曾以十页之篇幅,专注于所谓"新国"之描述。但其内容亦与其他各章相似,除袭用前此日本代表送致调查团及与中国代表交换之论证,堆砌若干无稽之谭,无理由之狡赖,以及不能确证之陈述外,实并无何种新的证据。其中唯一增加之点,实仅有一九三二年九月十五日之"日满议定书"之全文。顾此种文件,实为日本蔑视九国公约所定尊重中国领土主权及行政完整所有尊严的国际义务之又一证据。若谓尚有其他用处,则非吾人所及知矣。至关于所谓"满洲国"之成立,暨满洲人民之意见,与乎伪组织将来之推测等项,则调查团报告书于二十二页之篇幅中所述,已至为精密详尽。盖报告书已确证所谓"满洲国"者,实为日本官吏之所创造并管理,绝非满洲人民所有自由意见之表现也。日本之意见书,对于调查团此种几经研讨之意见,曾表示反对，但日本所持理由之不充足如此，而调查团所有意见之足以使人信服又如彼。吾人似亦无多所置辩之必要，即如中国所有保境安民一名词，其意义至为明晰，中国各地亦常用为一种政治的口号。盖不幸一旦发生内争时，其附近区域之地方当局即常采取此种政策，以表明其态度之不偏不倚也。此种区域有时仅为一市县，有时为一省，有时亦为数省，初无一定之范围，且亦绝无与中国脱离而自谋独立生存之含义。故若谓保境安民一语，即涵有所谓满洲为满洲人所有之运动之意义，则遑论其不知从何说起。即此运动亦仅存于日人之心理，而与中国之人民绝无关系也。此种运动之假定领袖，不外为王永江同余〔于〕冲汉二人。但王已于三年以前逝世，而余〔于〕则因其在工商业上常与日人有密切之关系，故始终即不能摆脱日人之势力及压迫。且其是否真确同情于一为日人所创造，并控制之所谓"满洲国"亦尚有疑问。（注：一九三二年一月十一日沈阳大和饭店曾有一度会议，以交换对于成立所谓"新国"之意见，出席者为日本驻沈阳总领事森岛及其他日人共三十一人，中国人之出席者则只有六人。主席为驻满大坂〔阪〕《朝日新闻》之主任通讯员竹内方。主席请余〔于〕冲汉发表意见之时，余〔于〕曾称因当日偶染小恙，故甚觉脆弱。至于主席所述之满蒙善后方法，及成立"新国"等事，似亦甚为妥当。但组织"新国"一层，其最重要之点，实为尊重人民之意志。竹内复叩以满蒙独立国家之政府，究应采取何种形式，余〔于〕则答称在未经澈底的研究以前，殊难决定，以是不能回答云云。）日本意见书复称赵欣伯及冯庸大学之若干教授，大都反对张学良将军之武力政策，故甚愿促成政治上之改革。此种情形，容或有之，盖即在中国其他各地，吾人亦可发见对于军人统治之不满也。然无论在满洲或中国其他各地，皆绝无发起独立运动，乃至于成立与中国分离之新国之愿望，则吾人之所敢断言。一九三一年九月以前，从未闻满洲有所谓独立运动，亦既已为公认之事实矣，狡辩又复何济耶？（未完）

（续昨）九一八事变发生以后日人曾假借少数与彼等合作之华人之名义宣言独立并组织傀儡政府，以谋将事变之结果，含混了结。日本参谋人员在九一八以前种种之活动，皆有政治的动机。以及东京参谋本部对于参与独立运动者，曾加以扶助及指导，皆为既定之事实。但日本政府之意见书，则认为无有根据，反狡称张学良将军之下所有一般担负维持满洲治安之当局既于九一八事变以后，相率离去，则为进行该地日常生活之普通机构起见，某种组织之发生，自属必要。因之各该地之地方领袖，即群起而组织维持会，而日本军队对于彼等之合作,亦自欢迎,并乐于加以扶助。然事实上则在满洲之日军,凡至一地,即立将中国在该地所有之地方行政,摧毁无余。同时并以威胁之手段,排除中国合法之官吏,或使其服从彼等之命令。若所获之华人不足分配于各项职务,则彼等亦径行委派日人,以资代替。以是后来以在天津拐骗溥仪至满洲作伪国执政著称之土肥原大佐在九一八事变之后,即旋被本庄委为沈阳之市长。至于日人在一九三一年十月,对于锦州之轰炸及破坏,则更可以证明彼等实欲尽扫中国在满洲之政权,以实行其诡谲之政治程序。盖锦州固为当日辽宁省政府之所在地也。

日本意见书为证明满洲之真有所谓独立运动起见,曾称满洲向有所谓恢复清室之运动,但中国代表于十一月二十一日之行政院中早已说明。日本后藤□爵所著《日人与日军在满蒙之活动》一书,对于此种运动,实已自作详细之供状。盖此书即说明日人之如何在东三省组织复辟运动,而以肃亲王为其傀儡之人物也。日本意见书又称东北地位甚高之华人,亦尝赞成该地省市以至于国体之独立。然事实上则同情于一为日本所推动并控制之独立国家者,实几无一人可数。吾人今兹不妨举出一例,以资论证。

袁金凯[铠]者九一八事变后沈阳治安维持委员之主席也,彼于接见《中央公论》通讯员平野冷一时(按《中央公论》为东京之日文定期刊物,其第一期出版于一九三二年一月一日)曾称,彼因鉴于情势之迫切与危险,故认为实有竭力维持辽宁全省安宁秩序之义务,然余(袁自称)对于统一东北四省之建议,则并无此种观念。至若选举溥仪以统治此四省,则虽谣诼纷耘[纭],而实则余更一无所知。至于在九一事变发生以前,任辽宁主席之臧式毅将军,则因拒绝日人宣布独立之请,亦曾于事变之次日,受日军之监视,嗣后彼即被移禁于鲍某之住宅,直至三月以后,彼承认为新辽宁省府服务时,始被释放。然彼于一九三二年十二月十五日就职之演说中,亦曾无一语道及成立"新国"之事,彼当时仅发为明白之言曰:因东三省在中日之关系中至为密切,故决竭尽个人之能力以促进中日两国之友谊。上述二人,尚且如此,其他可知矣。

满洲中国当局在日本尚未创造所谓"满洲国"以前所发之各项宣言,事实上皆以维持地方之安宁秩序为目的,但日本之意见书,则竟谓此等宣言,实同情于满洲之所谓独立运动。事之荒谬,宁复逾此。不仅此也,即熙洽之军队,为多门中将缴械,并由日军竖立日本之旗帜于中国各官厅之上时,彼在一九三一年九月二十六日,在吉林被日军所迫而发之宣言,其内容亦完全与上述各起

相似,然则又何能颠倒是非若此耶？至于张燕卿与谢介石等辈,则亦与所谓
"满洲国"其他大部份之官吏相似,初非满洲之土著。张固为河北人,而谢则来
自台湾。谢之于九一八事变后,被日人携往满洲,以其本人而言,实尚属第一
次踏上满洲之土地也。此等之人,亦可以强加以对于所谓满洲为满洲人之所
有之运动,有深切之兴趣,不亦滑稽之至耶。日本意见书第二十八页曾称,币
原外相及南陆相曾于九月二十六日训令在满洲日本官吏,严禁彼等参加成立
"满洲之新政权",并称以是日本军人及其他官吏,即遵守是项训示,对于该项
运动未予干涉。然吾人以为此等训令,纵曾发出,则其未经遵守,亦属毫无
疑义。

吾人只一观日本之著名人物,如本庄繁、土肥原、林权助、驹井、大桥等,对
于参加组织并促成所谓"满洲国"所有活动之烈,即可以得其究竟矣。吾人不
妨再举一例,以资证明。一九三一年十一月五日,林权助曾向黑龙江省政府主
席马占山将【军】提出两项要求,以为停止攻击之条件:(一)由马将军将省府
主席职权让与张海鹏。(二)立即组织公安委员会。弦外之音,不问可知。至
关于所谓自治指导事务局,则调查团报告书已明认其为促成独立之主要机关
矣。然日本意见书则称上述机关,系由华人主持,并称实际管理是项机关,而
又与之同为一体之关东军司令部第四科,与此种指导自治之事务局,完全无
关。唯吾人实应指出该局之重要官吏十三人中日人实居其十二。该局之局
长,在名义上虽由华人余[于]冲汉担任,但所有之实权,皆操于中野之手,而中
野则又同时为关东军司令部政治科之科长也。中野于控制该局之外,复兼任
自治指导研究班之校长,故其活动之力可知。嗣后事务局曾派出指导员六十
四人,分布于辽宁全省三十二县。此等指导员全属日人,当更可证明该局实完
全由日人控制。

满洲伪国之成立,其观念首由日人构成,并由彼等四处宣传之证据。吾人
于现在日本政治家及日本军人之言论中,即可寻得此种言论之多,自无法尽量
搜集,故吾人今兹只稍举数例,以资说明。九一八事变发生两周后,日本关东
军司令官本庄繁,曾于一九三一年十月四日发表宣言,对所谓"独立运动"表示
明白之欢迎。本庄曾称,若满蒙三千万之人民,使该地变为一繁荣之乐土,则
彼等自可得到日本军人最诚恳之同情,而日本军人亦正希望此种团集之迅速
成功。此种计划,与日本之所谓王教,实完全符合,并为帝国与邻国成立友谊
关系之迫切方法,及维持东洋永久和平之基础。世界各国为爱护公理及三千

万人民之福利起见,对于彼等显然愿意扶助云云。

其后日本犬养内阁秘书长兼政友会秘书长森恪,亦于一九三一年十二月五日,在东京帝国饭店之日本政治家讨论会中称,关于满蒙问题,因日本之决心既已坚定,故对于世界各国亦无维持其秘密态度之必要。以后该地任何政权之建立,要不能出自中国本部,并与日本之使命相抵触云。至于佐藤大佐在该会中之言论,则更为简切了当。彼谓派往满洲之日本官兵,皆有同一之意见,彼等认为若非使满洲完全与中国本部脱离,则不啻使彼等在九一八事变以后所有之牺牲与努力,皆为白费,而满洲亦得恢复事变以前之状况,以是若有充分之时间,以继续对于在满日军在财政及军事上之援助,则成功自有希望云云。吾人观于上述各例,当可知日人与所谓"新国"之成立有若何之关系矣。

日本意见书谓报告书对于满洲各县,迭次所有赞成独立之民众集会,皆未予以相当之注意。并称日本对于此等集会所有公开的宣言人名及其决议案,皆曾加以搜集。然此等集会之为日本指导员所组织,实为公开的秘密。即其所有之宣言及决议,亦完全为日人依照沈阳自治指导事务局之训示,而代为拟制。至于前往参加集会之民众,则对于集会之目的,即根本莫明其妙。然不参加则又必遭惩罚,故迫不得已而往耳。以是一九三二年三月,由日人主持之"庆祝新国成立宣传社"所发之通告,即有所谓兹经决定:"凡庆祝'新国'成立之各种民众集会,皆应于本月十日、十一日及十二日举行。在此时期中,各商店居民皆须参加行列。以是凡有十人之家庭,即须派出代表二人,前往参加。多于此者,则按照比例增派。凡有不遵守此项条例者,即以违抗'新国'论罪。各地之警局,现已如期通知,尚望各地商会对于各该地之商民人等,挨户关照。"等等规定。

一言以蔽之,所谓"满洲国"独立运动之自由意志者,直日人之梦呓耳。日本《外交时报》主笔半泽玉城,于本年五月曾受本庄之邀请,前往满洲考察。半泽于回日后,即刊行一秘密小册,暗中分散该小册中,曾称满洲凡事之进行,皆在关东军绝对的控制之下。并称因国联调查团行抵远东之期已至为迫切,而满洲各项之政治行动,又皆完全为日军所措施,故"满洲国"实须尽早成立。(未完)

(续昨)关于调查团所接反对"新国"基础之函件一千五百四十八起,日本政府之意见书,则称满洲之人口约计三千万,而致书于调查团以反对"新国"者则仅有二千分之一之数目，故其结论，为此种事实其与谓为反对"新国"之表现毋宁谓为满洲人民对"新国"之信任云。依照日本此种之狡辩，则似乎凡未致书于调查团者，皆属赞成新政权之人矣。然而此种假定之毫无根据，亦尽人知之。盖马占山、丁超、李杜、苏炳文各将领之下，现正有数十万之中国军队及义勇军，在满洲各地与日军及所谓"满洲国"之军队作战，当足证明对所谓新政权之普遍的反抗也。一九三二年六月廿五日，前述之日本《外交时报》主笔半泽玉城，曾在东京对日本贵族院若干之份子演说，其演词后亦印为单行本。半泽当时曾称"满洲国"政府与其人民之间，实绝少连系，无论在形式上或精神上皆毫无团集。一般之满洲人，对于新政府大都视为日本之新行政设施。以是吾人虽曾谓政府之成立为三千万居民之自由意志，但实则彼等之心目中，尚无此种观念也。吾人观于上述之记载，则知调查团诸君对于所谓"满洲国"之缘起性质，及其将来所有考查之透澈，与其一致的结论之信实，实更有足令吾人之赞许者矣。

　　盖调查团于参阅各项之证据以后，曾在报告书第九十七页中称，调查团认为满意者，即依各方所得一切证据，确信助成"满洲国"成立之原动力，虽有若干种，但其中两种，即一为日本军队之在场，一为日本文武官吏之活动，两者联合发生之效力最大。依我等之判断，若无此两者"新国家"不能成立，基此理由，现在政体不能认为由真正的及自然的独立运动所产生也。报告书第九十九页复称，在"满洲国"政府中日本官员甚为显要，各部均有日本顾问，国务总理及各部总长虽均为华人，但在"新国"组织中，实际上操有最大权力之各总务厅，其厅长则均属日人。第一百六十页中复称，至于该政府及行政机关，其各部名义上之领袖，虽系居住满洲之中国人，但其主要之政治行政权仍操诸日本官吏及日人顾问之手。又曰该政府政治的及行政的组织，不仅与此项官吏及顾问以供献专家意见之权，抑且予以实行管理及指挥行政之机会。至关于"满洲国"之将来，则报告书又于同页中曰，"满洲国"在此短期间，虽得自由实施其计划，并对于其已施步骤，虽予以相当注意，然仍无象征足以证明该政府在事实上能实施甚多改革。试举一例言之，彼业经颁之预算及钱币改革计划，其实施之前途，似有严重之阻碍。在一九三二年之不安定及扰乱情形之下，澈底的改革计划安定情况及经济繁荣，绝难实现。

　　以上各节，胥为调查团精心考察之结果，事实具在，岂容狡辩。满洲今日之情形，已悲惨至极矣。日人因当地人民，环攻其所有之侵略政策，现已在该地造成恐怖局面。凡满洲之邮电及新闻纸，皆须受日人之检查。而对于中国人民则稍有可疑，即行大批逮捕。日军为销灭义军起见，对于各处无抵抗之城市及村落，皆日遣飞机轰炸。且无论平民及中国之军队，皆一例予以残杀。以是住居抚顺煤矿附近三村之中国农民，即曾于本年九月十六日，被日军用机关枪剿绝。其死亡之数目，据最初之报告为七百人，然据以后之报告，则在二千七百人以上。日军之惨无人道，至于此极。即在今日日军对齐齐哈尔以西之中国人民，亦仍继续进行军事行动。日遣飞机坦克车炮队，以及其他作战之利器，从事于生命财产之毁灭。而其原因，则不过为此等人民思欲保全满洲为中国之一部耳。此外日人复颁布若干苛刻之命令，规定每五家人民为一组，若发现有任何陌生之人，停留于其附近，则惟该组之人是问。同时每人更须得到一种公民之许可证，不然，即不能听其步入城市。满洲之商务，现已完全停顿，各大城市之通衢中，即在白日亦常发生抢劫之事。吾人随处皆可看见悲苦与颠连，而不复有安宁秩序矣。日人于是提及所谓"满洲国"时，常诩为幸福之土，然而所谓幸福之土竟如此也。（未完）

（续昨）

（六）结论

根据以上各节，吾人可知日本政府意见书，及日本代表在行政院所有之陈述，胥不能认为有任何之理由，足以使调查团所确定之满洲形势之重要事实及其根据各项发现所作成之结论，有修改之余地。一九三一年九月十八日之事变，为日本军事当局根据其克服亚洲之传统的侵略政策所演成，亦绝不容吾人有丝毫之疑问。日本虽曾迭次在国联，并对其他各国声言，不将事变之形势扩大，但事后则仍一循其预定及久经准备之计划，继续进行军事行动，而将满洲之全部占领。观于日军之坚欲消灭满洲之中国政权，与乎所谓"独立运动"之组织，满洲伪国之创造，暨最近对于伪国之承认即可知。凡此种种，胥为一既定程序之各种的阶段。而所谓民众集会也，宣言与决议之通过也，民众代表之请愿也，亦无一而非日人之所伪造，而故为张扬，谓人民之意志如此，以欺世界各国耳。总之，日本之目的，无非欲造成一既成之事实，以与世界各国为难，而达到完成其克服远东政策之又一阶段也。

虽然，吾人所应考虑之权益，亦非尽为日本之权益也。中国在东三省本有领土上之主权，而现又为日本侵略下之牺牲者，故中国之权益当然不能漠视。日本曾迭次允许撤兵，故日军之撤退，实应于最短之时间以内，使其实现。至若对于目前满洲所有政权之维持及承认,则更为中国所绝不能接受,盖调查团亦曾谓此种解决办法,与现在国际义务之基本原则不合,并与远东和平所系之两国好感有碍也。吾人以为"满洲国"之取销,实为任何圆满解决之必要条件,而在和平基以建筑之公理之下,亦惟有牺牲者始应与以充分之补偿而已。至关于解决纠纷之可能性,日本政府意见书曾称依照调查团所有之计划,则最低限度之要件,亦必须当事国双方有强健而能负责之中央政府。吾人对于调查团之计划,虽未加以详细之讨论,但中国在目前之问题,以及其他各种之事件中,对于所有国际义务之严密遵守,皆可覆按。所可惜者实为日本之缺乏能负责任之中央政府,以致全部问题之不获早日解决耳。盖日本对于国联盟约、非战公约以及九国公约之破坏,日本合法代表对于不攻击锦州与齐齐哈尔,对于日军之迅速而撤退于南满铁路区域,以及对于停止军事与政治的行动之扩大等等诺言之失信,在国联及其他各国,固早有痛苦之经验也。以是中国代表团之意见,认为一能负责之政府,虽在表面上较为脆弱,亦仍较一往足为国际安宁秩序隐忧之强而不能负责之政府为愈也。

目前之纠纷,既对于其他各国皆有极重要之关系,故此点尤为重要,即报告书第一二九页,亦曾谓中日两国以外世界其余各国,在中日争议中,亦有应予维持之重大利益。例如现行各种多方面条约,前已提及。又此问题之真正及最后之解决,必须适合世界和平组织所依赖之基本条约。华府会议时驱使各国代表之意旨,现仍有效。……又曰要之维持和平之旨趣,举世相同,倘国联盟约及非战公约原则之实施,在世界任何部份失其信仰,则此项原则之价值及效能,将无往而不受减损。中国政府对其所有之各项国际义务,既皆甚为忠实,而于和平之一般的利益,亦复甚为关切。故在上述各种思考之后觉其意见之能与调查团趋于一致,甚为欣慰。同时亦深以为关于中日问题之任何解决,皆须遵守国联盟约、非战公约以及华盛顿九国公约所有各项之规定。(续完)

《中央日报》1933 年 1 月 26 日—2 月 5 日第二张第二版

256. 对暴日侵略我国态度通告各国,拒绝不利于我任何办法,必要时采更严重之对付

我国代表团否认直接交涉,榆关事件照会公布

(中央社)外交界消息,国联对中日争端已交九国委员会起草报告书,于下月初提国联大会讨论。我国抱定拒绝不利于我之任何办法之方针,于必要时并将有更严重之对付办法。闻此项态度已由外交当局训令各驻外代表通知各国政府云。

【中央社日内瓦二十六日路透电】 外传中日直接交涉,中国代表团极端否认。据称中国政府于日军军事占领压力之下,决不与日谈判。又电,中国代表团昨公布中国关于榆关事件对日之第二次通牒。

【哈瓦斯社伦敦廿五日电】 中国使署今晚发出通告,谓外间所传中国拟与日本直接谈判,以解决满洲问题之说,完全不确。通告上并谓日本军队一日不退出中国领土,则中日直接交涉即一日不可能云。

起草会争点需否两种报告,传德鲁蒙拟就方案

【中央社日内瓦二十五日路透电】 起草委员会今晨讨论之唯一问题,即起草一种或两种报告。倘用两种报告,第一报告将详述调解之失败,第二报告则为依照会章第十五条第四款之报告,并将附加建议。若用一种报告,则对于调解失败,将不正式宣告,而仅于语意中暗示之。英国认为国联不宣告调解失败,可关于此点起草会尚未决定。本晚盛传德鲁蒙已拟就方案,或可得各方之同意。起草会定明(二十六)日下年[午]继续开会。此二三日间行政院及军缩委员会均无会议,故九国起草委员会,可有机会积极进行工作,于必要时每日将开会三次。报告草案将不限于迫认李顿报告,惟关于事实部分,则将引用该报告之叙述。众意起草委员咬文嚼字,其讨论必甚迁回。

【中央社日内瓦二十五日下午四时四十分专电】 九人起草委员会今晨集议考虑对于因日本阻挠,以致调解失败之经过,应否单独缮制报告,抑为保持

日本颜面计，仅缮制一种报告，其中包含事实理由及建议，并附带述及调解失败之经过云。

【中央社日内瓦二十五日路透电】　据此间《国际日报》称，起草会之报告草案，将认日本占领满洲不合世界现有条约。报告草案，虽将承认满洲情形与世界其他各处不同，但将说明日本以武力侵占中国土地之一部分，因此军事行动以致该部土地被宣告为独立云。

《中央日报》1933 年 1 月 27 日第一张第二版

257. 英国袒日之面面观

崔宗埧

英国袒日之例证

国际联盟处理中日争案，已一年又四月之久，而迄未解决者，缘国联多数国家之主张，恒为一二强国所阻挠。详察已往事实，则知操纵国联者，实为英法二国。若英或法反对之事，国联皆不敢为之。此次国联对于中日争案，实以英国之外交政策为转移。英外相西门时至日内瓦发表其意旨，而国联各机关，惟有俯首听从而已。职是之故，国联已三误其解决中日争案之良机矣！方九一八事件之发生也，世界各国深为惊异，即日人彼时亦不□各国之态度如何，而有所顾忌。此时国联若以极坚决之态度强日人先行撤兵，而后交谈，日人亦可知其暴行为世界所不许，知难而退，则中日纠纷，自易解决。讵国联计不出此，致日人野心益炽，而扩大其暴行，使双方争执，益难解决，此国联之所以遗误时机者一也。日人既得志于东省，复逞威于上海，顾上海为中国第一商埠，凡与中国贸易各国，皆恶日人之扰乱世界和平，而思有以制止。此时国联若仗义执言，使日人撤退所有侵略中国之军队，日人亦可权量利害，不敢再一意孤行，干犯众怒矣。但其时国联采取所谓满案、沪案各别解决之说，使日人只撤上海之兵，仍可肆其淫威于东省，此国联之所以遗误时机者二也。去年十月，李顿报告书公布于世，各国舆论，为之奋兴，因该报告书虽未完全主持正义，但亦未完全抹煞事实，如："九一八"事变，日人之军事行动，出其自卫权限之外，是日人犯侵略他国之行为也。又满洲伪国,非东省人民意志之表现,是伪国无存在之理由也。当时世人凡无偏见者,无不期望国联采纳李顿报告书,为解决中日争案之标准。国联若以世界舆论为后盾,以制止暴行,此近其时也。顾报告书公布已阅四月,世人对于此事,已渐淡忘,而国联对于报告书内不承认伪国之主张,尚未采纳,宁愿丧失□信,不肯开罪强权,此国联之遗误时机者三也。国联处理东省事件之失败,亦即英人袒日政策之胜利。盖以上种种,均以国联为傀儡,英国自居幕后,主宰一切耳。至于英国朝野袒日之舆论,亦不一而足。英外相西门抑华袒日之态度,逐渐鲜明。观其一九三一年十一月二十五日在下院之演词,对华论调已欠公允,而一九三二年十二月一日在国联大会之演词,则益觉不堪卒读。盖前者不过颠倒事实,而后者竟将李顿报告书断章取义,以为日本申辩也。更有一事,足证英人袒日者,即向以代表英外部著称之伦敦《泰晤士报》,亦于今年一月十三日,发表社论,其大旨谓,日人侵略海淀区,列强可不必干涉,即进而并吞热河,亦不必过问。惟日人侵及中国本部则非□愿,因其有碍列强在华之利益也。观此,则英人袒日,已情见乎词矣。且其他保守党报纸,亦多持论偏袒。日前《密勒氏评论报》更载沪战中,英、法对日曾有密约,允许不干涉东省问题等语。此事尚未证实,但蛛丝马迹,识者不难测其底奥矣。

夫英人之所以出此者,亦非偶然,推究其原由所在,亦可约为数端。

英国袒日之原因

(一) 英日已往之亲善。当二十世纪之初,英国外受三国同盟(德奥意)之威胁,内受国力衰退之影响,其外交方针,乃发生极大之改变,其光荣孤立之政策,不得不先行抛弃,而于一九〇二年一月三十日,首与日本订立同盟条约。方该约公布之时,因与传统政策大相衲凿,故英国国会及其民众,均曾予以深切之注意。其时该约施用之范围,尚不甚广,其内容为:若二国之一,因保护在中国、朝鲜之利益,而与第三国战争时,则他一国保守中立。若一国因保护上项利益,而与二个或二个以上之国家战争时,则互相援助。迨至一九〇五年,该约施用之范围,大加扩充,而包括东亚及印度矣。

盖如此则英国可将其远东利益,交由日人监护,而得集中军力,以警备其本国。日人方面,虽有监护英人远东利益之义务,但日人与俄国战争时,亦可无虞他国之援助俄国矣。其后日人并吞朝鲜,攻取青岛,提出"二十一条"等事,无不以英日同盟为护符。及至一九二一与一九二二之华盛顿会议时,美国要求英日解除同盟条约,英日二国政府,皆抱依依难舍之情感。其后因英之自治属地,如加拿大等处,均对美国表示同情,压迫英之外部,英日二国,始解除盟约,但仍表示不能因解除盟约而减少二国之亲善。此后二国虽无盟约,但昔日之好感,迄未稍衰。且欧战以后,英国最忌美国之富强,故英国对美之政策,虽竭力维持好感,然遇必要时,亦可与日重续旧好,以威胁美国,使其就范。

(二)英国不欲施行裁制。时至今日,空言决不足制服日本。若欲日本尊重公约,则国联必须实行其经济或武力裁制而后可。即以经济裁制而论,国联须依英国海军以封锁日本,但日本海军居世界第三位,若实行封锁,则日本海军以逸待劳,其事亦甚危险。故英国于未得到美国海军合作之前,决不肯轻易负此重任也。按此时,英美海军合作之可能性甚大,若能实现实可以断绝日本在太平洋方面之海上交通。但日本必竭其全力,殊死保存其对亚洲大陆之通道。现在东省已在日人掌握之中,日人所需之煤、铁、粮食等物,皆可取之于东省,使封锁失其效力。且俄国非国联会员国,无对日本经济绝交之义务。并俄国之政体与他国不同,对于所谓资本主义各国之争斗,持若何态度,尚不可知。即不援助日本,以延长祸乱,而是否援助国联,以速纠纷之解决,亦难预料也。且经济裁制之后,若无效力势必继之以武力裁制,则英国海军必将因履行义务,而大受挫伤。且或于经济裁制之时日本即表示反抗,则国联与日本之战争即起,而首当其冲者,亦为英国。

(三)英国不欲受经济上之损失。英国现时之国际贸易已非良好,若对日经济绝交,则又须牺牲对日之贸易,若日本施行报复,则英国东亚之贸易恐亦受不少影响,世界不景气之今日,恐益加严厉矣。且英国目下失业问题不能解决,金本位不能恢复,对美战债,尚须交付,不欲再损失商业,增加军费,使其经济地位益加困难也。

(四)英国对尊重中国主权无诚意。中英之关系向以不平等条约为基础,如领事裁判权、租界、租借地、驻札[扎]海陆军于我境内等,此种事实,皆为侵犯吾国主权之行为。且日本之于吾东省,亦犹英国之于吾西藏也。今日本因中国开发东省,遭日人之忌,而有此次"九一八""一·二八"等等之事变,则异日中国开发西藏,势必为英人所反对。英人实难逆料将来之不以日人之待吾东省者待西藏。是故目下若对满案过事认真,将来对于藏事,恐将无以自解也。英人早已远虑及此,然则一方面可以表示好感,希冀日人琼瑶之报,而一方面可以预留地步,将来当作先例之援。

（五）保守党之外交政策。英国保守党人远东外交政策,实以亲日为中心,而尤不以因东省问题而开罪日人为然。现时保守党在英国会及内阁,俱佔多数,故英政府务使国联用种种方法,迁延时日,俾日本得先成其征服东省之计划。如此以后,只须以既成之事实,要求各国之追认而已。

观此种称［种］,英之袒日,实属意中之事。然则抗议、宣言,安足以损彼暴日之毫末哉?

英国袒日之影响

英国袒日之故,已如上所述。然其影响所及,又岂仅中国而已哉? 将来英人自食其报,将追悔莫及矣。英国袒日之结果,首蒙其害者,当然为中国,而对于世界和平,亦将予重大之打击也。条述之,可分为四款:(一)使中国人民多受伤亡,财物多受损失,土地多受蹂躏,使中日二民族仇结更深,永不可解。而此后冤冤相报,非至两败俱伤不止。(二)英人之远东商业,必蒙重大损失。因中日二国,既以铁血相周旋,则购买外货之力,必致日益减少,英人仍欲维持其远东商业之地位,直梦想耳。(三)国联之威信,将扫地无余。国联中之小国,将以中国为前车之鉴,而惴惴自危。盖平日小国徒供大国之驱策,而一旦有事,大国视之,仅如秦人视越人之肥瘠,平日大国利用国联盟约,以胁制小国,而大国自视盟约,直等于废纸,即有乘人之危,劫人之财,略人之地,而为所欲为者,盟约无可如何也。然则如此国联,如此盟约,世人其谁信之? (四)欧战以后之和平运动、和平条约,俱将化为乌有。世界各国,又将一仍欧战以前之形势,而缔结同盟,秘密外交,军备竞争,以备世界第二次大战之光临。

英国袒日之张度

英国之外交政策,素以极老练灵妙著闻于世,决非墨守旧法,一成不变者之可比拟。苟为世界情势所推移,则确能因势利导,适应潮流。英人袒日,虽可助长日人之暴行,但日人之暴行,未必可以助长英人之袒日。若日人执迷不悟,一意孤行,行见袒日之英国,亦爱莫能助矣。则国联将以皇皇文告,大兴问罪之师,以为世界人类除此大恶,亦未可知。古人云"多行不义,必自毙"者,此之谓也。(完)

258. 九国起草进展迟缓,昨上下午两度开会讨论,我代表团沉默静候发展

【中央社日内瓦廿七日路透电】 九国起草委员会今日上午十时四十五分开会,直至下午一时始散,下午将再有会议。经过二小时之讨论后,闻关于报告书起草事,颇有进展。该报告书之为首数章,将重新申述国联态度及中日纠纷之经过,但字句上各方提出修正意见极多,且对于如何将李顿调查团之建议列入报告书一层,亦尚未能决定,今日会议席间亦未讨论到建议内容。惟据一般人所推测,九国委员会报告书中,决多采纳李顿调查团之意见云。

又电。九国起草委员会,连日因国联行政院讨论哥仑布与秘鲁纠纷及英波之争,未能认真进行起草报告书事宜,仅有数次非正式谈话会,直至今(二十七)日始积极进行。该委员会事务,今日上午十时四十五分开会,所讨论者即九国委员会应否接收秘书处所拟报告大纲,抑另拟新方案。该项问题解决后,即可进行起草工作。九国委员会上午休会后,下午又开会。中国代表团对于九国起草委员会之工作,暂时不进一词,静候发展。此地各报纸及国联办事处间,对于中日问题,忽呈静默形势。

【中央社日内瓦二十六日路透电】 国联行政院今(二十六)日上午讨论哥仑布与秘鲁纠纷需时过久,今日下午仍须开会讨论英波油合同争执事,因此九国起草委员会未能进行起草报告书。但各起草委员认为中日纠纷事,不能再事延搁,故曾非正式举行不公开会议,讨论起草委员会应起草一个或二个报告书。据云,起草委员会已决定只提出一个报告书,以休白(译音)氏之主张为最力。按休白氏为国际闻名之法律专家,彼表示九国起草委员会,可直接根拟[据]国联盟约第十五条第四款,进行工作,无需乎再等全体大会予以表决。彼称第四款有"如纠纷未能解决"字样,按目前形势,纠纷未能解决,已为不可讳言之事实。故调解工作,已告失败一层,无提交大会讨论之必要云。

【中央社上海二十七日电】 东京感(二十七)电,据东京《日日新闻》载,国联适用第十五条第四项时,日本决退出国联。关于此点,陆军当局以退出国联与退出今年之军缩会议为不可分离的,故对建川全权、森田少将等军缩委员之

撤回，加以考虑。昨日建川全权亦具陈关于退出军缩会议之意向来电请训。陆军当局对此，均以国联既采违背东洋和平之态度，则于维持欧洲和平有关之军缩会议，日本若依然参加，殊为矛盾，故力主退出军缩会议。

《中央日报》1933 年 1 月 28 日第一张第二版

259. 九国起草会商定起草报告书内容，事实部分引用李顿报告一至八章，结论部分对抵货及日行动未全决，建议部分将采用李顿报告第十章

【中央社日内瓦二十七日下午六时二十分专电】 九人起草委员会今晨开会，决定缮制一个报告，内分四部份：（一）历史的背景；（二）九一八事变至现在；（三）理由；（四）解决本案之建议。第一第二均尽量采用李顿报告书，第三今日下午讨论，第四众认为最难着手起草，势需较长时间之考虑云。

【中央社日内瓦廿七日下午八时十五分专电】 九人起草委员会今日下午决定报告书中，声明东三省为中国国土，中国对争议事件，不负责任，惟关于经济绝交及自卫方法二点，尚有疑问，待星期一继续讨论。

【中央社上海二十八日电】 国民社日内瓦感（廿七）电，十九国特委会之小组委员会，担任草拟中日争案之报告书者，似已在工作上达完全停顿之地步，小委员会已将报告书中历史一部份草成，闻不外取材于李顿报告书。至于涉及争案之建议一部份，已陷于僵局。按此为报告书中之主要部份，就目前之局势观之，十九特委会与国联大会，能否办理中日争案，似极无把握也。

报告书已成三章，对伪国仅轻描淡写

【中央社上海廿八日电】 国民社日内瓦感（廿七）电，十九国委员会之草起[起草]委员会草拟报告书，首三章实际已可称完竣，仅余两大问题尚未决定：（一）为九月十八日日军在沈阳之行动；（一）为中国抵货之是否合法。据闻各委员对于日军九一八在沈阳所为是否纯粹自卫行动，意见各异。而对于抵货之合法与非合法，亦讨论甚久，未能决定。至目下所草之报告，闻系叙明国联一切调解努力之失败，接受李顿报告首八章，并叙述满洲历史至最近山海关

冲突为止,一切结论皆根据于前述事实。惟其建议尚待十九国委员会开会,指示方针后再行准备。至曾引起无数争辩之"满洲国"问题,闻仅轻描淡写,声明一九三一年九月十八日以后,日本承认"满洲国"政府,但他国未有承认之者等数语以了之。

【中央社日内瓦廿八日路透电】　起草委员会须待下星期一或星期二日,再行集会。停会期间内,由秘书处根据昨日会议结果,修改草案。闻昨会议决定应加修改之细目颇多。报告草案之篇幅约五六十页,李顿报告书将附加于报告之后。起草委员对于措词极端审慎,草案内几无一字未经各委慎重之考虑,起草会如斯费煞苦心。各方之意见是否一致,谈判之进行是否顺利,难于确定。惟草案各点,迄今尚无引起严重之反对。十九国特委会下次会期,尚未确定,大约在下星期三或星期四日举行。众意起草会之草案经过特委会讨论后,尚须修正。至于草案最后之建议部分,起草会亦将缮具节略,以为特委会讨论基础。众觉国联将用切实方法拥护国联原则,目下已有相当进展,且此种方法即日本亦难反对,故日内瓦空气较前略形乐观。但此时犹难逆料,远东方面势将发生如何反响。中日代表团皆守沉默,惟对于此间一切发展,均极注意。东京电讯,对于政友会之态度已加阐明,中国代表团绝对否认任何直接交涉之传闻。此数日间日内瓦谅无重要发展,法国阁潮当不至于影响此间讨论之进展,法国仍由玛锡格里代表,但国联对原则上之任何重要决定,玛氏当向本国政府请训,阁潮未定之前,不免略受迟滞。

报告书内容已定,建议部分最难着手

外交界息。九国委员会所起草之报告书,经数度会商,已决定内容,分为四部:(一)历史;(二)事实;(三)结论;(四)建议。历史及事实两部分,均以李顿报告为根据,一则追溯东三省与我国历史上之关系,一则叙述九一八事变发生后之变迁及国联处理之经过。结论部分述明日本在东三省之行动是否超出合法自卫之行动,及伪组织是否为真正之民意组织,并宣告国联对中日争端调解失败。建议部分最难着手,各小国代表均主张明白规定九一八事变,系日本有计划之侵略行动,并宣布不能承认伪组织。惟大国态度仍然灰色,大约再经数度会议,即可完全确定,俾提请十九国委员会通过后,提出下月初之国联大会讨论云。

【中央社日内瓦廿七日路透电】　起草委员会今日上下午开会两次,成绩颇佳。大会报告之首三部份，除两点外，余均草拟就绪。第一部分序言，仅有一句说明报告之性质。第二部分事实叙述争案之历史，以及国联处理争案之经过，对于中日纠纷作一有系统之纪述，大都引用李顿报告一至八章，与国联大会及行政院历次决议，以及远东外领之报告。第三部分结论，共含十二点，多系根据李顿报告之第九章，并采用其他各章之要点，如"满洲国"之创造，非出于人民之自由意旨等。起草会所未能一致同意者，共有二点，一为抵货问题，一为日本行动是否出于合法自卫问题。秘书处所拟之草案，认为甲国如已采用武力，则乙国对甲国之抵制，不能认为非法。昨起草会席上，颇有反对此解释者，并有指出日本行动是否出自合法自卫，含有法律问题，应由法律专家调查。除此两点外，大会报告之首三部分，业已起草完毕。该草案最后一句称，九一八事件未爆发前，两方对于形势之紧张，或皆负有责任，但九一八后之一切事件，则不能诿诸中国负责。至于报告之建议，将待下星期初由十九国集会起草，秘书处中人赞成采用李顿报告第十章之十项原则。

日本谈退出国联，态度矛盾备受讥评

外交界息，九国委员会着手起草报告书后，国际形势已略有变迁。昔时各国代表以日本退出国联为虚者，现已完全明悉，日本退出国联之声明，纯系威吓作用。盖日本如真有退出国联决心者，现已届退出之时期，日本何以尚无确切之表示？当我国最初请求国联援用盟约第十五条时，日方对此曾声明保留，现在则毫无异议，可见日本昔时之恫吓，不过欲借威力以减少国联之压迫而已。现有数国代表甚至主张日本即日退出国联者，盖日本如果实行退出，则国联对中日争端可自由处理，不再发生顾虑云。

【中央社日内瓦廿七日专电】　日本前曾以退出国联为恫吓，现则极力依附国联，因之日内瓦方面对于日本之态度，大形改变。盖前此国联会员国，深恐日本之实行退出，今则日本之虚声恐吓，已为各国所识破。一般均深盼日本脱离，庶使国联有自由处置之余地。无如日本现反极力依附国联，即前此关于盟约第十五条之保留，现亦予放弃。如此先后矛盾，不顾体面之举动，已大为各方所讥评云。

英两周报之正论，谁为罪魁应明白宣告

【中央社伦敦二十八日路透电】　《新政治家》及《观察》两周报之评论，皆注重国联对于中日问题切应采取坚决态度。《观察》周报称，国联与日冲突之结果，甚为严重，非特限于任何一国之地位而已，国联如信会章已被破坏，则应明白宣告，谁为罪魁，不就鳃鳃过虑，而依旧模棱。国联收到李顿报告后，应确知会章之被破坏践踏矣。国联会员最底限度，应完全履行李顿报告。若徒通过事实部分，而不采取其结论，此种柔弱态度，殊属可悲可鄙云。《新政治家》周报称，目前问题乃吾人是否坚持尊重国联会章，暴露武力侵略，抑或采取空洞之决议，事实上接受日本之要求云。

《中央日报》1933 年 1 月 29 日第一张第二版

260. 日内瓦日本代表团内哄［讧］，官僚派对松冈大肆压迫

东京《万朝报》载称，据坊间风闻，日内瓦日本代表中之野人派（即中途强入立于第一线奋斗之松冈代表及其幕僚从属员等）与官僚派（即外务省固有之大公使及公使从属员等），意见纷歧，已有水火不相容之势。虽两派在表面上，尚未流露争斗之状，然官僚派互相连络，动辄对野人派加以压迫，或冷语讥讽，处处使野人派难堪。又传去年末，日内瓦日本代表部，曾投巨大之资力，积极向内外活动，其后因缩小规模，节约经费，某部分之幕僚，均返附近之任所，遂致各员，咸抱万事消极主义，减少自然活动的能力。此种情势与先□为美国移民问题出席特别委员会时，涩泽金子二子爵，正当折冲之时，而官僚派百计阻挠者，性质相同。去年元老先辈石井子爵本欲赴欧美各国游说，而外务省内现任官等曾亦不赞同，故目下官僚派对于在日内瓦活动松冈等野人派，其间情形，可以推想而知矣。

《中央日报》1933 年 1 月 29 日第一张第三版

261. 国联对日态度渐明,英国向日本提劝告书,日方以退出国联相恫吓,军部最强硬,外交派及政界主慎重,内部意见纷歧

报告书建议部分将以李顿报告为根据

【中央社日内瓦二十八日下午五时二十分专电】 九人起草委员会已草成报告书之第一第二两节及第三节之一部份。第三节中重行确定东三省为中国领土及九一八事变中国不负其责。对于中国抵货运动是否合法及日本所称之自卫行动为主动,抑为被动的,尚待下星期一详加考虑。此项报告书之性质,为正式表示国联自身之立场,与进行调解须得两造同意者迥异其趣。故此项报告书之根据,以李顿报告及国联秘书处之草案为主,而以瑞典等国草案为辅,其中最难着笔之建议部份,或亦将以李顿报告第九章之十个原则为根据云。

【中央社伦敦二十八日路透电】《纪录新闻日报》称,国联希图调解中日问题之政策,本使外间疑问,迨至今日,则亟应明白宣告态度,无条件接受李顿报告。国联应即使世界明了日本虽自有其立场,但国联亦有与日本立场完全不同之原则,惟国联不惮按照其自身原则进行云。

英向日提劝告书,驻日英大使访晤内田

【本社二十九日上海专电】 日讯,艳(二十九日)东京电,国联关于中日问题之形势渐次严重之时,英国驻日大使林德礼,于俭(二十八日)下午五时半,突然访问外务省内田外相,根基于本国政府训令,提出关于打开国联难关之重要案件。内田外相当时适在议会出席预算总会,突闻英大使来访,即时退出会场,到外务省会见大使,接受英国提案书,经十五分钟,大使辞出。外相立即招致有田次官及谷亚洲局长,检讨提案书内容,并以电话与军部当局交换意见。英提案内容严守秘密,然似要求日政府考虑:(一)日本有无让步之意;(二)或不反对盟约第十五条第四项之发动,但要求缓和劝告书内容之两点。日方虽

采用其任何条项,然似断然不改变既定方针,现在待日内瓦代表团之详细报告考虑万全之方策云。

日发非公式声明,仍以退出国联相恫吓

【中央社上海二十九日电】 日讯,东京二十九日电,现由九国委员会起草之报告书,草案内容,日外务省因未接公电,力避正式声明日本之态度,然外务当局于二十八日发表非公式声明,略谓报告书内容,不问其结论或历史的记述之部份,如采用与李顿报告书同一意见,日本绝不能承服,尤其包含否认"满洲国"现状,否认"满洲国"之自然发生,疑惑日军自卫权及认经济绝交为正当等之四点,则日本断不能默视之。如国联定要制作此种劝告而提交日本,日政府即时发送反驳,并以澈底批驳国联之谬见,同时断行退出国联云。

日内部意见不一,退出国联问题争执烈

【本社二十九日上海专电】 华联艳(廿九日)东京电,日外部及陆军屡次夸称退出国联,以恫吓世界,其实内部意见仍然分歧。外交部及政界长老极力反对孤立外交,虽因恫吓过甚,为大势所迫而出不得不退出国联之情境,但日政府仍不愿与国联决绝到底。其理由有二:(一)则恐南洋群岛被国联收回,失其对美作战之有力根据地。若以南洋群岛统治问题与国联正面冲突,日本所处之地位,更加不利,其形势必由反美而进到反对全世界。(二)完全退出国联,则在世界舆论自陷孤立地位。因满案而引起世界大战,日须负其全责;军缩会议失败,促成世界竞争军备;在财政破产之日本,所处地位,更加困难。因上列理由,由海军方面及政界元老,多倡审慎行事,须临到退出时期,亦应采取不即不离政策。但好战之陆军,仍坚持与国联决绝,军缩代表须同时退返本国。国联前途趋向渐明,日内部矛盾愈尖锐化,日政界近日来之争执,已集中于国联退出问题云。

日军部高唱退出,即化为焦土亦所不辞

【本社二十九日上海专电】 日讯,艳(廿九日)东京电,日军部密电日内瓦之军部全权嘱以准备退出,而始终依既定方针迈进,并警戒毋为不利之言辞,军部已表示若是之最大雅量,曾努力于扫除国联之误解,设国联不觉其非,则已毋须注意于适用盟约十五条四项,或适用第十六条之必要,而国联所应取之

手段如为:(一)对日经济封锁;(二)对日武力压迫;(三)解除南洋之委任统治等。其一系于公债汇兑或有多少变动,但于交易市场无足崩溃之忧虑。其二则为正义起见,即使日本化为焦土,亦所不辞。故今日之状态,绝对无战争之可能性。至于三则别无放弃统治南洋之理由,当然离开国联□独立云,且谓为系帝国之意见云。

《中央日报》1933 年 1 月 30 日第一张第二版

262. 法德政潮将影响国联,军缩会难如期开会,中日问题复将延搁

【中央社日内瓦二十九日路透电】 法国与德国现时之严重内部政争虽不致影响中日纠纷及军缩会议前途,但一切重要国际间问题,尤其是于原则上,须有决议的要案,恐将因此而暂时搁浅。关于中日问题,国联九国起草委员会及十九国特委会仍将继续开会。但在法国与德国之内部政争未渡过严重时期前,国联全体大会恐难招集。军缩会议原定三月二日开会,按目前形势看来,或须延期举行。法国与德国内阁改组后,新内阁未必即变更其往日在日内瓦间所操持之政策。如法国极端左派占优势而组阁,则法国对于远东问题及军缩会议之态度,势必有惊人新发展。然按日前法国各政党之情形与实力,极端左派组阁为事实上作不到之事。同时德国政治情形,亦有右倾之势。如右派组阁,德国对于远东问题之态度可以仍旧,但对于其他问题,如军缩战债等事,德国态度或将较前强硬云。

《中央日报》1933 年 1 月 30 日第一张第三版

263. 社评:英国与九人起草会

中央社日内瓦廿九日下午五时专电载称,九人起草委员会现全在英国操纵之下。英外相西门竭力祖日,反对在报告书中声明不承认伪组织,置各小国之坚决意见于不顾。至我国迭次要求明白宣布日本违犯盟约一节,自更难以

做到。英日间数次非正式接洽之结果，英国已向日本保证，将来决不援用盟约第十六条云。

此种消息之传布，在静候国联解决之吾人，初无所谓愤慨与失望，亦无所谓惊讶与震恐。盖自法之彭古内阁，在预算案上遭遇难关以迄今日之倾倒，国联方面事实上已由英法之合作而转为英国之独裁，九人委员会之可为英国一手操纵，事实上自无问题。至于代表英国政府之西门外相，则自去岁渥大华协定讨论一案而致英阁自由党阁员辞职后，受保守党势力之笼罩，态度上已有"较保守更为保守"之令誉。今于日本顽强要挟，国联形势僵化之际，不顾一切，倾全力以将顺暴日，期于现状之维持，亦固意想中事。故西门氏此等意向之具体表现于今日，对吾人非为失望而为奋发。盖以国联之吊钟既鸣，吾人殷勤维持之责已尽，由对国联恭顺之遵守，转而为自决自救之企图。当前大路，吾人已知所取择矣。

夫一年来国联会之一无成就，由于英方之犹疑两可者，吾国舆论界早已言之，英国之言论界亦曾言之。然在过去半年前，犹得曰，美国之态度不明，难作单独之决定。日人之狂妄或有悔祸之一日，调解之途径未绝。然半年来，美国对远东之态度既极明白，最近罗斯福氏且一再声明保持史汀生、胡佛之主张，故远东问题形势之转换，全系于英人之手。英美协调果能成功，国联之面目必立可改观。榆关事变发生之日，去十九国委员会闭幕方十日耳，榆关事起而国联调解之希望，遂成泡影。此种特殊之变化，果孰令致之。此种尝试性质之冒险行为，又孰令日阀肆行而无所顾忌。英国在日内瓦代表之静观，英国政府之熟视而莫逆于心，皆其重要关键乎。

夫调查团报告书之价值，世界舆论早有定评，姑仅就调查团之产生及其组织与英国之关系而论，则英国对报告书之应绝对遵守，已为道义上与责任上之问题。伪组织者，报告书中明确肯定日阀武力所伪造，事实上根本不能存在者也。在国联之立场，不承认伪国，应绝对积极主张之。身为国联会员国且曾参加调查团工作之英国，其应赞扬此种主张，应视他人为尤力。然而去年特别大会中阻挠之不足，十九国委员会中操纵之不足，犹必百计使今日之九人起草委员会报告书中不作不承认伪组织之声明，期得日方对十五条第四款引用之同意，是国联之威信扫地以尽，英人之政治道德尚何以自立于世界。

一年来中国朝野对于英人之期望，不可为不深厚，此一九二五年以后中国对英未有之好感。国与国间之感情，培植之极难，而摧毁之至易。英政府最近对于远东之态度,虽英政府屡为辩饰,虽吾人亦绝不愿传闻之种种为真确,然而消息之继续入于吾耳者,虽英人之至友,亦苦难为辩诘。英国人将何以解中国人民之惑,更何术使中国人对英国之忍耐,不超过其最高之限度乎?

《中央日报》1933 年 1 月 31 日第一张第二版

264. 异哉驻美日使竟作反华宣传,散发地图并附文件,妄肆攻击图乱观听

【中央社上海三十日电】 国民社华盛顿艳(廿九日)电,今日此间日大使署又在美国开始反华宣传运动,散地图多份,附以甚长之文件,分送美国官吏与政界外交要人、各半官机关及报纸等,其用意在拥护日人所宣传自一九二一年至一九三一年间,满洲向不归北平或南京中央政府直接统辖之谬说。故所送地图,系表示中国在此十年间各军阀与地方政府之势力范围,并有一注解,盖称中国在过去廿年间扰攘不宁,有一百万方哩地方,直类无政府状态等语。所附文件,则与近数月间日本政府发言人在东京历次宣言大同小异,无非欲蒙蔽美人之耳目。至日人此次散播地图与文件,是否兼为拥护日代表松冈在国联所发荒谬演说,虽尚不甚明了,其为对于中国政府之攻击,显然可见也。

《中央日报》1933 年 1 月 31 日第一张第二版

265. 中英睦谊之暗礁,西门袒日操纵起草委会,并向日本保证不致引用第十六条,日本阁议已决定致日代表团训令,对所谓既定方针及伪国坚持不变

【中央社上海三十日电】 国民社日内瓦二十九日电,今日据国联中人言,国联大会可望于两星期内采用十九国委员会所拟满案报告书。至于该报告书,大约明日可草竣。目下外间谣传,有人反对加入不承认"满洲国"之建议。据称,英外相西门亦为反对之一份子,其理由以为或有数国,欲承认"满洲国",

故对于此事应使若辈得以自由表示意见。此间华人方面现称英外相西门在国联大会之演说,大有征实,外间所传之上海议和时英人曾暗示倘日军退出上海,则将以更友谊地位考虑日人满洲计划等说之趋势。又外间传中国代表团,对于报告书语调,除关于承认一节外,其余尚觉差强人意云。

英操纵起草会,西门袒日态度恶劣,起草委会昨未开会

【中央社日内瓦二十九日下午五时专电】 九人起草委员会现全在英国操纵之中,英外相西门竭力袒日,反对在报告书中声明不承认伪组织,置各小国之坚决意见于不顾。至我国迭次要求明白宣布日本违犯盟约一节,自更难望做到。英日间数次非正式接洽之结果,英国已向日本保证将来决不援用盟约第十六条。前传在去年日军退出上海时,英日间曾有谅解之说,至此益得证明矣。

【本社三十日上海专电】 日讯艳(廿九)日内瓦电,国联大会议长兼十九国委员会委员长希孟,定冬(二日)来日内瓦,大会将于希孟到日内瓦十日以内决采依第十五条四项之十九国委员会报告书,然后国联方面报告于该报告书劝告案中插入“满洲国”不承认宣言之事。英国委员出而反对。闻西门外相将提出反对意见,主张今后或有希望承认“满洲国”者,今据宣言不承认殊欠妥当。即中国方面亦早觉悟,以西门外相总会之演说,必反映上海停战会议之际英国给与日本之言质即如日本撤兵上海,英国关于满洲问题将更采取好的态度,预料西门必实践此言。惟中国不表赞同,关于“满洲国”承认条项,大体满足报告案之措词。

【中央社日内瓦三十日路透电】 起草委员会今日未开会,报告草案最先两部分已完全决定,将由国联秘书处印刷分送各起草委员。

日阁决定训令,坚持所谓既定方针及伪组织存在问题

【本社三十日上海专电】 东京电。政府陷(三十日)开临时阁议之结果,决定方针,命日内瓦代表团,在不侵害日本既定方针“满洲国”存在之事实之范围内,依照第十五条第三项进行交涉。内田外相于午后四时,发急电至日内瓦代表团。但在何种范围内伸缩日本方针,阁议席上亦有种种异论。讨论之结果未得要领,遂决定暂时考虑此问题,或于丑(二月)东(一日)发最后的具体的训令。

【中央社东京三十日路透电】 传外务省将于本晚电日内瓦日代表团,内容略谓日本政府坚决维持"满洲国"之现状,国联措施若不与此原则冲突,日代表仍可继续谈判。至于国联是否援引会章第十五条第四款,日政府此时并不注意云。官方表示上述报告大体不错。又传当局电令日内瓦代表团通知国联方面,国联倘引用会章第十五条第四款,日本是否继续参加国联之问题,当视国联建议如何而决定云。

【中央社上海三十日电】 日讯,东京三十日电,外务省二十九接日内瓦代表团请训电后,即由内田外相、有田次官、谷亚洲局长及其他要人开重要会议,结果决定三十日对代表团发如次训令:政府始终不变既定方针,但在此范围内拟适应国联一般情形,并不吝采取有伸缩性之方策。故代表团如有希望可照盟约第十五条第三项进行折冲,但须考虑十九国委员会决议草案中如次三点:(一)国联小委员会之任务,须在援助中日直接交涉。(二)为缩小小委员会之权限起见,不采用李顿报告书第九章中十项原则。(三)削除国联决议理由书末段之否认"满洲国"字句,而作为不触"满洲国"存在事实之形式。如国联阻碍日本根本方针,则可任其所为,不准谋第四项劝告,或劝告书内容之缓和运动。

日人恫吓伎俩,完全被国际间揭穿,日称不反对第四款

【中央社日内瓦廿九日下午五时专电】 日本屡次放出退出国联空气,全系恫吓伎俩。日本对国联之种种狡计,至此已揭穿无遗。日内瓦各方面对于此种国际上不名誉举动,莫不表示憎恶。日本国际道德不啻宣告破产云。

【中央社东京卅日路透电】 报载外务省已决训令日内瓦日代表团,不必反对引用会章第十五条第四款。惟外务省发言人今日声称,外务省之训令尚未拟就。该发言人虽不欲承认上述决定,但称据其私人意见,日方对于援引会章第十五条第四款非不欢迎,因目前之混沌情势,可以借此打开。倘国联按照第四款所提出之建议,不能适合日本口味,则日本与国联亦将各行其是而已。日本将依照"日满草约",继续施行其恢复满洲治安之政策,而不复再受外间干涉云。

日陆军省顽强,于用第四项时退出,同时或拟退出军会

【中央社上海三十日电】 日讯,东京三十日电,日陆军首脑部决意在国联适用第十五条第四项议决劝告之时,断然退出国联。但如此状态到来之时,出席一般军缩会议之日代表,是否亦一致退出会议,外务及陆海军当局现正研究

此问题。军部对此问题现有两种意见：(一) 军缩会议为谋世界永久和平之会议，且非国联会员国之美俄两国亦参加，故假令日本退出国联，然无由军缩会议撤退代表之必要。(二) 日本因国联认为事实上之侵略者，退出国联，如日代表仍出席军缩会议，事实上毫无意义，故日本应同时退出军缩会议，至国联得认识日本之时为止。以上两种意见中，主张退出军缩会议之说，渐次有力，故将来日本决定最后态度时，同时亦拟协议对军缩会议之态度。

【中央社上海三十日电】　日讯东京三十日电，日皇忧虑国联形势，日内将召外相入宫下问退出国联时应采之处置及委任统治问题。

《中央日报》1933 年 1 月 31 日第一张第三版

266. 社评：今日之蓝浦生勋爵

英国驻华特命全权公使蓝浦生勋爵，此次假满回任，在港粤经福建而抵上海，复由上海以达首都。半年以前当蓝使之离华而归英也，吾人曾著文以赠其行，命其题曰《和平使者蓝浦生勋爵》(见本报去年五月十四日社评)。当日所殷勤属望于蓝使者，为假蓝使之舌与笔，使英国更益明白中国民族之觉悟，中国人民之爱好和平，中国经济上之愿与外人合作，中英两国发生更密切之关系。

"和平使者"蓝浦生勋爵，今已假满而回任矣。蓝氏半年来对于中英两国邦交努力之真相何如，非吾人所能知。然衡以数月来英国在日内瓦所表现之行动而视，则吾人当日所希望于蓝使及英国者，至今有不堪回首者矣。英国在外交上之长技，自来只有行动，极少言词，故英国之外交态度，只能由其行动中归纳得之。九一八事变起后，英国外交上对远东固始终未有言论之表示，其行动之可得见者，仅在上海停战交涉之协助。然自九一八变起以至上海停战协定签字，蓝使请假归国之日，中国人民对英国之猜度，始终为善意的希望，更始终为忍耐的期待。淞沪战事既起，蓝使由北平匆遽南下，躬与调停之役，停战协定之内容，虽与中国丝毫无利益可言，然而当时中国人民对于英国之好感，实出于衷心之至诚。当时多数智识份子之观察，以为替英人打算，英国人决不能漠视远东问题，更不能漠视中英两国十年来之特殊友好关系。

　　由过去一年又四月中之事实观之,中国人民之期望于英国者,其热诚盖蔑以复加。然而此一年又四月之时日中,英国人行动上比较可以称许者,只有上海停战调停之一役。当蓝氏归国之日,李顿调查团已早履中国国土。蓝氏归国未久,李顿报告书即在中外公布。自李顿调查团到华以后,中日问题几全随此以为进展。去年九月以后,国联行政院与大会所讨论者,大半为如何依据李顿报告书以谋解决中日之纠纷。此一时期中英国在国联所表现之行动为何,自西门外相之公开演说以次,中国人民实无日不在静默观察中。爱、捷、瑞、西四国提案何故不获通过于去年十二月初之特别大会? 特别大会之何故草草了事而移交一切于十九国委员会? 十九国委员会去年十二月十五日之决议案,又何故而尚不能使其成立? 至于今日,九人起草委员会报告书内容种种传闻之何自而起? 似皆为英国最近对远东所表示行动之结果,而中国人民亟欲对蓝使一询其究竟者也。

　　故率直言之,英国当局最近数月来在日内瓦之行动,足以消灭华府会议十年来中英两国辛苦经营之睦谊,英国当局今日似已必须宣布其对华之最后态度。所谓此最后态度者,即英国在中国之经济利益,是否仍愿保持? 英国之对华贸易,是否因别种代价而决心愿意放弃? 如果此两问题答案,皆属正面之肯定,则英国当局尽进一步主张维持东北伪政权,不必仳仳伉伉,一再修改报告书而终无以餍强者之大欲。中英两国未来数十年之亲仇恩怨,将决于今日。蓝使在此情势中到华回任,将继续其夙昔之努力,抑别有成竹另辟途径,中国全体人民咸拭目以俟之。

《中央日报》1933 年 2 月 1 日第一张第二版

267. 国联报告草拟完竣,全部草案即送特委会研究,建议部分讨论将极形迟缓,日本对代表团训电尚在商洽中

报告草案全部,昨日可望脱稿

　　【中央社日内瓦三十日路透电】　国联报告草案尚未脱稿,秘书处希望能于明(三十一)日上午草拟完毕,提出下午一时三十分之起草会讨论。报告草

案屡加修正，且除起草委员之提案外，其他十九国特委会代表，亦缮具意见，故秘书处觉难以各方提议全部归结于草案中。爱尔兰代表勒斯特一人曾有数项提案。报告草案倘能于明日草拟完毕，并获下午起草会之通过，秘书处将以全部草案分送十九国特委会代表。特委会代表至少须有二十四小时之研究时间，故特委会在星期四前，难于召集会议。特委会对于草案之事实部分，谅可即加通过，但对于建议部分，势必从长讨论。且各国代表于必要时，须向本国政府请示，故讨论之进行，将见迟缓。关于建议部分，各代表现已开始非正式之接洽，各代表虽皆反对承认"满洲国"，但某某方面认为若宣告永不承认"满洲国"，长久自加束缚，殊属不智。意相墨索利尼近曾主张国联引用会章时，应与以较大之伸缩性。各方对于此语，颇为注意，故决极端慎重，以外交家之措词，描写目前状态，可能之发展。中国代表团某领袖对于英国态度甚形愤怒，认为关于不承认"满洲国"一点，英国不但不愿自加束缚，且胁迫各小国图使其采取与英国同样之态度。华人方面因认英国操纵九国起草会，故信外传日军退出上海时，英日间曾有谅解之说，至此益得证明，但英方近已否认此说。路透记者今日以幕后情形，询诸十九国特委会某小国代表，渠虽承认与英代表团谈及"满洲国"问题，但谓两方纯粹从理论方面着想，否认渠曾受对方之胁迫。

小国态度强硬，制作报告棘手

【中央社日内瓦三十一日路透电】　英国驻日大使林德莱（译音）日前在东京与日本外相内田会商详细情形，此间尚未得到正确报告，故各方谣言纷起。十九国委员会中各小国态度，或因此而愈趋强硬，于报告书中，对于承认"满洲国"及抵制日货等节之措词，或竟不接受大国方面之意见，亦未可知。如此说果确，则起草报告书之工作，将愈形棘手矣。中国非官方当局对于近日英日在东京之会议宣传极力，认为英日联盟之铁证。

内田谒西园寺，商量训令措词

【中央社东京三十一日路透电】　外相内田今晨赴兴津谒元老西园寺，磋商政府致日内瓦代表团最后之训令。同时政府已将昨日阁议决定之训令草案，呈请日皇审阅。

【中央社上海三十一日电】　日讯，东京世（三十一）日电，昨临时阁议系决定日本对国联最后方针。关于南洋委任统治地问题及热河问题，阁员间意见纷出，旋付保留，待后日阁议决定。

【中央社上海三十一日电】　内田外相本日往访西园寺公，当赍园公意见归东京，然后定冬（二日）再开临时阁议。此时若决定退出国联，则于谋国论调统一意义之下，将召集重臣会议，请牧野内府、山本权兵卫伯、清浦奎吾伯、仓富枢府议长、若槻礼次郎男等参加，由斋藤首相、内田外相报告从来之国联会议经过，然后关于政府所采之最后方针，求各大臣同意。

各小国运动应列入切实建议

【本社三十一日上海专电】　国新世（三十一日）日内瓦电，十九国委员会内各小国，今日开始运动在报告书内纳入若干切实建议，冀可防免远东之"乔装战事"。目下国联盟约与委员会所收各项提议之目的，皆在防免公然冲突所宣战之战争。倘若日本对于国联采用委员会报告后，即行退出国联，则各小国愿国联取一对付不宣而战之立场，惟目下大国皆不赞成此举。倘将来有投票表决之必要时，小国恐将告失败。目下报告书首两章业经草竣，不日十九国委员会各委员，已可加以研阅。惟原定今日召集之行政院会议，既已展缓其日期，将由主干委员会决定之十项修正报告书之提议全文，业已分送十九国委员会各委员，内有数项将使报告书提出委员会议时重开辩论也。

《中央日报》1933 年 2 月 1 日第一张第三版

268. 社评：国联将自批其颊乎——传闻中之九国委员会报告书内容

国联十九国委员会去年十二月十五日通过决议草案两件及理由书草案一件后，即行休会，由国联秘书厅与中日两国代表团磋商议决草案之接受。迨今年一月十六日十九国委员会重开，日本方面顽强反对去年十九委会之决议草案，因有所谓德鲁蒙拟案者腾说于各国之报纸，卒以我代表之反对，诸小国之诘责，此一拟案遂致流产，至此调解之望垂绝。一月二十一日十九国委员会开会，决定承认调解程序失败，依照盟约第十五条第四项进行。一月二十三日决议派德、瑞士、英、法、捷、比、意、瑞典、西班牙等九国代表起草报告书，此九国起草委员会之来由及其经过情形也。

九国委员会自受命起草报告书后,最近一周来集会已经多次。其报告书之内容,据报纸所传载,约有四部:(一)历史背景;(二)九一八事变至现在;(三)理由;(四)解决本案之建议。截至今日,据记者所得国内外各方消息,九国委员会起草报告书之工作,第一二三各部份早告完成,而最重要之第四部即所谓解决本案之建议,亦正在进行完成之中。故该项报告书全部草案,预计昨日已可完成,提出十九国委员会讨论。此次九国委员会依照盟约第十五条第四项规定所起草之报告书,其内容如何,在国联未经公布以前,固难为肯定之论断。然据数日来日内瓦陆续传来之消息与其他可靠方面之报告,则该草案第四部份关于东北伪政权事,有某某国家对于明白不与承认一节,表示犹豫。故报告书第四部份,对于满洲伪国一层,或竟含糊不与提及,证之近来某国袒日之活动,则知所谓某国者,即吾人一年来期望其主持正义最殷之英国是也。

依照盟约第十五条第四项,此项报告书除相争之一造或一造以上之代表外,该院会员一致赞成,即可发生效力。由此以言,则此次九国起草委员会所提出之报告书,无论其距离行政院之提出,相去尚远,然此其草案必将为异日提出行政院者之张本,则无可疑。此草案之关系重要,又无可疑。夫九国委员会报告书草案之重要既如此,而其内容所传闻于外者乃如彼,是诚国联最后试验之机会。中国人民当以此决定其最后之行动,全世界之光明势力,亦当以此决定其最后之动员。

满洲伪政权问题,半年来国联讨论之焦点,亦解决中日两国纠纷之关键。东三省之为中国整个领土之一部份,历史证明之,法律证明之,国际条约证明之,最近李顿调查团证明之,全世界之舆论证明之。故满洲伪国之应积极的不与承认,建造满洲伪国主使者之应积极的予以惩警。此天经地义,无容丝毫疑虑者。国联会员国担任尊重并保持所有各会员之领土完全及现有之政治上独立(盟约第十条),凡任何战争或战争之危险,不论其立即涉及任何一会员国与否,皆为关联会员国全体之事(盟约第十一条)。会员国彼此承认不能订立与盟约抵触之条约(盟约第二十条),皆盟约中煌煌之条文也。违反盟约之会员国家,国联应积极与以严厉之惩创。国联之主要盟员国,应协力使此种制裁之实现,此又天经地义,无容丝毫疑义者。满洲伪政权一日可以听其存在,则国联之光明,即一日被其隐蔽,全世界为之黑暗,日内瓦尤成最深之地狱。

今日操纵国联之国家,若于九国委员会报告书草案,于满洲伪政权之明白否认一节,含糊不提,是国联不啻对全世界自批其颊,违反其本身去年三月十一日之大会决议,违反其盟约,并违反世界一切公约及道义,故此种报告书若不幸而竟如所传闻,是国联自己宣告其死刑,主持国联之国家自绝于人类之文明。若今日操纵国联使对于满洲伪政权不为明白之否认,余留其明日承认伪国乞怜强者之地步,是更不啻与中国全体人民宣战,故吾人敢郑重敬告国联当局:

如九国委员会之报告书,不能与满洲伪国以明白之否认,又不能对日本破坏盟约之责为明白之宣布,则今日与中国最痛心之打击者,已为国联,已为操纵国联之某国,而非日本。形势至此,则中国政府可以立时宣告退出国联,可以用任何手段求其生存,且可以任何手段自求其毁灭。盖与其毁灭于国联,无宁毁灭于日本;与其毁灭于日本,无宁由我自毁自灭之更为痛快也。

《中央日报》1933 年 2 月 2 日第一张第二版

269. 国联报告书前三章草竣,九国草案将不否认伪国,国联不能主持正义公道我惟有退出,罗外长坚决反对不列入否认伪国

九国委员会所起草之报告书前三章,已告完竣。最后一章之建议部分,日内亦可草竣。闻报告书内容关系最为重大之不承认伪组织一节,因英国极力袒日之结果,决不予规定。此不但与我国之方针完全相反,且违背去年三月十一日之国联决议案。政府对此种报告,已决意拒绝。且有若干有力方面,主张如国联大会采纳此种报告,则国联不能主持正义公道之面目已完全暴露,我既无所期求,将断然退出云。

外罗发表谈话,不承认伪组织早由各国宣布,如果有之则为破坏一切约章

国联九国委员会起草报告书之工作,现已进行至最后之建议部分,惟据报告,有某某等国,对于明白规定不承认伪满洲国一节,表示犹豫。关于此事外交部部长罗文干氏,昨日发表谈话如下:国联现已达到严重时期,应以大无畏

之精神,将国联行政院及大会历次决议,所包含与国联自身所代表之伟大原则毅然援用。查去岁三月十一日,国联大会决议案中,曾载有一原则,即国联会员国对于以违反国联盟约及巴黎公约之方法所造成之局势,或缔结之条约或协定,均不应予以承认。彼在日内瓦之列强代表,今竟于明白宣言否认满洲之傀儡政府一事,表示迟疑,似系对于彼等因赞成上述决议案之原则,所已允担受之责任,意欲设法规避。夫"满洲国"者,李顿报告书中,固早已认为全因日军在满,始克存在,则其有背于国联盟约及巴黎公约,自为毫不容疑之事。由国联宣告此项傀儡组织,不应为尊重中国主权之国家所承认,乃适用不承认原则时,必要而且合理之步骤,而此项不承认原则,业经各国所宣布,且接受者也。苟有任何一国表示愿为将来留非法承认"满洲国"之地步,则是该国不仅谋欲破坏三月十一日决议案之效力,且欲破坏国联盟约、非战公约之效力,至属显然。中国不信此项情势,果将实现,而深信所有关系各国,对于为日本侵略工具之非法组织,必将有严正之表示。

报告草案内容,确认东省为我领土一部,日本行为不能认为自卫

【中央社日内瓦三十一日路透电】 起草会今日会议三小时半,决明晨继续讨论。起草会今日对于报告草案,加以审慎研究。据可靠方面称,草案第二读现已完毕。各代表对于草案内容要点,几已完全同意。即抵货自卫两难题,亦已解决。起草会明晨续会时,将讨论爱尔兰代表勒斯特之提案以及某项非重要之细目,并将开始讨论建议问题。

又电。据本晚所得消息,起草会完成之报告草案各部分,大略如次:报告序言仅五六行,声述国联现按会章第十五条第四款,进行工作报告。第一部分颇为复杂,内容采用李顿报告一至八章与驻华外领之报告,并另加一章,叙述最后之发展。报告第二部分,叙述九一八后中日问题之经过情形,并参杂以国联历次会议之措施,以供对照。报告第三部分,包括结论十二项:(一)简述满洲与中国之关系,以及日本与中国之关系。(二)申述满洲乃中国领土之一部,但事实上久已处于自治地位。(三)申述近年满洲中国人口之激增。(四)申述日本在满之权益,如南满铁路及辽东租借地等,并谓日本在满之特殊地位与中国国家思想之发展,势必发生冲突。(五)申述中国目前处于过渡时期,须外来援助助其建设之成功。(六)认抵制系属挑拨性质,但谓自九一八后中国之抵制,系属报复日本之军事行动。(七)申述日本九一八之行动,不能认为合法自卫,任何国家不能借口自卫,不顾会章第十二条之义务。(八)申述日本放弃公断之机会。(九)申述满洲未有自动之独立运动,并称日方之军事活动,颇含政治性质。(十)申述无可疑义之中国一大部分领土,已被武力占领,强行分裂。(十一)声称日本于李顿报告书提出后,承认"满洲"。(十二)申述九一八以前之状况,双方均须负责,但九一八以后之发展,不能归咎中国。

【中央社日内瓦一日路透电】 起草会今晨开会,讨论一小时。报告草案之序言及首先两部分皆已完成,今晨未加讨论第三(结论)部分。经今晨讨论后,交秘书处印刷亦可认为最后之草案。至建议部分须待十九国特委会集会时,始行讨论。至于前数日各代表提出之修正案,今晨会议认为目前草案已有包含是项修正之精神,无庸再行补充。众料十九国特委会将于星期五日召集起草会,完成之草案经特委会讨论后,或将再加修正云。

日本训令内容,否认伪组织绝不能承认,对和解努力亦不能让步

【本社一日上海专电】 东(一日)东京电,关于日本对国联最后的方针,内田外相本日上午入宫奏明政府决定之方针,请其裁可之结果,即于午后零时三十分发送回训于松冈全权,其内容如下:(一)问题在于理由书末项,关于"满洲国"否认之条项及和解委员会之权限,如此二点,能如下加以修正,日政府对其他细微之点准备默认:(甲)如十二月删(十五日)决议案理由书末项,明白訾议"满洲国"存留之条项,与日本国策根本不容,为日本所绝对不能承认。此条关于"满洲国"须再确认,去年三月之决议,或修正字句如德鲁蒙事务局案之和缓。(乙)和解委员会之权限,照十二月删(十五日)决议草案,系根据李顿报告书第九章之十原则,指导交涉。此与拒绝第三国参入之日本既定方针相反,应改为考虑现在之事态,谋当事国间之交涉,或帮助交涉。(二)日政府对依第十五条第三项之和解努力,向不反对,惟此二点,为日本最终的最少限度之要求,不能让步。日代表团关于此点,如接到新提案,须再请训。若此最终要求不被承认,结果或不得已适用第十五条第四项,然政府决不恐惧,且不进而谋阻止。(三)适用四项之结果,虽有脱退问题之虞,然视依第四项载于劝告之报告书内容如何,由政府自主决定。关于此点,仰各代表知悉。

【本社一日上海专电】 东(一日)东京电,外务当局于适用盟约第十五条第四项之重考究政府所应取之处置,若国联作成劝告报告书付大会票决时,确定：（一）认为仅系劝告，而非命令，则一应置诸。如其内容系难能允诺时，由松冈全权于大会席上为反对宣言，而此拒绝当然有法律的根据。（一）对于报告书根据第十五条第五项之权利提出陈述书，逐一反驳，阐明日本之立场等二途，故基此方针，着手起草该反对宣言案与陈述书案。

日训令已发出，令代表团努力进行调解，但对承认伪国必须坚持

【中央社东京一日路透电】 日政府致日内瓦代表团之训令，已于今晨内田朝见日皇后发出。官方虽守缄默，但据可恃方面表示，日政府令日代表团作最后努力，仍谋进行调解。但须坚持取销或修改前十九国特委会所拟就理由书之第九段之内容，系关于承认"满洲国"问题，并须坚持调解委员会之权能，应依日本所持中日直接交涉之固定政策，而限定之。倘调解失败，日本将不反对引用国联会章第十五条第四款，但将静待国联按照第四款提出建议，视其建议如何，然后决定最后步骤。众信日本倘认国联建议过于强硬，日本或将正式退出国联，或仅效法前德国对于军缩会议之办法，将日代表团调离日内瓦。

【中央社东京三十一日路透电】 外相内田今赴兴津，谒元老西园寺，讨论外交问题，途次对记者谈，无论任何人于现有情势之下主持日本外交，不能换一政策进行。日本虽当尊重其他国联会员国之意见，于可能范围内尽量退让。但各友邦应知日本之退让，亦有一种限制，日本无论如何，不能改变其主要之争点云。内田继言，日政府与日内瓦代表团，于政策上完全一致。

日阀如此主张，对伪国及自卫权必坚持，否则退出国联亦无所惧

【本社一日上海专电】 东（一日）东京电，于发送最后回训之前，陆军方面昨日由参谋本部与陆军省交换意见之结果，午后四时，于下列见解意见一致，决通告外务省、海军省。至陆军方面之意见如下：十九国委员会持劝告案，与十二月决议案之二个□□于规约第十五条第四项及第三项之间，然苟不承认日本根本主张之承认"满洲国"及日本军之自卫权，则国联之适用第四项，我辈应有觉悟，其结果必采用与日本主张不相容之劝告案，乃显而易见，于是日本与国联正面冲突之时至矣。即退出国联，征诸事变以来之经验，毫无所恐。即成孤立外交，然经济封锁或南洋委任统治问题等，当无多大之变化。因日本退出国联而感困难，恐非日本，乃国联自身也。

270. 罗外长昨晤英公使,中英感情如何回复? 蓝使表示愿努力进行

英使蓝普森昨日(一日)抵京后,于上午、下午曾两次赴外交部访谒罗外长,交换意见,甚为详尽。据闻罗部长表示,对于中英两国感情最近因英国在国联所取态度而发生之隔阂,甚望英国能改持公正之主张,使两国敦睦之邦交,益臻巩固。蓝使使华多年,与中国感情向甚融洽,尤盼此次回华,于两国邦交,更有促进等语。闻蓝使甚为动容,允对于回复两国感情上努力进行云。

促进直接交涉谣传不确

英使蓝浦森于今晨乘瑞和轮抵京,下榻英领馆,在京尚有一周之勾留,始行返平。外间对英使此来有谣传,谓将促进中日直接交涉者。据外交当局谈,此说绝对不确,并谓英使离华半载,此次返任,循例应来京拜访外交当局。至中日直接交涉之不可能,已迭经宣明。盖日本已承认伪组织,日方现时既不愿撤销此种侵略政策,而我方又绝对不能屈服于暴日威力,则尚有何交涉可言。故此时如有欲促进中日直接交涉者,非痴即癫,而置信此种谣传者,亦非狂即妄云。

《中央日报》1933 年 2 月 2 日第一张第二版

271. 英日密约证实,英方迄未加否认

(中央社)自西门就任英国外相后,对中日争端即始终处于袒日地位,近更变本加厉,益形露骨,于九国起草委员会中主张不规定不承认伪组织一节,并压迫各小国一致服从。因此外间传英日于沪战停止时,曾秘密商订谅解之说,益得充分之证据。按上月六、七两日,本社得美国方面来源,曾发表英日秘密谅解之消息。驻京英领馆于九日致函本社,质问该项消息之来源。本社于次日函复于叙述来源之次,□□□如英领馆能正式否认□□密约消息者,本社当

□于发表。但迟至今日,英领馆始终未有函覆否认。不但此也,即英国政府方面对此项消息,亦始终未有一言否认,而日本电通社日内瓦特派员于上月二十九日发电,亦提及英外相必实践"如日本撤兵上海,英国关于满洲问题,将采更友好的态度"之诺言云云。基于上述种种经过,则英日密约之说,当更无疑问。而英国于近十年来在我国所造成之亲善的友谊,势将因此发生极大之影响云。

《中央日报》1933 年 2 月 2 日第一张第二版

272. 国联报告书难产,我代表团要求迅速公布,九国委会卸弃起草建议部分责任,十九委会今日开会日尚提调解案

各方主退出国联,建议部分由十九委会决定

各方对九国委员会报告书不拟明白否认伪组织一节,极端愤懑。若干方面均极主张,如国联大会采用此种报告时,我国不但应断然拒绝,且应立时宣告退出国联,并信如我国发动退出国联,必有若干小国及主持公道正义之国家,将继起退出,而国联亦势必崩溃。如此种局势果然造成,其责任自当由国联负之,尤其应由从中作祟之某国担负之。

外交界息。九国委员会所草拟之报告书,前三章业已完竣,最后之建议部分,因英国之极力袒日,主张不明白规定否认伪组织,已引起我国之坚决反对。闻九国委员会因种种困难,对建议部分已决定不再起草,只将前三部分报告十九国委员会,由十九国委员会根据前三部分,再决定建议部分之起草。十九国委员定今日开会,开会后将再试行调解,如仍不能得一能为各方所满意之办法,即报告大会处理。大会会期至迟在本月十三日,必定举行云。

我代表团再请求,请特委会迅速公布报告书

【哈瓦斯社日内瓦一日电】 国联会中国代表团顷以公文一件,送达十九国委员会主席,内称:贵委员会现正草拟解决中日争端之报告书,以便提交非常大会,中国政府以为此项报告书之完成,以及按照国联盟约第十五条第四项予以公布两事,关系极重,均应确定日期,特请予以注意。查国联盟约所定日

期,在五个月以前,早已届满。当时因李顿调查团报告书送达较迟,而行政院研究报告书,又需相当时间,以故最后期限当时未能决定。惟上年十二月九日非常大会通过之决议案,曾委托特别委员会研究调查团报告书及其附带文件,并命其拟具建议案,以求迅速解决。嗣后特别委员会之工作,仅限于建议调解办法,其所建议办法又因日本态度固执,归于无效。中国政府以为调解程序之失败,虽属可惜,中国绝不负任何责任,自应从早报告非常大会,即特别委员会所拟调解办法之第一号草案,亦于最后两节内,将上年七月一日非常大会决议案所载规定日期之程序,予以申述。但因调解失败之故,上项草案未能通过。中国政府以为上项程序,自亦因之放弃。因此中国代表团请贵委员会一方对大会报告调解失败之经过,一方主张规定一最后确切期限,则以最后报告书行将脱稿故也。中国深盼时期即使延长,亦应按照贵委员会及非常大会历次之决定,以事实上所必不可少者为限。中国政府对于日期之延长,所以坚决要求加以严格限制者,其理由均系根据盟约,曾向贵委员会及非常大会一再申说,兹再向贵委员会声明,因中国须时时应付日本攻击之故。举凡延长之事,均失之太不公允。兹据极可靠消息,日本第八第十及第十四三师团所余之军队,共计三万人以上,由西义一、广濑及松本三将统率,已分二十四列车由釜山经朝鲜首都汉城,开往东三省,以便侵占热河。中国代表团因东三省境内及热河边境情形极端严重,随时可以发生血战,特再请特别委员会迅速公布最后报告书,并请于决定延长时期时特别注意于国联盟约之当遵守云。

【中央社上海二日电】 国民社日内瓦冬(二日)电,今日中国代表颜惠庆又向十九国委员会主席希孟催询该委员会提出报告书,于国联大会之日期,要求即日发表,因目下热边情势日益严重之故,并声明国联努力调解,既因日政府顽强态度而告失败,今后事态之新发展,中国不能负其责任云云。按十九国委员会草拟报告书情形,据最近消息,起草委员会内对于报告书末章之建议,犹未能商得同意。西班牙代表马特利亚加顷向记者声称,渠对于建议之应作何种方式,毫无意见。又质以外传日人正提出新妥协提议之说,马氏笑而不答。

结论内容之一斑,对日军行动认为非法自卫

【中央社日内瓦东(一日)下午六时二十五分专电】 报告书第三段,即结论部份,今日已完全脱稿。对于中国排货认为非友谊的行为,不合于国联盟约

中国际合作及善意之精神。但因反对军事行动而起之排货行为,自当别论。日本九一八及其后不断的军事行动,亦不能认为合法的自卫行为。但可假定当时在场之日本军官,或者系认为自卫而出此也。当起草委员会讨论时,爱尔兰代表莱斯德坚主采用李顿报告书中坚决之断语,尤其关于所谓满洲独立运动者。十九国特委会将于星期五集议,对报告书第四段即建议部份交换意见。

【本社上海三日专电】 国民社柏林东(一日)电,项据此处《伏锡志报》日内瓦记者之通讯称,彼已探悉十九国委员会起草小组委员会所拟定报告书之内容。据该记者所称,该小组委员会所拟定之报告书草案,极不利于日本,对于日本在满洲之行动,加以严厉之谴责。并声明日本在满洲之军事行动,不能认为系出于合法之自卫。再则"满洲国"之建立,亦非出于中国东北人民之自动。处此种环境下,中国现行之排斥日货运动,应认为一种适当之报复行为云。《伏锡志报》记者复谓倘此项报告通过于大会,则国联方面皆觉日本势必不能再安居国联之内云。

日代表仍图调解,国联各方认为徒糜费时间

【中央社日内瓦一日路透电】 闻日代表接到东京训令后,将作最后努力,谋使十九国特委会仍按会章第十五条第三款进行,即进行调解程序是也。日代表团将于本晚会议讨论如何与特委会接洽,众料松冈明日或将先以日本意旨通达十九国特委会主席蒲尔更。日方提案大略注重两点:(一)放弃邀请非会员国(此点特委会已经允诺)。(二)修改特委会前所拟就理由书之第九段内容,系关于"满洲国"问题。按特委会前曾决定国联大会未宣告调解失败以前,引用会章第十五条第三款之机会,仍未断绝,故日本此时仍可提出调解新提案。但国联中人对于日本新提案之能否成功,极感悲观,并认纵使日本无条件接受特委会之决议案草案及理由书,亦难阻止特委会按照会章第十五条第四款进行。各方咸认调解程序业已失败,无可留恋。国联如再依依不舍,徒为虚糜时间而已。特委会目前之趋势,显欲去年十二月十五日议定之决议案草案,并欲使建议部分较李顿报告更为有力。兹已证实,十九国特委会在本星期六以前,不能召集。至于国联大会某方虽料于下星期内可以召集,但此仅系少数之意见,中国代表团函特委会主席,要求特委会行将向国联大会提出调解失败之报告内,应确定展缓期间,并谓是项期间已逾期五月,而国联迄今犹未限定日期。特委会初步工作,系限于进行调解,但调解程序,因日本之倔强已告失败,中国政府要求特委会以过去事实于最短期内报告大会云。

【本社二日上海专电】 国新冬(二日)日内瓦电,冬(二日)此间关心满案者,咸集中注意于日本提出新妥协提议之说。虽各国代表对此无加以征实或否认者,而许多方面皆信日本曾提出一种新提议。惟询问日代表团,则仍重申日本不改变基本政策之旧说。质诸国联秘书长德鲁蒙,亦闪烁其辞,不肯明言。询以是否自渠会晤松冈后,调解业已复活,德氏亦仅答称调解犹未失败而已。惟现有若干观察时事者,认德氏此语意,殆谓仍将可根据盟约第十五款第三项重开讨论。按日本政府迩来本迭有日本不反对根据第三项复事进行调解之语,但此间对于东京此种建议,既无响应,故众信已无调解之可能。但今日则形势突变,乐观之希望复活,目下众方静待日人之新声明,且据此间所闻日本曾准备一新训令致其代表团。第照此间所接非正式消息,则日人日来政策仍将无甚重要变更耳。

美与国联有谅解,日内瓦《国际日报》袒日论调

【中央社伦敦二日路透电】 《每日呼声报》今(二)日以大字登载日内瓦传来消息,谓美国与国联已有谅解,协力解决中日纠纷。该报谓国联与美国当局合作,为一极关重要之新发展,可使日本注意及全世界公论,反对日本违反非战公约文字与精神之行为。日本对付国联之唯一政策,在阻碍国联工作。日本最近关于和解之建议,等于儿戏。如国联与美国不能使日本顺从公理,则一切非战言论,近乎滑稽矣。

【中央社日内瓦二日路透电】 此间与法国外交部有密切关系之《国际日报》,今(二)日早有社评,赞助日本代表团之建议。该报谓中日问题之和解工作,不能因东三省独立事而中止。该事之最后决定,应由中日双方解决之,而国联则从旁极力促进该事之完满决定。该报称欧洲正在多事之秋,奥国之军火案及德国之紊乱政局,国联正需用时间以全力对付欧洲各事,故国联须不惜任何牺牲,早日解决亚洲之纠纷云。

《中央日报》1933 年 2 月 3 日第一张第二版

273. 英外部声明,不图在西藏自由行动,英使注意罗外长说明

英使蓝浦森已于前日来京,罗外长循例于前晚设筵欢宴。闻席间罗外长对英国政府在国联所采取之方针,及因此而引起中国人民所发生之民意,有所说明。英使对此颇为注意,闻将根据彼之观察,向英政府有所建议云。

【中央社伦敦二日路透电】 日内瓦报告称:英国为日本谋在满自由行动,以英国于西藏之自由行动为交换条件云云。今日英外部正式否认,据称,英国政府或印度当局从来未谋在西藏之自由行动。英国对于中日争案之态度绝对不受关于西藏事件之任何影响。外相西门已在日内瓦明白表示,于调解失败时,英国政府准备促现李顿报告之通过云。

《中央日报》1933 年 2 月 3 日第一张第二版

274. 李顿抵日内瓦,与报告书有关

【哈瓦斯日内瓦一日电】 满洲调查团主席李顿爵士已抵此间,与国联有所接洽。一般人以为李氏之来,与十九委员会为草拟报告书而进行之谈话,当有关系云。

《中央日报》1933 年 2 月 3 日第一张第二版

275. 李顿参加建议部分,报告书将类似判决文件,日本对伪组织仅于措词上退让,日内瓦方面认调解死灰难复燃

国联对日本新提案殊抱悲观

【中央社日内瓦三日路透电】 国联中人、十九国特委会代表以及其他关系方面,皆认进行会章第十五条第四款已属无可避免。明日特委会会议将讨

论日代表团星期三日提交国联之新提案内容。对于特委会前拟之理由书第九段,关系"满洲国"存在问题,于措词上,作最后之退让。但此间对于日提案殊抱悲观,认为调解之死灰,难使之复燃。国联若勉强继续进行调解,行将徒劳无益。据十九国特委会某主要代表意见,特委会大约将于下星期一讨论建议,期于星期四完成全部草案,于十三日召集大会。但因秘书处委员维格病犹未痊,特委会对于整理报告失一臂助,上述计划或将临时变动。据此间一般景象报告之建议部分,将不独承认李顿报告,并将成为类似判决书之文件。外传美国建议于国联大会通过报告后,召集非战公约各签字国会议,但消息灵通方面否认此说。据称大会报告,如得美国同意,美国除承认报告外,谅不负责提出其他行动云。

日本代表团接到政府新训令

外交界息。国联十九国委员会因九国委员会不能负起草报告书建议部分之责,于昨(三)日上午十时召开会议,预料该会对起草办法不外以下二种途径:一由十九国委员会自动起草,一则仍交九国委员会起草,而由十九国委员会训示其范围。但不论其究采何种途径,如对不承认伪组织一节不予明白规定,则此严重僵局,始终不能打开云。

【中央社日内瓦二日下午六时四十五分专电】 李顿勋爵现在日内瓦参与报告书建议部份之讨论,我国颜顾两代表今日访李顿交换意见。

【中央社日内瓦三日路透电】 起草会所拟之报告草案,首先三部分原定今日分送十九国特委会代表,惟因国联秘书处政法组主要职员维格病犹未痊,故须明日方可送出。

【中央社上海四日电】 国民社日内瓦冬(二日)电,此处日本代表团已自东京接得新训令,内容虽未能探悉,但闻此项新训令系命日代表得于和解之立场上,再开谈判,以期中日间之争执,得早日解决云。

十九特委会及大会程序已定

【本社三日上海专电】 江(三日)东京电,据外务省所接公电称,国联事务局预定十九国委员会与国联大会日期如下:(一)四日开十九国委员会审议采择起草委员会所起草报告书全文第一部及第二部之一部。(一)六、七、八三日开起草委员会根据十九国委员会议之结果,起草依第十五条第四项之劝告书。(一)十一日开十九国委员会审议采择该劝告案。(一)十三日开临时大会,将报告书并劝告案,除当事国外,付各国代表间票决。如是则日本与国联之最后一幕或将展长。

拥护国联各国,赞同日本退出

【本社三日上海专电】 国新江(三)日内瓦电,顷闻热心拥护国联各国尤其若干小国,赞成日本退出国联,倘日本真退出决不加以挽劝,其故因日本将于五月间行政院七十一届常会开会后获得议长一席。国联秘书长德鲁蒙与日代表松冈洋右之谈话,将转移形势而使调解有继续之可能,现十九国委员会将于星期六开会,届时德鲁蒙将以松冈提议报告会中。惟料此次会议,恐仍未必能有最后行动,因英外相西门方在伦敦待驻美大使林德赛返国,其回日内瓦期犹未确定。至林德赛回家,虽以商战债问题为主,但信亦将报告美国对于满案之情绪及美政府正式态度云。

日议员提质问改善国联关系

【本社三日上海专电】 华联江(三)日东京电,据东报息,日外交部与军部磋商结果,虽在将来临到要退出国联,日方所抱定原则如下:(一)退出后两年间,仍守国联义务。(二)分担之经费二百万元,继续缴纳。(三)军缩会议仍然参加,避开军缩失败之责。(四)南洋群岛统治权乃对美作战军事重要地点,万不能轻易退还云。高木代议士今日下午在下院质问政府,谓海军第二次补充计划,所需军费甚巨,将来有否第三次之计划,本员深望政府能力求缩小军备,勿以世界为敌,改取和协政策,改善目前之国联关系,减轻民众负担。大角海相答谓第三次补充计划须视一九三五年后之形势而定,军缩问题自当努力缩小云。

日两院秘密会,海军亦有会议

【中央社东京二日路透电】 参众两院昨秘密会议,外相内田报告国联形势以及日本对策。闻内田向两院保证,政府对策未有变换。并谓日本现虽诚意依照国际合作之原则,谋按国联会章第十五条第三款,调解满洲问题,但因日本不能离开其固定政策,故国联或将按照会章第十五条第四款进行。果尔,则日政府将静待国联大会之建议,以定最后态度云。

【中央社东京三日路透电】　军事参议会之海军人员，昨举行非正式会议。海相大角报告国联形势以及政府之对策。会议旋考虑如国联拒绝日本主要争点，日本退出国联，海军应采如何办法，对付嗣后可能之发展。

《中央日报》1933 年 2 月 4 日第一张第二版

276. 英官方否认英日密约，究竟如何且待事实证明，日内瓦又传英日有勾结

【中央社伦敦一日路透电】　英官方因中国方面对于英国之态度，传说不一，特郑重声明，英国对于中日问题之政策，恪遵李顿报告。至于外传日军占据上海时，英日秘密协定，英国对于满洲问题援助日本，以为日军撤退之交换条件云云，官方认为完全无据。英官方并否认日内瓦英国代表胁迫其他代表，借使国联报告勿提及不承认"满洲国"问题。

【中央社日内瓦二日下午六时四十五分专电】　传英日间近在东京有新勾结，英国力使国联工作延宕，俾日本得从容取得热河，完成其"满洲国"计划。日方允以满洲关税优先权给与英国为交换，并由"满洲国"委任英人易纨士（前曾代理中国总税务司，现在欧洲）为"满洲国"总税务司，以资保证云。

记者按：关于英日密约问题，不仅中国方面有此传说，即日内瓦及美国方面亦传说甚盛。观于英代表西门外相在十九国委员会及九国起草委员会极力袒日之态度，益觉英日密约之说不为无因。今英官方既郑重声明否认，吾人亦甚盼该项传说，诚如英官方所谓"完全无据"。中英感情甚笃，英国在华之商务利益尤大。望英政府当局对于中日争案之公正态度，能从事实上与吾人以满意之证明也。

《中央日报》1933 年 2 月 4 日第一张第二版

277. 十九委会报告书大致决定，阻止一切违反约章之土地侵略，十九委会昨开会拒绝日新提案，传美将召非战公约签字国会议

【中央社日内瓦四日路透电】 国联秘书处发表官报如次：

十九国特委会今（四日）开会，主席比国代表布金（译音）。九国起草委员会交来报告书之第一段，终将根据国联盟约第十五条第四款，将该报告书提交全体大会。中国代表团根据国联盟约第十二条，请求赶速解决中日纠纷，限定延期时日。日本代表团亦提出新建议，十九国特委会予日本建议以慎重考虑后，虽深感日方之诚意，但同人等最后议决，认为日方建议与特委会之决议案，相差太远。特委会虽曾将决议案予以修改，以就日方意见，但日方之建议仍与国联盟约第十五条第三款所规定之和解基础不能吻合，尤与国联调查团报告书中之建议，不能接近。特委会议决请秘书长将此意通知日本代表团，并告日本代表团谓唯一希望，即由日本政府接收国联去年十二月十六日之提议。但该提议已有二点，曾予以修正：（一）不请非会员国参加和解委员会；（二）中日双方对于特委会主席之说明书所提各节，可予以保留。特委会并指令秘书长通知日本代表团，谓在国联全体大会根据盟约第十五条第四款通过报告书前，第三款所规定之和解工作，仍然有效。但因迭次商谈需时颇久，且前次对于和解工作，已曾大为努力，特委会觉于和解工作进行时，同时亦可进行起草报告书，该报告书于短时期内即可完成。一俟该报告书草就，立即召集全体大会。特委会对于报告书及建议，已开始交换意见。

【本社四日上海专电】 联华支（四日）东京电，据东报息，美国因国际联盟将援用第十五条四项作调解报告书，恐日本仍顽强不接受，国联无力施用第十六条制裁日本，为促成中日纷争之完全解决计，美政府将召开非战公约签字国会议，帮助调解中日问题云。

国联当局两种意见，交由国联行政院处理之，监视国联建议切实履行

【中央社日内瓦四日路透电】 国联十九国特委会对于中日纠纷之报告

书,可于九日公布,国联全体大会或可于十三日开会。

十九国特委会定下星期一(六日)上午十时三十分再开会,今(四)日会议时曾讨论建议部分,当时意见纷纭,未能确实决议。有人主张国联应提出确实建议,可澈底解决中日问题。"满洲国"问题,今日尚未讨论。中国代表团提议确定延期时日事,曾有辩论,后议决该事将由全体大会决定。有人主张引用制裁为报告书之当然最后应付手段,但反对此说者占大多数,大致主张国联建议,应根据李顿调查团报告书第九章之十点。各小国坚决表示建议中应痛斥日本,认为日本之行动为违反国联盟约。对于此点颇有争执,并无切实表决。特委会希望能于下星期四前将报告书通过,但能否办到,尚属疑问,因十九国特委会工作进行极慢,下星期或将起草报告书事,再移交九国起草委员会,如此则进行或可较速也。

又电。国联十九国特委会今(四)日上午十时卅分开会,至下午一时始散。对于日本之最后建议,曾有一小时之辩论。结果:十九国特委会议决认为国联不能接收日方之提议,同时该委员会决通知日本首席代表松冈,谓日本仍有机会,接收国联去年十二月间所通过决议案。按该决议案有二点已修正:(一)国联可不请美国与苏俄参加特委会工作。(二)说明书可认为系一种宣言,日本有权对于该说明书中各节,予以保留。

经过今(四)日上下会议后,十九国特委会之报告书已大体确定,即建议部分亦已有具体决定。对于将来处理中日问题之办法,国联当局有两种意见:(一)十九国特委会直接将报告书交中日两国政府,国联全体大会从此不直接过问中日问题,该事件将由国联行政院处理。(二)十九国特委会将报告书分发国联全体会员,十九国特委会或同样组织,将长期存在,随时监视国联建议之切实履行。此种办法之法律根据,在去年三月十一日之决议案。按该决议案曾表示国联全体大会应阻止一切由违反国联盟约、九国公约及非战公约而得之土地侵略。

今日上午十时卅分开会时,第一件即讨论日方提议,随后从事三读报告书草案。各方均觉日方提案,不足以停滞国联方面工作,但主张再与东京作更详细之磋商。

十九特委会昨举行,顾维钧访特会主席希孟,声明抵货乃属和平手段

外交界息。国联十九国委员会前(三)日未及开会,改于昨(四)日举行,并定下星期一（六日）继续开会。对建议部分究应如何起草，经此两度会议即可具体决定。至国联大会，则定十三日开幕云。

【中央社日内瓦三日下午五时三十分专电】 十九国委员会改于四日开会。

【中央社日内瓦三日下午五时三十分专电】 我国顾代表今日访十九国委员会主席希孟，力陈排货为弱国对侵略者之和平的报复手段。九一八以前之排货，由于日人在汉城残酷屠杀华侨而起。并谓李顿报告书之判断，所以柔和无力者，盖欲预留调解地步，今调解即告失败，应请于缮具大会报告书时，特别注意于弱国排货为和平手段之一点云。

【中央社上海五日电】 国民社日内瓦支（四日）电，十九国委员会今晨十时三十九分在国联秘书厅开会，仅到十七国代表，茄雷与巴义两委员，因抱病未出席。

【中央社日内瓦下午四时十分专电】 十九国委员会今（四日）晨开会，对于日本仓卒提出之不合时宜的新提议，即断然决定拒绝讨论。预料中日问题之解决，将以李顿报告书第九章中之十项原则为依据。至如何获得美俄之合作，及报告书公布后如何排除阻碍见诸实施，则将于下星期一（六日）继续讨论。

英国努力调解中日，南京东京日内瓦同进行，传与德鲁蒙交涉甚顺利

【本社四日上海专电】 国新江（三日）日内瓦电，英国在中日调解工作上之活跃，此处各国均极注意。据云英国已同时在东京、南京及日内瓦三处接洽，使争执之双方，各让步一二点，俾国联大会得再努力于和平解决之一途云。现在英日两国代表已与国联秘书长德鲁蒙进行直接交涉，据云尚称顺利。因日本已允接受十九国特委会所草就之决议案，并不坚特［持］前次所要求之多项保留案也。再则英国复将提议召集远东问题之圆桌会议，而自属于调解人之地位云。

建议部分须待西门，德鲁蒙与松冈谈话结果，并未发见调解成功希望

【本社四日上海专电】 国新支（四日）日内瓦电。据今日形势，苟非日代表松冈能于星期六提出一切实新提议，则国联未必再作调解之企图。就十九国委会目前所见松冈与德鲁蒙之谈话撮要内，并无足以重开调解谈判者。此

次谈话撮要,已于今日分送各委员研究。据称,日本并未有重要让步,亦未提出任何切实方法。惟各委员因闻日本外务省又有新训令致其代表团,故犹冀望日人或能再有所贡献,俾可变更局势也。至该谈话撮要,将于明日正式讨论,但料其结果,要亦无甚可得。闻数小国代表,以为此举徒事延缓原定微(五日)讨论之报告书中建议而已。又闻日本迄今唯一让步,只为国联报告书内容,倘能更有利于日本,则日政府愿承认十九委会组织起草委会之合法。顾此与调解问题犹相去霄壤,且据数小国代表言,日人曾宣称其所要求以承认"满洲国"为接受报告书条件一层,决不让步。反之,欧洲各代表所提解决提议,又大半为中日直接交涉,料亦非中国所能接受,故若辈仍未见有解决此案之希望。至报告书内之建议,将于星期一开始考虑。但其决定料将俟英外相西门回日内瓦后。西门今在伦敦,大约下星期初可望返抵此间云。

小国仗义否认伪国,第一部插入瑞代表提议,日持硬态声言退出国联

【本社四日上海专电】 支(四日)东京电,据外务省所接消息,十九委员会于其报告书之第一部中,似已决定插入瑞士代表赖斯泰所提议之"满洲若与中国分离时后日将引起中国收回领土之问题,恐将紊乱和平"。而各小国方面则策动明示不承认"满洲国"之意思。英国方面虽云反对记录永久的确定的不承认"满洲国",其如何压迫小国方面,则颇怀疑问也。惟无论如何,帝国政府持"如是则只有实行退出之决意"等之强硬态度。

《中央日报》1933 年 2 月 5 日第一张第二版

278. 社评:日本人之造谣术

前天在上海发行的日本报纸,盛传段祺瑞氏对大亚细亚主义,已有相当谅解。所谓大亚细亚主义者,人尽知为日本人企图并吞全亚自作盟主的荒谬托词。中国人民向来只有痛斥,绝无谅解。段氏对此,亦已郑重声明其无稽。本来无庸再加以辩驳,可是日本的报纸依然刺刺不休,若甚津津有味者。专门造谣,可说是日本人外交上、政治上的一种特长,似此荒谬绝伦,愈演愈奇的谣言,在他们只不过是花样翻新罢了。

九一八事变后,种种不利中国的消息,如什么"南北分裂""蒋张反目""段祺瑞复起""吴佩孚再出",那一件不由日本人方面传出?就是他们自命信用昭著的各大新闻,对这种伪造消息登载得更起劲。司马昭之心当然路人皆知,日本人的谣言经过相当时间之后,件件都不攻自破。然而对中国情形隔膜的欧美人士,常常逃不了他的愚弄。更有缺乏判别力而喜欢传递新奇消息的中国记者,也逃不了受他的愚弄。

日本人真聪敏,他们看透了新闻记者的弱点,也就在这一点上想种种的法子去利用他们。所以日本人制造出来的种种谣言,一部分且由对方国家的记者传达到对方,或由第三者国家的记者,传达到世界。一般以造谣为职业的日本人,姑置勿论,就是日本现在派赴日内瓦的首席全权代表松冈洋右,也是此中能手——造谣的专家,或者他之得有今日,全由这副本领,且举往事,以为证明。

巴黎和平会议时日本出席代表,首席全权代表为西园寺公爵,次席全权代表为牧野子爵,松冈当时则以大使馆一等书记官的资格,当这两位日本外交界名角的随员。巴黎和会是近代国际政治的总枢纽。日本在这里,开始就遭遇到重大难关。山东问题把这两个外交名角弄得焦头烂额。松冈知其强敌是美国,遂由当时《朝日新闻》的特派员铃木文史朗那边,打听得那时候到巴黎的美国记者,以纽约《世界电信晚报》总编辑史亚波氏助威尔逊总统最力,因此托铃木代作主人,宴请史亚波氏,自己作陪。可是终席不及"山东"两字,最后史亚波终究忍不住,到起立告别时,不免向松冈打听打听。检冈假装没精打采的说:"这事在日本已没有问题。"史亚波自然要追问原因,松冈才说日本全权因山东主张不能通过,已准备明后日动身回国。这种漫天大谎居然使史亚波大吃一惊,立刻照本宣科地电告纽约本社。第二天纽约《世界电信晚报》即郑重其事将所谓由本报特派员史亚波得来的新消息提出,并夸大其辞说,日本代表已整装待发。我们只要回想到当时美国对山东问题的主张,及纽约《世界电信晚报》言论上向来对中国的同情,就可以看出松冈的计划,有极大用意。果然到这新闻由纽约再传回巴黎时,和会空气骤形紧张,向持正义的各国都恐怕日本要取强硬态度而让步。日本主张之得在和会通过,可以说得力于松冈之撒谎成功者居多,松冈之见重于西园寺、牧野,原因也在此。

今日国联形势之严重,其程度已非巴黎和会时可比拟,日本以退出国联恫吓各国者,更不止一两次。松冈适于此时出为日本的首席全权代表,其欲出其故技,广播流言,以惑听闻者,势所必然。同时中日问题一日不解决,日本人所制造对于中国不利之谣言,也必定愈演愈烈。日本人此种有组织的制造谣言,受害的是中国,受欺的是全世界,而为之作媒介者,则我新闻界之同业。我们的防线在那里,便是扫除力越新奇的弱点。

《中央日报》1933 年 2 月 6 日第一张第二版

279. 英使保证英日约不确,并决不反对否认何国,蓝浦森定今日返北平

英国主张援用盟约第十五条。英使蓝浦森来京业已多日,闻英使已定今(六)日启程返平。英使在京与罗外长计共会晤六次,罗外长对英国在国联所采取之方针,致引起中国人民之反感,向英使详细说明。英使当即送电英政府建议,并向罗外长保证英日密约之说,绝对不确。英国对引用盟约第十五条亦决不反对,并主张于调解失败时,引用该条。至九国委员会之报告书,英国亦不反对加入否认"满洲国"一节。罗外长以英使在华多年,对中英邦交向极努力促进,故对英使之保证,甚表满意云。

《中央日报》1933 年 2 月 6 日第一张第二版

280. 英国应明白表示对侵略国态度,究竟赞成乎反对乎?英报《星期公论》之"公论"

【哈瓦斯社伦敦四日电】《星期公论报》社论评中日问题,痛诋日本侵略土寇之野心,略称:各方均以为日本在西方必已得到强大之后援,否则不能如是之放肆。盖李顿报告书既明白指出满洲之事,确为日本无故攻击中国,而日本不惟不自收敛,反变本加厉,乘国联会讨论未决之时,于众目共视之下,进攻热河。热河完全为中国土地,俦不知之,而日本不先不后,适于十九国委员会将向非常大会提出报告书之时,大举进犯。谓日本在西方无任何外交后援,而

敢悍然实行其侵略政策，至于此极，实非吾辈所敢信也。英国不拥护国联及国联盟约，以反对日本，实为憾事。吾人已屡言之，此种态度不可长久。英国对侵略者，究为赞成，抑为反对，宜明白表示之。国际条约固曾由英国签字者，为保全英国之名誉计，不可不明白表示。时至今日，英国应有所行动，使举世之人，知英国人民对于猖狂之国家，并不表示同情云。

《中央日报》1933 年 2 月 6 日第一张第二版

281. 日本提案被拒绝后，调解尚作最后努力，德鲁蒙杉村成立新妥协案，传修改字句后日本可接受

又有新妥协案，杉村与德鲁蒙之会商，日方仍须向东京请训

【中央社上海五日电】　日讯，日内瓦支（四日）电，杉村与德鲁蒙继续折冲，为和解最后之努力。关于新方式之作成，讨论研究之结果，根据日本回训之趣旨，对于无实害之修正承诺，至最大限度，于是成立新妥协案。此案与十九国委员会之决议原案，形式上无大差，于无实害之范围内，表示最大之让步，将询诸十九委员会继续考虑和解。又提出于十九国委员会之前，日方须先请训东京政府，求其同意。故目下仅将结果报告十九国委员会，委员会一面进行依第四项之预定议事，一面俟东京回训到达，即提出十九国委员会，求其审议，为和解最后之努力，极堪重视之德鲁蒙、杉村交涉，于午后七时十五分完毕。

【本社五日上海专电】　东京电，歌（五日）日内瓦电，松冈代表支（四日）会见德鲁蒙后，杉村事务次长继之访问德鲁蒙，提出日方所预备之提案，努力折冲。两人会谈内容虽未明了，然杉村即返代表部，出席歌（五日）代表团之首脑部会议，进行协议。先是松冈代表于下午五时许在松平大使居室，召开首脑部会议，结果于支（四日）晚十二时向东京政府发请训电报。据闻该电系请求政府承认代表团参酌德鲁蒙意见制作之新提案，本案之主要点大体如后：（一）为与国联妥协起见，修改十二月决议案之字句后，接受本案。（二）决议案第四项（根据于国联调查团委员会报告书第九章之诸原则）条文中加添与情势调和之字句，而削除该报告书第十章之"提议"两字。（三）理由书最后段即议长宣

言,最后部份加以再三字句,而以引用之形式采用李顿报告书。

日代表团会议,将新方式向东京请训,德鲁蒙盼提具体方案

【中央社上海五日电】 日讯,日内瓦支(四日)电,日代表团支(四日)下午六时会议,由松冈报告与德鲁蒙会见之结果。德鲁蒙希望日本提示具体的方案,为今日形势最后之努力,已与杉村开始交涉。视东京政府对此新日本案之赞否如何,可以决定是否放弃和解之努力,旋慎重协议对策。七时三十分,杉村亦加入会议,提示与德鲁蒙协议所作成之新方式,认为可为提示十九国委员会要求审议之决议案,并加说明。次复详加讨论,均以新方式部份的虽有难点,东京政府如果承认,可无实害,乃决定将新方式全文电达东京请示。午后八时散会。

拒绝日本新案,出于日代表团意料外,但调解尚存一线希望

【中央社日内瓦四日下午五时五十五分专电】 十九国委员会今日虽已拒绝讨论日本之新提案,但仍令秘书长德鲁蒙转告日代表松冈,苟日本能接受十二月间之决议草案,调解仍属可能云。

【哈瓦斯社日内瓦四日电】 今晨十九委员会曾命国联会秘书长,将该会所作决定通告日代表松冈洋右。午后德鲁蒙如命前往,当将十九委员会决定之办法,照公报所宣布者,告知松冈洋右。日本各代表显为不满,谓日本舆论将更受感触,时局情形,未必因而趋于简单。日代表团原意国联会对于该国新建议之态度,或可较为柔和,较为良善,而不料其去之若浼也。日本代表团所不满者,在十九委会所采拒绝之形式,较之内容被拒绝尤有甚焉,盖以十九国委员不当立即起草报告书及建议案也。虽然日本在时局发生新变化之前,未必有何重大举动,日本某要人对本社记者宣称,日代表团将取观望态度。十九委会公报,虽谓调解手续仍可进行,实已无可希望。日代表团仍留居日内瓦以观察进行情形,并等待行将脱稿之报告书及建议案云。日代表团并以妙巧方法作一表示,谓日本既已不参加讨论,则十九委会所草拟之报告书,尽可较往调解时所能容忍者,更进一步,而无所顾虑。他日非常大会通过报告书时,东京若认为与日本之声威及其关于生存之利益有所妨害,则日本虽有合作之意,亦不得不退出国联会云。

第十六条问题，十九委员会一度讨论，各国对建议交换意见

【中央社上海五日电】 国民社日内瓦歌（五日）电，昨日十九国委员会开会时，曾议及盟约第十六条之制裁问题。当时有人指陈国联大会通过十九国委员会之报告及建议后，势将自动被迫进行盟约第十六条之制裁问题。于是有若干代表，表示援用第十六后，恐将发生严重结果。有数国代表则为届时未必定有自动进行第十六条之必要，因该条仅适用于实际战争，不包含不宣而战之战事。此外复有数国代表，询问倘国联大会采用报告及建议后，日本又在热河军事行动，则国联将处何种地位。但闻会中对此问题，迄未有圆满之答复。至昨日英国态度尚能始终强硬而明显，首先坚将松冈提议不合委员会拟定之条件，主张委员应立即进行其建议。但闻各委员关于建议一层，目下仅交换初步意见，尚未有何具体草案。至对于调解企图，某委员曾声称，在日本坚持承认"满洲国"时，不复有重开之可能。现委员会定于星期一（六日）上午十时三十分再行开会。

松冈一味胡言，诬谈中国共党吓世界，日本国内共党又如何

【中央社伦敦五日路透电】 今日《泰晤士报》于显要地位刊载日代表松冈于十九国特委会拒绝日本新提案后，对该报日内瓦特约记者之谈话，据称：日本如被迫退出国联，殊非日本之过。满洲对于远东状况隔膜甚深，或将迫使日本脱离国联。渠（松冈）及特拉蒙均认解决中日问题，端赖调解一途。关于方案措词一节，日方准备继续进行目前之讨论。日本且将于特委会未向大会提出建议前，再行提出新方案，无论任何方案，规定"满洲国"于列强保护之下，实行自治，日本一概不能接受。国联倘不认清此点，妄图依照会章第十六条实行惩戒办法，结果将引起第二次世界大战。共产势力之深入中国腹地，已成为日本当前之问题，中日两国中理应由任何一国与苏俄立定办法，制止赤化，此为国联未顾到之紧要问题。日本不欲共产思想潜入远东，渠虑中国未来之崩溃，较目前状况尤为惨怖。日本之行动即以此点为立场，倘日本退出亚洲大陆，混乱状态，即将继起云。

（按：维持远东和平防制远东赤化，为日人恐吓国联，欺骗世人之口头禅。实则中国共党自十六年后，已成弩末。而日本国内之不安与青年思想之逾范，凡稍留心远东局势者，类能言之。日人不自知其将亡，而欲越俎为他人设计，

天下荒谬事，未有甚于此者。）

《中央日报》1933 年 2 月 6 日第一张第三版

282. 英报观察，日本决不退出国联，表面虽强硬实际甚犹移

【哈瓦斯社伦敦四日电】 十九国委员会本日在日内瓦开会，以审议关于满洲事件之报告书草案。英国自由党机关报《孟却斯德保卫报》借此为由，再度向英政府提出要求，请其明白宣布，是否赞助国联会对于日本之未来举动。该报谓目前如毅然干涉，殊属有利，盖日本态度截至目前为止，虽极强硬，其在此际，已有游移不定之势。据云："日本最初宣称非常大会，若将关于满洲问题之结论列入报告书，或此项结论指责日本过于严厉，则日本将退出国联会。此际日本似仅欲发表一声明书，并附一种警告，谓大会决议若不利于日本是，则日本必致发生退出国联会之运动。"该报爰作结论云：日本在内政及财政上遭遇重大困难，决不脱离国联会，以自绝于世界其他部分云。

《中央日报》1933 年 2 月 6 日第一张第三版

283. 十九国委会昨开会，一致主张不承诺"满洲国"，英代表提出后全场一致热忱赞同，全体大会下周召集讨论报告建议

【中央社日内瓦六日路透电】 国联十九国特委会今日经过二小时讨论后，议决交九国起草委员会，根据今早会议结果起草十九国特委会建议书。据云，今早开会时，全体一致主张不承认"满洲国"。九国起草委员会一二次会议后，即可决定。全体大会可于下星期招集，讨论特委会报告书及其建议。

【中央社日内瓦六日下午四时十分专电】 十九国委员会今晨重行集议，断然决定采用李顿报告书第九章之十项原则作建议基础，建议中将明言斥责

"满洲国"之不合法,并宣布不与"满洲国"发生任何政治关系,并将通知美俄两国,请其一致行动。建议文明日即可由九人起草委员会根据上述原则拟定。

十九国昨决议三种重要原则

【中央社日内瓦六日路透电】 十九国特委会今(六)日上午开会结果,产生三种原则:(一)全体一致主张,不承认"满洲国"。(二)主张将国联建议内容,通告九国公约签约国,希望彼等可与国联合作。(三)各委员会继续代表国联随时应付远东问题。十九特委会今(六)日议决,令九国起草委员会明(七)日开会,依照特委会意见,起草国联建议书,提交特委会讨论后,再交全体大会。今(六)日上午特委会开会时,英国代表外次依但发言赞成不承认"满洲国"之决议,彼谓所谓"满洲国",并无应予以承认之特点,各国于国际道德上,应负责不违反此种建议之精神(即不承认"满洲国")。不然,则此时决议之效力,将归乌有矣。

英代表依但提出不承认伪国

【中央社日内瓦六日路透电】 十九国特委会今日开会时,意见之一致,有出人意料之外者。拥护国联盟约之最力者,对于英法代表今日之言论,亦极表赞扬。提议通过不承认"满洲国"决议案之提案人,系英国代表依但,彼称对于此点全体意见一致,惟问题在措词之适当与否耳。捷克代表宾士热忱拥护依但之意见,尤注重在各国自此有道德之束缚,不得私自承认"满洲国"。马士尼(译音)主张各国不与"满洲国"合作。捷克代表宾士提出意见,请美俄与国联合作,关于不承认"满洲国"一节,谓国联应将此意,通知"邻邦"(指苏俄)及九国公约签约国(指美国),望彼等赞助此主张。全场对此一致赞同,故将来报告书中必有此一段。瑞典代表翁登(译音)谓于国联通过建议书后,应有一种委员会,督促建议之切实履行,各代表对此并不反对,但日后再予以详细讨论。

国联秘书处昨发表正式公报

【中央社日内瓦六日路透电】 国联秘书处发表官报如次:十九国特委会今早开会,主席南芝(译音)。秘书长报告彼通知日本代表团,特委会对于日方最后提议之意见及特委会所决议采取之步骤。秘书长并称于一月二十日曾通知中国代表团,关于修改决议案之情形。彼谓日本代表团正在研究新提案。

十九国特委,觉秘书长所报告各节,并未更改目前形势,故决议继续讨论根据国联盟约第十五条第四款,如和解失败时,提交大会报告书之原则。各代表交换意见后,决令九国起草委员会起草报告书之最后建议部分,该委员会明(七)日上午开会。

我国代表团昨发表紧要声明

【中央社日内瓦六日电】 中国代表团昨下午二时发表紧要声明,表示华方对于星期六(四)日特委会会议发展之态度。据称,星期六日国联秘书处公布之官报,内含两项变策,剥削报告草案之实力,致使之更形柔弱,中国方面不能接受(按中国代表团所指之两项变策谅系:一、不请非会员国参加调解委员会,二、中日双方对于特委会之理由书,所提各节,可以提出保留)。十九国特委会如欲继续按照会章第十五条第三款进行谈判,则应与关系两方同样磋商。如突提出新方案,强使中国赞同其所不能同意者,或使中国担负其所不应担负之破坏调解程序之责任,殊失公允云。

【中央社日内瓦六日下午四时十分专电】 我国代表团今日对于国联秘书长德鲁蒙最近与日代表松冈勾结之行为,提出抗议。

特委会定三项办法由日抉择

【中央社日内瓦路透电】 国联十九国特委会议决予日本以三项办法,由日本自择其一:(一)日本接受十九特委会决议案草案及附带说明书。关于说明书,日本可依照日方前次所提出之修正案,说明应保留各点。(二)十九国特委会进行起草报告书,日方暂不予以阻挠,看日后国联采取何种步骤,再有表示。(三)日本可以十九国特委会拒绝日方提案为理由,与国联决裂。据一般人之推测,日本不致于采取第三项办法,因近日日本代表团屡次表示希望和解工作,可以继续进行。第二项办法仅稽延时日。第一项办法则或引起重大纠纷,中国代表团亦必认为不妥。如日本接受第一项办法,则等于拒绝中国之要求。例如中国代表团主张请非会员国参加会议,而第一项办法则接受日方建议放弃请美俄参加事,中国代表团势必将提出严重抗议也。中日问题形势异常棘手,闻日本首席代表松冈,已电告东京,劝日政府接受国联之最后建议。十九特委会定六日继续讨论国联建议部份。六日开会后,特委会将训令九国起草委员会,从事将报告书作最后修正,以备提交国联全体大会通过。

外交当局表示只望伸张正义

国联大会会期已迫，十九国委员会现正从事草拟报告。中日问题之外交战，已至短兵相接之期。记者顷晤外交当局，叩询对国联前途之观察。据谈，中日问题吾人所以诉诸国联者，盖欲在国际间得一公道和平之解决。故国联如对侵略者不能加以制裁，而对被侵略者反加压迫，则世间将无公道正义可言，吾人又何求于国联？然吾人又必须认清者，吾人之诉诸国联，亦不过吁请伸张公道正义，在道德上获一胜利而已。至东三省失地之收复，仍须国人于实力上作充分之准备云。

外交界息。国联十九国委员会定昨日上午十时再行开会，对报告书之建议部分作具体之讨论，俾决定原则，再交九国委员会草拟文字。闻报告书中，对不承认伪组织一节，因我国之坚持及瑞士、捷克两代表之坚决主张明白规定与英国态度之转变，可望于报告书中明白规定。至国联大会，决于十三日开会，报告书于会前必须完成云。

日政府颁训令不反对新提案

【中央社东京六日路透电】　日政府今日下午，复有新训令致日内瓦代表。传该项训令，表示日政府对于代表团最近向国联之提案，虽非完全满意，但于原则上并不反对云。

【本社六日上海专电】　鱼（六日）东京电。日内瓦日代表团对于政府二月东（一日）最后训令之第二次请训修正电，鱼（六日）晨到外务省，即时召开首脑部会议。决定回训案后，由内田外相提出临时阁议，得承认乃请求日皇裁可。鱼（六日）下午五时，向日代表团发出急电，其内容如下：代表团作成之新妥协案，尚有若干政府不能满足之点。然其根本的主旨，大体可以承认，故贵代表可在该案范围之内进行谈判。但政府虽有交涉和解手续之诚意，然毫无作不当的让步，而固执第三项回训办法必要。故贵代表进行谈判时，应照此方针为要。又在提出今次修正案时，须要注意者，为观察十九委会有无与日本妥协之诚意，以免日本提案在国联内部成为无用之物。

内田报告方针不退出为原则

【本社六日上海专电】　华联社鱼（六日）东京电。日国会下院外交分科会,因昨日松本质问内田外交部长,日本果退出国联或属宣传。内田外交部长要求秘密会,今日下午二时四十分国会恳请开秘密会席上,内田报告约十分钟。据内田所报告,大要为日政府以不退出国联为原则,故派松冈往日内瓦,参加保留中之第十五条讨论,虽欲援用第四项作劝告,政府令代表团极力阻止,亦不外于此。如一切努力不见效,若劝告文内容非大不得了,则仅令代表团返国,任其自然推移。劝告文若责难日本太甚,不留余情,为欲顾全国家面子,维持恫吓宣传之威信,则不得不退出国联。故外交部对付国联政策,乃以"不退出"为原则,退出属于不得已之事云。

妥协案新形式,难通过特委会

【本社六日上海专电】 日讯,微(五日)日内瓦电,德鲁蒙、杉村作成新方案之内容,支(四日)日内瓦外交界盛传日本方面,以妥协案之形式妥协。而十九会委员中均料日政府虽同意该新形式,然十九会是否能完全同意,殊为困难。然新形式非纯粹之日本案,许多反映德鲁蒙之意思。日政府如完全承认,可以该案为基础,而努力最后的妥协。即德鲁蒙本人亦知新形式不能通过十九会。惟委员会如果加以考虑,拟修正若干点,再求日本同意而进行和解,惟十九会中抱顽迷意见者甚多,委员有恐主张新形式无考虑之余地,而置诸不理者。故前途荆棘正多,未许乐观云。

《中央日报》1933 年 2 月 7 日第一张第二版

284. 社评:美国与远东

国际联盟之所以成立,由于巴黎和会时美总统威尔逊坚持力争之结果。无威氏,则无国联矣。世人方望美国为国联之中坚分子,领袖群伦,而美国却始终不肯加入,致国联陷于极不健全之地位。即以"九一八"事件而论,若美国为国联之会员,则东北之事件之解决,或不致旷日持久,至于不可收拾之局乎!

美国对于欧亚纠纷,向抱超然之态度。此次日军进占东三省,美政府当局虽因利害关系,曾屡次表示意见。如一九三一年十月六日派吉伯特参加国联会议,其后又使道威司至巴黎从事活动,去年一月七日致中日二国同样之照会,去年二月二十四日史汀生答覆上院外交委员会主席波拉氏之公开书信,八月八日史氏又演讲非战公约之原则等等。综其所为,似已认日本为违约侵略国,而应受国联盟约所规定之裁制。

然美国始终以中日纷争国联盟员国间之事,国联应负处置之全责。美国尽可坐观其成败,即遇必要之时,亦仅可予以友谊之中立。故其所确实表示之政策,仅所谓"不承认主义"而已。"不承认主义"者,即不承认日本以武力取得之权利为合法。而迄未尝有一言愿与国联共同裁制日本之暴行。故世人有谓美国有保障其远东利益之宏愿,而不欲稍有实际之牺牲。因此时时以一纸空文,以图耸听于一时。然不耕而获,天下宁有是理?

美国既不明白表示与国联完全合作到底,而必欲俟国联先行决定办法,然后决定合作与否。如此则国联只可小心翼翼,量力而行,始终以调解方法企图解决中日之纠纷。调解之法虽已屡试屡败,大遭世人之非难与日人之轻视,而国联仍以力不从心,不敢改弦更张,坐令强者益纵其横暴,弱者益受其鱼肉,其痛心为何如!夫国联之所恃以为裁制之主要武力者,厥为英之海军。夫英日海军之比,虽为主力舰五与三,辅助舰十与七之率,而英在日本附近,无大军港。新加坡之军港,尚未完成,香港非头等军港。国联若施行封锁,英国须以全副舰队,远离根据地,对日作长期之围困。而日本只须以防守策略,以逸待劳。则两国海军,孰能持久,难言之矣。说者谓国联裁制日本之令一下,则美国立即可与国联合作。此乃纸上谈兵,书生之见耳。况兵凶战危,关系于国家盛衰兴亡之数,谁肯为他人之生死,作孤注之一掷?故美国之是否以全力援助,谁敢为之断言。且美国并非国联盟员国,无所谓义务,原可以保守中立。试问英国于未得美国同意之先,将用何法以得其武力援助之保证?国联此时抛弃盟约,放弃公理,而迁就强权,压迫弱者,致自趋于毁灭之途,宁不自惜?然其所以出此者,亦曰操纵国联,自身眼前利害之心太切,而全人类远大利害之念太薄耳。

今日日内瓦之形势,调解已濒绝路,而其所用之排解方法,闻其所拟方式,不啻为国联盟约、非战公约及九国公约等,挖掘坟墓。此时之美国,若再不当机立断,共赴世界之大难,行见国联崩溃于前,美国受辱于后,盖势力合之则雄厚,分之则薄弱。今英、美二国,可称全世界之权威者,既互相猜忌,则必互为防备,而用其力于无用之地。彼第三国者,乃得乘间为所欲为。观于最近国联之态度,与夫英国之袒日,则知昔日美国之超然态度,未始非促成今日此种局面之原因,且美国对日,因移民问题、海军竞争、商业竞争,与阻挠日人在亚洲之企图等,日人衔之甚深。故恒以美为假想敌,而欲得间与较一日之短长。吾恐日人在华侵略事毕之日,必转而向美矣。彼时各国对美之超然与冷淡,恐一如今日美国所施于人者矣。故今日全世界各国无认其为国联之盟约国与否,苟不甘人世之绝灭,则不容再作壁上观,不容只有主义而无行动。美国不能自居于例外,阿美利加之门墙,今日更不容其闭关自守矣。

《中央日报》1933 年 2 月 7 日第一张第二版

285. 英对华方针略变,蓝溥森向政府建议结果,昨再谒罗外长今晚北上

英使蓝溥森原定昨(六)日返平,现因事改于今(七)日启程。英使昨(六)日再赴外部拜访罗外长,对中日问题及中英邦交再作一度详细之磋商。闻英使昨日又有一电致英政府,详细报告我国对国联之态度及英国应采之方针,内容颇为严重,作有力之贡献与建议。闻英政府对远东问题之外交政策,因蓝浦森公使之迭电建议,已显有改变。日前日本首席代表松冈向国联之提案,首先反对者,即为英国代表。松冈提案,卒因此未能成立云。

《中央日报》1933 年 2 月 7 日第一张第二版

286. 调解犹未全绝缘,九国起草会改今日开会,起草建议部分原则业已决定,内田声言可接受新妥协案

外交界息。国联十九国委员会前(六)日开会,一致通过报告书建议部分中,明白规定不承认伪组织,并不与伪组织合作。外交界对此认为榆[极]关重要,并表示满意。因国联如欲主持公道正义,必须如此规定也。但此项报告将来提出大会后,是否不再发生变化,尚难预断。即俟顺利通过,将来对日方之无理反对,又将如何制裁,亦难推测。故外交界并不因此乐观,仍随时注意时局之发展,并坚持我国固定之主张。闻九国委员会定今日开会,根据十九国委员会之意旨,着手起草报告(建议部分),大约一二日即可完竣,俾于十三日提

出国联大会讨论云。

建议原则决定,一致不承认伪组织,在事实上不与合作

【中央社日内瓦六日路透电】 十九国特委会今日讨论结果,各方同意以下列原则为九人起草会起草建议部分之指导:(一)采用李顿报告之十项原则为草案之基础□案,并须适合国联会章、非战公约以及九国公约。(二)维持"满洲国"不能作为解决方法,满洲现有政体,不能加以承认。(三)满洲现有政体,未有可以加以承认之本性。(四)各会员国须一致行动。(五)满洲现已驻有外领,因此种种情形,不免发生事实上之承认,故各国解决不承认"满洲国"外,必须进一步采取不合作之原则,庶免目前事实上之承认,酿成与法律上承认同等之待遇。(六)国联应谋非会员国之合作,尤要者则为与满洲毗连各国及九国条约签字国之合作。上述六点,将成建议基础,各方业已同意。此外昨特委会会议席上,尚提及如关系国任何一方,不能实践国联建议,则嗣后程序应当如何,此问题关系綦巨,各代表此时不欲发表意见。唯有瑞士代表摩太坦率发言,力主国联考虑援引会章第十六条。但众意不以为然,因信建议制成后,将来之局势,或可开展。瑞典代表文登提出国联解决不与"满洲国"合作外,应否采取一种决议,声明在日军占领满洲期间内,不与日本政府合作,并确定日军退出满洲之期限,此议未得特委会之赞助。昨会议席上各方似觉国联大会提出报告后,仍须维持一种委员会,随时应付局势之发展。

【哈瓦斯社日内瓦六日电】 十九国委员会关于提付非常大会之建议草案之总辩论,在实际上业已总结。对于三主要点意见,已归于一致,即:(一)委员会承认建议案,有根据李顿报告书第九章十项条件之必要,意谓建议案对于中国在满洲主权必须维持,并依照李顿调查团之主张,认在满洲回复原状为不可能。(二)委员会一致决定建议案,反对在法律并在事实上承认"满洲国"。(三)建议案主张严格遵守三项公约,即非战公约、国联会盟约及九国条约。当十九国委员会辩论时,德国代表谓十九国委员会及大会,只可声明原则,不必涉及结论。英国代表艾登以为此种办法尚有未尽,必须就过去事变觅求教训始可。法国代表马西格里表示同样意见,谓原则既已同意则其应有之结论,亦应予以指陈。所谓结论,即"满洲国"无可承认,暨不与之订立何项关系是也。此外若干国家,例如瑞典主张更进一步,谓各国既不与"满洲国"发生关系,自不当在财政上以任何援助给予日本。此项主张未能成立,于是又有一种

主张,即定一期限,强令日本如期撤兵。但就李顿报告书所提出之建议而论,此种主张在实际上无能办到。至此捷克代表彭纳斯乃将辩论加以归纳,因而取获十九国委员会关于上述三项原则之同意。

起草委会未开,国联日本不愿决裂,调解希望犹未断绝

【中央社日【内】瓦七日路透电】 九国起草委员会须待明(八日)晨开会,因建议草案须由秘书处略具粗稿,然后始可从事讨论,故今晨未及开会。

又电。前传系因秘书处尚未将建议部分拟就粗稿所致,但据续得消息,此非全部原因。自日本提出新提案后,幕后似有积极之谈判,日及国联双方皆不愿决绝破裂,至此愈形昭彰。传两方之意见较前接近,故按照会章第十五条第三款调解之希望,犹未断绝,结果如何,此数日内即可分晓。

日本承认新案,声言伪国如遭否认,日本将即退出国联

【本社七日上海专电】 日讯,阳(七)东京电,内田外相将于明晨十时,在枢府说明国联之经过及政府之态度,于最后情形时所取之决意,将预求谅解。其内容大体依如下诸点,而加以力说:(一)帝国政府并非徒欲与国联冲突,故对于和协,仍继续充分之努力。(一)依德鲁蒙、杉村案之新方式,抹杀十二月十五日决议案中,邀请非会员国即于和协委会之权限,并照日政府所要求修正,且于"满洲国"主权之条项,在无须实害程度,已经变更。故该新方式作为日本案,大体承认。(一)照该新方式于十九委会究否采纳,尚须相当疑问。设不被采纳,则日本不能再为如此以上之让步。故第三项之和协手续,将归失败,而其责任全不在日方,且政府对适用第四项绝对无所恐惧也。(一)依第四项劝告案中如插入不承认"满洲国"等,违反日本国策等之事项,则日本必须自主的退出国联。关于此点,务悉谅解,一致于退出国联时之处置,绝对负责善处云,尤其于南洋委任统治区域,持有虽退出无返还必要之见解。

英报断言斥日,日本今日所遇困难,皆由其本身所造成

【中央社上海七日电】 《字林【西】报》虞(七)社论,略谓:中日争议调解绝望。十九委员会已草拟报告,即将送陈国联大会。大会亦将依盟约十五条规定,转对行政院拟具报告。就现状观,报告书对盟约原则似将有不幸之声述。惟对日本行为,虽加指摘,而仍不损害日本国联会员资格之尊严,或有疑

其不可能者,不知李顿之报告书即为此项成功之可能性之一好例。须知日本之困难,大都为自己所造成。如东京之荒木与日内瓦之松冈,不断宣言退出国联者皆是。过去时期中各友邦之谋调解方案者,屡受日本之阻挠,而其在李顿报告书公布以前正式承认"满洲国",尤多挑战性质。国联所提出各方案,日本一方表示赞美,一方只为已失时效。此种政策之原因,实在东京政府之完全受制于军部,而军部则又未能有力的控制其作战区各处之军人。此项缺点,其救济之责,不在国联,而在日本自身。国联为维护其盟约原则计,仅努力开导日本,至于最安适之途。日本若于考虑一切之后,决定退出国联,则一般遗憾,不在国联,实在日本。国联惟有迈步前进,为全世界舆论之集中动力也。

日对东策失当,日本不应承认伪国,沪《大美晚报》之社论

【中央社上海七日电】《大美晚报》七日社论云:十九国特委会已全体决议原则三项,不予"满洲国"以外交上之承认,此实为赞同史汀生政策之重要确实表示。其第二步之举动若何,姑不置论,但此项决议,实已达到满案解决方针之一种重要发展,尤其是间接受史汀生氏之政策。日人对史汀生政策,每否认其为一国际之方针,且名之曰个人之见解,或一国之政策。今观乎十九国特委会之决议,则可知日人之见解之谬误矣。日本外务顾问培蒂博士,在一年前曾将日政府承认"满洲国"之举,加以警告。培蒂博士盖曾明白表示"满洲国"实建造于日军枪刺之上也,培蒂博士又谓此种国家之存在,既依赖于日本之护持,则日本实不应承认之。盖依据国际公法之原则,日本如承认一自动独立国家则可,若承认依赖实力所造成之国家则非所宜。博士又谓,日本如承认"满洲国",则将来必引起纠纷,且日本必因此亦陷于孤立之地。然日本竟终置其警告于不顾,而竟公然的承认之矣。李顿调查团对日本承认"满洲国"曾有极深刻之表示,略谓基于种种证明,深觉"满洲国"若非借日本军队之力,决不能组成。其结论并谓因此之故,"满洲国"之成立,绝不能认为东北人民自动脱离中国之举。调查团经详确之考察,故末段谓在满华人,实未有设立"满洲国"之意,彼等不特不加拥护,且名之为日人之工具。李顿调查团之结论与培蒂博士之见解,暨史汀生氏之表示,实为引起十九国特委会决议之动机,盖近代之世界各国在良心上无不反对向因别国人强制民意而设立之傀儡政府予以外交上之承认,反之则国际公法之原则,将被一扫而尽矣。

《中央日报》1933年2月8日第一张第二版

287. 史汀生表示,美国拒绝承认伪国,原定方针始终不变

【中央社华盛顿七日路透电】 国务卿史汀生称,美国尚未接到国联通牒,请求美国参加宣告不承认"满洲国"。美国素主拒绝承认之政策,迄无变换云。史氏对于设立调解委员会之议,未欲发表意见。

《中央日报》1933年2月8日第一张第二版

288. 日人对国联开所谓国民大会,徒作军阀之应声虫而已

【本社七日上海专电】 日讯,阳(七日)东京电,举国一致各派联合会,因国联对满洲问题已趋紧张,乃于今日下午一时,在日比谷公园会堂开对联盟紧急国民大会,众达四千名。由内田良平致开会词后,以土方宁博为主席,通过宣言决议后,演说会有以下诸氏之热辩:东亚联盟分会之百木良三,民政党议员松本忠雄,国民同盟议员小山谷蓝,政友会议员长岛隆事,学界有志副岛义一,大东同志会四王天中将,海外同志会大山印次郎,满洲问题国民同盟田中广之等。又召光中将将通过之决议,往访众议院面交斋藤首相及内田外相,并电达日内瓦日代表部。

《中央日报》1933年2月8日第一张第二版

289. 蓝浦森昨赴平,与外交当局会晤结果圆满

英使蓝浦森来京,业已多日,连日与罗外长商洽从[促]进中英邦交,并迭电英政府建议英国对中日争端,应采之方针。英政府之态度亦因之转变。故罗外长与英使之会晤,双方颇为欢洽。英使以在京公毕,且甫行返任,馆务诸

待料理,于昨(七) 晚七时,乘车赴平,外部并派员在站照料云。

《中央日报》1933 年 2 月 8 日第一张第二版

290. 特委会宽容日本,迟延起草,考量日本新案,我代表团通告反对准许日本保留,日新案内容狡黠,国联将为日欺侮

【中央社日内瓦八日路透电】 十九国特委会定明(九)日上午开会,讨论日本新提案。据一般人所推测,日方新提案或将造成谅解之基础,但日方新提案,仍必须予以修改。明日讨论,恐难有切实结果。秘书处所提出之建议部份,今日经九国起草委员会大加删改。据某委员谈,内有数点最少须再开会二次,始能有所决定。今早所提出之草案,完全根据李顿调查团报告书所建议之十原则。

【中央社日内瓦七日下午六时零五分专电】 顾代表今午与李顿及十九国特委会重要份子共餐,席间对报告书建议部份,交换意见。

【中央社日内瓦七日下午六时十五分专电】 今日无任何会议,九人起草会改明晨开会。国联秘书长德鲁蒙徇副秘书长日人杉村之要求,故意予日本使用尝试政策之机会。日本虽对建议草案,极端不满,但仍一再提出可笑之提议,企图阻挠延宕国联之进行,日人狡计之获售,显得德鲁蒙之助力不少云。

新案迁就日方,我国毅然反对

外交界息,国联十九国委员会虽已令九国委员会起草报告书之建议部分,但调解之门始终并未封闭,故现时仍由德鲁蒙与日方接洽,请日方接受去年十二月十五日之草案,而将草案中邀请美俄参加一节删去,对不承认伪组织一节,可予保留。十九委员会表面上虽双管齐下,但测其用意似在压迫日方接受调解草案。我方对此断然反对,已由代表正式声明不能同意。盖进行调解,必须向双方同时进行,此种一味迁就日本之行动,自为我所难忍受。再就调解草案本身而论,如不邀请美俄参加,则力量必甚单薄,而容许日方对不承认伪组织一节加以保留,则中日问题必长此迁延,不能得一解

决。故外交界认为如国联果欲主持正义,维持和平,必须毅然进行起草报告,不应一味迁就日本云。

我代表团通告,反对许日保留

【中央社日内瓦路透电】 今日九国起草委员会开会前,中国代表团以非正式方式通告九国起草委员会各委员中国方面态度。其大意与六日中国代表团所发表之公报相似,即反对准许日本对于说明书有予以保留权,并要求报告书中切实不承认"满洲国"。

【中央社日内瓦八日路透电】 中国代表团今(八日)上午有通告书交九国起草委员会,内称国联秘书处一月二十日致中国代表团之通知书,及一月二十一日所发表之公报,并未如二月四日公报所云,曾明白表示十九特委会有意建议准许纠纷国对于报告书之附带说明书予以保留。于一月二十九日中国代表团与十九国特委会主席及国联秘书长晤面时,曾郑重声明反对减少决议案原文之效力,表示报告书应明白宣称不承认"满洲国"继续存在之原则,且谓如以任何其他方法进行,必归失败。

起草会昨开会,特会纵容日本

【中央社日内瓦八日下午三时三十分专电】 九人起草委员会今晨虽曾集议,但仅对李顿十原则略加讨论,并未着手起草建议,意在消磨光阴,坐待日本新提议提出后之发展。日本之新提议极尽技巧能事,十九国特委会已允于明日加以考虑。特委会对中日两国待遇,显不公平,其纵容日本之结果,仅助日本欺侮国联耳。

【中央社日内瓦八日路透电】 九国起草委员会今(八日)上午十时三十分开会,午后十二时四十五分散会。对于起草报告书工作,稍有进展。但报告书仍未完毕,或尚须再开一二次会议。九国起草委员会今日并未讨论日本新提案。十九国特委会日内即开会研究日本所提新方案。

又电。九国起草委员会今早开会时,秘书长德鲁蒙宣称,国联秘书处已收到日本新提案,内容当场未报告。日方提案全文,已分送各代表住处。

起草会趋静默,工作异常迟缓

【中央社日内瓦八日路透电】 九国起草委员会各委员今日忽异常静默,

中日问题之棘手，可见一斑。目前之最大困难在国联应否根据盟约第十五条第三款或第四款，解决此事。官方既不愿发表意见，外间乃作种种推测之词。报告书首段及建议部分起草工作，均有进展。闻今日开会时，所争辩最烈者，为日本在东三省之特殊权利问题，如铁路等。报告书中应以何种方式承认日本此种特殊权利一点，各方意见颇不一致云。

【中央社上海九日电】　国民社日内瓦庚（八日）电，九国委员会之起草委员会今晨十时四十分在国联秘书长室开会，仅讨论李顿报告第九章内十项建议之文字，仍未切实拟定草案。现料倘十九国委员会明晨开会，决定日本最近提议，不足以转变形势后，则起草委员会或将于明日下午再行集议拟定一国联建议之草稿。据闻该委员会起草工作进行甚缓，其进步远比预料者为少。德委员方凯勒语人，若照目前进行情形，国联报告书非至下星期中间不能草竣。西班牙代表苏路泰今晨回玛德里，其担任之起草委员职务，由玛达利亚加接任。

松冈访英代表，提日政府建议

【中央社日内瓦七日路透电】　日首席代表松冈洋右今日以新提案，送交德鲁蒙、柏涅斯（捷克）及艾登（英）。本晚日本代表长冈复与意法代表分别晤谈，明（八日）晨起草会会议，或将提出日本新提案。因此时未及召集十九国特委会，但因日提案性质之重要，特委会将于最早机会集会讨论。明晨之起草会是否讨论日提案，抑或宣告休会，以待特委会之自行研究，刻犹未能决定。闻日提案对于特委会决议草案之原则，作重要退让，但要求修正该草案之措词以及理由书之第九段。特委会将加以恳切之考虑。日本提案能否充为协定基础，目下尚难断定。但因各方皆欲获一互相同意之解决，故国联对于日本之新提案，必极审慎研究。众料纵使国联与日本同意，倘中国方面提出反对，则日内瓦必须有一番极为困难之谈判。但无论如何，此时之解决希望，较前似有进步云。

【中央社上海八日电】　国民社日内瓦虞（七日）电，今日旁［傍］晚，松冈又访捷克外长柏尼斯、英外次艾登，提出日政府最近提议，声称日本业已竭尽能力祛除重开调解途径之障碍。迨晤两人而出，松冈面现严重之色，向新闻记者声称，渠不能担保新提议之将见接授［受］。渠此时既不乐观，亦不悲观。渠将竭尽能力，知无不为。倘最后努力仍告失败，则既竭忠尽虑，要亦无可遗憾矣等语。闻日人新提议,系规定日本接受十九国委员会所举理由说明书之条件,十九国委员会现将立刻开始研究。查理由说明书内最后一节,曾宣称维持"满洲国"与恢复九一八前原状,俱非满意解决办法。闻目下日本对于接受此种声明,冀委员会在说明书内加入李顿报告中有利日本之若干点,以为交换。故松冈曾声称,既欲日本接受李顿报告,渠殊未见在调解基础中有不应列入李顿报告有利日本各点之理由,此乃绝对为日人最后之努力云云。柏尼斯与艾登既接到松冈提议,遂立即密加商榷。至日本之坚持加入李顿报告中有利日本若干点,是否将足以消除其接受说明书内最后一节(即关于伪组织之声明)之效力,则尚无闻。据英代表团发言人称,松冈建议须加以审慎研究,无论如何,十九国委员会或将感觉在完成其草拟国联对于中日争执建议以前,有加以考虑之必要。至日人提议内容,犹未完全发表,松冈在宣示其性质时,亦未肯明言。倘国联依循日人途径,进行调停后,日本将取何种步骤,有若干观察时事者,颇信一旦重开调解后,日本将再提一详细提议,列入彼所愿接受之满洲新地位。惟质诸松冈,则仍默不置答云。

日本新案提出,内田报告现况

【中央社上海九日电】 国民社日内瓦庚(八日)电,今日日代表团奉东京训令,提出新建议,于是中日争端调解复有渺远之机会。兹悉日本所要求者为国联大会之报告书,勿将日后视"满洲国"政治经济发展情形,而予以承认问题之门户关闭,则日本愿继续作让步云。

【中央社东京八日路透电】 外相内田今早觐见日皇,随即出席宫中之枢密院会议,报告日本政府在日内瓦所采取政策及国联形势。

内阁今日下午开临时会议,外相内田报告日本代表团在日内瓦与其他各国代表团,对于日本新提案私下交换意见之结果。

《中央日报》1933 年 2 月 9 日第一张第二版

291. 十九委会仍徘徊于调解一途，昨开会讨论日提案无结果，日本对伪国之提议范围有欠明了，决致函日代表团要求作确切答覆，侵热问题由德鲁蒙口头促日注意

【中央社日内瓦九日路透电】　十九国特委会今晨十一时开会讨论日本提案，过去二十四小时，中日问题之形势，未有变动。日本提案中之一条，主张中日问题之解决，应能符合现有状况，此几成为日代表团之口头禅。发言最多之某小国代表，今晨赴会时，评日现有状态，如何能使之符合世界和平，由此可知小国代表之不赞成接收日本之提案。但其他代表则暂守沉默，认为日本提案应予以极慎重之考量。又电，十九国特委会决询日本能否无条件承认"满洲现有政体非一解决办法"。此外热河问题，亦经长久讨论。起草会定本晚开会，继续工作。又电，十九国特委会讨论日本提案后，能否接受，未有切实决定，仍着徕尔蒙与日代表团磋商。又电，特委会讨论日本提案约历两小时，认为就其大体论之，尚可充为谅解之基础。但各代表因觉日提案某处有欠明了，致损李顿报告第七项原则（即关于中国主权）之价值，故决致函日本代表，对于下列问题之是非，要求确实答覆此问题，即贵代表是否承认，贵代表业经认为独立国家之"满洲"现有政体，非一解决办法。倘日代表之答覆，系属正面，则特委会准备接受日方之保留案，并按会章第十五条第三款，继续进行调解。倘其答覆，系属反面，则特委会将按会章第十五条第四款进行。特委会同时令德鲁蒙口头与日本讨论热河问题，说明如时局再趋严重（譬如日本攻击热河），则必使调解为不可能。某某代表欲将此意书面通告松冈，但多数主张口头接洽，较为适当。

【中央社日内瓦佳（九日）下【午】四时五十五分专电】　十九国特委会今晨开会，认日本之新提议，满纸遁词，不可捉摸，决函日代表力请明白答复下列两问题：（一）日本是否承认中国在满洲之主权。（二）日本能否停止攻热军事行动。前一问题，必须用书面答复。

日提议范围欠明了，促日代表作切实之答覆

【中央社日内瓦九日路透电】　十九国特委会今晨散会后，发表公报如下：

特委会今晨考虑日代表之提议内容,系关特委会拟竣之决议草案及主席声明书。特委会拟以上述两项文件,为可能之调解基础,已于去岁十二月十五日,送达关系两方矣。兹因日方提议之确切范围,有欠明了,故为事先弭除可能误会起见,决函日代表团,询问该代表团对于李顿报告第九章内所列之第七项原则态度,究属如何,要求作一较为切实之答复。上述第七项原则,称满洲政府应加改造,使之依照中国之主权以及行政完整,获有充分之自治,俾可适合地方情形与三省之特殊状况,新政府之组织行政,均须满足良好政府主要之需求云。同时特委会因续得军事准备及行动之报告,特请秘书长口头敦促日代表团注意,特委会认为此种军事准备,与行动之继续,纵使不使调解之努力失败,亦将使之濒于危境。起草会定本日下午军缩常会散会后继续讨论报告草案云。

【中央社东京九日路透电】 枢密院会议,内田报告国联形势以及政府对策。传枢密院对于政府之方针,完全同意,并告外相内田,倘国联拒绝日本主要争点,日本应采坚决步骤云。

建议部分逐条研究,同时日本提案亦加讨论

【中央社日内瓦九日路透电】 据可恃消息,昨晨起草会会议对建议部分之首先数段,逐条讨论。第一条,阐述各项关系原则,尤为注重尊重国联会章、非战公约以及九国条约。第二条说明国联态度,尤其注重尊重条约义务以及土地完整之必要。第三条亦系申述原则问题,并谓目前问题不能借武力解决,应依照会章原则办理。第四条述及解决程序,尤其注重不应承认满洲现有政体,或恢复"九一八"以前之原状。第五条调解失败后设立一种机关,联络会员国与非会员国以及关系两方,应付随后发展,众意此点最关紧要。昨起草会虽未讨论完毕,但各委皆认有组织一种委员会,监视实行国联建议之必要。昨起草会所讨论各节,约占全部建议之半,约须再行开会两次,始可全部草竣。惟十九国特委会定今(九)日讨论日本提案,结果或将使目前形势完全更换。此间空气自日本提出新提案,大有进展,但国联似不至于完全接受日本提案。众意国联于谋退让之地,不应轻视中国反对之影响。

我代表团发表公报,反对减削草案效力修正

【哈瓦斯社日内瓦八日电】 中国代表团顷于今晨发表公报,其内容如下:

一九三三年二月六日,国联会秘书处所发表之公文中,有一宣言,谓国联会秘书长曾于一月二十日通告中国代表团云,十九国委员会准备将决议草案及理由说明书酌予修正,俾与日本政府之愿望相符合云云。此项宣言,或与中国首席代表颜惠庆与十九国委员会主席,是日相会晤一事有关。此事有应注意者,当日颜惠庆氏仅据通知,谓有人拟将理由说明书改为主席宣言,并拟将邀请非会员国参加调解一节删去。颜氏并接获通知,谓日本对于此项宣言,或将提出保留。又一九三三年一月二十一日秘书长所发表之公报,关于理由说明书,亦仅谓"双方当事国得自由提出保留"。厥后二月五日所发表之公报,乃明白指出十九国委员会对于双方当事国,有意正式承认其提出保留之权利,实为前此所未闻。中国代表团及首席代表,在一月二十日与十九国委员会主席及秘书长会晤,并于是日所发表之宣言内,曾声明对于一切修正,足以使决议草案原文力量因而减削者,均所反对,并坚持"满洲国"不继续存在之原则,须在决议草案明白声明,并由双方当事国予以承认,以为调解程序之根本原则。此外一月二十日国联会秘书处所发表之公文,曾明白指示十九国委员会,关于调解程序之企图已经失败,当决定依照盟约第十五条第四款,即行草拟报告书。该公报又称盟约第十五条第三款,所规定之调解程序,惟大会有权将其结束,此际双方当事国,若有新建议提出,十九国委员会当然准备接受云云。

《中央日报》1933 年 2 月 10 日第一张第二版

292. 蓝溥森昨抵平,参赞台克满谈英不袒日,蓝使于必要时将再来京

【本社九日北平专电】 英使蓝溥森青(九日)午到平。据其参赞台克满谈,外传英日订有密约不确。英对中日睦谊素笃,不能作左右袒,惟有尽力维持世界公约。蓝使由英来华,过粤晤陈济棠、唐绍仪、蒋光鼐等,在沪晤吴市长铁城,在京与罗外长及中央要人①会晤。中日交涉,如有机会,自当尽力斡旋,但此时正由国联调解。蓝使在平小住,必要时将再赴京。

---

① 编者按:"罗外长及中央要人"原文作"罗中央要外人长及",现改正。

【本社九日北平专电】 英使蓝溥森定日内谒张学良。

《中央日报》1933 年 2 月 10 日第一张第二版

293. 国联调解完全失败，日本答覆极度蛮横无礼，谓承认伪组织乃其国策不能变更，热河问题与中日事无关不许容喙，如此野蛮国家国联应下最大决心

外交界息。国联九国委员会虽已进行起草报告书，但十九国委员会仍与日方进行调解，形势混沌，毫无进展。原定十三日开幕之国联大会，或将因此延期云。

【本社十日上海专电】 国新佳(九日)日内瓦电，闻国联幕后，颇有人用言词婉劝日本，从速撤兵，勿再武力侵略中国，未知能否有效也。

【中央社日内瓦十日路透电】 中日问题今(十)日将无重要发展，军缩会议委员会今日有会，恐九国起草委员会今日难有时间招集会议矣。秘书长德鲁蒙报告十九国特委会，谓彼已遵照特委会昨日训令，向日本首席代表松冈洋右，转达特委会之意见。但松冈口头答复，纯系一种非正式谈话。在明(十一)日日本政府有正式答复前，暂时不能有所进行。

【本社十日上海专电】 灰(十日)东京电，十九国委员会除以书函质问日本外，更由特鲁蒙以口头询问热河问题。外务省与军部本日开联席会议，决议之结果，决定通告十九国委员会，热河问题与国联现正审议之中日问题完全无关系。盖热河为"满洲国"之一部，讨伐该地匪贼，为"满洲国"主权之发动。日本因与"满洲国"订立"日满议定"，应有共同国防之义务。又芳泽代表曾于一九三一年十二月灰(十日)在巴黎宣言保留"满洲国"讨匪问题，日本讨伐热河匪贼，为正当行为。至其他事项，属于帝国大权事项，日本无说明之必要。总之热河问题，不许国联之容喙。

日草拟无礼答覆，对承认伪国不肯放弃，即退出国联亦不得已

【中央社上海十日电】 日讯，东京电。外交首脑部十日晨集议，金以十九委员会之质问，使日政府之对满政策，发生裂痕，日政府之正式答复，将表示最

后决意,不能仅由日代表团答复,正午已由内田电令松冈须待政府训令。

【本社十日上海专电】 日讯灰(十日)东京电,外务省首脑部会议,所决定对于十九国委员会质问之帝国政府回答书,要旨如下:(一)"满洲国"之独立,纯然系满洲住民独立运动之成果,既已组织之独立国家,加以承认,援助其健全之长成,乃接壤国日本之义务。(一)恢复"满洲国",于不统一国家之中国主权之下,系紊乱满洲之和平,"满洲国"之独立与承认"满洲国",系解决中日"满洲"三国之纠纷,而所以确保东洋之和平也。(一)帝国政府无论在何事态,不允取消承认"满洲国",及于其构成为生命线之措置,因此故信帝国之退出国联,亦属不得已也。内田外相于今日之院内阁议,说明质问书之经过,力主以下各点,各阁员亦承认之,经意见一致对一切措置一任内田外相云:(一)帝国代表于十九委会已提出新提案,而十九委会于实质的、不加审议提出关于满洲自治案之质问书。(一)该对妥协无视日方之努力,意欲使承认"满洲国"之日本国策摇动。(一)日本不能变更既定方针,对质问书将回答反面的否认。(一)该回答书经外务当局慎重起草后,由代表部提出,不问其后之形势如何,最后之措置,系依既定方针迈进云。

日将颁强硬训令,对国联质问老羞成怒,谓为对日之重大非礼

【本社十日上海专电】 日讯,灰(十日)东京电,国联十九国委员会对于中日问题之解决,现立于和解与劝告之重大分歧点。然该委员会于佳(九日)会议之结果,对于日本以诚意提出之新修正案,取返袭的态度,竟以文书要求日本回答"满洲国"之存在,能否资于改善问题。外务省认国联此举殊为非礼,愤慨极度,今晨特邀请军部代表协议结果,决定对于日内瓦代表团发下坚持既定方针之强硬训令,对国联表示日政府业已提出意见书,宣明"满洲国"因历史地理及法理的关系自然发生,故由极度混乱之中国现状,及在共产主义制度下之苏俄联邦存在等客观的状态,而"满洲国"之存续为维持远东和平之必要条件。日政府以此理由,更正调查团报告书误点,并在理事会及大会席上屡次声明日本意见。然国联至今又复对"满洲国"存续之事实,抱疑惑,此为对于日本之重大非礼云。

【本社十日上海专电】 日讯,青(九日)日内瓦电。日本代表部以十九国委员会之质问书,及德鲁蒙秘书长关于热河质问之内容,系藐视去年十一月二十一日以来日本代表屡次之声明,认十九国委员会无和解之诚意与精神,今后前途如不进谋接近,进行第十五条四项之手续时,必起草三大文章,或开始搜集材料,即:(一)对于十九委会质问书之回答(此文今晚脱稿)。(二)发表声明书,声明国联违反其精神,藐视日本诚意之让步,放弃和解之经过。(三)对第十五条四项之报告与劝告,日本依第十五条五项发表陈述书。

【本社十日上海专电】 日讯灰(十日)东京电,帝国政府现待关于质问书之代表部之抵京,在外务省起草,或加整备。然帝国政府关于回答书之训令,至□附议,于十三日之临时阁议后,于当时发出。又于此点,外务省之一部,且有国联既若是不诚意,无提出回答书之必要等意见,故或将迟延一二日也。

松冈访问德鲁蒙,声明质问将书面答覆,仍说明所谓既定方针

【中央社上海十日电】 日讯,日内瓦九日电,松冈九日下午四时五十分访德鲁蒙,声明对十九委员会之质问,将以书面答复,答复内容仅再说日本既定方针而止。故与十九委会之希望,势必不能一致。调解至此,认为绝望。松冈访德鲁蒙后,声称非常明白之事,乃再三提出质问,殊属不解,试问吾人在欧洲国之立场,尚能变更乎。然为使人了解起见,不惮再三说明,吾人提案,盖从最后的一步不让之立场而出发者。

【中央社上海十日电】 日讯,日内瓦九日电。日代表团九日晚五时半在旅舍开会,对十九委员会质问经长时间讨论,决不请训政府,即作否定答复,十日正式以回答书交德鲁蒙。旋复讨论如十九国委员会决定放弃调解,采用第四项时之应付办法。散会后,松冈即电告日政府。

起草委会无结果,各委均主慎重考虑,日本态度极惹注意

【中央社日内瓦九日下午八时廿五分专电】 九人起草委员会今晚会议,对解决中日争议前途,任命可能的方案之法律点及专门点,从各方面详细讨论之。各委员对此咸觉如在国联纪录上创一先例,对各委本身责任,极为重大,故均主慎重考虑。

【中央社日内瓦九日路透电】 军缩常会下午会议两小时,后特缩短会议时间,俾九人起草会,可继之会议。起草会约讨论两小时,至七时三十分散会。

起草会所讨论各点,几全部涉及监察机关问题。起草会对此问题,颇感困难,或须向十九国特委会请示。最大难点即涉及监察机关之权限,众意似为此种监察机关,应由行政院指派,但因未有先例可援,故颇感觉困难。

起草会讨论问题,系涉及监察机关之组织及其责任两点。倘关系两方拒绝谈判,监察机关是否应会同两方商议,抑或保持观察态度,于必要时仅向双方劝告。监察机关应否有权决定办法,公断争点,建议实行抵制撤领各种办法,抑或一种专供谘询之机关。凡此种种问题,皆无先例可援,故起草委员徒就理论上发表意见。讨论两小时,终无切实结果,散会,拟明后日再行讨论。

至邀请美俄二国参加之愿望,起草会亦感困难。起草会虑及邀请美俄正式或非正式参加纯粹国联机关,是否于法律上完全合式。众觉日内瓦不久将有巨大波澜。特委会今日向日本所询一节,日方认为前已屡加申述,今特委会复加询问,殊非必要,传松冈认为无须向政府请训,将仅就其个人意见答覆。

关于热河问题,闻日本向国联保证其和平态度,并诉华军之危害和平,要求华军退出热河。

外间认为中日问题之中心,已由日内瓦移转东京,此后之发展,当视日本对特委会之答覆如何。依照特委会问题之措词,并不要求日本承认中国在满主权,仅须日本承认满洲目前政体,非一满意之解决。日内瓦一般意见,咸谓日本将作最后努力,仍谋进行调解,倘调解失败,第二步办法,则应由国联提出建议。日本对于其中利害,势必深加考虑。和解努力,若在于若续若断形势之间,国联仍将照会章第十五条第三款进行。按照第三款之办法,日本除要求放弃邀请美俄,并对于理由书加以保留外,于事实上已接受其余各点。若按第四款进行,则特委会决议草案之内容,必加强硬。邀请美俄参加,全部形势定将较趋严重。日本对于此种之利害,自当加以深思熟虑,然后决定最后态度。

日本仍执迷不悟,对伪组织坚持谬见,建议部分连夜起草

【哈瓦斯社日内瓦九日电】 十九委会接获消息,谓日本继续作军事准备,并出以军事行动,认为足使局势愈趋严重,有使调解努力归于无效之虞,乃委托德鲁蒙秘书长口头向日代表团口头提出交涉,促其注意。今日午后日代表松冈洋右,往晤德鲁蒙,向之作答,谓日本所为,仅系对中国当局之企图加以自卫,至十九委会所提出是否承认中国在满洲之主权一问题,谓将用书面答复。据日方消息,此项答复,当作否定语。似此十九委会,立即引用盟约第十五条第四款,属当然。以故起草委会,自今晚起即从事起草建议,以便列入提交大会之报告书中。

【中央社东京十日路透电】 十九国特委会要求日方关于李顿报告第九章

所列之第七项原则,较为切实表示态度。日官方认为日本前已明白表示态度,认为"满洲国"之继续存在,乃远东和平唯一之保障,今国联复以此项问题见询,无非轻视日本。闻日政府将以此意训令日内瓦日代表团云。又电,日当局虽称关于"满洲国"地位问题,不愿放弃其素持之原则,但外传外务省今日电日代表团,关于日本之态度应静待训令,暂不通知国联。因日政府认为须慎重考虑,然后切实答复国联,日内阁□将集会讨论云。

《中央日报》1933 年 2 月 11 日第一张第二版

294. 社评:现状与解决——日本新提案中之一条

日本最近对国联新提案中之一条,主张中日问题之解决,应能符合现有状况。本月九日十九国委员会讨论该项提案时,某小国代表在赴会时评日本提案中现有状态一语,谓日本当知中日问题之解决,应如何使之符合世界和平云。

异哉! 日本外交家之脑与手、舌与笔也,中日问题之解决与现有状况之符合乃能相提并论,连缀以成辞句者乎? 夫中日两国间所以造成今日不了之局者,其故安在? 此不了之局所以无法解决者,其故又安在? 一言以蔽之,曰:现在状态之保持而已。现有状态维何,曰:毁灭国际信义,蔑视条约义务,以武力危害别国之主权,侵占他国之土地,积此种种野蛮之行为,而造成今日之现状。积此种种非法之事迹,而造成两国纠纷不能了结之局面,中日两国之争执,虽举天下目为繁复,然由此一个分析而观察之,则因果显然,丝毫不爽。在此因果分析下而谋其解决,则又何难。故中日问题之解决,打破现状则解决矣,消灭现状则解决矣。使日本政府能履行条约义务,尊重国际信义,服从国联历次之决议案,撤退其军队于东北三省,取消其手造之满洲伪国,消除其侵略热河平津之种种布置,则中日问题解决矣。故中日问题之解决与两国间现有状态绝对不能同时并容。诚欲谋中日问题之解决,乃不得不打破现有之状态,若欲谋现状之符合,则中日问题永无解决之可言。何则? 假使驻屯东北之日军不撤,傀儡之伪国不灭,进一步侵略之准备不去,易言之,两国间一切现状,皆听其符合,听其存在,事势至此,中日两国之问题,尚能谈到解决乎?

国联当局应明察及此：中日两国间现有状态，如果听其存在而不谋与以消灭，满洲伪国不取消，侵华之日军不撤退，中日问题无法可以解决，世界和平无法可以解决，国联自身之生存问题亦无法可以解决，甚且日本国家最后之兴亡问题，亦无法可以解决。可以解决者，只有一事，则日本少数军阀之侵略欲与变态狂而已。夫日本最近外交家行动及措词之光怪迷离矛盾滑稽，一年来几与全世界人以捧腹绝倒。如若干时前，日本报纸及外交家所散布之空气与发表之谈话，如所谓中日直接交涉与承认满洲伪国等，其连缀之刺谬滑稽，与今日中日问题解决及符合现状一语，前后如出一辙。哀哉，国联之当局，甘受日本外交家之玩弄，而犹美其名曰研究焉、讨论焉。为问国联当局，中日问题解决与符合现状之条文，可以研究者何在，可以讨论者何在。哀哉国联！

《中央日报》1933 年 2 月 11 日第一张第二版

295. 日本努力破坏调解，国联将迅速完成建议部分，起草会讨论草定明确有力之建议书，专家意见国联迟早将援引第十六条

【中央社日内瓦十一日路透电】 国联秘书处今日赶将建议草案付印分发各代表起草会，定下午三时三十分开会。该会对于提议设立谈判委员会之组织问题，发生困难，目前仍无解决之表征。起草委员认为彼等之措施，非但将造成历史，且将成为可能之国际公法，故欲其所拟之解决方案，沟通会章第十五、第十六两条，此后随时随地，皆可引用。昨会议无结果而散。但嗣后各代表于筵席之间，交换意见，且国联之法律家，均苦心竭虑，草拟建议。故今晚之会议，或可产生各方可以同意之安稳立场。但仅赖本晚会议一次，似难结束起草之工作。

起草委会开会，希望建议勿再延迁期

【中央社日内瓦灰（十日）下午八时三十五分专电】 九人起草委员会今晚继续讨论在盟约第十五条意义之内，草定明确有力之建议书，使中日双方均能接受，尤注意于防止将来同样事件之发生。讨论尚无结果，定明日再开会，继

续研究。

【中央社日内瓦十日路透电】 起草会本晚会议两小时,但未议定任何具体办法,定明日继续讨论。本晚之讨论,多涉法律上问题,以及会章规定之解释。会后着秘书处改拟建议草案第五段,即关于监察机关之性质权限问题。起草会希望能将草案提出下星期一(十三)日之十九国特委会全体会议,于下星期内召集国联大会讨论之。

又电。本晚起草会会议,乃该会第三次无结果而散之会议也。会后某代表语人曰,起草会目前非谋调和中日两方,乃谋调和内部之意见云。起草会之困难,系关于法律上之争点,本晚会议席上难点之一,即关于确定实行建议之期限。某某代表认为如任何一方过此期限,而不实践国联建议,则国联应认其破坏国联会章。关于其他各点,某某代表亦援引会章,主张采取较为有力之行动。但经各方争论后,未有结果而散,定明日继续讨论。

又电。东京讯,日本政府对于国联最后之建议,现正考虑答覆,故调解努力之续断问题,犹未决定。

又电。据极端和缓派之国联专家谈,如日本拒绝国联最后之建议,此后事态之发展,大略如次:国联大会通过建议后,将组织委员会,于建议范围内,谋双方之谅解。此委员会之性质如何,现虽未定,但谅大会将限其于三月内报告之努力成功与否。倘调停失败,国联终须认关系之一方,破坏国联建议。换言之,即破坏国联会章。据此专家意见破坏国联会章,迟早将使国联援引会章第十六条。国联对于不承认"满洲国"前虽迟疑不决,但至今则已全体同意。故目前之反对引裁制办法者,最后亦必与其他各国一致行动云。

草会继续工作,决将请美俄正式参加

【本社十一日上海专电】 国新灰(十日)日内瓦电,此间观察时事者,闻此草案建议内,将包含邀请美俄建议消息,多信委员会之意志,欲继续工作,不顾日本最近提议。盖照目前情势,只有日本承认满洲之中国主权,始能变更起草委员会原定计划。此时各方虽皆鹄候日人答复,但罕有料东京政府对此让步者。

【本社十一日上海电】 日人真(十一)日内瓦电,灰(十日)起草委会,关于根据第十五条四项之实行劝告期间,即明定交涉委员会之权限及机能,于法律议论丛生,不易解决。其间经意见一致之事项如下:(一)鉴于十九委会依

据第十五款四项之决议案主旨,对于非会员国忽以美国之参加交涉委员会,全体同一意见,殆不成问题。然交涉委员会成立后,劝告书中插入正式邀请美国,尚无反对者,故于此点,将插入有适当伸缩性之字句。但劝告书中无正式调停之意味,而以委员之意志。(一)交涉委员会于执行任务上,将事业之范围,分而为二,政治问题归自处理,法律问题如"二十一条"条约问题,并行线敷设问题等,归海牙国际司法裁判所处理之意见,大体皆无异议。惟具体手段,想尚有种种困难,故尚须充分研究。

日拟答覆内容,措词荒谬徒欺饰世界

【本社十一日上海专电】 日讯日内瓦电,日本代表部本日关于热河问题,将如下要旨之声明书,经德鲁蒙秘书长,通告国联,同时向新闻界发表,即:(一)热河省主席汤玉麟,曾署名于"满洲国"独立宣言,足证热河省为"满洲国"之领土,毫无疑义。(一)然张学良扰乱行为,益形显著,中国正式军队已达十八万人,开鲁濒于危险状态。(一)张学良对日本再三之警告,变更态度。(一)日本依"日满议定书"之义务,不得不采取军事行动。事之至此,其责实全在张学良也。

【本社十一日上海专电】 真(十一日)东京电,对十九国委员会质问满洲自治领条,日政府决定为全面否认之回答,并高唱日本对满国策不变之旨。惟该回答书提出之结果,势必致与国联发生正面冲突。十九国委员会将以和解失败之责,归诸日本,而急于适用第四项,至此日本或不得已撤回代表部。外务当局之意见,如有违反日本国策之案件断不承认,为保持帝国面目起见,即脱退亦所不辞。故对下列各场合,须慎重审议抗争之态度,以期每一幕开演,得以临机应付,而毫无遗憾,即:(一)十九委会非难日本回答书时;(二)正式决定适用第四项时;(三)将依第四项之劝告案表示时;(四)附入劝告之报告书上呈总会时及最后投票决定时,等各种场合均先预筹应付之策。

日人刁诈异常,声言将变更巴黎和约

【本社十一日上海专电】 日讯,东京真(十一日)电,国联处理中日问题,因十九国委会态度硬化,日本所希望之第十五条第三项和解交涉,已无实现可能,委员会赶急进行实施第四项劝告手段之最短途径。因此外务省亦开始准备树立应付第四项劝告手段之对策如下:(一)日政府对于佳(九日)十九国委

员会通牒之答复,俟代表团请训到后,大约十三四日可发出,以明白表示第三项和解交涉之新组。(二)国联大会审议第四项劝告案时,日本根基于第十五条第五项公表,陈述表示反对意见,并对中外宣明日本对今次问题态度之正当,同时撤回日本对于第十五条之一切保留而出席大会投反对票。(三)劝告案内容不利于日,则即时宣布代表团之回国。劝告案积极否认"满洲国",则正式通告退出国联。(四)日本退出国联后,须要求变更巴黎和会条约之根本规定。查该条约签字国之日美等大国,既然不在国联,则由该条约之规定所产生之国联,不法的享有国际间过大之权利义务,日本不能以无条件,默认此事实故也。

《中央日报》1933 年 2 月 12 日第一张第二版

296. 英报之正论,国联应宣言否认伪国,并邀请美俄等国参加

【中央社伦敦十日路透电】 英国著名周报《新政治家》,评中日问题最后发展称:日本所自称之调解提案,内容简直欲使国联承认其已占据之掠夺品,并再予以掠夺之自由。日本如退出国联,则系其自为之也。但国联如承认日本要求,则显系自掘坟墓,自报丧钟。国联若不为日本粉饰洗清,而且揭其罪状,则日本行动究将如何,外间对此颇多推测。但吾人认为指责日本不承认"满洲国",与对日宣战不同。譬如英国代表在日内瓦投票,指责日本,吾人不信日本国内最剽悍之军阀,竟将因此提议轰炸香港。即使国联引用裁制办法,吾人亦不信香港有被日本攻击之危险云。《旁观》周报称:国联大会下次集会时,应确实宣告无论事实上或法律上皆不承认"满洲国",并请美俄以及其他非会员国参加此种宣言,至此可无疑问矣。美国务卿素倡不承认主义,故美国之加入自属不成问题。至"满洲国"之待遇问题,凡属国联会员,均应拒绝予以借款,并禁止军火运售该国,若此办法诚可不加讨论而采访之云。

《中央日报》1933 年 2 月 12 日第一张第三版

297. 建议部分完全草竣，特委会今日审议报告书，重申国联盟约、非战公约及九国公约，设立谈判委员会，斡旋中日两国谈判，以东省主权交还中国设新统治机关

【中央社日内瓦十一日下午七时四十分专电】 九人起草委员会今晚已将报告书草案全部草就，交星期一元（十三日）十九国特委会审议后，再提大会通过。大会将于下星期杪举行。草案建议部份要点如下：（一）国联盟约、非战公约、九国公约及国联决议案，均须严格遵守。（二）李顿报告书第九章之十项原则，应视作国联本身所定之原则。（三）设立谈判委员会，以事斡旋，设谈判不成，则所争问题，请国联大会公判，不必两当事国之参加，即可决定。（四）谈判委员会之最要任务为谈判：（甲）设立新统治机关，而以满洲主权交还中国；（乙）日军撤退至铁路区域等。（五）谈判委员会将以四大国四小国及美俄与两当事国组织之。

【中央社日内瓦十二日路透电】 国联九国委员会报告书，建议部份全文，共分三章，每章另分数节。第一张[章]第一节，重述国联盟约第十款全文、非战公约全文及九国公约关于中国领土权部分，并宣称以上一切原则均须遵守。第二节重述三月十一日之决议案，全文谓该决议案应继续有效。第三节重述李顿调查团报告书第九章之十项主张。全体大会接受该十项为谋完满解决中日问题之必要条件。第二章第一节主张设立谈判委员会，其任务为设立东三省政府，既不违反中国领土权，又可维持东三省治安，且可保证日本在东三【省】之合法权利。第二节谓上述委员会，第一项任务即监视日军撤退入南满铁路区。第三节主张引用李顿调查团第九章所建议十项之其他各原则。第四节，指令中日开始谈判，由谈判委员会主持一切，如有困难情形，由谈判委员会报告全体大会，再由大会决定。谈判委员会各委员由大会指定，但主张委员中应有九国公约签约国、十九国特委会中数人及苏俄。第三章主张，国联各盟约国一致不承认"满洲国"，勿采取阻碍谈判委员会工作之行动，并请非盟约国亦采取同样态度。

【中央社日内瓦十一日路透电】 起草会下午三时半开会，六时半散。建

议草案,除关于谈判委员会(或称为监察机关)之规定,而待最后整理外,余均草竣,定星期一日提出十九国特委会。起草委员对于建议草案一致赞同,此于数月前似难办到。闻建议草案共四页,为全部报告草案最重要最复杂之部分。一切建议,系根据国联会章、非战公约、九国条约,白里安前年十月十日之声明书,大会去年三月十一日之决议,以及李顿调查团之报告建议草案,提及李顿报告第九章第七项原则以及日本在满之特殊权益后,劝告关系两方开始谈判,图谋解决争案。国联大会则将指派委员会,并请非会员国,以及非战公约与九国条约之签字国参加援助。此种谈判,如两方相持不下,酿成僵局,则该委员会应向大会报告。建议草案,并定凡国联会员,皆应同意,不作任何与建议冲突之举动,并继续不承认"满洲国"。国联秘书长应于大会通过报告一月内,指派谈判委员会。建议草案要点,略如上述。但此外起草会本晚尚讨论其他问题,尤其如任何一方拒绝国联建议,则应如何办法。闻起草会赞同接受建议之期限,定三个月。瑞士代表摩太提及强制公断问题,但无结果。至十九国特委会是否继续存在,起草会亦未决定。谈判委员会之人数,将由大会决定,至多谅不出十二人,将由与远东有特殊关系各国之代表充任之。此时起草会虽不欲提到援引会章第十六条之可能,但认谈判如告失败,则此问题终不能悬而不决。

报告草案,除建议部分外,其他部分前已电详,兹特简述如次:报告序言申述调解之失败,致使国联援引会章第十五条第四款起草报告。序言后共分四部分,第一部分叙述远东之经过情形,采用李顿报告一至八章,认此记述为满洲问题正确之历史背境[景]。第二部分叙述国联处理中日问题之经过,间或提及远东事态,借以阐明国联各项决议。此外则引用上海外国领事之报告,申述"一·二八"事件,并提及榆关事件,以及日军谋占热河①之恫吓。第三部分则为结论,第四部分建议(结论全文另详)。

《中央日报》1933 年 2 月 13 日第一张第二版

---

① 编者按:"谋占热河"原文作"谋热占河",现改正。

298. 报告草案结论全文,认定东三省主权属于中国,日军事行动不能认为自卫,伪组织独立并未得东省人民赞助,抵货乃为抵制侵略国之报复行为

【中央社日内瓦十二日路透电】 报告草案结论部分,原文如次:

一

提交国联大会之中日问题发生于满洲,中国以外列强皆认满洲为中国之一部分,并认该地主权属于中国政府。但日本政府于其对调查团报告之意见书内称,前中国于南满划定区域内所给予俄国后复转给日本之权益与中国主权冲突。然而此种权益,系由中国主权而来,于事实上,中国必先有主权始可以此权益先给予俄国,后给日本。依照一九零五年之北京条约,应允俄国按朴次茅斯条约将其权益让予日本者,中国政府也。同年日本要求展长在满权益,所向要求之对方,亦中国政府也。嗣后关于南满以及内蒙东部之一九一五年五月十五日条约,亦系由日本与中国政府缔结。且日本于华盛顿会议,放弃南满及内蒙东部之某项主要权益时,亦复声明日本有此决定,系受公平缓和态度之驱使,并谓日本向重中国主权与门户开放主义,九国条约在中国各部与满洲自当同样引用。迨至此次冲突开始时,日本并不争持满洲非中国整个领土之一部分,且坚持满洲冲突应由中日两方直接解决。

二

国联大会提出上述事实,非不注意及满洲过去之自治历史,举其极端之例,张作霖竟以东三省名义于一九二四年九月二十日与苏俄缔结协定,内容关系中东铁路航业界线以及其他问题。惟就协定之内容观之,东三省政府显无自认为与中国脱离关系之独立国家,仅信关于中国在东三省之权益,东三省政府应自行与俄国谈判,因数日前中央政府关于上述问题之一部,亦曾先与苏俄缔结协定也。满洲之自治性质,亦可于其行政制度窥见之。张作霖曾数度宣告独立,但无论张氏或东三省人民,均不愿脱离中国而自立。故在满洲战史之

中,或即于其宣告独立期间内,东三省仍为中国之一部分。至一九二八年张学良易帜拥戴国民政府,则东三省之为中国一部分,更为确定矣。

三

在"九一八"前之二十五年中国与东三省之政治经济关系,日增密切,同时日本在满之权益亦继续发展。中华民国肇造以还,中国他省人民可自由移居东三省开辟土地,于种种方面,将中国本部扩充至长城以外。东三省人口约三千万,汉人及与汉族同化之满人达二千八百万,于张作霖父子时代,中国人口以及中国人之经营,对于发展东三省经济利源,较前尤增重要。

四

同时日本在满所获取或要求之权益限制中国主权之程度,殊为他处所未见。譬如日本之关东厅,竟能运用一切主权。日本因南满铁路之关系,管理铁路区域并握数处人烟稠密之要镇如长春、奉天(沈阳)等地。日本在此数处内,管辖警政、捐税、教育以及公用事业,并于数部分内驻扎军队,如辽东租借地内之关东军、铁路区域内之路警以及各处领馆之警察。此种状态,如系出自双方之自由愿望或经双方自由接受或借双方密切经济或政治合作,固可长久维持,不至发生不断之纠纷或争执。但若无上述条件,则此种状态,终必引起误会冲突。且两方权益之轇轕法律形势之不确定,以及日本特殊地位之观念,与中国国家思想之对峙,亦皆争执纠纷之源也。"九一八"前双方均有合法之不平,日本利用来历不明之权利,中国阻抗确定权利之施行。"九一八"前曾有以外交和平方法解决悬案之努力,此种方法在"九一八"前并未用尽,但日本国内意见主张于必要时之武力解决,故形势因之紧张。

五

中国目前处于过渡时期,国内建设虽有进步,但政治变化势所不免,应行国际合作政策。按此项政策国联将继续予中国以技术上之援助,俾谋革新中国制度,援助中国改造与巩固国家基本。华盛顿会议已订国际合作主要之原则,但此原则迟迟未能充分实行,较要原因,系为中国不时有激烈之排外宣传,并对外之经济抵制。学校之排外宣传,亦足增长此次中日问题爆发中之紧张空气。

六

"九一八"前中国实行抵制外,中国实示对某事之愤慨或图援助某项之要求,势必使已形紧张之局势,更趋严重。"九一八"后之对日抵制,则属国际报复之举。但吾人于此应加声明,就普通国联关系着想,甲方若用剧烈行动,乙方必采取剧烈行动对付之。

七

国联会章之确切目的,系图阻止国际之紧张扩充以至于不免决裂之地位。国联调查团认为中日之间一切争执,均可借公断解决。但因中日争执,久悬未决,逐渐增加,故益使两国间关系更形紧张。因此任何一方,若觉外交谈判过于迟缓迂回,应促国联注意。盖国联会章第十二条对于和平解决争案,定为会员国正式之义务。

八

日军于"九一八"夜,或许自信其行动出于合法防卫。此种可能,不必断其无有。但就日军是夜于沈阳以及满洲他处军事行动论之,不能认其为自卫办法。即日本嗣后之军事设施全部论之,亦不能认为自卫。抑有进者,一国之采取合法自卫,并不免除其依照会章第十二条之义务。

九

自"九一八"后日军当局于军事以及行政之活动,于基本上系受政治理由所驱使。日方扩大军事占领一切重要城镇,废除中国之管理权,改组行政机关,日本军政官宪筹组施行满洲之独立运动,借谋解决"九一八"后满洲之状况,并用素与中国当局挟有仇隙之某某各人当地团体及少数人之名义以及活动,谋达上述目的。此种运动系受日军参谋部之援助与指导,所得实行者,端赖日军之存在,不能视同自动或真实之独立运动。

十

上述运动产生之"满洲国"政府之重要政治行政权限,均操诸日官宪及日籍顾问手中。彼辈所居地位,实足有效驭制满洲行政。至于大多数之中国居民，则未赞助此种政府，并认其为供日人操纵之器具。"满洲国"于调查团完成报告书后得日本之承认，唯尚未得其他任何一国之承认，此点亦当加以注意云。

《中央日报》1933 年 2 月 13 日第一张第二版

299. 日阀至死不悟，犹图欺骗全世界，发对满洲问题声明书，满纸荒唐词不堪卒读

【本社十二日上海专电】 文（十二日）东京电，日政府发表日帝国政府对满洲问题之声明书，业经大体决定。该声明书于某种意味可作为与国联之绝缘书，故起草时将慎重讨论。又该声明书所主张之诸要点如下：（一）满洲之与中国本部于地理的历史的，常在别一地位。该地居民因憎恶张姓之暴政，反对该地卷入中国本部政争漩涡，两国政策故当继续为保境安民之运动。（一）"满洲国"之创设，系根据以该保境安民运动及清朝复辟运动为主动体之满洲居民之自发的行为。日政府由接壤之特殊关系与辽东和平之大局的见地，与以长成助力，益信极有意义。（一）"满洲国"现已成立，且诸般事业正在着着进步发达之际，今乃将"满洲国"解体，实决不适合问题之处理与调整，故将"满洲国"置诸国际修好之圈外，断不能谓为得当也。

【本社十二日上海专电】 华联文（十二日）东京电，日外交部今日下午召开陆军与外交部联席会议决定原则，由谷亚洲司长负责起草，明晨再开部会修改，然后提出临时阁议取决，经日皇批准，预定元（十三日）傍晚发出训电。其所传大纲如此：（一）日本新提案并不接受李顿报告书第九章之原则，仅同意以该报告为参考。（二）日本正式承认"满洲国"之独立，为既成之事实，日政府决不能撤消此种事实，或取消"满洲国"。故李顿报告书第九章各原则中之第七项，不能承认。（三）承认"满洲国"为独立国家，系日本之国策，在此三个月以来，日代表屡次声明在前，各国当已了解，不用多说。（四）十九委会之质问书，其宗旨在使日本国策发生动摇，日断不能承认，故其责任为国联负担之。

【本社十二日上海专电】 华联文（十二日）东京电，国联形势吃紧以来，政

友会内之军阀派议员倡议在国会议决退出国联，因事关外交策略，政友会领袖，均不敢表示轻举。民政党方面则绝对反对，其理由谓若一旦在国会议决，则政府失其自由，退出国联之言辞，已失其恫吓作用。政府如遵守院议，及时不能退出国联，又将发生国会威严问题，故不如一任政府完善处理，以免生出其他矛盾云。

《中央日报》1933 年 2 月 13 日第一张第二版

300. 社评：捏造"中俄同盟"之用意

日阀自中俄复交以后，捏词谰言，层出不穷。"中俄通商密约"之捏词方去，"中俄攻守同盟"之中伤又起。行坐不安，恶意张惶，吾人于此，不能不摘发其奸，以促世人深切之注意。

"中俄攻守同盟"之说，已由两国驻法使署及颜惠庆、陈友仁二氏痛斥其狂，其为捏词，无待申辟。故吾人所望于世人深切之注意者，自非此断片捏词之真伪，而为捏词所自出之阴谋。查日阀蹂躏东北，即以防止苏俄赤化为其对世界掩护之一口实。其意若谓举此骇人听闻之口实，即能勉邀各国之同情，至少亦可获得各国之宽恕。故一闻中俄复交，即大放"世界最扰乱和平分子携手"之怪论，借耸世人之听闻。耸动不足，则益之以"中俄通商密约"，更益之以"中俄攻守同盟"，捏词谰言，不一而足。举世一日不认日阀暴行为正当，则此捏词谰言，当无一日休止之势也。

然则日阀何为频发此捏词谰言乎？曰：对中俄二国，使永远止于今日复交状态，更无增进亲交之可能。对世界各国，使怵于苏俄赤化势力之发展，而认日阀所谓"对俄立于第一道防线"之行动为必要。其意以为必如此，才能于威吓利诱之下，迫使苏俄承认其一手包办之伪国，而图其大陆政策之好梦。日阀之阴谋如此，断非吾人之曲解，更非吾人之厚诬。使吾人回忆半载以来日阀诱胁苏俄承认伪国之事迹，即可洞烛日阀阴谋之真相。日阀半载以来对俄之诱胁如何？除一面推其军队于"北满"，以胁苏俄之国境以外，其最初对俄要求者，即为承认伪国以为同意日俄互不侵犯条约之交换。其后知苏俄之终不愿承认其卵翼下之伪国也，于是一再提议所谓"日满俄共同委员会"之说，以冀诱引苏俄实质的承认。而最近"日俄同盟"之说,亦复嚣然尘上,为其国人论争之中心。所谓以"立于对俄第一道防线"自任者之图接近苏俄如此,而尤诬人以"最扰乱和平分子之携手",以"通商密约",以攻守同盟,是直蓄意奸占而反诬旁人为奸夫之行为,其用意之卑劣与恶毒,实为人世所不许!

吾人于此,不能不望世界贤明之政治家,能燃犀烛奸,洞烛日阀之阴谋,而不为其恶意宣传所蒙蔽,则东亚和平之晨光,或有曦露之可能。吾人更望吾国外交当局,能以远大之目光与无畏之精神,排除日阀恶意宣传之障碍,以辟敦进友邦睦谊之大道,则当前之危局,或有挽救之可能。趑趄不前,徬徨歧途,徒增日阀以可乘之机会而已。

《中央日报》1933 年 2 月 13 日第一张第二版

301. 社评:读九国委员会报告书

九国起草委员会自上月二十三日成立以后,穷十余日之力,已将报告书全部草拟竣事,迭据日内瓦电讯,该项报告书除序言以外,都为四部,其中最重要之部分,则为最后关于解决中日问题之建议。建议之要点凡四[①],即:"(一) 国联盟约、非战公约、九国公约及国联决议案均须严格遵守。(二) 李顿报告书第九章之十项原则,应视作国联本身所定之原则。(三) 设立谈判委员会从事斡旋谈判,设谈判不成,则所争问题请国联大会公判,不必两当事国之参加即可决定。(四) 谈判委员会之最要任务为谈判:(甲) 设立新统治机关而以满洲主权交还中国,(乙) 日军撤至铁路区域等。(五) 谈判委员会将以四大国四小国及美俄与两当事国组织之。"在此日阀气焰高张,频以脱退恫吓国联,以图完成其侵略政策之时,而九国委员会竟能以勇往迈进之精神,制成此解决纠纷之建议,吾人对九国委员为世界和平之努力,诚不能不表示敬意与谢忱。

统观上述建议,属于(一)(二)两项者,为解决中日问题之基本原则,而其余则属于解决方法。夫中日问题之须以国联盟约、九国公约、非战公约为基础而谋解决,已为天经地义不可逾越之原则,固无待吾人之论列。至对于国联历

---

① 编者按:据下文,此处"四"应为"五"。

次决议及李顿报告书第九章十项原则应否视作澈底解决目前纠纷之大本,亦已由吾国政府一再表示意见与立场,事成过去,亦无待吾人之赘述。故吾人在此所欲言者,厥为关于(三)项以下之解决方法。(三)项以下之解决方法,可析为关于谈判机关之组织、谈判机关之职权、谈判机关之任务三项。原案所载,俱属原则,详细办法,有待厘定。兹于国联试行解决之初,谨抒吾人关于上述三项之意见,以促国联之注意。

一、关于谈判机关者。解决中日问题之必须美国合作,已为举世所共认,今九国委员会已排除日阀之异议,提议美俄合作,吾人诚不能不为中日问题前途庆。顾美俄参加,障碍殊多,此后美俄之是否毅然参加谈判委员会,当视国联邀请参加之诚意如何以为断。盖美俄二国之参加,素为日阀所反对,甚至不惜退出国联以为其坚决之表示,此其一。美国新选总统罗斯福,在竞选演说中,对于国联,频有不满之言词,而攻击国联最烈之哈斯系新闻,又复与罗氏有密切之关系。在此情况之下,而问罗氏就任大总统以后,对于国联之态度,是否较胡佛政府有加,自为极大之疑问。至于苏俄,自国联成立以来,即与国联取对立之态度,至于今日,固尚持坚决之立场,而不欲与国联发生任何之关系,其所以加入国联所主持之军缩会议与技术会议,苏俄当局固视为出于造福无产阶级之立场,不能视为接近国联之态度也,此其二。有此二因,两国之是否应国联之请而参加国联解决中日之纠纷,本已为举世所怀疑。故国联主要国如英法者,如仅出于小国之希望,敷衍塞责,而无充分邀请之诚意,则两国固绝不愿牺牲其立场,而作无谓之周旋也。

二、关于谈判机关之职权者。原案对于谈判机关之职权,只有"从事斡旋"数字含糊之建议,详细办法固有待于此后之规定。但吾人以为欲使谈判得有效之进展,而不至陷于僵局,则至少须授委员会以高度之权威与类似强制执行之权力。不然则荆棘丛生之难局,谈判固绝无进展之希望。若谓"谈判不成,则所争问题请国联大会公判",则谈判中无限之纷争,何能待有限之国联大会——公判,而坐待枝节之横生乎?

三、关于谈判机关之任务者。任务方面,关于日军撤退于铁路区域一节自为解决中日问题之先决条件。如此条件而不实行,则一切问题自无进行之余地。顾所谓日军撤退至铁路区域者,国联决议已非一次,吾人不知此谈判委员会者,受有如何之权威而能使日军履行此神圣之义务也。至于设立"新统治机关"云云,吾人亦不解所谓新统治机关之组织如何,意义如何。以建议第二项之原则度之,则此所谓"新统治机关"者,殆指李顿报告书中所谓"满洲自治政府"而言。李顿报告书中所谓"满洲自治政府",无论自其产生、组织,或主权而言,在在与九国公约中吾国"领土主权完整"之规定相背驰,不独为吾国政府所难同意,即自建议书之本身,亦前后陷于矛盾之圈中。以上为吾人关于建议案解决办法之意见,因篇幅所限,不容详细指陈,然已觉难题之丛生,而不许吾人之乐观。方日阀气焰迫人,向视国联决议如无物,吾人不知日阀拒绝接受之时,国联将何法以善其后乎? 其将出于十六条之制裁乎? 如会员国而不以诚意一致拥护国联之威信,则制裁固不可能。即此所谓建议案中之解决办法者,其效力与历次大会及行政院之决议案,相去几何?

故吾人披读报告书后之总结论,曰中国对于国联措置中日问题之满意与否,已不在国联任何纸上之议案,乃在议案外之实行如何,制裁如何;九国委员会报告书之内容是否如电讯所传,在国联秘书处未公布以前,尚难为之断定;九国委员会报告书之是否能通过于十九国委员会及最后之大会,在今日皆不可知,即使此数项假定一一已成事实矣。国联自身之权威,犹不在其议案之文字,而终必在其实行之如何。国联在最近过去中,虽受举世之嘲骂,而吾人固犹屏息拭目以待此最后之试验焉。

《中央日报》1933 年 2 月 14 日第一张第二版

302. 十九特委会昨通过报告书草案前三部分,今晨仅开会继续讨论建议部分,日本尚作最后挣扎即答复国联,外交当局盼报告书能使之实行

(中央社)国联九国委员会起草报告书建议部分业已完竣,昨(十三)日提十九国委员会讨论,俟通过后,即提本周末举行之国联大会讨论。中央社记者昨日往访外交当局,叩询对建议部分之意见。外交当局以该项报告尚系草案,未愿正式发表意见,但谓建议部分对九一八事变之责任,确定应由日本担负,对伪组织亦不予承认,并邀美俄参加谈判委员会,以上各点,与我国向来之主张适合,认为满意。并谓九国委员会既毅然起草公正之报告,则国联大会开会时,亦应毅然通过。最要者国联大会通过该项报告后,尤应极力设法使其实

行，俾远东和平，能得确实之保障，免蹈过去历次决议，徒成一纸空文云。

特委会发表公报，今晨续讨论各点

【中央社日内瓦十三日路透电】　十九国特委会发表公报如次：十九国特委会今晨继续会议，报告草案之首先三部分，已得第一读通过，特委会仅于文字上作某项修改。假令依照会章第十五条第三款之调解努力为不可能时，则上述之报告草案，行将提出国联大会，以求最后之通过。特委会定明晨续开会，通过今日之修正各点，并开始研究起草会所提出之结论（即报告草案之第四部分）。今晨会议首由秘书长（德鲁蒙）报告，据称渠按本会上星期四日之训示，于是日下午促日本代表团注意继续有军事准备以及行动之消息，特委会认为热河乃形势更趋严重，纵使不致破坏调解之努力，亦将令其濒于危境云。松冈解释热河形势，谓"满洲国"认为热河乃"满洲国"领土之一部分。松冈尤其郑重声明，最近中国军队之集中，以及日本维持"满洲国"安全之义务。并谓在此情势之下，渠不能向特委会保证将来发展如何，但中国军队若退出热河，则情形自当更变云。

报告草案前三段，特委会昨已通过

【中央社日内瓦元（十三）下午二时三十分专电】　十九国特委会今晨开会通过报告书草案前三段（即第一段追述远东所发生之往事，第二段言日内瓦事，第三段结论），仅字句间略有修正。第四段建议案明晨续议。

【又日内瓦十三日路透电】　十九特委会今晨上午十时半开会，十二时半散会，先由德鲁蒙报告上星期中与松冈谈话之经过，次通过报告草案首先三部分，一、二部分，仅于文字上略加修正，第三部分则未修改。通过全文，昨已电详（已见昨讯）。

又电。德鲁蒙略称松冈认为热河乃满洲之一部分，张学良军队十五万人集中热河边境，危迫满洲，日本依照条约义务应予"满洲国"以军事上之援助。中国方面，若图割裂热河，使之脱离"满洲国"，日本势必抵抗。中国如不攻击，则日本当不破坏和平云。松冈之论调坚强表示日本态度，各代表因之得一深刻印象。但今晨会议，关于热河问题，未加讨论。今晨会议极为顺利。关于修正特委会去年十二月十五日之草案，日本尚未答覆，各代表颇感失望。但料此种延缓，系因日内阁从长计议所致。

日内瓦各方预料,日本难接受建议

【中央社日内瓦十二日路透电】 秘书处今日放弃星期假日,赶印报告草案。十九国特委会亟欲完成工作,谅将于星期一早晨军缩常会前,开会讨论起草之首先三部份。至建议部份,须待下次讨论。此间对于日本将如何答覆国联,互相推测。依照特委会多数代表目前之态度,日本之答覆,如有条件,国联碍难接受。即日本无条件接受国联最后建议,中国方面以及特委员〔会〕某某代表,谅将提起反对。盖认目前形势,因山海关之发展,与日军对于热河之恫吓,已与去年不同也。但国联已向日本提出建议,此时难于收回。此间日人似信日本将拒绝国联建议,认为大势已定,无可挽回,故日本若无条件接受国联建议,将出诸此间意料之外。

日决作反面答覆,准备提出声明书

【中央社东京十三日路透电】 日本对国联询问之答复,外务省昨已拟就,谅将提出今晨阁议,本晚可电日内瓦代表团,传日方答复:(一)注重日本不能撤销承认"满洲国";(二)声明依照会章第十五条第三款之调解努力,如告失败,国联应负责任;(三)国联如引用会章第十五条第四款,日本将按第五款提出声明书,驳复国联对于日本之指责。

【中央社东京十三日路透电】 外务省发言人表示,日本对于国联询问一节,将作切实之反面答复,并谓日本之答复,系根据日代表松冈洋右由日内瓦电来之草案。惟该发言人不欲证实或否认外间对于日本覆书内容一切之传说。至国联所草之建议草案,是否将使日本退出国联,该发言人亦不欲正式发表意见,但谓据其个人意见,日本之退出,似可断定云。

【中央社东京十三日路透电】 据可靠但非官方消息,日本对国联之答复,谅将不顾结果,坚持"满洲国"之独立。

日本赶制陈述书,全篇均强词夺理

【本社十三日上海专电】 日讯,元(十三日)东京电,外务省赶急制作反驳国联报告书之第十五条第五项之陈述书。闻其最努力之主张之点如下:(一)国联逸脱之盟约之范围,设立特殊机关,日本政府绝对不认此种独擅的处置。(二)邀请美俄等非会员国出席该机关,日政府断然反对之。(三)此种机关虽告成立,日本不许其干涉关于日本之问题。如美俄两国欲参加会议委员,则日本将直接对该两国提出抗议。(四)报告书指日本在满洲之军事行动,超越自卫权限之范围,尤其不当。盖自卫权之解释,应完全依于当事国独立之解释,第三者欲判定自卫之正否,业为危险。此事美政府亦有表示意见。(五)日本承认"满洲国",为增进远东和平之惟一途径,故日本断不能取销此事实。(六)国联制作如此无责任之空漠报告书,在此时或将来惹起之国际政局上大纷乱,应由国联负其责任。

日阁召紧急会议,通过外务省答案

【本社十三日上海专电】 日人东京电,日政府因今晚须发出回训致松冈代表,故关于回答书案,经于下午二时半在首相官邸开紧急阁议。由内田外相详细报告国联之经过及今后之情形后,附议提出十九国委会之帝国政府回答书。经讨论结果,决为全面的否认之回答,并无异议,决定承认外务省案。因此内田外相于阁议终了后,即进宫觐见,详奏回答书之内容,并经裁准后退出。

《中央日报》1933 年 2 月 14 日第一张第二版

303. 英报赞扬报告书,谓对日不利非反日情感驱使

【中央社伦敦三日路透电】 今晨各报多评起草会之建议,认为国联报告草案,劝告中日直接交涉,借谋解决,国联方面则准备加以援助。《纪录新闻日报》称,报告草案几每点对日均为不利,但绝不能认此系为反日情感之所驱使。国联待日之温和容忍,几使国联自身失败。日若接收报告,可免后患;若不此,世界舆论则当准备顾负责任云。

《中央日报》1933 年 2 月 14 日第一张第二版

304. 国联形势趋于紧张,报告书全部将通过大会,国联全体大会定下星期一举行,日本无切实答覆,各国愈形不满

外交界息。十九国委员会前(十三日)开会通过报告书之前三章,因爱尔兰代表之提议,于文字上修正五六处之多,均于我较为有利。昨(十四日)继续开会讨论第四章建议部分,原则上将不致有何变更,惟文字上或将略加修正。如昨(十四)日会议不能完竣,今(十五)仍将继续开会,因此大会会期将展至下星期一(二十日)举行。现日方对报告书已决定反对,但国联态度亦极强硬,故日本与国联或将发生正面冲突。我政府方面,现暂守缄默。因将来国联大会是否顺利通过,尚难逆料。即使顺利通过,亦不过国联主持正义公道应有之举动。我虽于道德上获得胜利,但谓东三省失地即可借此收复,则未免奢望过甚,故对自卫政策,仍不能丝毫放松云。

【中央社日内瓦十三日路透电】 日本复文已由东京电达,此间日本代表团,约于明(十四)日送交秘书长【德】鲁蒙。闻日本复文仅将日方意见重行申述,对于十九国委员会所提出之质问,并无切实答复。故明(十四)日下午特委会开会时,将继续讨论报告书通过建议草案。全体大会将于下星期一(二十日)招集,全体大会势必通过报告书及特委会之建议。有人表示,在大会未通过报告书前,和解工作仍未完全停止。但一般人均觉如日本对于特委会之质问,无切实答复,则和解之门,已完全封闭矣。特委会中有多数委员,谓如日本接受十二月十五之决议案,则国联将处于极端困难之地位。因该项建议既应允不请美俄参加,又准日本对于说明书予以保留,日本既然拒绝十二月十五日之决议案,其接受国联建议之希望绝少。对于此后情形,各方所见不同。据专家说,如于通过报告书三月后,日军仍留驻于中国境内,则日本已显然的违反国联盟约,且中国可根据盟约第十六条,向国联起诉。下星期一之全体大会定极紧张。

特委会讨论日覆,各委对热事愤慨

【中央社日内瓦十四日路透电】 十九国特委会今(十四)日下午三时三十

分开会，讨论日本政府覆文，特委会立时可予以答覆。十九国特委会中有多数委员，对于热河事异常愤慨，恐于今日下午议定如何答覆日本时，各委员将以彼等之意见完全列入覆文中。故覆文之措词，必较上星期德鲁蒙与松冈洋右之谈话，更加激烈。

【中央社上海十四日电】 国民社日内瓦寒（十四）电，国联所草报告书，一俟十九国委员会最后通过，即将赶印。照目前计划，国联大会将于下星期一召集，日本答复十九委会公文，将由松冈于今晨送达德鲁蒙。日代表团已于昨日下午二时半接到东京训令，松冈遂立即召集日本各代表，于下午五时至都市旅馆从事必要准备。现闻十九委会中，小国代表如西班牙、捷克等，皆觉不能再耐，而望十九委会今日通过建议，以便本星期内，即可召集大会。但众信建议内三部分，未必能于今日议毕云。

日本之最后挣扎，不过希图再狡辩

【本社十四日上海专电】 日人寒（十四日）东京电，昨日午后外务省主脑部，在外相官舍协议之结果，议定经过下列之过程，对国联堂堂抗争，即：（一）附劝告之报告书交议大会时，令松冈代表为反对演说。（一）大会最后票决时，不采弃权的祥温的态度，而决投反对票，以破劝告全会一致之决定。（一）对抗劝告根据第十五条五项，提出最终陈述书，强硬主张帝国之立场，指摘国联之认识不足，使之体无完肤。（一）劝告在大会成立，采决时令松冈代表发表宣言，声明帝国政府今后关于满洲问题不参加，大会仍主理事会之讨论，然后撤回帝国代表，俟代表部归国，同时自主的决定退出国联。

【中央社日内瓦十四日路透电】 日本政府覆文已于今（十四）日上午送交国联秘书长德鲁蒙。日本并未依照十九国特委会之请求，作一切实答覆，仅将日方意见重行申述。谓日本并不反对特委会将李顿调查团报告书第九章之原则，列入决议案草案内，惟该项原则之施行须顾虑及事实。日方覆文中说及日本之"和缓态度"，并表示日本政府，深信"满洲国"之承认存在与独立，为远东和平之唯一保障，且深信中日两国终久可根据此项原则，解决中日纠纷云。

【本社十四日上海专电】 日联寒（十四日）东京电，日政府之回训，业于元（十三日）晚电送日内瓦代表部。松冈代表寒（十四日）晨电致外务省，要求刷除答文第一项中"日本既以书面或口头充分说明立场"一节中，书面或口头等字，又要求修正其以有刺激国联神经之语气部分。外务省即时回电承认要求，寒（十四日）晨可提交德鲁蒙秘长。

日覆特委会内容，一篇不顾信义词

【中央社东京十四日路透电】 日本对十九国特委会质询之覆书，将由松冈送达德鲁蒙，内容大略如次：特委会所提出一点，日本政府已屡加切实声明，且由日代表团向特委会与国联大会以及行政院主席口头并书面解释。日政府所处地位，难容以日本承认"满洲国"之举动，付诸国联讨论，但日政府感觉若有充分时间，详细解释一切要点，日政府能使世界了解其地位了[之]公平无玷。特委会代表对于松冈与德鲁蒙之谈话内容，既有详细报告，则对于日本关于此事之态度，当不至于误会。十九国特委会前曾表示愿意放弃决议草案与主席声明书内，关于邀请非会员国之规定，希望日本接受其余各项规定，特委会主席复于一月二十八日建议日本提出声明或保留，阐明日本对主席声明书末段之地位（按声明书末段即关于"满洲国"问题），是则特委会并不反对日本采取上述程径。但特委会倘能充分了解日本之地位，必不至提出此种建议。讵特委会不担提出此项建议，且于二月四日公报内，正式证实之。至李顿报告第九章之原则，日本政府并不反对将此原则列入决议草案与主席声明书，但须顾全实际之发展与调解所必须之原则，即对于一切要点不能加以臆断是也。日本政府之持此温和态度者，系假定特委会对于日本态度，已有充分了解。换言之，日本政府深信承认及维持"满洲国"，为远东和平惟一之保障。全部问题应依此原则，由中日两国解决。日本政府深望调解委员会，将以充分时间详细解释上述以及其他要点云。

【本社十四日上海专电】 日联东京寒（十四日）电，日政府对十九国委员会质问书之回答文，已经阁议正式决定，昨晚十时由内田外相急电日内瓦代表，其内容如下：本月佳（九日）十九国委员会质问日政府，对于李顿报告书第九章第七项，解决中日问题原则之态度。日政府及代表团从来在任何机会以书面或口头屡次说明此事，故日政府信十九国委员会亦已谅解此事。且该委员会于二月支（四日）发表之公报，亦提议中日两当事国可保留议长宣言。日本信该委员会非熟知日政府对满方针，决不能为此行为。日政府未反对决议案及议长宣言中引用李顿报告书第九章解决原则之理，无为有十九国委员会对于报告起草后之事态，加以考虑之谅解，并非同意该项原则之完全适用于中日问题。日政府因惯传十九国委员会，熟知日确信其承认"满洲国"之独立，为保障远东和平之惟一方法,并信以此基础中日问题能由中日两当事国解决,始终努力欲达和解手段之目的。兹对于贵翰[函]奉答如此,国联秘书长德鲁蒙阁下。日本国政府代表松冈洋右。

《中央日报》1933年2月15日第一张第二版

305. 美对国联报告暂取沉默,参加谈判会否未定

【中央社上海十四日电】 国民社华盛顿元(十三)电,美国务副卿凯赛尔,今日答复新闻记者之询问,谓美国未尝保证参加国联调解满蒙案之努力。目下国务院尚未接到是否将邀美国参加谈判委员会之正式消息,国联亦尚未探询美政府意见。将来倘被邀请时,美国是否参加亦将视任务之性质与所负之责任以为断云云。至关于十九国委员会报告书消息,凯氏与国务院其他人员均不允加以评论,盖严遵史汀生去年宣言在国联大会有所决定以前,不再作政策之声明也。

【中央社华盛顿十四日路透电】 日本退出国联,均以为毫无问题。此间官方深虑大规模之战争,将因东三省事而爆发,有人谓日本或将封锁中国海口。

《中央日报》1933年2月15日第一张第二版

306. 建议修正草案,设东省自治政府尊重中国主权,于谈判委员会指导下开始交涉

【中央社日内瓦十四日路透电】 国联报告书建议部份全文,已由秘书处分发十九国委员会各委员。据各委员私人推测,今(十四)日开会时,将无重要修改。建议部份全文尚未公布,但最后修正草案探悉如次:

第一章

(甲)任何解决办法,须不违反国联盟约、非战公约及九国条约。(乙)须

与三月十一日所通过决议案第一段及第二段之原则相吻合。(丙)须与白里安于一九三一年十二月十日所发表宣言之原则相吻合。(丁)国联盟约国不承认凡以违反国联盟约及非战公约之方式造成之任何局势。(戊)不能于武力压迫下,解决此事。(己)重行申述李顿调查团报告书、国联盟约第十条、非战公约及九国公约之原则。并谓一切解决办法,不得违反以上各原则。

第二章

全体大会建议:第一段,(甲)设立东三省自治政府,但该政府仍得尊重中国主管权。(乙)日军自南满铁路区外所占各地撤回原防。(丙)解决其他中日悬案。(丁)与中日双方谈判,设法施行以上建议。第二段,中日双方于谈判委员会指导之下,开始交涉,该委员会委员名单,由全体大会指定,并请美国与苏俄参加。第三段,谈判委员会将组织东三省新自治政府及日军撤退情形,随时报告国联盟约国及美国与苏俄政府。第四段,关于谈判委员会职权之一切解释,该委员会须提交全体大会决定。

第三章

国联盟约国将继续不承认现时在东三省之一切组织。关于东三省问题,各盟约国应允不采取任何单独行动,努力采取一致动作,于可能范围内,与有关之非盟约国合作,(此段重述九国公约条文从略)九国公约条文显明表示,如任何签约国对于该条约某段之施行有纠纷时,有与其他签约国互商之责任。

《中央日报》1933 年 2 月 15 日第一张第二版

307. 如何使报告书有效,国联应准备用第十六条,陈友仁对路透记者谈片

【中央社上海十三日路透电】 前外交部长陈友仁今日下午接见路透记者,谈及九人起草会之报告草案。据称如国联于必要时,决将再进一步求合报告草案之逻辑,即引用会章第十六条及实行裁制办法,亦所不辞,则报告草案或可生效。不然则国联难免再蹈李顿报告之覆辙。国联委派李顿调查团后,

日人造成"满洲国"以牵制之。故国联此次通过报告,热河以及华北全部之严重发展,或将于数星期内继之而起。换言之,草案报告如仅为调解政策之另一形式,或仅图使国联摆脱其目前因日本倔强态度所处之进退两难之地位,则日本将用其故技,造成"新形势"破坏报告草案所含之解决方针云。陈氏末称,渠信国联尤其英法两国,若使日本深信列强将依会章第十六条之意义,采取断然行动,以符历次决议之精神,则日本或将被迫更变其目前之侵略政策云。

《中央日报》1933 年 2 月 15 日第一张第二版

308. 英舆论勖勉国联,中国或被迫自卫而作战

【中央社伦敦十四日路透电】 《满城卫报》谓如日本仍不更改其原有政策,则国联将与美国及苏俄联合,共谋进一步之实用方法,协助被侵略国,且中国或将被逼不得已而走入因自卫而战之途径。

伦敦《泰晤士报》称,国联此次提出之解决办法,并不欲将字句故意予以不清不楚,借以得日本无意义之接受。因目前局势如此,立时实行国联之解决办法,固难作到,但一公平团体,视为最稳妥之解决方案,终久或能得到有关系方面之同意。

《中央日报》1933 年 2 月 15 日第一张第二版

309. 特委会通过报告书全部,国联全体大会改下星期二举行,颜代表访主席蒲庚促注意缺点,两当事国接受期间有确定必要

【中央社日内瓦十四日路透电】 十九国特委会今日通过全部报告草案,改下星期二(廿一)日召集国联大会。今日会议各方意见完全一致。特委会首先讨论日代表团对特委会最后建议之答覆,并拟定覆书。旋讨论热河问题,决警告日代表团,形势如有再趋严重,势必破坏调解之新努力。特委会最后讨论

建议草案,略有非重要之修改,并补充关于谈判委员会之规定。特委会定谈判委员会将由任何自愿参加之十九国特委会会员国与九国条约之签字国,以及苏俄组成之,但因预料此后谈判将在远东进行,故欲参加者,应有必须之准备。特委会复决定国联大会,将于下星期二(廿一)日决定调解终止问题,星期五(二十四)日讨论报告草案。如属必要,将于星期六日再行集会,继续讨论。中国首席代表颜惠庆近日屡与各委商谈,今日会前复晤特委会代主席蒲庚。闻系促其注意,颜氏所认为建议草案之弱点,尤其是确定展缓期间之必要。

特委会发表公报,报告草案定明日公布,并由国联无线电广播

【中央社日内瓦十四日下午七时半专电】 十九国特委会今晚已将报告书草案全部通过,提出下星期二(二十一日)国联大会作最后之核准。报告书之缺点,在未限期令两当事国接受,日本正可利用此点,故意置之不理也。

【中央社日内瓦十四日路透电】 特委会今日会后,发表公报如次:特委会今日下午续开会,首先讨论日本首席代表松冈对特委会二月九日去函之答覆,并决定覆书由秘书长代表特委会回覆日代表团。特委会旋宣读昨所议关于调解失败后应向大会提出之报告草案之首先三部分之修改,全部通过。次续议报告草案之第四部分(即建议部分)略作修改后,亦加通过。特委会决于下星期二(二十一)日召集大会,报告草案全文,定本星期五(十七)日公布,同时将由国联短波无线电台广播,各国政府所办电台,均可接收云。

日方如拒绝建议,此时尚不能确定办法,蒲庚答覆爱尔兰代表

【中央社日内瓦十四日路透电】 今日特委会会议,爱尔兰代表勒斯特问,如日本拒绝建议草案如何办法。德鲁蒙答称,渠假定国联建议将定期三月,三月后由大会制新报告,爱代表所问一点,目前不能确定,因此建议草案未将展缓期限列入云。次由特委会代主席蒲庚发言,提及渠与颜博士之谈话,并谓建议草案,□□尚未正式送达关系两方,故难考虑两方之意见。至爱尔兰代表所□一点,究当如何,甚不明了。如日本断然不顾国联建议会章,对于程序问题,未有明白规定,仅谓各会员□□大会与行政院提出报告三月内,决不采取战争行为云。各委员意见虽皆承认国联不能轻易摆脱,但依照会章国联究竟应采何种步骤,无人能加断定。众意谈判委员会组织不能成为事实,该会对于此后发展亦将负责加以注意云。

特委会驳覆松冈，提案不足为调解基础，纵提出讨论亦无结果

【中央社日内瓦十四日路透电】 特委会今日致松冈之复书如次：顷接本月十四日来函，内容表示日本政府对"满洲国"之态度，特委会深为感激。来函明白表示，日代表团虽可接受调查团报告第九章所开各项原则结论，以为解决争案基础，但欲增加此项原则结论，应引用于已发生之事实等字限制。调查团报告第九章之第七项原则，特委会兹悉即使组织调解委员会，日本代表亦不准备接受维特［持］与承认满洲现有政体非一满意解决之原则，以为调解委员会工作之根据。日本态度既属如此，特委会应认日本二月八日所提出之提案，未可充为调解之基础，特委会对此引为遗恨。来函所述各点，特委会无不加以充分考虑，但觉此情势之下，提出讨论，殊无结果。日本政府如欲再作建议，特委会于国联大会最后会议之前，自当予以极慎重之研究。至现有形势，如有再趋严重，即使不于破坏调解新努力，亦将令其陷于危险，此则特委会感觉贵代表案已业悉之矣云。

《中央日报》1933 年 2 月 16 日第一张第二版

310. 国联建议最后草案，昨已分发十九国会各代表

【中央社日内瓦十五□路透电】 国联建议最后草案，今已分发十九国特委会各代表，内容之排布，与记者日前所电者（已见昨报）相差甚微。全文引用国际文件颇多，阅者可参考各项关系文件，除此不载外，下列为最详细之报告。

第一章，（甲）叙言，引用国联会章第十条，非战公约第二条，九国条约第一条。（乙）声明大会通过故主席白里安前年十月十二日所述之原则。（丙）声明行政院（除日本外）十二会员国，曾于去年二月十六日向日本劝告时重申白里安之原则，并声明凡违反会章第十条破坏会员国之土地完整，或更动其政治独立之结果，国联皆不应承认之。（丁）声明为谋依照上述国际约章缔造中日间之永久谅解计，中日冲突之解决，应能符合调查团所提出之条件（此项列入李顿报告书第九章内所开之十项原则）。

第二章第一节满洲主权既属中国，大会建议于相当时期内于中国主权之

下,设立符合中国行政完整之满洲统治机关,规定充分地方自治,俾求适合地方情形,并顾到(一)日本特殊权益;(二)现有国际条约;(三)第三方面之利权;(四)以及第一章内所述之原则与条件。至满洲地方日当局与中国中央政府权限关系之支配,应由中国政府自行宣布。惟既经宣布后,则与国际任务有同等效力。第二章第二节日军之驻扎于南满铁路区域以外,既属不合解决争案所应遵守之法律原则,大会建议日军应行撤退。下文所建议之谈判之第一目的,即为布置日军之撤退,并决定撤退之条件、分期办法以及期限等等。第二章第三节除上述两建议所述之问题外,国联调查团尚提出有关中日好感及远东和平之其他种种问题,大会建议依照调查团报告所开之原则与条件解决此种问题。第二章第四节为履行上述建议进行之谈判,既不容许任何一方迫使对方接受不合上述建议之条件,大会建议双方应照下文所确定之方法,开始谈判。(一)双方皆应通知秘书长,能否接受国联建议,双方仅能以对方之接受为其接受之唯一条件。(二)大会将按下列办法组织委员会,援助上述之谈判。是项委员会将包含九国条约之签字国,以及自愿参加之十九国特委会会员国。一俟两方通知秘书长接受国联建议后,各方即应指派代表,同时秘书长应通知美俄两国,请其委派代表,秘书长并应于双方通知接受建议后一月内采取一切适合步骤开始谈判。(三)上述委员会为使国联会员于开始谈判后,断定两方之行动,是否符合上述建议,应随时报告谈判之进行,尤其是关于以上一二两节,所开各项建议之谈判。无论如何,该委会应于开始谈判三月内,报告关于第二节所开建议之谈判进行。此种报告,应由秘书长转达国联。关于解释本建议部分,第二章之一切问题,该委会可随时向大会提出,大会当依照通过本报告书之条件解释之。

第三章,大会于此所建议之解决方案,与单纯恢复"九一八"之原状不同,并且阻止维持及承认满洲现有政体,盖维持及承认上述政体,不合现有国联任务之基本原则,以及远东和平所利赖之中日好感。国联会员国于接受本报告后,应行避免,"尤其关于满洲现状问题",任何有碍执行本报告所开各项建议,或命令之施行迟滞之行为,此则于理甚为明显。会员国应继续于法律上或事实上,不承认满洲现有政体。会员国关于满洲形势,且应避免单独行动划一步骤,并应于可能范围内与非会员国一致行动。此外会员国中同时系九国条约签字国者,赞同如有任何形势发生,该国等承认为关系九国条约规定之引用,宜加讨论。则九国条约缔约国间,应充分并坦率交换意见。大会为谋于可能范围内尽速于远东创立合于本报告结论之形势，特令秘书长将此报告检送九国条约及非战公约签字国中之非国联会员国，并转达国联大会，希望该国等能与本报告之意见表示一致，并于必要时，与国联会员国采取同样行动以及态度云。

《中央日报》1933 年 2 月 16 日第一张第二版

311. 日对国联准备决裂，日政府已允许松冈回国，并开重臣会议决定对策

【本社十五日上海专电】　日人删（十五日）东京电，日外务省对国联覆文及对热军事警告，表示如下：（一）二月八日之日本新提案，已表示最终之妥协，故在日方再欲让步，是所绝对不能。热河问题，系"满洲国"之问题，日本系根据"日满议定书"，参加征讨义军，故毫无不当之处。（一）十九国委员会，因日本不能再事让步，乃以十五条第四项相威吓，但日本毫无所恐惧也。

松冈准备回国

【本社十五日上海专电】　华联删（十五日）东京电，内田外长今日接到松冈洋右来电，内谓国联妥协案，业已绝望，惟待大会宣布后，投票反对，本人定俭（二十八日）动身，经美返日。闻内田外长已于今日傍晚电复松冈，准其所请，行期任其自定。惟实际上之退出国联，须待松冈返国报告经过以后，始能决定云。

【中央社上海十五日电】　日讯，东京删（十五）电，日政府十五日接松冈请训电，谓将于二十五日国联大会代表日政府对国联为绝缘的宣言后，即由日内瓦出发，经美回国。外务省已复电许可。

【中央社日内瓦十四日路透电】　下星期二以前，调解程序虽非正式终止，但事实上日本当不更换态度。日发言人今日暗示，松冈将于大会公开会议时，宣告日本退出国联。但众信日本不至即有此剧烈行动，谅必暂待形势之发展，然后再定切实行动。星期二大会席上，中日代表必有重要演说。前大会一度提及不承认"满洲国"，松冈大发牢骚，建议草案现既明白规定不承认"满洲

国",势将引起日方激昂之演说。

将开重臣会议

【本社十五日上海专电】 删(十五日)东京电,日政府接收国联之劝告书时,有即行决定态度之必要。为开紧急阁议决定建议起见,斋藤首相将先访西园寺求其谅解,次开重臣会议之范围,分别宫中、府中、闲院、元帅宫、伏见元帅宫、东乡元帅、上原元帅、山本权兵卫氏、清浦奎吾、高桥是清、若槻民政党总裁、各总理大臣、前官待遇、仓富府议长、政府方面各阁员,均将出席。惟西园寺公年老,出席与否未定。重臣会议之结果,由宫中方面出席者,报告牧野内府及铃木侍从长,本□谅解。铃木政友会总裁,非职官礼遇不加入重臣会议,然于元(十三日)与斋藤首相之会见,已意见一致。

【中央社东京十五日路透电】 闻日政府决定国联建议提交日本后,请首相斋藤往谒元老西园寺,报告政府对策,然后召集元老会议。今日外务省发言人见记者时,对于日本退出国联之可能,虽不发表意见,但谓如日本决定退出,当在大会通过报告与日本提出辩覆书之后云。

《中央日报》1933 年 2 月 16 日第一张第二版

312. 国联柬请谈判委员,美俄荷兰均被邀请

【中央社日内瓦十四日路透电】 关于组织谈判委员会事,闻国联将于本晚发出请帖,十九国特委会会员国及美国荷兰苏俄等国,均在被邀之列。特委会之任务,将于下星期二(二十一日)日告终,希望是时能得各方复书,进行组织谈判委员会。众信此后谈判,既在远东举行,特委会会员国中,将有数国放弃参加权。

《中央日报》1933 年 2 月 16 日第一张第二版

313. 热河各界电请国联,制止日军破坏和平,其目的在威逼热人加入傀儡

【哈瓦斯日内瓦十四日电】　热河省城商会会长及教育会长,联名致电国际联合会,由中国代表团转递,现已送达秘书处。电文如下:"一月以来,吾辈所居地方,毫无防御,备受日军惨无人道之天空轰击,尤以在开鲁、朝阳等地为甚。至目前为止,男女老幼被日机轰击致死者九百人。物质损失,更属不可胜数。此种在满洲热河所施之暴行,其目的实欲威逼吾人,使吾人不得已而加入满洲傀儡国,此则吾人所断不能承受者也。兹特代表热河省五百万中国人民,向国际联合会呼吁,请求制止纯属破坏之行动。"云云。

《中央日报》1933 年 2 月 16 日第一张第三版

314. 国联报告草案今日公布,英美态度均趋稳慎,美俄请束未发,日本政府昨发长篇宣言警告国联

报告书中明定,谈判决定撤军

国联十九国委员会已将报告书完全通过,并定明(十七)日下午五时,公布全文,由电码广播全世界。闻外交部已请交通部饬真茹电台收音,再转电该部从事翻译。全文至迟下星期一可以译竣公布,外部并拟印成单行本发售。现日内瓦方面,空气暂趋沉寂,静候下星期二之大会开幕云。

【中央社日内瓦十五日路透电】　因中日问题形势之严重,十九国特委会昨日训令国联无线电台,将报告书全文广播全世界。目前暂定于十七日(星期五)下午四时开始用英文广播,每一分钟五十字,波度在远东各国系三八、六四米突。

【中央社上海十七日电】　国民社日内瓦铣(十六日)电,十九国委员会通过之满案报告书与建议全文,已于昨夜六时将英文稿印刷,秘书长德鲁蒙旋于

晚间分送中日代表与各委员国。

【中央社日内瓦十六日下午三时五十分专电】 因我国代表之努力，报告书中已明定，谈判首当决定日军撤退问题，且为无条件之撤退，一如上海事件然。设两当事国均接受报告书，则谈判应于一个月内开始。而谈判委员会应于谈判开始后三个月内向大会报告谈判撤兵情形。但如日本拒绝接受报告书，则报告书直等于废纸矣。

【本社十六日上海专电】 华联铣（十六日）东京电，此间日外部发言人对记者谈云，日昨午召开内阁紧要阁议，结果已决定对付国联步骤，其内容：（一）日政府认为十九国委会之调解已失败，因之第二次通牒无答复必要。（二）正式劝告文，须筱（十七日）晚始能到东京。但日政府除再召开临时阁议通告外，并不作任何新妥协案与求援。（三）径（二十五日）大会上除训令松冈代表提出根据十五条第五项，发表陈述书外，并在大会上投票反对。倘国联仍不谅解日本，则训令松冈代表在大会上提出最后绝缘宣言，更同时退出日内瓦取途美国返日。至于热河军事问题，据目前形势之下，实不能避免，因为日军在"日满条约"签定下对热河进攻，乃系肃清匪徒问题，与对华战争在性质上完全不同云。

【本社十六日上海专电】 电通铣（十六日）东京电，今日上午十时半海军方面于海相官邸开海军军事参议官会议，伏见宫部长以下，东乡元帅、加藤宽治、安保清种、谷口尚真、山根胜之进等，大将参议官及大角海相、藤田次官出席。今年度之特命检阅，预定四月在朝鲜关东州要港部举行，将由大角海相奏请裁准后，协议国联对策。关于对热河之海陆军共同策战，及南洋委任统治问题，对于即使退国联，南洋委任统治无放弃理由，帝国政府决断无保持，当经意见一致。

【又国新东京铣（十六日）电】 国联行将决定对日劝告案，众议院秋田议长要求政府在议会报告国联问题。贵族院于删（十五日）要求开秘密会，报告此事。政府因已接到劝告书，拟于日内在贵众两院秘密会详细报告一切云。

日阁开紧急会，商对国联态度

【中央社东京十六日路透电】 国联为解决东三省问题之建议书全文，已于今（十六）日上午三时送到外务省。直至午时，始由密码译成明文。日本内阁定下午四时开紧急会议，讨论日本政府对于建议书之态度，及日本政府宣言之要点。

【中央社日内瓦十六日路透电】　日本政府今（十六）日发表长篇宣言，警告国联，谓对于十九国特委会，不顾事实，纯重理想之决议，日本政府深为忧惧，认为此种决议使恢复远东治安与和平之工作，异常棘手，因势必有严重反响也。日本宣言细述自去年十二月间起草决议案以来，日本政府与国联交涉之经过，谓自始至终，日本政府极愿维护国联尊严，同时保持日本重要权益。日本如此努力和解工作之时，十九国特委会之决议，日本政府不能不认失当云。

美主调解中日，尽力阻止冲突

【本社十六日上海专电】　国新社删（十五日）华盛顿电，今日美官场预料倘日本拒绝日内瓦和解提议，悍然退出国联，则西方各国对日施以外交压力时，殆将循行三项计划，即：（一）接受李顿报告为国联正式表示。（二）所有西方列强，悉采用史汀生不承认主义，无一承认"满洲国"及予以经济援助，或其他援助者。（二〔三〕）照十九委会提议之大纲，设置国际委员会，连美俄在内，俟日本显似愿于停止在满军事冒险时，该委员会乃进而调解双方。美官场并信日本迟早终必出于此途。据此项计划，曾得美当选新总统罗斯福之赞同，罗氏深知中日两国在满洲或竟在华北冲突之危险。倘日本拒绝国联建议，退出联盟，而竟进兵热河，则恐冲突将扩大至一广大区域，故各国必愿尽力阻止冲突和解争执。现美京极盼日本能于最后时期，悬崖勒马，避免武装冲突云云。

国联精神胜利，日内瓦报观察

【中央社日内瓦十五日路透电】　在下星期二国联全体大会开会前，此间将无若何重要新发展。日内瓦报纸对于国联决议之观察不一，有数家报纸认为国联之新决议，仍主张继续谈判，不过换一种方式之和解工作而已。彼等认为国联本身根本无力量，美国既未加入，苏俄并非盟约国，而生气勃勃。此种情形，均足以限制国联之威权与实力，故不管纠纷出现于远东或南美，如希望国联作有力之调停，实为不可能之事。

但另有数家报纸，认为此次国联新决议，可谓为国联精神之胜利、各小国努力之成功。在中日纠纷初起时，各大国咸不愿有若何坚决表示，但卒为各小国所拖入。彼等深信如国联仍作进一步之表示时，各小国定可设法使大国采取同样态度。

谈判委会形势,美俄请柬未发

【中央社日内瓦十五日路透电】 国联秘书处今日已分发聘请书与国联盟约国及非战公约签约国,请参加谈判委员会。按原定计画,该委员会日后将参加中日交涉。与苏俄及美国之聘请书,目前暂不发,等全体大会通过报告书,及中日双方接受建议后,再行送交苏俄与美国。一般人均觉谈判委员会恐不等生产,即将死于腹中。仅凡在远东有外交代表各国可以参加,南美各国及瑞士不能在内,爱尔兰是否参加尚未定。全体大会通过报告书时,势必先对于十九国特委会表示谢意,并请特委会暂勿撤消,视远东局势有无新发展后再定。国联方面觉此事不能令其久悬不决,况热河方面,有大规模战争爆发之危机。

英国态度稳慎,不愿日本退盟

【哈瓦斯社伦敦十五日电】 英国经济界负责人士对于远东时局极为忧虑。中日两国一旦正式宣战,英国当采取何项态度,此为一般人所极关心者。中日两国敌对行为,殊与英国所签订之国联盟约相违反,英国政府不能袖手旁观,但对侵略者采取报复手段,或采取制裁办法,似非英国所愿参加。所可信者,英国在国联会范围以内,必尽其力之所及。至于依照盟约第十六条实用制裁办法,则因牵涉甚大,关系各国必须准备应付任何事变而后可,此层恐难实现。此间人士以为即依照第十五条之规定,明白宣布日本罪状,已足使日本退出国联会,固无待于适用第十六条之制裁手段也。假如日本退出国联,则英国可取之途径有二,或防止日本退出,以免国联会威权多所减削;或则听其退出,而任国联会缩小范围。则以范围太大,利害过于错综复杂,任何有效之共同行动,均无术进行,反不如缩小范围之为愈也。第一项办法,截至目下为止,除自由党及反对党以外,均已认为信条。第二项办法虽有若干正式人员表示赞成,然距成功之期尚远,则以英国自数年以来在国际政策上所取之口号,即"务求调解"故也。

日本退盟问题,当局意见不一

【中央社东京十六日路透电】 日本究将退出国联与否,兹犹未定。外务、海军两省之多数意见,似为于可能范围内,仍宜保持国联会员国之资格。陆军当局似认为国联通过建议草案,日本应行退出国联。依照目前形势,日本不退出国联较退出之成分略强。但日军攻击热河后，国际形势如何，日本对策如何，目前均难逆料。

【中央社东京十六日路透电】 松冈洋右要求二月底由日内瓦首途回国。闻日政府答以待内阁研究国联建议全文后，再定可否。国联建议全文，今晨谅可收到。

【哈瓦斯社东京十六日电】 日本退出国联会一事，系由陆军当局主张，当由元老重臣会议决定，各方面反对运动日益扩大，最后胜负属于何方，尚不可知。多数人均以为日本不致退出，日本军阀及反动派真实力量若何，可于决定退出与否觇之。

《中央日报》1933 年 2 月 17 日第一张第二版

315. 西门演说中日问题，国联图以和解代武力解决纠纷，调解若失败，国联应秉公提建议

【中央社伦敦十五日路透电】 西门今日在苏汉敦演说，略谓凡属国联会员对于远东形势无不关怀萦切，此则非仅就中日两会员国冲突之严重着想，实因中日冲突之结果，影响国联未来命运至巨云。西门继称，英国素持一贯政策，愿为国联之忠实会员以及双方之挚友，故竭其力与各方合作，希冀调解争案。国联非一超然国家，实一国际机关，图以和解代替武力解决国际纠纷。目前调解满洲争端之努力，若告失败，国联依其职责，应断然秉公提出建议，借谋集中世界舆论，以获解决云。

《中央日报》1933 年 2 朋 17 日第一张第二版

316. 日代表团向国联诅咒义军，颜代表发表声明辩正

【中央社日内瓦十五日路透电】 中国首席代表颜惠庆博士向国联有书面声明，谓日本代表团一月二十六日之照会，所云北满义勇军投诚及治安已恢复等语，完全不确。颜博士称为战略上关系，中国义勇军散开各地，而不集中于

数处,但彼等抗日工作,只有加紧云。

《中央日报》1933 年 2 期 17 日第一张第二版

317. 日本外交陷于孤立,日内瓦对日态度愈强硬,各方感觉美国与国联关系逐渐增加,日本临时阁议讨论退盟问题无结果

国联中九国委员会所拟定之报告书,已定昨(十七)日下午五时正式公布,广播全世界,现正静候下星期二(廿一)之大会开幕。是日大会将正式宣布调解绝望,而于星期五(廿四)之会议中,通过该项报告书。闻我政府方面,对该报告书,大体认为满意,惟尚有数点,已训令日内瓦代表团,于大会中提请修正,但内容并不十分重要。国联大会通过报告书后,即着手组织谈判委员会,于三个月内,将谈判经过报告大会执行云。

【中央社日内瓦十七日路透电】 星期二国联大会议程:(一) 讨论中日争案。(二) 委派南生国际难民救济局局长,现任局长佑柏近已辞职。第二事项,需时极短,或将提前解决。

日阁临时阁议,讨论退盟问题未决

【本社十七日上海专电】 电通筱(十七日)东京电,今日之阁议为决定退出国联与否之重要会议,故空气非常紧张。讨论时间经过甚久,但大部份之意见,则倾向退出,惟尚留有须研究各点,致未决定退出与否,将于巧(十八日)之阁议继续讨论。按:电通社第一次电曾称已正式决定退出,旋来电更正,称须巧(十八日)阁议方始决定云。

【本社十七日上海专电】 电通筱(十七日)东京电。陆军省、参谋本部等之高级官员,全部集合于陆军省讨论国联对策,听取欧洲通之本间大佐之意见。谓退出国联后,第十六条之适用,即武力压迫及经济封锁,但言之甚易而行之甚难,即使实行,亦仅金融业因汇兑低落,而呈衰象,可不作忧也。又南洋委任统治之诸岛,实际上法理上皆应归日本管理也云云。但全体意见虽经一致,然退出之当然结果,军缩全权是否回国,恐为国联所乘,故经慎重讨论后,

决定军缩全权,暂不撤回,待机而定云。

日代表部总辞,会商决定发表宣言

【本社十七日上海专电】　华联筱(十七日)东京电。此间日外部接到日内瓦日代表部消息,谓国联日代表部,已于铣(十六日)下午三时三十分向国联秘书处提出总辞职。又讯,日代表部三代表松冈、长冈、佐藤于铣(十六日)下午五时开代表会议,六时三十分散会。会议结果,闻决定发表如下宣言,其大意略谓:(一)九一八当时日军之行动,系纯粹出于自卫行为。(二)"满洲国"之独立,完全由三千万东北民众之自然生长。(三)日本之承认"满洲国",乃顾及远东之永久和平,与保持中日"满"三国在东洋更密切提携。(四)日本九一八以后之行动,绝对正当,国联再不谅解,日本最后只有退出之途。

日纵退出国联,报告书亦仍然有效

外交界息。十九国委员会之报告书,下周之国联大会势将顺利通过。闻日方对报告书极力反对,原拟先行撤回出席国联会议之代表团,俟松冈等一行返国后,再考虑退出国联问题,而今日日方传出消息,谓日阁议决定退出国联,虽详情尚未明悉,但据外交界观察,日本所宣传之退出问题,仍含有恫吓作用。即使日方果然声明退出,则十九国委员会之报告书经大会通过后,仍然有效。盖按照国联盟约规定会员国欲退出国联者,须于二年前预先通告国联,在声明退出后之二年中,仍须履行一切国际义务及盟约所负之义务。再此次报告书规定,不必当事国之同意,亦可生效,故日本如果真退出国联,亦不能阻止报告书之实行云。

小国力主制日,对日退盟毫不关切

【中央社日内瓦十六日路透电】　日代表团本晚自行会议,讨论结果已电东京政府,闻日代表团□实劝告政府退出国联。依照现时形势,日本愈有退出国联之可能,各国对此形势,同深歉憾。但其观念不同,小国素主严厉引用会章之规定,日本若退出国联,小国将认为国联伟大之胜利。小国抱此态度,非因对中日两国之亲仇,实因小国欲见会章成为有力器具,强制解决国际争端。譬如南美各国在远东未有任何直接权益,但因盼国联握有实权,迫使战斗国接受判断,故其态度坚强。爱尔兰亦同样为国联大局着想,并无自身利益之观念。或认爱尔兰代表勒斯特多随其个人之意见行动,此言非可尽信。勒氏所得本国政府训令,或主较强行动,亦未可知。至摩太(瑞士)、拍涅斯(捷克)、马达利亚加(西班牙)等,均盼国联成为国际间之真实势力,障蔽弱国,免被强邻之侵略,故见日军占领中国土地,仗义执言,要求国联断定日本罪状,庶欧洲若有同样情况发生,即有先例可援。法国因见维持国联会章有利于彼,故最近政策曾有重要之变动。法虽无赞助裁制办法之意向,但对于维护会章,则与各方一致。波兰于远东利益无多,故持观望态度。德国政潮甚烈,对于日内瓦之发展,势难充分顾到。而最足惊异者,即苏俄之态度。苏俄屡次间接严斥日本,最近李维诺夫在军缩常会之演说,显系暗射日本。此间感觉美国与国联之关系,将逐渐增加,或竟预见美于一九三五年将加入国联。因此各方对于日本退出之可能,非若以前之关切。据目前形势日本似将于下周末退出国联,但按会章第一条,退出国联须两年前预先通告。故无论日本目下决定退出与否,两年以内,日本仍将为国联会员及国联行政院之会员国。松冈之离日内瓦,仅为一种表示作用,对于目前形势,当无巨大之影响。

各国对日态度,有稳健与强硬之别

【本社十七日上海专电】 电通铣(十六日)日内瓦电,日本对于国联之行动,将于临时大会后一举退出,抑仅撤回代表而止。国联对此颇为重视,国联内部亦有稳健与强硬两派之主张。稳健派谓第十五条四项之劝告,其性质上不过认为第三者向当事国劝告而已,日本即依第五项之陈述书,表示反对意思,国联并不采超国家的行动。强硬派多属小国,谓日本对于劝告案,虽与国联意见不同,若考虑其他政治的条件,仅撤回代表而止,表示不应劝告之意思时,国联鉴于报告书,载有"满洲为中国之领土"等语,若日军进兵热河,可解释对于中国开始新战争,应适用规约第十六条之制裁规定。此际若大国方面反对经济封锁,最少应依第十六条第四项适用"违反国联规约之联盟国与以除名处分"。以上虽未表面化,但国联内部,确有此暗潮。俟日本态度判明,即有渐次表现化之重大性,其推移最堪重视。

《中央日报》1933 年 2 月 18 日第一张第二版

318. 我代表团公报,力辟日本代表团谰言,日本山穷水尽之策略

【哈瓦斯社日内瓦十六日电】 中国代表团发表公报,谓中国代表团见东京电讯,所称段祺瑞上将已从事初步交涉,俾开始中日直接谈判,以□解决满洲之争端云云,甚以为异。要知中国对于日本之侵略,全国一致抵抗到底,日本访员之制造此种别有作用之新闻,乃日本于山穷水尽,最后所用之一种策略,冀于非常大会开会之前,借以淆乱公众听闻。盖日本明知非常大会,将对于日本斥其为侵略也,故此种新闻绝对毫无根据云。

《中央日报》1933 年 2 月 18 日第一张第二版

319. 美对报告书态度,国务院正加考虑默无表示,与胡佛向来政策无不吻合

【中央社华盛顿十八日路透电】 美外部表示,关于美国参加国联中日调解委员会事,将由下届总统罗斯福决定。又电,参议员史璜森称,国联报告关系重大,不容轻易发表意见,在罗斯福决定之前,宣告满洲政策时机尚早云。史璜森或将为下届参议院之外交委员长。

【本社十八日上海专电】 国新筱(十七日)华盛顿电。今日美国政府已接到十九国委员会满案报告书及建议全文。国务院刻正加以考虑,默无表示。闻报告书内容与胡佛总统向来秉循之政策,在实际上各方面无不吻合。而承认中国在满基本主权之建议,与关于维持条约一节,尤与美国态度相同,惟因美政府更迭在即,而美官吏亦欲使世界舆论,完全受该报告书之影响,勿再以他种意见夹杂其间,使世人分心,而增其复杂,故暂时不欲作任何评论。至非正式评论,则多称该报告书足以代表世界意见,实一有希望之征象,可望获得满案之圆满解决。现闻报告书将抄送当选总统罗斯福氏审阅,总期在大体上罗氏所表示之意旨相吻合。逆料美政府将待罗氏表示意见后,始发表正式评

论。且惟有在罗斯福与史汀生商榷之后,始有发表正式声明之可能。至罗氏对于满案向未加直接评论,仅谓条约之神圣,必须加以维持而已。目下一般人正纷纷揣测罗氏到三月四日之就职演说中,将否述及此事。参议院外委会主席波拉声称,此报告书之内容,乃全世界最所期望者,但渠信日本将不愿国联取任何行为,贯彻其业已发表之计划。目下美国朝野正鹄候国联对于此报告书之最后行动。

【本社十八日上海专电】 国新筱(十七日)华盛顿电。美国法律学专家研究十九委会建议后,今日声称,国联大会关于满案所将采取之行动,美国参加与否,大半将视能否设置美满机关,保护中国主权及日本合法利益以为断。此辈专家,将于报告书内称,日本利益皆属事实不能漠视一节,似欲加以同意,但一方面既须保护此种利益,而同时又须坚持完全遵守有关此项争执之各条约,乃一最纠结之问题。国务院必须先行解决,而后能声明美国之立场,故现美政府在国联对于报告书有最后行动以前,固未必有正式表示。但参议员业已纷纷讨论报告书,显似有一大部份美参议员向日本施以压力之运动,并有多数参议员信日本将自行充分让步俾谈判有开始之可能。顷间又闻当选总统罗斯福,因民主党领袖有密约在先,将候数日后始能有研究十九国委员会建议之机会云。

《中央日报》1933 年 2 月 19 日第一张第二版

320. 外部澈夜工作,报告书公布,每页内对日本均有指责

(中央社)国联十九国委员会报告书,已于前(十七)日下午在日内瓦公布,并用无线电广播全世界,外交部已咨请交通部饬真茹国际电台收音,该台收音后,立即急电鼓楼电报局转送外交部。该部于昨(十七)晨三时起,即接到一部份,至今(十八)晨六时全部收到,计共八十五页一万五千余字。同时本社及路透社亦接到上海发来全文,外交部前(十七)夜澈夜工作,将电文整理,至昨(十八)晨八时即开始由情报、亚洲两司派员从事翻译,由情报司长李迪俊主持其事。至下午五时,全部翻译完成,共二万余字。罗外长及次长徐谟亲自核阅,至六时开始缮写油印。昨晚十二时完全公布。至英文原稿亦油印分送,在上海方面英文稿则由本社分社分送,本社总社俟得外部公布之译稿后,即全文广

播全国。外交部俟国联大会通过该报告书，并将再加整理印成专册云。

【中央社日内瓦十七日路透电】 国联报告今日下午三时公布，全文长二十七页，每页内对日本九一八后之行动，均有直接或间接之指责。报告之结论及建议部分，前已电详，事实部分对于经过事件，以及国联努力叙述綦详。最后述德鲁蒙与中日代表之谈判，以及国联拒绝日本对于"满洲国"之态度，并谓目前形势，若更趋严重，必使调解努力倍感困难，或将令之失败云。

《中央日报》1933 年 2 月 19 日第一张第二版

321. 中日争端之过去与将来，外交当局之谈片

国联十九国委员会之报告书前（十七）已公布，虽尚待下星期内之国联大会正式通过，但形势已定，当不致再发生若何变化。轰动全球之中日争端在外交上似将暂时告一段落，而远东和平能否维持，将视谈判委员会进行之结果如何，与夫日军犯热之结果若何而为断矣。中央社记者昨特往访某外交当局，对过去数月来之外交情形及今后之展望，叩询甚详，且极关重要，兹摘记如次：

危险时期

某当局谓在十九国委员会通过报告书以前，二三月来，吾人在外交上实处于最危险之时期。盖十九国委员会于进行调解之际，吾人时时均处于不利之境地也。最为吾人之心腹大患者，厥为英外相西门之袒日，西门于十九国委员会中曾一度竭力主张报告书中不明白规定否认伪组织，亦不主张邀请美俄两国参加调解委员会（即今之谈判委员会）。所与我国之外交方针，绝对相反，吾人誓予断然反对。再如国联秘书长特鲁蒙与日人杉村所接洽之妥协案与新妥协案，亦放弃邀请美俄参加调解之计划，而对不承认伪组织一节，予日方以保留之权。此与西门之主张，无分轩轾，亦为吾人所断难接受者。设西门之主张，与夫特鲁蒙之接洽，果为国联所接受，则今后之外交，岂仅棘手万分，且将陷于绝境。至西门之态度，吾人如谓其袒日，则无宁谓其袒己，更为确当。盖西门与我非有何宿仇，势在必报，与日亦非有何大恩，期在必酬，亦非不知中日争端曲在暴日，欲维持世界和平，非伸张公道正义不可也。特以英美两国，正

因战债问题,纠纷不已,西门特借中日问题,对美要挟,以期战债问题得一适当之解决耳。盖中日问题设一旦破裂,而非国联所能解决,则所谓九国公约,乃美国所发起者也;非战公约,亦美国所主持者也;华盛顿会议,亦美国所召集者也。美国固不能袖手旁观,势必转入漩涡。故西门之祖日,非真为祖日,特借此向美示威,意谓如战债问题,美不让步,则中日争端英亦不与美合作耳。

形势转变

在十九国委员会中,混沌一时,不得进展之调解问题,迄乎最近,形势乃忽告转变。其初十九国委员会一面进行调解,一面复由九国委员会起草报告书。九国委员会草竣前三章后,对建议部份,因不能负此重任,向十九国委员会请训。十九国委员会即毅然规定其原则。九国委员会不旋踵而起草□事,十九国委员会亦毅然予以通过,且于文字之修改上,与我更为有利。考十九国委员会,此次进展,所以如此顺利者,其原因则不外下述数端:(一)我国态度始终强硬,决不妥协。我政府方面,对暴日之武力侵略,早已决心抵抗,而于榆关事变发生后,益为坚决。外交当局既获得军事之后盾,自可抱定坚决之主张,放胆前进。故无论十九国委员会进行调解也,抑起草报告也,我则始终坚持九一八事变之责任必须判明,东北叛逆组织断然不能承认,进行调解或谈判,必须邀请美俄参加等重大原则,不肯放松。不然者我除拒绝任何解决办法与方式外,将进一步作更严重之表示。同时榆关之役,已澈底表现我抵抗之精神,于是国际空气,为之一变。盖我国对东三省问题,所以诉诸国联者,原期国联伸张公道正义,获得道德上之胜利耳。如国联不能伸张公道正义,而我所希望之最低限度的道德上胜利,亦不能获得,则我又何求于国联。日本尝以退出国联为恫吓,而我则于必要时,说干就干。于以信外交操之在我则存,操之在人则亡之说,信为不谬。而外交尤须以内政及军事为后盾,可不我欺矣。(二)英国态度转变,亦为此一急转直下之一大关键。自西门迭次表示祖日之言行后,引起我国朝野一致之极大反感,而所谓英日密约之说,又甚嚣尘上,舆情更为激昂,且有主张开始抵制英货者。值此形势日趋紧张,空气渐转恶劣之际而英使蓝浦森氏,适翩然返任来京,与我外交当局及政府要员,周旋一周之久。外交当局,即以中英关系,向英使剀切详述并以五卅惨案为例,加以解剖。盖五卅惨案,最初系由日纱厂枪杀我工人顾正红而起,但日人狡滑,卒嫁祸于英,致酿成中英间之极大恶感也。蓝使在华十数年,对我国国情民气,至为熟悉,且

于英政府中颇有发言之地位,即据其观察,向英政府迭电贡献意见,作严重之
建议。于是西门即托故不出席十九国委员会,而由外交次官艾登氏代任其职,
而十九国委员会中遂不复闻英国代表反对否认伪组织,反对邀请美俄参加调
解之论调矣。英国态度之转变,蓝浦森氏之建议外,尚有一极重要之原因,吾
人不能忽视者,即英美日渐谅解,关系渐形妥协是也。英美为同文同种之国,
向有不可分裂之密切关系。战债问题,决不能使两国断然破裂。故一旦能得
一谅解之转机,自可趋于合作。国际间之纵横捭阖,无一不以利害关系为前
提,岂偶然哉。(三)各小国态度之始终强硬,亦为一重大原因。九一八事变
之责任,应由日本担负,世间已有定论。日本以其暴力侵略他国之土地,劫夺
他国之主权,此种暴行如不加以制裁,则立国于世,惟武力是视,岂有公理可
言,而举世小国,将惶惶然不能安枕矣。故各小国势必坚决主张公道正义,而
为我国竭力声援。而其势力,则未可厚非。综上所述,则此次十九国委员会之
能通过此公正之报告书,盖有故矣。

内容检讨

报告书之内容,甫经公布尚未及对全文作精密之研讨,然其大要,则早经
传述,大体上自可满意。国人如不欲吹毛求疵言,则当不致有人欲拒绝此项报
告书者。概括而论:(一)报告书中,对九一八事变,认为决不能称为日方自卫
行动,其责任应由日本负担。此则我于道德上已获得完全之胜利矣。(二)东
北之叛逆组织,系由日本一手所造成,且依赖日本之势力而生存,断不能认为
真正之民意,故不能承认,且不与之合作。此点关系至为重大,而叛逆之生命,
亦于此判决宣告死刑矣。(三)日军应撤退至南满铁路区域,必如此方能恢复
九一八以前之原状,而日军之暴行亦可借此制止矣。(四)谈判委员会邀请九
国公约签字国及苏俄参加,此点亦为我向来所坚决主张者。九国公约签字国
除美国外,均为国联会员国,现决邀请美国及苏俄参加,为集中全世界之力量
参加谈判,而予日方以严重之威胁与制裁也。(未完)(续昨)(五)谈判委员会
之谈判时期为三个月,三个月后即须将谈判经过报告大会,无须得当事国之同
意即可执行。此点亦极重要,盖如此,须得当事国之同意而始能执行者,则日
方可想尽方法故意刁难,而中日争端亦永无解决之期矣。总之,报告书大体上
均于我有利,且吾人之诉诸国联原只欲得道德上之胜利,至东三省失地之收
复,吾人决不能完全倚赖国联,必须时时作长期之准备。地由我失者,仍由我

收复,则吾国前途,庶能有光明之出路也。

东省自治

关于报告书中规定东三省设法自治政府一节,或有以未能完全恢复九一八以前状态为憾者,但吾人必须注意者,则报告书中明白规定东三省之主权,仍属诸我国是也。东三省过去之一切设施,未能尽满人意,吾人亦不庸讳言。东三省处于日俄两大势力夹攻之下,而财富之雄厚,直可谓遍地皆是黄金,如中央政府能派一廉洁干练之大员,前往整理经济,则不及三载,必可将东三省辟成一光明灿烂之园地。最低限度,亦可为关内三千万人民解决失业问题。事在人为,此吾人不能不深自警惕者也。

日本反对

日本政府对报告书当然反对,且以退出国联相恫吓。按其预定步骤,先召回出席国联会议之代表团,俟松冈等一行返国后,再考虑退出问题。据吾人观察,日本之退出国联问题,仍含有恫吓作用,恐未必敢于断然退出。盖日本如果真退出国联,则第一,国联昔日所委任日本统任之南洋一带土地,国联势必即日收回。第二,日本退出后,国联对中日问题仍可与美俄合作进行,日本如不退出,尚可用尽狡计推诿抵赖,退出后,则只可任凭制裁矣。且按国联盟约,会员国欲退出国联者,须于二年前预先通告,退出后之二年中仍有履行一切国际义务及盟约所负之义务。则报告书仍然有效。日本纵然退出国联,复有何益?故退出国联问题,无论日方如何宣传,吾人可毫不介怀也。

热河问题

日本于外交绝望,无法转圜之际,再向热河穷兵黩武,以期打破现状,转移国际视线,早在吾人意料之中,故消息传来,并不惊讶。固无论国联对日军进犯热河已予严重警告,于此报告书行将通过大会之际,断不能坐视日方扩大事变,即以我国本身而论,热河存亡关系之重大,举国朝野已深知熟悉,必出全力以争,自无疑义。回忆九一八事变,日军乘我不备,一举而侵占三省,然一年来,先后经马苏李丁及各路义勇军之极力抵抗,已使日军疲于奔命,而国内经济几陷破产之境。上海之役,日军初以为我军必不抵抗,冒险尝试,但我十九路军及第五军,奋勇应战,结果我虽功亏一篑,但日军于物质上及精神上亦牺牺巨大,毫无所得。岁初榆关之役,日军亦以为我必不抵抗,但何柱国振臂一呼,全军奋起。虽山海关终于不守,但安德馨及全营之覆没,已使我抵抗之决心与精神表现无遗,国际视听,且为之一变。此次日军之进犯热河,已不若前此之从容镇静。观日军部发表侵热之消息后,东京大阪证券狂跌,交易所停闭,已可见其手忙脚乱。而我方则军事早有准备,士气且更为激昂,虽军事实力殊悬,但十九路军所能为者,非他军所不能为。若全国一心,将士用命,则日军之侵略,并不足畏。如抵抗而幸能获胜,则可使日军一举崩溃,而使东三省问题得一痛快之解决。如不幸而失败,则亦为光荣之失败,我只须充分表现抵抗之决心与力量,澈底发挥不屈服之精神与意志,亦自可另谋出路。总之,吾人对日军之进寇热河,不必为其军容所震慑,不可为其气势所眩惑,只有誓死抵抗,澈底抵抗而已。须知我国时至今日,犹如一破落户,虽再被人打得头破血流,亦无损颜面。而日本则俨然自命为高贵绅士,如吾人能力批其颊,即可使其无以自处也。再以作战而论,如我军一役而牺牲万人,亦不足为忧,且公诸报章,反可激起全国人民之热血,获得世界之同情。而日军如牺牲一千人,而讳称数百,则公诸报章后,已可使其全国人民惊慌失措矣。吾人于外交上,坚持十七个月已稍得出路,今后如于军事上再能坚持三个月,乃至六个月,则最后胜利自必属于吾人,东三省失地,自有收复之一日云云。

《中央日报》1933 年 2 月 19 日第一张第二版,1933 年 2 月 20 日第一张第三版

322. 国联大会如期开幕,我代表团准备发表宣言,日本将在大会投反对票

大会议程决定,宣告调解失败

【中央社日内瓦十八日路透电】 国联全体大会星期二日会议日程,已大致决定,最重要之节目,为由国联盟约第十五条第三款,而正式改用第四款,此案无须表决。大会主席希孟日内可由比京布鲁塞尔斯来日内瓦,主席将发表宣言解释一切经过,并称日本既已拒绝国联十九国特委会之条件,和解工作可告失败。主席将请中日代表发言,闻中国代表团正在准备该项宣言,至于日本

代表团是否发言,此时尚无确信。有数代表反对大会于星期二开会后延期至星期五再开,但按会议章程,至少须于开会前二日通知各代表,故目前所定日程不致变更。

十九国特委会继续存在一层,恐将成法律问题,有人谓其职务既已完毕,当然不能存在。瑞士代表将声明彼不愿担任特委会委员职。特委会主席布金有意再派一新委员会,但该新委员会是否应由全体大会全体通过,始能成立,尚有疑难。

日阁决定方针,斋藤访西园寺

【中央社东京十七日路透电】 闻日内阁决定:(一)拒绝国联建议。(二)维持日本对李顿报告书内所采之态度,尤其关于承认"满洲国"及中日直接交涉两事,应维持原有态度。(三)如国联大会通过建议,日应依照会章第十五条第五款提出答辩书。(四)日应在大会投票反对国联报告,如大会通过报告,日代表团应撤退至伦敦或巴黎,以待嗣后之发展云。又电,外务省定本晚发表国联建议草案之日本译文。

【本社十八日上海专电】 华联巧(十八日)东京电,预定今日下午续开之日内阁紧急阁议,闻已延期号(二十日)午前十时,在斋藤首相会见元老西园寺公后,对国联态度,当有正式决定云。又讯,斋藤首相于今夜七时三十分,赴兴津前,下午三时五十分与内田外相在斋藤首相官邸经过一小时之协议,详细听取内田外相对国联经过,及应取态度之说□云。

【中央社东京十八日路透电】 松冈定二月底由日内瓦取道西伯利亚返国,松冈原拟取道美国返日,但因国联形势变更计画。

日阀毫无悔意,高呼退出国联

【本社十八日上海专电】 华联巧(十八日)东京电。日陆军部今日正午在陆军部内召开紧急军事参谋官会议,出席者荒木陆长、真崎参谋次长、铃木大将、渡边大将、金谷南大将、林教育总监、本庄中将外,全部参谋官齐到。首由荒木陆长说明退出国联理由,与侵略热河军事,经□小时余在极严重空气之下审议,满场一致通过退出国联与侵热军事。最后由荒木陆长与真崎参谋次长相继报告对侵热军事之布置,与退出国联后应取之对策,四时三十五分散会。

323. 十九委会起草之报告书全文，外部翻译正式发表

国联十九国委员会所草拟之报告书，已于前（十七）日公布，将于下星期内之大会提出通过。报告书草案全文已由外交部翻译完竣，兹照录如次：

大会按照盟约第十五条第三款所为之种种努力，期使依据该条第九款所提交大会讨论之争议，得有解决者，既不幸失败，兹爰依照同条第四款之规定，通过下列之报告书，以载明是项争议之事实及认为公允适当之建议。

第一部　远东之事变，国联调查团报告书首八章之采用及本报告书之计划

中日争端之根本原因甚为复杂，行政院所派遣就地研究之调查团，曾称："本项争端中所包含之各种问题，并不如恒常所说之简单。盖此案极为复杂，惟有对于一切事实之内容及其历史背景有深切之知识者，始能对于此案表示确切之意见。"调查团报告书前八章，对于中日争端之历史背景及有关满洲之重要事实，均有公正而详细之叙述。该报告书已另刊印，于此若再节要或重述，自为事实之不可能，且亦未免多事。大会于研究中日两国政府所送致之意见书后，即采用调查团报告书前八章之意见，作为本报告书之一部份，但为使调查团报告书之陈述完备起见，则将关于本争端各方面行政院及大会所采取之种种办法，以及调查团报告书内所未曾叙载之某某事实，如一九三二年初上海战事之起源特为叙述，自属必要。关于此等事件，本大会则采用各国领事调查团送致本大会之报告（此项报告已另刊印），以作本报告书之一部份。又自一九三二[一]年九月初满洲各事件之详情，亦有重述之必要，因调查团报告书，并未追溯至该日以前也。

本争端发展之简单历史的叙述，将载于本报告书之第二章，并须同时参阅调查团报告书中事实的纪述。

第三章中申述本争端之重要特征及大会根据主要事实而草拟之结论。

第四章则载明大会对于本案所认为公允而适当之建议。

第二部　中日争端在国联方面之进展

(一)争端发展之简述

自此案提交国联后,行政院及大会屡次之决议,均视本案在远东情势之变迁而定。

当中日争端发生之初,中国政府根据盟约第十一条,将本案提请国联处理时,事变之范围不过仅及于沈阳及东三省若干之其他地点而已。行政院时并屡获日本保证谓,日本在满洲并无领土野心,只须日侨生命财产得有安全之保证,则日本即可将军队撤退至南满区域以内。此即系一九三二[一]年九月三十日决议,及十月二十四日决议草案之旨趣。后者除日本外为行政院全体所同意,故能使行政院向日本代表团再行求取承诺。

在日本代表拒绝上项草案后,因日本复坚持须解决中日各根本问题,遂使行政院方面于无碍九月卅日决议案各承诺之实施的范围内,更行提出办法,以期使两国之各问题,得有最后之根本解决。一九三二[一]年十二月十日行政院接受日本之提议,决议组织一"五人调查团"赴当地调查,并将"任何情形影响国际关系而有扰乱中日两国和平或和平所维系之谅解之虞者"具报于行政院。

在十二月与三月之间,远东情势,甚形恶化。日本军队完全占据南满,并开始侵占北满。在满洲以外,中日正式军队剧烈之冲突已在上海开始,且进行未已。同时在被日本军队占据之区域内,行政机关改组,形成"独立国"之建设,名为"满洲国",否认中国之统治权。嗣后中国申请行政院,除按照盟约第十一条外,并依据第十条及第十五条处理此项争执。一九三二年二月十九日,因中国依照第十五条第九节规定请求之结果,行政院将争执事件提交大会。

调查团报告书为详细审查争执之实质所必要,故从一月起,在未接到调查团报告书以前,行政院及以后大会之主要任务,在尽其力之所及以停止敌对行为,并制止情势之更形扩大。同时保持当事国之权利及盟约之原则,俾不受任何"既成事实"之不良影响。大会三月十一日之议决案,明白表示联合会对于争执事件之态度,声言在未遵照盟约解决以前,联合会会员国应不予承认任何情势任何条约或协定,其造成之方法违反盟约或巴黎公约者。

上海敌对行为告终,但在东三省日本军队或"满洲国"政府军队,继续与中国非正式军队作战。一九三二年九月,于调查团报告书在北平签字后之数日,日本政府态度又有根本之改变,即日本政府承认"满洲国"政府是也。

调查团报告书之送达日内瓦,不能在九月底以前,即六个月期限届满之前,此项期限系盟约内规定依照第十五条致送报告书于大会者,故大会经当事国之同意,于七月一日决定展缓必须之期限,但了解此种展期不得视为先例。调查团因此遂能当地完成报告书,当事国遂能致报告书之意见书,而行政院与大会亦能审查所有如此获得之材料。

此种材料之审查及与当事国意见之交换,自一九三二年十一月起直至一九三三年二月初,继续不断。经行政院讨论以后,大会根据调查团报告书所载之材料及结论,依照第十五条第三节以当事国谈判之方法设法解决争端,但无效果,以故大会依照该条第四节通过此次之报告书。

(二) 争执提出国联之起因——一九三一年九月十八至十九日在南满发生之事件——行政院最初之讨论

中国之请求行政院由于日本军队于一九三一年九月十八夜在满洲所取之举动。因一事件发生于附近沈阳为日军所守护之南满铁路地带,日本军事长官遂以军事上之防范必要为词,派兵至地带外,特别至地带相毗连之中国城市及在沈阳终止之铁路线,中国城市如沈阳、长春、安东、营口及他处,遂被占据。中国军队,被驱散或缴械。

九月二十一日,中国依照盟约第十一条申请行政院,立即采取步骤制止情势之再有变化,以致危害国际之和平,并回复事变以前之状态及确定中华民国应得赔偿之性质与数目。

九月二十二日,行政院授权行政院主席(即西班牙代表勒乐)致紧急申请书于两国政府,制止任何行动足以使形势扩大或有碍和平解决此项问题者,并劝两国政府可立即进行撤退其军队而不危及其人民之生命与财产。

九月【二】十八日,行政院主席根据自两当事国所得之报告,向当时大会例会解释情势,声言:"日本军队撤退至南满铁路地带以内一节,正在进行之中。"并谓:"九月二十八日日本代表已在行政院宣称进行撤兵,除沈阳及吉林二处,在铁路地带以外驻有少数日本少数①队伍者,仅新民、郑家屯为保护日本侨民免受中国兵士及土匪之侵击,因此种兵士及土匪正在扰乱上述之地方。"

---

① 编者按:"少数"疑为衍字。

当九月三十日行政院通过下列议决案时(参观一九三一年十二月国联公报第二三○七页),其情形如此。决议案如下:"(一)行政院知悉中日政府对于行政院主席所为紧急声请之答覆,及为应付此种声请所取之步骤。(二)行政院对于日本政府之声明,谓对于东省并无图谋领土之意,认为重要。(三)行政院知悉日本代表之声明,谓日本军队业经开始撤退,日本政府当以日本人民生命财产之安全得有切实之保证为比例,仍继续将其军队从速撤退至铁路区域以内,并希望从速完全实行此项意愿。(四)行政院知悉中国代表之声明,谓中国政府对于该区域以外日侨生命财产之安全,在日军继续撤退,中国地方官吏及警察再行恢复时,当负责任。(五)行政院深信双方政府均亟欲避免采取任何行动,足以扰乱两国间之和平及谅解者。并知悉中日代表已保证各该国政府采取一切必要步骤,以防止事变范围之扩大或情势之愈加严重。(六)行政院请求当事两方尽力所能,速行恢复两国间通常之关系,并为求达到此项目的,继续并从速完成上述保证之实行。(七)行政院请求当事两方随时将关于情势发展之消息,充分供给于行政院。(八)行政院决定如无意外事件发生,有即时开会之必要者,则于十月十日在日内瓦再行开会,以考量彼时之情势。(九)行政院授权于其主席,经向各同僚尤其两关系国代表谘询后,认为根据从当事国或从其他各会员方面,所得关于情势进展之消息,无须再行开会时,得取消本院十月十四日之会议。"

行政院之愿望未得实现。十月九日中国代表团为日军"继续积极进攻",用飞机轰炸临时省政府所在地之锦州,要求行政院召开紧急会议。

行政院在九月开会时,曾决定将该院之会议录及关于中日纠纷之文件送致美国政府,同时美国政府亦表示与国联态度十分同情。

十月十六日行政院决定继续与美国政府合作,并邀请美国政府派遣代表列席行政院,以便商讨巴黎非战公约条文与满洲不幸现状之关系,及观察行政院关于该问题之其他一切讨论。

美国政府送致同样照会于中日两国政府。

十月二十二日行政院主席(法国代表白里安)提出一决议草案,该草案除当事国外,一致同意。

该决议草案于申述中日两国政府九月三十日决议案而承允之约束,及日本代表所称日本在满决无领土企图之宣言后,即请日本政府立即开始将日军撤退至铁路区域以内,于下次开会以前全数撤尽。并请中国政府准备接收日军撤退区域之办法,以保证日侨生命财产之安全。该草案为实行起见,且将详细办法亦略加规定。

该决议草案复向中日两国政府建议,日军撤尽后,两国应立即开始直接交涉谈判中日间一切悬案,尤其关于最近事件及关于东省铁路情形所发生之纠纷。为达上项目的,行政院建议两当事国应组织调解委员会,或类似之永久机关。最后提议行政院应于十一月十六日再行集会。

十月二十三日中国代表接受该项决议草案,视为最低限度。日本代表则提一对案,说明日本政府鉴于满洲局势之紧张及情形之纷乱,不能预定日军撤尽之确切日期。日本政府认定恢复较宁静之心理状态,为绝对必要,因此决定原则数点,为中日两国间经常关系之基础。但日本代表无权将此种原则列入决议案中,亦无权在行政院会议席上详细讨论,以为此种原则只应为两当事国直接谈判之基本条件。行政院认为既不知悉"原则"之内容,当然不能在决议草案内提及。该决议草案因日本代表之反对(十月二十四日)未曾通过,行政院延会至十一月十六日。

中国代表于十月二十四日会议后曾代表中国政府向行政院主席发表下列之宣言:"中国与其他国联会员国同样受盟约之约束,谨慎遵守一切条约上之义务。中国政府矢志尽盟约上所规定之一切义务。为证明此种意志,关于条约解释方面与日本之一切争执,极愿依照盟约第十三条之规定,用公断或交法庭解决之。为实行此种意志,中国政府愿与日本订立公断条约,一如中美新近订立之公断条约,或近年国联各会员国间所订立之多数公断条约然。"

(三)日本军事行动在北满之进展

行政院十月开会以后,日军在满洲洮昂铁路之嫩江桥附近,复从事攻击。嫩江桥于十月间被黑龙江省主席马占山军队所毁,以阻止张海鹏军队之前进。盖据中国方面称,张海鹏系受日军之主使而取攻势者也。

为辩护干涉嫩江桥修理为合理,日本政府曾向中国政府据称谓洮昂路系依据合同由南满铁路株式会社建筑,中国方面尚未偿还债务,且不愿将此债改为借款,故此路可认为属于南满铁路株式会社。该社对于保护该路财产及维持该路交通,自属极为关心云。

十一月二日,日本政府声明,因南满及洮昂铁路局之请求,爰于是日派遣工兵一队,由步炮及空军保护,前往修理铁路桥。日军当即与拒绝退让之华军冲突而将其击退,十一月中日本军队遂开到且越过中东铁路而取得昂昂溪,嗣并于十一月十九日取得齐齐哈尔。

(四) 改组满洲民政机关之办法

当军事上行动如此向北满进展时,民政机关之改组,亦复同时进行。就沈阳言之,在九一八事变发生,政局解组以后,当地市政府首即交由日本上校土肥原负责。嗣于十月二十日,则由在东京帝国大学毕业之法律博士华人赵欣伯充任市长。时辽宁前省政府已迁往锦州,因又组织一辽宁省政府以资对抗。九月廿四日所组织之地方维持委员会,十月间改为辽宁省自治公署。十一月七日自治公署复又改为代理辽宁省政府,宣告与从前之东北政府及南京国民政府脱离关系。同时复成立所谓最高指导部,其职权之一部,即为指导并监督省政府及鼓励地方自治。凡此种种新机关以及发行纸币之银行,均派有日本顾问。此项顾问,则大半为南满路具有势力之职员。

中国代表则坚称沈阳、吉林及其他日本占据之地点,所有种种新机关之成立与维持,均应由日军负责,以为此种种机关,均系日军之傀儡,日军之产生物。

日本代表则答复,以为日本当局除鼓励华人自行组织团体维持秩序外,别无他法,此等团体果能恪尽其职责,则将使日本政府屡次所正式表示之愿望,所谓从速撤兵一节,较易实现。不第此也,一九三一年十一月间中国代表团,曾将盐务稽核会办克利夫兰德博士(Dr. Fredrick A. Cleveland)之迭次报告送交行政院。据该项报告,则日本陆军当局,彼时正以武力夺取满洲各地之盐税。而据日本公文之所述,则谓日本陆军当局,将中国盐税机关之余款,另行移转于他一中国机关(当地之地方维持委员会),不能谓为不当。

(五) 一九三一年十一、十二月间之行政院会议——调查团之组织

是时行政院正于十一月十六日在巴黎集会,十一月二十一日日本方面提议派遣调查团至远东调查,并谓:"日本政府依照九月三十日之决议案,从速撤兵至南满铁路区域之真诚的愿望,决不因此项调查团之产生与派遣而有所变更。"该项提议经考虑后,十二月十日行政院乃通过下列之决议:

"(一)行政院重申九月三十日一致通过之决议,该决议经中日两方声明各受其庄严约束,故行政院要求中日政府采取必要步骤,实行该项决议,俾日军得依照该决议内所开条件,尽撤退至铁路区域内。(二)行政院认为自十一月二十四日会议后,事态更为严重,兹悉两方担任采取必要办法,防止情势之再行扩大,并避免任何行动,致再令发生战争及丧失生命之事。(三)行政院

请两方继续将情势之发展，随时通知行政院。（四）行政院请其他会员国，将各该国代表就地所得之消息，随时供给行政院。（五）行政院鉴于本案之特殊情形，欲协力促进两国政府谋两国间各项问题之最后根本解决。故并不妨碍上述办法之实行，决定派遣一委员会。该委员会以五人组织之，就地研究任何情形影响国际关系而有扰乱中日两国和平或和平所维系之谅解之虞者，并报告于行政院。中日两国政府各得派参加委员一人，襄助该委员会。两国政府对于该委员会应予一切便利，俾该委员会所需之任何消息均可得到。兹了解如两方开始任何商议，该项商议不在该委员会职务范围之内。又该委员会对于任何一方之军事办无法干涉之权，该委员会之委派及其考量，对于日本政府在九月三十日决议内，所为日军撤退之铁路区域内之保证，并无任何妨碍。（六）在现在及一月二十五日举行下次常会之间，行政院仍在受理本问题中，请主席注意本问题并于必要时再行召集会议。"行政院主席法国代表白里安，于提出是项决议案时，曾郑重声明，行政院对于九月三十日之决议案及其自身之确信，以为两国政府将充分履行该决议案之约言各节，均极端重视。并称双方均避免任何足以更致战争或使事态扩大之行动，实为必要而急切。上项决议案通过时，美国政府曾表示欣快，谓实已有确切进步。

（六）日军攻击锦州——南满方面中国残余行政权之摧灭

当行政院从事草拟上项决议案时，中日双方均曾请行政院对于延及满洲西南部之军事行动的危险，予以注意。因而有一种努力，即设法在日军与锦州张学良之军队间，设立中立区域。惟是此种努力，不幸失败。日本代表当该决议案通过时，关于该决议案之第二节，曾声明接受："惟须了解该节之用意，并非阻止日军，因直接保护日侨生命财产，以免满洲各地土匪或不法分子之蹂躏所必须采取之行动，实系一种例外之办法。基于东省之特殊情形，将来该地常状一经恢复，则此种办法之必要性，自亦归于消灭。"

十二月廿三日，日军即开始向锦州方面进攻，而于一九三二年一月三日实行占领。日军当更进至长城，而与驻扎长城南山海关之日军连络。此种军事行动之结果，即为南满方面中国行政权之完全摧灭。

（七）在上海之敌对行为——敌对行为之起原[源]

一九三二年一月以后，满洲以外各地情形，日益险恶，上海亦然。

关于上海事变，国联前后从于二月初间在上海当地组织成立之领事团委员会，共收报告四件，叙述事变之经过。自开始之日起，至三月五日为止，其后之事件,均载在调查团报告书内。按该调查团之组织,已于上文解释,系成立于一九三二年一月,于三月十四日到达上海。

先是在朝鲜曾发生严重之排华暴动,一如调查团报告书所述,是项暴动引起一九三一年六月以后在上海及中国其他各埠之抵制日货。日本军队之占领满洲,使抵货益见紧张。在某数事件中,中国政府及官方组织且有积极之协助。日本商务受重大之损失。两国人民间之紧张情感益趋锐化,严重事变随即发生。因是,上海日侨遂请本国政府派遣军队战舰,制止排日运动。其后日本总领事即向中国上海市市长提出五项条件。

上海市长于一月二十一日声明,对于其中两项条件碍难照办(即充分制止排日运动,解散一切挑拨恶感,煽动排日暴动风潮之排日团体)。

同日,日本海军司令公布倘中国市长答复不能满意,为保护日人利权起见,决采取必要步骤。一月廿四日,日本海军增援军队到达上海,谣传华界闸北区中国驻军,亦在增兵。一月二十七日,日本总领事要求中国方面,在次日早晨六时以前,对于所提条件给予满意之答复。上海市长曾向各国代表表示意旨,将尽量让步,以求避免冲突。一月二十七日至二八日之晚间,遂停止抗日会,其他抗日机关亦经中国警察分别封闭。一月二十八日晨,日本海军司令通知各国驻军司令,倘中国方面无满意之答覆,决于次晨采取行动。公共租界工部局开会决定当日下午四时起,宣布戒严。至下午四时,日本总领事通知领团,谓业经收到中国答复,接受日本一切条件,该项答复可谓完全满意,暂时不采若何行动。

同时,公共租界防务委员会为适应当时之紧急情形,将租界划分区域,指定各国驻军分别担任防务。防务委员会所指定之日本防区,不仅租界之一部份,并连带突出界外之地段,西至淞沪铁路。日本海军司令部位在该突出地段之极北端,属工部局之两路,北四川路及狄思威尔路,平时向有日本海军陆战队驻所。午后十一时,日本海军司令宣称,鉴于目前之紧急状态,帝国海军对于有多数日本侨民居住之闸北一带情形,极为关怀,已决派遣军队前往该处,希望中国驻闸北之军队,迅速向铁路以西撤退。一句钟后,日本陆战队及武装平民,向铁路进发。其最后一队,企图由入租界及防守地段之河南路栅门侵入车站,经驻守该段之上海义勇队,加以阻止。该义勇队奉有严格命令,其原则为防守军队之职责,限于防御,不能进攻。遵照防守计划派至闸北一段之日本军队,与中国军队相接触。据领团委员会第一次报告书所称,该项中国军队即使情愿撤退,亦为时间所不许。

(八) 在上海之敌对行为——行政院根据盟约第十条之讨论——大会依照第十五条之第一次讨论——上海敌对行为之终止

上海战事因此遂即开始,当时正在日内瓦开会之行政院及在上海有特殊利益之各国,曾屡次致力制止。上海严重事变发生后,中国遂于一月二十九日要求将争执事件,依据第十条及第十五条处理之。二月十六日,行政院各会员国,除中国及日本外,向日本政府提出紧急申请书,请注意盟约第十条。按照该条之意义:"凡忽视该条规定,损害联合会会员国领土之完整及变更其政治之独立者,联合会各会员国均不应认为有效。"

二月十九日,行政院因中国之请求,将本争执事件提交大会。大会于三月三日召集开会。行政院在大会开会之前,曾作最后一度之努力,以图停止战事。于二月二十九日,提议在上海组织圆桌会议。惟其举行,须待就地已订有停止敌对行为之办法。行政院之提议,未曾实行。因战事仍然继续,三月三日,大会于听取双方代表声说之后,于三月四日通过决议案如下:

"大会于申述行政院二月二十九日所议决之提议,并声明不妨害提议中所包含之其他方法之后。(一)请中日政府立即采取必要之方法,使两方军事当局所发停战之命令,得以有效。(二)请求在上海有特别利益关系之列强,以前项办法实行之状态报告大会。(三)劝告中日代表以上述列强文武官宪之协助,开始磋商,订立办法。此项办法,须确定停止敌对行为,并规定日军之撤退,务请上述列强,随进以磋商情形向大会报告。"三月五日,美国政府暗示已经训令上海该国军事长官,通力合作。

经各方所提议之会议于三月十四日在上海开始进行。大会所组织之十九国委员会因中国之请求,曾两次从中斡旋,将各种困难设法排除。卒于五月五日,在上海签订停战协定。同月六日,日本军队开始撤退,至五月三十一日,由日本派至上海各师团,均已再行登船。各该师团中,惟第十四师团经改派前往满洲。七月一日,大会接到报告,称仅有极少数之日本陆战队依照五月五日协定,暂时留驻少数处所,与租界及越界所筑各路线相邻近。嗣后各该队伍,亦已撤退。

中国方面认日本在上海之干涉,致中国兵士人民死亡损伤及失踪者达二万四千人,物质上之损失,估计约值十五万万余元。

(九)日本在满洲占领之进展——行政改组之进行——"满洲国"之宪法

当上海事件正在发展之时,满洲之时局亦在进展之中。二月五日,哈尔滨为日本军队所占领,嗣后数个月内,日本军队继续向中国军队残部暨"义勇军""土匪"及其他各种"非正式军队",作军事行动,不规模之战斗蔓延于满洲一极大部分之地面。

同时行政上之改组,亦在进行之中。其最初各时期,已于上文述及。

一九三二年二月十七日有一最高行政院会议为满洲全部而成立,二月十八日该会议发表独立宣言,二月十九日日本代表于日内瓦行政院会议中说明在满洲地方"独立"之意义与"自治"之意义相同。日本对此种独立之成功,曾以赞成之态度视之。三月九日,各地方行政机关遂行合并为一独立"国家",名为"满洲国"。该国执政一席,由前清宣统皇帝溥仪君承受之。

中国曾于一九三一年十一月十七日声称,该逊帝为日人自天津日租界勒绑押送至沈阳,其目的在建立一傀儡政府,以该逊帝为皇帝。中国政府对该号称国家之建立屡次诋为非法,而该"号称国家自成立伊始以及其后发展过程中,所有创立维持,均系由驻满日军指使协助"。

(十)国联大会之讨论——三月十一日之决议——关于依据盟约第十五条拟具报告书期限之决定

同时大会继续在日内瓦研讨该项争执事件,于一九三二年三月十一日经详细讨论之后,通过下列决议案。

第一节,大会鉴于盟约所载各项规定,对于此次争执完全适用,尤以关于(一)严格尊重条约之原则;(二)联合会会员担任尊重并保持所有联合会各会员领土之完整,及现在政治上之独立,以防御外来侵犯之诺言;(三)将彼此间所有一切争执有以和平手续解决之义务,采用一九三一年十二月十日行政院主席白里安宣言中所奠立之原则。

回溯行政院十二会员,于一九三二年二月十六日致日本政府声请书中,曾重申此项原则,宣言凡轻视盟约第十条之规定,蹂躏联合会会员领土之完整及变更其政治之独立者,联合会各会员均不能认为有效。

鉴于上述规定联合会会员国际关系及和平解决一切争执之原则,与巴黎公约完全相符。而该公约当为世界和平机关之基石,其第二条规定:"缔约各国,互允各国间设有争端,不论如何性质,因何发端,只可用和平方法解决之。"

在本会尚未采取最后步骤以解决受理之争执时,特宣告上述原则及规定,负有一种必须遵守之性质，并声明凡用违反联合会盟约及巴黎公约之方法所取得之地位、条约及协定，联合会会员均不能承认之。

第二节，大会郑重申说，如由任何一方用武力压迫以觅取中日争执之解决，实与盟约精神相违背。回溯一九三一年九月二十日及十二月十日，经当事双方同意之行政院所通过之决议，并回溯一九三二年三月四日，经当事双方同意之关于切实停战及日军撤退事项，大会本身所通过之决议，知悉联合会会员，在上海租界有特殊利益之国家，对于此项目的，准备充分协助，并请求各该国于必要时通力合作，以维持撤退区域之治安。

第三节，大会缘一月二十九日中国政府之请求，将联合会盟约第十五条之手续，适用于此次之争执，缘二月十二日中国政府之请求，将此次争执，依照盟约第十五条第九节之规定，提交大会，并缘二月十九日行政院决定。

鉴于本会接受处理中国政府请求中所指争执之全部，应负有适用盟约第十五条第三节所规定"调解"手续之义务，并于必要时，应负有适用同条第四节所规定"说明建议"手续之义务。

爰决定组织一十九会员之委员会，即以大会主席为该委员会之主席，连同当事国以外之行政院会员，及用秘密投票选出之其他会员国代表组织之。该委员会代表大会执行职务，并受大会之监督。应：（一）从速报告关于依照一九三二年三月四日大会之决议，停止战争及缔结协定，使上述战事切实停止，并规定日军撤退各事项。（二）注意一九三一年九月三十日及十二月十日行政院通过决议之实行。（三）经当事双方之同意，并依照盟约第十五条第三节之规定，从事预备解决争执之办法，并拟具声明提交大会。（四）于必要时得向大会提议，向国际审判法庭，提出请其发抒意见之声请。（五）于必要时从事预备第十五条第四节所规定之报告书草案。（六）建议一切似属必要之紧急办法。（七）于最早时期内，向大会提出第一次报告书，最迟不得过一九三二年五月一日。

大会请求行政院将一切视为应行转送大会之文件，或附带意见转致委员会。

大会并不闭会，主席视为必要时，得召集之。

三月十二日，美国政府宣称国联大会之措施，实足使非战公约暨国联盟约所赖为基础之安宁与正谊之原则成为国际公法。美国政府尤为欣慰者，世界各国兹以联合一致采取一种政策，即对于因违反各该条约所获之结果，不承认为有效,此于国际公法诚为一特殊之贡献,而亦为和平建设之切实基础也。

一九三二年七月一日,国联大会接据报告,调查团之报告书不能于九月前撰拟完竣,大会得当事双方同意之后,决定就确属必须之范围内,将国联盟约所规定六个月拟具报告书之期限,予以延展。

国联大会主席于六月二十四日函致中日代表提议延展盟约所规定之期限时,曾称:"本主席职责所在,用进一言,本主席深信当事双方将恪遵其在行政院中所为不扩大局势之诺言。该项诺言固曾以明文载诸九月三十日暨十月十日(一九三一年)决议案中,而该项决议案仍有充分之执行效力者也。此项决议案在六个月限满后行将延展之期限中,将继续有充分之效力。贵代表定与本主席同此意见。兹一并提请注意者,即三月十一日国联大会所通过之决议案对该两决议案曾重予申述。"

国联大会主席于大会通过延展期限一事之后,曾述及其函中此节,并称:"此事既然如此,大会所采取之决定,授权本主席声明当事国双方必不得有任何行动,足以危及调查团工作之成功或国联为促成解决办法所尽之努力。"

"本主席兹复有提请注意者,即三月十一日国联大会曾经宣告国联会员国,对于凡以违反国联盟约或非战公约之手段所缔造之任何局势、条约或协定,俱负有不予承认之义务。"

(十一)"满洲国"之组织——日本承认"满洲国"

同时组织"满洲国"之手续继续进行。该政府则设一中央银行,并接办盐税行政(声明愿继续偿付外债所需款项之平衡的部分,该项外债以盐税收入为担保者)、关税行政。关于以关税为担保之债务及赔款作同样之声明以及邮务行政等事务。

"满洲国"军队之造成,出诸被聘为顾问之日方官吏之助力。日本政府于一九三二年四月八日通知书中宣称:"目前以友好之精神予'满洲国'军队以援助,以应其维持治安恢复秩序之需要。"

依据日本政府一九三二年十一月十八日之意见书,日本驻军东省"于二三年内可将最主要之股匪予以肃清。"

日本与"新国"之关系,自派遣武藤将军驻"满洲国"国都长春后,亦经确定,武藤于八月八日受命为关东军总司令,同时并任有特别使命之特命全权大使及关东总督,统辖领馆事务、关东租借地之行政以及在东省所有之日军。此新任大使并未呈递国书,仅日本一方面曾有此项任命。

九月十五日武藤将军与"满洲国"国务总理签订"日满议定书",内有下列之规定:

"兹因日本国确认'满洲国'根据其住民之意思,自由成立而成一独立国家之事实,并因'满洲国'宣言:'中华民国所有之国际条约,以其应得适用于"满洲国"者为限,概应尊重之。'日本国政府及'满洲国'政府为永远巩固日'满'两国间善邻之关系,互相尊重其领土权,且确保东亚之和平起见,为协定如左:

"(一)'满洲国'于将来日'满'两国间未另订相反的协定之前,在'满洲国'领域内,日本国或日本国臣民,依据既存之日华两方之条约、协定、其他约款及公私契约所有之一切权利利益,概应确认尊重之。

"(二)日本国及'满洲国'确认于缔约国一方之领土及治安之一切威胁,同时亦为对于缔约国他方之安宁及存立之威胁,相约两国合作以维持彼此国家之安全。为此目的所需要之日本国军队,应驻扎于'满洲国'内。

"本议定书,自签订日起,即生效力。"

"满洲国"遂得日方正式承认,中国政府对于此项承认,曾提抗议,并说明:"日本援用其对朝鲜之先例,实际上置东省于保护国之列,以为合并之初步。"

(十二)行政院对于调查团报告书之讨论

该项报告书于一九三二年九月四日在北京签字,并于十月一日分别送达两当事国及其他盟约国。日本政府曾要求至少六星期之期间,以便草送意见书,行政院因于九月廿四日决定至迟于上年十一月廿一日开始讨论。

当场行政院主席(爱尔兰自由邦之代表凡勒拉君)表示遗憾,以国联调查团报告书公布之前,日方不仅承认所谓"满洲国"政府,且与之签订条约,其所取之步骤,不得不认为于争端之解决有碍。国联特别委员会于十月一日公开会议时,亦表示同一之遗憾。

凡勒拉君又谓:"在过去一年间行政院以团体之资格,与组成行政院之各国政府,对于此项严重争端之是非曲直,始终谨慎,未轻发一字之批评,因已组织调查团对于问题之症结予以考察,而在调查团制成报告书以前,以及国联讨论报告书以前,此整个问题,乃只能认为留待判决之案件。"

一九三二[三]年一月二十一日至二十八日,行政院开会,讨论调查团报告书及两当事国之意见书。对于主席所问之问题,李顿爵士以调查团名义,答称本团同人对报告书不愿有所增加。

关于报告书中所包含之建议,行政院认为在中日代表之声言中不能觅得两当事国有任何协调之可能,足以使其有益的进行讨论及贡献意见或建议于大会者。

在此情形之下,行政院只可将调查团报告、两当事国之意见书及会议纪录递交大会而已。

(十三) 大会讨论调查团报告书——试行商议解决办法

大会于一九三二年十二月六日开会,经一番讨论后,即于十二月九日通过下列决议案。

"大会现接到调查团报告书,该调查团系依据一九三二[一]年十二月十日行政院通过之决议案所组织者,及两当事国之意见书,与一九三二年十一月二十日至二十八日行政院会议纪录,鉴于一九三二年十二月六日至九日大会之讨论,爰请根据一九三二年三月十一日大会决议案所指派之特别委员会。(一)研究调查团报告书及两当事国之意见书,与在大会中以任何形式所发表之意见及提出之建议。(二)起草提案以图解决依照一九三二年二月十九日行政院决议案所提交大会之争执。(三)在可能的极早时间内,将上述提案提交大会。"

十九国特别委员会拟就决议草案二号及声明书指明该委员会照此根据,认为可继续其图谋解决此争端之努力。

决议草案如下:

第一号决议草案:"国联大会认为依据盟约第十五条规定之条款首要之义务,厥为力谋争端之解决,故目前大会之职责,并不在草拟报告、陈述争端之事实及对于该项争端提出建议,以为一九三二年二月十一日之大会决议案已订立原则将国联对于解决争端之态度,予以决定。确认于该项解决办法中国联盟约、非战公约暨九国公约规定之条款,必须予以尊重。决定组织一委员会,其任务为根据国联调查团报告书第九章所申述之原则并注意及该报告书第十章所为之建议,会同两当事国进行商议,以求解决。

"指派国联会员国之在十九国特别委员会者组织一特别委员会。

"以为美国及苏联如能应允加入谈判最为合宜,付予该上述委员会以邀请美俄两政府参加此项谈判之责。

"授权该会得因欲使任务执行之顺利采取各种必要办法。

"申请该委员会于一九三三年三月一日前报告该会之工作情形。该委员会应有征求双方同意而订定一九三二年七月一日大会议决案所提之期限之权。如双方不能同意于该项期限时，该委员会应即呈报，并同时将关于该案之建议呈送大会，大会应暂时停开。但该会主席得因必要而立即召集会议。"

决议草案第二号如下："大会对于依据行政院一九三一年十二月十日决议案委派之调查团所给予之厚助，表示感谢，并宣言该团之报告书，为一种忠实公正工作之模范。"

意见书如下："大会于一九三二年十二月九日决议请该会之特委会：（一）研究调查团之报告书暨双方之意见书以及各方在大会中所发表之一切意见及提议。（二）根据行政院一九三二年二月十九日将该案交办之决议，草拟关于解决该项争执之建议。（三）该项建议应于最短期间送呈大会。

"如该委员会以为须将事实及情势之大概报告大会时，则在调查团报告书之前八章中可以得到该项陈述所必需之材料，因该委员会以为报告书之该部分中关于各项之主要事实，已予以一种平衡公允与完整之叙述矣。

"但该项陈述尚非其时，因依照国联盟约第十五条第三项之规定关于争执之解决，大会应先尽力调解。设调解而成功，则该会应即印行一种关于是项事实之适当报告。若调解而失败，则应依据同条款第四节之规定，拟具该项争执事实经过之报告及关于该案之建议。

"在根据第十五条第三项继续努力调解之时，大会受盟约对于临时发生事件所赋予之责任，自应特别审慎，所以本委员会于本日提出大会之决议草案仅限于关于调解之建议。经三月十一日大会之决议，特委会奉令拟一双方可以同意之解决争执办法，并以为美俄如能参与协助，双方代表之努力，尤为相宜，故提议应邀请该两国政府参加谈判。

"为避免误会起见，兹声明现时所拟与两非国联会员国合作者，纯系办理以调解求解决之谈判，为此本特委会提议本委员会应视为办理此项谈判之一新委员会，应受有邀请美俄两政府参加该会会议之权。

"该谈判委员会因执行任务于必要时得便宜行事，且该会可以谘询专家，并该会如认为适当时，可以将其职权之一部分，交一个或较多之小组委员会或一个或较多资望素孚之人员办理之。

"关于法律事项，该谈判委员会会员应以大会一九三二年三月十一—十八决议案之（一）（二）两项为根据。关于事实经过，应依据调查团报告书前八章中之记述。至于考虑解决办法，则应依照调查团报告书第九章中所立之原则办理。并应注意该报告书第十章之建议。

"十九国委员会以因该项争执情形之特殊,认为如仅恢复一九三一年九月前之情形,不能作为永久之解决,而维持与承认满洲之现政体,亦不能视为解决之办法。"

十二月十五日曾将两决议之草案及意见书送达双方,并经中日代表提出修改。嗣本委员会委员长及秘书长奉令与双方进行谈话。十二月二十日,委员会议决闭会,并规定最迟须于一九三三年一月十六日再行开会,俾谈话得以继续进行。

(十四) 日本在山海关长城内之军事行动

一九三三年一月初山海关发生严重事变。该关位于长城之终点,据北平辽宁之中心,在军事上素占重要。适当为自满洲进犯者所欲深入现所称河北省之冲道,且从河北省为入日本认为系"满洲国"一部分之热河省之捷径。据日方消息,张学良将军将大批军队自河北省北部运入热河。惟据中国方面消息,则谓日本军队对于热河已决定取大规模之军事行动。

一九三二年十二月二十九日,据日方报告,在前数日间中国军队之集中为抵抗热河,已昭然若揭。日本代表并于一九三三年一月四日声称驻北平日本当局,曾极力劝告张学良停止军事行动无效,遂在此紧张不安状态之中,于一月一日至二日之夜间发生山海关事件。

日本关东军军队越过长城攻击榆关,旋于一月三日占领之。中国政府确知此役华人民众被杀者不下千数,当以日本非法利用条约上之特权,于一月十一日向一九〇一年和约签字各国提出抗议,并声明中国军队因防护正当权利而抵抗日军侵略所发生之情形,中国政府不负任何责任。

(十五) 协商调解之失败

九国委员会复于一九三三年一月十六日集议,说明关于议决案草案及附加理由说明书,虽仍与有关各代表继续谈判,惟除中日代表团于十二月间所提之修正案外,并未接到新提案。但据日本代表团称,新提案尚在与本国政府接洽中,当可于四十八小时内提出之。

一月十八日,委员会接到此项提案,得悉其内容与委员会十二月十五日送交两当事国者,有数要点根本不同。日本代表团既于新提案时特别注重对于指派之调解机关仅能包括国联会员国一项,则九国委员会以为日本政府倘对于决议草案不过反对此节,尚不难与关系各方磋商解决此问题。是以委员对于此点要求补充说明,是否日本政府如此项困难可以解除,即预备接受十二月十五日之决议草案第一号。委员会以为与中国代表团继续谈判以前，尚须等候日本对于此点之答复，因中国代表团之提案尚不如日本提案之于决议草案持根本之异议。一月二十一日委员会说明日代表致委员会主席及秘书长之说明书，其要旨谓即使草案内删除邀请非会员国参加调解之规定，日本政府亦不预备接受决议草案第一号。日本代表团分致此说明书时，曾以本国政府名义，提出新提案。

委员会经将此项提案（附件一）连同中国代表团对于十二月十五草案原文（附件二）之修正案一并审查后，以为除声明无法制定一双方可接受之草案外，不能更有何办法。且中国代表团及委员会自身均以邀请美俄两国参加调解，认为重要。如果委员会须照日本提案之意义，同时修改草案中其他规定，则殊难因日本一国之请求，即删除邀请各该国之规定。

委员会又以即使将理由说明书改为宣言，由主席以委员会名义宣读，关系各方并可自由提出保留，日本政府亦不能接受十二月十五日委员会所定之原草案，而必以新提案对于原文要求重要修正，而为委员会所不能接受者。

因此情形九国委员会以为业经努力预备求得双方赞同之调解以符其受托之责任后，但仍似不能向大会提出此种建议。

是以委员会为实行一九三二年三月十一日议决案第三段第五节所受托之责务起见，已按照盟约第十五条第四节，拟具报告书草案。

本决定开始拟具此项报告书草案时，委员会不得不提明调解失败后惟大会有权实施第十五条第四节之条文，惟委员会仍可接收双方所拟提出之任何其他提案。至二月八日，日本代表曾将对于二月十五日原文之另一修正案提交委员会。二月九日，委员会考虑此项修正案后，认为可再将有关该案者，询问日代表，尤以日本政府是否能接受调查团报告书第九章之第七项原则，即关于在满设立广义之自治机关，并承认中国主权行政之完整，作为预定调解基础之一，并将此问题于同日备函送交日本代表团（附件四）。二月十四日，日政府复文内称，确信维持与承认"满洲国"之独立为远东和平之唯一保障，而此全体问题或由中日两国依此基础解决之（附件五）。委员会于答复此函中，深表惋惜，只得认二月八日之日本提案为绝未给予可资接受之调解基础，并复以在大会末次会期以前，委员会自仍愿对于日政府拟另提之提案加以审查，但日本代表团当确知若加重现有状态，定使一再努力调解之责务，即不失败，亦必更困难（附件六）。

第三部　争议之主要特性

由此记述,可见行政院或大会继续试觅中日争议之解决方法,已逾十有六月,并已根据盟约各条及其他国际公约通过多数议决案。凡事变之历史背景,其情形之复杂与日本在中国境内行使广大权利之满洲特殊情形,以及在满洲数处中日当局间事实上现有关系之错综复杂,均证明国联之长期尽力于协商及调查确为必要,然行政院及大会所抱希望以期由各方之声明及其参加通过之议决案而促现状之进步,则已失败,而现状反趋于更恶劣。在满洲或在国联会员国之一之其他地方,其军事行动诚如调查团所称为"变相的战争者"犹日进不已。

大会将争执之特要各点详加考虑后,得如下之结论,并知悉下列各项事实:

(一)提交国联大会之中日争执,发生于满洲。中国以及列强始终皆认满洲为中国之一部,其主权属于中国。日本政府于其对调查团报告书之意见书内,辩驳在范围极小之南满铁路区域内,中国前给俄国嗣转让于日本之权利,与中国主权冲突之说,谓:"其实此项权利系由中国主权而来。"

中国始给俄国嗣给日本之权利,均起源于中国之主权。依照一九〇五年之北京条约:"中国皇室政府应允俄国按朴次茅斯条约,对于日本之一切让予。"一九一五年,日本展长其在满洲权利之要求,系向中国政府提出。其后同年五月二十五日关于南满及内蒙东部之条约,亦系由日本与中华民国政府所缔结。华盛顿会议时,一九二二年二月二日,日本代表团声明日本放弃南满及内蒙东部之某项优先特权,并云:"日本之所以决定放弃者,系基于一种公平温和之精神,始终注意中国之主权,以及机会均等之原则。"云云。

华盛顿会议所缔结之九国公约适用于满洲,自与中国其他各部无二。即在此次冲突之初期,日本对于满洲为中国之一部之说,亦从未持异议。

(二)就已往之经验而言,从前支配满洲之当局,对于中国其他各部之事务,至少在华北方面均具有相当之势力,在军事上、政治上处于有利之地位,尤无疑义。若强将该省与中国他部割开,势将造成一严重之"未收回领土"问题,而危及和平。

国联大会提出上述事实非不注意及满洲过去之自治历史。举其极端之例,在中国中央政府权力极弱之时代,张作霖之全权代表竟以中华民国东三省自治政府之名义,于一九二四年九月二十日与苏联缔结关于中东铁路、航行划界以及其他问题之协定。惟该协定之条文,显然表示东三省自治政府,并未自视为对中国独立的国家之政府,盖该政府仅信关于中国在东三省之权益,东三省政府亦可自行与苏联谈判,虽则数月前中央政府已与苏联缔结关于上述问题之协定。

(三)东省之自治亦可于以前之张作霖及以后之张学良为民政及军事领袖,与夫借其所属之军队及官吏在三省内行使权力各节窥见之。但张作霖迭次宣告之独立,从未表示张氏本人或东三省人民有欲脱离中国之愿望。张氏军队之侵入关内,仅系加入内争,而并非视中国如外国。故在东省屡次战争及独立期间,东三省仍为中国之一部份。且自一九二八年以来,张学良已承认国民政府之权威矣。

(四)在一九三一年九月以前之二十五年,中国与东三省之政治经济关系日增密切,同时日本在东三省之利益,亦继续发展。在中华民国时代,东三省所组成之满洲,已为中国他省移民完全开放,此项移民取得土地后,已于种种方面使东省成为中国本部在长城以北之延长部分。东三省人口约三千万,其中汉人及与汉族同化之满人,占二千八百万。且于张作霖父子时代,中国人民以及中国人之利益,对于发展及组织东三省经济利源,较前尤为重要。

同时日本在满洲所获取或要求之权利,其影响所及足以限制中国主权之行使。此项限制之情形及程度,殊属逾越常轨。例如日本之治理辽东租借地公然行使与完全主权相等之权利。又日本以南满铁路为中心,管理铁路地带,包括多数之城市以及人烟稠密之要镇在内,例如沈阳、长春等地。日本在此数处管辖警政、税捐、教育以及公用事业,并在各处驻扎军队,如辽东租借地内之关东军,铁路地带内之路警以及各处领馆之警察。此种状态,如系双方澈底了解之密切经济及政治合作之表现,或可长久继续,不致发生纠纷及不断之争执。但因无上述条件,此种状态终必引起双方误会及冲突,且两方权利之相互关系,法律状况之有时不能确定,以及日本特殊地位之观念,与中国国家思想之益形对峙,又为许多争执及纠纷之源也。

(五)在一九三一年九月十八日以前,每一方在东省对于他方均有正当之不平理由,因日本利用有疑问之权利,而中国则阻碍无疑问的权利之行使。在"九一八"事件发生以前之最近期内,中日两方竭力以外交谈判之通常方法与和平手段解决两方悬案。此项手段,并未用罄。但中日间在东省紧张之情势,日见增加，且日方意见，主张于必要时，以武力解决一切悬案。

（六）在中国目前所处之过渡及建设时期以内，虽有中央政府之努力，以及已经获得之极大进步，然政治上的骚乱、社会上的不安以及分裂之趋势，实为过渡情形所必不能免，此所以必须运用国际合作之政策也。此项政策之一种方法，即凡中国为使其人民改造及巩固其国家而请求之关于革新制度之技术上帮助，悉由国联继续供给之。华盛顿会议席上所表示之国际合作政策，其原则今仍有效。然迟迟未能实行者，要皆由于中国不时有激烈之排外宣传也。由经济抵制及学校之排外教育两方面，此项宣传之发展，已造成使此次争执爆发之空气。

（七）"九一八"前中国为表示对某事之愤慨，或图援助某项要求而实行之抵货运动，足使已形紧张之局势，更趋紧张。"九一八"事件后之抵制日货，则属国际报复之举。

（八）国联盟约对于解决争议之规定，其目的系在制止足使国家与国家不免决裂之紧张局势。国联调查团认为中日间之一切争执，均可用公断程序解决，但中日争执之汇集的增加，已使两国间关系更形紧张，因此自觉受损之国家，于外交谈判过分延长之时有不得不唤起国联对于此项局势之注意，且国联盟约第十二条所载："（一）联合会会员约定，倘联合会会员间发生争议，势将决裂者，当将此事提交公断，或依法律手续解决，或交行政院审查，并约定无论如何，非俟公断员裁决或法庭判决或行政院报告后三个月届满以前，不得从事战争。（二）在本条内，无论何案，公断员之裁决或法庭之判决，应于相当时间发表，而行政院之报告，应自争议移付之日起六个月内成立。"

（九）自一九三一年九月十八日夜至翌日为止，当地日军官或许自信其行动出自自卫。此种可能，不必断定其为必无。但日军是夜在沈阳以及东省他处之军事行动，国联大会不能认为自卫手段，即日本嗣后在争执进行中所采取之全部军事行动，亦不能认为自卫手段。且一国之采取自卫手段并不免除其遵守盟约第十二条之义务。

（十）自"九一八"后，日军当局之行政及军事之活动，于基本上系受政治理由所驱使。日方在东省继续前进之军事的占领，使东省一切重要城镇均脱离中国当局之支配，并于每次占领之后，行政机关必经一度之改组。日本军政官宪，筹组施行满洲之独立运动，借谋解决"九一八"后满洲之状况，并利用某某中国人之名义及行动以及素来不满于中国当局之某某少数份子与地方团体,以期达到此项目的。此种运动,系受日本参谋部之缓[援]助与指导,其所以能实行者,端赖日军之存在,不能认为自动及真实之独立运动。

(十一)前段所述运动所产生之"满洲国"政府,其主要政治及行政权,均操诸日本官宪及日籍顾问之手中。彼辈所居地位,足使其实在的指挥及支配东省行政。在东省占人口大多数之中国人,大抵均不拥护此种政府,并视为日人之工具。"满洲国"于调查团完成报告书后,尚未经行政院大会讨论以前,得日本之承认,唯尚未得其他任何一国之承认。国联盟约国特别认为此项承认与一九三二年三月十一日决议案之精神不合。

引起九一八事变之情形,实具有一种特殊之色彩,随后因日本军事动作之进展,"满洲国"政府之产生及日本对该政府之承认,情势更形扩大。此案既非此国对于彼国,不先利用国联盟约所定调解之机会而遽行宣战之事件,亦非此一邻国以武力侵犯彼一邻国边界之一简单案件,殆无疑义。因就上述情形而言,东省具有许多特点,非世界其他各地所能确切比拟者也。然日本军队未经宣战,将中国领土之大部份,强行占领,且使其与中国分离宣布独立,则又为不争之事实。

国联行政院于其一九三一年九月三十日决议案中,提及日方声明,谓日本军队业经开始撤退,日本当以日本人民生命财产之安全在切确之保证为比例,仍继续将其军队从速撤退至铁路区域以内,并希望从速完全实行此项旨愿。又于一九三一年十二月十日决议案中,重申九月三十日之决议,提及当事两方承诺采取必要办法,防止情势之再行扩大,并遏制任何行动致再令发生战争及丧失性命之事。

关于此案应请注意者,国联盟约第十条曾规定会员国须尊重其他会员国之领土完整及政治上之独立。

又按盟约第十二条,联合会会员国同意,凡会员国遇有事端,足以引起彼此决裂者,愿将争端提交公断,或依法律解决,或由行政院予以调查。

在九一八事变以前,原来之紧张状态,其责任因在于当事两方,但九一八事变后,中国要不负任何责任。

第四部　建议之叙述

本部系叙明关于此次争执事件大会所视为公允适合之建议。

第一节

大会之建议,系注意本案件异常特殊之情形,并以下列各项原则、条件及观念为基础。

(甲)本争执事件解决之办法,须遵守国联盟约、非战公约及华盛顿九国条约之规定。

查盟约第十条规定:联合会会员担任尊重并保持所有联合会各会员国之领土完全及现有之政治上独立,以防御外来之侵犯。如遇此种侵犯,或有此种侵犯之任何威吓,或危险之虞时,行政院应筹履行此项义务之方法。

依照非战公约第二条,缔约各国互允各国间设有争端,不论如何性质,因何发端,只可用和平方法解决之。

依照华会九国条约第一条,除中国外,缔约各国协定:(一)尊重中国之主权与独立,暨领土与行政之完整。

(乙)本争执事件之解决办法须遵守"一九三二年三月十一日大会决议案第一第二两节",该议决案条文已见本报告书中。大会在上述决议案内,认盟约所载各项规定,对于此次争执完全适用,尤以关于(一)严格尊重条约之原则,(二)国联各会员国间所成立之尊重并保持所有联合会各会员国领土之完整及现有政治上之独立以防外来侵犯之保证,(三)国联各会员国间所负将一切争执由和平方法以求解决之义务。

大会曾采用一九三一年十二月十日彼时在职之行政院主席宣言中所定之原则,并回溯行政院十二会员于一九三二年二月十六日致日本政府之申请书中,曾重申此项原则。宣言凡轻视盟约第十条之规定,蹂躏国联会员国领土之完整及变更其政治独立者,国联各会员国均不能认为有效。

大会曾申述意见,以为上述处理国际关系之原则,及上述以和平方法解决国联各会员国间所发生争执之原则,实与非战公约完全符合。大会于尚未采取最后步骤以解决此项交其处理之争执事件以前,曾宣告上述原则规定,负有一种必须遵守之性质。并声明凡用违反国联盟约及巴黎公约之方法,所取得后之地位、条约或协定,国联会员国均应不予承认。最后大会并郑重申说,如由任何一方用武力压迫以觅取中日争执解决,实与盟约之精神相违。并回溯一九三二[一]年九月卅日及十二月十日经当事双方同意之行政院所通过之决议。

(丙)为使中日两国间得以尊重上述各国际义务为基础树立一种能垂诸

久远之谅解起见,解决争执之办法须遵照李顿报告书中所定之十项原则。

(一)适合中日双方之利益。双方均为国联会员国,均有要求国联同样考虑之权利,某种解决苟双方均不能获得利益,则此种解决必无补于和平之前途。

(二)考虑苏俄利益。倘仅促进相邻二国间之和平,而忽视第三国之利益,则匪特不公抑且不智,更非求和平之道。

(三)遵守现行之多方面条约。任何解决必须遵守国联盟约、非战公约及华盛顿九国公约之规定。

(四)承认日本在满洲之利益。日本在满洲之权利及利益为不容漠视之事实,凡不承认此点或忽略日本与该地历史上关系之解决,不能认为满意。

(五)树立中日间之新条约。关系中日二国如欲防止其未来冲突及回复其相互信赖与合作必须另订新约,将中日两国之权利、利益与责任重加声叙,此项条约应为双方所同意之解决纠纷办法之一部分。

(六)切实规定解决将来纠纷之办法。为补充上开办法以图便利迅速解决随时发生之轻微纠纷起见,有特订办法之必要。

(七)满洲自治。满洲政府应加以变更,俾其在中国主权及行政完整之范围内获得高度之自治权,以适应该三省地方情形与特性,新民政机关之组织与管理务须满足良好政府之要件。

(八)内部之秩序与对于外来侵略之保障。满洲之内部秩序,应以有效的地方宪警维持之。至对于外来侵略之保障,则须将宪警以外之军队,扫数撤退,并须由关系各国订立互不侵犯条约。

(九)鼓励中日间之经济协调。为达到此目的,中日二国宜订新通商条约,此项条约应有之目的,为将两国间之商业关系置于公平基础之上,并使其与两国间业经改善之政治关系相适合。

(十)以国际合作促进中国之建设。现时中国政局之不稳,既为中日友好之障碍,并为其他各国所关怀,因远东和平之维持为国际间所关怀之事件,而上述条件,又非待中国具有强有力之中央政府时不能满足。故其圆满解决之最终要件厥惟依据孙中山博士之建议,以暂时的国际合作,促进中国之内部建设。

第二节

本节所载各项规定系构成大会根据盟约第十五条第四节所作之建议。

大会既确定解决本争执事件,应予适用之原则、条件及观念,爰建议如下:

(一)兹因满洲主权既系属诸中国。

(甲)鉴于日军进驻南满铁路区域以外及其在铁路区域以外之动作,既与解决本争执事件应予遵守之合法原则不相符合,而在极早期间成立一种与各该原则互相吻合之局势,又在所必要,大会建议此项军队应予撤退,鉴于本案件之情况,嗣后建议会商之第一目的为从事组织上述之撤兵,并决定其方法、步骤及期限。

(乙)鉴于满洲地方特殊之情形及日本在该处特殊之权利利益,以及第三国之权利利益,大会建议于一合理期间内,在满洲成立一种之组织,该项组织隶属于中国主权之下,与中国行政完整不相违背,并应具有甚大范围之自治,与当地情形相适合。同时应注意多方面所订之各种现行有效条约,日本之特殊权利利益,第三国之权利利益与就概括论第一节两项所述之各项原则及条件。至中央与地方政府权限之确定暨中央与地方政府之关系,由中国政府以宣言方式行之,该项宣言具有一种国际承诺之效力。

(二)兹因除甲乙两报告书所讨论各问题外,调查团报告书在上述第一节两项所定解决本争执事件之原则及条件中,既提及某某其他各种问题,各该问题涉及中日双方良好之了解,此种了解,实为远东和平所维系。大会建议当事两方,应以各该原则与条件为基础,将各该问题解决之。

(三)兹因实行上述建议之会商,既应由适当机关进行之。大会建议当事两方,依照后开方法,开始会商,并请当事各方向秘书长通知,就关于其本国方面而言,是否以对方亦应接受为唯一之条件,接受大会之建议。

当双方进行会商时,应由大会□后开方法所组织之委员会辅助之。

大会兹邀请每一国政府,一俟接到秘书长通知当事国业已接受大会建议之后,立即派定委员会委员一人。秘书长并应将当事国业已接受大会建议一事,通知美国及苏俄。各该国如愿意指派委员会委员,并应请其各派一人。秘书长在知悉当事双方业经接受大会建议后一个月内,应采取一切适当步骤,开始会商。

为使各会员国于开会后得评判当事各方,是否遵照大会建议起见:

(甲)委员会无论何时,如视为适当,对于会商情形,得缮具报告,而以关于实行上述甲乙两项建议之会商情形为尤要。关于甲项之建议,委员会无论如何在开始会商三个月内,应缮具报告书。各该报告书并由秘书长分送会员国及在委员会中派有代表之非会员国。

(乙)委员会得将与解释报告书第四部分第二节有关之一切问题,提出于大会。

大会应依照盟约第十五条第十节,并以通过本报告书之相同情形予以解释。

第三节

鉴于本案件特殊之情形,故所作之建议并非仅从事恢复一九三一年九月以前存在之原状,亦非维持并承认满洲现在之制度。盖维持并承认满洲现在之制度,与现存国际义务之基本原则及两国良好之了解不相符合,而二国良好之了解实为远东和平所维系。国联会员国之通过本报告书,意在遏制采取任何行动,性质近于妨碍或延宕本报告书所建议之实行,而以对于满洲现行制度一事为尤甚,无论在法律上或事实上各该国均应继续不承认此种之制度。各该国对于满洲之时局意在遏制采取任何单独行为,在各会员国及与本事件有关系之非会员国间应继续采取一致动作。至关于签字九国公约之国联会员国应回忆依照该条约之规定:

无论何时,遇有某种情形发生时,缔约国中之任何一国,认为牵涉本条约规定之适用问题,而该项适用宜付诸讨论者,有关系之缔约各国应完全坦白互相通知。

为极力便利在远东成立一种与本报告书建议相符合之局势起见,兹训令秘书长将该项报告书抄本分送签字非战公约或九国公约之非国联会员国,并向各该国声明大会希望各该国赞同报告书之见解。在必要时,并与会员国采取一致行动及态度。(完)

《中央日报》1933 年 2 月 19 日第二张第二、三版及第一张第三版

324. 美对调解会怀疑,美俄复交声,参议员金氏提出议案,主张调查俄政治经济

【本社十九日上海专电】 国新皓(十九日)华盛顿电,此间要人及若干熟悉东方事件之外交家,细读十九国委员会对于满案建议后,多信其中谈判委员

会之提议,等于一种外交之姿势。因日本若拒绝再与国联接洽,则将未必接受谈判提议。反之若日本接受任何调解,则谈判委员会将无设立之必要。故即谈判委员会之能否开会,亦属疑问。某君更谓全部建议亦有徒为一种姿势之象,俾对于日本开启将来谈判之路,而解除国联终止目前讨论之责任。除此外大多数外交家则怀疑于美俄之参加,且据日内瓦消息俄国意见亦与美国意见相若,而俄外交家对于苏俄参加之提议,亦大部淡然处之。惟迩来既时常提出美俄参加解决一外国争执案件之说,天然引起美国承认苏俄运动之复活,参议员金氏预料主张承认派将设法早日开议美俄复交案,今日提出一议案,授权参议院外交委员会,调查苏俄政治经济状况。并声称美参院目下尚缺乏充分报告,足以决定承认问题,故提出此案。渠主张在委员会作成调查报告以前,不应开议复交问题云。

325.《泰晤士报》评论报告书草案,国联会员应不承诺伪国,并避免阻碍建议之行动

【中央社伦敦十八日路透电】《泰晤士报》今日社评称十九国特委会之报告草案,公平和缓,可认为国联会员国审慎之意见。如任何一方再有剧烈举动,以致引起新局势,行政院对于全部态度,或将重加考虑。报告草案规定不恢复昔日状况,且拟予满洲高度之自治,如此显为日本保留较昔日更大之权益。国联大会无疑将通过报告草案,凡属国联会员均应不予"满洲国"事实上或法律上之承认,并避免任何足以阻滞实行国联建议之行动。各国虽无同受某项特殊政策永久束缚之必要,但对于国联报告切宜以之为起点,共同遵循其所规定之政策,非得大众同意,不能擅自更换云。

326. 张学良电我代表团，承中央严令抵抗外侮，请对外阐明我国立场

【中央社承德十八日路透电】 张学良昨由承德电日内瓦中国代表团，略称中国人民政府决心抵抗日本侵略，集中军队，即此决心之具体化。本人及宋代院长今来承德，系为完成计画，应付日本继续侵略我国主权土地之野心。中国为谋援助国联，依照会章以及国联条约获一调解基础起见，力图避免局势恶化，委曲求全，努力已久，所蒙奇耻大辱，言之疾首。但调解努力屡为日本破坏，而日本复于国联郑重浩诚之时，在热举行军事行动。和平希望于此已破碎无遗矣。日本前侵东北，诳言维护条约利权。查中日间并无关于热河之条约，日本此次图攻热河，未知作何借口。吾人承中央严令，抵抗外侮，此来即为尽吾人之职责。全国人民，誓为后盾，尤望执事在外阐明我国立场，期使国联与世界了解我国之地位云。

《中央日报》1933 年 2 月 20 日第一张第二版

327. 国联大会明日开幕，将宣布调解绝望，日外务省起草答辩书，对退出国联似无决心

外交界息。国联大会已定明日开幕，对中日争端将正式宣布调解绝望，然后休会二日，至廿四日继续开会正式讨论报告书。现报告书全文业经公布，全世界各国除日本外，均一致拥护赞助。故国联大会决可通过，并将努力实行云。

斋藤访西园寺，日政府态度已定

【本社十九日上海专电】 日人皓（十九日）东京电，斋藤首相访西园寺公后，晤记者：本日会见西园寺公，所议问题之重大，固无待言，然其内容绝对不能发表。政府对国联之方针，前由原田秘书官报告园公，故亦甚谅解政府。园

公为创设国联人物之一,对于国联目的,虽表示赞成,然反对今次之态度及其手段。日代表团将在大会席上当然发表反对宣言,其内容尚未决定,明日阁议审议此事。日代表团虽将离开日内瓦,然殊非表示退出国联者云。

【中央社东京十九日路透电】 斋藤晤西园寺后,与各报记者谈,日代表团发表答辩书后,是否即离日内瓦渠尚未定。纵使日代表离开日内瓦,非谓日本即须脱离国联云。日之答辩书正由外务省起草,明日提出阁议讨论,将于二十一日在日内瓦发表。

【中央社东京十九日路透电】 首相斋藤今晨趋谒元老西园寺。日内阁将于明日决定日本对国联建议之态度。闻外相内田、陆相荒木、海相大角均主采取极坚强之态度,其他阁员静待政府与元老派之商议,暂时守缄默。前外相币原,星期五日谈:日本退出国联,谅将成为不可避免之事实。目前在东京之现任或以前之驻外大使公使等,昨晚聚餐商谈国联形势,交换意见。

日本各大政党对退盟问题之意见

【本社十九日上海专电】 东京皓(十九日)电,日政界各派要人对国联意见如下:政友会对于政府之态度及方针,经以最大关心,铃木总裁特为此问题会见斋藤首相,听取政府所信[言]。政友会因退出国联问题甚重大,在正式规定退出国联以前,应由政府谘询枢府意见,而筹各种手续。然实行此种手续,必□相当时日。如政府已决定退出国联之方针,则于代表团离日内瓦之时,须不阐明日本退出国联之意。日本退出之后,全国一致准备对外,故国内政争,须要避免。民政党干部由各方面搜集情报,以便研究对策,党内空气对于现内阁似觉不满。然因国联问题严重,决意支持现内阁。对于国联,如日本能不退出国联,而得解决问题,则不必退出。然国联态度强硬,不撤回报告书,而致日本国威失坠之时,则断然宣言退出。国民同盟对于国联方针,早已决定日本应取如何态度,现已非讨论时期,仅余手续之问题而已,国民同盟现在切望造强力之法西斯内阁之出现。贵族院各派,均反对国联之报查[告]书。日本退出国联,则国联将必提起南洋群岛委任管理问题,故政府关于此问题,应有充分准备为要。而时局愈迫严重,则组织军事内阁亦系必要之事。

《中央日报》1933 年 2 月 20 日第一张第三版

328. 社评：今日之国联大会

国联大会将于今日召集于日内瓦，去年十二月八日以后，此国联历史上一大纪念日也。查李顿调查团之报告书，去年九月四日签字于北平，十月一日分别送达于中日两国及其他盟约国。十一月二十一日至二十八日国联行政院开会，讨论调查团报告书及中日两国意见书，"行政院认为在中日代表之声言中不能觅得两当事国有任何协调之可能……"，于是遂有十二月六日大会之召集。大会于十二月八日决议，除重申去年三月十一日之大会决议案及尊重九国公约等原则外，并授权一特别委员会，会同两当事国进行商议，由是十九国委员会有十二月十五日之决议草案进行调解。今年一月十六日十九国委员会重开，德鲁蒙、杉村之新妥协案盛传于世，率以我国及诸小国之反对而无形取消。十九国委员会为换得日方对十二月十五日决议案之同意，曾提出取消美俄参加调解会议之让步，征求日本意见，而二十日之会议，日方表示在任何让步下，去年十二月十五日之决议草案，日本不能接受。十九国委员会始爽然于调解之途已穷，乃决舍第十五条第三项而取第四项，进行草拟报告书。于同月二十三，决派九国委员会担任报告书起草。而二月二日，日本又有所谓新提案，国联秘长德鲁蒙当与松冈接谈，告以在报告书通过大会前，依据第三项之调解途径，随时可行，而日本之意向始终顽强。九国委员会始专志完成其报告书，即明日将在国联大会提出者也。

由上述连锁之事实观之，则今日大会之性质，可得明了。今日之大会，对于前年十二月十日派遣调查团之决议案为一交代，对于去年调查团之报告书为一交代，对于报告书提出十二月六日大会后根据盟约第十五条第三项之调解工作，又为一交代。故据昨日外交界消息，今日大会开会后，会中行动，将为中日争端调解绝望之正式宣布，继此以后，则为提出十九国委员会最近通过之报告书而待大会之公决。夫十九国委员会最近通过之报告书，既于前日由外部公布，传载于各报。查其内容要点，为：（一）九一八事变责任应由日本负担；（二）东北之叛逆组织系由日本一手所造成，且依赖日阀之势力而生存，断不能认为真正之民意，故不能承认；（三）承认中国在东省之主权，现在占据东省各部之日本军队应撤退至南满铁路附近区域；（四）谈判委员会邀请九国公约签字国及苏俄参加;(五)谈判委员会之谈判时期为三个月,三个月后即须将谈判经过报告大会。

此项报告书是否必为大会通过,则在大会尚未开会以前,殊不能妄加以十二分肯定之论断。即使该报告书一一如十九国委员会之草案而获得通过于大会,吾之失地是否可立时恢复,吾之国境是否能不再受敌人无理之侵袭。以理言之,则其答案皆可属于反面。然以事实言之,尤以过去之经验言之,则此答案殆难言之矣。故国联大会之决议,是否能转移事实,全视此次国联大会中出席之全体会员国拥护决议之诚心,能否一变过去之情状。近日日内瓦若干报纸批评九国委员起草之报告书,谓为"国联精神之胜利",为"各小国努力之成功"。夫"努力之成功"者,为小国而非大国;"国联之胜利"在精神而非实质。国联之地位及颜面,在此两语批评之下,所以自处者何如。以国联所负之使命,若其一切动作,只在精神方面,则国联者,一经院讲坛而已。故在国联之自身,尤其构成国联之重要份子如英法诸国,应深切记忆十五年前国联成立时协约各国一致情绪,更应澈底了解今日世界和平繁荣之达到,端在正义与公理之拥护维持,然后始得消弭各种隐患于无形。故在今日国联大会开会时,为国联重要会员国家设想,当知维护国联之尊严,即所以维护本国之威信;支持世界之和平,即所以谋自身之繁荣。欧洲各盟员国家,应一回想十余年前合数十国家,穷天下之力,转战数万里,伏尸一千八百万人,所与周旋者,所为何事? 国际联盟之设立,其对象又为何物? 当今时势与十余年前所不同者,不过野心军阀之地点不同而已,人种不同而已。然其毁弃信义破坏和平,使世界与之同殉则一。

故在中国之立场言,中国今日犹是崇奉正义,服从公理,因此对于国联盟约之精神,敬仰之心,绝不稍衰。然一年又六月之经验,遂使吾人认识今后所以拥护正义公理之有效方法,决不能视盟约公约如符咒,而应在精神及信念之外,另求他物。时至今日,中国对于维持世界和平之责任已尽,中国已不复知有他事。所知者,乃为悉听四万[亿]七千万之同胞,与公理正义同尽,与人道之蟊贼、文明之大恶决斗到底而已。继今以后,若干时期中,国联或可暂免东亚呼声之烦扰而拭目静观其决死之结果。故吾人今日在万里外所以寄语国联者,曰:中华民族从今日始,为其生存而自奔前程去矣;中华民族从今日始,为人类文明、国际义务而尽到前线去矣。

329. 国联大会今日开幕，日本阁议决定退出国联，各大臣因顾忌军阀气焰勉强同意，日内瓦各小国商量草拟新决议案

外交界息，国联大会定今（二十一）晨开幕，对中日争端将首由十九国委员会报告调解及起草报告书之经过，继由主席正式宣布调解失败，然后由中日两国代表演说，对报告书草案，则于二十四日之会议通过之。据外交界观察，大会对报告书，决不致再作文字上之修改，而原则上亦不致有何变动云。

【本社二十日上海专电】 国新号（二十日）日内瓦电，顷悉星期二国联大会开会时，将有一非正式报告，略述美国对于十九国委员会报告与建议的反应，在大会发表。至其内容是否表示美国将参加国联，对付满案之未来行动，则遍询各国代表，皆称不知。照国联现定计划，国联大会将于星期二起，接续开会三日。第一日会议先由主席希孟报告调解失败之经过。至中日代表是否将于第一日演说，则闻此时犹未确定，但已商妥，若两国间有一国演说，则其他一国必将立即答辩。再希孟报告之后，无论如何当由日代表松冈说明日本对于调解所以失败之意见，其后逆料希孟将声明日本曾拒绝任何重要让步。然后再由中代表颜惠庆说明中国方面意见后，次即由大会开始考虑十九国委员会报告与建议，预定星期四可以讨论完毕。至美国反应之非正式报告，不论其内容若何，料将不致影响国联大会对于建议之表决。且据各报纪载，美国亦将待国联最后决定之后，方能切实表示国联政策是否与美政策相吻合云。

【中央社日内瓦二十日下午十五分专电】 明日为国联大会之第一日，将先由主席希孟报告调解失败之经过。如时间允许我国颜代表即继主席发言，其演词，除临时决定者外，将包括下列三点：（一）声明调解失败中国不负其责。（二）请主席毅然宣布日军应无条件撤离东三省。（三）对十九国委员会之辛勤努力表示感谢云。

小国代表集议日拒绝后办法

【本社二十日上海专电】 国新号（二十日）日内瓦电，顷闻若干小国代表，

刻正草拟一决议案,准备俟国联大会采用十九国委员会所草报告书后,立即提出,俾国联继续处理中日争执。该决议案内将宣称日本拒绝报告书,远东发生一严重时局,故国联大会仍当正式担负解决争执责任,并授权十九国委员会遇必要时,立即开会,且不论美俄参加国际委员会与否,十九国委员会仍有谘询美俄两国之权。就目前种种表示,日本虽有俟国联大会采用报告书后,即将正式退出之恫吓,各会员国绝对不为其所动。今日某小国代表秘告记者,渠意盟约第十六款(即裁判条文)即将于六个月提出。

日本紧急阁议,决定退盟前后

【本社二十日上海专电】 华联号(二十日)东京电,今晨日内阁紧急会议,已一致决议,十九委会报告书如在国联大会通过,即实行断然退出国联。阁议后斋藤首相又与内田外长入宫觐见日皇,已得日皇之裁可。惟正式退出手续,须经过枢密院会议批准,不另召开重臣会议,故此间众料枢密院之召开在养(二十二日)。盖马(廿一日)之国联大会开幕后,当可断定对国联之日态度也。

【本社二十日上海专电】 华联号(廿日)东京电,斋藤首相今晨邀财长高桥是清及内长山本达雄提早到官邸。高桥于今晨九时,山本亦于九时十分均到齐,乃报告昨日见西园寺经过,谓西园寺谓事态既已迫切如此,不退出则恐发生国内大骚动。为维持政府已定方针,两长均表示同意。九时五十分起续开临时内阁会议,斋重述与西园寺会谈内容,提出议题两条:(一)退出国联与否?(二)若果决定退出是否要开重臣会议?讨论历一小四十分,诸大臣均顾忌陆军主张过于强硬,倘不同意,恐发生内乱,遂决定退出国联。十一时二十分散会。

日外务省昨已训令日代表团

【本社二十日上海专电】 东京号(二十日)电,外务省本日根基于临时阁议决定之方针,于下午一时急电日内瓦代表团如下三项训令:(一)帝国政府决定退出国联矣。(二)通告退出之时期,现由政府考虑中,务希静候下次训令。(三)代表团今后作成退出大会之陈述书声明书等,须以退出方针为其基础。

【中央社上海二十日电】 国民社东京二十日电。今晨日政府在首邸召集紧急阁议,一致决定倘国联大会采用十九国委员会报告书,日本即行退出国联①,稍后并将发一正式声明书。十一时二十分阁议散会后斋藤首相即偕内田外相于十一时三十分进宫奏知日皇,内田随于正午训令出席国联代表松冈:(一)国联大会采用十九国委员会报告后,即在大会声明反对。(二)对于建议投反对票并声明嗣后不再参加大会与十九国委员会之讨论。(三)立即按照国联盟约第十五条第五节,向国联提出声请(按该节规定,联合会任何会员出席于行政院者,亦得将争议之事实及其本国之议决以说明书公布之)。(四)致文秘书长德鲁蒙声明不能容纳其接受建议之劝告。(五)国联大会闭会后日代表立离日内瓦,松冈立即取道西伯利亚回国,佐藤、长冈等各返本任。(六)日政府正式决定退出国联后,即行正式通知国联。(七)此后除军缩会议外,日本不再参加国联任何会议,至军缩代表再派二年。

日本之答辩书内容蛮横无理

【中央社东京二十日路透电】 今晨阁议讨论日本对国联答辩书草案,下午谅可将全文电日内瓦代表团。闻答辩书内容,注重下列各点:(一)中国乃无组织之国家,关于中日争案之解释,或引用会章,应有伸缩性。(二)九国条约及非战公约与国联会章完全独立,国联不得引用上述两条约。(三)日本深信"满洲国"乃远东和平之唯一保障,既加承认,不能撤销。(四)日本自始至终,维持中日直接谈判,借谋争案之解决。(五)绥辑热河乃"满洲国"内部问题,除"满洲国"外,其他方面无庸过问。

日对国联步骤,陈述书先发表

【本社二十日上海专电】 东京号(廿日)电,日本政府本日决定退出国联,其正式通告国联秘书处之时期,大约在三月中旬,或最迟三月下旬。日政府正式通告之前,对于国联应取手续,其顺序如下:(一)松冈代表于国联大会最后日,对于国联报告书宣言反对。(二)大会票决报告书之时,日代表亦出席投票反对。(三)排击报告书全体之日政府陈述书,应在报告书通过大会后提出为合法。然因政治的关系,特于大会继续讨论时,先行公表。(四)报告书成立后,日代表以文书通告日本不能接受该报告书。(五)大会终了后,日代表宣

---

① 编者按:"退出国联",原文作"出国退联",现改正。

言日政府对于中日问题及国联之决意,即时离开日内瓦。

《中央日报》1933 年 2 月 21 日第一张第二版

330. 日内瓦对日甚愤慨,大会正式宣告调解失败,各小国主张对日应断然引用十六条,谈判委员会组织无进步将变易办法,日外省命松冈经英美返日便道游说

【中央社日内瓦二十一日路透电】 下午三时四十五分大会,主席希孟鸣钟宣告开会。希孟首先报告提及国联大会十二月九日之训令,以及十九特委会依此训令所草之决议草案及理由书,希孟继称大会决议须得全体通过(争执国在内),故渠认为于中日政府未接受前,向大会提出决议草案,无裨于事。中日两代表团对决议草案,皆提出修正。日本之修正案关系基本问题,致使特委会感觉难于提出全体可以接受之决议草案。但特委会因欲于可能范围内,继续努力,期予两方充分时间研究问题,并提出新建议,故决休会至一月二十六日①。至休会时间内,继续进行谈判,冀谋协调。正月初日占山海关,并认为热河为"满洲国"之一部分,恫吓实行占领,局势转趋严重。但特委会仍决再行静待,不认前月之努力,已告失败。日方旋于一月十八日提出新建议,惟此建议非特中国,即特委会亦难接受。然而国联为根据日本新提案,与之开始谈判,希望日本所反对者,如仅限于非会员国参加一点,特委会或可与双方协谋解决问题。特委会旋与日本谈判,同时研究中国之修正案,最后认为中国及特委会对美俄参加一节,皆甚重视,故特委会除此事外,若复须依照日本提案修改决议草案之其他规定,则特委会不能应允。此后特委会遂进行起草报告,并认仅国联大会可以援引会章第十五条第四款。特委会审察日本覆书之性质后,不得不认一切可能之调解努力均已用尽。特委会虽极抱遗憾,但此乃今日之局势也。调解努力之进行,已历十七阅月。忆中日问题开始时,行政院曾得日本保证日军之撤退,于是时业已开始,且将于日侨生命财产得有保障时,继续尽速撤退。但今日东三省仍被占领,日军复逾越长城,攻击榆关,并宣告军

---

① 编者按:"二"疑为衍字,应为"一月十六日"。

事行动,准备占领热河。在大会未通过根据会章第十五条第四款所提出之报告前,调解程序犹未断绝。但余不欲再作调解之主张,因继续调解,非特必须提出大会可以接受之新提案,且国联大会亦须得双方之保证,不再采取军事行动,致使现有状态,更趋严重。余亦不欲建议,吾人今日即开始讨论报告,因际此严重之秋,吾人举动切勿有仓卒之模样,且各国政府,亦须相当时间,训令其驻日内瓦之代表团。余今提议大会宣告休会,至二十四日再行集会,讨论报告草案云。大会旋即宣告散会,定星期五(二十四)日再行集议。

【中央社日内瓦二十一日路透电】 十九国特委会本晚会议决定:(一)组织谈判委员会,代表额数定为十人,即德、意、法、英、西班牙、爱尔兰、捷克、加拿大、葡萄牙、和兰。(二)星期四(二十三日)再行集会继续讨论程序问题。(三)关于通过报告草案,各代表勿庸演说,此间因特委会之第三项决议预料大会于星期五晚可以完毕。

【中央社日内瓦二十日路透电】 据目前所有一切征象,即将闭幕之国联大会中,各代表将侧重举动,极少发言,与国联历来会议之情形,大不相同。明日大会将聆十九国特委会主席希孟报告特委会努力之经过,然后选举南生为国际难民救济局局长,旋即休会,予各代表充分时间研究报告草案。除希孟外,并无其他代表之演说。希孟之演说,将历二三十分钟,将提及特委会与两方谈判之经过,并调解失败之原因。希孟措词如何,兹尚未悉。关于调解失败,谅将不止举出一项原因,星期五日大会续会时,松冈及颜博士,必有演说。其他代表或亦临时发言,但目前各代表,皆无发言之意,此则颇堪注意。关于组织谈判委员会事,迄今仍无进步,组织办法或将略有变动,期使该会如遇谈判,不能成立时,亦可召集会议云。

各国对日愤慨,将提议引用第十六条

【本社二十一日上海专电】 华联马(二十一日)日内瓦电,此间各国代表已到齐,国联大会今日下午开会,日内瓦空气极愤日军之野心,不知餍足。捷克、爱尔兰、瑞士、波兰、瑞典、挪威、西班牙各代表,往来甚密,力倡六个月内日本如不接受劝告,则断然援用第十六条,加以制裁。今次大会或将提出作决议案,以期劝告案得以完备之效验,其决议案为:(一)对热河问题,以大会名义,严重警告日本。(二)极力邀请美俄参加新委员会。关于南洋委任统治问题,已为日内瓦之主要论点。大会形势将无条件接受十九国委员会所拟之劝告案。

【中央社日内瓦二十一日路透电】 十九国特委会代表及小国代表八人，昨晚举行长时间会议，希孟主席，讨论国联大会通过报告后，应采如何行径。各方建议均赞同大会延长会期，或组织谈判委员会，维持国联处理中日问题之继续性。但关于此事之一切建议，或组织谈判委员会亦必须遵照十九国特委会之方针。会议至深夜一时始散，决再向德鲁蒙征求意见。

【中央社日内瓦二十一日路透电】 十九国特委会定于大会散会后，集议收集各国对特委会邀请加入谈判委员会之覆书，俾可将允加入各国之国名，列入报告书内。

国联各国代表，商讨十九会存在问题

【中央社上海廿一日电】 国民社日内瓦哿（廿日）电，今日各代表间已开始一种运动，其目的在限制星期二国联大会中之演说，俾国联之通过十九国委员会建议，可以更显效力。目下已有八委员国同意限制其演说，只陈述事实，且必力求简短。盖认国联大会若能立刻采用建议，毫无评论，将再表示各国站在一条阵线也。关于十九国委员会之继续问题，今日小国方面答辩数大国之结束主张，以为国联盟约中既无禁止委派团体，对于任何争执观察事变之明文，故委派十九国委员会完全合法，许十九国委员会之继续存在，亦完全合法。今日已商定国联大会中发表主席宣言之后，即当界中日代表立即发言之机会。昨有某小国代表，逆料六个月内，即将对日援用盟约第十六条，但今日遍叩各代表意见，则赞同此语者极少，大多数代表，即对于究否将援用第十六条，亦不欲予以保证。顷悉东京政府已准日代表松冈取道美国回国，松冈现希望三月东（一日）自英国苏桑浦敦乘奥林匹克轮船赴美，在华盛顿与纽约稍事勾留后，即于三月漾（廿三）乘龙田丸返日。倘为情势所许可，则拟再在伦敦勾留一星期，改缓赴美日期，而于四月元（一日）在旧金山乘浅间丸返日。

日外务省集议，命松冈取道英美回国

【本社二十一日上海专电】 华联马（二十一日）东京电，日外部昨夜召开部内会议，结果电令日代表松冈洋右，取道英美返国，并历访九国条约签字国，要求各国政府对侵华外交之谅解，提防召开九国会议，尤其注重英美两国。闻日本此次外交之失败，原因在排斥白色人种，计划独霸亚洲，故松冈此次访问九国政府特为解释，所谓远东门罗主义云。

【本社二十一日上海专电】　华联马(二十一日)东京电,日外交部开数次部会,讨论退出国联后之对策,意见纷歧未决,大多数部员主张对国联策略有两极端之意见,强硬论主张决绝到底,凡国联主动之会议及机关,概不理会。稳和派谓国步艰难之秋,不该以感情用事,于日本不关痛痒之争,仍采敷衍政策,避免众矢齐归,应以下列态度对付:(一)大会固勿论,行政院开会亦不出席,下届主席轮到日本,但坚辞不就主席职。(二)军缩会议仍参加,避开失败责任。(三)南洋群岛统治权决不退返,但统治报告书仍然提交秘书处。(四)国联所办之文化事业,在原则上无须决绝,但劳工会议及经济会议两年以后,则不正式参加。

日两院秘密会,斋藤内田均出席报告

【中央社东京廿一日路透电】　日参众两院定今日上下午秘密开会,听取政府解释对国联之态度,枢密院定明日集会,内田日内将谒山本、清浦等元老,磋商时局。日各政党除工党外,一致赞助政府态度。工党虽反对退出国联,恐招战祸,但亦与各党同样咒骂国联之建议。

【本社二十二日上海专电】　电通马(廿一日)东京电,贵族院本日会议于上午十时十五分开会,当即入秘密会室,由斋藤首相报告最近情形时,决退出国联之阁议经过。内田外相则报告与国联折冲之经过,并附言事至今日,不得不实行最后之决意云。

《中央日报》1933 年 2 月 22 日第一张第二版

331. 日代表团通牒国联,竟谓我军集中热河为危险

【中央社日内瓦二十一日路透电】　日代表团今日通牒国联,声述中国在热河以及华北集中军队,并附地图详细解释。据称在热中国军队共十四万四千人,长城内毗连地段约有三十五万人。如此大军,系一绝大危险,因日本已允协助"满洲国"抵御外患也。日本军队若非受中国军事行动所迫或为军事理由起见,即使与"满洲国"在热采取共同行动,亦不进达长城以南云。

《中央日报》1933 年 2 月 22 日第一张第二版

332. 美对远东时局暂时不作何表示或行动, 信中国军队将尽力抵抗

【本社二十一日上海专电】 国新号(二十日)华盛顿电,际此日本或将退出国联之际,美政府对于满洲时局,应否发表声明书一层,今日美参议院外交委员会各委员大都主张慎重研究,大多数委员之态度认美国既非会员国,此时尚不宜表示任何态度,或作任何行动。但若美商在华权利受有妨碍,则美政府将有行动。又闻国务院对于国联时局应否发表宣言书一层,亦采取同样态度,以为至少在国联大会表决报告书与建议以前,不宜有所声明。但即在国联大会表决以后,美政府究竟有无宣言,此时亦尚未决定。此间重要人物,有认日本决定退出国联后,则此世界和平机关,虽可认为获得精神上之胜利,而在技术方面,实告失败。目下虽无人欲讳言目前紧张局势,或将扩大至太平洋全区者,但亦信世界联合舆论,或能避免散播纷扰至满洲以外某地。官场方面则有数人信日本所说之国家安全线,将仅限于向热河猛烈进攻者,并信中国因其军队之一致向外及得国联精神上之赞助,将尽力抵抗。但亦以为日本在举世反对之下,甚难信其军事行动将图逾越热河以外者,并希望精神上之孤立将可拘束日本勿为更扩大之军事行动。且料日后日本财政上之困难,定将促其改变态度,接受各国之努力,觅一和平解决方法云。

《中央日报》1933 年 2 月 22 日第一张第二版

333. 李顿痛论日阀落伍, 组织与中古时期无异, 参部见地与普参部同

【中央社巴黎二十日路透电】 李顿爵士于此间和平协会席间作重要演讲,彼称:西方政治思想与行动,已日有进步,而日本似未能与之同进。虽日本有民主政府之政体,但其海陆军之组织,则与中古时期无异。日本海陆军之完善,固为事实,其参谋本部之思想与普鲁士在一八七〇及一九一四年之参谋本

部见地相同。日侨在东三省最近十八个月内之行动,与一八九五年英侨在南非洲之态度亦相同。欧洲于过去十年内政治思想之变迁,有如日本于一八六〇年至一九〇〇年间之进步。现时国际间关系,纯根据国联盟约与非战公约之原则,如任何国家为发展一己利权,而任所欲为,已为不可能之事。各国之参谋本部,今日不但须受本国政府之辖制,同时亦受国际条约之管束。日本现时尚不明了此理,故有目前远东形势之产生。中国现时急应解决之问题,为如何列强可扶助中国,何时中国可有强而有力之中央政府。李顿爵士前次来华时,对于中国人力之伟大,有极深刻之印象,问题在以何种方法在何时何人可将民族自觉心使全国人力可以集合为一,而发展中国之伟大原力,只有日内瓦或莫斯科有此能力。此问题之重要性,东西各国皆有充分认识。

近来中国自动倾向日内瓦,但如日本继续不改其目前策略,或国联竟尔失败,则中国将被迫而走向莫斯科那条路上去。日本素畏共产主义之侵入高丽,且对于中国南部共产势力之澎涨,异常关心。如日本与中国协力抵抗以上两种势力,则南京当局必竭诚欢迎。但日本不采用此种策略,而于东三省强自设立一缓冲国,其结果不但不能达其原有目的,反足以增加日本之危机。李顿末谓:彼所指日本并非指日本人民,因日本人民向来为国联之拥护者,不幸目前日本政府,纯为参谋本部所操纵。日本参谋本部以为可与日内瓦及莫斯科相对抗,但此决非和平途径。

《中央日报》1933 年 2 月 22 日第一张第二版

334. 关于中日纠纷,国联调解宣告失败,我代表团发宣言并提修正案,要求国联切实制裁暴日侵略

(中央社)日内瓦特派员通信。热河警讯频传,日人之贪心未餍。十九委员会诸代表,虽幽然度其新岁,姗姗来迟,但榆关炮声隆隆,给多少打破苟安之梦。新岁后竟舍调解而报告,由国联盟约第十五条第三项而讨论第四项,不可谓非差强人意之事,此种关键,可得而言者。

(一)美国之太平洋政策,其着眼全在满洲日人之侵略行动,何尝遗美国以一矢。美国之暂安沉默,盖静待时机耳。讵日人得尺进丈,又在榆关耀武扬

威。新总统罗斯福愤国联之无能,忍无可忍,遂重言申明其故父所定政策,谓条约偶石也,神圣不可侵犯,特命驻英法大使,同时访英法外交当局,询问对于中日纠纷之真实态度,并希望国联毋再养痈贻患,否则所酿恶果,美国将首当其冲。美国之所以有此表示,一方面固自知其其①地位与东方关系之密切,一方面又因战债问题,均有维持条约之必要也。

(二)法国虽于一九〇七年与日本所订安南商务条约中,默许其在东方有自由行动之权,然自左派执政后,态度已稍稍改变。最近以德国要求军备平等为保障自身安全,益觉有拥护凡尔赛和约之必要。日本侵占东省,显然破坏国联盟约,法国在自己立场上,殊有爱莫能助之概。

(三)英国初似完全立于左袒日本之地位,外相西门且公然称日本为国联忠实会员,其眼中岂复尚有中国。然日本无意调解,英国知之甚详,故舍第十五条第三项而讨论第四项,英国未加反对。复以日人侵华,得意忘形,占据山海关之不足,同时海军又有在秦皇岛登陆,进窥平津之势,英国在华北商务直接受其威胁。于是英人更多责言,虽系来袒日之西门,亦不得不稍稍改变其策略矣。

(四)大战以后,弱小多赖盟约之保障,以苟安于列强均势之间。自日本侵占满洲,开不宣而战之恶例。弱小回顾自身与中国有同病,莫不大声疾呼,要求联盟予日本以制裁。日人既无诚意与联盟周旋,于是弱小乃更振振有词矣。

外此尚有一事,颇饶兴趣者,即国联秘书长德鲁蒙爵士,素以圆滑著称,此次对于中日问题,不惜委曲求全,希望日本让步,以期了一公案。而孰知日本初无调解之意,不过借此迁延时日,俾彼在热河方面之军事布置,可以克期竣事,“满洲国”之计划告成,即可关起大门。报告也,盟约也,皆可置之不理。德鲁蒙由副秘书长日人杉村阳太郎之居间,与日代表松冈洋右秘密接洽多次,曾许与若干让步,而日人狡诈性成,故意将此事宣露于外。中国代表团事先固无所知,即十九委员会中人亦多为蒙蔽,群认秘书长之行为不合法定手续,德鲁蒙经此教训,颇为狼狈。

中国代表以秘书长私与日人勾结,外间传说纷纭,莫明究竟,除访十九委员会主席比外相希孟氏质问外,旋又于一月二十日正式发表宣言,并将去岁致

---

① 编者按:疑衍一“其”字。

送国联之修正案公布，俾世人晓然于中国真实态度，不受任何强力支配。宣言及修正案全文译录如左：

宣言

中国代表团于十二月二十六日，向国联秘书长致一备忘录，对十九委员会所拟定之决议草案及其理由书，提出若干修正点，以备该委员会采择。盖该草案及理由书，前经十九委员会送达中国代表团，请加批评者也。中国代表提出备忘录后，迄已逾三星期，尚未接到十九委员会关于考虑该备忘录后之意见之正式答覆。惟中国代表团最近曾与委员会主席及国联秘书长谈话，得知委员会之意。中国代表所提出修正各点，与委员会之草案精神若合行节，其所主张者，亦不过为文字之修正，而并非实质的转换也。

中国代表团虽继续忍耐以待委员会之接受其主张，然对报章所载，言之凿凿之委员会已有接受对原草案及理由书之重要更改之意一节，不能不表示深切失望。十九委员会所倾向之更改，中国代表团刻尚未接到正式通知。惟为增进充分了解起见，特将去年年底所提出之备忘录全文公布，并对中国政府对其中所主张各点，极为重视一点，特再声明云。

（续）中国代表团所坚持之最主要点之一，即否认并废止所谓"满洲国"之原则，应在决议案中明确规定。是此点在中国代表团意中，为和解成功决不可少之条件。中国政府对本点原则之坚持，认为一种责任。盖不徒为保障中国国土之完整，抑且以国联忠实会员之地位为盟约之神圣，加以护持也。

过去十六个月中，中国为渴望和平，故在在表示让步之精神。最近所提出之修正各点，务使其能与十九委员会所拟定之草案之目的，并行不悖。此种精神，更可显见。然中国为一方面尽忠于盟约之责任，一方面保持其本身的正义起见，决不能对足以影响国联主要原则之问题，加以让步。关于此点，吾人不能容许丝毫疑义。三月十一日特别大会决议案中，所包括之不承认满洲现当局之基本原则，若不在草案中重行复述，则中国不能接受调解，致对国际联合会及对东三省二者均为不忠也。

至于延请美俄两国与国联共同解决中日争议之议，中国代表团久已表示赞同，认为非特有利，且属必要。盖两国对于影响世界和平之问题，当然有合法之关系，而其在远东方面亦均有重大利益，自应与其他各国共同发挥其助力，以求满洲严重问题之解决也。中国代表团深信中日现下争执之解决，如无美俄两国之充分合作,决不能永久而圆满。中国代表团之意,国联所派赴远东当地考察该争议之调查团中,既有美国代表在内,而美国代表又为行政院全体会员连日本在内所同意,则是国联之应请美国加入合作,以求本案之最后解决,不啻已为一种道德上之义务。盖大会当前所讨论者,即为调查团之报告书也。至于苏俄既未能在调查团中加入代表,则以其在远东之国土之位置,及在满利益之重要,自更应请其加入讨论共策进行。

关于在计议中之调解委员会之适宜的大小问题,中国代表以为此项委员会仅应视为十九委员会之小组委员会,而不应取十九委会而代之,此乃极重要者。中国代表团又坚信在此项小组委员会中,对所谓小国及大国之比例,仍应保持不变,俾可反射特别大会之精神。盖特别大会者即该小组委员会之职权之所授与者也。否则该委员会之组织,其性质将与寻常指派以代表行政院之任何委员会无殊。然本争议固已因中国政府之正式声请,由行政院移交大会处理之矣。(未完)

(续)至于该小组委员会之责职,中国代表团以为不应仅限于拉拢调解,须知中日冲突,此时已不能视为仅仅为中日间之问题。盖其于两国主要利益,固影响极大,而同时更涉及国联乃至全世界之含有最基本重大性之各项原则,如国际条约之神圣即其一也。故两国直接交涉,不能有满意之结果,而唯由特别委员会会同两国作集会之谈判,乃有获得圆满解决办法之希望耳。实则国联若仍主直接交涉,仅由特别委员会从中调解,则中国代表团仍不能接受之。十六个月来中国生命财产之损失,日增一日,日军之侵入日深一日,所以忍受迄今者,无非渴望国联之能觅得一种途径,以尽其在盟约下之义务,而为世界和平及正义作充分之张本耳。国联若仍请中国于忍受种种期待、苦痛之后,进与日本直接交涉,则是其反因努力奉行忍耐和平政策,而获谴责,情胡能平?盖国联如在十六个月前,即请中国进与日本直接交涉,则中政府犹有机会追寻避免中国人民其后所受种种痛苦牺牲之道也。然中国代表团则深信守护盟约之责,为全体会员国所应共同担当。总之,本案解决应坚持集合责任之原则,运用集合谈判之方法,同时并预定一种明确根据与美俄两国合作,始有最后成功之希望也。

修正案

中国代表团于十二月十六日与起草委员会代理主席,及于十二月十七日、十八日与该委员会若干委员之谈话中,曾复述前在特别大会席上,所声言之为本案公平解决之不可少之根据,并表示中国政府对决议案草案内容之失望,当时中国代表团并提出对于草案及理由书修正各点,以保障中国之无疑的主权及国联盟约暨其他和平约章之基本原则。

二、为便利参考及考虑计,中国代表团谨将其所主张之更正各点,列为修正案,每点并附以解释如下。唯修正各点,系特别为对和解之努力而提出,并不影响中国政府在特别大会中提出之原来请求也。

(甲)第一决议案草案第四节,应修正如下:决定设立一委员会,其责任为会同本案双方代表进行谈判,在调查团报告书起首八章所述之主要事实之指导下,并根据上述一九三二年三月十一日之议决案及报告书第九章之原则,以求获得解决,并应特别注意维持,并承认满洲现当局不能视为解决方法。

(乙)同草案第九节应修正如下:该委员会应有权于得双方同意后,规定一九三二年七月一日大会决议案中所称之时限,谓双方对于此项时限之久暂,未能同意,则该委员会于造送报告之同时,或十九国委员会应向大会建议一时限,此项时限,如有依照盟约第十五条第四节规定,造拟报告之需要时,应从此项报告之造送日起,不逾一个月。

(丙)理由书末节应修正如下:关于此点,十九国委员会对中国之主权及其领土及行政完整,完全遵重,并在本争议特有之情状之下,以为仅仅恢复一九三一年九月以前之事实的状况,犹不足保证一长久之解决,而维持及承认满洲现当局更不能认为一解决方法。

三、中国代表团主张加入"在调查团报告书起首八章所述之主要事实之指导下"一段,其目的在免除关于满洲事件之起因、开展及其现在性质之重开辩论。盖此种事实,调查团已有权威的确定,草案中若不将此点说明,则诚恐再引起无谓之争辩也。且国联之所有意展缓讨论中日争议之解决方法者,其原因即在待调查团关于满洲事件之公正报告。现在此项报告已在国联手中,若置之不问,或不尽量利用之,以为目下追求解决办法之努力之事实的确实根据,则过去之种种迟缓,均为无意义无理由。而中国则已忍受绝大之生命财产损失,及更多之土地之被侵略矣。

四、惟中国代表团深信报告书关于满洲之主要事实之追寻所得之价值,决不致被轻视。盖起草委员会之意见与中国代表团大致相合,理由中亦有不少引证报告书者。职是之故,议决案草案之文字中,似有明白指述之必要也。

五、一九三二年三月十一日特别大会议决案之原则,为中日冲突案解决之根据者,其列入草案实为必要。盖该草案第□节虽亦提及三月十一日之议决案,然对于其目的,则尚未十分明确。大会三月十一日之决议案,不特声明不承认任何情势条约或协定之用违反国联盟约及非战公约之规定之方法所获得者之基本原则,并追述一九三一年九月三十日及十二月十日行政院议决案之继续有效。该两议决案中国极为重视,中国代表之意见在任何解决方案中,所有行政院及大会通过之议决案之执行,实为主要的初步的考虑,此等决议案其仍为完全有效,乃绝无疑义者也。

六、中国代表团之致力于"维持及承认满洲现当局"不能认为一种解决方法之一点,其理由因此点乃包括国际和平约章之神圣之基本原则者。国联盟约与非战公约两者,均指示一切国际争议应用和平方法解决,而华盛顿九国条约,则特别指令签约各国尊重中国之主权独立及其领土及行政之完整。特别大会一九三二年三月十一日议决案中所以声明不承认之原则,显然亦即为承认此等和平约章之神圣性质之重要表示。调查团在其报告书中,对此点亦最注意。故此点若任其模棱,则全世界舆论即将认国联已放弃其本身之创立及存在之最主要原则之一。中国代表团请明确声言此后任何步骤之以最后解决为目的者,欲中国代表之参加,则切实声明满洲现当局之不能予以承认,并不能任其继续存在,乃为不可少之条件也。

七、中国代表团主张决议案草案中,不提及调查团报告书第十章。盖其中建议各节,适如报告书所称意在表明前章所设各条件,足以适用之一端,而并非一公正实际的解决方案之必需的或不可少之要素也。且在中国政府之意,建议中若干项在原则上为可反对者,而其他各项原则若被采取亦有实施为难之憾也。

八、中国代表团所提出之第二修正,其目的在对中国代表团所认为重要之两点,加以阐明时限之规定为主要问题。故关于此事之建议,仅应由国联会员国提出之,而十九委员会最为适宜。盖特别大会于七月间固已特别将此项责任,托之于十九委员会也。惟照议决案草案之文字观,似此项建议将由行将成立之特别委员会提出之。若能将文字加以修正,如中国代表团所建议者,则此点即可解决。而对于创立特别委员会之并不影响十九委员会之继续存在,或其由大会所授予之职责(除移交特别委员会者)之一点,更可得明确之肯定。

九、中国代表团以为依照盟约第十五条第四节之规定,决定一时限,以草成报告，乃极重要者，因其一方可使中日冲突早日解决，一方又可保证盟约中所规定之此项保障，不致再受损害也。中国代表以为国联盟约之作者，当时即预料将来有发生复杂问题之可能，故规定造具最后报告，最久不得逾六个月。吾人得此种保障后，乃可感觉一种安全，以为无论世界上任何一部分发生违反国联盟约之情事，即可迅速处理，而被害之一方，亦能早得救济也。

十、中国代表团对理由书末段修正之主张，为加入"对中国之主权及其领土及行政完整完全尊重"一节，而将原草案中之"该"字改为"事实的"一辞。此项建议之目的，乃在表示"原来情况"之"事实的"及"法理的"两者之分别。此种分别，起草委员会当早已明白了解。中国政府虽不反对依自己之意志，对一九三一年九月以前之满洲行政，加以重重需要的改革，然绝不能承认或同意中国在东三省之法律地位，因中日冲突之解决，而受任何损害。中国代表团深信该理由书末节修正之后，关于此点，即可更见明了也。

十一、中国代表团深信十九委员会终能接受以上所提出之修正各节，而列入决议草案及理由书中。上项修正案附有解释中国方面认为极关重要，于此又有应声明者，即此后该决议案草案及理由书之文字，如有变更或再经研究之后，仍须有提出其他修正者，则中国代表仍保留其提出之权也。

经此种种曲折调解遂成绝望，最后日人尚故意借小事挑剔，谓国联不应请非会员国参加调解工作。十九委员会洞悉日本声东击西之诡计，乃转诘日本谓除反对美国与苏俄参与调解工作外，是否可以完全接受去年十二月十五日议决案之其他条件，使日人不能逃其破坏调解之责。果也日本之技穷，逾期不能答复。松冈洋右以新修正案相尝试，而十九委员会拒不讨论。旋松冈又谓新修正案已得政府同意，而群恶日本之朝三暮四，不愿再受其愚弄矣。

日本前曾宣言如讨论盟约第十五条，彼即退出国联。今讨论第十五条矣，彼未退出国联也。旋又谓如讨论第四项即退出国联，今又讨论第四项矣，而彼又未退出国联也。今不但不退出国联，且惟恐讨论第十六条，其为虚声恫吓，已为世人所看穿。夫欧人重然诺，日人倘不愿调解，即应明白表示，不当故弄玄虚，视人若童骏，可由其任意摆布者。日人之欺诈外交，至此遂完全失败。在此间之日代表，已不复如前之趾高气扬。日人虽横暴，然已走入孤立之境，道德破产，固较法律裁判为尤可悲也。（一月廿二日航邮寄发）

335. 西门对国联情形暂不愿发表意见

【中央社伦敦廿二日路透电】 英外相西门爵士今日于众议院中宣称,关于热河战事消息,彼尚未接有官报,驻日内瓦之中国代表团,曾接政府电,谓中国政府已训令张学良抵抗。关于国联情形,西门谓在大会未有决议前,彼不便发表意见。至于禁止军火运交战国事,西门述及美国胡佛总统致美国国会之公函,内称如其他各国继续出售军火,一国单独行动,难生效力。西门继称,此事异常复杂,目前尚不能有切实表示。工党领袖阑思伯雷问西门,谓英国政府是否将与美国及其他政府协商此事。西门答称,彼于政府未有决定前,不能预测其将来方针,但彼个人觉此事应在日内瓦由各国互商之。

《中央日报》1933 年 2 月 23 日第一张第二版

336. 日内瓦观察日本不至退出国联,从内政外交着想必再三考虑

【中央社日内瓦廿一日路透电】 观察者意见,日与国联历史悠久,非无第二途径,不至断然与国联断绝一切关系,停止合作。且日代表不久将任行政院主席,此间不信日本将自舍弃行政院永久会员之利权。故认暂时无须推测日本退出国联之结果,或对军缩经济会议之影响。众信日本无论就内政或外交着想,于未决定与国联断绝关系前,定必再三考虑云。

【中央社日内瓦廿一日路透电】 东京电,传日政府罔顾国联不惜趋于极端,维持其援助"满洲国"之政策。同时日代表团亦通牒国联,语意坚强。但此间各报,不因日本之恫吓而减少其讴歌国联报告之态度。

《中央日报》1933 年 2 月 23 日第一张第二版

337. 国联会员全体一致，大会将通过报告书，谈判委会决定即着手组织，特委会讨论应付热河问题

外交界息。国联昨（二十一日）日大会殊为简单，只由希孟主席报告处理中日争端之经过，并宣布调解失败，旋即休会，至二十四日重行开会。二十四日之大会，除中日两国代表将发表言论外，其余各国将不多发言，以示国联全体意见之一致。对报告书草案，是日之会议即可望通过，如时间不及，至迟二十五日必可通过云。

【中央社日内瓦马（廿一日）下午八时四十分专电】 马（廿一日）日十九国委员会开会，秘书长德鲁蒙对各会员国之欲加入及不愿加入将来之谈判委员会者，作一简短报告。又会议议决令秘书长发出请柬，请各国参加。会中对热河情况，曾交换报告，对星期五大会议事手续，亦加讨论。

【中央社日内瓦二十二日路透电】 外传西门将来日内瓦，作调解最后之努力云云，此说未有根据。众料大会于星期五（二十四）日举行两次会议可以完毕报告草案之讨论，当晚即可加以通过。按会章第十五条大会报告，只须多数通过，故报告之法律效力，毫无问题。

十九特委会开会，决定组织谈判委员会

【中央社日内瓦二十二日路透电】 昨晚十九国特委会会议决组谈判委员会，当时表示参加者，有德、意、法、英、西班牙、葡萄牙、荷兰、捷克、爱尔兰、加拿大等十国，土耳其及比利时现亦表示参加。波兰代表已得政府训令，放弃参加权。国联大会如决邀请九国条约签字国，似亦当邀请英属之各自治地如加拿大等，因九国条约之签订，英代表不特代表英国本身，且亦代表英属各自治地。加拿大现已参加谈判委员会，其他自治地是否接受参加之邀请，殊属疑问。昨特委会对于大会通过报告后之程序问题，亦加讨论，赞成大会仍应继续处于集会期间，俾于必要时，随时召集。旋复讨论如中国提出热河问题，大会应如何应付，决待星期四继续讨论。至邀请美俄，特委会决定以报告送达美俄政府，不必另费周章。因报告末句已明白表示，大会希望美俄与国联一致行

动,特委会暂决定关于报告书各代表在大会席上不必演说,瑞士代表摩□显欲在大会致长篇演词,但众劝之作罢。

日复书内容荒谬,责国联应负一切责任

【中央社日内瓦二十二日路透电】 日本代表团发表日方答覆十九国特委会报告书内容,共有十点:(一)日本对于报告书中所提各项事实,不能同意,但此时已无争辩之必要。(二)日本并不愿东三省脱离中国领土,然自一九三一年九日[月]后,一切所发生事件,国联亦应负一部份之责任。因在中日纠纷初起时,国联不应立即斥责日本,且造成欧美各国反日空气。(三)日本在东三省之军事行动,纯为自卫,因中国特殊情形实有必要。(四)日本深信欲谋根本解决中日纠纷,关于国联盟约、非战公约及九国公约原则之施行,必须与事实相适合。(五)"满洲国"有稳固进展,仅有热河间尚有有组织的反抗。(六)土匪及张学良部队受国联态度之煽惑,现正集中主力,日本受条约之拘束,须负维持"满洲国"安全责任,故不能置之不理。(七)十九国特委会报告书所建议之李顿调查团提议,解决中日纠纷之原则,如中国无健强中央政府,则十分之九不能施行。至于日本军队撤退出东三省,则东三省势必由当地宪警维持。此种建议,殊属荒谬,而且作不到。日本坚持不应请美国与苏俄参加谈判委员会,国联如限制国联盟约国及非盟约国不承认任何国家,此种举动,显属失当。(八)十九国特委会报告书,竟使中国拒绝一切和平谈判,且避免一适当解决办法。(九)日本负责维持远东和平,愿与友邦协力,图谋其早日实现。(十)远东情形异常复杂,李顿调查团在远东时间太短,故未能十分明了该地实情,日本请全体大会三思后,再有所决定。

日枢密院质问纪,内田答覆不退出军缩

【本社二十二日上海专电】 华联养(廿二日)东京电,斋藤首相及内田外长今日在枢密院报告国联经过,并述政府有退出国联决心。金子、石井及冈田各顾问官,相继质问政府,谓日代表在今次大会席上,声明退出国联与否?内田外长答云,松冈在大会声明反对报告书,言外表示,有退出决心耳。枢密顾问官再问内田外长,谓退出国联谘问案,在代表撤回后或归国后提出,内田谓未定。又问军缩代表撤回否,内田谓陆军主张同时撤回,因性质不同,政府认为不必撤回。再问南洋统治问题,内田答谓,日外部认为日本领土,故永久不

退还国联。闻枢密院大势，将表示同意。若谘议案提出枢密院，则由平沼、金子、伊东三顾问官中选任主席审议该案云。

【又电通养（二十二日）东京电】　今日枢密院首相与外相之演说，顾问官方面对之，曾有种种之质问。政府方面且逐一答复，该质疑应答之内容如下：（问）是否在最后之大会声明退出？（答）因与代表部尚未接洽就绪，故退出之意思，拟于言外表示。（问）是又将于何时退出，抑在松冈代表退日之后？（答）其时期尚未决定，而代表之撤回系别一事件。号（二十日）通告退出，故无待松冈代表之归国必要。（问）军缩会议之参加是否与退出国联同时中止？（答）军缩全权之撤回，目下尚未考虑及之。（问）南洋委任统治区域将来如何？（答）永久归属日本。又此外于热河问题，亦曾交换意见。

《中央日报》1933 年 2 月 23 日第一张第三版

338. 我国代表对日之又一声明，对日代表痛予驳斥

（中央社）日内瓦特别通讯，我国出席国际联盟行政院代表顾维钧氏，为日本代表发表十一月廿八日之备忘录，与十二月六日及八日之在特别大会中演说，不但侮辱中国，且与事实不符，恐世人为片面之词所惑，爰再详述真相，特别注意中俄密约、济南惨案、共产党及东北县旗诸点，于十二月二十七日送达国联秘书长，分交各会员国参考。原文系英文，兹照译如下：

（一）十一月二十一日中国代表在行政院席上发言后，日本代表即于同月二十八日提出备忘录，中国代表团亦旋于十二月三日致函于国联秘书长，对日本代表团该备忘录中所陈各点，加以批驳。又日本代表于十二月六日及八日两次特别大会席上之所表示，中国代表亦曾于八日下午会议时，提出驳议。惟日本方面之备忘录及声明书中，尚有其他牵强夺理之点，为中国方面所不能缄默者，兹再逐一指出其谬误如下。

中国代表于十一月廿一日行政院席上，曾提出后藤新平男所著《在满蒙日本军队及日本人之行动》一书，该书内容述日本政府骚乱华土以阻挠中国统一之种种计划，极为详尽。而日本代表在其备忘录中，则辩称后藤著是书时，已是在野之身，且其目的亦仅为内政的，不知著者书中资料，均系其本人在满洲

考察或在日本政府正式文卷中搜集所得。所说种种,日本代表亦未否认,此点极注意。日本代表又称中华民国成立之初,有一日本大佐在满洲计画复辟运动,日本政府得悉后,即设法阻止之。中国代表对于此事并未提出表示遗憾,不知日本政府之所以阻止此项运动者,其原因已详见于后藤男之小册中矣。后藤之言曰:"皇家政府与土井大佐,对于满洲之真实情形,既未熟悉,同时与专事扰乱中国治安之日本浪人之关系,亦未甚密切,故日本当局之在满洲图谋起事之计划,完全失败。惟一九一六年春间,仍能在大连集合二千余众,组成勤王军,所惜日本虽耗巨额金钱,而此等盗匪及苦力之辈,犹未能尽为我用耳。"又关于田中奏折一节,中国代表言之已详,兹仅须指出一点,日本代表声言前国民政府外长王正廷博士,曾允许日本设法阻止该项文件之流通。王博士于十一月二十五日对中央通讯记者谈话时,已作有力之否认,此项消息,已遍载欧洲各报。尤有进者,夫允许阻止此项文件之流通,固绝不能即认为接受日本对该文件之真实性之否认也。(未完)

(续)日代表声明书中称一九二七年日本政府将撤退驻在山东省省城济南之日军时,"曾接到蒋将军政府之请求,在该政府妥谋山东省安全之前,请日军继续驻留该处"。此项请求全属虚构,中国政府固绝未出此也。

此外又有同样重要之一事,应注意者,即日代表已承认一九二八年间,日本林权助男爵、林久次郎总领事,及佐藤安之助中将,曾力劝张学良将军,勿与南京中央政府携手。日本对此项阻挠中国政治统一之尝试之解释,则诬称系出于张学良将军之自愿。中国代表曾以此电询张将军,兹已得复电内称:"日本对余之愿望,果能如此尽心,则试问何以对于其他事件竟完全反余之意而行乎?当时日本之干涉事实,中外官场均熟知之,无待多赘。如须提出证据,则尚有许多书面文件可为证。余当时如不愿树青天白日旗,则青白旗何竟飞扬于东北各处耶?"

日本代表团于诬称中国未能履行条约义务之外,又称国民政府公然坚持采取排外政策,中国代表团于此固已屡次发表宣言及声明说明日方此说之为谬矣。兹姑提出一例为证。一九三二年六月一日,中国海关雇用人员计共八千八百三十二人,其中九百二十四人为外籍人员,日本籍者占一百九十九人,满洲各关日员,亦包括在内。渠等现几全数放弃其效忠精神,而加入"满洲国"之服务。然中国政府对此等日员除大连税务司福本顺太郎以抗命被撤职外,均未予以停职处分。现在职位仅次于总税务司之秘书长,亦为日籍。试问中国之绝无排外政策,尚有较此更为显著之证明乎?

日代表宣言中又称中国代表指出政府机关中外籍人员之数额,以为中国并无排外情感之证明一节,实不足凭。盖中国政府之接受此等外员,仅以条约及协定上明白规定,不得不然耳。

日代表此言,不特不能证明中国政府有所谓排外思想,抑且可见日本诬指中国之不能履行条约义务一节,已为其自己之发言所反证。盖日本虽极尽挑拨,甚至侵入中国国土之东三省,而中国则仍尊重其条约之义务。然以中日两国之交谊言,以在中国海关服务之多数日员之不忠,而加入伪国服务之事实言,中国即将所有日员全数撤职,亦自有充分之理由也。

日代表宣言书中又称在中国盐务及若干铁路服务之外籍人员,已多数被逐,此说亦属不确。中国政府为节省开支,增进效率,并顾全公众利益起见,固曾有革兴诸端,对人员亦有更动之事。然其更动结果,则不特无所谓"大不幸之影响",且实有极显著之进步。即就盐务稽核所而言,一九二八年九月廿六日,国民政府明令将该所正式划归财政部,同时并规定全国各稽核处一律恢复,其税收有不能全数拨归中央者,至少应将一部分拨汇国库,以为归偿国债之需。实行后效率大著,财政部长宋子文氏,于本年八月间,发表其中国财政进展报告内称,至一九二九年九月间该项计划,已极多成就。财部不仅可以每年如数拨付欠款,即过去未清旧欠,亦可逐步清偿。一九三○年终,英法及克利斯浦借款之积欠利益,悉已清偿,所有积欠本金,亦开始偿付。其应由盐税项下拨付之湖广借款欠款部分,亦于一九三一年完全清偿。

关于对日经济绝交事件,中国政府之意见已于行政院中国代表之演说辞中,及中国代表对国联提出之说帖中,详细解释,兹可无庸再赘。惟经济绝交事件,若果如日本代表团所称为变相之战争者,则试问日军之对满侵略,佐以大炮飞机机关枪队,及其他一切武器,以杀戮中国人民损害中国财产者,又将何辞以形容之乎? 简言之,现在中国之对日经济绝交,其最初原因,乃为一九三一年七月间在日本警务当局默许下之朝鲜地方之华人大屠杀,结果华人死一百四十二人,伤五百四十六人,失踪九十一人,财产损失逾日金四百万元。九一八事件发生,日军侵入满洲,而此项经济绝交运动,亦更见活跃。

过去每一对日经济绝交运动,均为一种对日本军事侵略或挑衅之对抗手腕,出诸万分无奈,此乃极明显之事实。三十年来对日经济绝交,计有九次。然日本代表则仅指出四次认为不能作为对日本军事行为之抵抗行动,是不啻默认其他五次,确可视为对抗日军侵略之行为矣。吾人再就日方所指出之四次,一一详察之。则一九〇八年之经济绝交为二辰丸事件发生后,日方提出最后通牒,以冀满足其任意要求之结果。一九〇九年之经济绝交,则为中日谈判,关于重建安东、沈阳铁路时日本方面提出同样挑衅要求之结果。一九一九年之经济绝交,则为日本借口消灭德人势力,不肯将日军撤退山东之引起华人自然反抗之结果。而一九二三年之经济绝交,则为中国国民反抗日本政府坚持履行以所谓"二十一条"为根据之一九一五年协定之表现也。

日本代表对关于所谓齐纳继夫事件,英国政府对苏维埃代表之牒文,引证甚多。然实则对于经济绝交问题,毫无关系,无论中国国民政府及莫斯科苏维埃政府之组织,全不相似。且观于日军在满洲乃至上海、天津各处侵略行为之性质及程度,中国人民或集团之采取并维持经济绝交运动以为合法之自卫行为,实具有充分理由者也。

(续)日本代表声明书中,曾提及一九三二年一月至三月间之上海事件。关于此事,中国代表对李顿调查团提出文件数项,足资参考。该文件中已明白声明一月二十八日晚,日本武装军队,以机关枪为助,先攻击中国警察,复攻击中国军队。然中国军警则严取防守态度,故日方所称日军被开火者,实与事实不符也。

复次,当时各国陆海军当局共同商定分防上海公共租界之办法,中国当局既未参加,并未受通知,更无约束中国方面之理由。而所谓日军之防区,其中有一部分乃为应受中国管理者,且各国陆海军司令即拟定办法,亦未许日军即可侵入公共租界以外之中国区域,或进攻驻在该处附近之中国军队也。

据中立方面如国联所委派之领事委员会等之有威权的报告,上海事件之发生,完全由于日本方面之预定计划,其目的乃在恐吓华人,而减低其对满状况之抵抗精神。而上海事件之结果,则为死华人二万四千余人,而上海居民所受之痛苦,更属不可算计。尤可怪者,日本代表对日军进攻上海而致之华人生命损失一点,竟谓行政院注意中国军队所致中国人民之更大之生命损失。日本政府心理之奇特,此乃一最显著之例。夫此二者乃绝无连带关系者,日代表将此二事混为一谈,理由何在,殊不可解,意者日本之意,中国在此政治过渡时期所不可避免之内乱,其中颇有为日本所挑动者,乃可为日本军人用武力侵略中国国土,而致中国人民以更多量之苦痛之理由乎。此种态度,其为违反全人类之道义及良知,固不辩自明也。

日本代表对一八九四—五年之中日对于朝鲜事件之战争,既指述甚详,中国方面自不能再将当时为日本外相之陆奥宗光所著之记事书,提请国联注意。陆奥此书,其先并不公开,其目的则在为其自己之政策作辩护。盖当时颇有各方面指摘陆奥,未能预防在中日战后之俄法德三国联合干涉也。书中对日本对华之阴谋,及其麦基伐里式之手段为陆奥自己所手定,而逐一实行者记述甚详。其目的无非迫使中国卷入战涡,以达到日本大陆开拓及亚洲征服政策之一端而已。是书者盖即为远东大活剧之主谋者之一种记实。陆奥当时曾训令驻韩日使,用任何借口,以开始积极行动,此乃陆奥自己所用之辞,日本代表当不能忘却之乎。

日本代表宣言书中关于一八九六年之中俄协定一节,又称日本政府于一九〇五年日俄战争结束之时,若知有此项协定之存在,则日本对于满洲问题之解决,决不任其迁延至于今日。实则俄国在一九〇〇至一九〇三年中既已违反约文之规定,中国早已认俄国对该协定已认为失效。且当日本在一九〇四年将对俄宣战之时,中国极愿与日本联合,共同对俄作战,以保守本国之疆土,然日本则阻止中国之参加作战。当时驻北京日使奉到东京训令后,即称:"日本政府对此事加以端详之考虑之后,深觉有劝请中国严守中立之必要。"云云。其劝请中国守中立之原因,则据日本自称,乃在"国际秩序及一般利益之考虑,俾此次战争仅限于日俄两方而不至蔓延至于他国"。易言之,日本不愿俄国之欧洲联盟各国,得有助俄攻日之借口也。(未完)

(续)日本宣言书中又称,当时满洲之得归还满清,实以日本之力居多,即中国自身之出力,尚较日本为次。吾人虽不愿低减日俄战争之重要性,却不能不指出当一九〇五年日本请美国促进对俄和平谈判之时,美总统罗斯福即称美国希望日本能遵守满洲开放门户政策,将该地归还中国,日本对此表示同意。故自一九〇五年六月间开始谈判之扑资茅条约,其有关于满洲土地者,即系依照此种意义而缔立者也。是以满洲之归还中国,果系何方之实力,仍为一未决问题。吾人应记取日本代表在其宣言书中,固曾明白声称,日本决不踌躇,以把持满洲境域也。

从另一方面观,美国政府于一九三二年一月七日致中日两国之牒文内称,美政府将不承认任何事实上之形势,或任何条约或协定之或可损害美国政府或其人民之在华之条约上的权利者。此种权利,并包括关于中华民国之独立,或其土地上及行政上之完整,或对于中国之国际政策,即所谓门户开放政策者。美国此项表示,可见其目下之对满洲政策,仍与其三十年前所宣言者,绝无二致,与日本政策比较,实有霄壤之别矣。

日本代表宣言中,又提出一九三一年高纪毅与日代表木村关于满洲铁道问题之谈判,以为日本努力追求和平解决,而中国故事迁延之证。此案事实,实如下述。一九三一年一月二十三日,张学良将军接到木村公函一件,对讨论满洲铁道悬案,以谋解决之需要一点,加以解释。同年二月五日,东北交通委员会主席高纪毅,即被委与日本进行谈判。三月六日非正式会议中,双方同意各指派专家多人,参加讨论。六日后,中国方面已指定专家六人,而木村则已回日,并通知高氏称,渠未能即来沈。直至五月七日,始由南满铁路会社通知中国当局,已指定日籍专家六人。及至六月间,满铁总裁更动,内田康哉伯于七月中旬就新总裁职,内部人员亦大事更动。其日籍专家六人中之一人入江氏,中国当局在铁路问题上与之接触素多,亦因之去职。入江去后,亦并无人随缺。凡上种种,即在九一八事件前,关于中日非正式谈判铁道问题之经过事实也。

从上述观之,可见日本诬称中国故意迁延,乃全非事实。盖谈判进行所以迟缓,其咎实在日本代表团及南满铁路会社人员之更迭,及日本故意迟迟举出日方之专家。其缺乏诚意,盖显然可见也。

日本代表于十二月八日特别大会席上演说,关于日本侵略中国领土一点,称日本在条约规定下在沪原有驻军,其后日本政府即派遣陆军赴该处。至于满洲方面,则日军之驻在该地,亦有条约为根据,以保护日本人民之生命财产者也。日代表此说与事实绝不相符,乃为一种严重的诬言。日本所谓在南满铁路区驻军之条约的权利,中国政府从未承认,且即使果有类似此种权利的阴影,亦早已于一九一七年失效。此在中国代表郭泰祺氏十二月八日在特别大会席上之声明中,已言之甚详。盖日军之驻在华土,在去年九一八事件之前,即为一种越权行为,夫日军固绝未被请来我华土也。至于上海驻军问题,日本代表公然声言,在条约上有派遣军队至该处之权利,殆尚为任何其他日本发言人所未曾道。吾人应深深记取,现在所有有效条约中实无授权列强在沪驻军,或可视为授权列强在沪驻军之规定者也。

日本代表宣言又称:"一九三一年十月八日,日军所派赴锦州以侦察该地华军之日机十一架,系先经华军机关枪之射击,然后掷弹焚烧华军之营,以为报复者。"此说亦全与事实不符。李顿报告书第七十二页,对此事有公正的报告，吾人但一披阅，即知中国军队当时并未开火，亦未还击。报告书中又称，以事实论，军营绝未被攻击，所有许多炸弹均坠于城中其他各处，甚至医院及大学校舍亦不免。

又有进者，华军于去年十月间之撤至锦州，乃为日军武力占据沈阳及其他各处后所必不可免者。盖华军既被迫退出沈阳等处，自然应驻在当时辽宁省政府临时所在地之锦州也。日本当局之所以派遣轰炸机一队至锦，以毁灭该城者，其至简单之理由，亦惟在消灭中国政府在南满洲之最后仅存之行政权威耳。日方所称华军之在南满铁路以东者，为维持治安之一种障碍，纯系欺人之谈，盖被日军逐至锦州之华军决不能认为有威胁性。且如此种论理发扬而光大之，则世界任何各国，均得借口邻国国土有驻军之故，即派兵占领该地。试问在现代国际生活上，此种事件尚可任其存在乎？

日本宣言中有称"满洲国"之攫取海关、盐务署、邮局等等，乃该组织成立后之一种自然结果，其行为乃完全在该政府权力之内者。李顿报告书昭示吾侪，所谓"满洲国"者实为日本所制造，其攫取上述各机关，又全系出于日本文武当局之教唆及助力。至日本实行攫取中国政府在满洲之种种公众服务机关及其税收财产及卷宗等件，乃至逮捕监禁恐吓威胁以达到其目的之方法，一披阅中国代表致调查团之文件第二十三、二十五、二十七及二十八号，即得其详。（未完）

（续）调查团报告书中，已确证实所谓"满洲国"造意进行，乃至成立，完全出于日本文武当局之手。日代表在十二月六日特别大会会议席上，犹复辩称该项运动，完全出于满洲华人领袖之自动。其与既定事实全然不符，自可无庸再加驳复。日本代表前曾以电报抄本多件，发请秘书厅转送国际各会员，查照此项电报，据称系"满洲各公众团体"所拍致国联，以证明"满洲国"成立后已获得当地人民大多数之全力的扶助。关于此种事件，中国代表前已请国联注意，日本在满人员，每多伪造证据，证明"满洲国"之确系为当地人民所爱戴，此等证据全不真确，请国联勿为所愚。中国代表团于十一月十九日，曾请秘书厅转交各会员电文一件，该项电文，系苏炳文将军自北满拍来者，内称：

"日本当局因李顿报告书中指称所谓'满洲国'，并非当地人民意志之表现，故已派遣代表至黑龙江省，迫使当地中国团体签一声言书，以赞助'满洲国'，此事刻已由所谓黑省省长办理。至吉林及辽宁两省，亦有同样之不法作伪方法。所有伪造文书，即将送达日内瓦，以欺朦国联当局。"

苏张两将军又有一电报,亦经中国代表团转送国联,内称:

"最近日本已迫使当地居民,声言效忠伪组织,并训令各地县长,对伪组织上伪造之呈文,以表示其拥护之意,应请转达国联注意。"

本年九月二十二日马占山将军从黑龙江已有电致国民政府,报告当地日本军人已发布命令,自八月一日起黑省各县长及公安局长,应亲赴各村镇迫使人民签署效忠"满洲国"之具结,并在各处演说宣传"满洲国"与日本合作之利益。

凡上种种,即日本获得满洲人民之"自由"及"自然"中意志,以赞助"满洲国"之方法,转以解国联之惑者也。

日代表十二月八日在特别大会会议席上演辞中,否认日军进犯满洲,为日本领袖军人之预定计划,以侵略领土为目的者,渠称日本任何阶级之人民,对军事长官之行动,全力赞助。盖全国上下绝无丝毫反对之表示,不知事实则为东京方面之军人,刻正采取一种恐怖政策,若有人民敢对军人之"铁血"政策,加以反对,则死亡放逐之刑,艰险将随以俱至。吾人殆犹忆过去数月中,日本曾有四次大暗杀案,被杀者两人,为日本之前首相,而为日本两大政党之领袖,一人则为著名财团领袖。此种暗杀,即是日本军阀主义狂突之表现,而实为远东及世【界】和平之真正威胁者也。

松冈君在大会席上演说时,又称渠对中国问题曾作端详之研究,颇多心得。又称:"余敢预言十年之内,中国将不能统一,并不能有中央政府(余为东方人对此甚觉抱憾),或者二十年甚至终吾人之生,此项期望犹恐其不能达到也。"

松冈君之为人中国方面颇有知之者,须知渠之对中国问题作长期之研究,其目的不在增进对华之了解及促进中国合法之企望,而实在便利日本之侵略及开拓之传统政策。盖松冈君已为此项政策,主张最力之一人也。试观渠在渠所著之《东亚全局之动摇》一书第一一〇至一一一页中对田中对满蒙之积极政策赞扬备至,称为"日本帝国之传统政策",即可知其见解之一斑矣。

松冈君对田中政策,完全表示同意。又称:"吾人遇有机会,即应逐步进行以造成我国在满蒙之地位。无论在若何情形之下,吾人非在满蒙造成一种优越地位不可。"

松冈君在其所著之另一书名《动的满蒙》第五页及其下各页中称"吾人谈及满蒙问题时,应与朝鲜问题及西伯利亚及苏俄□海省之问题,混合讨论",不应分别论之。

　　松冈对中国前途之预言一似深有把握,所以然者,决非渠信中国情形,直可悲观。盖其他各国之观察者,其见解乃与松冈完全相反也。松冈之思想殆为其愿望之产儿。中国代表前曾致调查团一备忘录,颜[题]曰《日本阻挠中国统一之计划》,其中对日本军阀及其党徒对阻碍中国统一之阴谋,已有陈述。盖日本东京军部及参谋本部之派员,在华作种种政治之计谋,财政之企图,军火之供给,乃至军事之干涉等等。其目的无非在华酿成政治混乱,俾日本得借口可自命为远东和平之保障者,而实施其预定之对华土地开拓政策而已。松冈君对于日本此等活动,及日本政策所包含之义意,固深知熟晓于胸者,而其本人对于日本传统侵略开拓政策之效忠,固不仅在国内外宣传已也。

　　日本代表备忘录否认中国对条约义务之忠诚履行,并称:"当前之争执及中国对其他列强各国之困难之原因,即在中国之不能履行条约规定。"日本既已继续蔑视国联盟约、非战公约、九国条约及一九三一年九月三十日及十二月十日之行政院决议案矣。其对中国之诬指,自亦无须再为答辩,须知目下满洲情势,全为日本不顾国际义务,一意进行与传统的亚洲大陆侵略开拓政策而起。国联对此所以感觉困难者,厥在日本之不肯实现其撤兵,及中止增进事势严重之行为之诺言。日本不特创立"满洲国"以便利其土地侵略计划,且已不顾世界公论,而予以承认此项最新的违反国际条约的举动。行政院主席在九月二十四日会议席上,固已表示遗憾矣。日本代表在十二月六日特会席上,一方面称日本为国联忠实会员之一,一方面则又称日本之所以不求助于国联者,厥因国联以其现在组织及范围,实不能冀其迅速有力之保护之故。于此可见日本实已有意违反盟约,而不愿遵守其规定矣。

　　日本代表演辞之大部分,曾影约提出战争一点,以冀引起听众对日本武力政策之同情,渠称:

　　"太平洋西岸泱泱大国之美利坚合众国,现在尚未加入国联,苏俄亦然。日本之近邻,即为庞然之中国,其情形又如引人忧虑。试问各国若为日本者,则又应作如何之行动耶?"

　　关于美国在太平洋外交政策之真精神及真目的,吾人知之已多,总在其将来之可能的开展中,可决其不致引起严重恐惧。至于中国情形,更不足为远东和平之威胁。此种情形而为可怖者,则实受日本阻挠中国统一,以遂其大陆开拓野心之政策之赐也。

日本代表又称:"中国今日之中心,即有苏维埃主义,故为远东之一大危机。"又称:"此项运动之进行,所以未能更速者,厥在日本之存在,盖苏俄至少乃尊敬日本者。日本若去则扬子江流域之赤化,可以立待。"又称:"总之日本今日地位,乃为单人独马奋斗以救远东之危亡。苏俄今日犹在国联之外,益增日本之困难。"又称:"吾人今日已到国家危急存亡之秋,远东和平及秩序之恢复,自亦非异人任,日本过去之历史,已为诸公所赞美。则日本今日对于远东事件之知识,对于处理该事件之方法,及其对方之地位等等,自可深信无疑也。"从上种种,日本之深惧苏维埃主义之流传各处,似可探测而得矣,实则大谬不然。盖日人之提出此种危言,仅为一种便利之辩论。此点吾人从日本当中国正在以军事及财政全力,在扬子江流域铲除"赤匪"之时,决定实施其武力占据满洲计划,即可知之矣。虽然日本对中国之决心,剿除"共乱",虽横加阻梗,而中国仍能获有显著之成功。豫鄂皖三省"剿匪"司令蒋介石将军,于其最近上国民政府之报告中,对四月"剿匪"成绩,已有详细之陈述。政府对于此一方运用武力,一方运用政治方法,兼筹并进,故昔日之"匪区",兹已恢复原状。

其实从日代表演辞之另一部分观之,即可知其自身亦未确信苏俄之可能的企图。日代表称:"苏俄对于满洲问题颇多了解。"又称:"然吾人应对苏俄表示感谢者,即吾人不特可以不惧战事之发生,且大有互相成立和平谅解之机会也。"不特此也,日代表且提出日俄联盟之可能,以为一种威吓,其言曰:"吾人如能与苏俄成立确实协定,而不顾任何一切,则试问此后之形势将若何耶?"此非大可注意者乎。总之,日本代表之政策,实为一种对世界各国之恐吓政策,俾其虽已违反其神圣之诺言,仍能饱载以去。试观其言曰:"日本政府之行为,在国联盟约下受判断应享有伸缩性,此乃吾人在常识上均应承认者也。"可以知矣。然而国联所基之原则,吾人如冀其有力的为全世界和平服务,自非有普遍的通用性不可,须知国联盟约实为世界之宪法,故其解释亦应为一致的。无论一事一案,其形势若何复杂,盟约大纲,决不能受损害。盖吾人若创立一有效之例外,则该问题本身之性质,已为例外,而任何问题之复杂性或困难性,则仅为程度问题耳。国联之主要基础,若不能依靠为世界公正和平之柱石者,则世界各国十年来出重价以获得出心血以灌溉之和平保障,深恐其尚非真实可靠也。

日本代表所称"全世界常在转变中"之一语,固或有至理。惟吾人观于国联原则之神圣,则惟有正告日代表曰,任何转变及任何更正,不应出之于违反

国际和平约章,而应出之于对于该约章等之完全的尊重。盖全世界之和平,乃吾人最神圣之祈求也。(完)

《中央日报》1933 年 2 月 23—27 日第二张第二版

339. 日本昨提出荒谬节略,罗外长痛加驳斥,内容包含三点逐条予以驳覆,中国军队在领土内必行其自卫权,因此发生之事态日本应负其全责

昨日(二十三)下午五时,日使馆秘书上村伸一,以节略一件,面交外交部罗部长,内容包含三点,措词颇为荒谬。外交部当即起草复文,痛加驳斥,声明一切责任,确由日本担负。该项复文已于昨日深夜送出,兹分录日方节略及我方复文如下:

日本节略

(一)热河省内张学良军及其他反"满"军队之存在,不但与"满洲国"之主权抵触,且与热河省治安之恢复不能两立。故此次"满洲国"实行肃清该省内之匪贼及兵匪余党,日军乃在"日满议定书"之关系上,应与该国军队协力之立场。而"满洲国"常向上述张学良军等要求撤回关内,未能容纳其要求。故因实行上述热河省肃清事业之结果,而引起与"满洲国"军协力之我军,与张学良军及其他反"满"军队之冲突,此乃因张学良军等留驻热河省内不得已而出此。且其责任应由不接受上述"满洲国"要求之中国方面负担之。

(二)惟以肃清上述热河省为目的,而与"满洲国"军协力之日本军,在热河省之行动,其目的在于确保该省之治安,此外并无他意,原则上仅留驻"满洲国"领域以内。惟张学良军及其他反"满"军队,如坚欲出于积极的行动,则难保战局不及于华北方面。若因此发生任何事态时,其责任悉在中国方面。

(三)至"满洲国"对于反"满洲"军之归顺,向以宽大之态度待遇。汤玉麟军等若于此时归顺"满洲国",则仍将照从来之方针,予以宽大办理。

我方复文

(一)自民国二十年九月十八日以来,日本以其武力侵占东三省,设立伪

组织。兹又不顾一切,调集大批军队,进攻热河。热河为中国之领土,与东三省之为中国领土相同。中国政府派兵往热,防御外国之武力侵略,乃系行使其固有之主权。日本竟要求中国军队退出热河,显系扩大侵略范围,破坏中国领土主权,日本政府自应绝对负攻热之全责。至东三省伪组织为日本一手造成之傀儡,为举世皆知之事实,其所为之一切非法行为,日本政府尤应负其全责。中国政府因东省伪组织及所谓"日满议定书",业经迭向日本方面严提抗议,概不承认,兹不复赘。

(二)日本应负攻热全责,已如上述。乃日本不惟欲攻夺热河,并称日本军队之行动或将及于华北,足证日本方面蓄意侵略,毫无觉悟。中国军队在热河抗御日本指挥之军队,或在中国领土其他部分内为必要之防御,均属正当。如果日本军事行动侵及华北,中国军队自必行其自卫守土之权,其因此发生之事态,应由日本政府负其全责。

(三)热河省政府主席汤玉麟为中国地方军事长官,在热河指挥军队,自有守土之责。日本政府对汤主席所称各节,殊属有意侮辱,中国政府特予抗议。

《中央日报》1933 年 2 月 24 日第一张第二版

340. 国联今日举行大会,日本决采强硬态度,外部训令对报告书投反对票,准备三月一日通告退出国联

日阁议,提出训令案三项,不接受国联劝告

【本社二十三日上海专电】 华联漾(廿三日)东京电,日外部今日召开首脑部会议,对敬(廿四日)续开之国联大会,决定最后步骤,其电令日代表部内容如次:(一)对敬(廿四日)之希孟议长演说,松冈须以绝强硬态度,加以回答,不能丝毫放松。(二)报告书在大会表决时,用最大力量反对,最后投反对票,发生[表]不协力宣言。(三)坚持十五条第五项之进行,同时代表部退出日内瓦,准备归国。最后说明日本与国联断绝原因,预备三月一日正式通告退出国联。

【本社二十三日上海专电】 华联养(廿二日)东京电,日内阁今日下午在

首相官邸开阁议,荒木陆长报告热河战情,内田外长提出训令案三项:(一)不接受劝告案之陈述书。(二)松冈代表在大会之宣言案。(三)劝告案成立后拒绝国联提案,应取某种形式。经审慎讨论后,均承认外部原案。阁议后内田外长入宫相奏日皇批准,今夜发训电给松冈洋右,在明日大会照办。闻其内容大旨如下:(一)日本在过去十三年间,为维持世界和平起见,每次与国联协力,国联应注意此点。(二)远东之国际纷争,不在日本之侵略,实在中国内政不修明。欲解决远东问题,须待中国内政统一。(三)东三省文化与欧洲不同,不能援用欧洲之政治哲学。惟有承认"满洲国",能维持远东和平。(四)国联劝告案,日本断不能采取,若国联通过此案,日本将来不能再与国联协力。(五)劝告案通过后,于世界和平上所发生之事态,日本不能任其责任。

特委会,以法庭地位自居,报告通过后宣判

【中央社日内瓦二十二日路透电】 十九国特委会前信起草报告后,即可完毕任务,但实在情形并非如此。特委会之责任犹未完全,明(二十三)日会议时,仍当讨论下列各事:(一)决定大会议程。(二)完成谈判委员会之组织。(三)讨论热河战事开始后,有无建议之可能。(四)决定积极办法,使大会于通过报告后,洞悉一切发展。特委会以法庭地位自居,秘密审判后,由庭长(希孟)宣判,并应付一切。希孟就特委会主席后之措施,甚得各代表称许,众认特委会主席未有较希孟更能胜任愉快者。大会通过报告以前,颜博士必将演说,颜之演辞已大体草竣,惟当视明(二十三)日特委会之结果如何,再加修正。其他非特委会会员之代表,如加拿大等,亦将继颜发言。日代表松冈谅将待大会通过报告,然后起致演说,内容当与昨日日方发表之声明书相似。特委会代表对于如何维持国联处理中日问题之继续性,意见未趋一致,现共提出三项办法:(一)大会于通过报告后于名义上仍居于会议期间中,俾可随时由秘书长召集之。(二)组织与特委会相似之新委员会。(三)略为变更报告内所规定谈判委员会之组织办法,使谈判委员会无论争执国接受报告与否,能于最短期内召集。某某等国,甚为赞同第三项办法,因能借此于中日问题最严重之时期中,得到美俄两国之合作。

《中央日报》1933年2月24日第一张第三版

341. 日代表愤懑一致退出,昨国联大会通过报告书,派定顾问委员会协助全体大会,请美俄政府与国联采同样行动

我颜代表侃侃致词,昨晨大会主席宣读报告,颜致词表示接受报告书

【中央社日内瓦二十四日路透电】 国联大会今晨十时五十分开会,旁听席中极为拥挤。松冈最后入场,态度安闲。主席希孟首先宣言,报告书对于指派谈判委员会之措词,略有修改,并谓自前次开会后,中日两代表团均有通牒送交国联,各会员国尤其特委会代表,对之均加慎重研究。今大会令余(希孟自称)宣读下列报告:"十九国特委会对日本之意见,慎重研究,兹特声明特委会前所郑重全体通过之报告,于措词上未有修改之必要。特委会决不再行发表意见。"云。希孟旋即请颜惠庆博士发言,颜博士略谓中国政策现被拥戴,中国殊为欣慰。国联鉴于文明史中最残酷之侵略,不惜明白指摘会员国中最要之一。此种坚毅非特堪加称许,且足使国联更为有力。至于报告本身,余对其所未尽之点,表示遗憾。且谓对于报告一切细目,非能完全同意,但"吾人居于当事国地位,此时不欲有所争执"。颜谓李顿调查团系按会章第十一条指派中国,后虽援引会章第十与十五两条,但调查团仍依国联前年十二月十日之决议进行该团任务,因此调查团对于过去行动之责任问题,比诸免避此种行动复现之方法较少注意。但此时调解努力既告失败,吾人应以另一眼光阅读李顿报告书云。

颜认报告第二部分乃于环境所容许之可能范围内,作最精确之历史背景报告表示满意。继述日本在满违背中国主权以及条约,攫夺利权以致南满铁路成一"国家内之国家"。颜旋述中国愿以公断,解决中日争案,但日本则一味拒绝按会章第十二条之任务。颜对于报告书,关于"九一八"事件之断语与对"满洲国"地位之坚决,正直结论,表示满意,并谓国联现应考虑履行依照会章第十条之任务。颜赞同中国中央政府与满洲地方政府分权办法,应于布置日军撤退后,由中国政府自行决定。颜极力赞助美俄参加,最后声称中国无条件接受报告,将投票赞成大会通过报告。惟依照报告内容之规定,日本如不接

受,中国则完全不受影响云。

松冈演说措词狂悖,指摘李顿报告只顾皮毛,要求各国代表勿予通过

【中央社日内瓦二十四日路透电】 颜代表发言后,日本首席代表松冈洋右继起发言。彼谓日本政府已予十九国特委会报告书以极慎重考虑,但很失望的议决不能接收该项报告书。十九国特委会未明了远东真实情形、日本所处之艰难地位及日本一切行动之目的。二十年来中国遭遇政变,人民备受痛苦,因内战苛政、土匪、荒年水灾等等,人民死亡逾千万。其痛苦情况非普通西方人所能臆料。中国一向不遵守国际责任,而日本受其害者最甚。自中国革命以来,满清时所有属国,均一一丧失,东三省现亦随之而成独立国家。中国随时阻挠日本欲与中国合作,使东三省为安全土地之工作。日本始终为远东和平治安及幸福之维护者,彼在东三省已有切实表示。国联早宜设法谋一适当解决办法,但其行动,反使中国态度愈形强硬。中国军队虽较任何其他国家为多,但实不成为一国家,一名为酷爱和平之国家,屡次不遵守国际盟约,岂足以谈尊重主义。

李顿调查团报告书仅顾皮毛,而不顾实在。例如东三省人数一点,已可见一斑。十九国特委会报告书固为中国洗刷一清,但对于日本为东三省人民幸福起见,维持治安之努力,则一字不提。以东三省与中国其他各部相比,可见日本为促进文化,保持治安之重要主力。对于李顿调查团报告书第九章之最后原则,尤盼大会予以深切研究。徒派技术团往中国扶助中央政府,岂能改造中国。中国所需者非只此,而各国绝无愿出任此重大责任者。余(松冈自称)请中国代表,答复中国是否情愿接收任何形势之国际共管。在表决报告书前,请颜代表正式向大会答复此点。国联之诚意徒使形势愈趋复杂,热河事可为显例。日本对于与热河间军队交战之结果,有十分把握,但不愿再有不必要之流血。十九国特委会报告书适足以与中国一种影想[响],中国可以继续与日本相抵抗。请问美国是否准许巴拿马运河国际共管? 英国是否应许埃及国际共管? 报告书中关于抵制外货之判断,尤为危险。日本甚愿与中国合作,维持东亚和平。余(松冈自称)以极诚恳态度,请诸君根据吾人条件,处理此事,并信任吾人。如拒绝此项请求,则定铸成大错。余(松冈自称)请各位,勿通过十九国特委会报告书。松冈发言后,主席希孟征求大会意见,是否在午餐前先听二位代表,作简短演讲,通过报告书或立时休会等下午再继续讨论,大会各代表均赞成通过报告书后,再休会。

日本代表松冈演讲时,态度强硬,语气逼人。中国代表颜惠庆博士,则殊静逸。各代表均静默无声,恭听二代表发言。

凡里素以拉代表苏未达(译音)起立,谓每次以大无畏精神,引用国联盟约时,皆获良好结果,请各位勿作梦想,凡离开国联盟约原则之办法,徒阻碍永久解决此次纠纷之进行。目前东半球及西半球,均有流血事件发生,国联盟约等于乌有,可见实有加紧国际合作与管束之必要。稽延并非造成永久和平之最好方式,且此种程序,颇有危险性。

利秋维里亚国代表萨里额思(译音)谓和解方式既已失败,请大会继续努力。最重要者,即报告书通过后,不能视为废纸。

报告书付表决通过,除日本外全体一致赞成,行政院除中日外廿三票

主席希孟宣称将报告书付表决,谓"全体通过"者,系指行政院全体及大会之大多数,随即点名,付表决,赞成者四十二票,反对者一票(日本),暹罗未投票,其余未到,行政院各代表(中日在外)赞成者有二十三票。

主席希孟宣读国联盟约第十五【条】第六款,谓凡遵守报告书建议者各盟约国,不能向该国采取敌对行为。彼并称在三月内,根据盟约第十七条,无论如何,不能有战争行动,希望双方接收和解建议,切勿再有行动,使纠纷再行延长。国联不能即此中止,谋一解决办法,必根据草创国联盟约之本意,□□□其遵守。

日本代表松冈起立,作第二次发言。大会随即休会,定下午五时再开,讨论设立谈判委员会事,且接受某项通知书。

日本代表松冈谓彼对于报告书之通过,甚表遗憾及失望。日本为起草国联盟约之一,与各国共同谋人类大同之最高超事业,实可引以为豪,但对于目前情形深为痛心。日本之政策根本为保障远东和平,谋世界和平。关于中日纠纷事,日本与国联之合作可谓已至尽头,但日本仍将继续其图谋世界和平之初衷。

日本代表团之突然退席,使大会有一极不良印象。松冈面色惨白,但态度异常坚决,随之退席,若有日本出席军缩会议代表及代表团人员,约七八人。拥集在大门之群众,纷纷让路。日本各代表昂然而出,目不斜视。日本宣言之用意,不十分清楚,未必即与国联完全断绝关系。日本代表团正式通知书送到国联秘书处后,即可明了。

报告书全文,今(念四)日已正式交美国与苏俄驻日内瓦代表,请美俄政府赶早与国联采取同样行动。

顾请制止日侵热河,下午决定参加谈判会国,并议决派定顾问委员会

【中央社日内瓦二十四日路透电】 全体大会今日下午五时继续开会时,日本代表未出席,即所有国联办公处间亦无一日人踪迹。众人心目中,不由不回忆及主席希孟于上午通过报告书后所谈:"吾人之建议,业为某国所拒绝,该国似欲僻处一角,自行其策,将其他各国意见置之不理。"报告书最末段为请德、比、英、加拿大、西班牙、法、爱尔兰、意大利、荷兰、葡、捷克及土耳其参加谈判委员会。

【中央社日内瓦二十四日路透电】 国联全体大会今日下午议决派定顾问委员会,监视时局之发展,协助全体大会,施行其国联盟约第三条第三款所规定之职务。该委员会既可贯澈各盟约国之行动与主张,又可与非盟约国接洽一切。

顾问委员会包括十九国特委会各国及加拿大与荷兰。该委员会将请美国与苏俄参加,该委员会随时可向大会建议或报告工作状况,并将报告转达非盟约国。同时全体大会为协助该委员会工作之进行,暂不闭会,主席与委员会酌定随时可招集大会。

主席希孟即请中国代表顾维钧博士发言,但当顾代表提及松冈今日上午所说各节时,主席立即制止。顾代表乃仅述及热河情形,彼请各代表注意热河问题之危险,请于休会前授权与顾问委员会,立时协同盟约国及非盟约国设法制止,并称中国决极力与顾问委员会合作。观最近日本送交国联之各文件,足见日本此次进攻热河,实毫无道理。

【中央社日内瓦二十四日下午六时五十分专电】 今晚国联大会继续开会,我国顾代表发言,对热河严重形势有详细陈述。大会已通过组织一顾问委员会,襄助大会继续处理中日纠纷。顾问委员会以原有十九国特委会委员及加拿大、荷兰之代表组织之,并邀请美俄参加工作。大会仍不闭会,主席认为必要得随时召集之。

主席希孟提出决议,国联决议中日纠纷负责,并希九国非战各国一致

【中央社日内瓦二十四日路透电】 主席希孟提出决议案如次:根据国联盟约第三条第三款,国联全体大会可于该会任何会议时,处理有关世界和平事件,故对于中日纠纷不能置之不理。

根据大会通过之报告书第十七章第三段及国联盟约第十五条第四款,各盟约国关于东三省事,勿采取单独行动,彼此继续共同动作,及与有关系之非盟约国合作,使远东形势可依照报告书之建议有所进展。故特训令国联秘书长,即将报告书分送与非盟约国,而系九国公约或非战公约之各签约国,通告彼等。全体大会之希望,即请彼等赞同报告书中之意见,且于必要时,与国联盟约国采取同样态度及行动。

【中央社东京二十四日路透电】 国联若照外间预料,本日通过报告及建议,日内阁将于明日下午集会,决定何时并如何退出国联,然后呈报枢密院,枢密院谅将组织九人小组委员会,慎重研究。枢密院若加通过,内阁谅将于三月十日左右,正式宣布退出国联。

《中央日报》1933 年 2 月 25 日第一张第二版

342. 日本荒谬节略我决提大会,外部驳覆日本全文,急电日内瓦代表团

日方前(廿三)日向我送来荒谬节略,当经我外部立予驳斥。闻外部前(廿三)夜并将日节略原文及我驳斥全文,急电日内瓦代表团,于昨(廿四)日之国际大会中提出,并请大会对日军犯热,予以有效之制止,预料昨(廿四)日之大会中,对日之暴行,必发生极大之反感云。

《中央日报》1933 年 2 月 25 日第一张第二版

343. 李顿痛斥日本，日军行动毫无理由，赞成工党主张禁军火运日，日人应步武希腊推翻政府

【中央社伦敦廿四日路透电】 李顿勋爵接见《先锋日报》记者，谈及中日问题，据称：英国单独不能采取任何步骤，一切行动须以国联会员国之协调为前提。但关于禁止输运军火一节，英国自可发起，谋国际间之一致行动。国联会员国于一国际争端，仍在国联处理中，若以军火供给任何当事一方，诚为不可思议之事。此事若竟发现，则应补充国联会章，规定会员国不能以军火接济当事国。工党近要求政府禁止以军火接济日本，甚为得当。但就另一方面观之，如其他各国仍继续输出军火，英国何必单独拒绝云。李顿继言：就中日问题本身着想，日本非无理由，但就其行动着想，则日本毫无理由。前希腊与布加利亚开战，国联断定希腊无理，希人遂即推翻政府，变换政策。日本于事实上，诚受军人之统治，凡日人国外之友好，无不希望日本采取与希腊类似之举动。中日问题之满意解决，仍属可能。唯一解决方法，即于满洲完全解除军备，仅设外人教练之警队，实足维持治安云。

《中央日报》1933 年 2 月 25 日第一张第二版

344. 苏俄对日益趋愤激，中执会警告全国外患甚亟，史丹林告诫军队准备驱敌

【中央社莫斯科二十四日路透电】 苏俄虽不以日本在热行动为对俄恫吓，但对之极为注意。苏俄机关报称，日本之行动将激成中日正式战争，日希望美民主党当权后，对于满洲减少注意，但事实却不如此。日美关系，渐次尖锐化。目前事态将引起一重大问题，即美国能否应许日本封锁中国口岸。苏俄殷望和平，不欲干涉帝国主义国家之战斗，但帝国主义国家若袭苏俄，则数百万之武装工人，准备牺牲性命与之周旋，冀使帝国主义国家从此不敢干涉社会主义国家云。

又电，第三国际机关报红军第十五周年特刊，内容注重帝国主义国家攻俄之危险以及远东之危机。

又电，史丹林指导下之共党中央委员会，以外患之急，警告全国，据称："国外大敌，继续备战，图伸其杀人之手，于苏俄境内。"史丹林亦向军队劝告，练习最新战斗法，准备驱敌。

《中央日报》1933 年 2 月 25 日第一张第三版

345. 美国态度迄甚沉默，新旧国务卿决定合作，某阁员不信日本声明

【本社二十四日上海专电】 国新漾（二十三日）华盛顿电，美国未来新政府刻正密切研究远东时局，而未来国务卿赫尔亦与国务院密切接触。现任国务卿史汀生曾致函赫尔氏，请渠个人与国务院听其指挥。赫氏复函接受盛意，谓将立即利用此机会，与史汀生合作。众认此举为美国一般外交政策，将继续进行，不致中断之表示。现国务院对于日内瓦之进行满案，仍缄口如瓶。对于日本进攻热河，亦毫不表示态度。并据罗斯福之友人言，罗氏在就职演说中，亦不拟对此等问题，有所声明。纵将言及条约之尊严，但苟涉及远东时局时，亦必简短而审慎云。

【中央社华盛顿二十四日路透电】 日大使出渊已得政府训令，向国务卿史汀生声明，日本非受华方"挑衅"，决不进兵长城以南云。

【本社二十四日上海专电】 国新漾（廿三日）华盛顿电，美政府某阁员主张撤回驻扎中国天津之美步兵第十五团，而免有与日军发生冲突之可能。据闻日大使出渊，虽曾向国务院保证，苟非有人挑衅，日本军事行动不扩及中国本部，并声明日本计划如不受挑衅，则以驱逐热河中国军队及肃清其他非正式军队与义勇军为止，无意进至长城以南。但该阁员仍认日人保证不能满意，万一天津以细故启衅，则美军所处地位，至为不易应付，稍一不慎，或致引起国际事件，故主张暂行撤回。但闻陆军部对此主张，尚未有何行动，目下仅训令驻津司令极端审慎者也。

《中央日报》1933 年 2 月 25 日第一张第三版

346. 国联报告通过后，廿一国委会昨开会，已发束邀请美俄两国加入，对热抵抗愈力制裁日愈迫

【中央社日内瓦二十五日路透电】 二十一国顾问会今日会后发表公报如次：国联大会昨组顾问委员会，观察中日纠纷，并助大会履行按照会章第三条第三款之职务。顾问会今晨开会，依照大会决议，决请美俄两国加入合作顾问会。并悉关于军火输运远东问题，英国已向各关系国探询意见，此后发展对顾问会工作当有关系，故请各国随时报告。主席希孟称渠系以大会主席资格暂充主席，但顾问会决定主席问题，留待下次会议时再行讨论云云。

对热河抵抗，易实施制裁

外交界息，国联大会昨（廿四）已通过报告书，我方亦投票赞成，但由颜代表声明："如日本不接受，我国完全不受影响。"颜代表之声明，含有两层意义：一、在义务方面，日本如不履行报告书建议部份之义务，则我方亦无履行之义务。二、在权利方面，我方接受报告后，即享有报告书中规定之权利，即其他国家不得再向接受报告书者宣战是也。又顾代表于下午会议中，提出热河问题时，亦为将来援用盟约第十六条留一余地。现在国际空气均希望我方能于热河极力抵抗，将来如援用第十六条，自可一致赞成。现在大会既已通过报告书，即将开始其新工作与新任务，即使建议部份一一实现是也。国联将首先成立顾问委员会，此即十九国委员会之变相，除增加加拿大、荷兰，并邀请美俄两国参加外，其任务则与昔日之十九国委员会完全相同。至谈判委员会亦将从速组织，以便根据报告书之规定，于三个月内将谈判结果报告大会。故未来之三个月，实极关重要。至日本代表团虽已退出会议，但日本是否即退出国联，尚未决定。无论日本是否退出国联，在法律上毫无影响，顾问委员会及谈判委员会，仍可照常进行其工作云。

廿一国委会，美俄可参加

【中央社日内瓦二十四日路透电】 日代表松冈今于大会席上声明："关于

中日问题,日本图与国联合作之努力,已达终点。"此语用意,是否日本退出国联之先兆,抑仅一种空洞表示而已,此间信疑参半,未能断定,惟料日政府不久即当明白表示态度。日内瓦方面暂无发展,然此沉静期间,谅必极短。新组织之二十一国委员会定明(二十五)日开会,发出邀请美俄请柬。美之参加当无问题,苏俄谅亦将加入。如两国皆愿加入,则二十一国委员会将待美俄代表到后,再行开会。和解程序,现已用尽,二十一国委员会似无行动之基础,但众料热河战事之发展,将使各方采更有力之态度。中国代表顾博士今日演说中,曾提及裁制办法。众信日军攻热,如形得手,中国将援引会章第十六条。国联中人称,纵使日本退出国联,按会章第一条,日本仍应履行国际任务,此似表示日本仍有受国联裁制之可能。至于满洲问题与军缩之关系,众皆希望日本不遽退出军缩会议。因目下德意两国态度坚强,远东战云密布,日本若于此时退出,则军缩会议势将一败涂地云。

松冈之失态,粗詈西方人

【中央社日内瓦二十四日下午六时十六分专电】 日本打破人类历史之纪录,为世界各国所指责及当场一致之反对。今日庄严大会中,全座□满,旁听者亦甚拥挤。主席希孟于不着痕迹中突然改变议程,请我国代表颜惠庆首先发言。松冈继颜代表演说,并无若何新意陈述,仍一味唱其老调,以粗鄙言辞,詈西方人对于远东情形不能充分了解,并恫吓国联,勿误将报告书通过云。十九特委认日本代表空言恫吓,置诸不理。委内瑞拉、立陶宛、加拿大三国代表,皆表示愿通过报告书,以遵守盟约,维护国际集团责任之和平机构。旋主席即将报告书付表决,希孟在欢声鼓掌中,宣布终结,谓在场四十三国一致通过,十国缺席,暹罗弃权,反对者惟日本一国而已。然日本为当事国之一,照例不算在内。松冈又作第二次发言,悻悻然见于词色,但并未表示日本退出国联。松冈词毕,即先各国代表退席。

顾维钧演词,强硬而有劲

【中央社日内瓦廿四日路透电】 顾维钧博士于今日下午大会席间,否认日方宣传汤玉麟宣布热河独立事。如有人对于中国保卫领土之权,尚觉怀疑,则直等于不承认中国国家之生存,破坏国际公法之基本原则。彼谓日本致中国之备忘录内,实包含警告性,请问日本有何权可以要求中国军队之撤退?

"满洲国"不只为傀儡,竟为日本军阀暴行之假面具。根据大会所通过之报告书及李顿调查团之报告书,可见日本与"满洲国"之所谓军事协定,等于日本自承罪状之口供,吾人将以全力抵御日本之侵略。日方发言人谈,除迫不得已,决不进攻北平、天津。按日本惯例,此种谈话等于进攻北平、天津之预告。日本昨(廿三)日致中国之备忘录,等于向中国宣战。

顾代表请大会注意国联盟约,曾规定如某国肆行侵略时,各国可联合施行制裁办法,只能用迅速手段,施行国联盟约,可以制止战争,然后世界可明了,国联注意国际公理,履行其维持世界和平之职务。

主席希孟问有无他人欲发言,因无应者,主席宣称辩论终结,并谓如无人反对彼所提之决议案,彼即认为大会通过。该决议案因无人反对,希孟宣告通过。大会乃闭会。

日阁开会议,退出期未定

【本社廿五日上海专电】 电通有(廿五日)东京电,今日下午四时,在首相官邸开紧急阁议。内田外相报告国联经过,介绍列国之对日情势后,对通过枢府之众院议员选举法改正案,决采提出议会之手续。但关于退出国联事件,本定今日阁议决定后,立取向枢府谘询之手续,因代表部之正式报告尚未到达,故今日只报告情形,待该正式报告到达后,将由感(廿七日)之临时阁议决定云。

【本社二十五日上海专电】 有(二十五日)东京电,退出国联后之善后策,经外务省与陆军省协议结果,决定如下,并已去训日内瓦之帝国事务局:(一)正式通告退出并缩小帝国事务局,二年后则全废。(一)在理事会大会均缺席,但通告退出前,仅于必要时由代理代表出席。(一)军缩会议由代理代表参加,专门委员会则照旧,二年后若邀请时,作为非会员国,则将派遣代表观察。(一)国际劳动会议、国际经济会议,二年间由正式代表参加,其后则派遣视察员。

《中央日报》1933 年 2 月 26 日第一张第二版

347. 罗斯福之外交政策,赫尔称将恪守国际约章精神,美将答覆国联满意于报告书

【中央社华盛顿二十五日电】 罗斯福委任之下届国务卿赫尔,今日谈罗氏就职后之外交政策。据称,无论美国及其他任何一国,对于国际约章之文字精神,皆应恪守,不庸稍懈。国际间且应有健全合作,维持世界和平。新政府外交政策之成败利钝,当视其援助世界恢复商业维持和平之成绩如何云。

【本社廿五日上海专电】 国新敬(廿四日)华盛顿电,美政府官员对于国联大会采用十九委员会所拟报告书虽觉欣慰,仍不欲有公开宣言表示意见,俾免在远东各地□正当增加民众之反响。但亦令人知晓,若辈认国联行动,不啻实现美国之维护条约与不承认武力侵得土地态度,亦即世界舆论固[团]结一致,赞助美国早所声明诸原则之明证。缘美政府官吏觉时局过于严重,故不能望其早日正式声明。美日对于国联行动之反应,且以政府之更迭为期,已不足两星期,即有正式评论亦当俟诸新总统,此亦美政府对于报告书不即发表意见之又一原因。虽然美官场现料国联行将正式通知其报告书,届时美国将需答复。谅美政府将在复文内表示满意,因国联决议与美国立场相同故也。此项复文如在三月四日政府更迭期以前发出,即将由未来国务卿赫尔会同国务院草拟。闻赫尔将于明日与史汀生会晤数小时,所谈当为全部外交局势,而尤侧重远东之外交。赫尔对于满洲问题向守缄默,但民主党领袖皆信其将守美国传统政策。再民主党要人均称美政府俟新任视事后,再作正式评论一层,并非政策有所变更,实系尊重宪法新修正案之精神,因该修正案规定嗣后总统内阁之更迭,将由三月四日改为三月份也。

《中央日报》1933 年 2 月 26 日第一张第二版

348. 中日争端在法律上，为日本与国际之争，某外交家谈报告通过以后，国人应奋起作军事之后盾

国联大会前（廿四）已通过报告书，中央社记者昨（廿五）日特往访外交界某要人，叩询今后之形势，兹摘记所谈要点如次：

通过意义

此次国联大会毅然通过报告书，其精神自可钦佩，且意义亦殊重大。盖中日争端在报告书未通过前，其责任未经判明，故此项争端只可谓为中日两国间之争端，现报告书既经各会员国一致通过，且将努力实现，则中日争端今后在法律上已为日本与国际间一致之争端矣。

形势严重

惟今后三个月之局势，将较报告书通过前之局势更为严重。盖国联既欲于三月内努力实现报告书，而日方又极为倔强，则今后国联是否能秉其通过报告书之精神，发挥其伟大之力量，使日本就范，实为解决争端之重大关键。故吾人对今后国际形势之进展，一面既须全力注意镇静应付，一面尤须抱定一贯之方针，勇往迈进。总之，外交贵乎操之在己。吾人于过去已得深切之经验，故于恶劣之环境中，既不必悲观失望，而于顺利之局势中，亦不可得意忘形也。

热河情形

日本既决意颟顸到底，则热河战争自将益形扩大。热河之得失，关系至为重大，且战事之形势亦时时足以影响国际之形势，故全国人民必须一致奋起，于精神上及物质上尽力作前方将士之援助。过去外交之胜利，大半由于得军事之后盾，今后军事之能否胜利，将视全国人民能否一致作后盾为断矣。据曾视察热河前线之外籍某军事专家谈，前线之防御工程至为坚固，士气更为抖擞，必能予日军以激烈之抵抗，所缺者只精神上与物质上之援助而已。值此严重关头，全国人民均应一致负起责任，以争最后之胜利。

日本国势

日方情势自九一八事变发生后,即每况愈下。现国联已通过报告书,日本在外交上已完全陷于孤立,经济方面更为困苦凋疲。自报告书公布后,股票狂跌,迄今仅一周,已达九万万元之巨。即此一端,已可见其经济恐慌之程度。政治方面,军人文治派不睦,政党互相倾轧,斋藤内阁不久即将倾覆。总之,日本国内慌张与紊乱之现象,已达于极端。吾人如坚持下去,则在最近之将来,日本国内势必发生极大之变乱。惟有一事,吾人须极力注意者,日方现虽穷兵黩武,但仍未敢公然宣战,并用尽种种方法向我进迫,以达衅由我开之目的,然后彼对外既可有所借口,对内亦可促进团结。其用心至为险毒,此吾人于誓死抗敌之际,不能不慎重注意者也云云。

《中央日报》1933 年 2 月 26 日第一张第三版

349. 报告书通过后,英美法舆论认国联会已尽力处理,中国应得道义上援助

【中央社伦敦二十五日路透电】 今日各报社评,多论日本与国联问题。《新闻纪录日报》称,各国亟应禁止军火输日。英国于欧战中所订违禁品之定义,此时可以适用云。《每日快报》称,关系英国主要权益之决议,应在伦敦,不应在日内瓦决定云。《每日鉴报》称,吾人应图避免卷入战事漩涡,不可妄想为他人息战而作战云。《先锋日报》称,从今日始,国联或国联会员国,无论于荣誉上或责任上,不能再言中立,中国至少应得会员国道义上之援助云。《电讯日报》称,如能以不与国联原则相忤之条件,恢复和平,则日本仍可继续为国联台柱之一云。

【中央社伦敦二十五日路透电】 《孟却斯特卫报》称,大会通过报告非国联对日之胜利,但对日之胜利,终可达到,实国联对自身之胜利云。继称任何国接受国联判断后,不得再以军火售与日本,以致破坏条约,并人类最残酷战争之同谋犯云。

【中央社伦敦二十五日路透电】 《泰晤士报》今日社评略称,总观一切理

由,日本皆宜与军缩会议合作。日本若因于某项问题上之意见,不能与国联意见融合,因此拒绝参加国联种种方面之良好工作,殊非大国之风度。松冈声明日本愿助中国,吾人不必加以疑虑。日本自称系为文化牺牲,吾人亦可不加否认。但日本不顾条约会章之义务弃信背言,此则不可矫饰之罪名也。日之黩武方略,与国联原则不能两立,故国联除否认之,诚无第二途径。国联现已制成解决方案,国联虽无实力强制施行,但各会员国应各尽其力,助国联谋最后胜利。此时各会员国之责任显应不得于任何方面援助强欲施行其自定解决办法之国家。至军火贸易问题,英政府至少应于纠纷期间内,暂行禁止一切军火之输日云。

【中央社纽约廿五日路透电】 纽约《泰晤士报》,称日本素主重视事实,今国联对日一致宣判,此亦重要事实之一也。日虽形势上脱离国联,但不能摆脱全球之定论云。《先锋讲坛报》称国联成立十有四载,但至今日其态度始为彰明。国联前途实系于远东问题之进展。如道义上之劝告与不承认政策未足生效,则爱护和平者,应求其他方法云。

【中央社巴黎二十五日路透电】 法报评论日本昨日举措,对国联一切可能之影响,并认日本已确定退出国联。左派报纸多认国联已尽力处理中日事件,右派报纸谓国联除组委员会与派员观察外,不能采取其他行动。

《中央日报》1933 年 2 月 26 日第一张第三版

350. 美政府电覆国联,与国联意见一致,报告书内容与美政策吻合,对中日事将力助国联努力

【中央社华盛顿二十五日路透电】 史汀生与赫尔(下届国务卿)会议后,致电国联略称:关于中日事件,美国政府之意旨与国联之意旨,大致相符。美与国联共同目标,即维护和平,并谋以和平方法解决国际争端。美政府愿力图援助国联之努力,但关于行动方法与范围,保留其判断之自由。国联对事实之定论与美国政府由其驻外代表报告所了解者,颇称吻合。尤其关于不承认原则与态度,国联与美国见解一致。美政府愿于依照其所签订之种种条约,可认为适当之范围内,表示赞同。国联所提出一般原则,并诚挚希望中日两国鉴于

目前世界舆论,已有明显表示,各使其政策适合各国共同之愿望与请求,即任何国际纠纷,必以和平方法解决是也。

（中央社）外交界息,国联顾问委员会已正式邀请美俄两国派代表参加。美国务卿史汀生与继任国务卿赫尔,亦先后表示报告书之事实部分,与美国所接得报告大致相同。建议部分亦与美国之意见一致。故美国之参加与国联合作,已具有极大之可能性,惟现距当选总统罗斯福氏就任之期,只有五日,故美国与国联之切实合作,或将在新总统就任后具体表现。至苏俄方面亦将与美国取一致行动云。

复国联电内容一斑

【本社二十六日上海专电】 国新有（廿五日）华盛顿电,美现任国务卿史汀生与未来国务卿赫尔,今日晤谈美国全部外交政策后,即由国务院牒复国际联合会,声明美国在大体上赞成国联关于满案之结论。同时赫尔亦向人作一简短声明,申论条约之尊严,表示渠完全赞同国联报告书。美政府复牒系对国联邀请美国赞同满案报告书内申明之见解,共同遵守而发。内容除声明赞同国联之结论外,并附带劝告中日两国用和平方法解决争执。首称美国在于中日争执所产之时局中,所抱宗旨大体上与国联相符,同以保持和平与用和平方法解决国际争执为目的。计当国联对两会员国间争执行使其管理权时,尝力谋赞助以期共保和平。惟同时关于方法与范围,则保留自行酌夺之权。嗣乃追叙国联根据于调查之事实,将其结论制成斟酌尽善之说明书,声称美政府在大体上赞同此项结论。又谓国联所建议之解决原则,凡其符合美国所签订之条约者,美政府皆表示大体赞成。继又论及和平解决一层,措辞颇婉和,据称:（一）由于目前时局之紧张,（二）因此牒实系史汀生代表新政府发言所致。内称今在争执中之两国,久已与美国人民成立友好关系。美政府急切希望双方鉴于新经明白表示之世界舆论,将能见有可使其政策的国联的需要,及愿望相符合之道。并希望两国间之争执,除和平方法外,必不用其他方法解决之。按此牒系培克与罗杰士两帮办国务卿襄助史汀生草拟,但对国联邀请能如此迅速答复,足以表示罗斯福与民主党政府之态度,完全相同也。

【本社二十六日上海专电】 国新有（廿五日）华盛顿电,今日美未来国务卿赫尔与现任国务卿史汀生会晤后,即语人云:两人所谈,范围甚广。斯乃新旧交替时,例有之事。并谓渠之意见,以遵守条约为主,美国或任何国家对于遵守条约之文字与精神,及顾全国际信用上不当稍有弛懈。赫并表示,将于明日会晤英大使林德赛、法大使克劳台。惟讨论之问题,则不允发表。据记者他方面探悉,大约远东时局亦将与战债及世界经济、苏俄问题,一同讨论。赫嗣又表示渠认解决战债,固为鼓励世界繁荣之一确切份子,但只为其中一份子,故未来正式赔款会议,仅为各国共谋经济回荣大运动之一部份。渠对于一切世界事件,拟循行一种国际合作之广大政策,希望借此加速国际贸易之增进,解决各国之争执。并谓渠在三月四日政府更迭以前,或将逐日与史汀生会晤云。

《中央日报》1933 年 2 月 27 日第一张第二版

351. 盟约十六条,英国应准备履行,李顿爵士之谈片

【中央社伦敦二十六日路透电】 国联调查团主席李顿爵士谈及中日纠纷事时,谓如国联宣布已到引用国联盟约第十六条时,余(李顿自称)希望吾国(指英国)准备履行其条约上所规定之责任。余十分相信吾人所提出之解决中日纠纷办法,系惟一适合事实之办法。此时尤应设法使日本明了,凡出乎轨外行动决非公论所能宽宥。但更须使日本明了者,即各国出于至诚,欲于常轨以内,谋一解决办法。

《中央日报》1933 年 2 月 27 日第一张第二版

352. 法舆论界主张以十六条制日,要求各国勿运军械与侵略者

【哈瓦斯社巴黎二十五日电】 此间各报均辟广大之篇幅,评论昨日日内瓦非常大会之会议,其中数报谓昨日会议结果,乃属悲剧的。左派政治报纸盛称日本为帝国主义,故对于国联会非难日本认为满意。《晨报》记者狄可拉勃,谓各国共同采第十六条,诚属合于逻辑之举。但就目前世界之经济状况,故求得足以对日施行封锁所必需之各国一致行动,亦甚难矣,以是招致甫经退出之

会员国,使其复返于国联会,此则日内瓦审判者之责也。《小日报》亦赞成大会之举动,谓大会采取他种办法,则其有害于国联会,将尤有甚焉。盖苟若此,则对于一般不欲受盟约之拘束者,不啻予以奖励,破坏盟约者反加奖进,则安有是理乎?《平民报》则要求各国协议禁运送军械于侵略者,并要求法国政府为此项运动之倡。总工会机关报纸《人民报》亦同此主张。

《中央日报》1933 年 2 月 27 日第一张第二版

353. 日本退盟期未定,向国联发表陈述书,全词对我多狂妄不足一顾,内田谓退盟手续十日可毕

【本社廿五日上海专电】 华联宥(廿六日)东京电,日内阁昨日下午开紧急会议,对退出国联问题仍未解决,并分头对退出后之问题,即政治经济上之影响,国内民众思想上之影响,军备上有否把握,南洋委任统治权应付问题,世界经济会议、军缩会议、国际劳工会之参加与否问题等,各部均忙于搜集基本资料,研究□□办法,预备提出下届阁议,讨论后决定云。

【中央社东京二十六日路透电】 日本外相内田报告内阁,谓外务省可于十日内将退出国联手续办理完毕。

所谓陈述书,内容甚谬狂

【本社廿六日上海专电】 华联宥(廿六日)东京电,日政府根据国联会章第十五条第五项,昨日对国联提出陈述书,今日下午三时同时发表。据日外部宣布,内容共分四部:第一部谓日政府与国联协力之经过。第二部谓国联对满变认识,完全错误。第三部斥劝告书不能实行。第四部结论,其概要如后:(一)日政府认一九三一年九月十八日之事变以后,日军在满洲所取一切军事行动,出于自卫权,毫无错误,而且稳当,并不违背国联会章、九国条约及非战公约任何条文。(二)国民政府支配范围,限在数省,且一贯取排外政策,满洲之政治及经费,实情甚复杂,日本有特殊关系不能以国联上所有之形式,解决满案,解决方式亦不能援用于欧洲各国。(三)假使可以一般方式解决之应注意现实及历史,李顿报告书中有近空洞、不能援用之原则。大会劝告书更变本加厉,日

政府更难接受。试举欧洲实情为例，日本采取现实主义，建设一切，故在此一年余之短期间中，治安已恢复，发达甚速，予中外人民利益不浅，可证日本在远东所采之两年政策，毫无错误。（四）中国政府依然混沌，不过具有具体统一而已，在目前不能期待其根本改善。共产势力弥漫全境与共产主义之可怕，其余可谓不成问题之小事，"满洲国"将来可为防赤之铁壁。（五）日政府甚望国联改变从来所取空洞政策，注意会章廿一条，尊重各地特有情形，如以地方酌量，在一九三三[二]年九月十五日日政府承认"满洲国"，其精神不外于此。

《中央日报》1933 年 2 月 27 日第一张第三版

354. 奋斗自强，我应备最坚强决心，我代表团员之谈片

【中央社日内瓦有（廿五）下午四时四十三分专电】 我国代表团某要员谈，十九委员会之报告书，卒于昨日经大会认为公正不偏，全部通过，实为上个月前梦想所不及。我方之艰苦忍耐，不为徒然。所惜在中日争端发生之始，国联未能当机立断，致事势转恶，中国所受损失极巨耳。当中国提出本案于行政院时，各国态度多不着边际，即在十一月特别大会开会时，小国及大国间之意见亦大见参差。其时袒日方面以西门为领袖，形势恶劣。然卒因日本之固执及虚伪，致十九国委员会之不满，态度突转强硬，而国联亦决定对日本加以谴责。又促成此次报告书之通过者，除上述形势以外，尚有中俄之复交，美国对国联之同心合作，及欧洲政治形态之危险的开展等等。如盛传一时之德意密约，使英法两国大感不安，而深觉拥护盟约以增加国联声势之必要，实亦为促进国联决心之一重大原因。现在全世界已右中国而左日本，吾人自亦当对全世界表示一种最坚强之决心，证明中国不特对侵略者予以抵抗，并有力逐之出境。吾人如不努力，则国土之恢复，绝少希望。牺牲愈大，所得亦愈厚，能自助者，人亦助之。日本之为全世界唾弃，即我国人奋斗自强之最大机会也。

《中央日报》1933 年 2 月 27 日第一张第三版

355. 社评:美国政府之态度

美国罗斯福总统未来之国务卿赫尔,谈美国今后外交政策,其要点为:(一)美国及各国皆应恪遵国际约章之文字及其精神。(二)国际间且应有健全合作,以维持世界之和平。此虽寥寥数语,而言外之音,弥堪回味,未容忽略视之。

当今日列国并峙之世,国与国间之相互关系,常易发生严重性质之纠纷。虽有国际法以厘定列国之权利与义务,而偏于理论之处,未能强人以必从。因各就其可以履行者,订为专款,相互遵守,一切行为决不能逾越此约章之范围。国际间之和平,实赖以保障。所以神圣条约者,重视国际间之信义也。欧战前之德意志,予智自雄,视条约如废纸,永久中立,任意破坏,潜艇横行,漫无限制,卒招世界各国之环击,而不得不屈服以求和。迄今德意志人民犹受战败之痛苦。前车不远,往事昭然。今东亚日本又复步其后尘,呈强妄动,举凡手自签订之国际联合会盟约、华盛顿九国公约、凯洛格白里安非战公约,悍然不稍顾及。对其邻邦,屡肆其蚕食鲸吞之计,其所企之迷梦,直欲占据太平洋上霸权,执东亚之牛耳。以较战前德意志之行为,尤为横暴,而与美国之利害冲突,亦日见其尖锐化。此岂美国可能忍受者? 史汀生氏曾屡次公开攻击日本破坏非战公约,并表示如果日本不遵守九国公约,而作军事上之进展,美将终止华盛顿条约对美海军吨数之限制,并废除建造新军舰之规定,而为军事上之扩张。一面又将所有舰队,集中太平洋以示威。然而日本武力政策,迄未变更,且屡演而屡剧。今罗斯福与赫尔,在尚未就任以前,一再宣言对国际条约,美国与各国均应恪遵。此岂无的放矢之言? 其为针对日本而发,日□□□,□民主党□□以后,□之对日□□□限度,必维持胡佛之不承认主义也。

虽然仅言恪遵条约,日本军事之行动,决不能为之稍阻,故制裁之道,应在言论以外求之。美国于此,乃颇现其困难之点。美之海空军力,虽较日本为优越,而陆军力量则不若。劳师远出,亦有攻守异势,主客异位之概。于是美国之对外政策,不得不改易其向来所持□□□理之孟罗主义,而与国际间合作。此种趋势显然表示者,一为与国联协力,一为与苏联携手。国联之创设虽为威尔逊所主张,旋因美国上院拒绝签字凡尔赛和约之故,迄未加入。但九一八事变以来,美国对于国联态度一变,曾派遣代表列席行政院会议。国联辽案调查团之组织,美亦派员参加。最近于国联报告书通过之后,电复国联,表示意见一致,且愿力图援助国联之努力。美与国联之协力,日益密切,而反俄政策,亦渐见动摇。美俄因主义上之不同,十余年来,外交情势,未见改善。然近以对日利害关系,利害相同,深觉有急切联络之必要,故美苏复交之声,在美国已愈唱愈高。日前代表四十五州二百六十八大学之教育家,竟要求罗斯福,承认苏俄,称此为关于世界和平及两国相互经济利益不可缺少之一步骤。则继中俄复交而实现美俄复交,殆为罗斯福就任后必有之事。美国既与国联协力,复与苏俄携手,则赫尔氏所谓国际间健全合作者,已告成功。日本于此感觉如何,非吾人所敢知,然悬崖勒马,或蛮干到底,则祸福吉凶,是在日人自择之耳。

至于吾国对此美国外交之动向,自不能不视为有利。但本国之事,必赖自身之力了之。外交军事大计,其权操之于我则存,操之于人则亡。苟全国上下能不辞牺牲共为奋斗,而又能利用时机,获得国际间之助力,则恢复失地,制裁强暴,不仅足以挽回国权,提高国格,且足为全世界造福,为全人类树立和平之基矣。

《中央日报》1933 年 2 月 28 日第一张第二版

356. 毫无人类理性之所谓日本答辩书,满纸荒唐词不堪卒读! 日军阀犯罪之自供状!

【中央社日内瓦二十六日路透电】　日本按会章第十五条第五款提出答辩书,据称,日本于过去十四年中,无不与国联提携合作。日本为应付中国侵略,起谋自卫自[之]问题。发生伊始,已屡向国联说明一切事实以及历史背景。日本因认国联与日本见解异同,系为国联对远东情形缺乏了解所致。故提议派员赴远东,就地调查。但国联调查团所提出报告,距真实情形颇远。日本遂提出意见书,以纠正之。国联此次按会章第十五条第四款所提报告内,多采用调查团报告,故有同等错误。国联报告认九一八后中国之对日抵制,系属报复行动,此则为对华有关系之一切国家,贻患无穷。盖列强此后若采武力行动保护利权,则中国必图抵制报复,致使武力扩大,至于不可收拾之地步。上海事件系因中国不谋避免局势扩大所致。至于以公断方式,解决国际纠纷,此仅可引用于有组织之国家,故日本不能依照报告建议,赞同公断。日本九一八之行动,纯为自卫。李顿报告对于日本在满主要利权,未能了解。日本之军事行动,既未逾越合法自卫范围,中国岂可提及报复。按会章第十二条须于公断结束三月后方可实行自卫。此种规定,不啻完全毁灭自卫权。国联报告抄袭李顿报告,认"满洲国"之独立运动非出人民自动,错误殊甚。日本于世界任何一部,皆无占领土地之意,向李顿报告认满洲人民仇视"新国",纯无根据。"满洲国"肃清匪患,改良财政,发展实业,兴修铁路,非有人民好感,莫能如此进展,建设中国须以武力实行国际干涉。此虽与九国条约不合,但自该约签订后,时势变迁,至今已不能严格适用。国联建议各点,皆难适合实用。日本前以日侨生命财产安全之关系,不能撤退军队至铁路区域内,现"满洲国"既告成立,且复与日缔结草约,故日本以前关于撤兵之允诺,此时已不复有效。满洲幅员广大,而国联报告竟谓仅组警队,即可维持治安,错误孰甚。日军一旦撤退,满洲即将沦于无政府之地位。国联大会,请会员国拒绝于事实或法律上承认"满洲国"外,并谓非战公约、九国条约之签字国一致行动。日本认此行动逾越国联依照会章第十五条所应有之权限,且足阻碍关系世界和平各国之好感。日本政府深信满洲日军行动,从未越出自卫范围。"满洲国"实由人民自由意旨而产生,故日军之行动,与"日满草约"之缔结,均无破坏国联会章、非战公约或九国条约。国联仅能制造方案,日本则须应付事实。日本素认承认"满洲新国",乃解决满洲问题与维持远东和平唯一之方法。"满洲国"之蒸蒸日上,即此见解真实之明证。且独立之"满洲国",足为远东赤祸之保障。日本否认其抱有任何土地侵略或商业优先权之野心,惟望国联速改其现有态度云。

《中央日报》1932 年 2 月 28 日第一张第二版

357. 德报评国联报告,谓行动似渐趋积极,可惜大国退缩不前

【中央社上海二十七日电】 国民社柏林电,满洲事变在日内瓦之发展,德国全国舆论均感极端兴奋。希特勒主办之《伏克希尔报》所载,自日内瓦拍来

新闻，其标题为《国联竟敢与日本相抗》。德意志普通报则谓："国联似渐作积极行动之表示，但可惜各大国皆退缩不前，仅利用小国为之呐喊虚张声势。"云。该报又谓："国联虽未能阻止中日之战争，但已免除一更大之危险，或者自二月二十四日始，国联已有全体一致之国联产生之希望。"云。

《中央日报》1932年2月28日第一张第二版

358. 日内瓦空气沉寂，国联对美感觉欣慰，日因海军关系不愿让出群岛，退出国联日期尚在审慎考量

外交界息，国联顾问委员会现正静候美俄两国之答覆后，进行工作。谈判委员会则一时尚难成立。如谈判委员会不能成立，则此次所通过之报告书直等于废纸。现日内瓦方面空气已趋沉寂，今后外交重心将移至热河与南京。因热河方面现正积极抗敌，战事结果足以左右外交形势，而中央政府现亦正在考虑外交上一种自动的新办法云。

国联对美覆牒态度

【本社廿七日上海专电】　国新宥（廿六日）日内瓦电，今日此间声称，美国答覆国联之牒文，虽声明赞同国联对于满案之结论，仍未能尽如国联之所期望者。盖国联中人虽觉牒文语气，似乎缺乏热忱，而对于国联赞助，已颇觉欣慰，且以为措辞之所以不甚热烈者，因史汀生对于日本不愿作无谓之激怒故也。牒文内未曾提及美国将否参加顾问委员会，因此国联中人之较审慎者，认为美国之参加，尚未能确定。但大多数则信美国将在不致危及对日友谊之范围内，力求其政策与国联相吻合。且因美国政府更迭在即，此时自不能期望其作更切实之宣言。盖共和党政府或将欲待民主党政府登台后，再行声明其政策也。

顾问会主席之推测

【中央社日内瓦十六日路透电】　希孟坚决不就二十一国顾问会主席，虽允请示本国政府再决进退，但比政府谅亦赞同其辞去主席一职。此间对于顾问会主席问题，颇多推测，或谓美代表将被选主席，但顾问会乃国联机关，而美

国根本非会员国,此说显难实现。中日问题已达严重时期,顾问会或有决议裁判办法之必要,故众意当任大国,尤其与远东有最大关系之国家充当主席,如时则顾问会主席当属英法两国。

日仍参加经济会议

【本社二十七日上海专电】 华联感(二十七日)东京电,高桥财长今日在国会答复议员之质问,谓日政府虽退出国联,而世界经济会议乃为重建世界经济而召开之会议,故财政部当局认为与国联无关,不必拒绝日本代表之参加会议云。

【中央社东京二十七日路透电】 官方表示,日退出国联,三月上半月中料难实现,因内阁尚须一星期至十日之筹备。且内阁之具体决议,复须枢密院审慎考虑,各方意见似渐赞同继续参加国联羽翼下之各项国际会议,但最后态度尚未决定。

日本恐惧收回群岛

【本社二十七日上海专电】 华联感(二十七日)东京电,日海军部目前已集中全力,研究经济封锁与南洋群岛统治问题。因退出国联之恫吓宣传,已系自陷僵局,故海军部不敢再以空洞宣传,威胁世界。现在海军最注意者有如下几点之研究:(一)南洋群岛为日海军在太平洋作战上最重要地点,自被日本委任统治以来,即加以种种之军事设施,成为潜水舰队之根据地,战时足以破坏世界商船队,日本如果失此群岛,海军必不能占优势。故对国联之收回南洋群岛,当以适当名词拒绝,或用战争加以恫吓。(二)军缩会议不必退出,因美俄等非国联会员国均有参加,且有华盛顿条约及伦敦条约之牵制,故不能轻举,最小限度须派代表敷衍。(三)经济封锁之制裁,因各国利益冲突甚烈,或不能实现。就算能实行,日本海军有充分力量准备武力抵抗。盖今日之国联已不能由空洞宣传即可了事,惟有自身之切实准备,始能制胜也。

《中央日报》1933 年 2 月 28 日第一张第三版

359. 徐谟讲演"外交政策"，各国已在进行制裁暴日，我外交上还要继续努力，冀得公道和平的解决

昨日上午中央大学及金陵女子文理学院，敦请外交次长徐谟演讲我国外交政策，内容极为重要，兹探志其演词如次。

当一个国家受了外国极度武力侵略的时候，应该循了三种必要的途径，来应付严重的局面。第一应该合了全国整个的力量，抵抗敌人的武力。第二应该利用所有条约上及国际公法上赋与的权利，用外交方法求得到侵略的制裁与救济的方法。第三应该全国政府与人民振作起来，自强起来，团结起来，建设起来，排除强暴的压迫，增高国际的地位，防止以后同样的侵略。

自从九一八以来，中国受了亘古未有的外侮，当这外侮来的时候，好像在风平浪静光天化日的海面上，骤然天昏地黑，起了一个霹雳，接上了狂风暴雨。这个多年失修的帆船，来不及应付这种没有预想到的环境，所以在初步的时候，来不及实行第一个用全力来抵抗的政策。幸而没有几时全国觉悟到抵抗的必要，知道抵抗才可以死里求生，不抵抗是束手待亡。我们固然知道我们武器不如人，我们军队的组织不如人，我们的财力不如人。我们固然知道靠了我们的武力，未必能够把失地一齐收回来。但是从物质方面言，我们尽力抵抗了，至少可以使侵略者受较大的牺牲；从精神方面言，至少可以表示民族的决心。现在我们的军人及义勇军，正在冰天雪地的热河地方，与侵略的军人周旋，这就是尽力实行我们抵抗的政策。

现在来谈一谈第二个政策，就是尽量利用外交上应有的权利。日本的暴行开始的时候，我们认定了除去普通的国际公法原则之下，日本触犯了三个重要的国际条约。第一是国联盟约，因为在国联盟约之下，国联会员国领土的完整与政治的独立，是互相担保、不得侵犯的。第二是非战公约，因为在非战公约之下，六十二个签字国都放弃了战争为国策的工具，并且承认所有国际争端，只有用和平的方法可以解决。第三是九国条约，因为在九国条约之下，中国的主权与领土的完整及行政的独立，是经其他签约国担保尊重的。日本既然违犯了这三个重要的条约，所以中国政府根据盟约提诉于国联，根据非战公

约邀请该签字国的注意,根据九国条约把事实的真相一再诉之于该约签字国。而这三大约之中,国联盟约比较的有一种解决的程序,比较的有一种制裁的力量,所以在过去十七个月之中,外交上的工作也就侧重于国联方面,始而援用盟约第十一条,旋又援用第十五条。中间经过了好几次的决议,决议案中最紧要的一点,就是要日本撤兵。而日本当初亦曾声明愿意撤兵,并迭次声明并无侵略领土的野心。不料日本一方面为外交上之声明,而一方面竟变本加厉,制造所谓"满洲国",又予正式承认。同时又继续武力侵略,由东三省而上海而山海关而热河,并在中国领土其他部分内,造成恐怖局面。

最近国联特别大会于本月二十四日,依照盟约第十五条第四项,通过了一件报告书。这件报告书大体上是根据李顿报告书,它的内容分为四部分。第一部分差不多是绪论,第二部分是历史的叙述,第三部分是结论,第四部分是建议。

结论中最关重要的有三点:(一)认定东三省是中国的领土,应该属于中国的主权。(二)认定九一八及九一八以后日本军人的行动,不是合法的自卫。既不是合法的自卫,我们可断定是违法的侵略。(三)认定所谓"满洲国"是日本文武人员所计划的组织的维持的,而不是一种出于自然的独立运动。报告书在结论内,又总结一句,自一九三一年九一八起所有一切情势的发展,中国不负任何责任。至于建议部分,除去适用李顿报告书内第九章十个大原则外,其最重要的亦有三点:(一)非法占据东三省的日本军队,应予撤退。(二)东三省将来的制度应该隶属于中国主权之下,且与中国行政完整的原则相符合。(三)国联会员国一致在法律上或事实上继续不承认东三省的现有状态。报告书又建议中日两国,在一个国际委员会协助之下,进行谈判。这个委员会是由十二国组成的,再邀请美国与苏联两国参加帮助,并督促双方的谈判。此外又根据盟约第三条第三项组织一谘询委员会,此项谘询委员会由二十一国组成,再请美国与苏联参加。现在美国已经表示赞成了——这个国联大会报告书——根据第十五条第四项的报告书——是过去十七个月内国联方面最重要的一个文件。这个报告书,四十二国投票赞成,中国就在这四十二国之内。只有一国投票反对的,这反对的一国就是日本。

现在国际的情势非常明显,就是一方日本不顾全世界的公意,而想蛮干到底;一方是所有世界的文明国家,站在一条线上,想制止日本的暴行。在这个现状之下,国联的报告书、国联的建议,对于中国仅仅是一种道义上的胜利,一种法律上的胜利。因为日本既不接受报告书,东三省的局面还是不能用和平的方法得到一个圆满的解决。可是我们外交的途径,还没有用尽。日本既不接受国联的建议,且又继续它无限制的武力侵略,国联在盟约之下,应该实行一种制裁,使日本澈底觉悟,他国的领土与主权不是随便可以用武力侵犯的,世界艰难创造的文化,不是一国的军阀主义可以随便毁灭的。我们在外交上要继续的努力,在国际上要继续的奋斗,坚持我们神圣条约的权利,希望得到一种合于公道与和平的解决!我们文人在这里努力奋斗,同时我们武装同志正在前线上为拼命的努力,为流血的奋斗。这正是我们实行第一个抵抗政策与第二个外交政策的时候。我希望全国上下,不要忘了我们第三个政策,那就是全国政府与人民振作起来,自强起来,团结起来,建设起来,排除武力的压迫,增高国际的地位,防止以后同样的侵略。抵抗——外交——自强,这就是救国的途径。

《中央日报》1933 年 2 月 28 日第二张第三版

360. 美国与国联合作,史汀生昨正式宣称,必要时派代表协同工作

【中央社上海廿八日电】 国民社华盛顿感(廿七)电,美国务卿史汀生今晨宣称美国将与国联满案委员会合作,但同时声明,现政府所予合作保证,不能拘束当选总统罗斯福,罗氏仍可变更此政策。第照目前情形,谅大致未必变更耳。史氏又嘱人注意合作意义,并非谓美国即加入为委员,因彼乃国联之团体也。但据国务院其他官吏言,美国准备于必要时,派一代表与委员会协同工作云。

《中央日报》1933 年 3 月 1 日第一张第二版

361. 京各团体电请国联履行盟约十六条,惩罚暴日以弭战祸

京市执委会暨各团体,昨电国联大会云:日内瓦中国代表团译转国联大会勋鉴。此次特委会起草报告书经贵会通过,中国人民无不赞佩贵会之严明公正,表示竭诚拥护。惟暴日姿[恣]睢,不惟不接受大会决议,反老羞成怒,急攻热河,威胁平津,破坏和平,违反盟约,无以复加。应请贵会即履行盟约第十六条之规定,惩罚暴日,以弭战祸,而维世界和平。谨此电达,无任屏营,尚希垂察是幸。中国国民党南京特别市执行委员会暨南京市农工商学妇女等团体同叩。

《中央日报》1933 年 3 月 1 日第二张第三版

362. 顾问委员会,美俄决将参加

外交界息。国联前邀请美俄两国参加顾问委员会,美政府已正式宣告愿意参加,对报告书亦表示同意。至苏俄方面将俟外长李维诺夫抵莫斯科后,具体决定。闻苏俄对参加顾问委员会,附有两项条件:(一)须美国同时参加;(二)须美国承认苏俄。现第一项条件,已不成问题。至美国承认苏俄一节,罗斯福氏早已有此表示,罗氏就任总统后,即将着手进行。故苏俄参加顾问委员会,当不致发生问题云。

《中央日报》1933 年 3 月 2 日第一张第二版

363. 日退出国联通牒,外务省正在起草

【中央社东京二日电】 日方消息,日外务省现正根据盟约第一条第三项起草关于退出国联之通牒,惟其他对国际之方针,仍不变从来之态度。至对于

会议之参加与否，现正在审慎考虑。但在未决定前，日代表不表示任何态度。

《中央日报》1933 年 3 月 3 日第一张第二版

364. 松冈在国联失败后，觍颜谈国际共管，对我国又肆狂吠

【中央社伦敦二日路透电】 松冈接见《每日驿报》记者，据谈，日本现为远东和平及条约神圣，单独奋斗。中日问题，非俟中国自身之全部问题解决后，难谋最后之和平解决。即李顿报告亦认中国应于国际共管下，设立有力中央政府。但此计划困难甚多，各国谅不负此责任，且中国亦不接受国际共管。渠在日内瓦时，曾以此询问中国代表，未蒙答覆。渠信国联若坚欲中国代表切实答覆，中国代表必拒绝国际共管云。松冈末称，日本决心应付一切阻碍"满洲国"独立之困难云。

《中央日报》1933 年 3 月 3 日第一张第二版

365. 荒谬欺诈之日退出国联通告文，仍觍颜谓确保国际和平，六日提出阁议即可决定

【本社三日上海专电】 电通江（三日）东京电，外务省急于起草奏请谘询枢府之国联退出通告文及退出理由书，同时草拟提出枢府之关于国联退出问题、军缩会议参加问题、南洋委任统治问题等之调查书，最迟可附议于六日之阁议决定之。其送出通告文内容，大体如下：日政府根据国联规约第一条三项，兹通告退出国联。惟日政府虽于到达退出之时期后，仍真正顾念国际和平之确保，于忠实尊重履行国际条约之义务，并不变更从来之外交政策，特于此声明之。又退出理由书之草案，虽未决定，但不拘泥法律理论，将由政策之见指摘国联机构之缺漏。

【中央社东京三日路透电】 外务省发言人证实日人将继续参加军缩会

议,但谓立川及中野两代表,均将归国报告军缩情形。日内瓦方面,仅留次要人员,观察会议进行云。闻日人因远东形势更变,以及"日满草约"之关系,将于最早机会,提出修改日本关于陆地军备之态度。

《中央日报》1933 年 3 月 4 日第一张第三版

366. 日退出国联通告文,定今日谘询枢府,日皇裁可后即提出国联,指摘国联处置纷争失当

【本社五日上海专电】 电通微(五日)东京电,日外务省关于退出国联之枢府谘询案,已得成案,定鱼(六日)上午开首脑部会议确定后,由午后临时会议决定,然后采谘询枢府之手续。据外务省案退出国联通告文及其理由书,并不分别,仅于通告事务局之退出通告文,指摘国联之缺陷,及处理中日纷争之失当,记□退出理由而已。通告文为日文,简单明了,仅千五百字。通告文提出时,关于退出之政府声明书,并不发表,即以通告文代之。通告文提出事务局,同时由外务省公表之。至谘询枢府,务必从速,如下周间谘询完毕,十五六日可上奏日皇,得其裁可,即提出通告文于国联事务局。

《中央日报》1933 年 3 月 6 日第一张第三版

367. 日通告退出国联,关系书类业已作成草案,昨日阁议决定后付谘询

【本社六日上海专电】 电通鱼(六日)东京电,日帝国政府于通告退出国联之关系书类,业已作成草案,预定附议今日之临时阁议。惟因阁议关系,决待八九日后议取谘询枢府之手续。又枢府之审议期恐需一周,故发表退出通告时,或将在筱(十七日)、巧(十八日)也。

《中央日报》1933 年 3 月 7 日第一张第三版

368. 苏俄正式拒绝参加顾问会,李维诺夫电德鲁蒙,申说俄不参加理由

【中央社莫斯科八日路透电】 苏俄谢绝参加国联关于中日事件所设之二十一国顾问委员会。

又电,苏俄外交委员长李维诺夫电德鲁蒙,解说苏俄拒绝参加顾问会之决定,原文颇长,略称:国联对中日争案之数项基本决议,与苏俄观点颇称吻合,但国联大会所通过报告之建议部分,内含数项要点,与上述之基本决议未能完全符合。苏俄既非国联会员,自难左右国联大会之决议,且顾问会多数会员国,对俄素称仇视云。该电复称,苏俄自中日问题开始,即受避免战事扩大之志愿驱使,严守中立。此后无论国际机关或各政府单独提出之建议或行动,凡谋迅速公平解决争端,保障远东和平者,苏俄无不乐于援助云。

《中央日报》1933 年 3 月 9 日第一张第二版

369. 顾维钧著论力辟日荒谬论调,日本所为乃以侵略图霸亚洲,我为世界正义与和平而抗战

【哈瓦斯社伦敦七日电】 国联会中国代表顾维钧在《新闻纪事报》发表一文,以□扬中国主张,并将日本"从事战争以保远东持久和平"之说,加以反驳。谓世界真爱和平之人,未能接受此种口实,盖国际新秩序之原则,若果加以妨害,则国联会盟约及巴黎非战公约,无论在文字上或在精神上,均皆加以违反。日本所为,乃以侵略霸占政策,称霸于亚洲。顾氏于严斥日本政策之后,又作结论云,中国匪独为保护领土人民,并反抗日本侵袭而战,且为世界正义与和平之新制度而战云。

《中央日报》1933 年 3 月 9 日第一张第二版

370. 顾问委员会定下周开二次会议,苏俄仍有加入可能

(中央社)二十一国顾问委员会自报告书通过后,仅开会一次,即未继续集会。顷据确息,该会已定于下周内即召开第二次会。又据熟习外交情势者谈,苏俄现虽已决定不参加顾问委员会,然俟美国承认苏俄后,为与美采一致行动起见,仍有参加顾问委员会之可能云。

《中央日报》1933 年 3 月 10 日第一张第二版

371. 压迫日本接受国联调解,李顿对日退出国联发表意见,不能因日退出国联中止职务

【中央社伦敦十日路透电】 李顿爵士于《旁观周刊》中,谓各国不能因日本退出国联,而中止进行其职务,各国应立即以外交方式,向日本交涉维护国联盟约。同时应用其他方法,如不借款与日本等等。此后则力图在东三省设立良善政府,既与国联盟约相符合,且可得当地人民之赞同。但非有日本协助难得作到,故国联一方压迫日本接受国联调解,一方须告知日本,如日本不接受调解,则国联另有相当应付办法也。

《中央日报》1933 年 3 月 11 日第一张第二版

372. 日临时阁议,决定退出国联通告书,即由斋藤奏日皇裁准,枢院将承认政府方针

【本社十一日上海专电】 电通真(十一日)东京电,今日正午政府在院内开临时阁议,附议退出国联通告书及该理由书、南洋委任统治问题、退出后之劳动会议,及其他对于国际会议之诸方策之退出处置案,统由内田外相加以说

明。经各阁员协议结果,订正二三文句后,承认原案,并决定于元(十三日)由斋藤首相及内田外相进宫觐见详奏,以候裁准。又于此阁议决定将三处地方震灾免租案,提交议会后,于一时半散会。

【本社十一日上海专电】 电通真(十一日)东京电。枢密院对于退出国联之谘询,结局恐将承认政府之方针。目下部内持有以下之议论,故审查委员会相当紧张之议论,恐将展开也。(一)帝国政府之正当主张,未能为国联承认者,实外交上有不到之处,故政府不能不负何项责任。(一)退出国联后,若依从来之外交方针,则难达预期之目的,对政府之今后外交方针,恐将加以质问。

【本社十一日上海专电】 电通真(十一日)东京电,斋藤首相与内田外相本定真(十一日)进宫详奏阁议所决定之退出国联通告,兹变更预定,于今日下午五时半进宫召觐,详奏退出国联之处置案后,采奏请谘询枢府之手续。

《中央日报》1933 年 3 月 12 日第一张第三版

373. 日枢密院责内田外交,日政府甚为惊骇,今日开阁议讨论

【本社十二日上海专电】 日联支(十二日)东京电,日政府退出国联之谘询,即日提交枢密院。顾问官中不满意于内田外交者不乏其人,痛论内田外长不当用恫吓,置日外交于死地,致要退出国联,将在枢密院本会议责问内田康哉。又有某顾问官将质问内田外长谓退盟后,将采某种外交政策,如无切实对策,则误国不浅。日政府闻此项消息,甚表示惊骇。定明日召开临时内阁会议讨论,答覆枢密院之内容,同时磋商应付华北新局面之方法。

【中央社东京十一日路透电】 内阁今日通过日本退出国联通告书草案,仅于措词上略加修饰,定星期一(十三)呈递日皇,由日皇提交枢密院审议。

《中央日报》1933 年 3 月 13 日第一张第二版

374. 郭泰祺在伦敦播音，各国应制止日本侵略，松冈演说仍欺骗世界

【中央社伦敦十一日路透电】　日代表松冈略谓，满洲乃远东问题之焦点，目前形势犹如日俄战争时之状态，不独关系日本生存，且为避免混乱之问题。日本不能以满洲事件付国联处理，犹如英国不能以上海事件提交国联。日本援助"满洲国"扫除满洲全境非法份子，国联并不严重反对，而此次日本于热河境内履行同样任务，国联竟持异议，渠甚不解。但事势所趋，在在均足证明日本行径之不差。日本唯一目标，乃恢复及维持远东和平云。

郭泰祺申述日本政策显谋侵吞大陆，日人自认为远东和平屏障，无非欺人之语。李顿调查团及国联大会两报告，皆已证明东三省问题责任在日。中国自一九二六年以来，进步显著，国内并无仇视外人之思想，且谋与欧西合作，收共同之利益。而日本于最近两年间，骚扰屡见，排外愈烈。为欧洲各国自身之利益计，日本之侵略，非图制止不可。倘国联各会员国，拥护会章，不患不能制止日本侵略。中国人民希望英国首起拒绝予日军阀外交、经济或商业上一切之援助，使之停止侵略。世界战祸，或可借此消除云。

【中央社伦敦十一日路透电】　松冈洋右本晚抵此，对路透记者谈，渠之外交任务，除返国向政府报告外，已告完毕。外传渠游欧洲各处，负有外交使命，并非事实。此次游荷，纯出个人自动，并向荷商探询以煤炭炼成汽油试验之结果云。闻松冈在荷时，荷商会向之建议，此后日荷煤商互相交换试验结果。至远东形势，松冈认为英日联盟终止后，远东局势呈一罅隙，目前困难，多出于斯。凡与远东有亲切关系之国家，亟宜设法补救。松冈郑重声明，渠纯以个人资格发言，并谓美国舰队停留太平洋，足以增加日人恶感，殊属遗憾。但依其个人意见，目前世界状态，虽极紧张，日美关系仍可使之趋入健全途径。松冈定十七日赴美。

《中央日报》1933 年 3 月 13 日第一张第二版

375. 郭泰祺播音演讲,获得英伦人士同情,松冈为听众所痛骂

外交界息。我驻英公使郭泰祺与日代表松冈日前应英国广播电台之请,同日演讲。郭氏之演词引起大多数听众之同情与拥护,而松冈之一味无赖,则为听众焦燥不耐。有若干听众,且大骂打倒强盗式的日本。松冈于事后,颇为懊丧,谓早知郭氏亦同日演说,余宁愿拒绝邀请矣。

《中央日报》1933 年 3 月 14 日第一张第二版

376. 日本退盟亟,通告书二十左右发出

【本社十三日上海专电】 日联元(十三日)东京电,日内瓦电,日政府之退出国联通告书,据此间各方面观察,大约二十日左右发出。日代表团职员将奉本国政府命令在巴黎作成文书,由国联日本事务局长泽田携往日内瓦,提交德鲁蒙。闻盟约某一条第三项之职务期间,应由提交通告书之日起计算云。

【本社十三日上海专电】 日联元(十三日)东京电,日皇本日正式谘询枢密院,政府提出之退出国联通告书。枢府书记官长二上邀请法制局长岽掘切及有田次官等,各关系各官至枢府事务所,仓富枢府议长现正考虑审查委员会之人选,据闻如下各人呼声最高:富井政章、阿合操、石井菊次郎、荒井贤太郎、樱井绽二、有贸定吉、票野慎一郎、原嘉道。

《中央日报》1933 年 3 月 14 日第一张第二版

377. 美与国联合作,现正草拟答覆国联书

(中央社)外交界息,美国对国联邀请参加顾问委员会,现已决定与国联取合作之行动,而不采参加之形式。美政府现正草拟答覆书云。

《中央日报》1933 年 3 月 14 日第一张第二版

378. 如何从速收场? 有吉函内田勿再轻举,愿往晤英使出任调停

【本社十三日上海专电】 华联元(十三日)东京电,驻华日使有吉明,上书内田外长,谓热战已告一段落,军部之敌张学良已下野,不可轻举,再攻华北,惹动英美激愤,须从速收场。否则外交手段,无从复用。倘如政府同意,则将往北平,晤英使蓝浦森,恳托英使出任调停。闻内田外长,将在今日下午在内阁提起该事讨论后答复云。

《中央日报》1933 年 3 月 14 日第一张第二版

379. 《中日问题之真相》已由外交部印就发售

去岁国联调查团来华后,我国依照国联决议,所派遣参加该团工作之代表顾维钧博士,曾将中日问题之真相,如中日纠纷之总观察、日本占领东省、"廿一条"、吉会铁路、南满护路军、万宝山事件、朝鲜仇华暴动、抵制日货、日本攘夺东省海关盐税邮权、东省独立运动、日人在华贩卖毒品等等,于去岁四月至八月间,撰就说帖廿九种,先后向该调查团提出,以供参考。各该说帖原系有我国代表处方面专门人员,分别以英法文撰拟,旋复译成中文,现已由外交部情报司印就白皮书厚册,计六百四五十页,定名为《中日问题之真相》,除分送各机关外,并定即日发售,以供国人研究中日问题者之参考云。

《中央日报》1933 年 3 月 14 日第一张第三版

380. 美国接受邀请,顾问委会今日举行,颜代表日内即赴日内瓦,美声明保留行动自由权

外交界息。国联顾问委员会前因邀请美俄参加等候答覆,迄未举行正式会议,现苏俄已决不参加,美国亦只允合作,顾问委员会因远东形势之紧张,已定明(十五)日举行会议。我国颜代表日内亦将赴日内瓦一行。俄大使馆参事吴南如氏,则已于日前到达莫斯科云。

【中央社华盛顿十三日路透电】　美政府致国联之覆书,定明日公布。闻美国仍将保留行动自由权,并声明无绝对遵守顾问会任何决议之义务。

【中央社日内瓦十三日路透电】　闻国联秘书处收到之美国通牒,系属初步性质,美政府即将以更切实之说明书,通达国联,美国接受国联邀请后,顾问会即可筹备开会。顾问会决于收到美国说明书二十四小时内,举行会议。军缩会议主席因大会之各项委员会会期在即,已令军缩会议之总务组及政治组于此两日间停止会议,庶免冲突。

【中央社华盛顿十三日路透电】　美国政府接受国联邀请,愿与国联大会设立之中日问题二十一国顾问委员会合作。

【中央社日内瓦十四日路透电】　美国政府今(十四)日于华盛顿及日内瓦间同时公布官报,表示美国政府接受国联邀请,对于国联全体大会所指定之顾问委员会之工作,予以协助。为便利施行有效之合作起见,美国政府决派代表列席顾问委员会各种会议,但对于顾问委员会之决议,美国代表无投票权。依据此种办法,美国代表并非顾问委员会正式会员,但仍可与该委员会有密切关系。且同时美国之裁判独立及行动自由权亦不致受有影响。美国政府态度不受美国代表在该委员会会议间一切行动之拘束。美国深信中日问题之严重,国联各盟约国及美国极关心。故各国应随时可互相交换正确之报告及态度,且可尽量发挥各方面之意见。美国政府深信所拟办法可达到以上各种目的,并顾及美国及其他有关各国之利权云。

【中央社日内瓦十四日路透电】　美国务卿赫尔致国联秘书长德鲁蒙公函全文如次:余(赫尔自称)甚欣幸以告者,即美国政府可以适当方式与顾问委员

会合作。美国政府对于顾问委员会之建议及行动有保留判断独立权之必要,故认为如派代表以正式委员资格参加该委员会,多有失当处。但美国政府深信,如派代表列席该委员会会议,参加讨论,则殊有益。故余(赫尔自称)已训令美国驻瑞士公使威尔逊准备参加(如国联接受此种参加办法,但无投票权)。哥德赫尔。

《中央日报》1933 年 3 月 15 日第一张第二版

381. 日本退盟案,枢府将予承认

【本社十四日上海专电】 东京电,寒(十四日)日皇谘询之政府退出国联通告书,由枢密院议长交付审查委员会审议,委员会对于政府不得不退出国联之责任问题,及退出后之对外根本方针,将有深刻之质问。然枢府之承认本案,大致已确定。政府将于本月下旬通告国联时,并对中外阐明日本仍努力维持世界和平(?)。

《中央日报》1933 年 3 月 15 日第一张第三版

382. 昨日举行之国联顾问会,主要事为追认美覆书,美代表为瑞使威尔逊

外交界息。国联顾问委员会昨(十五)日开会讨论中日问题,对日军侵占热河问题,亦将提出讨论云。

【中央社华盛顿十四日路透电】 美政府任驻瑞士公使威尔逊,为国联二十一国顾问会代表,并明白声明美国并不预决接受顾问会之裁制决定如经济抵制种种办法,美政府同时发表文告,说明政府关于此事之措施,原文颇长,略称各国于世界任何一部之和平问题,皆同关切美国人民素愿,参加维持和平之努力,故美政府乐于接受国联之邀请云。

【中央社日内瓦十五日路透电】 下午之二十一国顾问会会议纯属例会性质,主要事件为追认美国覆书,并决定下次会期。美代表将出席下次会议。

【中央社伦敦十五日路透电】《孟却斯特卫报》今日社评对于美国参加二十一国顾问会表示欢迎，并望罗斯福提倡国际共同行动，拒绝以军火接济世界公认之侵略国。

《中央日报》1933 年 3 月 16 日第一张第二版

383. 日本退出国联，通告文定期发出，本月廿四同时公表声明书，内容极荒谬希望承认伪国，斋藤使命终了决将总辞职

【本社十五日上海专电】 日联删（十五日）东京电，斋藤内阁对于非常时内阁之使命已完毕，退出国联之手续，亦于议会开会期中可终了，故众料其总辞职，将于议会闭幕后，在适当时期实现。盖柳田书记官长已辞职，斋藤首相在宫中之失态事件，斋藤已言明在适当时期负责辞职。高桥藏相去年会见政友会总裁铃木之时，表示议会闭幕后辞职。小山法相及鸠山文相，因共党事件，将发生责任问题，故斋藤首相遂决意总辞职云。

【本社十五日上海专电】 电通删（十五日）东京电，日本退出国联之通告，当于本月敬（廿四日）发出。日政府决定提出脱退通告时，同时公表关于日政府之声明书。外务省当局已起草完毕，其大要如下：（一）帝国政府虽不得已退出国联，然尊重和平之精神，并无变更，今后仍当与列国协力共谋世界之和平。（一）对国联主持之军缩会议，及其他文化的经济的和平事业，当以非联盟国资格而为适当之协办。（一）关于"满洲国"始终依承认其为独立国之所信，而行援助其发达，并希望各国亦与以好意及援助，从速以承认其独立。（一）极愿速与中国恢复从前友好关系，对其整理国内予以友谊的援助，同时希望中国承认"满洲国"，而采中日"满"关系整调之策。

【本社十六日上海专电】 电通删（十五日）东京电，日政府配布国联通告书谘询案之附属文书，即退出通告后各种案件之处理法（委任统治问题除外），于枢府审查委员，其要旨如下：（一）通告退出后二年间，虽有为国联之权利义务，派遣代表出席总会及理事会，但依惯例缺席。（二）通告退出后至二年满期止，有支付国联经费分担金之义务。（三）国联职员系由秘书长得理事会之

同意而任命者。故国联与该个人不过雇佣关系而已,与本国政府并无何等直接关系,不因其本国为联盟国与非联盟国,而有差异。故日本虽退出国联,于职员之身分地位,并无影响。因此日政府对日本人职员之进退,不加以何等干涉,自由放任。但若有自动辞职者,则当谋救济之法。又日政府通告退出后,与国联各种专门机关之协力方法:(一)退出时慎重考虑内外机微之情势,对满方针,固然迈进,同时对华对俄等欧美关系,采公正之态度,避免事端之发生,而一面对一般的和平事业诚意参与,和缓内外之不安。(二)对政治的总会、理事会虽不出席,对其他和平事业,苟无特别情势之变化,依然参加协力。(三)此外对委任统治委员会、公众卫生国际事务局、国际航空委员会、国际水路协会、海峡委员会、交通大会、阿片中央委员会,依然参加。(四)国际经济财政会议,依然参加。(五)国际劳动会依然参加。

【本社十五日上海专电】 华联删(十五日)东京电,日本退出国联议案,在枢密院审查中,全文约二千余页,审查不易,今日井上书记官长再请外部各司长到院解释,最早在本月养(廿二日)开本院会议取决,故日之退盟通告,在二十二日以后。

《中央日报》1933 年 3 月 16 日第一张第三版

384. 顾问委会第一次会,美代表列席受各代表欢迎,委会决派定两小组委员会,研究禁运军火及否认伪国

【中央社日内瓦十五日路透电】 国联二十一国顾问委员会今日下午三时三十分开会,至五时四十五分散会。推定哪喊代表兰支(译音)为主席,并派定两个小组委员会,专为研究军火输往远东及不承认"满洲国"问题。

今日下午开会后,即提出美国政府答覆顾问委员会之照会,随即暂停数分钟,由会场招待员往楼上请美国代表威尔逊下楼列席会议。各代表向威尔逊表示欢迎后,复继续开会。委员会主席事发生问题,因比国代表坚辞主席职。布金(译音)提议主席职应由大会代表担任,莫达(译音)则主张由各大国代表轮流担任主席。英国及法国对于以上二种提议,均未接受。结果公推哪喊代表兰支(译音)为主席。委员会曾讨论及美国代表与委员会之关系,因该国代

表虽列席会议,而无投票权。

根据英国代表依但(译音)之提议,委员会派定一小组委员会,研究军火输往远东事。该小组委员会之权限,并未确定,故范围颇广泛。禁止军火输往远东一节曾提及,但并未切实讨论,该小组委员会有西班牙、捷克、瑞典、哪嗽、瑞士及和兰等国。

爱尔兰代表烈斯脱(音译)提议,顾问委员会应研究对于不承认"满洲国"有关系之各项问题。闻"满洲国"政府已向万国邮政电讯无线电协会接洽加入事宜,将来护照邮票及各国驻东三省领使之地位等事,势必引起纠纷。为研究以上各种问题起见,顾问委员会议决派定另一小组委员会,该小组委员会予以充分研究后,向大会提出相当应付办法。第二小组委员会,有爱尔兰、土耳其、和兰、西班牙、瑞典、墨西哥及哪嗽等国。

【中央社日内瓦十五日路透电】　顾问会今日所设之各项小组委员会,除指出各国代表外,五强之代表即英法德意美五国均为当然委员。

【哈瓦斯社日内瓦十五日电】　国联会为继续注视远东时局而组织之二十一国委员会,今日下午开会。前十九国委员会主席希孟因他事羁身未克连任,新委员会主席故由委员会选任挪威代表兰奇继之。二十一国委员会以苏俄不能参加,决定向其表示惋惜,因苏俄若果参加,其利至溥也。该委员会对美国允许参加,表示欣幸,并对美国政府表示,谓甚愿邀美驻瑞士大使修士(名)威尔逊(姓)出席委员会,俾照指定条件参加讨论。威尔逊当即列席委员会,由主席兰奇致词欢迎。委员会旋请德、比、英、西班牙、法、意、挪威、荷兰、瑞典、瑞士、捷克等国代表组织小组委员会,以便参照远东现状研究禁止军火出口问题。此项工作当由美代表参加。此外德、英、法、西班牙、意、爱尔兰、墨西哥、挪威、荷兰、葡萄牙、瑞士、土耳其等国代表,另组一小组委员会,其主要任务在于研究各国政府因行政事务对于满洲所当采取之态度,亦由美国参加。国联会秘书长现奉令将十九国委员会历次讨论及决定事项,编成说明书,以便分送各会员国之未遣派代表参加该委员会者。

《中央日报》1933 年 3 月 17 日第一张第三版

385. 日政界非难内田声，认退出国联为外交上失败，日枢府审查竣事颇多质询

【本社十七日上海专电】 电通筱(十七日)东京电，日枢府及政界之一部，以现内阁之对国联外交，实有缺点，致于退出，不可谓非失败，故颇有非难之词，甚有主张内田外相之责任论者。政府将举下列各点，反驳此等非难，在养(二十二日)之枢府本会议，自然期待满场一致通过。兹之谘询案即：(一)日本正式承认"满洲国"之独立签字于"日满议定书"，即为退出国联之基，因国联既始终固执欧洲中心政治，日本之退出国联，乃为当然。尤以决定适用盟约第十五条四项，更不得不退出。换言之，既采择包含不承认"满洲国"之劝告案，则从"日满议定书"精神保持上，不得不与国联绝缘。(一)日本虽退出国联，然与国际协调之方针，并不变更，今后之日本外交不经国联所谓中间机关之手，与列国分别直接交涉，更为圆满，故外交上毫无实害云。

【本社十七日上海专电】 电通筱(十七日)东京电。枢府第二次审查退出国联谘询案之审查委员会，今日上午九时半，在枢府事务处开会，继续是日之质疑。缘本日之质疑，注重于退出国联后之对外方针并热河问题。至审查委员方面之质问，谓即使通告退出，但二年内对国联仍有权利义务，故政府对国联附属之各种会议，及其他是否有依然参加之意。又一旦退出断然中止出席，岂非至当，愿闻政府之所见云。而内田外相则答谓，即使退出，但为贡献世界和平事业之参考，故有意出席军缩及其他会议云。至是质问全部告竣，于下午零时半散会。又枢府方面将于巧(十八日)上午九时半开仅枢府方面之审查委员会，交换意见，决定该委员会之态度云。

质问情形

【本社十七日上海专电】 电通筱(十七日)东京电，关于退出国联谘询案之枢府初次审查委员会，昨午后在枢府事务所开会，议论三时之久，五时始散。质问应答之内容，大体如下：开会劈头，平治委员长起立，而陈述希望，谓退出国联问题，须有微妙之关系，在谘询案未得裁可以前，请注意勿向外部泄漏。

其后枢府委员与政府之间，开始回答。（问）退出后中日问题之对策如何？（答）暂时静观中日事态，徐徐讲究引答。（问）南洋委任统治区域，虽退出国联，深信仍为日本领地，政府之所见如何？（答）南洋委任统治区域，非由国联委任统治者，乃大战结果，由德国让于五大国者，即凡尔赛条约上，亦明白记载。故虽退出国联，日本之统治权，仍永远连续。（问）据李顿报告书，热河不包在"满洲国"之内，然则热河界线究在何处？（答）以万里长城为界。（问）今后华军如采攻势，"满洲国"是否越长城而击灭之？（答）刻下尚无此意，须视事态之推移如何，或始终儆惩中国，亦未可知。（问）退出国联后之外交方针如何？（答）期树立万全之计划。

《中央日报》1933 年 3 月 18 日第一张第三版

386. 美新阁将贯注全神于远东，传美俄将在日内瓦谈判，顾问委员会已答覆美俄

【中央社华盛顿十八日路透电】 美国新内阁于最近数星期内，将集中其全副精神于远东形势，俾可拟定新内阁之外交方针。尤应注意者，即美国官方除赞扬麦唐纳军缩提案之技术各点外，并细心研究该提案之政治性质，例如该提案指明任何签约国，于有人破坏非战公约时，可随时招集会议。台维斯（译音）日内即以大使资格赴日内瓦，彼向记者谈，美国政府不愿替任何其他国家担保其主权。前国务卿史汀生所主张之磋商政策，或不致有所变更。国会议员意见，下星期二即可判定，因美国总统有权禁止军火输往任何地点提案，将于该日提交众议院之外交委员会讨论也。

美俄即将复交

【中央社华盛顿十八日路透电】 美国政府自新总统罗斯福就职后，关于美国对苏俄态度，迄今不愿发表意见。但某方面表示，美国向日仇视苏俄之态度，已稍有变更。闻美国代表台维斯（译音）将在日内瓦与苏俄外交委员长李维诺夫晤面。一般人推测如两国代表能开始交换意见，则美国早日承认苏俄政府，或将成为事实。美国种植棉花者、棉纱厂及机械制造厂，均希望美俄早

日恢复邦交,因彼等可重行畅销于苏俄市场也。

顾问会答俄美

【中央社日内瓦十八日路透电】 国联二十一国顾问委员会答覆苏俄不参加顾问委员会工作事,谓国联顾问委员会及国联全体大会深信如苏俄能派代表与顾问委员会各委员交换意见,必有补益于大局。贵政府(指苏俄)既感觉目前不能参加顾问委员会工作,吾人(指顾问委员会)只能深表遗憾。同时顾问委员会亦答覆美政府,表示诚恳谢意,欢迎威尔逊(译音)依照美国所述条件,参加顾问委员会会议。

《中央日报》1933 年 3 月 19 日第一张第三版

387. 日枢府审查会,决定承认日退盟案,认外交虽失败并不追究责任,斋藤实进退问题尚踌躇未决

【本社十八日上海专电】 巧(十八日)东京电,退出国联谘询案之枢府审查委员会 ,今日上午五时半在枢府事务所开会。仓富议长、平沼委员长、各委员及二上秘书长等出席。至于对外交涉之失败,并不追及其责任,而信赖政府今后之方针,加以维持鞭挞,谓系至当。结果全体一致决定承认原案,于正午散会。至审查报告书,由二上秘书长起稿,将于有(廿五日)或感(廿七日)提交本会议云。

【本社十八日上海专电】 巧(十八日)东京电。正式通告退出国联案,在廿二三日,届时第六十四议会亦正将闭幕。斋藤首相预定议会终了后,即本月底赴兴津访问西园寺公报告一切。此时关于进退问题,亦将交换意见。故首相在议会后之行动,极堪重视。

【本社十八日上海专电】 巧(十八日)东京电,枢密院审查退出国联谘询案,事实上昨日完毕。本日上午开枢府方面之委员会(政府方面并不加入),交换意见后,决定对谘询案之态度,于养(廿二日)之枢府本会议可望一致通过。通过后,当日午后即由斋藤首相、内田外相借入宫奏明日皇,得其裁可,再由内田外相将全文电告日内瓦国联帝国事务局,由泽田帝国事务局长交德鲁蒙秘

书长。故通告退出当在养（廿二），最迟亦在漾（廿三日）。同时外务省发表通
告文与声明书。

《中央日报》1933 年 3 月 19 日第一张第三版

388. 日退盟案，枢府改廿七日讨论

【本社十九日上海专电】 电通皓（十九日）东京电，昨日枢府审查委员会
通过之关于退出国联谘询案，因议案配布之手续关系上，定感（廿七日）开枢府
本会议附议决定，政府俟其决定，即奏请日皇交下开临时阁议，正式决定，复奏
明日皇得其裁可，始对国联通告退出，同时由政府发表声明书。

《中央日报》1933 年 3 月 20 日第一张第二版

389. 日前驻德大使本田，著论攻击内田，谓日对满洲困难不在日内瓦，在财政困难与内部事势推移

【哈瓦斯社东京十八日电】 日本前驻柏林大使本田，在外交杂志上发表
一文，研究日本退出国联会之举对于日本将有如何影响。本田虽亦赞成退出
国联，但对于外相内田伯爵之政策，则不赞成。内田入主外交之时，曾宣言云：
"予对于日本外交政策，必澈底改革，将以前错误尽绝根株。"云云。本田谓此
言不当出诸外交家之口，又谓当中国革命时，内田适为外相，是时本田一派之
日本人士，主张实行某种计划，使某宗室仍在北京称帝，而内田对此计划未能
赞成。据本田所见："内田今日之欲根本铲除日本外交上之错误者，正因渠当
日未能采用若辈计划故也。"云云。本田结论谓日本在满洲所感受之真正危
险，不在日内瓦，而在日本财政之困难与满洲内部事势之推移。本田谓外国人
士，深信日本必有一日因财政过于困难，将自行放弃满洲。外国人士并以为满
洲居民三千万，均为中国人民，决不能永远受日本之监督，结果必成为耗费过
甚、控制极难之殖民地，日本固难长久保有之也。本田又谓"满洲国"实际系受
日本之统治，其重要位置，均为日本人所占，此人人所知，而日本亦自认不讳者

也。本田此种言论与东京政府及其在日内瓦代表,对满洲独立问题而作之宣言,两不相符。似此"满洲国"当局,如觉其与日本有共同利益,则目下状况,或可勉强支持。否则变乱相寻,永无止境,而日本军队亦将疲于奔命矣。本田谓日本军阀深知其然,故采必要手段以应付之。所望满洲人民,咸皆归心,斯诚日本政策所不可少之举也。日本军队似亦欲达此目的,然日本军队果能使日本与"满洲之国"避免利益上之冲突乎?日人之对满洲始倡"经济一元"之说,然略加思索,即知其不可行,而暂予弃置,今又改倡"合作"之说矣。所谓"合作"者,即为满洲谋原料生产之发展,而日本保留制造之权,日本监视满洲,不令其有工业之设置,以免与日本竞争。如棉业之类,固日本所争欲独占者,然手创"满洲国"之驹井,则以为"满洲国"当使其尽量发展,而不可加以障碍,所重者惟满洲之繁荣而已。此言又与"合作"之计划,不能并立矣。目下驹井升迁之后,徒有虚名,对于满洲事务,无复过问之权,但其意见仍不失为在满若干日本人舆论之代表。此种日本人与其谓之为日本人,无宁谓之为满洲人民也。

《中央日报》1933 年 3 月 20 日第一张第三版

390. 日外省决定今日向各国声明退盟,荒木内田商决今后外交策,操纵英德意对付我及俄美,促成我内乱允许其要求

【本社二十六日上海专电】 华联宥(廿六日)东京电,日外部决定感(廿七日)下午三时,以英文电致日内瓦国联秘书长德鲁蒙,同时以电报通告驻外日本使馆,对其驻在国政府声明退盟事情。内田外长则在东京召集各国驻日大公使,声明并详细解释退盟理由与今后之外交政策,求各国谅解。兹录日外部退盟后之外交策略如下:(一)远东和平与中俄美三国有极大关系,退盟后外交以对中俄美三国之政策为基础,操纵英德意以期达到最后目的。(二)对美极力恳求新政府放弃史汀生之原则,在远东须承认日本霸权,不再以争霸为基本,政策注重通商利益,施以经济关系解决日美间之竞争。(三)对苏联要求承认"满洲国",苏联如肯承认日本手创之"满洲国",日本将与苏联订不侵犯条

约,在目前以通商互利为缓和冲突之手段。(四)对中国相机提起直接交涉,目前则施以某种方法,促成中国内乱,酝酿形势,使中国自感灭亡之危机,答复日本之要求,进行中日直接交涉,以达中日"满"合作抵抗的最后目的,惟暂时仍取沉默态度。(五)对英继续要求日英复盟,以日英同盟旧谊,论英国承认日军以武力造成之局势,务不阻害日本独霸亚洲之政策。日则以经济通商利益与英国签定相当之新条约。(六)法国自九一八事变以来,一贯承认日本在满之武力行为,惟望法国能继续对日接近,日本对安南之通商利益,将有重新考虑之决心。(七)其他欧美各国概取消极政策,惟对世界和平事业则仍表示相当参加。(八)南洋及南美各地一概撤换驻在领事,造成更实切之经济及文化上之新的关系,以期南洋南美民众能支持并拥护日本之新政策。(按以上之外交策略,系出诸荒木与内田之间,除其所属及其一群痴想能够实现外,政界方面均拒绝,尤怀疑云。)

《中央日报》1933 年 3 月 27 日第一张第三版

391. 日本宣告退出国联,声称为远东和平而脱离国联,侵略国尚言和平满纸荒谬语

外交界息。日政府已决于昨(廿七日)退出国联,由外务省通知国联及各国政府,此全由于在国联外交全盘失败,故不得不挺[铤]而走险。对我并无若何影响,盖日在退出之二年内,仍有履行一切国际公约及国联盟约之义务。今后国联如对日有何举动,日除仍须接受外,并狡辩之机会亦不可得矣。因国联为保持其尊严计对日政府此种崛[倔]强行动,预料必不能坐视不顾。而德国之要求收回南洋各岛之统治权,尤使日政府添一劲敌。日方今后外交殆已完全处于孤立地位。日政府虽仍企图向英法美俄各国单独勾结,但此种计划失败于退出国联之前者,必不能收效于退出国联之后云。

【中央社东京二十七日路透电】 日政府已将退出国联通知书全文,电日内瓦。

【中央社东京二十七日路透电】 枢密院今晨通过日本退出国联之通知书,首相斋藤定下午三时觐见日皇,面请核准,然后即将通知书拍发日内瓦及

驻外各大使馆。

【本社二十七日上海专电】 国新感（二十七日）日内瓦电，此间闻日本退出国联之通知书，已由枢密院核准，并由日皇署名消息，殊为关切，但并不惊异。因皆料日本终必出此也。现一般人士之目光，咸注于日本受委代管旧属德国之南洋诸岛。盖日本虽退出国联，而仍欲据有之也。

【本社二十七日上海专电】 华联感（廿七日）东京电，日本退出国联谘询议案，今日上午通过枢密院，即由日皇交斋藤首相照办。日内阁下午开阁议，一时半退盟手续准备已完毕，斋藤首相于下午二时入宫奏准，发出退盟通告，二时二十分退出。同时以外部告示第七号宣布，日政府为使全国人民镇静起见，日皇特发敕语谕日人，斋藤首相亦发谕告安民，鼓励国民一致对外，荒木陆相对三十万日军训话，大角海相即以谈话形式要求士兵忍气负重。

三种安慰日人民文

【本社二十七日上海专电】 华联感（廿七日）东京电，今日下午三时，日本皇帝对国民下敕谕云，日本与国联协力，于兹十三年，因九一八事变，"满洲国"独立，日本予以正式承认以来，日本之和平政策与为人类谋精神根本，未有改变，对各国之友谊，当仍然如故。全国民众，须体谅朕之意旨，安居乐业，为世界和平与人类谋幸福而努力。

又电。斋藤首相发谕告，略谓退盟宗旨如敕语所明示，皇上已指示我（日本）国民应走之路。日本虽以世界和平为己任，但满案一旦上议，国联竟主用二月二十四日之报告书，使日本于过去十七个月中之努力，一无所得。对于条文之释义，日本与各国竟针锋相对。关于远东和平政策，根本不能相容。致使日本审慎研究结果，以退出为上策。日政府深信"满洲国"独立，为远东和平之基本，同时为世界和平阶级，则为人类谋幸福之手段。在目前日本之政策虽与世界各国对立，然日政府深信不久将来各国必能谅解日本之政策。世界经济难局，日本当然不能脱其圈套，将来应积极与各国合作，将找出路。至于远东问题，以中日"满"三国合作为目标。望国民一致协力征服此次国难，在历史上日本国民每逢一次国难，则发展其国运。我国前途，毫无悲观。深望国民一心一德，协力合作，完成明治大帝之宏业云。

又电。荒木陆相对三十万常备军训词，内云，为远东和平与国联决绝势所难免，政府已通告退盟之。今日国军须一致团结，负起护国责任，奋勇起来，完

成明治大帝之大业,国运前途,全在军人身上。又大角海相谈,谓当此国际风
云紧张时期须振起大无畏精神,为国家将来努力,抱一大决心与非常时之觉
悟。对外则谨慎言动,表示大国民态度,充实武力,保持海军传统精神,为国负
重,以待一旦有事之准备云。

日本退出国联通告

【本社二十七日上海专电】　感(二十七日)东京电,日政府对国联发出关
于退出国联之通告文,其全文如下:

帝国政府认帝国确保远东和平,以致赞献世界和平之国,是与各国企图和
平安宁之国联使命,在于同一精神。帝国于过去十三年间,以国联常任理事国
之资格,协力达成此高尚目的,实不胜欣幸也。日本时常以热诚参加国联事
业,不后于他国,为确实之事。帝国政府鉴于现下国际社会之情势,深信维持
世界诸地方和平必要,即于此等各地方现实之事态,运用国联盟约,则始能完
全达到国联之使命。昭和八年九月,中日事件提交国联后,帝国政府根据于此
确信,在联盟会议及其他机会,主张国联须应认识中国现实之事态,而运用适
当之规约,以增进远东和平,显扬国联威信。帝国尤力说,中国非完全统一之
国家,其国内事情、国际关系极形复杂,而富于变相例外之特别性,故为一般国
际关系基准之国际法订原则及惯例,应加以变更,然后始适用于中国。然国联
于过去十七月之审议会,多数国联会员国不但未能认识远东现实之事态。至
于国联会章及其他诸条约、国联法上诸原则之适用,尤其解释日本与国联之
问,时有重大意见之冲突。其结果于本年二月二十四日临时大会决定之报告
书,不愿帝国欲预保远东和平之精神,且于认定事实上,陷于甚大之误视,即断
定九一八当时及其后日军行动,非出于自卫权之发动。又未重视满案发生以
前之紧张状态及事件后中国对于恶化事态之责任。又于一方蔑视"满洲国"成
立之真相,否认日本承认"满洲国"之立场。国联此种行为实造成远东政局之
新纠纷,而破坏远东安定之基础。报告书中所揭各条件,对于远东和平确保,
毫无赞献者。帝国政府于本年二月十五日之陈述书中已述及矣。总之,多数
国联会员国,当其处理中日事件,以为尊重不能适用之法则比确保现实和平,
更为重要;又以拥护架空的理论,比除去将来祸根,更合基调。因此,国联与日
本发生重大意见之不同,于是帝国政府确认确立远东和平之根本方针,与国联
之所信,完全相反。帝国政府现信今后再无与国联合作之余地,故根基于国联

盟约第一条第三项通告，退出国联也。

《中央日报》1933 年 3 月 28 日第一张第三版

392. 关于日本退出国联，罗外长昨发表宣言，日本仍须履行未退出前义务，国联将采紧急有效方法应付

日本前日已正式宣告退出国联，罗外长特于昨日发表宣言，申明日本对国联一切决定或决议，并未免除其应履行之义务，日本之退出，反足减少国联执行上之牵制，深信国联将采取紧急有效之方法，以应付日本宣告退出国联后之新局势。其原文如次：

日本政府不顾国际条约之尊严、国际联合会之决议，实行以武力占据东三省，进攻上海，并侵入热河。今复更进一步，正式宣告退出以促进国际合作、确保国际和平与安全为职志之国际组织。当兹国联积极努力解决中日问题之时，日本政府采取此项步骤，不啻故意设法损害大战后维持世界和平之组织，且无异明白宣言拒绝以和平方法解决此极重大之国际争执，并强迫中国接受日本所欲提出之任何条件。

日本政府所陈述之脱离国联之理由，现无再行申辩之必要。良以此种谬论，屡经中国政府及国联之迭次决议与大会报告书，予以澈底之驳诉也。惟有必须指明者，即日本退出国联之宣告，并未免除其实际脱离国联前所必须履行之种种义务。查国联盟约第一条第三项明白规定："凡联合会会员，经两年前预先通告后，得退出联合会，但须于退出之时，将其所有国际义务及为本盟约所负之一切义务，履行完竣。"今试将此项规定适用于日本之宣告退出，其意义显谓，自国联受理中日争议以来，所有行政院及大会所通过之决议案，对于日本均仍有效，并在日本之退出能视为法律上之事实以前，所有国联方面关于此案所可采用通过之一切决定或决议，亦将对于日本同等有效。不仅如是，凡各项国际条约经国联宣告为解决本争议之原则者，其规定之义务，在日本尚未完全履行之前，日本亦不能享有退出之权利。简言之，即日本如欲享有退出国联之权利，更须在通告退出后之两年期间内实行非战公约、九国条约及国联盟约所规定之一切义务。否则日本将仍为国联之一员，且将与其他之国联会员国

同等受国联之管辖。以此种种，中日争议在国际联盟下之公允处置，毫不因日本现所采取之步骤，而受有任何不良之影响。

自他方面言之，日本宣告退出国联，不仅不足以捐及国联之威信，如日本私心所希冀者，且适所以促使国联以更迅速有效之方法，处理中日问题。盖日本出席国联之代表，曾一再以退出国联相恫吓，而国联毅然不顾，以一致之决议，通过大会报告书，足见其欲以国联之原则解决中日问题，早具决心。唯其如是，故彼一意孤行，屡违国联盟约及国联决议之日本，一旦宣告脱离，反足减少国联执行其艰巨任务时之牵制。中国政府深信国联地位必将益形巩固，且将采取紧急有效之方法，以应付日本宣告退出国联后之新局势。

日本宣告退出国联之后，势将招致全世界一致之反对，盖世界各国，固均热烈拥护国联盟约及和平正义者也。中国政府深信国联所代表之原则终必战胜，中日问题终必得公平之解决，而彼黩武横行之侵略者，终必受其应得之果报也。

《中央日报》1933 年 3 月 29 日第一张第二版

393. 日本退盟后，国联顾问会昨开会，颜郭二代表均将抵日内瓦，德鲁蒙促日注意盟约义务

【中央社日内瓦廿八日路透电】 经大国与小国代表激烈争辩后，国联二十一国顾问委员会始决定于今（廿八）日下午五时三十分开会。大国代表认为顾问委员会于此时开会讨论日本退出国联事，毫无用处。小国代表则极力反对此说。大国代表所提出理由：（一）于此种环境下各国代表，即讨论日本退出国联事，亦有何话可说。（二）美国之参加顾问委员会，是否使此项问题之讨论，更为复杂。但主席南枝（译音）仍主张开会，因彼觉于复活节假期前与各代表尚未离日内瓦时，最好有一度会议。

【中央社伦敦二十七日路透电】 日本退出国联，喧传已久，故此间对于日本之正式通告退盟，除表示歉意外不多批评。日内瓦方面，因日本退盟，或将即有活动。中国公使郭泰祺，今日可达该处。此间华人表示，颜惠庆博士或亦已由俄首途赴日内瓦。美代表台维斯本星期内可以抵英，转赴日内瓦。此间

华人不欲表示中国代表于日内瓦是否即有任何举动,众意中国虽未放弃援引会章第十六条之可能,惟目前或将静待顾问会发展,不致采此剧烈行动。

【中央社日内瓦二十七日路透电】 国联廿一国顾问委员会主席南枝(译音)向路透记者谈,顾问委员会明(廿八日)或可开会,讨论日本退出国联事,日本退出国联两年后始能生效。但目前各国当局,已着手计划改组国联行政院,各小国对于国联行政院事事以高压手段对待各小国,故咸有怨声。此次中日纠纷及军缩会议之进行,尤为小国所不满,一种愤怒不平之象显有变为公然反抗之可能。故一般观察者表示,国联行政院人选或将更动,即更改推选办法,亦未可知云。

【中央社伦敦二十七日路透电】 《标准晚报》谓此次因日本退出国联,国联或发生重大内部问题,"欧洲小联盟"必设法争日本所让出之永久代表席。法国与波兰将扶助之,同时意大利、德国及其他所谓反法国派,亦必积极反对此议。故争此一席问题,或竟成欧洲各国野心与恐怖之焦点。

【中央社伦敦二十七日路透电】 英外次依但(译音)于众议院中宣称,某国退出国联后,而仍保留暂管地问题,英国政府已正在研究中,但此时彼不愿有意见发表,因尚未与列强讨论此事也。

德鲁蒙答覆内田函

【本社二十八日上海专电】 电通俭(廿八日)东京电,国联德鲁蒙秘书长,对于昨帝国政府所发送之退间[出]国联通告书,今晨将下列回答书电达日外务省。该回答书中,尤其引用盟约第一条第三项之全文,故其中有无何项伏线,殊堪注意。回答书:内田外相阁下,本秘书接读感(廿七日)之外相电报,于贵电之结论,日本政府依据盟约第一条第三项之规定,通告日本国有退出国联之意图。其第一条三项系:"会员国以二年之预告,得退出国联,但迄退出时,其一切之国际上及本盟约上之义务,必需履行。"本秘书长立将本回答书与贵电传知会员国。德鲁蒙。

【本社廿八日上海专电】 俭(廿八日)东京电,退出国联后,日本对国联之地位,国联秘书长德鲁蒙曾照盟约第一条第三项之文字解释,而发今后二年间与以承续权利义务等印象之回答。但外务当局之见解为:(一)通告退出较理论犹系实质上之问题,故即时发生退出之效果。(一)然通告退出乃意味与国联为政治的绝缘,有实行分担经济费之形式的义务,惟不遵守其他义务,但遵守非战条约之义务,仍无变更,故即于国联理事会亦不参加,仅协力于不背上述方针之和平事业云。

英报抨击日本退盟

【中央社伦敦二十八日路透电】《泰晤士报》社评称,日本退出国联照例须两年后发生效力,故其影响,只将逐渐流露。惟日本之正式通告退盟,必使国联在远东之势力,更趋薄弱。日本与国联之合作,大概即将告断。日本已通知国联非特不愿裁军,且欲增加军备,并于中国谋较自由之行动。日本认中国为无组织国家,不能与之维持寻常邦交。但列强职是之故,互约不为自身权益计,单独干涉。故日本退盟后,与华盛顿条约以及他约签字国间之互相信赖心,必生裂痕,而间接上亦将使国联之欧洲色彩,较前深厚云。《电讯日报》称,国联今失亚洲之最强国,于组织上必感缺乏。日内瓦方面对于日本退出国联,已有种种恶劣之建议。吾人对之行为焦虑,因虚谈经济抵制封锁政策,以及收回日本委任统治权等等,徒足引起无谓之恶感云。《先锋日报》称,日本不能借致日内瓦之电信,强使非法状况为合法,而国联对于中国所负责任不因日本退出而稍减云。《每日快报》称,设立国联之议,始于高尚之理想,但国联甫告成立,即被其提倡人放弃,继则沦为欧洲政治工具,今者日本复退出国联,战后之高尚理想,于兹已完全打毁矣云。《纪录新闻日报》称,依据过去经验,吾人对于日本自称和平之意向,不能过于置信,国联应图与美俄切实合作,自谋维护远东和平之办法云。

《中央日报》1933 年 3 月 29 日第一张第三版

394. 国联对日本驳斥曲解会章,两年内应履行一切义务,否认伪国报告正研究中

【中央社日内瓦二十八日路透电】 国联秘书长德鲁蒙对日本退盟通知书之覆文中,提及会章第一条第三款。按第三款规定,凡国联会员经两年前预先通告后,得退出国联,但须于退出之时,将其所有国际义务及依本会章所负之一切义务,履行完竣。闻日本方面,解释上述第三款,认为日本仅须于两年内

给付国联会费,不负履行依照会章之任何其他义务云。

【中央社日内瓦二十八日路透电】 顾问委员会下午会议至七时十五分散会。对于下次会议日期并未决定。复活节前谅不集会。顾问会今日讨论日本退出国联后所引起之局势,决定此事,不必由顾问会答覆。爱尔兰代表勒斯特称,日本退盟或与顾问会无直接关系,但渠觉顾问会,或可决定方针并向国联建议,对日覆文之措词,说明日本虽通告退盟,但仍受会章第十条之束缚,并驳日本,无独断国际约章权。顾问会对此问题,加以讨论,最后决定,日退盟通告书所称各节,未含国联前所未驳覆之争点,故不须重行引论。无论如何,若由顾问会拟覆,或将被认为失当。顾问会次读国联助理秘书毕乐蒂(意籍)起草关于不承认"满洲国"问题之报告,内容讨论如何应付"满洲国",认出[为]加入国际邮电联合会之要求并对付"满洲国"邮票币制护照等问题,毕氏草案尚不完备,将提出专门研究不承认问题之小组委员会讨论,该会将于复活节后集会。顾问会旋讨论禁止军火出口问题,众意在某大国态度未明之前,难于进行,并认宜视关于南美两国际纠纷之同样问题,如何解决。捷克代表谓美国急宜宣告态度,但美国代表威尔逊不欲发表意见。研究禁止军火出口问题之小组委员会亦未决定会期,复活节前似难集会。今日预会者仅有二十一国代表,土耳其代表缺席,英代表为外部秘书卡尔,法代表为玛锡格利,德代表为凯勒。

《中央日报》1933 年 3 月 30 日第一张第三版

395. 松冈在美狂吠,诬我非国家,乃各种人民集团,所经途中到处遭人阻挠反对

【哈瓦斯社美国波士顿二十九日电】 日代表松冈洋右所乘之纽约快车,于开抵此间之前二十分钟经过之路线上,发现铁轨两段[段],包以红黄色之布,横置路上,警察当即采取必要手段,俾松冈行抵波士顿,及逗留期内,得以安全云。

【哈瓦斯社纽约廿九日电】 国联会日本代表松冈洋右昨晚应纽约日本商会之邀宴,在席间演说,并向美国颂祝,略谓:"吾人在日内瓦力谋使西方

各国了解日本目前所处地位之困难,竟无效果。日本为一小国,介于中俄两
大国之间。此两大国均在革命中,足以为日本之殷忧。中国正处盗匪灾荒
贫困之包围中,远东纷扰之主因,实由于中国之混乱。盖中国不承认国际义
务,使日本身受其害。中国无自卫之能力,盖中国非一国家而为各种人民之
集团也。日本尝提议与中国合作,以谋满洲之和平与繁荣,然此种提议,恒
为中国所反对,而尤以国民党执政后为尤然。"又谓国联会实无解决中国问
题之能力云。

《中央日报》1933 年 3 月 31 日第一张第二版

索　引

图书在版编目(CIP)数据

《中央日报》报道与评论. 下 / 屈胜飞，张雅婷，马瑞编. — 南京：南京大学出版社，2019.12

（李顿调查团档案文献集 / 张生主编）

ISBN 978 - 7 - 305 - 09481 - 1

Ⅰ. ①中… Ⅱ. ①屈… ②张… ③马… Ⅲ. ①中国历史－史料－民国 Ⅳ. ①K258.06

中国版本图书馆 CIP 数据核字(2019)第 232392 号

项目统筹　　杨金荣
装帧设计　　清　早
印制监督　　郭　欣

出版发行　南京大学出版社
社　　址　南京市汉口路 22 号　　　　邮　编　210093
出 版 人　金鑫荣
丛 书 名　李顿调查团档案文献集
丛书主编　张　生
书　　名　《中央日报》报道与评论(下)
编　　者　屈胜飞　张雅婷　马　瑞
责任编辑　臧利娟

照　　排　南京南琳图文制作有限公司
印　　刷　南京爱德印刷有限公司
开　　本　718×1000　1/16　印张 40.25　字数 676 千
版　　次　2019 年 12 月第 1 版　2019 年 12 月第 1 次印刷
ISBN 978 - 7 - 305 - 09481 - 1
定　　价　180.00 元

网址：http://www.njupco.com
官方微博：http://weibo.com/njupco
官方微信号：njupress
销售咨询热线：(025) 83594756

ISBN 978-7-305-09481-1

9 787305 094811 >

定价:180.00元